제3판

조직론

조직혁신과 개발

임창희 · 홍용기

法文社

3판 개정판을 내면서……

이 책의 초판이 탄생한 지 어느덧 십 년! 사실 강산은 그대로지만 인간사회와 기업 세계는 너무나 변했다. 코로나 팬데믹을 겪으면서도 로봇택배, 무인자동차, 민간우주여행뿐만 아니라 원격수업, 메타버스, 하이브리드 근무를 앞당겼다. 조직도 바뀔 수밖에 없다. 하지만 우리가 처음 이 책을 썼던 동기는 여전히 불변이다. 조직과 관련한 대부분 교과서가 여러 이론을 집대성한 백과사전식 책부터 특정 주제에만 편중해 있는 연구서까지 너무 다양하게 널려 있으므로 학생들이 조직공부를 꺼린다고 생각했기 때문이다. 그래서 우리는 학자들의 연구를 단순히 나열하는 방식을 피하고 강의를 듣는 학생 입장에서 그날 배운 내용을 친구에게 전해 주듯이 이 책을 썼던 것이다. 그러나 조직개발과 혁신 차원에서 많은 발전이 있었고 진부해진 사례들도 그대로 둘 수 없어서 2판을 출간했고, 이제 3판 개정에까지 이르렀다.

서양 속담에 '해 아래에 새것이 없나니'라는 말이 있다. 조직분야에도 선배 학자들이 만들어 놓은 수많은 업적 중에서 필자들이 엄선하여 [조직론: 조직혁신과 개발]로 다시 내놓게 되었다. 우리는 대학에서 오래전에 교수와 제자로 만나 지금까지 항상 '조직'에 관해 소통하고 토론하면서 느낀 바가 많았다. 볼거리, 들을 거리, 느낄 거리, 맛볼 거리……로 넘쳐나는 이 시대에 함부로 조직이라는 밀림으로 지식사냥을 갔다가는 넘치는 정보에 압사할 정도이다. 그러므로 아이디어가 많은 학생, 능력 있는 회사원, 성공한 경영자가 되려면 이 책이 필요하다. 이 책은 경영학을 전공하는 자만의 것이 아니다. 경영학과 행정학을 연구하기 위해 또는 기업조직을 운영하기 위해, 미래에 괜찮은 직장에 입사하기 위해…… 어떤 상황에 있든 조직에 대하여 이해하는 일은 전공자와 비전공자를 가리지 않고 모두에게 필요하다. 그러한 조직에 관한 이야기, 즉 조직이론, 조직개발, 조직의 삶을 이해시키려는 것이 우리의 목적이다. 다시 말해 경영자가 급변하는 환경에 맞추어 조직을 어떻게 설계하고 혁신하고 개발시킬 것인지에 대하여 설명하고 있다.

이 책을 쓰면서 필자들은 되짚어 본 게 많다. 급변하는 환경에 적합한 효율적 조직은 어떤 모습일까? 조직과 환경은 미래에 어떻게 변화할 것인가? 조직개발을 위한 기본적인 도전은 무엇인가? 조직변화의 유형과 형태에서 조직은 어떤 생명력으로 장수 기업으로 발전할 수 있으며, 의사결정과 학습 그리고 문화 및 권력에 대한 이해가 조직에서 왜 중요하며, 혁신과 기업가정신 그리고 창의성 개발과 기업윤리가 조직론에서 왜 핵심이 되고 있는가? 친환경, 사회적 책임, 지배구조 개선 등 기업이 지속 가능한 발전을 하면서 개별 기업을 넘어 국가의 성패와 세계평화에 이바지하는 것은 가능할까? 떠오르는 물음에 답을 찾으려 기술하는 내내 고민하였다.

더불어 조직의 주체인 인간이 조직에서 어떤 기능과 역할을 하는지에 대하여 되도록 쉽게 설명하고자 노력하였다. 표와 그림으로 효과적인 이해를 돕고, 핵심적인 내용은 시사적 문제들을 가져와 '조직 인사이트'로 풀어 강조한 것도 그런 까닭이다. 그리고 각 장에 '수행과제'를 두어 퀴즈와 토론문제로 교수님을 위한 별도의 교안을 마련하였다. 다른 교과서 기술 방식에서 벗어난 이런 '혁신'이 [조직론: 조직혁신과 개발]이 아우르는 주제들을 습득하는 데 유쾌하고 재미있으며 동시에 실질적인 도움이 되기를 바란다. 그리고 조직 내외부에서 발생하는 다양한 문제에 직면한 실무자들이 이 책을 통해 해결책을 찾을 수 있기를 기대한다.

두 명의 필자가 협업하는 과정에서 나눈 많은 내용이 이 책의 페이지마다 투입되어 더 발전된 모습으로 출간이 되어 기쁘고 감사하다. 이제 자신감과 희망을 품고 [조직론: 조직혁신과 개발] 3판을 새롭게 세상에 내놓는다. 학생, 사회인, 직장인, 교수님들께 이 책이 조금이라도 공헌할 수 있다면 저자들은 더 바랄 것이 없다. 그리고 출판에 온 정성을 기울여주신 법문사 사장님과 편집진에게 감사의 말씀을 전한다.

2023년 1월, 서울
임창희·홍용기

경영학의 교육과정이 변하고 있다. 비즈니스 세계가 변하고 있기 때문이다. 더불어 산업수요 및 사회수요가 학교와 기업 간 미스매칭되는 부분의 격차를 줄여달라고 강하게 요구하고 있다. 대학에서 배운 조직론을 통해 직장에 입사하고 조직인으로 살아갈 때 관련된 직무에서 어떻게 행동하는 것이 효과적인지를 분명하게 해달라는 점이다.

그러므로『조직론: 경영과 행정의 이론과 실제』를 배운 학생들이 달성해야 할 학습성과(Learning Outcomes)를 다섯 가지로 설정하게 되었다.

첫째, 조직과 관련된 여러 이론에 관한 지식을 축적하고 이를 설명할 수 있어야 한다. 예를 들어 조직을 바라보는 기본적인 관점, 조직론 패러다임의 변화, 조직운영의 기준, 조직의 운영원칙 등에 대한 지식들이다.

둘째, 조직을 만들든 만들어져 있는 조직에 들어가든 혹은 새로운 조직으로 이동을 하든, 조직이 어떤 요인들로 만들어지고 변화되며 그러한 요인들의 많고 적음에 따라 어떠한 조직유형의 특징을 갖는지 분석할 수 있어야 한다. 조직설계의 요인인 분화와 통합, 집권화와 분권화, 표준화와 상호조정을 통해 기계적 조직과 유기적 조직이 어떻게 달라지는가를 이해하는 것이 조직론의 첫번째 핵심실무이다.

셋째, 조직변화를 이끄는 상황요인을 설명할 수 있어야 한다. 즉 규모, 연륜, 환경, 전략, 기술, 목표에 따라 조직이 어떻게 변하는가를 분석하는 것이 조직론의 두번째 핵심 실무이다.

넷째, 조직에 투입되는 자원과 조직에서 산출되는 산출물 사이에 조직에서 이루어지는 의사결정, 학습, 문화와 윤리, 갈등, 권력과 정치를 설명하는 것이 조직론의 세번째 핵심실무이다.

다섯째, 조직에 관한 일반 지식(Knowledge)과 세 가지 핵심실무(Skill)와 함께 조직에 대한 긍정적 태도(Attitude)인 조직 유효성을 설명할 수 있어야 한다. 조직은 결과변수인 조직 유효성, 즉 조직이 얼마나 효율적으로 운영되고 관리되는지에 관심을 갖는다.

저자들은 학습자들의 관점에서 본서를 통해 조직을 이해(To understand)하는 것을 넘어 조직의 가치활동 과정을 설명할 수 있고, 분석할 수 있게(To do)하려는 데 집중했다.

본서를 집필하면서 되짚어본 게 많다. 급변하는 환경변화에 적합한 효율적인 조직은 어떤 모습인가? 조직과 조직의 환경은 미래에 어떻게 변화할 것인가? 조직설계를 위한 기본적인 도전은 무엇인가? 조직설계를 함에 있어 권한과 통제, 표준화와 상호조정, 의사결정의 문제 등이 왜 중요한가? 조직변화의 유형과 형태에서 조직은 어떤 생명력으로 장수기업으로 발전할 수 있고, 의사결정과 학습 그리고 문화 및 권력에 대한 이해가 조직에서 왜 중요하며, 혁신과 기업가정신 그리고 창의성 경영과 기업윤리가 조직론에 서 왜 핵심이 되고 있는가? 떠오르는 물음에 답을 찾으려 기술하는 내내 고민하였다.

조직론 2판의 특징은 다음 몇 가지로 요약된다.

- 학생이 자기 주도적으로 학습할 내용을 보강할 수 있도록 인물탐구 외 기업탐구를 추가 신설하였다.
- 각 장의 자기 평가를 위하여 객관식 문제와 주관식 문제를 퀴즈형태로 개선하였다.
- 조직론의 실무적 접근을 위해 토론의 내용을 정교화하고 확대하였다.
- 조직론 사례연구를 통해 기업현장의 생생한 목소리를 조직이야기로 다듬고 새롭게 추가하였다.
- 교수자의 교안, 문제은행, 강의계획서, PT 등 교수강의지원(support material)을 위한 자료를 대폭 개선하였다.

두 명의 필자가 협업하는 과정에서 나눈 많은 내용이 이 책 여러 곳에 투입되어 더 발전된 모습으로 출간되어 기쁘고 감사하다. 이제 『조직론 : 경영과 행정의 이론과 실제』를 세상에 내놓는다. 이 책의 고객인 학생, 사회인, 직장인, 교수님에게 이 책이 조금이라도 공헌했으면 한다. 그리고 건설적인 비판을 기대한다.

2016년 새해, 임창희·홍용기

왜 이 책을 썼는가? 이유는 단순하다. 한국의 조직론 교과서가 거의 모든 이론을 집대성한 백과사전식 책부터 특정 주제에 심오하게 편중되어 있는 연구서까지 매우 다양하여 대부분의 독자가 조직론을 아주 지루하고 딱딱한 학문으로 여긴다고 생각했기 때문이다. 그래서 필자들은 선진 학자들의 진지한 연구를 파헤치는 착실한 연구자가 아닌 학생의 입장에서 그날 배운 내용을 친구에게 전해 주듯이 조직론을 다시 써 내려갔다.

서양 속담에 '해 아래에 새것이 없나니'라는 말이 있다. 조직론에도 선배 학자들이 고민하며 만든 이론과 실무가 있어서 필자들은 그저 입에 맞는 것을 취사선택하여 『조직론: 경영과 행정의 이론과 실제』로 '다시' 내놓게 되었다. 수년 전에 이미 필자들은 각자 『조직론』을 세상에 내놓았고 제목은 똑같았지만 내용과 접근법은 자기 나름의 특색이 있었다. 이에 대해 그간 함께 토론하고 생각하면서 그 둘을 통합한 결정체를 이번에 내놓게 된 것이다.

볼거리, 들을 거리, 느낄 거리, 맛볼 거리……로 넘쳐나는 지식정보화 시대에 우리는 인터넷이란 조직 속으로 정보 사냥을 나갔다가 디지털 정보에 깔려 죽을지도 모른다. 그러나 아이디어가 많은 학생, 능력 있는 회사원, 성공한 경영자가 되려면 책을 읽어야 한다. 책이건, 신문이건, 잡지건, 컴퓨터 화면이건 모든 '책'은 조직과 관계있기 때문이다. 그러므로 조직론은 경영학을 전공하는 자만의 것이 아니다. 경영학과 행정학을 연구하기 위해 또는 기업 조직을 운영하기 위해, 미래에 괜찮은 직장에 입사하기 위해…… 어떤 상황에 있든 조직에 대하여 이해하는 것은 전공자와 비전공자를 가리지 않고 모두에게 필요하다. 그러한 조직에 관한 이야기, 즉 조직이론, 조직설계, 조직의 삶을 이해하는 것이 이 책의 목적이다. 다시 말해 경영자가 급변하는 환경에 맞추어 조직의 구조를 어떻게 설계하고 변화시킬 것인가에 대하여 설명하고 있다. 궁극적으로는 조직목표인 조직의 유효성을 높이려는 다양한 과정을 기술하였다.

『조직론: 경영과 행정의 이론과 실제』를 써 가면서 되짚어 본 게 많다. 급변하는 환경변화에 적합한 효율적인 조직은 어떤 모습인가? 조직과 조직의 환경은 미래에 어떻게 변화할 것인가? 조직설계를 위한 기본적인 도전은 무엇인가? 조직설계를 함에 있어 권한과 통제, 표준화와 상호조정, 의사결정의 문제 등이 왜 중요한가? 조직변화의 유형과 형태에서 조직은 어떤 생명력으로 장수기업으로 발전할 수 있고, 의사결정과 학습 그리고 문화 및 권력에 대한 이해가 조직에서 왜 중요하며, 혁신과 기업가정신 그리고 창의성 경영과 기업윤리가 조직론에서 왜 핵심이 되고 있는가? 떠오르는 물음에 답을 찾으려 기술하는 내내 고민하였다.

더불어 조직의 주체인 인간이 조직에서 어떤 기능과 역할을 하는지에 대하여 되도록이면 쉽게 설명하고자 노력하였다. 표와 그림으로 효과적인 이해를 돕고, 핵심적인 내용은 시사적 문제들을 가져와 '이야기'로 풀어 강조한 것도 그런 까닭이다. 그리고 각 장에는 'Quiz'와 'Discussion'을 두고 교수와 강사를 위한 별도의 교안을 마련하였다. 전통적인 교과서 기술 방식에서 벗어난 이런 '혁신'이 조직론이 아우르는 주제들을 습득하는 데 유쾌하고 재미있으며 동시에 실질적 도움이 되기를 바란다. 조직 내외부에서 발생하는 다양한 문제에 직면한 실무자들이 이 책을 통해 해결책을 찾을 수 있기를 기대한다.

두 명의 필자가 협업하는 과정에서 나눈 많은 내용이 이 책 여러 곳에 투입되어 더 발전된 모습으로 출간이 되어 기쁘고 감사하다. 이제 『조직론: 경영과 행정의 이론과 실제』를 세상에 내놓는다. 이 책의 고객인 학생, 사회인, 직장인, 교수님에게 이 책이 조금이라도 공헌했으면 한다. 그리고 건설적인 비판을 기대한다.

2013년 서울, 임창희·홍용기

이 책의 구성

경영과 행정의 이론과 실제를 이해하기 위해서 조직에 대한 기본적 이해, 조직설계, 조직환경, 조직변화에 관하여 필수적으로 학습해야 한다.

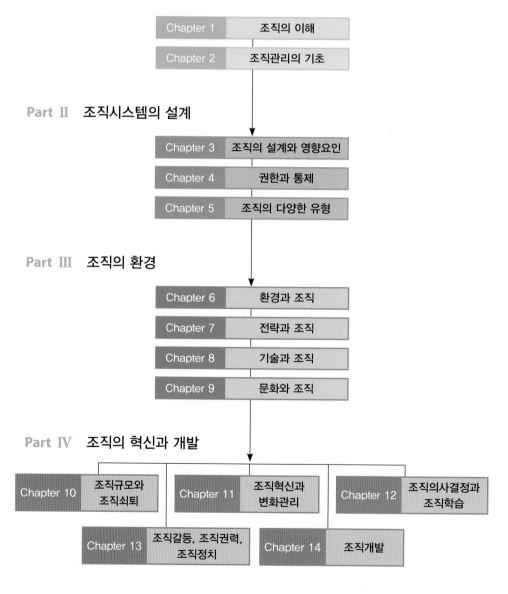

Part I **조직의 기초지식**

| Chapter 1 | 조직의 이해 |
| Chapter 2 | 조직관리의 기초 |

Part II **조직시스템의 설계**

Chapter 3	조직의 설계와 영향요인
Chapter 4	권한과 통제
Chapter 5	조직의 다양한 유형

Part III **조직의 환경**

Chapter 6	환경과 조직
Chapter 7	전략과 조직
Chapter 8	기술과 조직
Chapter 9	문화와 조직

Part IV **조직의 혁신과 개발**

Chapter 10	조직규모와 조직쇠퇴
Chapter 11	조직혁신과 변화관리
Chapter 12	조직의사결정과 조직학습
Chapter 13	조직갈등, 조직권력, 조직정치
Chapter 14	조직개발

Brief Contents

Part II
조직시스템의 설계

Part III
조직의 환경

◆◆ 표 차례 **Table Contents**

◆◆ 그림 차례 **Figure Contents**

◆• 조직 인사이트 차례　Organizational Insight Contents

Part **I**

조직의 기초지식

현대를 조직(organizations)의 시대라 한다. 현대인은 조직에서 한시도 벗어나 살 수 없다는 뜻이다. 조직은 불확실하고 변화하는 환경에 존재하며, 끊임없이 새로운 도전과 문제에 직면한다. 조직이 생존하고 성공하며 효과적으로 수행하려면 경영자나 관리자는 이러한 도전과제와 문제에 대한 해결책을 찾아야 한다. 그러므로 1장 조직이 무엇인지, 왜 조직이 필요하며 중요한지, 조직이 효율적으로 운영되기 위해서 필요한 것은 무엇인지, 조직이 어떻게 목표를 달성하는지에 대하여 학습함으로써 조직을 보다 많이 이해하려고 한다. 또한 조직론의 정체는 무엇이며, 조직론이 역사적으로 어떻게 발전해 왔는지 그리고 조직과 관련된 이론을 공부하거나 연구하는데 필요한 접근방법에 대하여 이해하려고 한다. 2장에서는 조직의 운영을 위해 조직 유효성(organizational effectiveness)과 조직구조(organizational structure)의 다양한 형태에 관하여 학습한다.

Chapter ◆◆ **1**

조직의 이해

경영은 예측하고 계획하는 것이며, 조직화하는 것이고, 명령하고 조정하고 통제하는 것이다.

– H. Fayol

조직을 강조하는 주장은 어떠한 경우에도 개인보다는 조직이 우선한다는 원칙을 강조하는 것이기에 인간 중심적으로 조직을 구축하기보다는 조직구성원 전체로서의 도덕성과 행복을 추구하도록 조직을 구축하여야 한다.

– L.F. Urwick

경영은 조직목표 관점에서 보면 개인의 합리성을 최대한 발휘할 수 있는 환경을 설계하는 것이다.

– H.A. Simon

체계적으로 검증되지 않았을 뿐 아니라 특정 상황에서만 적용되는 관리적 편법에 지나지 않는 관리원칙을 마치 과학적 법칙인 양 가르치려는 경향은 매우 위험하다.

– J. Woodward

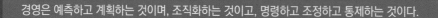

◆ 학습목표

학습목표 1 : 조직의 중요성에 대하여 이해할 수 있다.

학습목표 2 : 합리적 인간관 대 경제적 인간관을 비교할 수 있다.

학습목표 3 : 조직의 구성요소와 영향요인에 대하여 설명할 수 있다.

학습목표 4 : 조직론이 무엇인지 이해할 수 있다.

학습목표 5 : 조직론의 발전에 대하여 설명할 수 있다.

학습목표 6 : 조직론의 종합과학적 특성을 이해할 수 있다.

◆ 핵심키워드

경영, 경영활동, 가치창출, 조직, 조직목표, 조직원리, 조직운영, 조직화, 합리적 인간, 감성적 인간, 조직 정의, 공동목표, 시스템, 경계, 환경, 과학성, 실증성, 논리성, 보편타당성, 간결성, 수정 가능성, 정량적, 정성적, 분석단위, 분석수준, 인접 학문, 종합과학, 공헌, 유인, 이해당사자, 패러다임

I   조직이해의 기초

1   조직이란?

조직의 일반적 의미

일반인뿐만 아니라 경영학을 공부하는 사람도 "조직(organization)이란 무엇인가?"라고 물으면 쉽게 답할 사람이 그리 많지 않다. 삶은 무엇인가, 행복이란 무엇인가 등과 같이 어떤 말이나 사물의 뜻을 밝혀 규정하는 데 익숙하지 않다. 그래서 무의식적으로 사용하면서도 정확하게 말로 옮기지 못한다. 조직에 대해서도 마찬가지이며, 또한 조직을 제대로 바라본다는 것 자체도 그리 쉬운 일은 아니다.[1] 경영학을 학습하는 여러분은 조직을 무엇이라 정의하는가?

〈표 1-1〉 **조직이란 무엇인가?**

- 사람의 모임
- 사람, 돈, 재료를 조합하여 제품 및 서비스를 생산하는 곳
- 최소한의 자원으로 최대한의 효과를 추구하는 곳
- 자아실현의 장소
- 삶의 보람을 찾는 곳
- 구성원이 모여서 일하는 곳
- 자아정체성을 알려 주는 곳
- 직장 혹은 기업
- 돈 버는 장소
- 영리 추구를 위한 집단

조직이 무엇인가를 파악하는 것, 즉 조직 전체를 있는 사실대로 바라보는 것, 조직의 안과 밖에서 이루어지는 온갖 중요한 행동을 진실하게 관찰한다는 것 자체는 매우 의미 있는 일이다. 일반인은 조직을 특정 회사의 외형적 건물과 같은 자산 혹은 장소적 개념으로 연상하거나 특정 회사에 다니는 사람을 생각하면서 조직을 바라보려고 한다. 하지만 건물이나 그 속의 사람과 같은 단편적 조각만으로는 조직 전체를 이해할 수 없다. 부분을 이해했다고 해서 전체를 이해했다고는 볼 수 없기 때문이

다. 전체가 부분의 합보다 크기 때문에, 부분은 부분대로 알아내면서 전체를 이해해야 한다. 어떤 조직은 생각했던 것보다 훨씬 더 복잡하고 반대로 복잡하다고 생각했던 조직이 의외로 더 단순한 경우도 많다. 위치적으로도 어떤 조직은 한정된 지역에서만 활동하지만, 어느 조직은 전 세계를 무대로 움직이기도 한다.

◆◆ 조직 인사이트 1-1 인간 행동의 기초, 조직

경영(management)은 라틴어의 손에 해당하는 마누스(manus)라는 말로부터 유래하였다. 마누스란 말을 훈련시키는 것, 마술(馬術), 말고삐를 잘 다루어 말을 잘 길들이는 것 등을 의미한다. 기수가 고삐, 재갈, 박차(拍車), 당근과 채찍을 이용하여 말을 잘 다루는 것이 바로 말 경영(관리)이다. 어원에 근거해 볼 때 경영이란 조직에서 사람이 일을 잘하도록 하게 하는 것이라고 할 수 있다.

일을 중심으로 모인 사람들이 직무나 노동을 효율적으로 할 수 있도록 계획하고(planning), 조직하고(organizing), 지휘하고(directing), 조정하고(coordinating), 통제하는(controlling) 것이 경영이다([그림 1-1] 참조).[2] 이것을 정부에서는 관리, 행정이라는 말로 바꿔 쓰는데 경영, 관리, 행정이라는 말은 거의 같은 의미를 담고 있다.

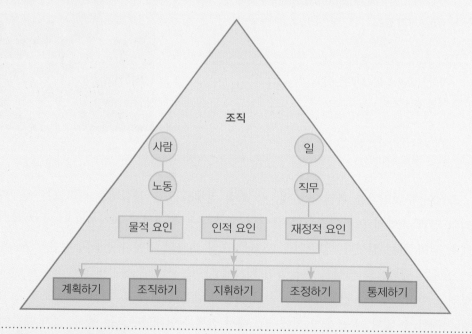

[그림 1-1] 조직 속의 경영

조직이라고 할 때 가장 먼저 떠오르는 것, 즉 사람의 모임이라는 시각적 측면에 대해 살펴보자. 예를 들어 정동진의 해맞이 인파, 엘리베이터를 타려고 지하 1층에서 기다리는 아파트 주민 10명, 북경 관광을 위해 모인 관광객, 포커 게임을 하는 사람, 축구팀 등 이런 모임도 모두 조직이라고 할 수 있는가? 정동진의 해맞이 인파와 축구팀의 선수단은 집단이라는 의미를 담고 있으나, 축구팀만이 조직이라고 할 수 있다. 정동진에서 많은 사람이 해돋이를 보기 위해 왔다 갔다 하는 것과 축구팀에서 선수들이 골을 넣으려고 움직이는 것은 분명히 다르다. 그 차이는 바로 각 개인의 행동과 의지가 의도적으로 조정되고 있는지 아닌지에 있다. 축구팀의 한 사람 한 사람은 제멋대로 뛰는 것이 아니라 각각 조정된 힘에 의해 움직이고 있다. 그런 점에서 조직이란 의식적으로 조정된 인간의 활동이나 다양한 힘의 체계를 의미한다.

단순히 사람이 모여 있다고 해서 조직이라고 말하지 않는데, 그 판단을 내리기 어려울 때는 대상이 되는 모임에 [표 1-2]와 같은 조직의 필수 조건이 들어 있는지 없는지를 파악하면 된다.

〈표 1-2〉 **조직의 필수 조건**

대형 할인마트에 장을 보러 온 고객은 서로 연결도 안 되어 있고 각자 자기 생각대로 장을 보고 각자의 집으로 돌아간다. 따라서 여러 사람이 모였지만 조직은 아니다. 하지만 계산대에서 일하는 캐셔(계산원)는 조직이 정해 준 계산대에 서서 조직의 유니폼을 입고 조직이 정한 방식에 의해 계산업무를 하며 무슨 일이 발생하면 사무실과 통화하고 정해진 시간에 다른 직원과 교대하기도 한다. 이들은 조직의 구성원이며 이들의 모임이 조직이다.

- 사회적 실체(social entity)가 존재해야 한다.
- 목표 지향적(goal directed)이어야 한다.
- 목적을 가진 활동 체계(activity system)가 설계되어 있어야 한다.
- 환경(environment)과 연결되어 있어야 한다.

조직은 적어도 1개 이상의 명확한 목적을 갖고 그 목적을 달성하기 위해 2명 이상의 사람이 상호작용하는 협동체계이다.[3] 상호작용하는 과정에서 여러 가지 구성요소가 복합적으로 연결되고 조정된다. 또한 조직은 사람이 목표를 달성하기 위해 추구하거나 가치 있는 것을 얻기 위해 행동을 조정하는 데 사용하는 도구이다.[4] 학자들은 조직에 대하여 어떠한 정의를 내리고 있는지 살펴보자.

고전적 정의

조직마다 서로 다른 목표, 목적, 역할을 가지고 있기 때문에 조직을 연구하는 학자마다 조직을 바라보는 견해 역시 다양하다. 프로이센 프리드리히 대왕은 18세기 중엽 최초의 조직인 근대적 군대를 창설하면서, 군대조직이란 걷는 보병조직, 말 달리는 기병조직, 끌고 가는 대포조직으로 나뉜다고 하였다. 조직은 서로 다른 과업을 어떻게 수행하는지에 따라 각기 다르게 정의된다고 할 수 있다. 우선 조직에 대한 고전적(classic) 정의를 살펴보자.

• 베버

베버(M. Weber)는 관료제(bureaucracy), 즉 뷰로크라시를 주장한 조직론의 대가이다. 그는 조직을 다른 사회조직과 구별하여 협동집단(corporate group)이라는 개념으로 정의하였다.[5] "조직은 특정 목적을 가지며 그 목적을 달성하기 위해서 구성원 간 합법적 상호작용을 하는 협동집단이다."라고 하였다. 여기서 협동집단이란 내부 규칙에 의해 외부인의 가입이 제한적이거나 폐쇄되어 있는 사회관계를 말한다. 그러므로 조직은 조직의 수뇌부라든지 행정부서의 우두머리(head)와 같은 특정인에 의해서 질서가 유지된다고 보았다. 그는 조직의 공식체계와 공식구조가 중요함을 강조하였다. 조직은 외부와 구별되는 경계(boundary)가 있어야 하며, 조직 내 권한의 위계(hierarchy of authority)와 분업(division of labor)이 존재해야 한다고 했다. 조직은 구성원에 의한 연합적(associative)인 상호작용이 빈번하게 일어나며, 조직의 활동을 규정하는 제도와 절차, 이를 관리할 책임을 맡은 관리자에 의해 유지된다고 본 것이다.

• 바나드

바나드(C.I. Barnard)는 베버의 견해와 일치하기도 하지만 분명한 차이를 보인다. 그는 "조직은 2명 이상의 사람이 공동목표 달성을 위해 의사소통하는 협동체계(cooperative system)이다."라고 했다. 2명 이상의 인간이 갖는 영향력 혹은 의식적으로 조정된 협동체계를 강조한다. 협동체계란 저절로 생기는 활동이 아니라 의식적이며 의도적이고 목적을 가진 조정(coordination)을 의미한다.[6] 베버가 시스템을 중시했다면, 바나드는 개인의 역할, 즉 시스템 속의 구성원에 관심을 두었다. 조직의 기본 구성요소로 협동의지(willingness to cooperate), 공동목표, 의사소통을 들면서, 조직이 공동목표가 있더라도 구성원이 공동목표에 대하여 기꺼이 협동, 협력하려는 의지가 매우 중요하다는 점을 강조했다.

현대적 정의

• 스콧

스콧(W.R. Scott)은 [표 1-3]처럼, 조직의 인간관을 합리적(rational), 자연적 (natural), 개방체계로 인식하고, 세상을 이끌어가는 가장 영향력 있는 존재가 조직임을 분명히 하였다. 그는 조직을 바라보는 관점을 환경개념을 포함하면 개방체계 (open system) 조직관으로, 포함하지 않으면 폐쇄체계(closed system) 조직관으로 구분하였고, 인간에 관한 관점을 자연적 혹은 합리적 인간관으로 구분했다.[7] 베버의 조직관을 합리적 조직관이라 한다면, 바나드의 조직관은 조직 내의 인간 행동에 초점을 두었기에 자연적 조직관이라 할 수 있다. 스콧은 조직을 하나의 사회적 단위 (social unit)로 규정짓고, 이러한 사회적 단위는 저절로 생기지 않고 의도적으로 구축되고 구체적 목표(specific goals) 달성을 위해 끊임없이 재구축된다고 정의한다.

〈표 1-3〉 **스콧의 세 가지 관점**

합리적 인간관으로의 조직	• 테일러 과학적 관리법(Taylor's scientific management) • 베버의 관료제(Weber's theory of bureaucracy) • 페욜의 일반관리론(Fayol's administrative theory)
자연적 인간관으로의 조직	• 메이요의 인간관계론(Mayo's human relations) • 바나드의 협동체계(Barnard's cooperative system) • 셀즈닉의 제도화(Selznick's institutional approach)
개방체계로서의 조직	• 상황적합론(contingency analysis) • 웨익의 조직화론(Weick's model of organizing) • 느슨하게 연결된 체계(loosely couple system)

• 에치오니

에치오니(A. Etzioni)는 "조직이란 구체적 목표 추구를 위해 의도적(deliberately)으로 구성되고 다시 재구성되는 사회적 단위이다."라고 정의하였다.[8] 사회적 단위란 인간이 모여 있는 실체(human groupings)를 의미하며, 환경과 상호작용을 하는 실체임을 말한다. 그는 권력과 복종(compliance) 관계를 기준으로, 강제조직(coercive organization), 공리조직(utilitarian organization), 규범조직(normative organization)으로 조직을 분류했다. 강제조직의 예로는 교도소, 경찰서, 공리적 조직은 일반 기업과 이익단체, 규범적 조직은 정당이나 종교단체 등을 들 수 있다. 그에 따르면 회사, 군대, 학교, 병원, 교회, 교도소 등은 조직으로 볼 수 있지만, 종족, 사회계급, 가족 등은 조직으로 보기 어렵다.

〈표 1-4〉 에치오니의 조직 구성요소

- 구체적 목표달성을 위해 노동, 권한·책임, 의사소통 등이 의도적으로 계획되어야 함.
- 구체적 목표달성을 위해 공동 노력을 통제, 평가하며 조직구조를 개편하여 효율을 제고시키는 역할을 하는 핵심 권력층이 존재해야 함.
- 역할을 못하는 구성원은 대체할 수 있어야 하고, 승진이나 이직의 방법을 활용하여 조직의 인원을 재편성할 수 있어야 함.

• 카츠와 칸

카츠와 칸(D. Katz & R. Kahn)은 시스템이론을 바탕으로 조직현상을 분석한 학자들이다. 이들은 "조직은 공동목표 달성을 위해 구성원이 상호작용을 하며, 조직 내부적으로 통제 규정과 제도를 갖고, 외부적으로 개방시스템(open system)으로서 변화하는 환경에 적응하는 구조도 갖추고 있다."라고 정의한다.[9] 조직은 유기체와 같아서 조직의 외부 환경과 개방적 관계에 놓이고 생존을 위해 적절한 적응구조를 가진다는 점을 강조한다.

• 웨익

웨익(K.E. Weick)은 조직을 인간의 뇌처럼 생각하여 학습, 지능, 창조성, 정보처리 능력을 위한 장치가 있다고 하였다. 조직은 외부 환경에서 불확실성이 높은 사건이 발생했을 때 그 사건을 해석하여 구성원에게 사건의 의미와 사건에 대한 센스메이킹(sensemaking), 즉 대응법을 알려 주어야 한다고 했다.[10] 그는 조직이란 환경 탐색, 해석, 학습의 과정으로 이해해야 한다는 점을 강조한다. 특히 창조된 환경(enacted environment)이라는 개념을 통해 조직에서 개인은 단순히 환경에 수동적으로 반응하는 것이 아닌 환경을 적극적으로 규정하여 환경을 창조해낸다고 주장한다. 조직이 환경을 피동적으로 간주하기보다는 환경을 극복 가능한 존재로 인식한 것이다.

통합적 정의

앞서 서술한 것처럼 몇몇 학자의 조직관은 나름대로 의미가 있지만, 각각의 관점을 모두 암기하거나 완벽하게 이해하기보다 공통점을 분석하여 정의하는 편이 나을 것이다. 조직은 단순히 사람의 모임을 의미하는 것이 아니며 사람 간 상호관계가 이루어진다는 점에서 상호작용의 체계(system of interactions)로 이해해야 한다.[11] 조직은 일과 사람을 담는 그릇이라고 정의할 수도 있다. 조직인가 아닌가를 고민하기 전에, 조직에 대한 통합적 정의에 들어가는 다섯 가지 특성이 존재하는지를 살펴보면 조직인지 아닌지를 분명하게 파악할 수 있다.

• 공동목표

모든 조직은 자체의 공동목표를 가지고 있어 그 공동목표에 따라 조직 내 질서를 유지하며 구성원을 공동목표에 결집시키고 통제하고 관리한다. 조직이 공동목표를 상실한다면 조직으로서 생존할 수 없다.

◆◇◆ 조직 인사이트 1-2 　조직목표와 개인목표

입사지원서를 내고 면접시험을 보러 가면 단골처럼 묻는 질문이 있다. 회사의 목표와 지원자 개인 목표 중에서 어느 목표가 더 중요한가요? 회사의 목표와 상반되는 개인목표를 희생할 수 있나요? MZ세대인 지원자가 한 번도 생각하지 않았던 물음일 수도 있다.

하지만 답은 정해져 있다. 개인목표가 소중하지만, 개별 구성원 각자의 목표는 회사에 입사하는 순간부터 조직목표에 밀린다는 점을 분명하게 기억하자. 물론 개인목표와 조직목표가 일치된다면 그건 무조건이다.

• 체계적 구조

조직은 체계적(systematic)인 구조를 갖는다. 체계(system)란 하나의 부분이 다른 부분과 상호 의존적으로 관련을 맺고 있어 전체로서 다루어야 한다는 점을 의미한다. 즉 조직은 일과 책임이 질서 있게 나뉘어서 순서대로 연결되고 계획자와 실행자가 있으며 권한과 약속으로 연결되어 있다. 그러므로 조직의 체계적 구조는 단순히 구성요소의 집합만을 의미하는 것이 아니다. 조직이라는 전체는 부분을 종합한 것 이상이 된다.

아마존은 조만간 자율운행 드론으로 소포를 배달한다. 아마존이 공개한 이 드론은 30분 거리에 있는 고객에게 2.3kg 무게의 소포를 배달할 수 있고, 최대 24km를 비행할 수 있다. 오리건 대학의 DIGIT-1이라는 로봇(사진)은 무인자동차에 소포를 싣고 가서 배달지에서 짐을 내려 손으로 들어서 고객 집의 계단을 올라가 문 앞에 놓고 다시 차를 타고 돌아온다. 우리나라의 NAVER사는 뉴스 편집 일을 해오던 수십 명의 담당자들을 다른 부서로 보내버렸다. AI에게 뉴스 편집을 모두 맡겼기 때문이다. AI가 뉴스 편집에 동원되면서 2년 만에 사람의 자리를 모두 꿰찬 것이다. 행정안전부와 공정거래위원회, 지자체 의회에서는 그동안 인간 속기사에게 맡겼던 일을 'AI 속기사(速記士)'에게 모두 맡겼다. AI시스템은 발언자별로 음성을 인식해 실시간으로 속기록 초안(草案)을 만들면 인간 속기사는 최종 수정만 한다. 여러 명이 한꺼번에 발언하거나 장시간 이어지는 회의에도 지치지 않고 90% 이상의 정확도를 보인다. 이런 식으로 당장 400여 개의 직업은 AI가 맡는다. 따라서 시대에 맞는 인재 양성을 위해 과감한 패러다임 전환이 필요하다. 텔레마케터, 통신서비스·인터넷 판매원, 사진인화·현상기 조작원, 택배기사, 방수공, 구두미화원은 물론이고 고소득 전문직으로 꼽히는 의사, 변호사, 회계사, 손해사정인, 감정평가 전문가에 이르기까지 이들 직업이 AI로 완전 대체하기까지는 시간문제이다. 한 연구결과에 따르면 우리나라 청소년들이 가장 희망하는 직업인 공무원, 요리사 일의 60% 정도는 AI가 대체한다.

이러한 상황에서 대조적인 두 방향의 인사정책이 있을 수 있다. 예를 들면 한국도로공사는 고속도로 무정차 요금징수시스템인 '스마트톨링'을 도입하려다 수천 명의 수납원 일자리를 감안하여 유인(有人) 수납을 유지하기로 했다. 반면에 싱가포르개발은행(DBS)은 500명의 고객센터 직원들을 재교육해 소셜미디어 매니저, 고객경험 디자이너, 음성 인식·생체 전문가 등 13개의 새로운 직업군으로 전환했다. 연간 400만 건 이상의 고객 전화가 쏟아지는 가운데 고객의 디지털 수준이 점차 높아지면서 전화보다 인터넷, 소셜미디어 등 다양한 채널로 고객이 이동하는 데 따른 조치다. 무조건적 감원(減員) 대신 AI 시대에 맞는 재교육에 나선 것이다.

로봇은 사람이 위험하거나 맞지 않아서 못 했던 일을 대체하는 것일 뿐 1대1의 비율로 사람을 대체할 수는 없을 것이다. 즉 객관적인 분석은 AI가 잘하지만 이를 바탕으로 창의적이고 주관적인 판단을 하는 것은 인간의 몫이기 때문에 인간을 지식노동자로 훈련시키면 일자리는 훨씬 다양해질 수 있다.

AI의 판단에 지나치게 의존하면 사람이 결국 좀비처럼 될 수 있는 만큼 주체적으로 생각하는 인간근로자를 채용하고 육성하는 것이 미래 경영자의 책임이다. 모두가 조직의 도구이지만 인간도구와 기계도구는 엄연히 다르다.

• 인간에 의한 집단

조직은 사회적 창조물로서 인간에 의해 만들어졌고 살아서 움직인다. 그러므로 건물, 공장, 사무실, 회사 간판 등 그 자체를 조직이라고 말하지 않는다. 또한 AI 로봇틱스, IoT 등으로 가동되는 스마트팩토리(smart factory) 등 무인 시스템도 조직이 아니다. 그것을 활용하는 인간들의 모임이 조직이다. 그것은 조직의 공동목표 달성을 위하여 활용되는 하나의 도구이다. 도구를 활용하는 인간과 그들이 맡은 임무가 조직 속에는 항상 존재한다. 그리고 조직을 구성하는 인간은 끊임없이 조직을 들락날락하면서 교체되더라도, 조직은 계속성을 갖고 존속(going concern)한다.

• 조직의 경계

조직은 환경과 지속적인 자원과 정보를 주고받는데, 조직 자체의 경계(boundary)가 있어야 다른 조직이나 환경과 구별된다. 경계란 눈에 보이는 회사의 담벼락 같은 것이 아닌 눈에 보이지는 않지만, 조직이 활동하는 영역(organizational domains), 즉 조직이 제품 및 서비스를 제공하는 조직정체성(organizational identity)이다.

◆◆◆ 조직 인사이트 1-4   R&R과 분업의 힘

R&R은 역할(role)과 책임(responsibility)을 말한다. 기업은 부서 R&R을 업무분장, 업무분업, 사무분장이란 용어로 사용하기도 한다. R&R은 자신이 속한 부서의 구성원 각자가 맡을 역할과 그 역할에 따르는 책임을 명확하게 설정하여 담당직무가 무엇인지, 수행할 업무의 내용이 무엇인지, 조직도 상에 결재라인이 무엇인지를 규정화해 놓은 것이다.

아담 스미스(A. Smith)는 [국가의 부: 본질과 원천에 대한 탐구], 즉 국부론 1장에서 핀(pin) 공장을 예로 들어 분업을 설명했다. 핀 생산 공정을 나누어 1사람이 한 가지 공정만 담당한다면 일의 효율이 훨씬 높아짐을 주장하였다. 철선을 자르고, 끝을 뾰족하게 만들고 핀의 끝부분을 갈아서 핀 머리와 붙이는 등 18단계의 공정을 분업화하였더니 1일 생산량을 1인당 4,800개로 높일 수 있었다. 훗날 기업 경영에 있어 생산분업을 넘어 업무분장, 조직분업, 관리분업으로 발전하고 있다.

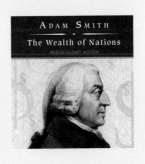

• 환경과의 교류

환경(environment)이란 조직 외부에 존재하는 거의 모든 영향력(influence)이라 할
수 있다. 기업을 예로 들면 경쟁사, 소비자, 주주, 정부, 노조, 자금시장, 기술 등을
환경이라 한다. 조직은 이러한 환경과 직·간접적으로 영향을 주고받는다. 동시에 조
직은 다양한 환경과 지속적인 교류를 해야만 생존할 수 있다. 환경과 조직에 대해서
는 6장에서 자세히 다룬다.

2 조직의 중요성

조직은 영리조직(profit organization)과 비영리조직(nonprofit organization)으로 구분
할 수 있다. [표 1-5]와 같이 영리조직은 기업, 회사, 직장, 연구소 등을, 비영리조직
으로는 정부, 대학, 교회, 복지재단, 박물관, 도서관, 동물원, 소방서, 군대 등과 같
은 조직 등을 든다. 이처럼 기준에 따라 다양한 조직이 존재하는데, 그렇다면 이 책
은 어떤 조직에 관심을 갖는가? 경영학 혹은 조직론에서는 다른 것에 우선하여 영리
조직에 주된 관심을 갖는다. 만일 행정학을 전공하는 학생이라면 당연하게 비영리조
직에 주목할 것이다. 본서에서는 영리를 목적으로 하는 기업뿐 아니라 규모가 작은
중소기업체, 교회나 정부와 같은 비영리조직까지 모든 조직을 대상으로 하여 조직에
관한 이론과 실무를 학습한다.

〈표 1-5〉 **영리조직과 비영리조직 비교**[12]

구분	영리조직	비영리조직
사명	중요	매우 중요
목적	이익창출	핵심 서비스 제공
재정	재무적 성과	예산집행 준수
조달	자기자본, 타인자본	조세, 수수료, 현금, 기부금, 보조금, 회비
활용	자유경쟁원칙	법규, 규칙, 정관의 근거
성과	단기목표	중장기 발전에 초점
책임	경영진, 소규모 이사회	상근, 비상근, 무보수, 대규모 이사회
조직	기업, 회사, 연구소	정부, 대학, 교회, 복지재단, 박물관, 도서관, 동물원, 소방서, 군대

지난 100년간 가장 의미 있는 혁신을 꼽으라면 단연코 근대 기업조직의 성장이라고 할 수 있다.[13] 19세기만 해도 이렇다 할 노동조합도 없었고, 무역협회와 같은 기구도 없었으며, 대규모 조직이나 비영리조직도 없었다. 혁신과 새로운 비즈니스 기회를 탐색하는 일은 조직이 만들어진 이후 계속되고 있다. 빅데이터, 인공지능, 사물인터넷, 로봇기술, 3D 프린팅, 자율주행 등에서 볼 수 있듯이 수많은 조직이 근본적인 변화를 겪고 있다.

〈표 1-6〉 **조직의 존재 이유**

- 바람직한 조직목표 수립과 공동목표 달성을 위한 도구를 제공함.
- 효과적으로 제품 및 서비스를 생산하게 함.
- 혁신을 촉진함.
- 현대적 생산기술과 최첨단 신기술을 활용하도록 함.
- 환경변화에 적응할 수 있게 함.
- 소유자, 고객, 구성원을 위한 가치를 창출함.
- 구성원을 지휘 · 조정하고 동기부여와 경력개발을 지원함.

어려운 환경에서도 지속적으로 발전한 조직은 오늘날 인간 삶의 핵심으로 작용하며 엄청난 영향력을 발휘하고 있다. 물론 과거에도 조직은 여러 곳에서 위력을 행사하였다. 대부분의 인간은 태어나서 죽을 때까지 어떠한 형태로든 조직과 관계를 맺고 살아야만 한다. 조직이 중요하기 때문에 경영학을 배우는 학생이든 그렇지 않은 일반인이든 조직에 대한 학습을 게을리 해서는 안 된다. 조직이 존재하는 이유([표 1-6] 참조)와 함께 조직에 대하여 학습해야 하는 이유를 정리해 보자.

사회의 핵심 구성요소

조직은 사회의 핵심 구성요소이며 사회의 기초가 되고 사회를 이끌어 가는 주체이기 때문에 조직에 대하여 잘 알아야 한다. 조직에 대하여 관심을 가지면 가질수록 조직을 더 잘 관리하게 되고 그 결과로 사회가 더 발전하게 된다. 더구나 현대 사회는 다양한 조직이 복잡하게 어우러져 개인생활, 가정생활에까지 영향을 미치기 때문에 조직에 대한 학습은 개인의 행복과도 관계가 깊다.

사람은 거의 매일 조직과 접촉을 하며, 조직이 주는 각종 혜택을 누리고 산다. 누구나 그렇듯이 병원조직의 도움을 받아 태어나며, 태어남과 동시에 정부조직에 출생신고를 하고, 사회의 일원이 된다. 곧바로 가장 기초적인 단위인 가족이라는 조직의 구성원으로서 존재하게 된다. 기업이라는 조직이 만들어 낸 각종 제품 및 서비스를 통해 성장하고, 학교조직에서 교육을 받는다. 졸업 후 기업에 취업하여 사회활동을 수행함과 동시에 삶을 영위한다. 병원조직에 신세도 지며, 그러다가 장의사 조직의 도움을 받아 생을 정리한다. 이처럼 조직은 인간활동의 가장 기초가 되므로 누구든지 잠시라도 조직으로부터 벗어나는 것은 불가능하다.[14]

조직성과가 사회에 미치는 영향

조직은 자체 활동을 통하여 어떤 산출물(output)을 사회에 내놓기 때문에 항상 결과지향적이다.[15] 조직은 조직마다 특정한 목표를 세우고 이를 달성하여 바람직한 결과를 내려고 한다([그림 1-2] 참조).

하지만 개인이 조직에 투입됐다고 해서 그 결과가 항상 좋은 것은 아니다. 조직은 조직목표를 달성하려고 가끔 좋은 결과뿐만 아니라 나쁜 결과도 초래한다([그림 1-3] 참조). 예를 들어 기업은 영리를 목적으로 활동하면서 삶의 질(quality of life)을 높이기 위한 좋은 제품 및 서비스를 저렴한 가격에 내놓지만 필연적으로 수반되는 공해 및 폐수 등을 배출하기도 한다. 또한 성차별 및 인종차별 정책을 추진하기도 하고 심

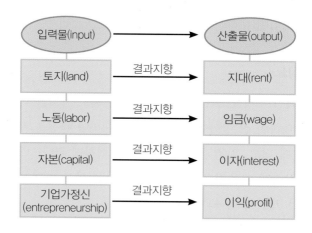

[그림 1-2] 입력물과 산출물

지어 전쟁이나 영토 분쟁을 일으켜 조직이 속한 기업이나 국가의 이득을 취하는데 이러한 국가 역시 조직이다. 따라서 조직이 나쁜 산출물은 가능한 줄이고 좋은 산출물을 많이 내놓도록 하기 위해 조직에 관한 연구와 학습이 필요하다.

조직목표 달성을 통한 개인목표 달성

조직구성원은 조직의 공동목표로 인해 개인의 목표를 희생하기도 하며, 조직목표에 개인목표를 종속시키고 순응 및 복종해야 한다. 하지만 이것은 개인의 입장에서 보면 부정적일 때도 있다([그림 1-3] 참조). 조직은 이렇게 개인의 생활에 긍정적 영향

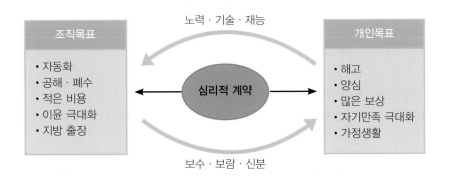

[그림 1-3] **조직목표와 개인목표 간 심리적 계약**

뿐만 아니라 부정적 영향도 동시에 준다. 그러므로 부정적 영향을 최소화하고 긍정적 영향을 최대화하는 방향으로 조직을 운영해야 조직목표와 개인목표의 조화가 달성되기 때문에 조직에 대한 학습이 필요하다.

◆◆◆ 조직 인사이트 1-7　심리적 계약

조직과 개인 간 심리적 계약이 만들어진다고 한다. 샤인(E.H. Schein)은 [조직심리학(Organizational Psychology)]에서 심리적 계약을 조직과 개인 사이에 맺어지는 보이지 않는 기대로 설명한다. 그는 심리적 계약을 조직이 개인에게 가지고 있는 기대와 구성원이 조직에 대하여 가지는 기대로 구분한다. 조직과 개인 기대의 균형이 조화를 보이지 않으면, 계약이 장기간 지속되기가 어렵다. 고용주는 노동력, 충성심, 근면성 등을 개인에게 기대하고, 구성원은 급여, 승진, 권한, 고용 보장 등을 고용주에게 기대한다.

〈표 1-7〉 **심리적 계약 측정 설문지**

최근 6개월 사이에 다음 사항을 얼마나 경험하였는지 체크해 주세요.	매우 그렇지 않다	그렇지 않다	보통	그렇다	매우 그렇다
1. 지금 하고 있는 일을 그만두고 싶다는 생각을 한다.					
2. 자신을 잊을 정도로 일에 몰입하고 있다.					
3. 세세하게 신경 쓰는 것이 귀찮게 느껴진다.					
4. 일이 나의 적성에 맞는다고 생각한다.					
5. 동료의 얼굴을 보는 것도 싫다.					
6. 나의 일이 가치 없다고 생각한다.					
7. 하루 일과가 끝나면 드디어 끝났다라고 생각한다.					
8. 출근 전, 회사 가기 싫어! 라고 생각한 적이 있다.					
9. 퇴근 때, 기분 좋은 날이었다라고 생각한 적이 있다.					
10. 동료와 대화하고 싶지 않다.					
11. 일의 결과가 어떻게 되든 나와는 무관하다.					
12. 일 때문에 마음의 여유가 사라진 것 같다.					
13. 현재의 일에 매우 기쁨을 느끼고 있다.					
14. 현재 일은 내게 별 의미가 없다.					
15. 일이 재미있어 시간 가는 줄도 모른다.					
16. 몸도 마음도 지쳤다고 생각한다.					
17. 하루 일과를 잘 끝냈다라고 생각한 적이 있다.					

조직과 조직성과에 관심을 갖는 이유

구성원이 자신이 속한 조직을 얼마나 이해하고 있느냐에 따라 그 조직성과가 높아질 수도 낮아질 수도 있다. 조직에 대한 명확한 인식이 없고 조직에 참여하는 것에 대한 뚜렷한 의욕이 없는 구성원으로 이루어진 조직이 그렇지 않은 조직에 비해 목표달성이 현저하게 낮다. 조직이 구성원에게 다양한 조직지원(organizational support)을 해주면 뚜렷한 의지를 가진 구성원이 조직몰입(organizational commitment)을 할 수 있고, 이는 조직성공(organizational success)으로 연계될 수 있다.

조직의 가치창출 역할

조직은 항상 가치창출(value creation)을 하려고 한다. 가치창출은 조직의 투입, 변환과정, 산출의 세 가지 단계에서 모두 발생하며, 각각의 단계는 조직환경(organizational environment)의 영향을 받는다. 투입단계는 원재료, 자산과 자본, 인적자원, 정보와 지식, 내부 고객 등이 조직에 투입되는 단계이다. 조직은 조직환경으로부터 다양한 투입물을 선택하고 획득하여 제품 및 서비스를 만들기 위한 재료를 사용한다. 이처럼 조직은 각종 투입물을 산출물로 전환하기 위해 기계, 컴퓨터, 인적자

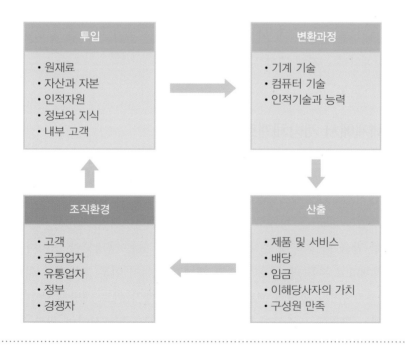

[그림 1-4] 조직의 가치창출 단계

원 등이 소유한 기술과 능력을 활용한다.

투입단계를 거쳐 변환과정에서도 가치창출은 일어난다. 변환과정에서 조직은 환경에 대응하는 다양한 학습 능력이나 숙련을 통해 가치를 더 높이려 한다. 변환과정을 거친 뒤 산출단계에서는 투입단계에서 환경으로부터 받아들였던 각 자원에 추가적인 가치를 더하여 새로운 자원 혹은 변형된 자원, 즉 제품 및 서비스 등과 같은 산출물을 조직환경에 내놓는다. 투입단계에서 원재료, 자산, 자본, 정보, 지식 등의 자원들이 조직환경으로 배출되기 위한 변환과정을 거치고, 그러한 자원은 조직환경에 의존한다. 산출단계에서는 고객에 대한 제품 및 서비스를 내놓는데, 긍정적 산출물은 구성원 만족, 부정적 산출물은 공해, 변환과정에서 나오는 각종 부산물이 있다.

Ⅱ 조직을 바라보는 기본 관점

조직을 관찰하고 조직이 어떻게 기능(function)하는지 살펴보는 방법이 있다. 그 방법 중에서 세 가지 정도를 알아보자. 즉 조직을 개방체계(open system)로 바라보는 관점, 조직 내부를 다섯 가지 기본 부문으로 나누는 관점, 인간을 우선해야 하는지 조직을 우선해야 하는지에 대한 상대적 관점이 있다.

1 폐쇄체계에서 개방체계로

조직에 관한 연구에 있어 가장 의미 있는 작업 중의 하나는 조직이 환경과 교류하는지 안 하는지, 즉 개방체계(open system)와 폐쇄체계(closed system)로 구분하는 것이다.[16] 시스템(system)을 체계로 해석하는 게 일반적이지만 조직론 학자는 유기체(organism)란 말을 더 흔하게 쓴다. 유기체란 살아 있는 생명체란 뜻이다. 그러므로 조직을 유기체라고 부를 때 상호 관련된 개체가 모여서 이룬 조직체를 의미한다. 이때 환경에 의존하거나 환경과 교류하고 있는 유기체가 바로 개방체계이다. 이에 비해 폐쇄체계는 환경에 의존하지 않으면서 자생적이고 독자적이며 외부 세계로부터 고립되거나 이탈되어 있는 조직을 의미한다. 현실적으로 존재하지 않을 것 같지만 과거 많은 조직론 학자가 조직을 조직의 내부체계에 국한하여 폐쇄적 존재로 간주한 적이 많았다. 테일러(F. W. Taylor)의 과학적 관리법은 내부 조직을 더 효과적으로 만드는 데 환경의 영향력을 크게 고려하지 않으면서 환경 영향력보다는 효율 및 능률(efficiency) 관리에 초점을 두었다.

현대 조직론 연구를 통해 조직이 외부 환경과 상호작용을 해야만 존속할 수 있다는 개방체계 관점이 확산되었다. 따라서 환경에 대한 적응(adaptation)이 중요한 개념이 되었으며, 조직 내부의 효율 및 능률 문제는 관심 밖으로 밀려났다. 다시 말해 희소한 자원을 어떻게 획득하며 환경변화를 어떻게 해석할 것인지, 소용돌이치듯 급변하는 환경에 어떠한 내부활동을 조정하고 통제할 것인지, 어떤 산출물을 만들어 대응할 것인지에 대하여 보다 많은 관심이 촉발되었다. 제록스, IBM, 포드와 같은 기업이 환경변화에 적절하게 대응하지 못하고 내부적인 것에만 시간을 낭비하다가 결국 시장에서 배척되어 오랫동안 어려움을 겪었다.

◆◇◆ 조직 인사이트 1-8　개방체계와 하위체계

조직이 생존하려면, 필수적으로 필요한 기능부서, 즉 생산부서, 환경경계(boundary spanning)부서(구매부서, 홍보부서, 영업부서, 유지보수부서, 환경적응관리부서 등)가 하위체계가 된다. 생산부서는 외부 환경으로 제품 및 서비스를 산출하는 체계이고, 환경과 경계에 있는 부서는 외부 환경과의 교환(exchange)에 대한 책임을 갖는 체계이다. 이러한 부서는 원재료를 구매하는 부서, 제품 및 서비스를 홍보하거나 제품 및 서비스를 영업 혹은 마케팅하는 활동을 통해 조직의 경계를 확장하는 역할을 한다. 유지보수부서는 조직의 물적·인적요소를 유연하게 운영하는 데 관심을 가지며, 환경적응관리부서는 조직의 변화와 적응에 관여하고 다른 부서와 구별되게 조직의 여러 가지 하위체계를 지시하고 조정하는 역할을 담당한다.

• 조직은 핵심기능(primary function)을 수행하는 본원적(1차적) 기능, 핵심기능을 지원하는 부차적(2차적) 기능(secondary function)을 수행하는 하위체계로 설계된다.

② 단순한 조직에서 다양한 조직으로

그간에는 조직을 하나의 개체로 보아 환경에 일관성 있게 반응한다는 관점이 우세했다. 하지만 건물이 주거용인지, 사무실용인지, 공장용인지에 따라 짓는 관점이 달라야 하듯이 조직도 어느 부문이 강조되느냐에 따라서 전혀 다른 관찰이 가능하다. 그러므로 조직환경, 조직설계, 조직변화, 조직개발 등을 연구할 때 조직의 범위와 속성을 명확하게 정해놓고 관찰하고 연구할 필요가 있다. 민츠버그(H. Mintzberg)는 조직의 주요한 부문을 단순한 조직에서 다양한 조직으로, 즉 다섯 가지로 구분하고[17] 이러한 부문이 조직의 환경, 전략, 기술의 영향력에 따라 그 크기와 중요성이 다양하게 달라진다고 주장한다. 다섯 가지 기본부문이란 전략 부문, 전문기술 부문, 지원스태프 부문, 중간관리자 부문, 일선운영 부문이다. 이에 대해서는 2장에서 다시 자세하게 살펴본다.

◆◆◆ 조직 인사이트 1-9   개인의 업적과 조직

"경외, 감탄, 겸손, 자부심, 흥분...... 이는 다른 이들의 수많은 실패 끝에 지구상에서 가장 높은 봉우리에 최초로 오른 사람이 느낀 감정이었다." 1953년 힐러리(E.P. Hillary: 사진) 경은 에베레스트산 정상(8,848m)에 세계 최초로 오른 뒤 감정을 그렇게 표현했다. 뉴질랜드에서 꿀벌을 키우던 33세 힐러리는 1953년 네팔의 셰르파 텐징 노르가이(T. Norgay)와 함께 나중에 힐러리 스태프로 이름 붙여진 험난한 12미터 수직 빙벽을 올라 정상에 우뚝 섰다. 베이스캠프로 돌아온 그는 "우리가 저 자식을 넘어뜨렸다(We knocked the bastard off)."는 유명한 말로 감격을 표현했다.

소식을 들은 엘리자베스 2세(Elizabeth II)는 그에게 기사(knight) 작위를 수여했다. 그는 1957년 썰매와 도보로 남극을 탐험해 그곳에 스콧기지를 지었고, 이듬해 개조한 트랙터를 이용해 최초로 남극을 차량으로 탐사하는 데 성공했다. 1956년부터 1965년에 걸쳐 히말라야 봉우리 10개를 정복했다. 힐러리 경은 자서전 [모험 없이는, 아무것도 얻지 못한다(Nothing Venture, Nothing Win)]를 출판한 뒤 가진 인터뷰에서 "모험은 나처럼 평범한 자질을 가진 평범한 사람도 가능하다는 것을 알려 주었다."고 말했다.

생존 인물로는 유일하게 뉴질랜드 5달러 지폐에 얼굴이 그려진 그는 1982년 자필 사인한 5달러 지폐 1,000장을 판매해 모은 53만 달러(당시 약 5억 원)를 네팔에 기부했다. 그는 2008년 1월 11일, 88세의 나이로 생을 마감했다.

---

3 조직 중심에서 인간 중심으로

기업은 조직규모가 점점 확대되고 그에 따라 경영활동도 더욱더 복잡해지면 효율적 경영을 체계적으로 수행하기 위해 조직화가 이루어져야 한다. 조직화에 의하여 조직의 업무분장 체계를 유지함으로써 구성원의 책임과 권한의 한계를 명확히 하고, 구성원에게 조직을 위해 자발적으로 협동하도록 동기를 부여할 때 조직성과는 향상될 수 있다.

조직화로 인간이 조직의 부속품처럼 간주되기도 하고, 조직이 인간보다 우선되는 비인간화가 초래되기도 한다. 개인사정은 고려되거나 용납되지 않는다. 이와 같이 조직은 경우에 따라 비인격적인(impersonal) 성격을 갖는다. 하지만 인간은 조직의 보호 아래 조직의 막대한 도움 및 혜택 또한 받는다. 예를 들어 국가라는 조직에 세금을 내는데 그 반대급부로서 국가로부터 각종 공공 서비스, 국방, 치안, 안보, 행정 등의 편의를 제공받는다. 따라서 인간의 생활은 조직을 통해 보다 효율적으로 이루어진다고 볼 수 있다.

사회가 발전하는 단계에서 기업조직의 경우 합리성과 생산성을 우선했기 때문에 구성원을 기계의 부속품 혹은 생산 도구로 간주하던 때도 있었다. 그러나 점차 인간의 상위욕구를 인정하고 인간다운 삶을 요구하는 정도가 강해져서 이제는 구성원 개개인의 풍요로운 삶을 많이 배려하게 되었다. 즉 조직은 개인의 욕구충족과 자아발전의 터전을 마련해 주는 역할을 담당하고 이에 대한 급부인 개인 공헌의 결과로 발

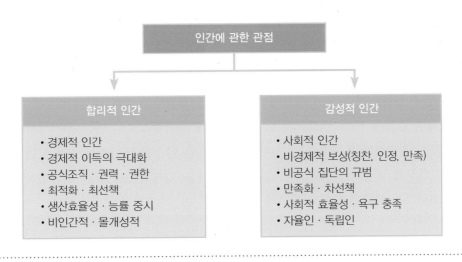

[그림 1-5] 합리적 인간관과 감성적 인간관

전한다는 관점이 강조된다. 조직론에서의 인간에 관한 관점은 [그림 1-5]처럼 합리적 인간 대 감성적 인간으로 구분할 수 있다.[18]

III 조직론의 발전

1 고전적 조직론

조직설계와 조직관리는 시대가 변함에 따라 각 시대에 맞게 변화하였다. 경영학 이론의 시작은 역사적으로 얼마 되지 않는다. 19세기 말 혹은 20세기 초, 고전 경영학 이론으로 대변되는 경영이론이 출현하였다. 산업혁명기 동안 여러 가지 근대적 공장이 설립되었으나, 당시의 기업은 변변하게 조직되지 못했다. 산업혁명 이후 수많은 노동자가 일을 수행하는 작업장에서의 경영은 주로 어떻게 하면 조직이 효율성을 극대화하여 돌아가도록 할 것인지에만 관심을 가졌다. 당시에 중요하게 생각했던 패러다임(paradigm)을 소개한다.

효율성 최우선 원칙

테일러(F.W. Taylor)에 의해 제안된 과학적 관리법(scientific management)은 조직설계와 직무설계에 있어 아주 간결한 이론, 즉 산업현장에 과학을 접목하자는 주장이다.[19] 이 이론의 핵심은 경영자는 계획 및 구상을 하고, 노동자는 계획에서 지시받은 과업을 열심히 실천하면 된다는 것이다. 이를 위해 각 노동자에게 표준을 정해 주고, 임금과 인센티브를 통해 성과에 대한 보상을 차별화할 것을 제안한다. 생산활동의 합리적 운영을 위해 불필요한 노동의 동작을 제거함으로써 마른 수건에서 물을 짜 내듯이 철저하게 과학적으로 관리하면 효율성은 달성될 것이라는 점을 분명히 했다. 이 때문에 당시의 기업조직 관리자들은 인간을 '경제적 동물'로만 취급하며 노동을 착취했다는 비판을 받기도 하였다.

'포드 T모델' 차의 생산은 1908년에 시작됐다. 생산 첫해 대당 8백 50달러에 6만 대가 팔린 T모델은 15년 뒤 1백 50달러에 2백 30만 대가 팔렸다. 포드는 기술을 인간으로부터 분리시켜야 한다는 당시 주류 경영철학에 반기를 들었다. 오히려 노동과 기술은 하나가 되어야 한다고 봤다. 그는 이를 실현했고 그가 개발한 방식을 '결합노동'이라 한다. 그러나 찰리 채플린의 1936년 '모던 타임즈'는 '컨베이어 벨트 앞에 서서 기계와 하나가 된 인간은 행복한가?'라는 질문을 던진다. 물론 답은 그렇지 않다이다. 기계를 떠나야 한다는 강한 메시지이다. 이리저리 몰려다니는 양떼처럼 지하도에서 우르르 쏟아져 나오는 노동자들이 비교된다. 카메라는 기계화, 표준화, 익명화된 산업사회 노동자의 불행을 놓치지 않는다. 같은 동작을 수없이 반복하는 노동자의 모습은 예술가 채플린이 현기증을 느끼기에 충분했을 것이다. 효율만 부르짖던 경영자는 실제 식사까지 자동화를 시도했다는 에피소드가 있다. 채플린은 훗날 "자동화 공장에서 일했던 적지 않은 노동자들이 정신병을 앓지 않았다는 사실에 착안했다."고 회고했다. 하지만 그는 이 영화로 공산주의자로 의심받았고 결국 미국에서 추방당하는 고통을 겪어야 했다. 하지만 채플린은 한 가지를 생각하지 못했다. 바로 노동자의 임금상승이다. 포드는 새로운 시스템에 적응하지 못하고 회사를 떠나는 노동자를 붙잡기 위해 임금을 단숨에 두 배로 올렸다. '중산층'이라는 부유한 노동자 계층이 생겨난 것도 그 덕분이다. 인간에게 유익한 도구가 잘못 사용되면 무기로 사용되듯 테일러의 과학적 관리법에는 아무런 잘못이 없었다.

1856년 미국 필라델피아에서 출생한 테일러는 프랑스의 페욜 못지않게 '현대경영학의 아버지'란 호칭이 전혀 부담되지 않는 이론가이며 실천가이다. 그는 노동자의 기계화가 아닌 노사 공생(共生)을 목적으로 한다. 당시 노동자들은 기계화로 생산량이 늘면 자신들이 생산할 몫이 없어진다고 생각하고 기계화에 저항할 뿐만 아니라 게으르게 태업(怠業)하면서 가능한 한 생산량을 줄이려 하였다. 하지만 테일러는 컨베이어시스템 등의 기계화로 대량생산을 하면 수요가 증대된다고 보았다. 1년에 구두 한 켤레를 신던 소비자들이 싸게 대량으로 팔면 대여섯 켤레를 신을 것이라고 했다. 따라서 근로자들이 열심히 일하면 능률이 오르고 인건비가 절약되고 생산이 증가하며 회사의 매출이 오르기 때문에 고임금·저인건비 시스템을 실현시킬 수 있다고 했다. 컨베이어벨트로 효율성 극대화, 불필요한 행동의 제거, 철저한 분업과 전문화, 차별 성과급제를 통해 능률을 올리는 길만이 노사가 공동 번영할 수 있다는 주장을 편 테일러의 과학적 관리법을 인간의 자율성과 기계적 효율만 강조했다는 단순한 생각으로 무조건 비판해서는 안 된다. 그이후 많은 사람들이 테일러를 비난한 처사는 마치 Marxist를 싫어하는 자들이 칼 막스(K. Marx)도 싫어한 것과 같다. 칼 막스는 인간의 이상세계를 꿈꾼 사람이지 인민을 굶기려던 사람이 아니다. 마찬가지로 테일러는 옳았다. 그의 주장을 핑계로 돈을 벌려던 사람들에게 강제로 붙여진 이름인 'Taylorist'와 테일러를 혼동해서는 안 될 일이다.

일반 경영원칙

페욜(H. Fayol)은 일반 경영원칙(administrative principles)을 통해, 부하는 오직 한 명의 상사로부터 명령을 받아야 하며(명령 일원화 원칙: unity of command), 조직은 그러한 1명의 경영자 아래 효율적으로 조직되어야 함을 주창했다. 이 원칙은 근대 조직설계와 조직실무의 기초가 되었다. 한편 과학적 관리법과 함께 조직의 번영과 더 높은 생산성 달성이라는 목표를 위해 조직은 더 강해져야 하며 이를 위해서 가장 적당한 조직으로 관료제 조직(뷰로크라시: bureaucratic organization)을 꼽고 있다. 이 조직은 비인격적 측면이 강하지만 효율을 위해 불가피하며 합리적 근거를 위해서 권한관계 및 책임의 소재를 명확하게 설정하고 표준화된 규칙을 준수하여야 하며 공식적 문서와 기록을 중시해야 한다고 주장한다. 비록 이 원칙은 현대에 와서 조직에 있어 비인간화 문제, 인간의 욕구문제, 환경적인 상황요인 등을 고려하지 못했다하여 비판을 받고 있지만 당시에는 조직을 운영하는 최상의 방법으로 각광을 받았다.

인간성 및 인간관계의 강조

초기 산업심리학이나 인간관계론(human relations)을 연구하는 학자는 과학적 관리법의 위세에 눌려 큰 성과를 내지 못하고 있었다. 하지만 시카고 서부전기회사 호손 공장에서 이루어진 호손연구(Hawthorne study) 이후 생산성뿐만 아니라 종업원의 사기, 만족, 동기부여, 비공식 조직의 영향 등이 매우 중요한 경영 요소라는 점이 알려지게 된다. 비로소 인간을 기계 부속처럼 간주하던 인간관이 혁신되어 노동자의 인간적 대우, 산업장의 민주화, 삶의 질을 고려한 리더십과 동기부여, 인적자원에 대한 인간적인 관리의 문제가 제기되기 시작하였던 것이다.

조직과 환경의 조화 강조

과학적 관리법과 일반 경영원칙으로 운영되던 조직이 많은 문제에 직면하게 되었는데 그중 하나가 조직과 환경의 적합한 조화(goodness of fit)를 어떻게 이루어 내느냐 하는 것이었다. 이를 위해서 제기된 조직론의 한 접근 방식이 바로 상황적합론, 즉 컨틴전시 이론(contingency theory)이다. 조직이 외부 환경에 맞는 구조를 가지게 될 때만 가장 효율적인 조직이 된다는 이론이다.[20] 이 이론의 연구자는 이 세상에는 어떤 상황이든 어느 기업이든 오직 각자의 조직에만 가장 알맞은 최선의 운영 방식과 최선의 구조(one best way)가 존재한다고 보았다. 따라서 경영자가 판단하여 관료제 조직이 적당하다면 관료제 조직으로 전환하여 조직에 위계구조나 공식적 의사소통이 적절하게 투입되면 최상의 성과를 달성할 것이라고 하였다. 더욱이 환경은 불확실한 존재이므로 환경변화에 따라 조직을 역동적으로 설계하고 변화시켜야 한다는 점을 강조하였다.

2 현대의 조직론

고전적 조직론이 합리적인 인간관-폐쇄적 조직의 관점을 내세웠다면, 현대 조직론에 속하는 이론은 대개 합리적이며 감성적 인간관-개방체계적 조직 관점을 전제로 한다. 어디까지 고전적 조직론인지 혹은 현대적 조직론인지 구별하기 위해서는 분석수준과 인간관, 조직관의 차이로 살펴봐야 한다. [표 1-8]의 이론은 대표적인 현대 조직론들이다.

〈표 1-8〉 현대 조직론

- 조직의사결정이론(organizational decision theory)
- 자원의존이론(resource dependence theory)
- 시스템이론(system theory)
- 제도이론(institutional theory)
- 조직군생태이론(population ecology theory)
- 조직화이론(organizing theory)
- 신제도이론(new institutional theory)

현대조직이 처한 환경의 변화 양상

관료제 조직이나 위계 구조가 오랜 기간 조직을 설계하는 데 위력을 떨치긴 했으나 오늘날의 환경은 과거와 상황과는 전혀 다른 모습이다. 글로벌 경영, 다양성 경영, 윤리경영, ESG경영, AI 경영 등 수많은 변화가 현재 이 순간에도 계속 이루어지고 있다. 최근 들어 경쟁이 더 심화되고 범세계화 분위기가 폭발적으로 퍼지면서 과거의 조직에 문제를 제기하기 시작하였다. 이제는 새로운 기업문화가 요구되면서 스태프의 수가 줄어들고 노동의 유연성이 증가하고 고객의 욕구에 빠르게 대처하는 조직, 구성원을 자극하고 동기부여 하는 조직으로의 변화를 요구받게 되었다.

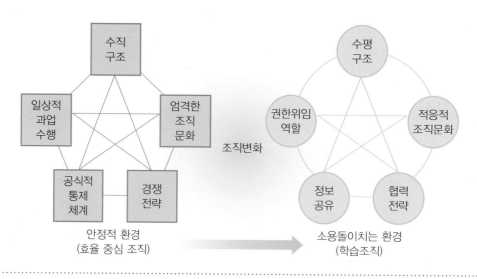

[그림 1-6] 안정적 환경에서 소용돌이치는 환경으로의 변화

경영자는 기계적 구조에서 생태학적이고 환경친화적 조직을 운영하는 입장으로 변하고 있다. 이제 경영자는 명령자보다는 코치나 오케스트라 지휘자와 같은 경영자가 되어야 하는 시대이다.[21]

많은 조직이 엄격했던 수직적 위계 구조를 버리고 보다 유연하고 분산된 구조로 변하고 있다. 영리조직이든 비영리조직이든 간에 유연성과 적응성이 보다 중요한 조직구조의 원칙이 되고 있다. 최근 주목을 받는 학습조직(learning organization)이 그런 경우이다. 학습조직은 의사소통을 촉진하고 문제해결을 규명하는 데 모든 사람이 협력해야 함을 강조한다. 그러면서 조직이 지속적으로 실험하고 향상을 위해 노력하고 학습을 멈추지 않으면서 조직의 핵심역량을 늘려야 함을 주장한다. 학습조직은 평등성, 정보의 공개, 위계 축소, 적응과 참여를 독려하는 기업문화를 이룩하여 성과를 창출함을 목적으로 한다([그림 1-6] 참조).

수직조직에서 평등·참여 조직 강조

전통적 조직은 말단부터 상급자인 최고경영자까지 각각의 위계가 나뉘어 있는 수직 구조이다. 하지만 기능부서 간 협력이 잘 안 되며, 전체 조직을 조정하고 통제하기 위해 수직적 위계를 사용하다 보니 모든 권한과 의사결정을 상부에서 독점하게 되는 단점이 있다. 하지만 급격하게 변하는 환경 속에서 위계는 권력만을 드러내는 쓸모없는 수단이 되기도 한다. 문제나 기회를 포착하는 데 최고경영자가 시장 상황을 제대로 파악하지 못할 수 있기 때문이다. 하지만 학습조직에서는 특정한 프로젝트를 달성하기 위해 스스로 계획하고 지시하고 의사결정 팀을 상황에 맞게 형성했다가 해체했다가 하면서 목표를 달성해 나갈 수 있다.[22]

단순·반복 과업에서 권한위임과 자율 강조

공식조직을 통한 통제로 구성원이 성과를 달성하도록 관리하는 것도 중요하다. 과업은 1명의 사람에게 부여된 업무로서 과거에는 과업과 관련된 통제권은 최고경영자에게 있었고, 각 구성원은 명령과 지시에 따라 맡은 과업을 달성한다면 전체 목표 달성은 가능했다. 하지만 이제는 과업을 부여하는 것에서 역할을 자율로 담당하게 하는 것으로 변해야 한다. 역할은 일종의 책임감이며 결과를 향한 자신의 능력이다. 과업은 고정적이지만 팀에서 일하는 사람의 역할은 수시로 재정의되고 수정된다. 더욱이 아랫사람에게도 권한위임을 통해 어느 정도 권력, 정보, 지식을 넘겨준다면 그 사람도 윗사람이 하는 역할을 어느 정도 할 수 있게 된다.

공식적 통제체계에서 정보 공유와 자율 통제 강조

조직의 연수가 짧고 소규모일 경우 의사소통은 비공식적이거나 대면 접촉을 통해서도 얼마든지 가능하다. 일상적 업무를 쉽게 보고하고 명령받으면서 진행할 수 있다. 하지만 학습조직은 소유하고 있는 정보도 다르고 지식도 소규모 조직에 비해 더 많이 필요하다. 그리고 정보를 공유하면서 고급 정보를 잘 지켜내야 한다. 정보라는 것이 조직 내에서만 유통되어서는 안 되며 고객과의 정보를 비롯하여 경쟁자와 정보 교류도 매우 중요해지기 때문이다. 따라서 그와 관련한 역량도 강화시켜야 하고 공식적이고 비공식적 의사소통과 의사결정에 대한 공개적이고 투명한 정보의 교류가 이루어져야 한다.[23]

경쟁전략에서 협력전략 강조

전통적 조직에서는 효율적인 성과를 위해 최고경영자로부터 형성된 전략을 수행하면 그만이었다. 최고경영진은 조직이 경쟁에서 이기도록 최상의 전략을 구사하고 자원을 효율적으로 활용하며 환경변화에 대응하려는 태도를 가진다. 하지만 학습조직에서는 공식적이고 비공식적인 전략 개발을 위해 더 많은 투자를 한다. 모든 구성원이 고객이나 경쟁자, 신기술에 접촉하면서 고객의 욕구와 문제해결을 위해서 전략결정 과정부터 참여한다. 전략은 조직환경에 존재하는 많은 이해당사자와 협력하는 과정에서 형성되는 것이다.

◆◆◆ 조직 인사이트 1-11　협력의 비용과 전략

인간은 본성적으로 협력보다는 경쟁하려는 욕구가 강하다. 경쟁자를 이기기 위한 경쟁전략과 다른 조직과 협력을 통해 목표달성을 추구하는 협력전략 중 협력전략이 더 어렵다. 어려운 점이 한, 두 가지가 아니다. 경쟁전략이든 협력전략이든 조직이 소유한 전략이 성공하기 위해서는 독특하고 (uniqueness, distinctive), 가치창출이 가능하고(vaule creation), 모방이 쉽지 않아야(difficult to imitate) 한다. 협력전략에는 협업(collaboration), 제휴(alliance), 네트워크, 조인트벤처, 프랜차이즈, 장기계약, 파트너십(pratnership) 심지어 인수합병도 있다. 그런데 2개 조직 혹은 3개 조직이 초조직 시스템(transorganizational system)으로 협력하기 위해서 조직 간 거래에 드는 거래비용, 즉 정보수집비용, 가격협상비용, 거래자의 존재와 위치를 알리고 찾는 비용, 거래자의 이기적 행동을 미연에 방지하는 데 드는 비용 등이 적잖게 들어간다. 또한 이기적인 의사결정행위나 드러나지 않는 담합으로 발생된 비합리성이나 부조리 등의 대리인 비용도 소모된다.

- 2개 조직이 자원공유 및 공동개발 하면서 공동목표를 달성하려는 협약에서 고슴도치 컨셉 (hedgehog concept), 즉 여우와 고슴도치 중에서 교활한 여우를 이기는 고슴도치가 가진 자신을 방어하는 결정적인 우위를 말한다. 2개 조직이 협력할 때는 각자의 조직이 가장 잘하는 것을 가지고 협력해야 한다.
- 3개 조직 이상이 협력하는 외부 및 지역 네트워크에서는 신뢰가 기본이겠지만 티핑포인트 (tipping point), 즉 전환점(turning point)을 잘 파악하면서 협력해야 한다. 말콤 글래드웰(M. Gladwell)은 소수의 법칙, 상황의 힘, 고착성 요소를 티핑포인트로 들고 있다.

획일적 조직문화에서 유연한 조직문화 강조

조직이 건강해지기 위해서는 외부 환경에 적합한 환경을 내부 구조에 만들도록 고무하는 분위기가 마련되어야 한다. 하지만 대부분의 조직이 조직문화를 고정시켜 놓는 우를 범한다. 조직문화 역시 변하는 것이어서 환경이 역동적으로 변한다면 조직문화도 변해야 한다. 과거의 조직문화 가치와 사고, 실무 등은 변화하는 환경에서 효율성을 지키려는 방식으로 존재해 왔다. 하지만 학습조직에서 조직문화는 개방적인 조직문화이며 남들과 차별하지 않는 평등의 조직문화, 지속적 개선을 목표로 하는 조직문화가 특징이다.

본서인 조직론을 올바로 이해하기 위해서 경영학을 배우는 데 왜 조직론이 필요한지, 조직론과 조직행동론은 어떤 유사점과 차이점이 있는지, 조직화론과는 어떤 차이가 있는지 등을 먼저 살펴보자.

1 조직론과 조직개발의 이해

경영학과 행정학의 조직론

조직론(organization theory)은 조직이 어떻게 기능하고 조직이 운영되는 환경에 어떻게 영향을 미치고 영향을 받는지에 대하여 연구하는 것이다.[24] 그렇다면 조직론은 무엇을 대상으로 하는가? 어떠한 학문이든 주된 관심의 대상이 있기 마련이다. 경영학은 기업, 특히 대기업을, 행정학은 정부와 지방자치단체를 분석대상으로 한다. 조직론은 구성원의 협동을 기본으로 하는 조직체를 연구대상으로 한다. 따라서 경영학의 연구대상뿐만 아니라 행정학의 연구대상─지방정부, 지방자치단체, 병원, 복지시설, 노동조합을 비롯하여 비영리조직(non-profit organization, NPO)과 비정부기구(non-governmental organization, NGO)─도 조직론의 대상이 된다. 경영학이 기업을 대상으로 이윤추구나 이윤극대화를 연구한다면, 행정학의 조직론은 이윤추구 등과 같은 성과지표가 없다. 조직마다 성과지표가 각기 다르기 때문이다.

조직론과 조직행동론

조직론에 개인이 포함되는가? 조직론은 개인행동을 고려하지만 개인의 총합(aggregate)에 관심을 갖는다. 사람은 중요하지만 분석의 주요 초점은 아니다. 그래서 조직론은 조직행동론(organization behavior theory)과 구별된다.[25] 조직론과 조직행동론의 관심 영역은 확연히 다르다. 조직행동론은 조직 속의 인간행동을 연구하며, 조직론은 조직 자체를 연구대상으로 한다. 즉 조직론은 조직을 분석단위로 한다. 따라서 조직행동론은 미시경영학에, 조직론은 거시경영학에 속한다고 할 수 있다. 조직행동론이 심리학으로부터 도움을 받는다면, 조직론은 심리학을 포함하여 사회학,

사회심리학, 문화인류학, 정치학 등으로부터의 지원을 필요로 하기 때문에 학제적 (interdisciplinary)인 학문, 즉 다른 학문으로부터의 도움을 받는 학문이라고 표현한다. 조직론은 제도적인 것을 제외하고는 다루기 어렵기 때문에 조직사회학이라는 말도 사용한다.

◆◆◆ 조직 인사이트 1-12 메조이론

조직에 대한 연구의 새로운 접근방식을 메조이론(meso theory)이라 부른다. 메조이론에서는 대부분의 조직연구와 다양한 관리 과정은 조직론과 조직행동론 모두를 필요로 하며 따라서 조직론과 조직행동론 간의 관계, 즉 미시적 수준과 거시적 수준을 통합(integration)하는 데 관심이 있다.

개인과 집단은 조직에 영향을 미치고, 조직은 그 댓가로 개인과 집단에 영향을 미친다. 따라서 조직에서 성공하려면 경영자와 구성원이 다양한 수준의 동시적 이해가 필요하다. 한 연구에서 구성원의 다양성이 혁신을 강화하는 것으로 결론이 났다.

- 혁신을 촉진하기 위해 경영자는 조직구조와 상황(조직론)의 혁신을 촉진해야 하며 그러한 촉진이 다양한 구성 간 상호작용(조직행동론)과 어떻게 관계하는 지 통합적으로 이해할 필요가 있다.
- 혁신은 조직의 거시변수와 미시변수 모두와 관련이 깊다.[26]

조직론과 조직화론

조직은 끝없이 변화하는 과정에 있다. 야심을 가진 창업자가 조직을 설립하는가 하면 실패하여 치열한 경쟁 무대로부터 사라지는 조직도 많다. 조직론과 구별하여 조직의 생성과정을 논하는 것을 조직화론이라고 한다. 조직화론은 끊임없이 변화하는 조직을 발전시키는 것에 관심을 둔다. 다시 말해 조직론은 조직이 행한 결과에 관심을 가지며, 조직화론은 조직의 원인과 결과, 과정 모두에 관심을 갖는다. 따라서 일부 학자는 조직론을 조직관리론, 조직화론을 조직개발론(organization development theory)이라고도 부른다.

경영조직론과 조직론

조직은 인적자원, 물적자원, 재정자원, 정보자원 등을 투입하여 최대한의 효과를 달성하기 위한 일종의 장치이다. 조직은 경영을 위한 실체이며 엄밀하게 말해 집합이나 집단과 구별되는 존재이다. 집단이란 일시적으로 사람이 모이는 것이다. 예를 들면 지하철을 타려고 우연하게 모인 사람, 시위를 위해서 모인 군중, 강연회로 향하는 무리가 집단이다. 하지만 조직은 일시적이지 않고 상호 의사소통이 이루어지고, 결속력을 가지고 있고, 구성원인지 아닌지에 관한 분명한 경계가 있고 지속적인 기능을 하는 성과 달성 시스템이 있다. 그러므로 조직은 지속적인 성장을 위한 관리가 필요하다. 특정 조직의 지속 과정을 면밀하게 분석하는 것이 조직론이다.[27]

경영조직론이란 용어도 조직론과 다를 바 없다. 다만 조직론에서 초점을 두고 연구하는 조직이 모든 조직이라면, 경영조직론은 경영학에서 관심을 두는 조직만을 연구대상으로 삼는다. 하지만 오늘날의 경영학은 범위가 넓어져서 병원 경영, 호텔 경영, 관광 경영, 심지어는 가정 경영까지로 확대되고 있다. 이러한 시점에서 조직론과 경영조직론을 구태여 구별할 필요는 없을 것이다. 조직론 관련 서적도 분야별로 행정조직론, 경영조직론 등으로 명명되어 있지만 특별한 차이점은 없다고 본다.

조직론과 조직개발

경영학이나 행정학 입장에서 조직에 대하여 갖는 관심은 경영자 혹은 관리자 위치에서 어떻게 하면 조직을 효율적으로 관리할 것인지에 있다. 그러므로 조직에 대하여 연구하는 조직론은 조직 속의 여러 가지 수집된 사실만을 다루는 것이 아니라 조직에 대한 일종의 사고방식(way of thinking)까지 연구대상으로 삼는다. 조직론 이외에도 조직에 대하여 연구하는 학문은 조직개발론이나 조직설계론(organization design theory), 조직행동론 등이 있다.

앞서 살펴보았듯이 조직과 관련된 이론은 크게 조직행동론과 조직론으로 구분된다. 조직행동론(organizational behavior theory, OB)은 조직 내 구성원의 행동, 태도, 성과를 연구하는 학문이다. 조직론(organizational theory, OT)은 조직구조론, 조직이론이라고도 불리며, 직무의 설계와 조직의 구조설계, 조직 전체의 변화와 개발, 조직문화, 기업윤리 등을 연구하는 학문이다. 사람이 사는 집에 비유하면, 집의 모양새, 집의 건설 규칙, 절차, 제도 등을 연구하는 것이 조직론이요 집보다는 집에 사는 큰

아들의 성격, 태도, 가치관, 둘째 아들과 아버지와의 의사소통, 의사결정 등에 대하여 연구하는 것이 조직행동론이라고 할 수 있다.

최근에는 분석수준에 따라 미시(micro)와 거시(macro)로 구분하는 데 조직 내의 인간행동을 연구하는 것을 미시 조직행동론이라 하고 조직 전체의 관련 이론을 연구하는 것을 거시 조직론이라 한다([표 1-9] 참조). 본서는 거시이론 차원으로 이론과 응용을 모두 다루기 때문에, 학생들은 조직론과 조직화론인 조직개발론을 모두 균형감 있게 학습하여야 한다. 조직론과 조직개발론 및 실무를 모두 다룰 것이다. 물론 조직행동론은 포함하고 있지 않다.

〈표 1-9〉 **조직론의 위치**

구분	거시	미시
이론	조직론 (organizational theory, OT)	조직행동론 (organizational behavior, OB)
응용	조직개발 (organizational development, OD)	인간관계론 (human relations, HR)

2 조직론의 종합과학적 특성

학문으로서 조직론은 종합과학이라고 할 수 있는데 여기에는 여러 분야의 학문과 연계되었다는 의미가 있다.

◆◆ 조직 인사이트 1-13 아리스토텔레스 박사

우주나 사회를 한꺼번에 이해하기가 너무 힘겨우므로 나눌 수 있는 데까지 나누어서 최소 단위로 만들어 접근하려는 것이 분과학(分科學 : disciplines)의 인식이었다. 그러나 손목시계의 구조를 알기 위해서 어떤 사람은 바늘만 연구하고, 어떤 사람은 숫자판만 연구하고, 다른 사람은 톱니바퀴만 연구한다면 과연 제대로 된 연구일까?

아리스토텔레스는 철학, 물리학, 수학을 함께 공부한 학문의 대가이다. 그가 만약 분과학적 인식을 채택했다면 그리스 도시의 하수도 설계를 할 수 없었을 것이다. 아리스토텔레스는 모든 학문을 종합과학적으로 이해하였다.

인접 학문의 도움

조직에 대한 관점과 이론이 다양한 이유는 근본적으로 조직현상에 대한 가정이나 연구의 초점이 상이하기 때문이기도 하지만, 조직이 워낙 방대하고 다양한 현상을 가지고 있어서 어느 하나의 관점이나 이론만으로는 현상에 대한 완전한 설명을 해내기가 불가능하기 때문이기도 하다. 또한 조직은 기계, 시설, 장비 등으로만 움직이는 것이 아니라 인간행동이 함께 이루어지게 된다. 이러한 인간행동은 다면적이기 때문에 종래의 한 가지 학문에만 의존해서는 이해 혹은 연구가 불가능하다. 여러 학문 분야의 연구 성과를 원용하고 협력함으로써 보다 높은 차원의 문제를 해결할 수 있는 것이다.

단순한 사회현상이라도 심리학, 문화인류학, 경제학, 정치학, 경영학, 사회학 등의 인접 학문의 도움을 받아야 그 현상을 정확하게 해석하고 이해할 수 있는 것이다([그림 1-7] 참조). 이를 두고 학제적(interdisciplinary)이라고 표현한다. 마치 환자가 외과에 입원했다고 해서 외과의사만 필요로 하지 않고 환자의 뢴트겐(X-Ray) 사진을 보면서 외과, 내과, 방사선과, 마취과 전공의들이 함께 환자를 치료해야 제대로 고

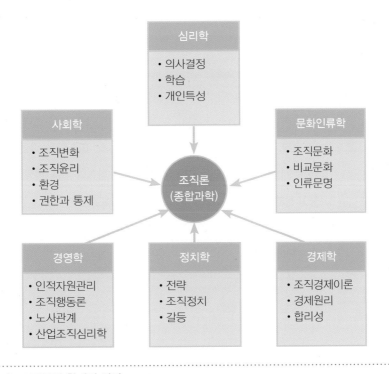

[그림 1-7] 조직론의 학제적 성격

칠 수 있는 것과 마찬가지이다. 조직론은 응용과학이며 수많은 전공으로부터 도움을 받았다.

조직과 이해당사자

조직에는 조직에 대한 다양한 요구와 이해관계를 가지고 있는 이해당사자 혹은 이해관계자(organizational stakeholder)가 존재한다. 조직의 이해당사자에는 소유주, 구성원, 고객, 채권자, 지역사회, 공급업자, 정부 등이 있다. 조직 내에서 이해당사자의 관심이 다르기 때문에 이해당사자별로 조직 유효성 기준도 매우 다른 것을 볼 수 있다([표 1-10] 참조). 일반적으로 이해당사자는 조직에 대하여 공헌(contributions)하는 가치와 조직이 그들에게 베푸는 유인(inducements)을 서로 비교하게 되어 있다. 공헌이란 조직이 조직목표를 달성하기 위해 필요한 개인의 숙련 기술, 지식, 전문성이며, 유인이란 금전적·권력적 혹은 조직적 신분지위 등과 같은 보상을 말한다. 이러한 이해당사자를 이해하기 위해서도 [그림 1-7]에서와 같이 종합과학적 접근이 필수적이다.

〈표 1-10〉 **이해당사자의 유인과 공헌**

이해당사자		조직에 대한 공헌 (내놓는 것)	공헌에 대한 유인 (얻는 것)
내부	주주	자금, 자본	주식 보유, 배당, 주가 상승으로 인한 이익
	경영자	능력, 솜씨, 전문성	월급, 보너스, 신분지위, 권력
	노동자	능력, 솜씨, 전문성	임금, 보너스, 고용 안정, 승진
외부	고객	제품 및 서비스 구매로 인한 이득	제품 및 서비스의 품질, 적정 가격 만족
	공급업자	고품질 원재료	원재료 구매로 인한 이득
	정부	규제나 제도	공정과 완전경쟁
	노조	공정한 단체교섭	성과 배분, 지분 확보
	지역사회	사회경제적 하부 구조	고용, 세금, 수익
	일반대중	고객충성도, 사회적 평판	자부심

3 연구 대상에 따른 분석수준

조직론에 나오는 다양한 주제를 살펴보면 이렇다 할 통일된 의견이 제시되지 못하고 있는 경우가 종종 있다. 현상 자체의 복잡성 때문이기도 하지만 관련 연구 개념의 측정을 위한 조작적 정의 혹은 작업 정의(operational definition)도 다양하거니와 특히 그 측정 수준이나 분석수준(level of analysis)이 연구자마다 상이하기 때문이다. 심지어 동일한 연구에서도 검증해야 할 각 변수의 측정 수준을 달리하면 상이한 연구 결과가 나올 수 있다.[28] 예를 들어 어떤 연구자는 집단을, 어떤 연구자는 조직 전체를 대상으로 한다든가 혹은 동일한 연구자라 하더라도 한 변수는 집단 수준에서, 다른 변수는 조직 전체 수준에서 측정한다면 일관성 있는 결론을 찾기 힘들 것이다.

그러므로 분석수준과 분석할 대상, 즉 분석단위(unit of analysis)에 대하여 이해할 필요가 있다. 분석수준은 조직 분석수준, 집단 분석수준, 개인 분석수준으로 분류된다. 이러한 세 가지 수준은 상호 관련되어 조직의 경영활동을 수행한다. 기술의 경우, 분석대상이 개인이 가지고 있는 기술임에도 불구하고 집단이나 조직 단위의 기술을 분석한다면 잘못된 것이다. 조직에서 발생하는 문제는 구성원 개인과 관련된 문제, 집단 차원의 문제, 조직 전체 차원의 문제 등으로 나눌 수 있다. 물론 이들을 더 세분화하든가 조직과 조직 간의 문제나 사회 차원의 문제로 확대해서 관찰할 수도 있다.

〈표 1-11〉 **분석수준별 관심**

개인 분석수준	• 신분, 성격, 학습, 태도, 가치관, 능력, 지각, 감정, 모티베이션, 개인의사결정
집단 분석수준	• 커뮤니케이션, 갈등, 리더십, 집단구조, 집단의사결정
조직 분석수준	• 조직문화, 조직변화, 조직정치, 조직권력, 조직 유효성, 조직의사결정

개인 분석수준

어떤 사람은 운전 경험이 적기 때문에 아주 조심스럽고 어떤 특정 요소에는 제대로 노출되어 있지 않지만 다른 어떤 사람은 아주 능숙하여 거친 산악 길도 자유자재로 운전할 수 있다. 사람은 조직에 들어갈 때 분명한 자기 특성을 가지며 이것이 행동에 영향을 미친다. 따라서 개인적 혹은 생체적 특성, 즉 나이, 성, 결혼유무, 성격 특성, 선천적인 정서적 틀, 가치관이나 태도, 기본적 능력 수준을 개인 수준 변수로 꼽을 수 있다. A라는 대학교에서는 학생이 수업시간에 지각하는 경향이 많아 문제가 있다고 하자. A대학교의 지각 문제를 인식하는 방법에는 여러 가지가 있을 수 있다. 우선 지각한 학생 하나하나의 경우를 분석하여 지각의 이유를 살펴보고 각각의 경우에 대비하는 방법이 있을 수 있다. 이것은 개인 차원의 문제 인식이다. [그림 1-8]에서 제시한 기능공 E씨 개인의 정밀도는 개인 분석수준에서 기술을 분석한 것이다.

집단 분석수준

집단 속 사람의 행동은 자기 자신의 방식에서 행동하는 모든 개인의 합 이상이 된다. 개인의 행동에 대한 어떤 지식을 획득했을 때 개인이 속해 있는 집단과 행동이 다르거나 따돌림을 당할 때 집단 수준의 복잡성은 더 증대한다. 집단행동의 역동성은 집단 속의 개인이 집단 구성원들과 어떻게 서로서로 이끌며 구성원들이 행동 표준을 어떻게 받아들이며 거부하는지에 대한 행동특성이다. 또한 효과적인 작업팀 설계에 대한 집단의 이해, 집단 구성원 간의 의사소통 유형, 리더십, 권력과 정치, 갈등 수준 등도 모두 집단 수준 변수이다.

앞의 지각문제를 또 다른 방법으로는 과별 혹은 학년별로 지각한 학생수 통계를 가지고 상호 비교하여 문제가 있는 학과나 학년을 뽑아 그 학과나 학년의 일반적 원인을 찾아내어 교정해나가는 방법이 있다. 이것은 집단을 하나의 단위로 보고 문제에 접근하는 것이기 때문에 집단 차원의 문제 인식이라 할 수 있다. [그림 1-8]에서

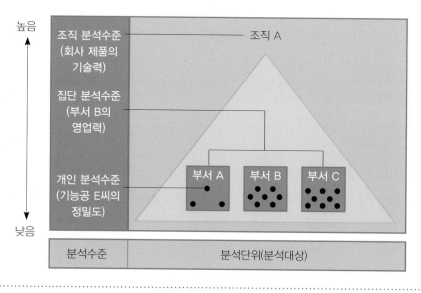

[그림 1-8] 분석단위와 분석수준

부서 B의 영업력은 집단 분석수준에서의 해석이다.

조직 분석수준

개인행동과 집단행동의 사전적인 지식을 습득한 후 공식조직이 추가되었다고 보면 된다. 개인 구성원의 합 이상이 집단인 것처럼 조직은 집단 구성원의 합 이상이다. 공식조직의 설계, 작업 흐름과 직무, 조직의 인적자원 정책과 실무, 내부 조직문화 등은 조직 수준 변수이다.

A대학교와 B대학교의 학생 지각 비율을 비교하여 대학의 등교문화를 바꾸어 나가도록 하는 해법을 찾을 수 있다. 이 경우는 지각 문제를 개인이나 집단으로 보지 않고 학교 전체의 문제로 인식한다는 측면에서 조직 차원의 문제 인식이라고 볼 수 있다. [그림 1-8]에서 회사 제품의 기술력은 조직 분석수준에서 본 해석이다. 조직의 문제를 이해하는 데 있어 분석수준의 개념은 매우 중요하다. 조직 차원의 접근이 필요한 문제에 대해서 개인 차원의 접근에 의존한다면 효과적인 문제해결이 어려워진다. 마찬가지로 개인 차원의 문제를 집단 차원으로 비약시켜 이해하는 것도 문제가 될 수 있다. 따라서 어떤 문제가 발생했을 때 우선 개인, 집단, 조직 등 다양한 수준의 해석을 시도해 보고 나서 주어진 문제를 차근차근 살펴볼 필요가 있다.

4 조직론의 관심 대상

모형(model)이란 실제를 함축해 놓은 것으로 현실 세계에서 벌어지는 현상을 단순화하여 표현한다. 백화점 의류매장의 마네킹도 하나의 모형이고, 회계에 있어 자산+부채＝자본이라는 회계 공식도 일종의 모형이다. [그림 1-9]는 조직론 모형을 구성하는 개념의 골격(framework)을 보여 주고 있다.

종속변수(dependent variable)란 연구자가 현상을 설명하고 예측하려거나 다른 요인에 의해 영향을 받는 요인을 찾으려 할 때 사용되는 핵심 요인이라 할 수 있다. 즉 연구자가 관심을 두는 연구 대상이 종속변수가 된다. 생산성이 왜 떨어지는가를 알아보려는 학자에게는 생산성이 종속변수가 되고, 그 원인이 되는 영향요소는 독립변수(independent variable)가 된다. 그렇다면 조직론에서 아주 기본적 종속변수에는 무엇이 있는가? 전통적으로 생산성, 결근, 이직, 직무만족을 강조하는 경향이 있었다. 최근에 조직시민행동이 중요 변수로 고려되고 있다. 이러한 변수가 함축하고 있는 내

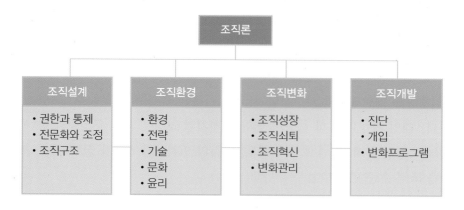

[그림 1-9] 조직론과 조직설계, 조직환경, 조직변화, 조직개발의 관계[29]

용은 무엇인지, 어느 분석수준에서 파악할 것인지를 간략하게 살펴보자.

생산성

조직은 가장 낮은 비용에서 투입물을 산출물로 변환시켜 조직의 목표를 달성하려는 생산적인 조직이다. 생산성과 거의 유사한 변수가 조직 유효성과 효율성이라는 변수이다. 일반적으로 조직 유효성(organizational effectiveness) 측정은 투자수익률, 매출액 순이익률, 노동시간당 산출물 등으로 하는 경우가 많다. 예를 들어 병원조직에서 환자의 치료 요구에 효과적으로 대응하려 한다면 일단 낮은 비용으로써 치료가 성공해야 할 것이다. 이때 효율성(efficiency)이라는 표현을 쓸 수 있다. 만일 병원 관리자가 과거와 동일한 인력으로 환자의 평균 입원일을 줄이거나 의사의 하루 진료 환자 수를 증가시켰다면 그 병원의 효율성은 증가된다. 영리를 추구하는 기업은 시장점유율 목표나 매출 목표를 달성할 때 효과적이라고 말한다. 기업의 생산성은 기업의 목표를 효율적으로 달성하는 것에 달려 있다.

결근

우리나라의 경우 결근 사원이 상대적으로 많지 않지만, 결근으로 인한 연간 비용이 호주 기업의 경우 연간 59억 호주 달러, 영국 기업의 경우 303억 영국 파운드, 프랑스 200억 유로, 일본 기업은 110억 달러로 추산된다.[30] 수많은 돈이 결근으로 사라진다. 직무 수준에서 사무직 근로자의 일일 결근으로 인해 수백 달러 이상의 능률이 줄어들고 업무 부하량에 따른 감독 비용은 더 늘고 있다. 이러한 수치는 기업이 결근율을 어떻게 낮추느냐가 매우 중요하다는 사실을 보여 준다. 결근이 생겼을 경우 기업은 조직목표를 달성하기 어렵고 부드럽고 느슨하게 조직을 운영한다는 것도 더욱 어려워진다. 업무흐름이 중단되고 종종 중요한 의사결정이 지연되기 때문이다. 조립라인 생산에 사활이 걸린 조직의 경우 결근은 조업 중단보다 더 심각한 문제를 야기한다. 산출물의 질에 결정적인 결함이 생기기도 하고 어떤 경우에는 생산 시설의 완전 가동 중단이 발생된다. 따라서 특정 조직의 정상적 범주를 넘는 결근 수준은 조직유효성에 직접적인 영향을 미친다.

이직

이직은 자발적 이직과 조직으로부터 영구적으로 철수하는 비자발적 이직이 있다. 이직률이 높아지면 인적자원의 모집과 선발, 교육훈련 비용은 늘어난다. 이러한 비용은 얼마쯤 되나? 우리가 생각하는 것보다 훨씬 많은 비용이 소모된다. 게다가 이직률이 높다는 것은 조직의 효율적 운영을 방해한다. 많은 지식과 경험을 가진 사람들이 조직을 떠나거나 새롭게 대체되는 것은 직위에 따른 책임을 새롭게 준비시켜야 하는 등 여러 문제를 야기한다. 물론 어느 조직에서나 이직이 있을 수 있다. 사실상 떠나야 할 사람(이득을 많이 창출하지 못하는 사람이나 그 이하의 사람)이 조직을 떠난다면 오히려 긍정적 효과가 있다. 보다 나은 능력과 동기부여를 소유한 다른 사람으로 대체할 기회, 승진의 기회, 조직에 신선한 생각과 새로움을 가져올 수 있는 기회가 되기 때문에 좋을 수 있다. 그러므로 급격하게 업무가 변하는 오늘날 구성원 스스로의 자발적 이직이 어느 정도 있는 것은 조직 유연성을 늘린다는 긍정적인 측면이 분명 있다. 그러나 조직은 종종 이직으로 인해 필요로 하는 사람을 잃기도 한다. 이직이 너무 과해지거나 높은 성과를 기록하던 구성원이 이직하려고 할 때 이는 조직 유효성에 심각한 저해 요인이 된다.

직무만족

직무만족을 단순하게 정의하면 자기 직무에 관한 개인적 태도라고 할 수 있다. 직무만족 변수는 행동 변수라기보다 태도 변수라고 할 수 있다. 직무만족이 아주 기초적인 종속변수가 되는 이유는 무얼까? 하나는 많은 조직론 연구자의 집중적인 관심을 받았고, 다른 하나는 직무만족 변수는 성과 요인과 관계되기 때문이다. 만족한 구성원은 불만족한 구성원보다 더 생산적이라는 믿음은 오랜 기간 동안 하나의 기본적

이념이 되어 왔다. 하지만 직무만족과 조직성과 사이의 인과관계가 정말 존재하는지에 관해서는 의견이 분분하다. 그럼에도 불구하고 발달된 사회라면 삶의 양을 향상시키는 것뿐 아니라 삶의 질 또한 높이는 것이 중요하기 때문에 일단 인간적 가치를 주장하는 연구자로서 구성원 만족이 당연히 하나의 조직목표가 되어야 한다고 주장한다. 만족은 이직, 결근과 부적(負的) 상관관계를 가지기 때문에 이를 낮추기 위해서도 직무만족은 높여야 한다. 그리고 조직은 구성원에게 도전적이고 내재적인 보상을 얻을 수 있는 직무 환경을 부여하여야 할 것이다.

조직시민행동

조직시민행동(organizational citizenship behavior, OCB)이란 조직에서 공식적으로 부과된 직무 이외에 요구되는 행동으로서 조직 내에 다른 사람을 돕는 행동, 다른 사람의 말에 귀를 기울이는 행동, 다른 사람을 곤란한 상황에서 구해 주는 행동 등이다. 이러한 행동은 구성원의 공식적인 직무를 위한 필수 조건이 아니며 조직의 효과적인 기능을 촉진시키는 것도 아니다. 하지만 성공적인 조직은 구성원이 일상적 직무만을 수행하기를 원하지 않는다. 오늘날 같이 팀에서 일하게 되는 직장, 유연성이 중요한 직장처럼 변화무쌍한 직장에서 좋은 시민의식을 가진 구성원의 행동은 자기 집단과 조직을 위하여 건설적인 제안도 하며 팀 구성원을 적극 도우며, 직무 활동 이외의 일에 자발적으로 참여한다. 조직의 번영을 적극적으로 돌보며 규칙과 제약뿐 아니라 기업가정신을 존중하며 일상적으로 파생되는 작업 관련 불법행위에 침착하게 인내할 줄 아는 행동이다. 조직은 구성원이 이러한 일을 직무기술서(job description)에 기록된 대로 하기보다는 스스로 하기를 원한다. 이런 의식을 가진 조직이 그렇지 않은 조직보다 더 성과가 높다.

인물 탐구

아담 스미스(A. Smith, 1723-1790)

스코틀랜드 파이프 주에서 태어남. 14세에 글래스고 대학에 입학함. 에든버러와 글래스고 대학에서 교수생활을 함. 고전경제학 이론체계의 창시자이자 경제학자이나 경영학 이론에 영향을 미친 최초의 학자임. 1776년 [국가의 부: 본질과 원천에 대한 탐구], 즉 [국부론]을 저술함. 그의 경제인 가설은 경영학에서 학문의 원점이 되고 있음.

웨익(K.E. Weick, 1936-)

미국 인디아나 주에서 태어남. 미시건 대학에서 교수생활을 했음. 조직을 느스한 결합체제(loosely coupled systems: 이완조직)로 최초로 명명하며 조직이론 연구에 몰두함. 마음챙김(mindfulness), 센스메이킹(sensmaking) 등의 개념을 도입함.

테일러(F.W. Taylor, 1856-1915)

미국 필라델피아에서 출생함. 하버드 법대 입학 후 중퇴, 미드베일 철강회사에서 금속절삭 실험을 시작함. 1911년 과학적 관리의 원칙을 발표함. 낭비, 게으름, 무관심, 일을 대충 처리하는 등의 태도를 개선하기 위해 다양한 실험을 실시하여 과업관리 및 노동시간 연구에 몰두함. 직업훈련과 표준화, 차별적 성과급제, 원가회계법, 계획 구상과 실행의 분리, 기획부의 조직, 직능식 직장제도 등을 마련하여 과학적 관리의 아버지이며 경영학의 아버지로 불림.

페욜(H. Fayol, 1841-1925)

터키 이스탄불에서 태어남. 20세기 경영이론을 집대성한 대표 인물임. 유럽 최초의 경영학자이며 관리의 일반원리를 발표함. 14가지 경영의 일반원칙을 통해 경영이란 무엇이며, 관리자는 어떻게 해야 하는지를 정리함. 테일러와 함께 고전경영학자임.

오웬(R. Owen, 1771-1858)

웨일스 북부의 뉴타운에서 출생함. 처벌을 없애고 인성관리를 강조하는 등 인사관리의 아버지로 불림. 뉴 라나크 마을 전체를 구입하여 근무시간을 단축하고 문화오락센터를 만드는 등 휴머니즘에 입각한 경영을 최초로 시도함.

수행과제

1. **분업에 대한 설명 중 틀린 것은?**

   ① 같은 일을 반복함으로써 숙련도를 높이고 따라서 작업 속도가 빨라진다.
   ② 숙달된 일을 계속하다 보면 새로운 작업방법이나 아이디어를 통해 기술혁신이 촉진된다.
   ③ 1명의 사람은 한 가지 일만 하기 때문에 여러 생산 도구를 모두 소유할 필요가 없어진다.
   ④ 1명의 사람이 여러 가지 도구를 찾고 여러 생산 시설로 옮겨 다니는 시간을 줄일 수 있다.
   ⑤ 효율을 위해 도구를 사용하면서부터 노동의 방법 중 분업이 최선의 방법이었다.

2. **조직에 대한 설명 중 틀린 것은?**

   ① 회사, 대학, 연구소, 교회, 군대 등은 모두 조직이다.
   ② 여럿이 모이면 분업이 가능한데, 이러한 모임이 조직이다.
   ③ 공동목표를 위해 함께 일하는 사람들의 사회적 구성체이다.
   ④ 심지어 범죄 집단도 학습할 조직에 포함된다.
   ⑤ 엘리베이터를 타려고 기다리고 있는 주민 5명도 조직이라 할 수 있다.

3. **인간에 관한 관점 중 그 구분이 다른 하나는?**

   ① 경제적 인간   ② 비경제적 보수   ③ 비공식 집단의 규범
   ④ 차선책 및 만족화   ⑤ 욕구 충족 및 개성 존중

4. **다음 설명 중 옳은 것은?**

   ① 조직은 인간의 모임이며, 그 속에는 항상 인간의 행동이 존재하고, 조직 내의 인간행동을 연구하고 설명하는 학문이 조직행동론이다.
   ② 개인이 조직에서 하는 행동, 즉 직무(일)와 씨름한다든지 결근한다든지 신나게 일하는 행동을 집단행동이라 한다.
   ③ 조직행동은 하나의 학문 분야로서 학자들이 전문적으로 다루는 연구 영역뿐 아니라 일반상식도 포함한다.
   ④ 경영이란 산출보다 투입이 더 많도록 하는 일인데, 조직을 잘 경영하기 위해서는 조직 내의 자원을 잘 관리해야 한다.
   ⑤ 원료, 자본, 사람, 시설 등의 요소들을 제대로 계획, 조직, 지도, 통제하는 것이 경영이며, 그런 일을 맡은 사람들을 리더라고 부른다.

5. **다음 중 조직론의 특징이 아닌 것은?**

   ① 실천(응용)학문이다.
   ② 종합학문이다.

③ 인간 존중의 학문이다.

④ 인간은 기계 부속품으로 간주되며, 효율만을 달성하려는 목적을 가진다.

⑤ 인간은 조직 속에서 조직에 의존하여 살고 있기 때문에 조직의 성과 향상을 통해 행복이라는 궁극적 목표를 달성하려 한다.

6. "조직론은 종합학문이다."라는 명제에 대한 옳은 설명은?

① 조직론은 하나의 학문 분야이기보다는 일반상식 분야이다.

② 조직론, 조직행동론의 연구 대상은 조직이나 기업뿐이다.

③ 인간행동을 연구하기 위해 사회학, 심리학, 문화인류학, 정치학 등으로부터 많은 도움을 받았다.

④ 단일학문보다 종합학문이 더 우월하다.

⑤ 인간행동을 이해하기 위해서는 심리학이 곧 조직론이다.

7. 다음 중 조직의 이해당사자라고 보기 어려운 것은?

① CEOs   ② 세무서   ③ 경쟁자

④ 고객   ⑤ 정부

8. 조직의 필수 조건이 아닌 것은?

① 사회적 실체의 존재   ② 목표 지향적   ③ 경쟁

④ 목적을 가진 활동 체계   ⑤ 환경과의 연결

9. 다음은 조직정의의 현대적 학자가 아닌 것은?

① 베버   ② 스콧   ③ 에치오니

④ 카츠와 칸   ⑤ 웨익

10. 영리조직의 설명으로 잘못된 것은?

① 이익창출   ② 단기목표   ③ 소규모 이사회

④ 예산집행 준수   ⑤ 자기자본과 타인자본 조달

11. 조직을 바라보는 기본 관점이 아닌 것은?

① 개방체계에서 폐쇄체계로

② 단순 조직에서 다양한 조직으로

③ 조직 중심에서 인간 중심으로

④ 효율성 관리에서 환경 영향력 중시로

⑤ 합리성과 생산성에서 개인의 욕구충족과 자아발전으로

12. 현대조직론으로 보기 어려운 것은?

① 조직의사결정이론　　② 제도이론　　③ 조직화이론
④ 과학적 관리법　　⑤ 자원의존이론

13. 현대조직이 처한 환경변화의 양상이 아닌 것은?

① 수직조직에서 평등·참여 조직 강조
② 단순·반복 과업에서 권한위임과 자율 강조
③ 협력전략에서 경쟁전략으로
④ 공식적 통제체계에서 정보 공유와 자율 통제 강조
⑤ 획일적 조직문화에서 유연한 조직문화 강조

14. 신분, 성격, 학습, 태도, 가치관, 능력, 지각, 감정, 모티베이션 등에 관심을 가지는 분석수준의 유형은?

① 개인 분석수준　　② 집단 분석수준　　③ 부서 분석수준
④ 과업 분석수준　　⑤ 조직 분석수준

15. 왼쪽에 제시된 키워드를 참고하여 오른쪽을 채우시오. 조직환경에는 무엇이 있는가?

공급업자, 유통업자, 정부	

16. 왼쪽에 제시된 키워드를 참고하여 오른쪽을 채우시오. 인간관계론의 특성은?

비공식집단의 중요성, 인간적 욕구	

17. 효율성 최우선 원칙을 주장한 테일러(F.W. Taylor)와 호손 공장 연구에서 인간관계를 주장한 메이요(E. Mayo)에 대해 학습하였다. 각 주장의 차이점에 대하여 토론하시오.

18. 조직의 이해당사자와 동일한 개념이 무엇인지 파악한 후, 토론하시오.

19. 이해당사자가 조직에 공헌하는 것과 그들을 유인하는 것이 무엇인지 토론하시오.

20. 조직론에서 다루는 결과변수인 생산성, 결근, 이직, 직무만족, 조직시민행동에 대하여 토론하시오.

21. 앞에서 조직이란 무엇인가에 대하여 열 가지 정의를 제시하였다. 그중 여러분이 가장 중요하다고 생각하는 세 가지를 선택하여 조직이란 무엇인지 새롭게 하나의 정의로 만들어 보자.

22. 기업을 경영할 때 인간을 우선할 것인가, 아니면 조직을 우선할 것인가? 여러분이라면 어떻게할 것인가?

23. 조직은 어떻게 가치를 창출하는지, 가치창출 과정에서 기업가정신의 역할은 무엇인지 토론하시오.

24. 조직론, 조직설계, 조직변화, 조직구조, 조직행동론의 관계에 대하여 토론하시오.

25. 오늘날 기업환경은 과거처럼 안정적이지 못하다. 최근 몇 년 동안의 소용돌이치는 환경변화는 환경 예측 가능성(predictability)을 낮추고 있다. 이에 매우 무질서하고 불규칙적으로 보이는 현상 속에 내재된 일정 규칙이나 법칙을 밝혀내는 카오스이론(chaos theory)까지 등장하였다. 다음 박스 안의 주장을 보고서 형태로 만들어 발표 및 토론하시오.

> - 조직은 환경에 적응하려는 유기체이며 복잡 조직체이기 때문에 단순한 원리로 설명하기는 불가능하다.
> - 조직 내에는 비선형적인 관계들뿐 아니라 수많은 상호 연결성으로 구성된 실체, 다양한 선택(divergent choices)이 있어서 의도하지 못했던 결과를 만들어 내는데, 카오스이론을 조직에 적용하면 예상치 못한 혼란함을 어느 정도 예측할 수 있다.[31]
> - 세상은 불확실성으로 가득 차 있어 혼란스럽다. 그래서 단순한 경영이론으로 복잡한 조직이나 조직 현상을 이해할 수 없다.
> - 카오스이론은 불규칙적이고 무작위적인 것이 질서의 형태로 전환될 수 있다.

26. 박스 안에는 조직론에 도움을 준 학문을 기술하였다. 그 외 어떤 학문이 도움을 주는가?

> - 심리학 : 인간이나 동물의 행동 변화를 측정하고 학습, 지각, 성격, 정서, 교육훈련, 리더십 효율성, 욕구와 동기부여, 직무만족과 의사결정과정, 직무 수행평가, 태도 측정, 종업원 선발 기법, 작업 설계, 직무 스트레스를 설명한다.
> - 사회학 : 개인의 역할 안에서 사회체계를 연구하며 공식조직과 복잡조직 등 조직 내의 집단행동 연구를 통해 조직론에 많은 도움을 주었다. 집단역학, 작업팀의 설계, 조직문화, 공식조직이론과 구조, 조직 기술, 의사소통, 권력과 갈등의 주제를 사회학으로부터 받아들였다.

- 사회심리학 : 타인으로부터 사람이 영향을 받는 것에 초점이 맞추면서 변화에 대한 사회심리학의 의미 있는 연구 결과를 조직론이 수용한 것이다. 변화란 어떻게 사람이 변화를 수용하며 변화에 대한 장애를 어떻게 줄일 수 있으며 실행시킬 수 있는지, 태도 변화의 이해와 측정, 의사소통 유형, 신뢰 형성 개인욕구를 만족시키기 위한 집단 활동의 방법, 집단 의사결정과정에서 많은 공헌이 있었다.
- 문화인류학 : 인간 존재에 대하여 공부하며 인간의 활동에 대해 연구하는 학문이다. 문화인류학자들은 문화나 환경에 관한 연구를 통해 서로 다른 조직이나 서로 다른 국가에서 인간 간 기본적인 가치관, 태도, 행동에 어떤 차이가 있는지를 연구에 도움을 준다. 조직문화, 조직환경, 비교문화 차이에 대한 연구들 중 대부분이 바로 문화인류학의 연구방법을 사용하여 이루어진 것이다.
- 정치학 : 정치적 환경 내 집단이나 개인의 행동을 연구한다. 갈등의 구조, 권력의 배분, 어떻게 개인의 관심사에 대한 권력 행사의 수위를 조절할 것인가 하는 것이다.

27. 〈조직 인사이트 1-3〉 AI는 조직의 구성원인가를 읽고 4차산업혁명 시대의 조직은 어떤 모습인지를 토론하시오.

도움 글

1   Daft, R.L. (2007). *Understanding the Theory and Design of Organization*, International Student Edition, Thomson South Western

2   Fayol, H. (1916). *Industrial and General Administration*, Paris

3   Gouldner, A.W. (1961). "Organizational Analysis," in Merton, R.K., ed., Sociology Today, New York: Basic Books, Etzioni, A. (1959) Camparative Analysis of Complex Organizations, New York: Free Press

4   Jones, G.R. (2013). *Organizational Theory, Design, and Change*, 7th ed., Pearson

5   Weber, M. (1947). *The Theory of Social and Economic Organization*, ed. A.H.Henderson & Talcott Parsons, Glencoe, Ill.: Free Press

6   Barnard, C.I. (1938). *The Functions of the Executive*, Cambridge, Mass.: Harvard University Press

7   Scott, W.R. (1987). *Organizations: Rational, Natural, and Open Systems*, 2nd eds., Prentice Hall International Inc., New Jersey

8   Etzioni, A. (1964). *Modern Organizations*, Englewood Cliffs, N. J., Prentice Hall

9   Katz, D., & Kahn, R. (1966). *The Social Psychology of Organizations*, New York: Wiley

10   Weick, K.E. (1979). *The Social Psychology of Organizing*, 2nd ed., Reading, MA: Addison Wesley

11   Jones, G.R. (1997). *Organizational Theory: Text and Cases,* 2nd ed., (Addison Wesley)

12   Epstein, M.J., & McFarlan, F.W. (2011). *Nonprofit vs For-Profit Boards Critical Differences, Strategic Finance*, pp.28-55.

13   Stern, R.N., & Barley, S.R. (1996). "Organizations and Social Systems: Organization Theory's Neglected Mandate,"*Administrative Science Quarterly*, 41, pp.146-162.

14   Daft, R.L. (1998). *Essential of Organization Theory and Design*, South-Western College Publishing

15   Hall, R. (1996). *Organizations: Structures, Processes and Outcomes*, 6th ed., Prentice Hall International Editions

16   Thompson, J.D. (1967). *Organizations in Action*, New York, McGrawHill, pp.4-13.

17   Mintzberg, H. (1981). "Organization Design: Fashion or Fit?," *Harvard Business Review*, 59, January-February, pp.103-116.

18   Scott, W.R. (1987). *Organizations: Rational, Natural, and Open Systems*, 2nd eds., Prentice Hall International Inc., New Jersey

19 Harrington, A. (1999). "The Big Ideas," *Fortune*, November, 22, pp.152-154.

20 Pennings, J.M. (1992). "Structural Contingency Theory: A Reappraisal," *Research in Organization Behavior*, 14, pp.267-309.

21 Bergquist, W. (1993). *The Postmodern Organization*, San Francisco, Jossey-Bass

22 LaBarre, P. (1996). "This Organization Is Disorganization," *Fast Company*, June-July, pp.77-81.

23 Hurst, D.K. (1995). *Crisis and Renewal: meeting the Challenge of Organizational Change*, Boston, Mass., Harvard Business School Press, pp.32-52.

24 Jones, G.R. (2013). *Organizational Theory, Design, and Change*, Seventh Edition, Pearson, p.30.

25 Daft, R.L. (1998). *Essential of Organization Theory and Design*, South-Western College Publising, p.18.

26 House, R. Rousseau, D.M., & Thomas-Hunt, M. (1995). "The Meso Paradigm: A Framework for the Integration of Micro and Macro Organizational Behavior," *Research in Organizational Behavior*, vol.17, pp.71-114.

27 Thompson, J.D. (1967). *Organizations in Action*, New York, McGraw-Hill

28 Daft, R.L. (2007). *Understanding the Theory and Design of Organizations*, South-Western Thomson Publising, p.33.

29 Jones, G.R. (2013). *Organizational Theory, Design, and Change,* Seventh Edition, Pearson, p.30.

30 Department of Health and Aging(2010), "National Mental Health Report 2010: Summary of 15 Years of Reform in Australia's Mental Health Service Under the National Mental Hearth Strategy 1993-2008," *Commonwealth of Australia,* Camberra

31 Pascale, R.T. (1999). "Surfing the Edge of Chaos," *Sloan Management Review*, Spring, pp.83-94.

Chapter **2**

조직관리의 기초

조직의 구성원이 자신이 맡은 일을 항상 자발적으로 수행하는 것은 아니다.

– A.W. Etzioni

심리적인 것과 경제적인 것 간의 균형을 이룰 수 있는 최상의 방법은 개인이 자신의 능력에 적합한 과업을 맡고, 맡은 과업에 공정한 임금을 받는 것이다.

– C. Argyris

과학적 관리법은 경영자와 구성원이 해야 할 일을 미리 정해 놓은 것으로 그들 사이에 생겨날 분쟁이나 의견 불일치를 사전에 완전히 제거해 놓은 것이다.

– F.W. Taylor

종교 조직이 되었건, 정치 조직이 되었건, 기업 조직이 되었건 간에 모든 조직의 가장 기본적인 기능은 조직 속에서 의미 있는 존재가 되고자 하는 인간의 욕구를 만족시키는 것이다.

– F. Herzberg

산업 시스템에 대한 지나친 숭배가 바로 인간 본연의 자유를 위협하고 있다.

– J. K. Galbraith

◆ 학습목표

학습목표 1 : 전략적 의사결정이 무엇인지 이해할 수 있다.
학습목표 2 : 조직 유효성에 대하여 이해할 수 있다.
학습목표 3 : 조직 유효성 측정의 접근법에 대하여 비교할 수 있다.
학습목표 4 : 조직 구성을 위한 기본 요소에 대하여 설명할 수 있다.
학습목표 5 : 조직의 운영원칙에 대하여 설명할 수 있다.
학습목표 6 : 조직구조의 다양한 형태를 비교할 수 있다.

◆ 핵심키워드

전략적 의사결정, 조직목표, 공언목표, 운영목표, 조직전략, 초우량 조직, BSC, 투입과정 접근법, 내부과정 접근법, 산출과정 접근법, 조직설계, 부문화, 직무할당, 권한, 책임, 책무, 조직원칙, 명령일원화, 통제한계, 하이어라키, 권한이양, 전문화, 조정, 분업화, 패러다임, 공식화, 권한의 위계, 집권화, 전문성, 인력비율, 전략 부문, 전문기술 부문, 지원스태프 부문, 중간관리 부문, 일선운영 부문, 조직구조 유형, 단순구조, 기계적 관료제, 전문적 관료제, 사업부제, 애드호크러시, 프로젝트팀, 기계적 조직, 유기적 조직, 조직정치, 조직 유효성, 경쟁가치모형

Ⅰ 조직관리의 기준 : 조직 유효성

　조직목표(organizational goal)는 조직이 달성하려고 하는 미래의 바람직한 상태(desired state)이다.[1] 조직이 달성하려는 조직목표는 조직의 모든 노력을 특정 방향으로 향하게 하는 전략(strategy)이다. 조직이 나아가야 할 비전(vision)은 최고경영층이 짜 놓은 전략적 의사결정이다. 최고경영층 혹은 경영진은 조직목표를 이루기 위해 전략을 수립하거나 개발하며 실행한다. 이때 그 방향이 제대로 설정되었는지는 조직이 얼마나 효과적으로 운영되었는가를 보면 안다. 조직이 얼마나 효율적으로 운영되고 관리되었는지, 조직운영의 기준은 조직 유효성(organizational effectiveness)으로 파악한다.[2]

◆◆◆ 조직 인사이트 2-1　구체적 목표설정의 중요성

　어릴 적 초등학교 시절 아이들 대부분은 방학이 시작되면 꿈나라 시간표를 그려서 벽에다 붙여 놓고 꼭 실천하자는 다짐을 무수히도 했던 것 같다. 방학내내 계획대로 달성한거라고는 운동과 휴식, 그리고 식사 정도가 고작이었다. 방학동안 말 그대로 공부에 대하여는 방학이었다. 왜 그렇게 된 것일까?

　어떤 인생의 계획이든 기업의 계획이든 계획이 잘 수립되어야 이를 실행에 옮기고 나중에 잘잘못을 가려야 할 것인데, 계획이 잘못 수립되어 있으니, plan-do-see의 연속과정이 이루어질 수 없는 것이다. 너무 목표가 일반적이고 방대하거나 구체적이지 못해 어떤 실천행동을 해야 하는지가 명확하게 설정되지 못했던 것이다.

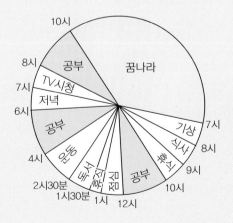

[그림 2-1]　**꿈나라 시간표**

▮ 전략적 의사결정 : 환경분석과 능력 평가

조직이 자신의 목표나 사명(mission)을 다하려면, 조직이 소용돌이치는 환경에서 생존하려면 환경분석과 자신의 위치를 제대로 파악해야 한다. 기회와 위협은 무엇이며 조직 자체의 강점과 약점은 무엇인지 분석하고 대비해야 한다. 이러한 바탕에서 목표를 알맞게 수립하여 진행해야 성공할 수 있다. 이를 전략적 의사결정이라고 한다. 조직이나 개인이 선택을 잘해야 하는 것은 당연하다. 선택이 의사결정이요, 선택을 잘하는 것이 전략적 의사결정이다.

조직은 목표를 달성하기 위해 여러 가지 수단을 고안해 낸다. 최고경영자의 근본적인 책임이 바로 조직목표, 조직전략, 조직설계의 방향 등 큰 그림을 그리는 것에 있다.[3] 이것이 최고경영자를 포함한 경영진의 근본적 의사결정이다. 불확실하고 변화하는 환경에 조직을 적응시키고 새롭게 정비하여 흡사 전쟁과 같은 상황에서와 같은 전략적 의사결정이 필요하다. 중간관리자는 최고경영자로부터 하달된 지침을 가지고 부서가 전략을 추진할 수 있도록 구성원을 관리하고 운영하는 일을 한다. [그림

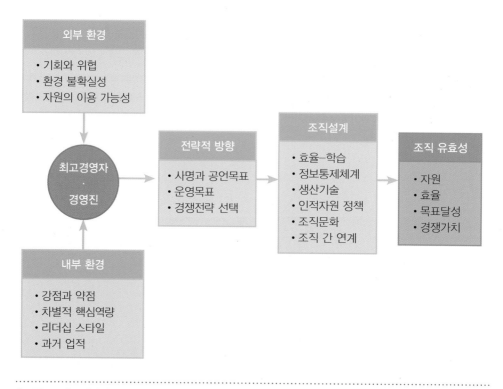

[그림 2-2] 전략적 의사결정과 조직 유효성

2-2]에서와 같이, 최고경영자로부터 지시된 방향과 고안된 조직설계는 궁극적으로 조직성과를 높이기 위함이다.[4]

조직은 외부 환경의 기회와 위협에 반응한다. 즉 조직은 환경변화의 양과 질, 환경 불확실성과 자원의 이용 가능성 등에 대한 다각적인 대책이 필요하다. 특히 최고경영자를 비롯한 경영진은 내부의 강점과 약점을 진단하고 산업 속에서 기업이 가진 경쟁우위 및 비교우위를 살핀다. 이런 과정에서 부서평가가 이루어지고 경우에 따라서는 과거의 업적이나 현재 리더십 스타일을 비롯한 각종 경영방식에 대한 평가를 한다. 사명과 공언목표를 외부 환경의 영향력과 비교하면서 새롭고 정한 조직목표나 조직전략을 형성하여 조직목표를 달성할 수 있는 지의 여부를 가늠해 본다. 운영목표를 수립하고 경쟁전략을 선택하여 선택된 전략을 설계한 후 추진한다. 이를 위해 필요하다면 조직진단이나 컨설팅을 통해 조직목표와 조직전략을 반영하는 새로운 조직설계가 이루어지기도 한다. 이러한 조직설계는 전략적 계획 수립을 관리하고 전략을 구체적으로 실행하기 위함이다.

② 조직목표의 수립

조직목표란 무엇인가? 조직목표는 조직이 공유하는 목표이면서 달성하고자 하는 상태이다. 조직이라는 존재는 목표를 가진 것으로 집단이나 군중 같은 인간의 집합체와 구별된다. 그래서 조직의 정의에도 공동목표가 있는지 없는지가 반드시 들어간다. 집단이나 군중은 형식적 목적이 없으며 일정 기간, 일정 장소에 모여 상호작용을 하는 모임이다. 그에 반해 조직은 목표를 공유하고 목표를 달성하도록 활동 시스템이 편성되어 있다.

또한 하나의 조직 안에 여러 가지 조직목표가 동시에 존재할 수 있다. 조직목표를 구분한다면, 사명이라고 불리는 전반적 조직목표, 즉 공언목표(official goals)와 실제로 운영되는 운영목표(operative goals)가 있다.[5] 사명은 조직의 비전(vision)이며 공유된 가치와 신념이다. 외부로 공표된 공언목표는 구성원 행동 지침으로 작용한다. 예로서 고객가치 창조, 사회 공헌 등이 있다. 한편 운영목표는 조직이 실질적으로 수행하려는 사안에 대한 단기목표이다. 예를 들면 시장점유율 35% 확보, 불량률 제로 도전 등으로, 조직이 필수적으로 수행해야 하는 근본적인 과업에 대한 언급이라 할 수 있다. 단기목표는 대개 1년 내외, 중기목표는 3년 내외, 장기목표는 5년에서 10년까지의 목표이다.

다양한 목표가 가지는 목적은 무엇인가? 그것이 공언목표든 운영목표든 목적에 있어 차이가 있지만 조직에게 있어 공언목표와 운영목표는 모두 중요하다. 공언목표는 합법성을 제공하는 반면, 운영목표는 구성원의 방향과 동기부여, 의사결정 지침, 성과의 기준으로 작용하기 때문이다.[6]

〈표 2-1〉 **조직목표의 유형과 목적**

조직목표의 유형	조직목표의 목적
공언목표	• 합법성
운영목표	• 구성원 방향과 동기부여 • 의사결정 지침 • 성과기준

◆◆◆ 조직 인사이트 2-2 조직목표

조직목표 중에서 가장 대표적인 것이 수익성(profitability)이다. 수익성이란 영리조직이 추구하는 전반적인 성과를 의미한다. 이는 종종 순이익(net income), 투자수익률(return on investment), 시장점유율(market share) 등으로 표현된다. 노동조합과 같은 경우는 수익성보다는 공익성이 목표가 된다. 정해진 예산지출 수준에서 노조원에게 어떠한 서비스를 제공하느냐 하는 것이 목표가 될 것이다.

성장(growth)과 매출 상승이라는 조직목표도 있다. 영리조직은 매출 상승이 운영목표가 될 수 있지만, 성장이란 목표는 비영리조직의 조직목표로 합당하다. 그 밖에 자원 획득, 시장 지향성 달성, 종업원 개발, 혁신, 생산성(productivity) 등 조직이 설정할 수 있는 중요한 목표가 된다.

---

3 조직전략의 수립

전략(strategy)이란 조직목표를 달성하기 위해 경쟁적인 환경과 적극적으로 상호작용하는 계획이다. 목표는 조직이 가기를 원하는 곳이고, 전략은 그곳에 가기 위한 방법(how)이 된다. 예를 들어 매년 15% 성장을 목표로 세웠을 때, 전략은 신규 고객을 끌어내기 위한 공격적인 광고 혹은 고객의 구매를 유도하기 위해 노력하는 세일즈맨을 고무시키는 파격적인 성과급 실시 등이다. 그러므로 전략은 조직목표를 달성하기 위한 일종의 기법(technique)이다.[7] 마이클 포터(M. Porter)는 이러한 전략을 경쟁전략(competitive strategy)이라 이름 붙여 [표 2-2]와 같이 주장한다.[8]

〈표 2-2〉 마이클 포터의 세 가지 전략

전략	조직 특징	
원가우위 (cost leadership)	• 강력한 집권적 권한 • 표준화된 운영 절차 • 밀접한 관리감독 • 빈번하고 상세한 통제	• 엄격한 비용 통제 • 효율적 자금 배분 및 분배체계 • 제한된 종업원 권한위임
차별화 (differentiation)	• 유기적인 조직활동 • 부서 간 강력한 조정 • 연구조사에 강한 능력 • 종업원 보상	• 느슨한 관리 • 창의적 사고 • 강력한 마케팅 능력 • 품질에 대한 기업 평판
초점 (focus)	• 전략목표와 정책의 조합 • 고객 창출과 유연적인 가치와 보상 • 고객충성도 유지를 위한 서비스 제공 • 고객 접점에 있는 종업원의 권한 확대	

4 초우량 조직을 위한 필수 전략

경영진은 외부 환경과 상호작용을 하는 전략만 개발하는 것은 아니다. 경영진은 장기적이고 지속 가능한 기업의 성공을 위해 조직의 역량을 창출해 내야 한다. 성공하는 조직은 내부 환경의 혼란에 유연하게 대처하는 능력이 있다. 구성원의 사기를 진작시키고 강력한 기업의 가치와 조직문화를 만들어 낼 줄 안다. 조직은 생명력을 유지하기 위해 단기적으로 반짝 활성화하기보다 장기적 관점에서 지속적으로 성장해

[그림 2-3] 초우량 조직에 영향을 주는 요인

야 한다. 초우량 조직이 추진하는 네 가지 전략을 고려할 수 있다.

고객 지향성

조직의 고객 지향성(strategic orientation)은 고객에게 밀착하기, 고객에게 재빠르게 반응하기, 사업 영역과 조직목표를 명확하게 하기이다. 이러한 점을 모두 보유한 초우량 조직은 고객 지향적인 조직이라고 한다. 조직은 자신의 이해당사자 중 가장 소중한 대상인 고객을 주도면밀하게 관찰해야 하며 고객욕구를 만족시켜 성공적인 조직을 만들고자 자신이 활동하는 무대인 사업영역에서 자신의 가치를 높여야 한다. 고객에게 빠르게 반응하여 판매 기회를 잡고 문제 발생 시 해결하는 데 가장 많은 노력을 투입해야 한다. 또한 가장 자신하는 시장에서 또는 가장 자신이 있는 아이템으로 승부를 걸어야 한다.

활동 지향성

전략이 수립된 후 왕성한 활동을 벌이는 경영 기법과 경영 과정은 초우량 조직의 조건이 된다. 성공하는 조직은 리더십 비전, 활동 지향성 경영, 핵심가치 경영 등에 있어 남다른 우위를 보인다. 리더십 비전은 조직의 리더십으로 작용하며 공유해야 할 비전이 무엇이고 어떤 방향으로 나아가야 하는지를 명확하게 선도한다. 활동 지향성 경영은 현장을 중시하고 탁상행정에 머무르지 않는 실행 우선 철학이다. 더불어 최고경영자는 의사결정을 내리고 지침을 행사할 때 추구해야 할 핵심가치가 무엇인지 정확하게 인식하고, 구성원은 핵심가치를 추구하는 경영을 적극적으로 지원하고 후원해야 한다.

효율적 조직설계

초우량 조직은 다른 조직과 달리 우수한 조직설계의 특징을 가지고 있다. 첫째, 간단한 문서와 적은 수의 스태프를 유지하기, 둘째, 기업가정신(entrepreneurship)을 촉진하는 분권화, 셋째, 성과의 측정에 있어 재무적 측정치와 비재무적 측정치의 균형이다. 이를 기업에서는 BSC(Balanced Score Card) 성과관리라고 한다. 적은 수로 구성된 스태프 조직은 스태프의 지위를 더 분명하게 하고 불필요한 낭비를 제거한다. 조직구조를 분권화하는 것은 혁신과 도전을 고무하는 좋은 방법이다. 재무성과와 비재무성과를 균형 있게 평가하는 것은 쉽지 않은 일이지만, 조직의 핵심 전략적 목표를 향한 전 직원의 노력과 공헌에 대한 유인을 공정하게 제공하고 배분한다는 점에서 중요한 경영기법이다.

강한 조직문화

초우량 조직에는 강한 조직문화가 존재하며, 이는 구성원의 열정과 에너지를 자동적으로 상승시키는 힘으로 작동한다. 조직 내 신뢰의 분위기는 정직이라는 문화로 성장하고 이는 다시 협력으로 이어질 수 있으며 참여라는 동기부여를 이루어 낸다. 좋은 조직문화란 의사소통과 정보 공유가 잘되고 협조하면서도 경쟁하고 공동체 신념이 강하면서도 유연한 분위기이다. 이러한 문화 속에서는 창의성이 강조되고 소수의 의견도 무시되지 않는 분위기와 전통이 확립된다.

◆◆◆ **조직 인사이트 2-3 조직 성공을 이끈 경영의 영웅**

- 마쓰시타 고노스케(사진)는 경영의 신이라 불린다. 그는 자신이 만든 규칙이라도 시대에 맞지 않으면 과감하게 버렸다.
- 1998년 여자 친구의 차고를 빌려 문을 연 구글(Google)은 불과 6년 뒤 주식시장에 이름을 올렸다. 그 뒤에는 래리 페이지와 세르게이 브린(L. Page & S. Brin)이 있었다.
- 황량한 모래벌판 위에서 맨주먹으로 사업을 시작하여 불과 25년 만에 전 세계 제2의 제철소를 만든 철강 왕 박태준 회장이 있다. 그는 총체적인 인본주의에 바탕을 두고 종업원을 혹독하게 조련시킨 결과 탁월한 경영성과를 거둔 인물이다.
- 이토 마사토시는 세븐일레븐의 창시자이다. 그는 손님과 거래처를 중시하며, 거짓말을 절대 하지 않고, 감사하는 마음을 잊지 않는다는 경영철학을 가졌다.
- 레이 크록은 맥도날드 창시자이며 세일즈맨인 동시에 관리능력이 뛰어난 경영자이다. 82세 사망하던 고령의 나이에도 샌디에이고 사무실에 거의 매일 출근했다. 그는 매슬로우, 마틴 루터 킹 2세와 함께 꿈을 추구했던 사람으로 분류된다.
- 홍콩 사람이 1달러를 쓰면 그중 5센트는 리자청의 주머니에 들어간다는 말이 있다. 그는 홍콩에서 상업의 신으로 추앙받고 있다. 중학교 중퇴의 학력을 가진 그는 책을 손에서 놓지 않는 독서경영의 대가였다. 그는 끝없는 도전과 용기를 가진 경영자로 기록되고 있다.

5 조직 유효성 측정하기

조직 유효성(organization effectiveness)이란 조직의 목표달성 정도를 나타낸다. 제품을 만들어 파는 것을 목표로 할 경우, 조직이 만드는 제품이 어떻게 팔리는지, 조직이 상품과 함께 제공하는 서비스가 고객에게 어떻게 평가되는지 등이 모두 조직 유효성을 말한다. 더불어 조직의 활동이 얼마나 세분화되었는지도 조직 유효성과 관계가 있다. 앞서 기술했듯이 조직은 복수의 조직목표를 가질 수 있다. 예를 들어 상품 출하 전 불량품을 찾는 검사에서도 조직 유효성은 사용된다. 그러므로 조직 유효성은 다양한 조직 수준에 사용되는 폭넓은 개념이다.

조직목표와 조직전략을 이해하는 데 가장 확실한 방법은 조직 유효성을 이해하는 것이다. 조직 유효성은 조직이 실현하려는 총체적 결과이다. 이는 부서 수준과 조직 수준에서 모두 측정할 수 있다. 여기서 조직 유효성과 효율성(efficiency)을 구별한다면, 효율성은 조직 유효성을 간단하게 측정한 것 중 한 가지이다. 즉 효율성은 조직에 들어오는 투입(input)과 조직이 만들어 내는 산출(output)을 직접 비교하여 구한다.[9] 투입과 산출은 목표달성을 위해 소비한 비용으로 측정한다. 효율성은 능률이라고도 불린다.

하지만 조직의 전반적인 성과를 측정하는 것 혹은 조직 유효성을 측정하는 것은 그리 간단하지 않다. 조직은 여러 부분의 조각이 전체를 이루는 유기체일 뿐 아니라 성과라는 것이 금방 눈에 보이기도 하지만 어느 것은 측정이 불가능하기 때문이다. 그러므로 조직 유효성 측정을 위해 투입과정, 내부과정, 산출과정 각각에서의 성과를 따로 파악해야 한다.[10]

[그림 2-4] 조직 유효성 측정의 접근법

전통적 측정 모형

• 투입과정 접근법

투입과정 접근법은 조직 내부의 변환과정을 향하는 투입 측면에서 조직 유효성을 측정하는 것이다. 조직이 성공적으로 가치 있는 자원을 획득하고 효과적으로 관리하는 것과 관련된다. 이 방법을 외부자원 접근법(external system approach)이라 한다. 그러므로 조직 유효성은 희소한 자원을 획득하는 능력, 즉 자원에 관한 통제(control)이다.

• 내부과정 접근법

내부과정 접근법에서 조직 유효성은 구성원의 긍정적 태도나 만족을 뜻하는 내부조직의 건전함의 정도로써 측정한다. 이를 내부체계 접근법(internal system approach)이라 한다. 그러므로 조직 유효성은 얼마나 그 조직 내부에 혁신(innovation)이 이루어져 있는가로 판단한다.

〈표 2-3〉 **조직 유효성 접근법의 정의와 목표**

접근법	정의	목표
투입과정 (외부자원 접근법)	• 희소하고 가치 있는 자원을 획득하고 관리하며 통제하는 조직의 능력 평가	• 원재료 투입 가격 낮추기 • 질 높은 원재료와 종업원의 획득 • 시장점유율의 증가 • 주가의 상승 • 이해당사자 지원
내부과정 (내부체계 접근법)	• 혁신적이고 신속한 대응을 위한 조직의 능력 평가	• 의사결정 시간의 단축 • 생산혁신을 통한 생산성 증대 • 구성원의 사기와 협력 증진 • 갈등해결 • 신속한 출하 시기 단축
산출과정 (기술 접근법)	• 좋은 품질의 제품 및 서비스를 고객에게 전달하는 효율에 관한 조직의 능력 평가	• 제품의 질 향상 • 결함 줄이기 • 생산 비용 줄이기 • 고객서비스 및 고객경험 향상 • 고객에 대한 납기단축

• 산출과정 접근법

산출과정 접근법은 조직이 설정해 놓은 조직목표를 평가하는 것이다. 이를 기술접근법(technical approach)이라 한다. 이 접근법에서의 조직 유효성은 조직의 산출물이 목표했던 바대로 산출되었는가, 이익은 달성되었는가, 고객은 만족하였는가에 대한 효율성으로 측정한다.

경쟁가치모형

앞에서 제시한 방법은 조직 유효성에 대한 전통적 측정 모형이라 할 수 있다. 최근의 경쟁가치모형(competing values model)은 단편적 투입과정, 내부과정, 산출과정의 조직 유효성의 측정보다는 다양한 조직의 각 부문의 관심 사항을 균형적으로 통합하려는 개념에서 출발한다.[11] 조직 내에는 여러 종류의 조직 유효성이 존재하기 때문에 투입과정, 변환과정, 산출과정별로 조직 유효성을 측정하는 것은 무의미하다는 주장이다.

경쟁가치모형은 단일모형 내에 여러 조직 유효성을 나타내는 지표를 조합해 놓은 것이다. 이 모형은 본래 조직 유효성이 조직 내에서 경쟁하는 성향이 짙고 서로 목표가 상이하므로 지향하는 결과도 다를 것임을 전제한다. 대개 1개 부서의 관리자는 자신의 가장 중요한 목적을 추구하는 과정에서 다른 부서의 관리자와 불일치하기 마련이다. 게다가 이해당사자마다 조직에 요구하는 바가 모두 다르다. 이처럼 자연스런 갈등이 존재하기 때문에, 경쟁가치모형은 다양한 복잡성을 조직 유효성으로 측정한다. 조직내에서 가장 가치 있고 관심거리인 유효성을 가장 많이 감안하고 그 다음으로 가중치를 두는 측면의 유효성을 적게 감안하고 하는 식으로 계산하여 합한 것이 그 조직의 최종적인 조직 유효성이라는 것이다. 물론 관심거리는 상황에 따라 변할 것이고 조직 유효성 측정 결과도 다르게 변할 것이다.

• 내적 유효성과 외적 유효성의 상대적 가치 측정

기업의 내부 초점이나 외부 초점은 경영자와 구성원이 가지는 가장 지배적인 가치에 대한 관심이다. 내부 초점은 경영자가 갖는 관심으로서 구성원이 얼마나 효율적으로 구성되어 있는지, 심리적으로나 신체적으로 건강한지에 대한 가치이고, 외부 초점은 조직이 얼마나 효율적으로 환경에 반응하는지에 대한 가치이다.

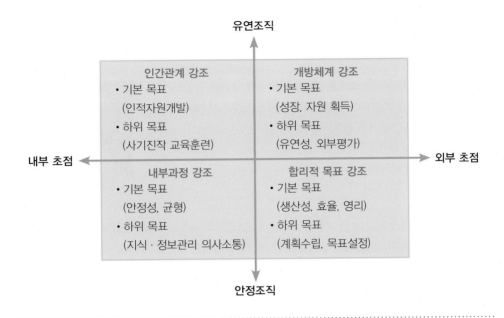

[그림 2-5] 경쟁가치모형의 조직 유효성

• 조직구조에 따른 상대적 가치 측정

조직 유효성을 조직구조가 안정적(stability)인지, 유연적(flexibility)인지에 따라 측정하려고 한다. 안정조직은 상명하달(top-down)식 통제와 효율을 중시하는 가치를 의미하며, 유연조직은 학습과 변화를 중시하는 가치를 말한다.

이상의 초점의 두 차원과 구조의 두 차원은 서로 밀접하게 관계하면서 [그림 2-5]와 같은 조직 유효성의 네 가지 접근 방식을 만들어 낸다.[12] 즉 유연성을 더 강조할 것인지 아니면 안정성에 더 무게를 둘 것인지가 중요한 경쟁가치이며, 동시에 조직의 내부 운영을 잘하는 것에 초점을 맞출 것인지 아니면 외부의 이해당사자의 요구에 잘 맞추는 것에 중점을 더 둘 것인지에 인간관계 강조, 개방체계 강조, 내부과정 강조, 합리적 목표 강조 등 네 가지 유형이 도출된다.

경영자는 의사결정을 내리고 자원을 배분하며 목표를 달성하기 위해 타인의 활동을 지휘한다. 프랑스의 페욜(H. Fayol: 사진)은 경영자가 수행해야 할 다섯 가지 경영기능, 즉 계획하고, 조직화하고, 명령하고, 조정하고, 통제하는 기능에 대하여 책을 썼다. 오늘날 이러한 경영기능은 다시 네 가지로 요약되고 있는데 바로 계획하고, 조직하고, 이끌고, 통제하는 기능이다.

- 경영자의 첫 번째 기능인 계획(planning)이란 조직의 목표이다. 이는 조직목표 달성을 위해 설정된 전략, 통합, 조정 활동을 위한 계획의 포괄적인 단계를 개발하는 것이다.

- 경영자는 조직의 구조를 설계하는 데 책임을 진다. 이러한 경영자의 두 번째 기능을 조직하기(organizing)라고 부른다. 수행해야 할 특정 과업, 누가 그것을 할 것이며, 과업을 어떤 방법으로 묶을 것인가, 누가 누구에게 보고하며 어느 부서에 의사결정이 내려질 것인가 등을 결정한다.

- 조직에서 속한 사람을 지시하고 조정하는 것이 바로 경영의 직무이다. 이것이 바로 리드하는(leading) 기능이다. 경영자가 구성원을 동기부여 시키려 할 때, 다른 사람의 활동을 지시할 때, 가장 효과적인 의사소통 경로를 선택하거나 구성원 간의 갈등을 해결하거나 하는 것이다.

- 경영자가 수행할 네 번째 기능이란 통제기능(controlling)이다. 구성원이 해야만 하는 것을 확실하게 하면서 조직의 성과를 감시해야 한다. 실제 성과는 사전에 설정된 목표와 비교되어야 한다. 심각한 차이가 발생된다면 곧바로 조직 경영에 대한 재검토가 이루어져야 한다.

II 조직관리의 기본원칙

조직을 잘 운영하려면 업무를 잘 나누되 일에 대한 책임과 권한관계도 잘 정해 주어야 한다. 그리고 조직 내 사람을 관리하는 일반적인 원칙도 한두 가지가 아니므로 이에 대해 숙지할 필요가 있다.

1 조직 구성을 위한 기본 요소

조직이 각종 기능과 경영활동을 원활히 수행하기 위해서는 조직의 구성요소가 합리적으로 조화를 이루어야 한다.[13] 그렇다면 조직의 구성요소인 직무, 권한, 책임은 어떻게 나뉘어야 하는가? 우리가 건물을 설계하려면 먼저 고려해야 할 건물의 설계요소가 있는데 높이는 어느 정도로 할 것이며 방향은, 넓이는 등이다. 높이, 방향, 넓이 등을 어떻게 하느냐에 따라 건물이 달라진다. 따라서 높이, 방향, 넓이의 개념부터 이해해야 한다.

조직이 조직목표 달성에 필요한 업무를 합리적으로 분류하고, 이것을 각 부문에 할당하는 일이 바로 부문화이다. 조직은 부문화에 따라 업무를 계속 분업하여 ○○과(課) 혹은 ××계(係)에 할당한다. 이러한 부문화는 기업조직을 조직화하는 데 가장 기본적인 기능을 한다. 최근 직능이라는 개념이 등장하였는데, 직능이란 개인이 수행할 일로서 직능분화라고 할 때는 업무의 부문화 혹은 업무분장을 의미한다. 조직의 경우 부문화를 위한 구성요소는 다음과 같다.[14]

직무배분

조직에 있어 부문화가 이루어지려면 모든 업무는 각 부문의 구성원이나 각 부문에 직무로서 배분되어야 한다. 직무가 배분되면 각 구성원에게 직무를 수행하는 데 필요한 조직상의 지위가 배분되는데 이것이 바로 직위(position)이다. 직무배분과 직위

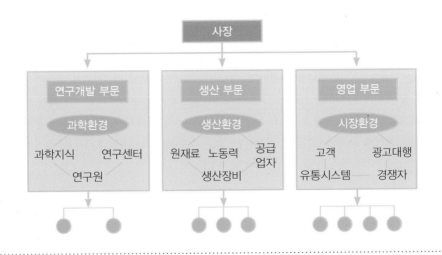

[그림 2-6] 부문화의 예

배분이 이루어지면 조직은 경영활동을 할 수 있는 준비가 된다.

권한배분

권한은 일정 직무를 스스로 수행하거나, 다른 사람으로 하여금 수행하게 하는 공적인 힘을 말한다. 직무와 지위를 배분하는 힘도 권한이다. 하지만 직무를 맡은 사람도 그 직무를 수행할 권한을 할당받아야 한다. 이러한 힘은 일을 효과적으로 처리하기 위해 합리적으로 배분되어야 한다. 직무가 없으면 권한 행사는 무의미하다. 그러므로 권한을 직무 수행과 관련지어 보면 자유재량권이라고 할 수 있다. 자기가 수행해야 할 직무에 관해서는 자기 스스로 판단해서 결정할 수 있어야 한다. 만약 직무에 비례한 권한배분이 되지 않는다면 여러 가지 비효율이 나타날 것이다.

책임배분

책임은 특정 직무와 권한을 일정한 기준에 따라 수행해야 할 의무라고 할 수 있다. 이때 의무는 심리적 의무감이 아니라 조직목표 달성에 공헌하는 구체적 의무를 말한다. 책임의 개념은 크게 책임(responsibility)과 책무(accountability)로 구분 짓기도 하는데 전자가 책임 사항이나 책임의 내용이라면, 후자는 책임의 결과이다. 책무는 결국 권한이양의 원칙에 따라 각 개인이 각 지위에서 직무를 수행하게 되는 책임의 결과이다.

◆◆◆ 조직 인사이트 2-5   책임과 책무의 비교

조직론에서는 책임과 책무를 구분한다. 일반적으로 accountability는 회계 용어로 회계와 책임을 합친 회계 책무이다. 1960년대 미국에서 공공조직이 납세자인 미국 시민에게 공공 사용의 책임을 부담 지게 하려고 만들어 낸 용어로, 책무는 이해당사자에 대해 조직의 활동 내용이나 재무 상태를 공개하여 설명함으로써 투명성을 확보하는 의사결정의 책무를 말한다. 책임이 수행 책임이라면, 책무는 결과 책임이라 할 수 있다.

2 조직의 운영원칙

조직의 운영원칙이란 복잡하고 거대한 조직을 보다 합리적이고 적절하게 편성 및 구조화하고 그것을 보다 능률적으로 관리함으로써 조직목표를 효율적으로 달성하고 자 하는 데 적용되는 관리원칙을 말한다. 조직 연구자는 조직관리에 적용되는 보편적·일반적 원칙을 찾아내기 위해 끊임없이 노력하고 있다. 물론 사이먼(H.A. Simon) 과 같이 조직을 운영하는 데 유일한 법칙(one best way)은 있을 수 없다고 비판하는 학자도 있지만, 테일러를 따르는 어윅(U. Urwick), 굴릭(L. Gulick), 무니(J. Mooney) 등은 조직의 운영원칙 발전에 공헌하였다. 그러므로 조직의 운영원칙은 하나로 규정할 수 없으며, 여기서는 건전한 조직을 형성하는 데 있어 일반적으로 받아들여지고 있는 조직의 운영원칙만을 살펴보기로 한다.[15]

명령의 일원화

명령의 일원화(unity of command) 원칙이란 구성원은 오직 한 사람의 상급자로부터 지시와 명령을 받고 또 그에게만 보고해야 한다는 것을 의미한다. 명령의 이중화가 나타나면 조직질서가 파괴되기 쉽기 때문이다. 직속 상사가 두 명일 경우, 그 둘의 명령이 이중적이 된다면 분열과 혼란이 발생되어 신속한 업무의 처리가 불가능해지는 것은 뻔하다. 하지만 실제 조직에서는 여러 명의 상급자로부터 명령, 지시를 받게 되는 경우도 흔하며 고도로 전문화된 현실에서 명령을 내리는 한 사람의 결정이 올바른 것인가에 대해 비판도 있다.

통솔범위의 한계

한 사람이 다른 사람들을 통솔하고자 할 때 이상적인 단위(數)가 있다면 이것이 바로 통솔범위의 한계(span of control) 원칙이다. 통솔할 부하나 부서 단위가 적을수록 좋은지 아닌지를 알기 위해서 적절한 통솔범위가 몇 명이어야 하는지를 살펴보는 것이 중요하다. 어윅은 통제 가능한 부하의 수를 5~6명으로 산정하며, 10명이 이상적이라고 보는 견해도 존재하며, 왈라스는 적어도 10~12명을 초과하지는 말아야 한다고 주장한다. 쿤츠와 오도넬은 상층부에서는 4~8명, 하층부에서는 8~15명이 적절하다고 주장한다. 수학적 공식을 발표한 그레크나스는 n이 피통솔자의 수인 경우 $n\{(2n/2)+n-1\}$라는 식을 통해 2명을 통솔하는 경우만 해도 통솔자는 여섯 가지 인간관계에 유의해야 한다는 결론을 내리고 있다. 그러므로 인간의 한계로 인해 부하 직원의 수는 6명 정도를 넘지 말아야 한다고 주장한다. 하지만 진정한 통솔범위를 정하려 할 때는 감독자의 능력을 비롯하여 감독해야 할 내용, 부하의 능력, 부하가 맡은 일의 난이도, 지리적 범위 등도 고려해야 할 것이다.

계층과 위계의 설정

계층화(hierarchy)의 원칙은 조직의 효율적 관리를 위해 권한과 책임, 직위의 정도에 따라서 구성원 간에 상하의 계층, 등급을 설정하고 각 계층, 등급 간에 권한과 책임을 배분하고 명령 계통과 지휘감독 계통을 확립함을 의미한다. 일종의 위계질서이다. 오늘날 대부분의 조직은 계층화의 원칙을 갖추고 있다. 예를 들면 군대나 관공서가 아주 대표적이다. 하지만 조직관리에 있어 계층 수가 많은 것은 좋지 않다. 계층 수가 많으면 의사소통은 물론이고 의사결정도 신속하게 이루어질 수 없기 때문이다.

권한이양

권한을 가지고 있는 상사가 부하에게 어느 정도의 권한을 넘겨주어야 한다는 것이 권한이양(delegation of authority)의 원칙이다. 권한이 어떤 한 사람이나 특정 부서에 지나치게 집중되어 있으면 조직은 집권화되어 권력 지향적 조직이 되고 말 것이다. 부하의 생산성이 낮은 것은 이양받은 권한이 없거나 적기 때문이다. 이양받은 권한을 범위 내에서 자유롭게 행사한다면 성과 향상에 많은 공헌을 할 수 있을 것이다.

전문화

조직규모가 확대되면 다양한 경영활동이 증가한다. 복잡한 경영활동을 효율적으로 처리하기 위해 구성원 각자가 한 가지의 특수화된 업무만을 담당하는 것이 바로 전문화(specialization) 원칙이다. 특수화되고 표준화된 업무를 전문적으로 다룰 수 있는 능력이야말로 기업의 능률 향상과 직결되는 것이기도 하다. 이러한 전문화는 구성원에게 업무를 분담시킨다는 의미를 갖는 것이기에 기능의 원리라고도 한다. 굴릭은 조직을 POSDCRB 원칙에 의해 계획(P)·조직(O)·인사(S)·지휘(D)·조정(C)·보고(R)·예산(B) 기능으로 분업화해야 한다고 주장한다.

◆◆◆ 조직 인사이트 2-7   개미에게서 배우는 조직원리

1억 년 동안 1만여 종의 변이를 만들며 생명력을 이어 왔다. 견고한 신분계층, 철저한 분업과 같은 교미와 양육 등 그 운영에 있어 역할분담을 생명으로 하는 개미 집단, 그 중심에는 여왕개미가 있다. 수천 마리의 암개미 중 교미에 성공한 몇 마리로부터 탄생되는 여왕개미는 15년 동안 100만 개의 알을 낳아 자신의 종족을 번식시키고 수많은 외세의 적들로부터 자신들을 지키는 다양한 방어 방법을 개발하는가 하면, 1분에 수천 개의 알을 깨고 태어나는 생명들에게 우량 정도에 따라 평생의 위치를 부여하기도 한다.

한 번의 교미비행을 위해 가꿔지는 암개미, 암개미의 교미 상대가 되고선 죽음을 맞이해야 하는 수개미, 다른 종을 향한 더듬이를 치켜세우고 공격적인 행위만을 수행하는 전투개미, 새 구성원인 알들을 지키고 양육하는 유모개미, 왕국을 먹여 살릴 먹이만을 찾아다니는 탐험개미, 죽어서까지 여왕개미로 향하는 외부 문을 지키는 문지기개미 등 그들의 지위는 거대한 집단을 위해 만들어진 필수 부품으로서 자신의 희생에는 무감각한 존재가 되어야 한다. 작은 존재지만 그 집단의 결속력과 지혜, 강력한 생명력, 인간의 문명에 견줄 만한 존재가 바로 개미이다.

책임에 따르는 권한

조직에는 각각의 직무와 직위가 있고 그에 적합한 권한과 책임이 동시에 부여된다. 조직에서 개인은 업무를 수행할 책임을 부여받지만 권한이 없는 경우가 많다. 하지만 책임을 주었으면 권한도 그만큼 주어야 일을 할 수 있다. 그 대신 그 업무에 대해서는 이해당사자가 책임을 지도록 해야 한다는 것이다. 이러한 식으로 구성원의 상호관계가 명확해야 조직의 질서도 생긴다. 또한 상사는 부하가 하지 못한 업무에 대해 책임을 지며 또 부하에 의해 어떤 일이 발생할 경우 설명을 요구하는 권한을 가진다. 팀으로서의 책임과 개인으로서의 책임이 있으며 이 둘 모두 동시에 책임을 지는 경우도 있다. 또한 권한은 책임을 가진 사람이 기간에 맞게 업무를 완수하고 필요한 조건을 충족하기 위해 행사할 수 있는 힘이다.

부문 간의 조정과 통일

조직은 조직 내 여러 부문이 공동 목적을 달성하기 위해서 행동 통일을 이룰 수 있도록 집단적 노력을 질서정연하게 배열할 필요가 있다. 분업화 및 업무분장이 확대될수록 전체적인 조직목표 달성을 위하여 부문의 조정·통제·통합화의 필요성은 증대된다. 무니(J. Mooney)는 이러한 조정(coordination)의 원칙을 조직의 가장 중요한 원칙으로 꼽고 있으며, 바나드(C.I. Barnard) 역시 조직을 존속시키는 기능이 바로 외부 환경 변화에 대하여 조직이 적응하려는 노력과 조직의 내적 요소 간의 적절한 균형, 즉 조정임을 강조하고 있다.

3 조직과 패러다임

요즘같이 세상이 급변할 때는 조직운영의 지침이 되는 패러다임 전환(paradigm shift)이 필요하다. 인간을 보는 관점, 기업을 보는 관점, 기술 발전에 대한 관점, 환경 대응 전략에 대한 관점 등 모든 면에서 대전환, 즉 패러다임의 혁신이 필요하다. 하지만 패러다임은 보다 근본적이고 골격이 되는 것이기 때문에 필요할 때에도 변화시키려면 무척 힘이든다. 패러다임 전환에 대해 변혁 혹은 혁명이라는 단어를 사용하는 것도 그런 까닭에서이다.[16]

조직론을 공부하거나 조직을 이해한다고 할 때 연구의 과학성과 함께 분석수준도 중요하지만, 무엇보다 일과 조직을 대하는 방식의 거대한 흐름인 패러다임의 변화를 제대로 읽는 일이 우선되어야 한다.

패러다임이란

일반적으로 사람은 주위에서 일어나는 사건에 대해 주관적인 관점에서만 해석하려는 경향이 있다. 이러한 주관적인 고정관념을 심리학에서는 스키마(schema)라고 하는데, 미국의 과학사학자 토마스 쿤(T. Kuhn)은 [과학혁명의 구조(The Structure of Scientific Revolution)]에서 스키마를 패러다임(paradigm)이라 표현하였다. 결국 패러다임이란 가장 근본적이고 총체적인 사고방식이라 할 수 있다. 언어학에서는 패러다임을 표준례, 상징적 일반화라고 한다. 할아버지가 손자에게 "너 썰매 타 봤냐?"라고 할 때 아이는 놀이동산에서 탔던 눈썰매를 떠올릴 것이고, 할아버지는 논에서 타던 논썰매를 떠올릴 것이다. 이때 할아버지가 썰매에 대해 가지고 있었던 패러다임은 손자와 다른 것이다. 패러다임의 변화를 토마스 쿤은 개종(改宗)에 비유하여 하나의 이론체계가 전혀 다른 새로운 이론체계로 바뀌는 현상이라고 정의하였다.

패러다임의 역할

패러다임은 우리 회사의 사명은 무엇이며 우리는 이러한 행동을 해야 한다와 같은 공유된 가치관으로서 일종의 나침반이나 지도와 같으며, 기업은 이를 바탕으로 경영활동을 한다. 동시에 패러다임은 조직론을 연구하고 조직을 이해하는 기본 틀이다. 패러다임이 수행하는 역할을 기업조직을 예로 들어 살펴보기로 하자.

목표와 비전의 나침반

패러다임은 기업의 구성원이 불확실하고 모호한 상황에 처했을 때 나침반 역할을 한다. 즉 사고의 틀(frame of think)을 부여한다. 어떤 기업이 전혀 예상하지 못했고 경험도 없는 위기 사태에 처했을 때 패러다임은 구성원에게 스스로 문제를 진단하고 해결하는 방향을 제시하는 역할을 수행한다.

판단과 인식의 여과지 역할

패러다임은 현대 사회와 같은 정보의 홍수 속에서 자신의 기업에 의미 있는 정보를 선택하기 위한 여과지(filter)로서의 역할을 한다.

정보 공유와 협력의 촉진제

패러다임은 구성원 간에 정보의 공유와 축적을 촉진하는 역할을 하며 동시에 정보의 교류를 통해 동일화와 소속감을 조성한다. 즉 패러다임을 공유한 상태에서 만족한 결과를 가져왔을 경우에는 서로의 경험이나 학습성과를 교류하기가 쉬워진다. 그 결과 공통된 관심사에 대한 정보가 축적될 뿐 아니라, 축적된 정보가 상승효과를 가져와 기업 전체의 조직학습이 진척될 수 있다.

신념과 확신의 지침서

패러다임은 구성원에게 자신이 속한 기업의 전략에 대한 확신과 이해를 주는 지침서 역할을 한다. 비록 패러다임 전환의 옳고 그름은 결과를 두고 봐야 하는 미래의 일로서 예측 불가능하지만, 구성원은 패러다임을 가짐으로써 기업의 전략에 확신을 가질 수 있다.

◆◆◆ 조직 인사이트 2-8 조난당한 정찰대의 엉뚱한 지도

미시건 대학 교수 웨익(K. Weick)은 알프스에서 조난당한 정찰대를 패러다임 예로 설명한다. 알프스에서 훈련 중이던 정찰대 대원이 악천후에 조난을 당하는데 훈련 당일 베이스캠프에서 출발할 때 정찰대원에게 비상 지도가 건네지지 않았다. 다행히 3일 후 정찰대 모두가 무사 귀환하였다. 악천후 속에서 망연자실하고 있을 때 1명의 대원이 포켓 속에서 자기가 소유하고 있던 지도를 끄집어내어 그 덕분에 냉정을 찾고 눈보라 속을 헤쳐 캠프로 복귀할 수 있었다.

나중에 보니 그 지도는 알프스의 지도가 아니라 피레네 산맥의 지도였다. 비록 소용없는 지도라 할지라도 그 지도를 가짐으로써 사람들은 냉정해질 수 있었고 자신의 행동에 확신을 가질 수 있었던 것이다.

패러다임의 변화

패러다임 변화란 누적적인 변화 과정이 아닌 갑작스런 혁명적 단절로 기존의 이론이 무시되는 것을 말한다. 그런데 패러다임은 과학적 혁명을 통해 이동한다. 어떤 패러다임을 믿을지는 개인의 가치관, 신념 혹은 기호, 선택의 문제가 된다. 패러다임을 기업에 적용한다면 기업은 공통의 패러다임을 갖는 사람의 모임이라 할 수 있다. 즉 기업의 패러다임이란 기업 내부의 사람들이 공유하고 있는 세계관, 가치관, 사물관이라 할 수 있다.

조직을 둘러싸고 있는 사회의 가치관 변화, 정치적·기술적 변화는 사람 사는 형태를 완전히 뒤집어 놓는다. 당연히 그 속에서 생활하는 사람의 가치관이나 태도 역시 변할 것이며 조직의 이해당사자의 요구도 변할 것이다. 따라서 조직을 운영하는 원칙뿐만 아니라 그 원칙을 연구하고 찾아내는 조직론이라는 학문도 계속 변화할 수밖에 없다.

Ⅲ 조직의 구성요소와 영향요인

조직이 어떻게 구성되었는지를 안다면 조직의 이해가 쉬울 것이다. 또한 무엇 때문에 그렇게 구성되었는지를 안다면 좋은 조직을 만들 때 참고가 된다.

1 조직설계 : 조직 만들기

아주 먼 옛날부터 인간은 조직을 만들어 왔고, 때로는 그때그때 현실에 맞게 다시 만들기도 했다. 설계(design)란 가장 이상적인 구조 및 기능을 얻기 위해 계획을 세워서 기계, 장치, 구조물, 건축물, 설비 등을 조립해서 세우는 과정이다. 또한 본래 없었던 것에서 무엇인가 만들어 낸다는 의미도 가지며 있던 것도 새롭게 다시 만들어 낸다는 의미가 있다. 그렇다면 조직을 만드는 것 역시 조직설계라고 표현할 수 있다. 조직을 설계한다는 의미는 무엇인가? 조직설계(organization design)란 조직의 구

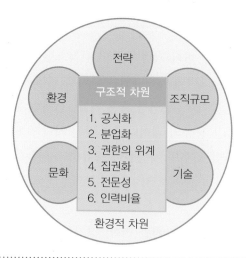

[그림 2-7] **조직의 구조적 차원과 환경적 차원의 상호작용**

조(structure)를 새롭게 혹은 전혀 없던 형태로 구성하는 과정이다.

효율적인 조직 내에는 지속적이고 역동적인 활동이 존재하는데, 이를 위해서 조직은 항상 변해야 한다. [그림 2-7]에서 조직설계의 차원은 구조적 차원과 환경적 차원으로 구분된다. 구조적 차원은 조직의 내부적인 특성으로 이를 통해 하나의 조직이 다른 조직과 구별된다. 환경적 차원은 환경, 전략, 조직규모, 기술, 문화 등으로서 조직의 활동을 특징짓는 역할을 한다. 환경적 차원은 구조적 차원이 만들어지는 데 영향을 미친다.[17] 이에 대해서는 3장에서 자세하게 다룬다.

② 구조적 차원 : 조직 자체를 구성하는 요소

조직을 만들 때 어느 정도의 크기로 몇 개의 부서를 둘지, 누구에게 지시권과 자율권을 줄지 정하는 것은 구조적 차원, 즉 조직의 몸과 관련된다. 조직의 몸을 구성하는 기본 요소를 나열해 보면 다음과 같다.

공식화

공식화(formalization)란 조직 내 구성원이 맡아서 해야 할 과업, 절차, 행동 지침 등을 사전에 문서로 정해 놓은 정도를 의미한다. 예를 들어 서비스부서에서 고객을 상대하는 구성원이 반드시 지켜야 할 표현 규칙(expression display), 작업 메뉴얼, 사내 내규와 각종 규정 및 규칙 등이다.

분업화

분업화(division of labor)란 조직에서 수행할 과업(tasks)을 여러 가지 일(jobs)로 나누는 정도라고 할 수 있다. 분업화의 정도가 높다는 것은 각각의 구성원이 수행할 과업의 범위가 좁다는 것을 의미하고, 낮다는 것은 구성원이 수행할 과업의 범위가 넓다는 뜻이다. 따라서 분업화란 전문화(specialization), 업무분장과 같은 말이다. 분업화의 정도가 높아질수록 한 사람에게 부여되는 작업의 수는 적어지기 때문에 작업방법이 표준화될 가능성이 높아진다.

◆◆◆ 조직 인사이트 2-9 맥도날드의 공식화

미국 일리노이 주 오크브룩(Oak Brook)에는 레이 크록(R. Kroc)이 세운 햄버거 대학(Hamburger University: 사진)이 있다. 2019년 기준 졸업생은 36만 명이 넘어섰다. 약 10만 평 규모의 이 대학은 첨단 교육 시설을 갖추고 맥도날드 스토어 매니저 과정, 가장 맛있는 햄버거 만들기 등 다양한 과정이 마련되어 있다. 호주 시드니, 독일 뮌헨, 홍콩, 브라질 상파울루, 일본 도쿄에도 있으며 글로벌 햄버거 대학 과정 수료자는 7,500명, 미국 시카고와 오스트레일리아에서 수학한 우리나라 졸업생도 500명을 훌쩍 넘어선다. 전 세계 3만 1,000여 개 매장에서 같은 재료로 만든 같은 맛의 햄버거를 같은 가격에 제공함으로써 통일성과 표준화로 성공한 맥도날드는 맥도날드 사관학교라는 사내 훈련원과 맥도날드 올림픽이라는 사내 경진대회도 운영한다.

맥도날드에 들어서는 고객은 자신도 모르는 사이에 치밀하고 규격화된 통제를 받는다. 줄을 선 다음, 카운터에서 산 음식을 딱딱한 의자에서 빨리 먹고 빈 쟁반은 지정된 퇴식구와 쓰레기통에 처리하고 나가야 한다. 마치 로봇의 움직임 같다. 종업원도 마찬가지이다. 손놀림과 몸동작 하나하나가 획일화된 공식과 고도의 통제하에 이루어진다. 이제 맥(Mc)은 신속하고 표준화된 서비스의 대명사가 되었다.

- 예약 없이 찾아가서 신속하게 효율적으로 치료받는 맥치과(McDentist)
- 아이를 쉽게 맡길 수 있는 맥어린이집(McChild)
- 독자에게 쉽고 빠른 짧은 뉴스와 일기예보를 제공하는 맥신문(McPaper)
- 이코노미스트(The Economist)는 맥도날드의 대표 상품인 빅맥(Big Mac)의 판매가격을 기준으로 각국의 상대적 물가 수준과 통화 가치를 비교하는 빅맥지수(Big Mac index)를 매년 발표

권한의 위계

권한의 위계(hierarchy of authority)란 각각의 관리자가 가지고 있는 부하에 대한 통솔범위(span of control)를 의미한다. 위계란 조직 내의 공식권한을 나타내는 체계로, 명령 및 지시에 대한 의사결정 권한을 명백하게 표시해 준다. 조직도(organization chart)를 보면 수직적 위계가 표현되어 있다. 통솔범위가 너무 작으면 위계의 수가 늘어나 업무수행이 비능률적이 되고, 통솔범위가 너무 커서 부하의 수가 지나치게 많으면 통솔은 약해진다. 대규모 조직일수록 위계의 수가 많은 편이다.

집권화

조직은 권한의 위계에 따라 의사결정이 이루어지는데, 어느 개인 혹은 부서 등 특정한 곳에 집중하여 권한이나 권력이 몰려 있으면 집권화(centralization) 되어 있다고 한다. 대부분의 조직에서는 최고경영층이 권한을 잡고 있다. 조직에서 권한을 나누어 가지고 있으면 분권화된 조직이다. 그러므로 조직은 조직에 영향을 주는 여러 가지 요인 중 조직의 목표, 공급업자의 선택 과정, 가격결정, 직원 채용, 치열하게 경쟁하고 있는 마케팅 현장 등을 고려하여 집권화 혹은 분권화를 결정한다.

전문성

전문성(professionalism)이란 구성원이 보유한 공식적 교육훈련의 숙련 수준을 의미한다. 전문성은 숙련도라고도 한다. 구성원이 조직 내에서 과업을 수행하는 데 매우 장기적인 숙련을 필요로 할 때 전문성이 높다고 한다. 예를 들어 일반회사의 신입사원보다 대학병원의 의사 혹은 간호사에게 더 높은 전문성이 요구된다. 조직이 요구하는 전문성과 구성원의 숙련도가 어느 정도인지에 따라서 조직을 구성하는 인력의 크기가 결정될 것이다.

인력비율

인력비율(personnel ratio)이란 특정 부서, 조직 내에 고용된 사람의 수를 말한다. 이는 전체 구성원의 수에 대한 관리자의 수, 사무직 직원의 수, 전문 스태프의 수, 직접적으로 노동 현장에 투입되는 노동자의 수 등으로 구분될 수 있다.

3 환경적 차원 : 조직설계에 영향을 미치는 요인

앞에서 조직 자체의 구성요소를 살펴보았는데 임의로 정할 수 있는 것은 하나도 없다. 조직을 만들 때 반드시 고려해야 할 환경적 차원의 주요 요소를 몇 가지 나열하면 다음과 같다.

환경

상황은 조직의 경계 외부에 존재하는 거의 모든 요소로 조직이 처한 자연환경만이 아니라 고객, 정부, 경쟁자, 공급업자, 판매처 등 다양한 요인을 모두 포함한다. 외부 상황은 환경 요인이라고도 하는데, 이에 관해서는 6장에서 자세히 공부할 것이다

목표와 전략

어떤 조직을 다른 조직과 차별화하는 것이 바로 조직목표와 전략이다. 조직목표는 종종 기업의 의도를 공표하듯 문서로 작성된 일종의 비전과 같은 것이다. 조직목표는 2장에서 다룬다. 전략이란 조직목표를 달성하기 위해 환경을 다루는 데 동원되는 자원배분과 활동을 기술한 내용이 된다. 전략은 7장에서 다시 기술할 것이다.

조직규모

조직규모(organizational size)는 고용된 구성원의 수를 말한다. 전체 조직의 규모 혹은 부서의 규모, 공장의 규모 등 다양한 형태의 규모가 있을 수 있다. 게다가 사람의 수로 측정하는 것 외에 총매출액이나 총자산의 크기로도 규모를 표현할 수 있다. 조직규모에 관해서는 3장과 10장에서 자세히 공부할 것이다.

기술

조직이 사용하는 기술은 도구, 장비, 기법, 활동, 지식 등 다양한데, 투입물을 산출물로 변환하는 과정에 동원된 총체적인 실체라고 할 수 있다. 기술에 관해서는 8장에서 자세히 배울 것이다.

조직문화

조직문화란 구성원이 공유하고 있는 핵심 가치관, 신념과 이해, 규범 등을 말한다. 어떻게 윤리적으로 행동할 것인지, 종업원으로서 얼마나 충실하게 몰입하여 일할 것인지, 고객 서비스와 만족을 어떻게 달성할 것인지, 효율성을 어떻게 달성할 것인지 등도 모두 조직이 가지고 있는 문화와 관계된다. 조직문화는 9장에서 기술할 것이다.

IV 조직구조의 다양한 형태

집도 설계하기 나름이지만 조직도 어떻게 구성하는지에 따라서 여러 가지 형태가 나온다. 그리고 각 형태는 다양한 환경과 잘 어울리면 좋은 조직이 될 것이지만 환경과 어긋나면 실패하기 쉽다.

1 조직을 구성하는 기본 단위

조직을 최고경영층, 중간관리층, 일선감독 및 작업층이라고 하는 세 가지 기본 부문으로 구분하던 것에서 벗어나서, 민츠버그(H. Mintzberg)는 효과적인 조직이란 구

〈표 2-4〉 **조직을 구성하는 다섯 가지 기본 단위**

전략 부문 (strategic apex)	• 전략은 보통 최고경영층에서 수립되기 때문에 기업의 경영진, 조직의 우두머리 집단을 말한다.
전문기술 부문 (technostructure)	• 조직 내에 일을 수행함에 있어 전문적이고 기술적인 도움을 주는 부문이다.
지원스태프 부문 (support staff)	• 조직 내에 핵심 라인을 지원해 주는 간접 스태프 부문으로서 대학의 교무처 혹은 사무처, 연구소의 행정처, 병원 원무과 등이다.
중간관리 부문 (middle apex)	• 전략을 수립하는 최고경영층과 전략을 실질적으로 운영해 나가는 핵심 운영층 사이를 직·간접적으로 연결하는 위치에 있는 부문이다.
일선운영 부문 (operating core)	• 조직의 원래 목표가 이루어지는 부문으로서 기업의 생산·판매 활동, 병원의 치료 활동, 대학의 강의 활동을 담당하는 부문이다.

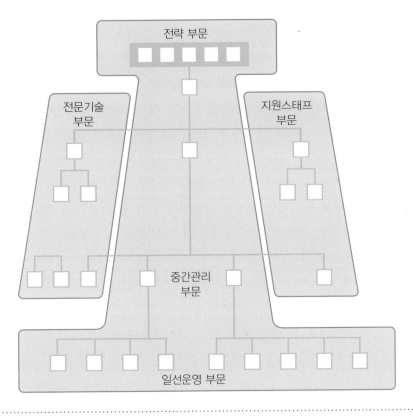

전략 부문

전문기술
부문

지원스태프
부문

중간관리
부문

일선운영 부문

[그림 2-8] **조직의 다섯 가지 기본 부문**

조적 설계, 기업연륜과 규모, 기술, 그 기업이 처해 있는 상황 여건들과 어떻게 조화롭게 짜여 있는가에 달렸다고 보았다. 그는 모든 조직이 전략 부문, 전문기술 부문, 지원스태프 부문, 중간관리 부문, 일선운영 부문 등 다섯 가지 기본 부문으로 이루어져 있다고 하였다([표 2-4] 참조). 그리고 각 부문은 서로의 이해관계와 목표가 다르기 때문에 나아가려는 방향이 다르며, 각 부문의 응집력이라는 힘이 조직 안에서 각각 다른 방향으로 움직인다고 정의하였다([그림 2-8] 참조).[18]

2 조직의 다섯 가지 기본 유형

민츠버그는 조직의 다섯 가지 기본 부문이 어느 정도의 힘을 가지고 어떻게 엮이는가, 즉 어떠한 조합을 이루는가에 따라 다섯 가지 조직구조의 형태가 나타난다고 주장한다.

단순구조

단순구조(simple structure)는 중소기업이나 소규모 가게, 창업회사, 독재자의 초기 정부등에서 볼 수 있는 단순하고 정교하지 않은 조직구조 형태를 말한다. 단순구조는 계층이나 직무할당이 복잡하지 않으며 공식화 정도도 낮고, 권한이 설립자인 최고경영자에게 집중되어 있으며 일선운영 부문이 유기적 구조인 것이 특징이다.

단순구조는 상대적으로 소규모이고 초창기 조직에서 주로 볼 수 있으며, 보편적으로 복잡하지 않은 기술 시스템을 가지고 있어 단순하고 동태적인 환경에서 주로 발견할 수 있고, 그 밖에 적대적인 환경으로 조직이 위기 상황에 몰려 있을 때나 최고경영자가 의사결정을 집권해야 할 필요성이 있을 때 요구되는 형태이다. [그림 2-9]를 보면 [그림 2-8]의 전문기술 부문과 지원스태프 부문이 전혀 없는 형태이다.

단순구조의 가장 큰 장점은 신속성, 유연성에 있기 때문에 스피드와 혁신을 계속적으로 추구할 수 있다는 데 있다. 그러므로 신속한 의사결정이 중요시되는 개척사업 분야의 조직에서 매우 잘 운영될 수 있는 것이며 비관료적이기에 아주 진취적이며 유지비용도 적게 드는 편이다. 반면에 단순구조는 기업주에 전적으로 의존하므로 최고경영자의 사망이나 부재 시 위험에 빠질 수 있으며 최고경영자 1인의 판단 여하에 따라 조직의 성패가 좌우된다는 단점을 안고 있다.

단순구조는 최고경영자가 조직의 핵심으로 등장하며 과업은 최고경영자의 직접 감독

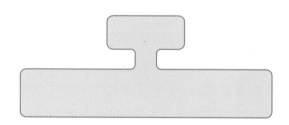

[그림 2-9] 단순구조

〈표 2-5〉 단순구조의 특징

주요 조정 메커니즘	• 직접 감독과 관리
조직의 핵심 부문	• 전략 부문
주요 설계변수	• 집권화, 유기적 조직
상황변수	• 젊고, 소규모, 비일상적 기술, 단순, 동태적 환경

에 의해 조정된다. 이상으로 볼 때 단순구조는 집권화된 유기적 구조임을 알 수 있다.

기계적 관료제

기계적 관료제(machine bureaucracy)는 우체국, 전매청, 철강회사, 항공회사와 같이 작업이 일상적이고 단순하며 대량생산체제를 갖추고 있는 오래된 대규모 조직에서 흔히 볼 수 있다. 이런 조직의 특성으로는 작업이 철저하게 세분화되어 있고 또 반복적으로 수행되며, 특히 일선운영 부문에서 공식화의 정도가 매우 강한 것을 볼 수 있다([표 2-6] 참조). 구성원은 정실 배제, 엄격한 공사(公私) 구분의 분위기하에서 규정대로만 공식적인 업무를 수행하면 전체 조직은 원활하게 유지된다. 또한 조직 전반적으로 많은 규정 절차와 표준화가 존재하고 공식적인 의사소통 패턴을 보이고 있으며, 일선운영 부문의 작업 단위가 크고 그 기능에 따라 작업이 통합된다.

구성원에 대한 교육훈련은 별로 행해지지 않고 부서 간의 횡적 연결 장치도 거의 없으며, 상하 보고나 통제만 있는 집권화된 형태의 의사결정 유형을 보이며 관리구조가 라인과 스태프로 명확하게 구분되어 있다. 기계적 관료제 구조에서의 과업은 수평적·수직적으로 세분화되어 있으며 핵심 부서인 전문기술 부문이 과업과정을 표준화하고 구성원의 생산활동 지침과 기준을 미리 만들어 놓기 때문에 행동은 매우 공식화되어 있다. 따라서 대규모의 기능별로 나누어진 단위부서가 특징이다.

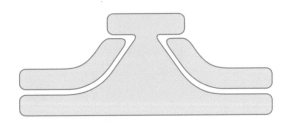

[그림 2-10] 기계적 관료제

〈표 2-6〉 기계적 관료제 구조의 특징

주요 조정 메커니즘	• 업무과정의 표준화
조직의 핵심 부문	• 전문기술 부문
주요 설계변수	• 행동 공식화, 수평적 · 수직적 전문화
상황변수	• 오랜 존속 기간, 대규모, 비자동화 기술, 단순, 안정적 환경

따라서 기계적 관료제 구조는 작업의 반복과 표준화가 필요하기 때문에 작업의 양이 많고 작업의 표준을 정착시킬 수 있을 정도로 오래되고 성숙된 조직에서 찾아볼 수 있다. 업무 수행의 정확성, 신속성, 지속성, 일관성, 갈등의 감소 등을 통하여 효율성과 기술적 합리성을 추구할 수 있는 장점이 있는 반면에, 과업에 대한 지나친 세분화로 작업의 일상화와 비인격화(impersonality), 변화에 대한 저항, 구성원의 무사안일의 태도, 권력의 집중, 구성원 소외 등의 문제를 야기할 수도 있다.

전문적 관료제

기계적 관료제 구조와 달리 전문적 관료제(professional bureaucracy)는 지원스태프 부문에게 더 많은 자율성이 부여된 조직이다. 임무가 비교적 복잡하지만 상대적으로 안정적인 환경에서 적절하게 대처할 수 있는 조직형태이다. 이것은 핵심적인 기술과 능력을 가진 사람이 그들의 직무에 효과적일 수 있도록 상당한 정도의 자율성과 위임이 필요한 대학, 종합병원, 회계법인 등에 적합한 구조이다. 과업의 복잡성으로 인해 고도로 개발된 기술이나 지식을 소유한 전문가가 작업 일선에서 자신의 업무에 대하여 상당한 통제력과 재량권을 행사하는 조직구조이다.

그러면서도 이러한 구조에서는 활동이 표준화되고 안정적이어서 예측이 가능하지만 너무 복잡하므로 그것을 수행하는 전문가로 구성된 일선운영 부문이 주요 부문으

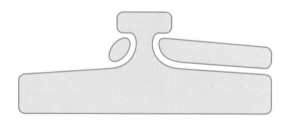

[그림 2-11] 전문적 관료제

〈표 2-7〉 전문적 관료제 구조의 특징

주요 조정 메커니즘	• 숙련기술의 표준화
조직의 핵심 부문	• 일선운영 부문
주요 설계변수	• 교육훈련, 수평적 직무 전문화, 수직적 · 수평적 분산화
상황변수	• 복잡하고 안정적 환경, 일상적 기술

로 등장한다. 이들이 오랜 훈련과 경험으로 표준화된 기술로써 과업을 조정하고 있다. 예를 들면 의사는 병원 행정처의 통제나 규정이 없이 자율적으로 행동하는 것 같지만 자기가 대학에서 훈련받은 공식대로 치료하고 수술하기 때문에 관료제로 간주된다. 따라서 이들에게는 많은 자율권이 주어져 있으나 이들이 수행하고 있는 복잡한 과업은 조직의 전략 부문이 쉽게 공식화·제도화할 수 없을 뿐만 아니라 행동 계획, 성과 시스템 등에 의해서도 통제하기 어렵기 때문에 전문기술 부문의 역할이 미미할 수밖에 없다. 반면에 지원스태프 부문은 단순하고 일상적이며 매우 세분화된 과업 수행을 통해서 전문가를 지원하기 때문에 그 부문 자체로는 기계적 관료제 구조 형태로 운영되는 경향이 있다.

전문적 관료제 구조는 복잡하고 안정적인 환경에서 주로 발견할 수 있으며 규제되지 않고 정교하지 않은 기술 시스템을 가지고 있어 유행에 매우 민감한 구조로서, 수평·수직적으로 분권화된 조직구조 형태라고 할 수 있다. 이러한 전문적 관료제 구조는 구성원이 폭넓은 재량권을 가지고 있기 때문에 고도로 동기부여가 되어 있고 업무에 대한 책임감을 의식하여 일과 고객에 대한 몰입 정도가 매우 크다는 장점이 있다. 그러나 라인 계층의 수직적인 권한과 전문기술 부문의 수평적인 지원스태프 부문과의 갈등 조정 문제, 전문기술 부문 서로 간의 조정 문제, 전문가의 그릇될 수도 있는 판단이나 독보적 활동에 대한 통제의 문제 등의 부정적인 측면도 있다([표 2-7] 참조).

사업부제

사업부제(divisional form)는 조직이 제품이나 고객 또는 지역별로 분할되고 본사로부터 어느 정도 독립된 상태에서 사업 활동에 필요한 권한을 부여받은 이익책임 단위들로 구성된 조직이다. 이는 각기 자율적으로 구매, 생산, 판매 활동을 수행하는 사업부들로 구성된 분권적 조직으로서, 하나의 완전한 구조가 아니라 다른 구조에 하나의 구조를 겹쳐 놓은 구조라 할 수 있다.

사업부제는 각각의 사업부를 관리하는 하나의 본부를 갖춘 사장 중심의 구조이며, 각각의 사업부는 독자적으로 운영되고 사업부 간에는 집합적 상호 의존성의 관계에 있기 때문에 긴밀한 조정도 요구되지 않는다. 이러한 구조하에서는 중간관리 부문이 조직의 핵심 부문으로 등장하고 조정에 대한 절실한 필요성 없이 여러 사업부는 하나의 중앙 본사에 보고하며 이때 중앙 본사의 주요 관심은 각 사업부의 자율을 희생

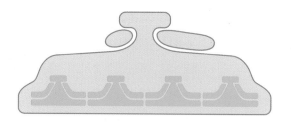

[그림 2-12] **사업부제**

〈표 2-8〉 **사업부제의 특징**

주요 조정 메커니즘	• 성과의 표준화
조직의 핵심 부문	• 중간관리 부문
주요 설계변수	• 분권화
상황변수	• 다각화된 시장, 오래된 존속 기간, 대규모, 중간관리자의 권력이 필요할 때

하지 않고 조직 전체의 목표와 사업부의 목표를 조정하는 메커니즘을 갖게 된다([표 2-8] 참조).

사업부제는 비교적 한정된 시장과 제품을 갖고 있기 때문에 상대적으로 단순하고 안정적인 환경에서 운영되는 오래되고 대규모인 조직에서 볼 수 있다. 이러한 구조는 제한된 수직적 분권화 구조 형태를 보인다. 사업부제는 자원의 효율적 배분을 가능하게 하고 사업부를 통한 위험의 분산과 환경 변화에 대한 전략적 대응을 가능하게 할 수 있다는 장점이 있다. 그러나 사업부의 성과통제 시스템이 사업부 관리자의 혁신 능력에 대한 장애 요인으로 작용할 수도 있고, 본사의 관리자가 사업부의 권한을 독식함으로써 사업부 본래의 기능을 상실할 수 있는 단점도 가지고 있다.

애드호크러시

애드호크러시(adhocracy)는 한 특정 임무를 수행하기 위해 여러 분야의 사람으로 일시적으로 구성되었다가 그 임무를 완수한 뒤 다시 해체되고 다른 프로젝트를 위해 또다시 재구성되는 특별한 프로젝트팀을 말한다. 그러므로 [그림 2-13]에서 영구적인 조직구조가 아닌 일시적인 조직형태를 나타내기 위해 점선으로 표현한 것이다. 이 구조는 행동의 공식화가 전혀 요구되지 않는 유기적 구조로, 이 구조에서는 공식적 훈련에 근거한 고도의 수평적 직무 전문화가 이루어지며 전문가들을 기능 단위로

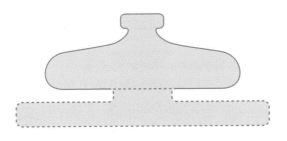

[그림 2-13] 애드호크러시

〈표 2-9〉 애드호크러시의 특징

주요 조정 메커니즘	• 상호조정
조직의 핵심 부문	• 지원스태프 부문
주요 설계변수	• 연결역할, 유기적 조직, 선택적 분산화, 수평적 직무 전문화
상황변수	• 복잡하고 동태적 환경, 젊고, 자동화된 기술체계

묶지만 실제 과업의 수행은 시장 중심의 프로젝트팀으로 이루어지는 경향을 보인다.

애드호크러시의 조정 메커니즘은 상호 조정으로서 프로젝트의 내부나 프로젝트팀 간의 횡적인 연결역할을 위한 장치나 제도에 의하여 이루어진다. 애드호크러시의 구체적 형태로 매트릭스조직, 프로젝트팀, 태스크포스팀이 있다. 애드호크러시는 조직의 여러 장소에 위치해 있으며, 라인 관리자와 지원스태프, 전문기술가 들을 포함하고 있으며, 이러한 프로젝트팀에 대해서 흔히 권한을 선택적으로 부여한다. 또한 이 구조는 기능 및 시장 중심으로 동시에 결합되는 매트릭스조직에 광범위하게 의존하기 때문에 동태적인 환경과 정교하고 자동화된 기술 시스템에 관련되어 있는 초창기의 조직에 적합한 형태이다. 항공, 우주산업과 첨단전자산업에서의 벤처기업, 혁신적인 기업 그리고 컨설팅회사, 광고회사, 영화산업 등 모든 종류의 프로젝트 지향적인 회사들에서 볼 수 있는 조직형태이다.

애드호크러시는 구성원의 능력을 최대한 발휘하도록 함으로써 혁신을 촉진할 수 있고 고객의 욕구나 시장의 변화에 개별 팀을 프로젝트 간에 이동시킴으로써 신속하게 대응할 수 있는 반면에, 역할모호성과 효율성의 문제, 조직구조의 탄력적인 변환과정에서 발생하는 부적합성의 문제가 발생할 수 있다.

❸ 효율적 조직이 되기 위한 설계원칙

민츠버그는 앞에 서술한 다섯 가지 조직구조 유형 외에도 효율적 조직이 되기 위해서는 조직에서 필요한 일곱 가지 요구 간의 상호작용을 촉진할 수 있어야 한다고 밝히고 있다. 효율적 조직이 되기 위한 일곱가지 요구는 다음과 같다. 이러한 일곱 가지 요구가 균형 및 조화를 이루어야 효율적 조직을 구축할 수 있는 것이다.

• 명확한 목표 제시

조직의 비전, 목표, 사명을 의미하는 명확한 목표 제시가 필요하며, 단순구조가 명확한 목표를 제시하는 데 있어 효과적인 조직이다.

• 숙련

고도의 지식과 기술을 이용하여 과업을 수행해야 함을 말한다. 숙련의 이점을 살

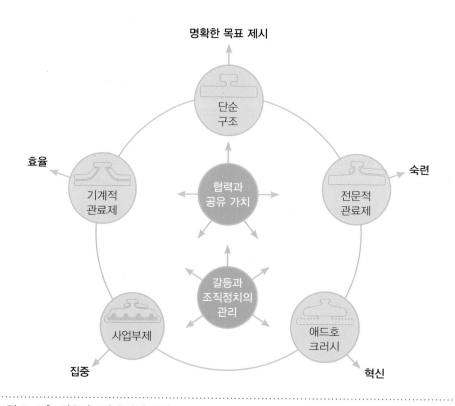

[그림 2-14] 민츠버그의 효과적 조직

릴 수 있는 조직이 바로 전문적 관료제이다.

• 혁신

변화하는 환경에 적응하기 위해 새로운 제품과 서비스를 개발해야 함을 의미한다. 이러한 조직에는 애드호크러시가 가장 적합하다.

• 집중

조직자원과 노력을 특정 시장에 집중해야 함을 말하며 이러한 활동을 위해서는 사업부제가 좋다.

• 효율

비용을 최소화하고 이익을 극대화하는 방향으로 운영되어야 함을 의미한다. 기계적 관료제가 효율 측면에서는 가장 앞선다.

• 협력과 공유 가치

공통된 문화 가치를 구성원이 공유하는 것으로 조직 내 다양한 구성원 간 조화와 협력이 필요함을 의미한다.

• 갈등과 조직정치의 관리

조직 내 야기되는 경쟁과 조직정치를 제대로 관리하지 못하면 개인적 혹은 부서의 성공에 치중한 채 개인과 부서 모두 분열되고 말 것이다. 그러므로 갈등이 야기되지 않는 상황이 될 수 있도록 선의의 경쟁과 건전한 정치활동이 필요함을 의미한다.

인물 탐구

민츠버그(H. Mintzberg, 1939-)

캐나다에서 태어나 맥길 대학 교수로 재직함. 매사추세츠 공과대학에서 박사학위 취득함. 실천적인 관점으로부터 전략론, 조직론, 경영론의 대가임. 전통적인 경영이론을 반박한 극단적인 경영학 권위자임.

사이먼(H.A. Simon, 1916-2001)

미국 위스콘신 주에서 태어나 시카고 대학과 대학원을 졸업하고 카네기메론 대학의 교수로 재직함. 조직행동론, 시스템 이론, 컴퓨터 공학의 세계적인 권위자였으며 1978년 의사결정이론을 구축하였고 노벨경제학상을 수상함.

1. 다음 중 조직 부문화의 구성요소로 보기 어려운 것은?

   ① 직무할당 ② 권한배분 ③ 책임배분 ④ 업무분장 ⑤ 임금배분

2. 조직의 운영원칙으로 보기 어려운 것은?

   ① 오직 한 사람으로부터 지시와 명령을 받는다.

   ② 사람이 사람을 통솔하려고 할 때는 통솔 가능한 수(數)가 있다.

   ③ 권한과 책임, 직위의 정도에 따라 계층을 구분할 수 있다.

   ④ 상사는 모든 권한을 부하에게 넘겨주어야 한다.

   ⑤ 복잡한 경영활동을 효율적으로 하기 위해 전문 분야별로 업무를 담당한다.

3. 최근의 조직 패러다임 변화를 일컫는 키워드라 보기 어려운 것은?

   ① 글로벌 경영 ② 통합된 전략 변화 경영 ③ 식스시그마 경영

   ④ ESG 경영 ⑤ 관료제 경영

4. 조직의 기본 부문으로 보기 어려운 것은?

   ① 전략 부문 ② 전문기술 부문 ③ 지원스태프 부문

   ④ 중간관리 부문 ⑤ 외부 환경 부문

5. 특정 임무를 수행하기 위해 여러 분야의 사람들로 일시적으로 구성되었다가 그 임무를 완수한 뒤 해체되고 다른 프로젝트를 위해 또다시 재구성되는 프로젝트팀을 말한다. 다음 중 어느 유형에 속하는가?

   ① 단순구조 ② 기계적 관료제 구조 ③ 전문적 관료제 구조

   ④ 사업부제 구조 ⑤ 애드호크러시 구조

6. 계층조직에 의한 통제, 감시, 규칙과 규정에 의한 지배의 특성을 가지고 있는 조직은?

   ① 뷰로크라시 ② 애드호크라시 ③ 단순구조

   ④ 사업부제 구조 ⑤ 컨틴전시

7. (   ) 조직은 구체적인 형태로서 매트릭스조직, 프로젝트팀, 태스크포스팀 등으로 나뉜다.

   ① 뷰로크라시 ② 애드호크라시 ③ 단순구조

   ④ 사업부제 구조 ⑤ 컨틴전시

8. (   )은(는) 중소기업, 소규모 가게, 창업회사, 독재자의 초기 정부 등에서 볼 수 있으며, 정교하지 않은 조직구조 형태를 말한다. 계층이나 직무할당이 복잡하지 않으며 공식화 정도도 낮고, 권한이 설립자인 최고경영자에게 집중되어 있으며 일선운영 부문이 유기적 구조 특징을 보인다.

① 단순구조   ② 기계적 관료제   ③ 전문적 관료제
④ 사업부제 구조   ⑤ 애드호크러시

9. (   )은(는) 우체국, 전매청, 철강회사, 항공회사와 같이 작업이 일상적이고 단순하며 대량생산체제를 갖추고 있는 오래된 대규모 조직에서 흔히 볼 수 있다. 작업이 철저하게 세분화되어 있고 또 반복적으로 수행되며, 일선운영 부문에서 공식화의 정도가 매우 강하다.

① 단순구조   ② 기계적 관료제   ③ 전문적 관료제
④ 사업부제 구조   ⑤ 애드호크러시

10. (   )은(는) 한 특정 임무를 수행하기 위해 여러 분야의 사람들로 일시적으로 구성되었다가 그 임무를 완수한 뒤 다시 해체되고 다른 프로젝트를 위해 또다시 재구성되는 특별한 프로젝트팀이다. 영구적인 조직구조가 아닌 일시적 조직형태이다.

① 단순구조   ② 기계적 관료제   ③ 전문적 관료제
④ 사업부제 구조   ⑤ 애드호크러시

11. 왼쪽에 제시된 키워드를 참고로 오른쪽을 채우시오. 효율적인 조직이 되기 위한 다양한 특성이 있다. 왼쪽에는 기계적 관료제가 추구하는 효율성을 제시하였다.

기계적 관료제 구조 (효율성)	

12. 〈조직 인사이트 2-3〉 조직 성공을 이끈 경영의 영웅을 읽은 다음, 팀별로 한 인물을 선정해서, 그 사람이 왜 경영의 신이라 불릴 수 있는지를 설명하시오.

13. 어떤 조직이 원가우위전략과 차별화전략 중 한 가지를 선택할 수 있다고 하자. 이때 그 조직이 어떤 환경(상황)하에 있는지 설명하시오.

14. 〈조직 인사이트 2-4〉 경영자가 조직에서 하는 일을 읽고, 여러분이 경영자라면 반드시 해야 할 일에 대해서 토론하시오.

15. 최근 패러다임의 변화가 급속도로 이루어지고 있다. 직장생활의 풍속 역시 과거와 많이 달라졌다고들 한다. 여러분이 생각하고 있는 "직장, 과거 10년 전과 이런 것들이 달라졌다."를 토론하시오.

16. 사업부제와 애드호크러시의 공통점은 무엇인지 토론하시오.

17. 효율적 조직이 되기 위한 일곱 가지 요구 이외, 어떤 것이 더 있을 수 있는지 토론하시오.

18. 여러분은 창업자이고 단순구조였던 회사가 사업부도 몇 개 더 생기고 기업규모가 확대된 상황일 때 [그림 2-6]을 참조하여 여러분 회사의 조직구조를 설계하시오.

1   Etzioni, A. (1964). *Modern Organizations*, Englewood Cliffs, N. J. Prentice Hall, p.6.

2   Cameron, K.S. (1989). "Critical Questions in Assessing Organizational Effectiveness," *Organizational Dynamics*, 9, pp.66-80.

3   Kotter, J.P. (1982). "What Effective General Managers Really Do," *Harvard Business Review*, November December, pp.156-167.

4   Lewin, A.Y., & Stephens, C.U. (1994). "CEO Attributes as Determinants of Organization Design: An Intergrated Model," *Organization Studies*, vol.15, no.2, pp.183-212.

5   David, Forest. R., & David, Fred. R. (2003). "It's Time to Redraft Your Mission Statement," *Journal of Business Strategy*, January-February, pp.11-14.

6   Daft, R.L. (2007). *Understanding the Theory And Design of Organization*, International Student Editionm Thomson South-Western, pp.159-162.

7   Poter, M.E. (1996). "What Is Strategy?" *Harvard Business Review*, November-December, pp.61-78.

8   Poter, M.E. (1980). *Competitive Strategy: Techniques for Analyzing Industries and Competitor*, New York, Free Press

9   Sandefur, G.D. (1983). "Efficiency in Social Service Organizations," *Administration and Society*, 14, pp.449-468.

10   Strasser, S. Eveland, J.D., Cummins G., Deniston, O.L., & Romani, J.H. (1981). "Conceptualizing the Goal and Systems Models of Organizational Effectiveness-Implications for Comparative Evaluation Research," *Journal of Management Studies*, 18, pp.321-340.

11   Waltn, E.J., & Dawson, S. (2001). "Mangers's Perceptions of Criteria of Organizational Effectiveness," *Journal of Management Studies*, 38, no.2, pp.173-199.

12   Quinn, R.E., & Rohrbaugh, J. (1983). "A Spatial Model of Effectiveness Criteria: Toward a Competing Values Approach to Organizational Analysis," *Management Science*, 29, pp.363-377.

13   Ranson, S., Hinings, B., & Greenwood, R. (1980). "The Structuring of Organizational Structures," *Administrative Sciences Quarterly*, 25, pp.1-17.

14   Ostroff, F. (1999). *The Horizontal Organization: What the Organization of the Future Looks Like and How It Delivers Value to Customers*, New York, Oxford University Press

15   Jones, G.R. (1997). *Organizational Theory: Text and Cases*, 2nd., Addison Wesley

16   Kuhn, T.S. (1970). *The Structure of Scientific Revolution*, 2nd eds., Chicago: Univ. of Chicago Press

17   Pugh, D.S., Hickson, D.J., Hinings, C.R., & Turner, C. (1968). "Dimension of Organization Structure," *Administrative Sciences Quarterly*, 13, pp.65-91.

18   Mintzberg, H. (1983). *Structuring in Fives Designing Effective Organizations*, Englewood Cliffs, N. J.: Prentice Hall

Part **II**

조직시스템의 설계

효율적인 조직이란 조직구조와 조직의 이해당사자의 욕구가 일치되도록 설계되는 것을 의미한다. 조직구조를 설계함에 있어 권한과 통제를 어떻게 배분하며, 전문화와 조정을 어느 정도까지 할 것인가를 결정해야 한다. 조직은 효과적인 조직을 만들기 위해 보이지 않는 요소를 지속적으로 조정해 나가야 한다. 조직설계란 조직환경, 즉 환경, 전략, 기술, 문화, 조직규모 등의 상황에 적합한 조직구조를 선택하는 것이다. 그러므로 3장은 조직의 설계와 영향요인, 4장은 조직설계에 있어서 권한과 통제 문제, 5장은 조직의 다양한 유형을 다룬다.

Chapter ◆◆ **3**

조직의 설계와 영향요인

조직의 규모가 커짐에 따라 조직은 지원기능, 생산기능, 유지기능, 적응기능, 관리기능의 다섯 가지 기본적 기능을 갖게 된다.

– D. Katz & R.L. Kahn

집권화란 중요한 의사결정 권한이 상위 계층에 집중되어 있는 경우를, 분권화란 의사결정 권한이 각 계층의 경영자에게 위임되어 있는 경우를 말한다.

– G. Salaman & K. Thompson

훌륭한 경영관리란 철저한 규율, 개별적이고 세부적인 직무기술서, 업무수행에 관한 빈번하고 정확한 보고, 실적에 입각한 임금 및 승진 결정, 부하에 대한 상사의 명확히 규정된 서열적 권위, 개인적 책임 및 책무의 조직을 통한 시행 등에 바탕을 둔다.

– D.A. Wren

◆ 학습목표

학습목표 1 : 조직설계의 개념이 무엇인지 설명할 수 있다.

학습목표 2 : 분화와 통합을 비교할 수 있다.

학습목표 3 : 집권화와 분권화를 비교할 수 있다.

학습목표 4 : 표준화와 상호조정에 대하여 설명할 수 있다.

학습목표 5 : 조직에 미치는 여섯 가지 영향 요인을 이해할 수 있다.

학습목표 6 : 조직설계 재료와 영향 요인 간의 관계를 설명할 수 있다.

◆ 핵심키워드

분화, 통합, 수직적 분화, 수평적 분화, 통합기법, 팀제, 집권화, 분권화, 표준화, 공식화, 사회화, 상호조정, 공식조직, 비공식조직, 기계적 조직, 유기적 조직, 상황결정론, 조직설계, 조직구조, 조직규모, 조직연륜, 조직환경, 조직전략, 조직기술, 조직목표

I 조직설계의 기본요소

조직을 만들 때 기본 재료가 되는 요인들을 학습하기 전에 조직설계의 의미부터 이해하도록 하자.

1 조직설계란 무엇인가?

설계(design)란 없던 것을 만들거나 만들어져 있던 것을 새롭게 고치는 것을 말한다. 조직설계(organizational design)란 존재하지 않던 조직을 설립하거나 비효율적인 조직을 새롭고 능률적인 조직으로 변화시키려는 의도적 활동이다. 따라서 조직설계는 조직이론의 관리적 측면이 강조된 것이라 할 수 있다. 조직설계는 조직이 목표를 달성하는 데 필요한 여러 활동을 통제할 수 있도록 조직구조를 새롭게 선택하는 과정이다. 즉 다양한 조직구조가 어떻게, 왜 선택되는가와 관련된 문제이다. 조직구조는 조직이 처한 상황이나 조건에 알맞을 때 조직목표를 효과적으로 달성할 수 있다. 따라서 조직이 처한 상황을 고려하여 조직의 형태를 선택해야 한다. 이와 같이 상황에 적합한 조직의 형태를 선택하는 활동이 바로 조직설계 과정이다.

건축사가 집을 설계할 때, 그 집이 들어설 지리적·지형적 위치 같은 입지 조건, 기후, 사용 목적 등에 따라 돌, 시멘트, 나무 등의 건축 재료를 효과적으로 배합할 것이다. 돌, 시멘트, 나무 등은 어느 경우에나 집을 건축하는 데 필요한 기본 재료이지만 더운 지방에서는 돌보다 나무가 많이 사용되고, 추운 지방에서는 나무보다 돌과 시멘트가 더 사용되어 서로 전혀 다른 건축물이 될 것이다. 마찬가지로 조직을 설계하려 할 때는 조직에 반드시 들어가는 기본 재료가 소모되며 상황에 따라 기본 재료들이 적절하게 조합되어 조직의 형태(조직구조)가 다르게 나타나게 되어 있다. 그러므로 조직설계를 위해 설계자는 기본 재료가 되는 것들(분화와 통합, 집권화와 분권화, 표준화와 상호조정)을 주어진 상황(조직규모, 조직연륜, 조직환경, 조직전략, 조직기술, 조직목표 등)에 가장 적합하도록 설계한다.

집을 지을 때 건축 계획이 건축 설계도라면, 조직설계에서 설계도에 해당하는 것은 조직도(組織圖, organizational chart)라고 할 수 있다. 조직도는 조직목표를 달성하기 위해 필요한 업무의 분담과 공식적인 권한관계를 그림으로 나타낸 것이다. 일반적인 조직도에는 네모 박스와 화살표가 그려져 있는데, 일반인에게 있어 한 장의 그림에 불과할 수 있는 이 그림에는 보다 많은 정보가 함축되어 있다.

조직도에는 권한의 위계(질서), 분업(작업의 수), 통제의 한계(통솔범위), 라인(직접적 책임을 지는 경영자)과 스태프(조력자) 간의 관계가 들어 있다.

2 분화와 통합

조직이 성장함에 따라 경영자는 가치창출을 위한 다양한 경영활동을 어떻게 조정하고 통제할 것인지를 결정해야 한다. 분화(differentiation)란 조직목표를 달성하기 위해서 과업(tasks)과 권한(authority)의 관계를 정하고, 과업에 사람과 자원을 적절하게 분배하는 과정이라고 할 수 있다.[1] 분화를 복잡성(complexity)이라고도 하는데, 이는 조직 내 분화의 정도를 의미한다. 결국 분화란 조직 내에서의 분업(division of labor)이나 전문화 정도(degree of specialization)를 정하는 과정이다. 따라서 분화가 덜 되어 있는 단순조직은 분업의 정도 또한 매우 적으며 복잡성도 작다. 한두 명이나 소수의 사

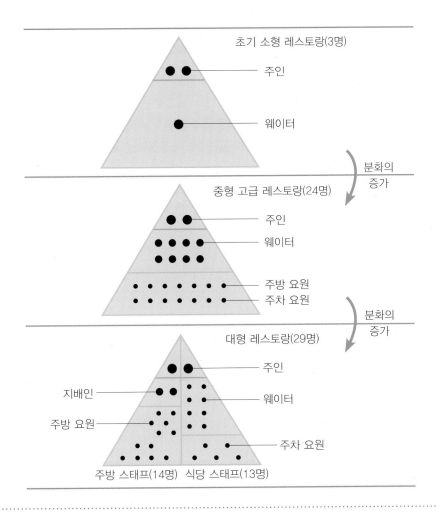

[그림 3-1] 분화의 과정

람이 조직업무를 수행하고 있는 경우에는 조직 내 구성원 간의 관계를 조정할 필요도 매우 적다.

하지만 조직의 규모가 커지면 조직 내 경영활동도 많아져서 조직은 더욱 복잡해진다. 복잡한 조직이 될 경우, 분업이나 분화의 정도는 훨씬 증가한다. [그림 3-1]에서 보면, 초기 소형 레스토랑은 3명 정도만 필요했는데 대형 레스토랑이 되면서 인원도 29명으로 늘어나고 부서도 늘어나서 예전보다 분화가 높아졌다.

분화는 통합(integration)을 함께 설명하지 않고는 의미가 없다. 분화와 통합은 서로 배제할 수 없는 동전의 양면 같아서, 분화가 많이 이루어질수록 통합의 필요성도 함께 증대된다. 이에 대해서는 통합 기법에서 다시 기술한다. 조직은 시간의 흐름에

열대 지역에 사는 덫개미는 자신의 머리보다 1.5배 길고 날카로운 가시가 돋아 있는 턱이 있는데 평소에 턱을 벌리고 다니다가 먹잇감을 보면 시속 80km 속도로 턱을 닫아 붙잡는다. 이는 우리가 눈 깜박하는 속도의 700배 수준이며 사자가 먹잇감을 향해 달릴 때 속도와 맞먹는다. 그러나 더 놀라운 사실은 분업화된 개미조직에 있다. "하나의 개미집단에서 어떤 개미는 절단기 구실을 하는 커다란 위 턱으로 곡식을 자른다. 다른 개미는 곡물 빻기에 적합한 이를 갖고 태어나 곡물가루를 생산한다. 또 다른 개미는 고도로 발달된 침샘을 가지고 갓난아기 개미를 소독해준다. 일개미들은 생식능력이 없 다. 일개미는 할 일이 많은데 성적 충동 때문에 한눈팔면 안 되기 때문이다. 생식능력을 가진 개미들 은 오직 사랑을 위해 태어났고 교미에 편리하게 오묘한 기관들을 지니고 있다. 날개가 그렇고 추상적 인 감정을 주고받는 더듬이가 그러하며, 적외선을 감지하는 홑눈이 그렇다."(Bernard Werber의 소 설 [개미]에서) 폐허가 된 아프리카 개미집 발굴현장이다(사진). 지하 깊이 8m까지 약 40t의 흙을 침 과 섞어 개미들이 분업으로 지은 지하도시이다. 물론 지상에 3~4m 높이로 건설된 빌딩도 많다. 이곳 에는 각 방을 연결하는 고속도로와 지방도로가 나 있으며 심지어 방과 방을 직선으로 연결한 터널과 다리도 있다. 내부통로의 총 길이는 50m 정도이다. 이 도시는 공간적으로도 분업화되어 있다. 생활 공간, 작업공간, 왕개미 궁전, 곰팡이 버섯을 키우는 농장, 아기개미 태어나는 산부인과 병동이 있으 며, 심지어 쓰레기보관처와 환자개미를 격리시키는 방도 있다.

인간사회의 코로나 확진자 격리시설과 무엇이 다른가? 지하도시에 환자가 발생하면 집단감염 방 지를 위해 외딴곳에 격리되어야 하기 때문이다. 지하 8m 도시에 외부와의 공기순환을 위한 통풍구뿐 만 아니라 내부로만 순환되는 통풍구도 있어서 훈훈한 바람이 농장으로 가게 하여 곰팡이 버섯류를 재배한다. 당연히 이런 일들을 담당하는 개미들도 철저히 분업화되어 있다. 알에서 깨어난 새끼개미 만 돌보는 간호사 개미가 있는가 하면 알들을 지키는 문지기 개미까지 모두 분업노동이다. 그러나 한 개미가 위험을 인지하면 옆의 개미에게 페로몬으로 신호하는 전달역할은 지하도시 전체 주민이 알 때 까지 계속된다. 하지만 이 도시는 자기들만의 도시가 아니다. 버섯도 가꾸고 다른 종의 개미와도 공생

하는 자족도시이기도 하다. 서로 다르지만 공동체 유지에 이 익이 됨을 알고 하는 것일까? 심지어 이 제국은 홀로 독립적 이지 않고 인접한 다른 도시와도 연락하고 협동하여 Mega City를 형성한다. 이러한 도시들의 연합은 수백 미터에까지 이른다. 2년간 서울 시내를 돌며 개미를 관찰한 서울대 연구 원의 조사에 의하면 개미들은 무거운 물건을 나를 때 최소 시간의 법칙을 따르며 갈림길에서는 최단거리에 페로몬을 뿌려 동료에게 알린다(최진범, [개미의 수학]). 일개미들도 정기 휴일이 있을까? 승진을 위해 더 열심히 일하는 걸까? 파업은 없나? 아마 더 밝혀질 날이 올 것이다. 하여튼 개미 조직과 인간조직을 무엇으로 구분해야 할지 난감하다.

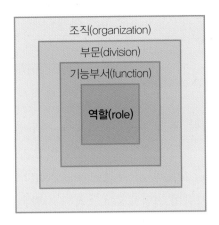

조직(organization)
부문(division)
기능부서(function)
역할(role)

[그림 3-2] **분화를 위한 기본적 바탕**

따라 성장하고 그에 맞게 분화하게 되는데, 이때 분화의 가장 작은 단위가 바로 역할이며 이로부터 기능부서와 부문 그리고 더 확대되어 조직을 구성한다.

역할

분화를 위한 기본적 바탕이 되는 것이 역할이다([그림 3-2] 참조). 역할이란 조직 내 특정 지위를 가진 사람에게 요구되는 과업(task) 관련 행동의 집합이라 할 수 있다.[2] 예를 들어 고급 레스토랑의 경우 웨이터는 손님으로부터 주문을 받아 신속하게 주문한 음식을 가져다주는 역할이 있고, 주방장은 매우 신선하고 맛 좋은 요리를 만들어야 할 역할이 있다. 이처럼 구성원에게는 맡은 과업에 따라 과업역할이 주어지고 자기의 지위나 직위에 대한 의무를 완수하기 위해 책임이 부여된다. 조직 내에서 분업이 증가함에 따라 경영자는 대부분의 역할을 전문화한다. 개개인의 역할을 전문화함으로써 개인이 가진 능력이 조직의 핵심역량(core competences)이 될 수 있도록 개개인의 능력과 지식을 계발하도록 만든다.

과업 관련 행동에 의해 정해진 한 사람의 역할과 다른 사람의 역할 관계 혹은 상호 관련된 역할의 시스템이라 할 수 있다. 특정 역할은 다른 사람의 행동을 감독할 수 있게 한다. 한 사람이 다른 사람에게 지시하거나 명령할 수 있는 이유는 권한을 소유했기 때문이다. 권한이란 조직자원의 사용에 대한 결정이나 구성원 활동에 책임질 수 있는 힘(power)을 의미한다.[3] 조직의 분화란 개인에게 역할을 정해 주고 명확한 권한과 주어진 역할을 다하기 위한 책임을 주는 것이다. 어느 개인이 자신의 역할과 책임을 분명하게 이해했을 때, 상사는 조직의 이해관계를 위해 움직이는 사람을 조정하기 위해 통제라는 것을 사용한다.

하부단위 : 기능부서

대개의 조직에서 비슷한 역할 혹은 관련되는 역할을 가진 사람은 하부단위 (subunits)인 기능부서에 소속된다. 조직 내에 만들어진 주요 하부단위가 바로 기능부서(functions)이며, 기능부서는 특정 부문(division 혹은 department)으로 확대된다. 기능부서란 함께 일하는 사람의 집합체로서 소속된 사람은 유사한 숙련 기술이나 직무를 수행할 때 동일한 기법, 도구, 지식 등을 사용한다. 예를 들면 주방장은 주방 기능, 웨이터는 룸서비스 기능으로 구분된다.

부문은 제품 및 서비스를 생산하는 데 책임을 공유하는 여러 가지 기능부서가 모여 있는 집단을 말한다. 따라서 조직의 복잡성, 즉 조직의 분화 정도를 측정하려고 할 때, 그 조직의 기능부서나 부문이 어느 정도인가를 측정한다. 기능부서와 부문으로 분화가 증가될 때 과업을 효과적으로 달성하려고 하는 활동에 대한 통제도 증가한다.

조직규모가 증가함에 따라 조직은 하부단위를 다음과 같은 다섯 가지 기능부서로 구분하는 것이 일반적이다.[4]

• 지원기능

지원기능(support functions)은 조직이 환경과 이해당사자의 관계를 효과적으로 유지할 수 있도록 다양한 지원을 하는 기능부서이다. 그러므로 지원기능부서에는 투입 (inputs)을 손쉽게 구할 수 있는 구매 기능(purchasing), 산출(outputs)을 처리할 수 있는 판매 기능과 마케팅 기능(marketing), 외부 이해당사자의 욕구에 부응할 수 있는 공공관계 기능 및 법률관계 기능이 포함된다.

• 생산기능

생산기능(production functions)은 더 나은 가치를 창출하기 위해 조직의 변환과정의 효율을 향상시키거나 관리하는 기능부서이다. 이러한 기능부서에는 생산운영, 생산통제, 품질통제 등이 포함된다. 예를 들어 포드사의 경우, 생산운영부서는 생산과정을 통제하고, 생산통제부서는 가장 낮은 원가에서 자동차를 생산하는 가장 효과적인 방식을 결정하며, 품질통제부서는 품질을 통제한다.

• 유지보수기능

조직은 내버려 둔다고 저절로 운영되는 것이 아니다. 조직 내의 운영상 문제점을 계속 수정하고 보완해 주는 기능이 바로 유지보수기능(maintenance)이다. 이러한 기능에는 신참 및 고참 작업자를 선발하고 그들의 숙련 기술을 향상시키는 교육훈련 등의 인적자원 기능, 고장 난 기계들을 수리해 주는 엔지니어링 기능, 구성원의 건강과 안전을 위해 작업장의 환경을 유지해 주는 공장관리기능 등이 있다.

• 적응기능

적응기능(adaptive functions)은 조직이 환경 변화에 적응하기 위해서 필요한 기능이라고 할 수 있다. 적응기능에는 연구개발기능, 시장조사기능, 장기계획수립기능 등이 포함되며, 이러한 여러 가지 기능을 환경으로부터 학습함으로써 조직의 핵심역량을 키우는 것이다.

• 관리기능

관리기능(managerial functions)이란 부서끼리 혹은 부서 안에서 이루어지는 활동의 조정과 통제와 관련된다. 경영자는 가치창출을 위한 조직능력을 향상시키기 위해 자원통제를 비롯하여 자원에 대한 투자, 외부 정보의 획득 및 사용 등 다양한 관리활동을 수행한다. 예를 들어 최고경영자는 환경을 통제하려는 경영 비법을 사용하거나 전략 수립과 관련된 각종 경영활동을 수행한다. 중간관리자는 최고경영자로부터 수립된 전략을 실천하면서 목표달성을 위해 조직자원을 효과적으로 관리하는 책임을 진다. 일선 운영 부문에 있는 감독은 작업자의 작업활동을 직접 관리·감독하는 기능을 가진다.

수직적 분화와 수평적 분화

분화란 전체 과업을 작은 과업 단위로 세분하는 것이다. 분화는 일반적으로 수직적 분화(vertical differentiation)와 수평적 분화(horizontal differentiation)로 구분한다. 어느 정도의 규모를 가진 조직의 조직도에는 조직분화인 수평적 분화와 수직적 분화가 표현된다.

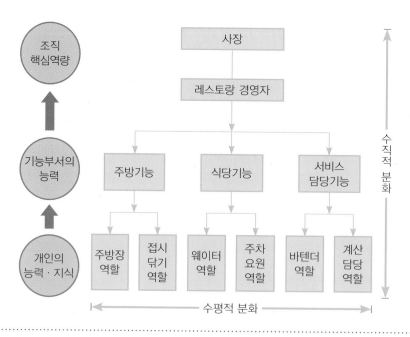

[그림 3-3] 수직적 분화와 수평적 분화

[그림 3-3]의 조직도는 조직 내의 역할이나 기능이 어떻게 권한을 통해 수직적·수평적으로 분화되어 있는지를 보여 준다. 권한과 순위로 사람들이 분류되는 것이 바로 계층 혹은 위계(hierarchy)이다. 조직의 상층부에서 가지는 역할은 하위부분에서 가지고 있는 역할보다 권한과 책임이 크다. 즉 낮은 역할을 가진 자는 더 높은 역할을 가진 자의 통제와 감독을 받는다.

조직설계자는 조직에 얼마나 많은 수직적 분화를 이루도록 할 것인가를 결정해야 한다. 수직적 분화는 조직 내 계층의 깊이를 의미하는데, 조직의 최상(top)으로 부터 말단(bottom)까지 몇 계층으로 구성할 것인가의 문제이다. 예를 들어 고급 레스토랑의 다양한 기능을 통제하고 유지하기 위해서 소유주는 레스토랑 관리 역할을 맡을 경영자를 임명하고, 그러한 역할을 맡은 경영자는 자신의 명령을 따를 중간관리자들을 몇명 둘 것이며, 또한 일을 맡아서 할 중간관리자의 순위를 몇 단계로 구분 지을 것인가를 결정해야 한다. 결국 수직적 분화란 역할과 하부단위를 연결하기 위한 보고체계를 정하는 것이며, 권한의 위계를 정해 놓음으로써 조직을 설계하는 것이다. 수직적 분화는 조직의 가치창출을 극대화하기 위해 조직 내 능력과 경영활동에 대한 보다 많은 통제가 가능하도록 분화된 수준 간에 권한을 분배하는 것이라 할 수 있다.[5]

한편 조직은 과업 책임을 다하기 위해서 역할을 수평적으로 분화한다. 수평적 분화는 일종의 업무분장과 유사하다. 수평적 분화는 복잡한 과업을 혼자서 수행한다는 것이 불가능하므로 분업의 이점을 살려 일을 세분화하는 것이다. 예를 들어 고급 레스토랑 주인은 레스토랑이 번창함에 따라 일을 맡을 부서를 더 늘려야 한다. 즉 레스토랑 관리자, 계산 담당자, 바텐더, 웨이터, 지배인 등이다. 그러므로 수평적 분화는 조직 내의 많은 역할을 여러 가지 역할로 분류하는 것이다.[6] 즉 가치창출을 위한 능력을 증가시키거나 더 전문적이고 더 생산적인 활동이 이루어질 수 있도록 개인이 맡은 일을 쪼개는 것이라고 할 수 있다.

수직적 분화와 수평적 분화 이외에 지역적 분산(spatial dispersion)도 있을 수 있다. 이는 지역적으로 흩어져 있는 조직의 장비, 설비 및 구성원의 분산 정도를 의미한다. 수직적 분화, 수평적 분화 혹은 지역적 분산 중 어느 한 가지만 증대해도 조직의 분화는 증가하며, 복잡성도 증대된다. 이는 종종 조직에 커다란 비용을 초래한다.

◆◆◆ 조직 인사이트 3-3 소련의 식목일

소련을 비롯한 동구사회가 무너진 이유는 여러 가지가 있지만 그중에서 손꼽을 수 있는 것은 경쟁원리나 효율을 무시한 관료적 구조 때문이다. 이를 대변해 주는 일화가 있다. 우리나라와 러시아가 수교가 된 뒤 출장 갔던 우리나라 회사원이 길을 가다가 한 사람은 열심히 땅을 파고 뒤쫓아 오는 사람은 계속해서 파낸 구덩이에 흙을 채우는 것을 보았다. 그 광경을 도저히 이해할 수 없어서 두 사람에게 묻자 그 대답이, "원래 3명이 나무를 심어야 하는데 오늘은 나무를 세우고 잡아 주는 사람이 몸이 아파 결근했습니다. 그래서 우리 2명의 사람이 맡았던 구덩이 파는 일과 흙 채우는 일만 각자가 하고 있는 겁니다."

이처럼 정부의 각 부처가 손발이 맞지 않든지 중앙정부와 지방자치단체가 통합과 연결에 실패하면 아무리 자기 부서의 목표를 충실히 달성해도 코끼리 다리 만지기식이 되고 만다. 따라서 부서나 개인을 평가할 때 자기가 맡은 목표를 얼마나 많이 달성했는지보다는 옆 사람 혹은 옆 부서가 목표를 완수하도록 하는 데 얼마나 도움을 주었는지에 더 많은 가중치를 두어야 한다.

통합과 연결의 방법

수평적 분화는 사람을 전문화할수록 더 생산적일 것이라는 가정을 한다. 하지만 기업에서는 종종 전문 분야에 있는 사람이나 전문성 있는 부서 간에 이루어지는 의사소통에 많은 문제가 있으며, 한 사람이 알고 있는 학습 내용이 다른 사람에게 제대

〈표 3-1〉 **조직 내 통합을 위한 다양한 기법**

통합기법	내용
권한의 위계	• 지위가 높고 낮음에 의해 누구에게 보고하고, 누구의 명령을 따를 것인지 정해 둠.
대면접촉	• 경영자가 구성원을 직접 만나 조정활동을 함.
연결역할	• 여러 부서 간의 조정활동을 담당하도록 함.
태스크포스	• 부서 간의 활동을 조정할 임시위원회를 운영함.
팀제	• 조정활동을 위한 위원회를 임명하여 지속적으로 운영함.
통합역할, 통합부서	• 특정 개인이 2, 3개 이상의 부서 간 조정활동을 하는 역할을 부여받거나, 특정 부서가 기능부서의 활동을 조정하는 역할을 맡음.

로 전달되지 못하는 일이 발생하기도 한다. 수평적 분화로 인한 의사소통의 문제를 피하기 위해 조직 내에서는 통합을 위한 노력이 자연스럽게 생겨난다. 즉 하부단위 간 협력, 조정, 의사소통을 촉진시키는 통합 기법이 점차 요구되는 것이다.

하부단위 간의 의사소통과 조정이 쉽지 않기 때문에 이를 촉진하는 문제는 골칫거리가 아닐 수 없다. 더구나 하부단위를 통합하는 적절한 방법을 찾기란 쉽지 않다. 통합이란 구성원이 조직목표 달성에 있어 자기 부서나 자기 일만 강조하지 않고 공동의 목표달성을 위해 전력을 다 할 수 있도록 다양한 역할, 기능부서, 부문을 조정하는 과정이라 할 수 있다. [표 3-1]은 조직 내 분화가 높을 때 적용 가능한 통합 기법이다.[7]

• 권한의 위계

통합 기법 중 가장 단순한 방법이 바로 권한의 위계를 이용하는 것이다. 위계란 누구에게 보고하고 누구로부터 명령을 받을 것이라는 것을 나타내 주는 것이기 때문에 다양한 역할을 맡은 자들을 상호 조정해 준다. A라는 기능부서와 B라는 기능부서 간의 원활한 조정을 위해 A, B 기능부서 내의 권한을 적절하게 배분할 필요가 있다. 예를 들어 하이테크 기술제품을 만들 경우 마케팅부서와 엔지니어링부서가 어떻게 만들 것인지를 놓고 소모적인 논쟁을 벌일 수 있다. 즉 마케팅부서에서는 고객을 만족하는 제품이 나와야 한다고 주장하는 반면 엔지니어링 부서는 원가를 줄이기 위해 디자인을 단순화해야 한다고 주장한다.[8] 이 경우에 2개 부서의 우두머리보다 더 높은 위치에 한 사람을 두어 그에게 조정과 의사결정 권한을 행사하게 한다.

• 대면접촉(direct contact)

서로 다른 하부단위에 속한 사람이 직접접촉하여 통합활동을 벌여 나가는 일은 권한의 위계를 사용하는 방법보다는 더 복잡하다. 기능부서 간 통합의 문제는 A팀의 甲팀장과 B팀의 乙팀장의 권한이 동일하기 때문에 발생한다. 이때에는 임원진(CEO)이 중개하면서 팀장끼리 직접 만나서 조정하고 해결하도록 자리를 마련해 주도록 한다.

• 연결역할(liaison role)

여러 기능부서로 분화되어 있어서 기능부서 간에 의사소통이 제대로 이루어지지 못하거나 갈등 상태에 빠지게 될 때, 기능부서 간의 직접적인 의사소통을 통해 효과적인 조정활동이 가능하도록 연락 역할 담당자(boundary spanning activity)를 두는 것이다. 예를 들어 남과 북이 대치하는 상황에서도 판문점에는 남측과 북측의 연락관

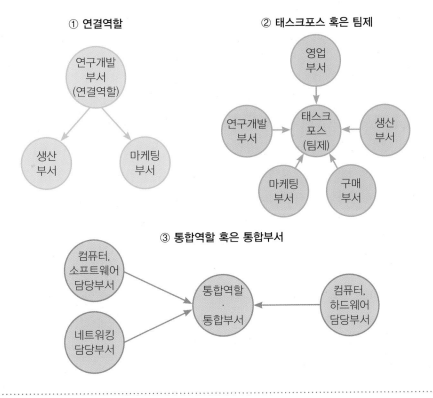

[그림 3-4] **통합 기법의 예**

이 각각 있어 전화 통지문을 주고받거나 판문점 공동구역에서 직접 만나 중요한 사안을 미리 조율하고 의견을 타진하면서 외교적 관계를 맺고 있다. 이들은 공식적인 권한을 가질 수도 있고 비공식적으로 활동할 수도 있다([그림 3-4]의 ① 참조).

• 태스크포스

조직규모가 증대되고 복잡성이 증가함에 따라 두 개 기능부서 간에는 해결해야 할 공동의 문제가 계속 증가한다. 예를 들어 고객을 효과적으로 관리할 필요성이 증가하고 있다고 가정하자. 그렇다면 생산, 마케팅, 엔지니어링, 연구개발 등의 기능부서의 활동이 상대적으로 왕성해져야 한다. 따라서 [그림 3-4]의 ②와 같이 공통적인 과업을 해결하기 위해 일시적으로 뭉쳐서 문제를 해결하는 태스크포스(task forces)가 필요하다. 이는 각 기능부서로부터 적절한 능력을 갖춘 사람이 해결할 과업을 위해 일시적으로 모이는 것이다. 태스크포스는 특정 과업을 수행하기 위해 소집되어 조직된 후 일정 활동을 수행하다가 과업이 해결된 후에는 해체되는 임시위원회(committee)의 성격을 갖는다. 태스크포스 구성원은 팀이 과업을 완수하고 해체되면 다시 자기의 원래 기능으로 복귀한다.

• 팀제

조직 내의 지속적인 관리적 사안이나 전략적 이슈를 처리하기 위해 태스크포스를 출현시켰을 때 이것은 임시적인 활동에 불과하다. 따라서 팀제(team)라는 조직을 통해 지속적 태스크포스나 영구적인 위원회를 만들어 활동할 수도 있다. 예를 들어 대기업에서는 제품개발팀이나 고객접점팀을 두고 있으며 이러한 팀을 통해 경쟁에 대처하고 있다. 경영자는 지속적이고 복잡한 현안을 효과적으로 다루기 위해 팀제를 통해 직접 대면식 접촉과 지속적 조정의 기회를 사용한다.

또한 경영자는 조직활동에 대한 효과적인 통제를 위해 위원회제도를 개선하고자 팀제를 도입하는 경우가 많다. 그러나 종종 팀제가 비효율적인 경우도 있다. 왜냐하면 조직에 직면한 문제는 계속해서 변화하는데, 팀원은 변하지 않고 그대로 있기 때문이다. 예를 들어 위원회에서 제공하는 서비스가 더 이상 필요하지 않음에도 불구하고 위원회에 계속 잔류하려고 하는 경우가 있다. 한 팀의 팀원에게는 조직 내에서 특정 권력이 주어지지만 그렇다고 이 권력이 조직목표를 촉진하는 데 반드시 필수적인 권력은 아니다. 팀원의 창의력을 촉진하고 상호작용을 증가시키는 의사결정 및

권한의 패턴이 수시로 변해야 제대로 된 팀이라고 할 수 있다.[9]

팀이란 소수의 사람이 상호보완적 업무방식을 갖고 공동의 목표를 달성하기 위해 상호 협동적으로 과업을 수행하는 집단이다. 즉 서로 다른 능력, 개성, 기술을 가진 여러 개인이 한 팀이 되어 공동목표를 추구하는 운동경기의 스포츠팀 같은 조직이다. 그러나 사실 팀제란 우리나라에서는 과거의 피라미드 형태의 과(課) 부(部)제 조직을 대체하면서 계층구조도 낮고 관리자 수도 많지 않은 플래트(flat)하고 슬림(slim)화된 평면조직 형태로 바꾸는데 더 많은 공헌을 하였다. 전통적 기업조직에서 회사원들이 상급자들의 지시에 의해 피동적으로 움직였다면 팀 조직은 하나의 스포츠팀과 유사하며 다음과 같은 특징을 가진다.

- 팀장은 통제·감독가 아니라 스포츠팀의 주장선수나 팀감독과 같다.
- 선수는 감독의 전략에 따라 공식절차 없이 수시로 교체 가능하다.
- 개인성적보다 팀성적이 훨씬 중요하다. 즉 팀웍이 최우선이다.
- 게임 중에 감독이 경기장 안에 들어가지 못한다. 즉 팀원 옆에서 모든 행동에 일일이 간섭하지 않고 팀원의 재량에 맡긴다.
- 팀장과 팀원은 주장과 선수의 관계처럼, 동반자 관계로 서로 대등하다.
- 팀은 그 종류에 따라 팀의 규모, 구성, 처우 등이 천차만별이다.
- 시키는 일만 하는 것이 아니라 목표달성에 전념하는 승부조직이다.
- 경기 상대방에 따라 팀 구성과 전략이 변할 수 있다.
- 선수의 서로 다른 능력이 중시된다. 즉 다기능조직이다.
- 선수의 특기는 서로 다르면서도 멀티플레이어가 되어 동료업무를 지원하고 대신하기도 한다.

• 통합역할, 통합부서

조직규모가 커지고 복잡성이 증가함에 따라 기능부서나 부문 간 의사소통 장벽은 점점 높아지게 된다. 예를 들어 A제품과 B제품의 부서장이 서로 접촉하기를 꺼려하는 경우가 있다. 수많은 구성원을 조정하는 것은 쉬운 일이 아니다. 이러한 장벽을 극복하기 위한 한 가지 방법은 하부단위를 조정하는 통합역할을 맡은 자를 임명하는 것이다. 결국 통합역할을 맡은 자는 기능부서 간 의사소통을 활성화하기 위해 특별하게 공식적으로 임명된 자로서 전임(full-time position) 통합자라 한다.

연결 역할 담당자가 상당한 권한을 임시적으로 넘겨받아 비공식적으로 일하는 것이라면, 전임 통합자의 경우 하나부터 열까지 모든 임무가 통합이라는 역할에 치중되어 있다. 각 기능부서가 조직 전체의 목표와 상이한 목표를 가지고 있을 경우, 기능부서 간의 활동을 통합하여 정보와 지식을 공유하여 조직목표를 달성하도록 하는 데 그 목적이 있다. 이때 전임 통합자는 연륜과 경험이 많은 상급자가 맡는 것이 좋다. 또한 최고경영자에게 직접 보고할 수 있는 위치에 있는 팀이나 태스크포스의 장을 맡은 사람들이 전임 통합자가 되는 것도 생각해 볼 수 있다. 한편 기업 내 통합 역할을 하는 구성원의 수가 많다면 차라리 통합부서(integration department)를 신설하여 운영하는 것도 고려해 볼 수 있다([그림 3-4]의 ③ 참조).

분화와 통합의 공존

어떤 조직을 만들어야 미래의 불확실한 환경에서도 계속적으로 번영할 수 있을까? 이것이야말로 모든 조직설계자나 경영자의 숙제가 아닐 수 없다. 어디서부터 손을 대야 하는지 그저 막막할 수도 있다. 하지만 조직구조의 문제를 아주 단순화하여 생각해 보면 결국 분화와 통합의 문제가 가장 기본적이다. 조직은 두 사람 이상이 모인 작업 공동체이지만 저절로 돌아가는 것은 아니며, 효율적으로 목표를 달성하자면 공동의 작업을 분야별로 적절히 나누어서 실행하고 이를 다시 종합해야 한다. 이처럼 분화와 통합은 이것이냐 저것이냐 선택의 문제라기보다는 변화와 안정, 원가와 품질, 장기적 시각과 단기적 시각과 같은 양극단의 차원을 대립적으로 보지 않는 공존

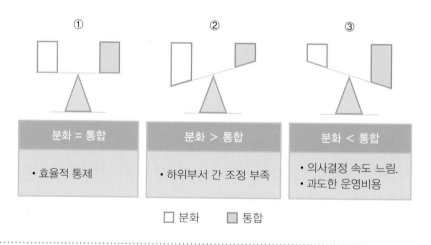

[그림 3-5] **분화와 통합의 균형**

의 경영(모순경영 : paradox management)이라 할 수 있다.

그렇다고 분화와 통합을 반반씩 섞어 놓자는 것은 아니다. [그림 3-5]의 ①과 같이 오히려 양쪽 모두를 추구해야 한다. 예를 들어 검은색과 흰색을 섞어 회색을 만드는 것이 아니라, 뚜렷한 검은색과 뚜렷한 흰색을 동시에 가지는 것이다. 어떤 특정 기업이 혁신성과 효율성을 동시에 추구하고 있다면 이는 매우 바람직하다. 혁신을 높이기 위해서 다양한 생각이 터져 나올 수 있도록 조직을 분화하는 것이 옳다. 고객의 욕구가 다양해지면 마케팅부서, 신제품개발부서, 연구개발부서, A/S부서 등으로 관련 기능부서를 분화시켜 고객에 대응하면 된다. 한편 조직의 효율성을 높이기 위해서는 조정 기능을 담당하는 부서를 신설하여 통합기능을 강화한다. 한마디로 효율성을 올리는 데는 통합이 필요하고, 혁신을 위해서는 분화가 필요하니 이를 동시에 강화시키는 조직이 훌륭한 조직이다.

20세기 초만 하더라도 기업은 생산, 영업, 재무, 인사 등 각각의 기능부서가 필요하지 않았다. 환경이 점차 복잡해지면서 환경에 대응할 조직의 분화가 생기기 시작한 것이다. 여러 과업이 나누어지고, 나누어진 각 기능부서는 역할, 목표, 행동양식 측면에서도 차이를 갖게 되었다. 그러나 조직의 분화가 이루어질수록 통합의 문제도 제기되었다.

◆◆◆ 조직 인사이트 3-5 조직은 모순을 관리한다.

우수 기업은 빈틈없이 질서정연하거나 합리적이지 않고, 오히려 모순적인 면을 갖고 있다. 즉 우수 기업은 야누스의 두 얼굴을 갖고 있다. 이러한 기업은 방임적인 느슨한 관리와 빈틈없는 관리를 동시에 추구하고 있고, 구성원의 적극적인 참여와 비참여를 통해 높은 생산성을 달성하고 있으며, 본업에 충실하면서도 동시에 창업가정신을 발휘하여 끊임없이 새로운 사업 분야를 개척하고 있다. 한마디로 우수 기업은 양쪽의 모순적인 상황을 동시에 잘 관리하고(패러독스 : paradox) 있는 것이다.

- 경영에서의 모순적 선택 : 경쟁-협동, 통제-자율 분화-통합, 계획적-우연적, 느슨한 관리-단단한 관리, 분석-직관, 비전 중시-현실 중시, 영업 우선-기술 우선, 분권화-집권화, 개성-팀워크, 행위-성찰, 변화-안정, 저원가전략-차별화전략, 전문화-다각화, 기계적-유기적, 개척자전략-방어자전략, 혁신-모방, 세계화-지역화

조직 전체적으로 보면 분화가 비용부담으로 작용한다. 결국 나누어진 상태를 어떻게 다시 연결할 것이며, 차이를 보이는 부서를 한곳으로 통합시키려는 힘이 생겨나는 것이다. 이렇듯 조직설계는 분화와 통합 사이의 갈등을 어떻게 적절히 해결하며, 관리할 것인가의 문제로 수렴된다. 따라서 조직설계의 첫 도전은 바로 분화와 통합을 균형 있게 공존하는 방법을 찾는 것이다.

3 집권화와 분권화

앞에서 수평적 분화를 논의할 때 위계란 조직 내에서 개인이 가지는 권한의 위치라고 정의했다. 하지만 대부분의 기업에서는 권한의 위계가 존재할 때 많은 불평불만이 있어 왔다.[10] 기업 내에 어떤 피치 못할 일이 생겼을 때 일을 당한 이해당사자는 자신이 위험을 무릅쓰고 그 일을 해결하기보다 상사 눈치를 살피며 상부의 명령과 지시를 기다리려는 경향이 있다. 위험감수와 책임감이 감소함에 따라 조직의 핵심역량을 사용해 새로운 기회를 탐색하려는 의도는 일찌감치 꺾이고 만다. 어느 누구도 책임지려 하지 않을 때 의사결정은 늦어질 수밖에 없고 조직은 유연성을 잃게 된다. 즉 새로운 개발에 대한 변화나 적응이 불가능해지는 것이다.

집권화와 분권화의 구분

의사결정권을 조직 상부나 하부로 분산할 것인가 하는 문제는 매우 중요하다. 집권화(centralization)와 분권화(decentralization)의 구분은 권한이 어디에 있는가에 의한다. 즉 집권화는 조직의 의사결정권이 조직 내의 어떤 단일 위치에 집중되어 있는 것을 말한다. 이때 권한이 반드시 조직 상층부가 아니더라도 어느 특정 부서나 한 개인에게 집중되어 있으면 집권화가 높다고 할 수 있다.[11] 조직에서 권한을 하급자에게 이양하게 되면 하급자는 많은 권한을 누리게 되어 자율권이나 재량권을 행사할 수 있는데, 이렇게 권한이양이 이루어진 상태가 바로 분권화이다.

집권화와 분권화는 각각 장단점을 가진다. 집권화의 장점은 분리된 하부단위가 서로 연결·조정이 잘되기 위해서 중앙 부서나 조직의 상층부에서 절대 권력을 가지고 여러 부서를 관리하면서 교통정리를 잘할 수 있다는 점이다. 하지만 집권화가 갖는 단점은 한 개인이 전체의 분업화된 부문을 다 알고 있는 것이 아니기 때문에 혼자서 모든 것을 조정하기도 불가능할 뿐 아니라 부적절한 의사결정을 하기 쉽다. 또한 상충부로 정보가 전달되는 과정에서 정보의 왜곡이 발생하여 정확한 의사결정을 지원해 주지 못한 상태에서 결정이 내려질 위험에 처하게 된다. 만약 권력을 위임하거나 분배했다면 개인 혼자서 할 수 없는 능력 밖의 일을 타인의 도움을 받아 잘 처리할 수도 있었을 것이다. 그러므로 분권화의 필요성이 대두된다.

분권화의 가장 큰 장점은 변화하는 외부 상황에 유연하게 대처할 수 있다는 점이다. 또한 현안에 가장 밝은 사람, 즉 현장에 있는 감독이 현지 사정에 적합한 의사결정을 즉각적으로 내릴 수 있다는 것도 장점이다. 하지만 분권화에도 많은 단점이 있다. 너무 하급자나 지나치게 여러 부서에 권한을 나누어 주다 보면 경영자의 의사결정 사안이 제대로 적용되기 힘들고 최고경영층의 경영계획 및 조정활동 등도 어려움에 빠질 수 있다. 또한 상급자나 상급 기관이 조직 내에서 의사결정과정을 장악하지 못한다는 것 자체도 심각한 문제가 된다.

집권화와 분권화의 공존

분화와 통합을 어떻게 균형 있게 할 것인가에 대한 조직의 고민처럼, 경영자가 의사결정 권한을 집권화할 것인가 아니면 분권화할 것인가 하는 점은 그렇게 쉽게 내릴 결정은 아니다. [그림 3-6]의 ③과 같이 지나친 분권화가 이루어지면 경영자는 통제력을 상실한 채, 하는 일 없이 매우 한가해질 수도 있다. 그 대신 각 부서는 자신의 목표나 목적을 추구하는 데 혈안이 될 것이 뻔하다. [그림 3-6]의 ②와 같이 지나친 집권화의 경우를 생각해 보자. 그룹 총수는 조직 내 중요한 의사결정권을 독점하고

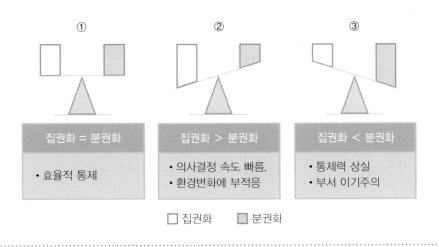

[그림 3-6] **집권화와 분권화의 균형**

〈표 3-2〉 의사결정의 집권화와 분권화의 장점

의사결정의 집권화	의사결정의 분권화
• 정보기술이 발달함에 따라 원거리에 있던 다양한 정보를 효율적으로 통합할 수 있어 집권화 경향이 증가한다. • 조직규모가 확대되면 과거에는 각 부문을 연결·조정하는 것이 불가능했지만, 이제는 막대한 정보기술 처리 능력으로 인한 종합적인 통제망을 구축할 수 있어 복잡한 네트워크 설계 기술뿐 아니라 중앙집권적 통제가 가능하다. • 중간관리층보다 최고경영층의 상당한 정보 독점으로 인하여 중앙에서 정보기술을 이용한 통제가 가능하다.	• 최근의 조직변화는 조직수평화, 권한이양, 관리축소의 특징이 있고, 중간관리자의 역할이 감독자에서 코치의 역할로 변화하고 있어 부하에 대한 자율권 부여가 아주 중요하다. • 현장 중시 경영으로 인하여 현지 사정에 밝은 현장실무자 및 현장관리자에게 권한을 이양해 주어야 신속하고 정확한 결정이 이루어진다. • 경영자 혼자서는 복잡한 경영을 효과적으로 해낼 능력이 부족하기 때문에 정보기술이 이를 도와주어야 하고, 권한이 분산되어야 한다.

있으며, 경영권을 위임받은 사장단은 총수의 의중만 살피면서 자기 자리만을 고수하려는 태도를 보일 수도 있다.

그래서 [그림 3-6]의 ①과 같이 이상적인 상태가 바로 집권화와 분권화의 공존 혹은 균형이다. 권한의 집권화와 분권화가 모두 중요한 것이기 때문에 중간관리자나 현장감독자는 현안 운영과 관련된 의사결정권을 가지고, 최고경영층은 장기적인 전략 의사결정권을 갖는 것이 좋다. 이렇게 되면 장·단기 전략 결정과 단기적인 유연성 및 혁신을 동시에 추구할 수 있다. 예를 들어 군대 조직은 엄격한 규칙과 잘 정의된 권한의 위계에 의해 움직이는 매우 집권화된 의사결정 시스템을 가지고 있다. 반면에 최신 기술을 보유한 하이테크산업의 경우에는 혁신과 위험 감수를 할 수 있도록 권한을 분산시켜 유연성을 확보하는 것이 바람직하다.

한편 정보기술이 의사결정권에 영향을 미치는데 중간관리자층을 무용지물로 만들며 최고경영층으로 권력을 집권화할 것이라는 주장이 있다. 반대로 권한이양이 증가함에 따라 정보기술이 도입되어 오히려 의사결정권이 분권화될 것이라는 주장도 있다. 다음과 같은 장점으로 인해 각각의 주장은 설득력을 얻고 있다.

4 표준화와 상호조정

표준화(standardization)란 조직 내 개별 구성원의 과업에 대한 수행 절차 및 방법, 작업행동 등을 통일해 놓은 정도를 의미한다. 구성원이 조직 내에서 해야 할 역할과 맡은 역할에 관련된 과업과 책임의 방법까지 일일이 규정해 놓는다. 모두가 이 규정을 표준 삼아 일을 하니까 서로 문제될 것이 없다. 즉 한쪽에는 지름 5센티미터의 구멍을 뚫게 표준을 정해 주고 다른 쪽에는 지름 5센티미터의 원기둥을 만들도록 표준을 정해 주면 두 사람의 업무는 저절로 연결될 것이다.

그러나 대부분의 부서는 각기 다른 자기 부서만의 상황에 노출되기 때문에 미리 정해 놓은 방식이 제대로 적용되지 않는 경우가 발생한다. 그리고 정해 놓은 규칙을 엄격하게 따르기만 한다면 새로운 혁신은 이루어질 수 없다. 어떻게 행동해야 한다는 규칙이 이미 정해진 상태에서는 창의적이고 독창적인 아이디어가 제시될 수 없다. 이렇게 되면 기업은 점점 경직되고 혁신 움직임은 사라지고 사기 저하로 인해 조직성과까지도 저하될 수 있다.

한편 일을 수행하는 절차를 이미 모형처럼 만들어 놓은 상태에서는 정해 놓은 것대로만 따라 하면 되는 것이기 때문에 작업자가 바뀌어도 작업 결과는 예정대로 나오게 된다. 그러나 아주 복잡하고 예외가 많은 상황에서 작업자를 통제하기 위해서는 표준화된 의사결정만으로는 부족한 경우가 많다. 그래서 표준화와 함께 조정 절차가 필요하다.[12] 경영자는 대기업이든 소기업이든 조직을 설계할 때 표준화와 상호

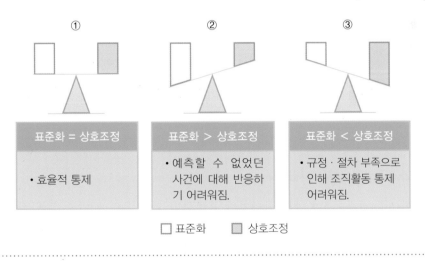

[그림 3-7] **표준화와 상호조정의 균형**

조정(mutual adjustment) 문제에 직면한다. 이 경우 역시 분화와 통합, 집권화와 분권화의 경우처럼, 한쪽만을 선택하는 일이 최상이라기보다는 양쪽을 공존시키는 일이 가장 효율적인 설계 방법이 된다. 상호조정이란 어떤 문제가 표준화된 규칙보다는 구성원의 판단에 의존하는 경향이 있을 경우 의사결정과 조정 과정에서 이루어지는 일종의 타협이다.

◆◆◆ 조직 인사이트 3-6   인류 최초의 바늘공장

불, 언어, 바퀴의 발명 이상으로 바늘의 발명도 인류문명 발달사에 획기적인 전기를 가져온 사건이다. 동굴 입구나 바위 그늘에서 멀리 떠나지도 못하고 제한된 삶을 살아오던 인류의 조상들은 뼈바늘의 발명으로 의식주생활 전체가 바뀌게 되었다. 짐승 가죽을 통째로 걸치고 다니다가 몸에 맞게 잘라 바늘로 꿰매어 입는 의생활 혁명이 일어났고, 말린 가죽을 연결하여 텐트를 만들 수 있었으므로 인류 역사 대부분을 차지했던 동굴 주거 형태를 벗어나서 지상으로 나올 수 있었다. 따라서 짐승과 열매가 많고 기후도 온화한 곳으로 철 따라 이동할 수도 있었다. 모두가 바늘 덕분이었다.

뼈바늘로 가죽을 이어 배를 만들 수 있었으며 옷도 다양하게 만들어 입을 수 있었다. 이래저래 뼈바늘의 수요가 기하급수적으로 증대되었다. 그 당시의 뼈바늘 제조공장을 상상해 보자. 원시인 직공 A는 돌칼로 큰 뼈를 쪼개고, B씨는 뾰족하게 갈고, C는 구멍을 뚫는다. 그런데 A가 쪼개 놓는 뼈는 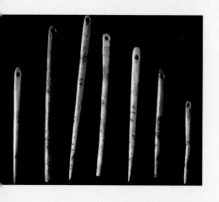 쌓이는데 뾰족하게 갈고 있는 B의 손이 느리다면 바늘 생산은 느려진다. C는 B가 갈고 있는 동안 기다리는 수밖에 없기 때문이다.

효율성 때문에 분업을 했는데 그 결과로 예기치 않은 문제, 즉 분업을 안 했으면 없었을 통합의 문제가 발생한다. 그러나 이 연결 문제를 피하려고 분업을 안 한다면 그것 또한 비능률적이다. 그래서 가장 바람직한 것은 '분업'도 하고 '연결'도 잘되도록 하는 것이다. 뼈바늘 제조는 단지 3명의 작업자와 3단계의 공정에 관한 예이지만 오늘날에는 자동차 한 대에 들어가는 부품의 수가 4천 개 이상인데 이것을 순서대로 연결·조립할 수 있는 능력은 원시의 바늘공장에서 시작되었다.

공식화 : 규정과 절차의 제도화

공식화(formalization)란 개별 작업자의 표준화된 과업 운영에 대한 수행 절차나 규칙을 사전에 미리 정해 놓은 정도를 의미한다.[13] 예를 들어 군대 조직, 항공 회사, 컨테이너 취급 회사의 경우 공식화와 표준화 정도가 매우 높다. 이런 회사는 상호조정의 경우가 극히 드물며, 구성원이 어떻게 행동하고 어떤 역할을 수행해야 하는지는 물론이고 작업 규칙까지도 사전에 정해 놓고 있다. 게다가 구성원은 만들어져 있는 규칙을 파기하거나 수정할 권한이 전혀 없다.

공식화가 높으면 집권화도 높은 것이 일반적이다. 공식화가 낮을 경우에 기능부서 간 구성원 사이에 상호조정이 빈번해지며, 의사결정도 매우 역동적으로 이루어진다. 따라서 상호조정은 분권화와 관계가 깊은데, 이는 의사결정을 내릴 때 분명한 활동을 조직으로부터 위임받고 권한을 행사하기 때문이다. 그러므로 공식화를 강화하는 것만이 좋은 것은 아니다. 일단 표준 공식이 정해지면 상황 변화가 있으면 작업자는 융통성을 발휘하기 어렵고 자신의 재량권이 없기에 상호 연결된 과업을 효율적으로 수행하기 불가능해진다.

사회화 : 규범의 습득

구성원이 문서화된 규칙(rules)을 저절로 몸에 익히게 되면 강제성에서 벗어나 자연적 습관이 된다. 이렇게 구성원이 조직의 관습과 전통과 규범을 받아들이는 것을 사회화(socialization)라고 한다. 규칙이란 바람직한 목표에 도달하기 위한 적절한 수단을 규정짓는 공식적이고 문서로 표현된 선언문 같은 것이다. 사람은 규칙을 준수하며 정해져 있는 분명한 원칙에 따라 행동하려고 한다. 규범(norms)은 많은 구성원이 공통적으로 행하는 전형적인 행동과 생각의 스타일로서 조직에서는 하나의 표준처럼 여겨지는 것이다.

그러나 시대가 변함에 따라 많은 규범이 비공식적으로 발생한다. 예를 들어 어느 회사에서는 공식적으로 허용된 점심시간이 한 시간임에도 불구하고, 실제로는 2시간 정도의 점심시간이 통용된다. 이렇듯 조직규범은 구성원이 특별한 상황에 대응하는 방식이나 사물을 보는 관점이다. 예를 들어 일이 끝나고 작업장을 떠나기 전에는 작업장을 깨끗하게 청소해 놓아야 한다는 조직규범이 있다고 하자. 모두가 이 규범을 지킨다면 작업을 교대하더라도 앞 사람 것은 앞사람이 정리했으므로 아무런 불평불만이 생기지 않는다. 그렇지만 이러한 규범이 없다면 나는 그대로 두고 퇴근하고 다음 사람이 내가 정리해 놓고 갔어야 한다고 생각하기 때문에 둘 간에 불만이 쌓이든지 일의 연결이 안 될 수 있다. 일하는 속도도 마찬가지이다. 어떤 연구에서 작업 집단의 행동을 지배하는 비공식적 규범으로서 일의 속도에 관한 규범이 작업자들을 암암리에 통제하고 있었다. 일을 너무 빨리하는 작업자를 꼴 보기 싫은 놈이라고 칭하기도 하고, 너무 느리게 하는 사람을 뺀질이(chiseler)라고 부르고 있었다.[14] 작업 집단의 모든 구성원이 속도 규범을 지킴으로써 서로 손발이 맞는 것인데, 이것이 바로 규범이 상호 연결하고 조정하는 역할을 하는 예가 된다.

표준화와 상호조정의 공존

조직설계자 혹은 경영자가 가지고 있는 어려움은 표준화와 상호조정 사이에서 균형을 찾는 것이라 할 수 있다. 규칙과 조직규범을 통해 구성원의 행동을 표준화하는 것도 중요하지만, 한편으로는 지나치게 표준화해 놓으면 모든 작업자가 규정에 얽매이게 되고, 서로 의논하면서 신기술을 개발하거나 자신의 능력을 발휘하거나 기술을 혁신할 기회를 가로막게 되며, 시시각각 변하는 환경에 대응하는 융통성도 부족해진다. 그러므로 구성원 간의 자의적인 상호조정을 어느 정도 허용하는 것도 필요하다.

일반적으로 불확실성이 높은 과업의 경우에는 구성원의 활동을 통제하는 표준화보다 상호조정에 집중하는 편이 더 나을 수 있다. 예를 들어 조직은 구성원이 과업을 수행함에 있어 표준화된 실무를 따르도록 종용하겠지만, 연구개발부서의 경우 혁신을 위해 위험을 감수해야 하므로 구성원 행동을 표준화하기 어렵다.

앞서 논의한 다양한 통합 기법 중 태스크포스, 팀제 같은 조직은 효율적 목표달성을 위해 구성원이 자유롭게 만나 의견을 교환하고 독특한 제안도 주저하지 않고 하듯 상호조정 활동이 매우 증가하게 되어 있다. 조직관리자는 안정성보다는 변화를 강조하기 위하여 조직규범과 가치관을 강조해야 한다. 하지만 더 나은 방법은 조직유효성과 책임 있고 창조력 있는 구성원 행동을 만들어 내기 위해 표준화와 상호조정이라는 두 마리의 토끼를 모두 잡을 수 있도록 해야 한다.

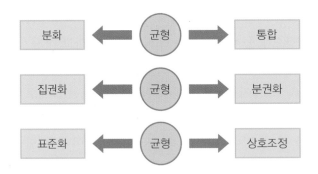

[그림 3-8] 조직설계 기본 재료의 균형

이상의 논의를 종합해 보면 분화와 통합, 집권화와 분권화, 표준화와 상호조정 중에 그 어느 것도 최선은 아니다. 오히려 한쪽으로만 편향시킬 것이 아니라 둘 사이에서 균형을 이루도록 해야 하며, 그 균형점 역시 조직의 상황과 외부 환경에 따라 다를 수 있을 것이다.

Ⅱ 환경적합적 조직구조

조직은 환경에 적합하게 꾸며져야 하기 때문에 각각 처한 환경과 특성으로 인해서 여러 가지 형태로 설계되기 마련이다. 대표적인 유형만 살펴보자.

1 공식 조직과 비공식 조직

경영자는 설계된 조직구조에 따라 정해진 과업과 역할에 맞게 인력과 자원을 배분한다. 그러므로 조직구조는 미래에 발생할 여러 가지 일을 위한 일종의 청사진이라 할 수 있다. 그러나 의사결정과 조정활동이 반드시 공식적인 채널 안에서만 이루어지는 것은 아니다. 종종 공식적은 아니지만 직무와 관련 있는 구성원 간에 상호작용이 빈번하게 발생한다.

관리자가 정한 규칙이나 공식적인 조직도에 표현된 역할 이외에도 구성원 간의 비공식적 상호작용을 통해서 많은 규칙과 조직규범이 생겨난다. 즉 개인이나 부서 상호간 연관된 역할의 공식적인 구조가 만들어지는 반면, 관리자가 의도한 것과는 다르게 구성원들 간 행동방식에 영향을 주는 비공식적인 구조가 만들어진다.

그러므로 경영자와 구성원 사이에서 발생하는 갈등을 파악하려고 할 때 비공식적 업무 방식을 이해하는 것이 중요하다.[15] 예를 들어 새로운 경영혁신팀이 회사 내에 발족되었다고 하자. 경영혁신팀은 전사적(全社的)으로 기업을 변화시키려고 기업 내 비공식적인 조직들을 통제함으로써 구성원이 해야 하는 일이 무엇이고, 하지 말아야 할 일이 무엇인가를 새롭게 만들게 된다.

이렇듯 경영자가 조직변화를 시도하려면 개인행동이나 집단행동에 대한 비공식조직의 영향을 충분히 고려해야 한다. 왜냐하면 공식조직을 변화시키기 위해서는 조직 내에 만연되어 있는 좋지 않은 비공식적인 규범을 파괴시켜야 하기 때문이다. 그러므로 경영자는 구성원에게 동기부여를 하고 구성원을 조정하기 위한 변화를 시도한다고 할 때 공식조직과 비공식조직 간의 상호작용의 결과를 주도면밀하게 살펴볼 필요가 있다.

조직은 단지 조직의 위계를 나누어 놓고 규칙과 절차를 정해 놓고 조직구조를 완성시켜 놓았다고 잘 돌아가는 것은 아니다. 작업 환경에서 구성원을 어떻게 행동시킬 것인가와 함께 공식조직도 함께 발전시켜야 한다. 그러므로 조직목표를 효과적으로 달성하기 위해서는 공식조직과 비공식조직 간의 적합관계(fit)가 매우 중요하다. 비공식조직에 의한 다양한 갈등은 권력(power)이나 조직 내 지위(status)로부터 발생하는 경우가 대부분이다. 맡은 역할 간에 갈등이 생기는 것에 대하여 구체적으로 살펴보면 다음과 같다.

조직에서 맡은 역할은 조직 내에 확실한 지위를 부여하며 권력을 소유하게 한다. 조직은 공식적인 과업의 위계나 권한관계뿐만 아니라 비공식적이며 사회적인 지위관계도 가지기 때문에, 경영자는 항상 조직목표를 달성하기 위해 공식조직과 비공식조직의 힘 모두를 극대화해야 한다. 그런데 구성원은 자신의 지위와 명성을 더 많이 높이고 싶어 한다. 모든 조직은 조직도를 가지지만 공식 조직도에 이러한 비공식조직은 표현되지 않는다. 그러나 그 안에서 자기의 신분지위와 명성을 높이려는 보이지 않는 움직임이 활발하게 일어난다. 또한 비공식조직이 조직성과를 높인다는 것도 분명하다. 그러므로 경영자는 조직설계에 있어 구성원에게 조직성과를 향상시키는 비공식적인 방법을 제공하거나 동기부여를 증가시키기 위한 비공식조직의 영향력을 충분히 고려해야 한다.

2 기계적 조직과 유기적 조직

외부 환경에 따라 조직 유형은 달라진다. 환경이 단순하고 안정적일 때의 조직과 환경이 급변하고 다양할 때의 조직은 서로 다른 모습을 갖는다. 즉 단순한 환경, 안정적 환경에는 기계적 조직(mechanistic organization)이 적합하지만, 다양하고 급변하는 환경에는 유기적 조직(organic organization)이 적합하다는 주장이다.[16] [표 3-3]은 기계적 조직과 유기적 조직을 비교한 것이다. 조직설계자는 두 가지 중 한 가지 조직

〈표 3-3〉 기계적 조직과 유기적 조직

기계적 조직	유기적 조직
• 부문화(작업단위 고정된 작업 할당) • 개별 전문화(세분화된 책임) • 단순한 통합 메커니즘(권한의 위계) • 집권화(수직적 의사소통, 지시, 명령, 보고) • 표준화(규칙, 규정, 조직규범, 공식)	• 부문화(지식, 기술단위 작업 할당의 계속 변화) • 결합 전문화(총괄 책임) • 복잡한 통합 메커니즘(태스크포스, 팀제) • 분권화(수평적 의사소통, 지도, 충고, 건의) • 상호조정(경계 불분명, 대면접촉 조정)

구조 형태를 선택해야 하는 기로에 놓이게 된다.

기계적 조직

기계적 조직은 예측 가능하고 안정적 환경에 처해 있는 조직이다. 따라서 문서에 의한 의사소통, 의사결정의 집권화, 상급자에 의한 감독 및 갈등해결, 수직적인 정보 흐름, 명확한 위계 등의 방식으로 조직을 관리한다. 기계적 조직에서의 과업은 역할과 연결되며 명확하게 정의된다. 즉 일과 사람이 정확하게 일대일관계에 놓인다. 이러한 관계는 [그림 3-9]와 같다. 각각의 구성원은 개별적으로 전문화되고 해야 할 역할과 금지되어 있는 역할을 알고 있으며 자기 책임이 어떠한지도 잘 알고 있다.

기능부서 수준에서 각각의 기능은 분리되어 있고 기능부서 간 의사소통과 협력활동은 위계상으로 볼 때 최고경영자가 지명한 어떤 특정 역할을 맡은 관리자가 책임지도록 되어 있다. 그러므로 기계적 조직에서 위계란 기능 간의 관계를 통합하는 가

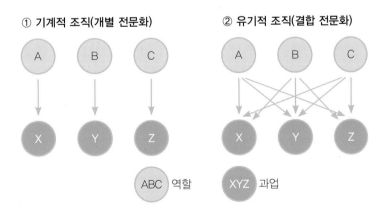

[그림 3-9] 과업과 역할의 관계

장 중요한 통제 수단이 된다. 과업은 잘못된 의사소통을 방지하도록 되어 있기 때문에 복잡한 통합 기법을 사용하지 않아도 조직은 돌아가게 되어 있다. 과업과 역할은 주로 표준화를 통해 조정된다.

기계적 조직에서는 수직적 명령 구조만을 강조하다 보면 비공식조직은 매우 위축될 수밖에 없고 소신 있는 주장을 펼치기보다는 몸을 사리는 분위기가 만연되기도 한다. 또한 승진은 매우 한정적이어서 조직 내 한 사람이 승진하기까지 오랜 시간이 걸린다. 비공식조직은 공식조직을 보강해 주는 역할만을 할 뿐이다. 왜냐하면 기계적 조직은 사람을 명확하게 구별 지어 주고, 조직서열의 명확한 순서에 의해 지위를 정해 주기 때문이다. 조직의 엄격성으로 인해 기계적 조직은 안정적이고 변화하지 않는 환경에 직면한 조직이 가질 수 있는 최상의 조직이다.

유기적 조직

유기적 조직은 기계적 조직과 반대되는 구조이다. 유기적 조직은 유연성이 있기 때문에 구성원 스스로 변화하도록 촉진하며, 변화하는 상황이나 환경에 빠르게 적응하도록 만든다. 따라서 유기적 조직은 분권화되어 있다. 즉 의사결정권이 조직위계 전반에 걸쳐 분배되어 있다. 역할은 느슨하게 정해져 있어서 구성원은 다양한 과업을 수행하며 자신의 새로운 활동을 위한 숙련도를 향상시키는 데 지속적으로 노력한다. [그림 3-9]에서 보면 ②와 같은 상황이다. 각각의 구성원은 세 가지 과업(X, Y, Z)을 수행하며 그러한 결합 전문화로 인해 생산성은 증가한다.

상이한 기능부서에 속해 있는 종업원이지만 문제를 해결하기 위해 모두 함께 일하며 서로의 활동에 철저하리만큼 관여한다. 따라서 통합의 수준이 높을수록 종업원들은 정보를 공유하고 부서이기주의를 극복할 수 있다. 기능부서의 통합은 태스크포스나 팀제와 같은 통합 기법을 통해 달성될 수 있다. 한편 상호조정은 구성원의 지속적인 상호작용으로부터 파생된 규범이나 절차, 역할이나 책임을 정해 놓은 기능 혹은 구성원들을 상호조정함으로써 달성할 수 있다.

유기적 조직하에서 비공식적 규범과 가치관은 개인의 능력, 전문성, 혁신적인 방식에서의 활동 능력을 강조하기 위해 개발된다. 신분지위는 창조적인 리더십을 제공하는 능력에 좌우되는 것이지 위계상 공식적 지위와는 무관하다. 그러므로 공식조직과 비공식조직 모두 변화하는 내부 조건에 적응하기 위해 빠르게 변해야 한다.

유기적 조직과 기계적 조직은 구성원이 행동하는 방식에 있어서 매우 다르다. 기계적 조직에 비해 유기적 조직은 더 좋은 조직인가? 아마도 혁신적인 행동을 필요로 하는 경우에는 유기적 조직이 적합할 것이다. 자기관리적인 팀(self control team)으로서 품질을 향상시키고 신제품을 개발하는 활동을 하려면 유기적 조직이 적합하기 때문이다. 하지만 군대와 같은 조직이 유기적이라면 상호협력이나 상호조정을 누가 주도할 것인가? 그러므로 군대는 차라리 의사결정권이 소수에게 독점되어 있는 기계적 조직이 적합하다. 예를 들어 애플이나 마이크로소프트와 같은 최첨단 기술을 사용하는 기업의 경우는 유기적 형태가 좋지만, 전매청, 항공사, 우체국과 같이 개인이 소유하기 힘든 조직은 기계적 조직 형태가 일을 처리하는 데는 훨씬 신속하며 능률적일 것이다.

◆◆◆ 조직 인사이트 3-7   기계적 조직에서 유기적 조직으로

번즈와 스톨커(T. Burns & G.M. Stalker)는 영국 내 20개 기업을 대상으로 조사한 결과 외부 환경과 조직의 구조가 서로 깊은 관련이 있음을 발견하였다. 급변하는 동태적 환경에서는 대부분의 조직이 유기적 조직을, 안정적 환경에서의 조직은 거의 기계적 조직이 유리했다. 동태적 환경에서는 문서화된 규칙이나 절차는 덜 강조되었으며, 의사결정 권한도 분산되어 있었으며, 커뮤니케이션도 아주 자유롭고 빈번하게 이루어졌다. 안정적 환경에서는 문서화 및 공식화의 정도가 아주 높았으며, 대부분의 커뮤니케이션이 대화보다는 문서에 의해 이루어지고 있었다.

또한 정보의 흐름도 상당히 제한적이었으며, 의사결정권도 상급자에게 집권되어 있어 관료제 특징을 보이고 있었다. 그들은 기계적이든 유기적이든 조직이 직면한 환경에 적합한 구조를 가지고 있으면 그것이 가장 효과적인 조직형태라고 주장했다.

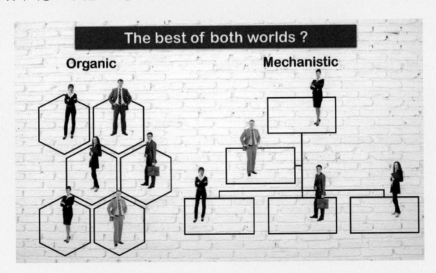

기계적 조직과 유기적 조직의 공존

혁신이라는 주제를 연구하는 사람은 양면성 모형(ambidextrous model)을 이용하여 혁신을 이해한다. 즉 최고경영층은 새로운 아이디어를 촉진할 수 있도록 유기적 형태를 갖는 것이 좋으며, 중간관리자 혹은 현장감독자를 비롯한 일선운영 부문은 최고경영층에서 발의된 아이디어를 실용화하기 위해 유기적 조직보다는 기계적 조직이 적절하다고 주장한다.

◆◆◆ 조직 인사이트 3-8 복잡성 이론

조직을 성공적으로 관리하기 위해서는 제한적으로 어느 정도의 불안정성을 유지해야 한다. 즉 설득, 협상, 토론으로 새로운 아이디어 개발을 촉진시키고 소수의 주장이나 하위 계층의 의견도 조직 전체로 퍼지게 하여 좋은 아이디어로 세련되게 하려면 부문간, 계층 간 장벽이 엄격해서도 안 된다.

과거의 통제관리는 조직의 안정과 질서를 목표로 했기 때문에 질서정연한 계획이나 조직구성원의 응집성, 부문 간의 일관성 등에 초점을 두어 왔다. 그래서 조직이 불안정·불규칙·무원칙하게 움직이면 관리가 잘되지 않는 조직으로 평가하고 관리자의 무능과 무지를 탓했고 이를 극복하기 위한 관리적 처방(질서 유지를 위한 경영 능력 향상 방안)이 필요하였다. 하지만 복잡성 이론 관점에서 본다면 조직은 안정적으로 질서정연할 수도 없고 그래서도 안 된다. 그렇다고 무조건 불안정적으로 무질서해서도 안 된다. 오히려 조직은 부정적 피드백 시스템과 긍정적 피드백 시스템을 넘나드는 제한적 불안정 상태로 유지되어야 한다.

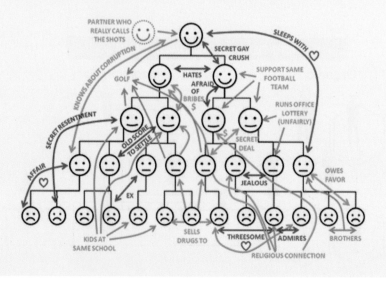

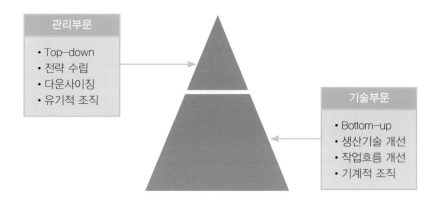

[그림 3-10] 조직의 이중적 모형

조직을 이중적 모형으로 설명하는 것은 관리부문과 기술부문으로 구별 지어 설명할 때에도 그대로 적용되는데 관리부문은 유기적 조직이, 기술부문은 기계적 조직이 적합하다([그림 3-10] 참조). 이중적 모형에 의하면 새로운 아이디어를 창출해 내거나 조직을 관리하려는 경영활동은 유기적 형태를 갖추어야 하지만, 이를 실용화하거나 기술부문의 기술활동은 기계적 조직이 더 필요하다. 구성원의 창의성을 높일 수 있는 유기적 형태가 적합하며, 이를 실천하는 단계에서는 낭비와 비효율을 제거한 채 신속하게 전파하거나 실행하는 기계적 형태가 더 좋다는 뜻이다.[17]

III 조직설계의 영향요인

앞에서는 조직설계의 기본 재료로 사용될 수 있는 것들로, 분화와 통합, 집권화와 분권화, 표준화와 상호조정 등 세 가지를 소개하였다. 여기에서는 조직설계의 기본 재료들이 상황에 따라 어떻게 사용되며 조직구조에 어떠한 영향을 행사하는지를 살펴보려 한다. 예를 들어 집을 건축할 때 사용되는 기본 재료들은 어느 지역에서나 비슷하게 소모된다. 하지만 그 지역의 상황에 따라 집의 구조물은 상당히 다르다. 우리나라의 집은 남쪽 지방으로 내려갈수록 마루가 넓어지고 북쪽 지방으로 갈수록 온돌이 넓어진다.

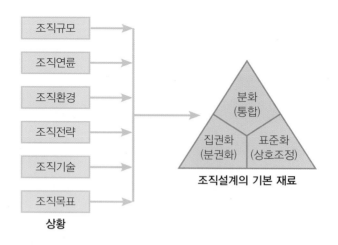

[그림 3-11] 조직의 상황과 조직설계의 기본 재료 간의 관계

이와 마찬가지로 조직설계에 있어서 기본 재료를 어떻게 투입할 것인가 하는 고민은 상황요인에 의하여 결정된다. 즉 어떤 상황에서는 분화가 더 많이 필요하고, 집권화가 더 필요해지기도 하며, 표준화가 증가하기도 한다. 그렇다면 조직구조를 결정하는 상황 요인에는 무엇이 있을까? 상황요인에는 조직규모, 경험과 전통을 의미하는 조직의 연륜, 조직이 처한 시장환경, 사용하는 기술, 조직의 목표와 조직전략 등이 있다. 이를 상황결정론(imperative) 관점에서 도식화하면 [그림 3-11]과 같다.

1 조직규모

○○회사가 성장하고 있다라는 말은 조직규모가 얼마나 확대되고 있는지를 의미한다. 여기에서 조직규모의 확대라는 의미는 매출의 증가, 구성원 수의 증가, 매장의 증가, 지역적 분화의 증가 등을 말하는데, 그중 가장 일반적인 것이 바로 구성원 수의 증가이다. 조직규모를 변수로 한 연구에서도 80% 이상이 조직규모를 구성원의 총수로 정의하고 있다. 실무적으로 조직규모의 양적인 확대를 말할 때는 매출 증가를 뜻하며 질적 측면에서 말한다면 이익 증가가 타당할 것이다. [표 3-4]에 조직규모가 커지는 것과 관련된 것을 정리하였다.

〈표 3-4〉 조직규모와 관련된 요인

- 수직적 복잡성(분화) 증가 : 관리계층의 수 증가
- 수평적 복잡성(분화) 증가 : 부서의 수, 직무의 수 증가
- 기능부서의 전문화 증가
- 공식화 증가
- 분권화 증가
- 최고경영자가 차지하는 비율 감소
- 기술전문가 부문 및 지원스태프의 비율 증가
- 관리사무직 비율 및 보수유지 요원의 비율 증가
- 문서화된 의사소통 및 공식 서류의 양 증가

애스톤 그룹(Aston Group)의 학자와 블라우(P.M. Blau), 메이어(A. Meyer) 등의 연구자에 의하면 조직규모가 커질수록 조직구조가 절대적 영향을 받는다. 작은 규모에서 큰 규모로 변화하게 되면 조직구조도 변화해야 한다는 주장이다. 물론 소유경영자가 경영하는 조직의 경우에 규모와 조직구조의 관계는 별 영향이 없는 것으로 나타나긴 했지만, 대부분 조직에서 조직규모가 커질수록 조직구조는 그만큼 구체화한다는 사실이 입증되었다. 하지만 조직규모 증가에 따라 한 사람이 권력을 집권화하는 것 자체가 불가능해져서 권한이양의 필요성이 증대한다.

2 조직연륜

조직연륜(organizational age)이란 조직이 창립된 이후 얼마나 시간이 흘렀는가 하는 것이다. 성공적인 기업은 주인이 바뀌어도 계속된다(going concern). 하지만 시간이 흐름에 따라 성공하는 조직이 있는가 하면 쇠퇴하여 사라지는 조직도 생겨난다. 일반적이지는 않지만 조직 연륜이 많아짐에 따라 대부분 조직은 성장하게 되어 있다. 그러므로 조직 연륜이 조직구조에 영향을 미치는 상황변수로 인식되는 것이다. 다른 조건이 같을 때 조직 연륜이 쌓여 감에 따라 많은 경험을 축적하게 되고 그것을 바탕으로 되풀이되는 과업에 대하여 규칙을 정해 놓기 때문에 공식화하려는 경향이 강해지며 유사한 과업이라도 약간만 다르면 새로운 사람에게 쪼개어 나누어 줄 것이므로 복잡성의 정도도 매우 심해진다고 할 수 있다.

　일본에는 오래된 회사와 가게가 1만5천 개가 넘는다. 교토의 도라야 구로가와 제과점은 1,200년 되었고, 히라이조 에이도 약방은 1,000년이 넘었다. 세계에서 가장 오래된 기업도 서기 578년에 설립한 일본의 '곤고구미(金剛組)회사라고 영국의 이코노미스트지가 공식으로 인정했다. 결국 이 회사는 지금까지 1,400년 넘게 장수하는 것이다. 이 기록은 유럽에서 가장 오래된 회사인 프랑스 포도주회사 샤또 드 굴렌(Chateau de Goulaine)의 창립년도(서기 1000년)보다 422년 앞선다. 곤고구미사는 건설업, 그중에서도 사찰이나 성곽을 짓는 회사였지만 요즘은 아파트와 빌딩 등 현대식 건설업도 한다. 유명한 오사카 사천왕사(사진)도 2차 세계대전 때 폭격 후에 재건되었지만 서기 593년에 이 회사가 지었다. 1995년 고베 대지진 때에 곤고구미가 지은 계광원도 피해를 입었다. 담장 30미터가 무너지고 묘지의 부도탑들이 넘어졌는데 그 안의 대웅전은 멀쩡했다. 서까래 일부가 뒤틀렸지만 1년 후에 제자리를 찾았다. 그래서 "곤고구미가 지은 건물이 무너지면 일본이 무너진다."라는 말이 있다.

　곤고구미사도 1930년 중일전쟁 때 모든 공사가 중지되는 바람에 대가 끊길 위험에 처했던 적이 있다. 37대 CEO 곤고(金剛) 모사이지는 조상님께 부끄럽다고 할복자살을 했다. 그런데 대지진에도 꿈적 않는 수많은 사찰을 건설한 이 회사의 설립자들이 일본으로 건너간 백제의 장인 유중광(柳重光: 일본명 金剛重光)을 비롯한 3명의 장인이라는 사실이 세상에 알려지지 않은 것은 안타까운 일이다. 당시 쇼토쿠 태자는 백제의 건설기술이 앞선 것을 알고 사찰 건설 기술자를 파견해 달라고 요청했다. 통신사를 따라서 일본으로 건너간 3명의 백제의 장인 중 유중광은 사찰 건립 후 태자로부터 '곤고(金剛)'라는 성(姓)과 함께 많은 혜택을 받아 대대손손 사찰의 건축과 유지보수를 부탁받고 사찰건설 전문업체를 창업한다. 그리고 유씨 가문은 2006년 1월까지 1,400여 년간 그 약속을 지켜 오다가 1980년대 버블경제 당시 무리하게 사들인 토지가격이 폭락하는 바람에 2006년 이후 오사카 중견건설사인 다카마쓰(高松)회사에 합병되어 '신(新)곤고구미'로 명칭이 바뀌었다.

③ 조직환경

한동안 환경은 조직 입장에서 볼 때 조직에게 주어진 것으로 이해되어 운명적이며 조직으로서는 통제 불가능한 요인으로 간주했다. 그러나 조직은 독자적으로 존재할 수 없는 존재이다. 조직은 개방체계(open system)이기 때문에 다른 조직이 우리 조직에 도움이 되기도 하다가 방해가 되기도 한다. 조직의 외부 환경이란 조직의 경계선 밖에 존재하는 모든 것이라는 개념이 생겨나면서 조직이 성장하고 발전하려면 이러한 환경과의 교류를 확대해야 한다는 생각이 지배적이었다. 그러므로 조직환경은 조직설계 및 조직구조에 영향을 미치는 매우 중요한 변수라는 인식이 확대되었다.

그런데 환경은 매우 어려운 개념이어서 전체를 두고 파악하기란 거의 불가능하다. 그러므로 환경을 분류하여 설명하는 것이다. 즉 조직마다 직면한 환경(과업환경)이 다르기도 하고 조직에 포괄적이고 간접적인 영향(일반환경)을 주기도 한다. 또한 조직에 영향을 행사하는 객관적인 환경(실제적인 환경)이 있을 수 있는가 하면, 경영자가 지각하는 주관적인 환경(지각된 환경)이 있을 수도 있다.

하지만 더 중요한 것은 환경의 분류보다는 환경 불확실성(environmental uncertainty)이다. 환경 불확실성이란 의사결정자가 환경의 영향력에 대한 정보가 없어서 환경의 변화에 대해 전혀 예측할 수 없는 상태를 말한다. 조직은 이러한 환경 불확실성을 최소한으로 줄이기 위해 노력한다. 환경이 불확실할수록 조직은 구성원의 활동을 미리 공식적으로 정해 놓으면 안 된다. 공식이 없어야 상황 변화에 따라 변화무쌍하게 대처할 수 있기 때문이다. 따라서 환경이 불확실하면 권한을 위임해 주어 현장에서 판단하기 때문에 자연적으로 분권화된다. 그러므로 환경 불확실성에서는 기계적 조직보다 유기적 조직으로 설계하는 것이 좋다. 이에 대해서는 6장에서 더 자세하게 다룰 것이다.

④ 조직전략

전략(strategy)이란 용어는 알렉산더 대왕이 고대 그리스 시대에 처음으로 사용했다고 전해진다. 레닌, 나폴레옹, 모택동 등은 전략이란 용어를 즐겨 사용했다. 조직전략이란 기업이 어떤 사업을 하기 위한 목표, 목적, 정책, 계획의 형태를 갖는다. 전략이란 전략 수립과 전략 실행이라는 두 가지 과업으로 이루어진다. 그러므로 조직론에서 말하는 조직전략이란 조직목표의 달성을 위한 수단이라고 할 수 있다. 즉 조직 전체를 포괄적으로 통합하려는 중요한 힘이다.

조직전략과 조직구조에 관한 연구는 챈들러(A. Chandler)가 가장 유명하다. 그는 "Structure follows strategy."라는 유명한 명제를 발표하였다. 즉 기업 초창기에 한정된 제품을 생산하는 집권화된 조직이 제품 수요가 폭증함에 따라 기능별 조직으로 변화하였다가, 그 후 성장과 다각화 전략으로 말미암아 조직을 별개의 사업부 조직으로 전환하였다. 이처럼 새로운 전략이 성공적으로 수행되기 위해서는 새로운 조직전략의 수행에 적합한 새로운 조직구조나 조직구조의 재편성이 요구됨을 역설하였다. 즉 전략을 어떻게 세웠느냐에 따라서 거기에 맞게 조직구조를 설계해야 한다는 의미이다. 조직과 전략의 관계에 대해서는 7장에서 자세히 살펴보게 될 것이다.

⑤ 조직기술

기술이란 조직 내에 투입되었을 때 조직 속에서 이를 원하는 상태로 변환(transformations) 시키는 데 이용되는 지식, 도구, 기법, 방법, 활동 등을 총칭하는 용어이다. 샌디에고(San Diego) 동물원에서 동물을 각각의 우리에 넣어 개별 전시하였다. 그러다가 기후와 지역에 따라 동물을 종합전시하였다. 조직기술은 어떻게 달라졌을까? 개별전시 기술은 일상적 과업이며, 부서별로 맡은 일만 하면 되었다. 그러나 종합전시 기술은 수준이 더 높아졌으며 이전보다 훨씬 복잡해졌다. 복잡성 증가로 인해 이제 새로운 형태의 팀조직이 필요해진 것이다. 기술이 변화함에 따라 조직설계의 변화가 요구된다. 조직과 기술에 대해서는 8장에서 자세히 살펴볼 것이다.

⑥ 조직목표

조직목표란 조직이 실현하고자 하는 바람직한 상태이다. 조직목표에는 외부로 표방하는 공언목표와 이를 달성하기 위해 실제 추구하는 운영목표가 있다. 그러나 공언목표가 반드시 운영목표와 일치하지 못하는 경우도 종종 있다. 특히 조직 내에 여러 목표가 동시에 있을 때는 더욱 갈등관계에 놓이게 된다. 그렇다고 조직목표를 단일 목표로 할 수 있는 것도 아니다. 다만 조직목표를 명백하게 설정하는 것은 매우 중요한 일이다. 조직목표를 조직구조의 영향변수로 보는 이유는 조직목표가 조직의 존재 및 조직 정당성의 표현이면서 구성원의 행동 제약 및 지침으로 작용도 하고 동기를 부여하기도 하며 의사결정의 지침서가 되기도 하기 때문이다. 또한 조직목표의 여하에 따라 조직구조가 영향을 받게 된다. 새로운 조직목표를 달성하기 위해서는 적절한 조직구조가 뒷받침해야 한다. 조직목표는 2장에서 살펴본다.

◆◆◆ 조직 인사이트 3-10 목표의 혼동

어느 효자가 어머니 생전에 해외여행을 시켜 드린다고 여행사 패키지 상품으로 소위 효도관광을 보내 드렸다. 여행에서 돌아오신 어머니에게 아들이 물었다. "어머님, 무엇을 보시고 오셨나요?" 어머니의 대답, "음, 가이드가 들고 있는 깃발을 놓치면 해외 미아가 된다고 해서 깃발만 줄곧 쳐다보고 다니느라 다른 것은 무얼 봤는지 몰라." 할머니의 목표는 오직 깃발이었다.

여의도 빌딩에는 늦은 밤까지 불이 켜있고 대낮에도 사무실에 전화를 걸면 대개의 대답은 모두 "바쁘다." 내지 "회의 중이다."로 일관되어 있다. 우리나라의 모든 샐러리맨들이 온종일 바쁜 것은 사실이다. 그런데 그들의 땀과 노고가 정작 조직의 목표와 얼마나 직결되는지는 한번 따져 보아야 한다. 이미 자리를 잡고 안착한 사람은 자신의 신분, 보상, 일자리, 승진자리 등을 내놓지 않으려고 선례를 강조하며 규정, 절차, 관례를 중시한다. 일을 하기 위해서라기보다 자기가 피해를 안 보려고 갖가지 규정과 제도를 만들어 놓고 그것에 충실하기만 한다. 규정대로만 하면 결과와 무관하게 책임이 면제되기 때문이다. 이는 마치 안전보험에 가입한 것과 같다. 이들에게 새로운 혁신이 반가울 리가 없다.

인물 탐구

챈들러(A.D. Jr. Chandler, 1918-2007)

미국 델라웨어 주에서 태어나 하버드 대학에서 역사학 박사학위를 받음. MIT와 하버드 대학에서 교수생활을 함. 경영사고라는 연구 분야를 구축함. 유명한 명제로 "조직은 전략에 따른다."라고 제시하여 미국 대기업을 대상으로 기업의 역사를 비교 분석하여 다각화 전략의 결과로써 기능별 조직이 이루어짐을 밝힘. 환경, 전략, 조직구조 사이의 관련성을 분석하여 기업전략은 환경 변화에 반드시 순응해야 하며 조직구조 역시 기업 전략의 니즈를 받아들여야 함을 주장함.

베버(M. Weber, 1864-1920)

독일 튀빙겐 에르푸르트에서 출생함. 현대 사회학의 창시자임. 그의 연구는 많은 학문 분야(철학, 정치학, 경제학, 법학, 경영학, 역사학, 종교와 예술 등)에 영향을 미침. 조직론 분야에는 권위와 지배의 유형, 관료제 조직에 대한 연구가 유명함. 합법적인 지배를 기본으로 합리적인 운영을 하는 관료제 조직이야말로 최고로 효율적인 형태라고 주장함. 조직론의 아버지로 불림.

1. 다음 중 조직설계의 구성 요소로 보기 어려운 것은?
   ① 공식조직과 비공식조직
   ② 분화와 통합
   ③ 집권화와 분권화
   ④ 표준화와 상호조정
   ⑤ 공식화와 표준화

2. 기계적 조직의 설명이 아닌 것은?
   ① 예측가능하고 안정적 환경에 처해 있는 조직
   ② 표준화보다 상호조정이 중요한 조직
   ③ 수직적인 정보 흐름, 의사결정의 집권화
   ④ 공식화된 문서로 이루어진 규칙이나 절차의 규정
   ⑤ 권한의 위계가 명확하게 설정

3. 조직설계의 상황 요인으로 보기 어려운 것은?
   ① 조직규모
   ② 조직연륜
   ③ 집권화와 분권화의 결정
   ④ 조직환경
   ⑤ 조직전략

4. 조직의 규모가 커지면 변하게 되는 것들에 대한 설명 중 잘못된 것은?
   ① 관리계층 수의 증가
   ② 부서 수의 증가
   ③ 기능부서의 전문화 증가
   ④ 최고경영자가 차지하는 비율 증가
   ⑤ 문서화된 의사소통 및 공식 서류의 양 증가

5. 조직 내 분화의 정도를 의미하며, 수평적 분화와 수직적 분화 등의 형태를 가진 것은?
   ① 분화　　　　　　　② 공식화　　　　　　　③ 집권화
   ④ 분권화　　　　　　⑤ 표준화

6. 조직의 어느 단일점에 의사결정이 집중되어 있는 정도를 뜻하는 것은?

① 분화   ② 공식화   ③ 집권화

④ 분권화   ⑤ 표준화

7. 어떤 일을 누가, 언제, 어떻게 수행할 것인지를 어느 정도 공식적으로 규정하는 것은?

① 분화   ② 공식화   ③ 집권화

④ 분권화   ⑤ 통합

8. 통합과 연결의 방법이 아닌 것은?

① 대면접촉   ② 연결역할   ③ 태스크포스

④ 수직적 분화   ⑤ 팀제

9. 조직구조에 영향을 주는 상황요인과 거리가 먼 것은?

① 조직규모와 조직연륜   ② 조직환경   ③ 조직전략

④ 조직설계   ⑤ 조직기술

10. 조직규모와 관련된 요인이 아닌 것은?

① 기능부서의 전문화 증가

② 수직적 복잡성, 수평적 복잡성 증가

③ 비공식화 증가

④ 분권화 증가

⑤ 최고경영자 차지하는 비율 감소

11. 왼쪽에 제시된 키워드를 참고하여 오른쪽을 채우시오. 기계적 조직과 유기적 조직의 공존이 필요한 이유는?

패러독스 경영	

12. 조직을 설계하려고 할 때 필요한 설계 재료에 대하여 설명하시오.

13. 변화와 함께 중요하게 생각해야 하는 개념이 안정이다. 이런 것을 패러독스라 하는데, 최근에는 퓨전경영이라 하여 기업에서도 적용하고 있다. 모방과 혁신, 집권화와 분권화 등 두 가지 모두 소중하다. 'AND'와 'OR'에 대하여 각각 장단점을 토론하시오.

14. [그림 3-10] 조직의 양면적 모형을 통합적으로 설명하고 토론하시오.

15. 기계적 조직의 장점을 설명하고, 어떤 기업유형이 이에 적합한지 토론하시오.

16. 조직의 상황과 조직설계의 기본요소 간에 대하여 토론하시오.

17. 여러분이 관심을 가지고 있는 산업이나 업종에서 초기 소형 점포에서 대형 사업장으로 분화가 증가하는 형태를 [그림 3-1] 분화의 과정을 참조하여 작성하시오.

도움글

1   Parsons, T. (1960). *Structure and Process in Modern Societies* (Glencoe, Ⅲ.: Free Press)

2   Merton, R.K. (1957). *Social Theory and Social Structure*, 2d ed. (Glencoe, Ⅲ.: Free Press)

3   Katz, D., & Kahn, R.L. (1966). *The Social Psychology of Organizing* (New York: Wiley)

4   Katz, D., & Kahn, R.L. (1966). *The Social Psychology of Organizing*, pp.39-47.

5   Miles, R.H. (1980). *Macro Organizational Behavior* (Santa Monica, Calif.: Goodyear), pp.19-20.

6   Child, J. (1977). *Organization: A Guide for Managers and Administrators* (New York: Harper and Row); Lawrence, P.R., & Lorsch, J.W. (1967). *Organization and Environment* (Boston: Graduate School of Business Administration, Harvard University)

7   Galbraith, J.R. (1973). *Designing Complex Organizations* (Reading, Mass.: Addison Wesley)

8   Dumaine, B. (1991). "The Bureaucracy Busters," *Fortune* (7 June), p.42.

9   Johnson, R. (1992). "Tenneco Restructuring is Over but Doubt Remains," *Wall Street Journal* (8, September), p.49.; Gupta, P.P., Dirsmith M.D., & Fogarty, T.J. (1994). "Coordination and Control in a Government Agency: Contingency and Institutional Theory Perspectives on GAO Audits," *Administrative Science Quarterly*, vol.39, pp.264-284.

10   Blau, P.M. (1955). *The Dynamics of Bureaucracy* (Chicago: University of Chicago Press)

11   Pugh, D.S., Hickson, D.J., Hinings C.R., & Turner, C. (1968). "Dimensions of Organizational Structure," *Administrative Science Quarterly*, vol.13, pp.65-91.; Pugh, D.S., & Hickson, D.J. (1973). The Comparative Study of Organizations, in Salaman, G., & Thompson, K. eds., *People and Organizations* (London: Longman), pp.50-66.

12   Mintzberg, H. (1979). *The Structuring of Organizational Structures* (Englewood Cliffs, N. J.: Prentice-Hall)

13   Pugh, D.S., & Hickson, D.J., Hinings C.R., & Turner, C. (1968). Ibid., pp.50-66.

14   Dalton, M. (1948). "The Industrial Ratebuster: A Characterization," *Applied Anthropology*. vol.7, pp.5-18.

15   Gouldner, A.W. (1954). *Wildcat Strike: A Study of Worker Management Relationships* (New York: Harper and Row)

16   Burns, T., & Stalker, G.M. (1966). *The Management of Innovation* (London: Tavistock)

17   Pfeffer, J. (1982). *Organizations and Organizational Theory* (Boston: Pitman), pp.147-162.; Child. J. (1972). "Organizational Structure, Environment, and Performance: The Role of Strategic Choice," *Sociology*, vol.6, pp.1-22.

권한과 통제

관료제가 존재할 수밖에 없는 결정적인 이유는 다른 어느 조직보다 기술적으로 순수하며 우월하기 때문이다.

– M. Weber

공무원의 수와 실제 업무량 사이에는 아무런 관계가 없다.

– C. N. Parkinson

계급사회에서 구성원은 일부러 자신을 무능력한 것처럼 보이려는 경향이 있다.

– L. J. Peter

◆　학습목표

학습목표 1 : 최고경영층의 구조를 이해할 수 있다.
학습목표 2 : CEO의 영향력을 설명할 수 있다.
학습목표 3 : 중간관리자의 위치에 대하여 설명할 수 있다.
학습목표 4 : 새로운 중간관리자상에 대하여 이해할 수 있다.
학습목표 5 : 고층조직과 수평조직을 비교할 수 있다.
학습목표 6 : 관료제 원칙의 장단점을 비교할 수 있다.

◆　핵심키워드

최고경영층, 주주, 이사회, 위탁경영층, 사외이사, 중간관리자, 위계, 통제, 수평적 분화, 집권화, 표준화, 고층조직, 수평조직, 관료제, 관료제 원칙, 관리비용, 파킨슨법칙, 통제한계

I 최고경영층의 구조와 권한

조직의 최고경영자는 이해당사자의 목표와 관심사를 보호하기 위해 조직구조를 끊임없이 분석하고, 사람과 자원을 효율적으로 통제하기 위해서 조직을 지속적으로 설계해야 한다. 조직 중에서도 경제활동을 수행하는 세 가지 주체는 정부, 기업, 가계이다. 정부는 중앙정부(행정부, 입법부, 사법부)와 지방정부(시청, 도청, 군청 각급 교육위원회 등)로 나뉜다. 기업은 정부가 경영에 관여하고 있는 공기업(정부투자기관, 정부출자기관)과 일반인이 경영권을 가진 사기업, 즉 영리기업인 합명회사, 합자회사, 유한회사, 주식회사 등으로 구분된다. 가계는 경제활동의 생산자이자 소비자이다.

◆◆◆ 조직 인사이트 4-1　기업의 사회적 책임과 기업 거버넌스

기업의 사회적 책임(corporate social responsibility, CSR)은 기업이 사회 속에 있는 다양한 이해당사자와의 관계에 대해 자발적이며 성실한 책임을 지는 행동을 통해 기업과 사회 모두에 공헌하는 활동을 해야 한다는 것이다. 이는 윤리의 문제이기도 하며 지속 가능한 사회의 발전을 위해 사회에 보답하고 박애 및 자산사업 등의 사회적 책임을 다하여 청렴한 세상을 만드는 것이다. 기업의 사회적 책임은 기업이 이익을 추구하는 것뿐만 아니라 사회에게 공헌하는 영향에 책임을 지고 이해당사자의 요구에 대한 올바른 의사결정을 하는 것이다. 그러므로 이해당사자에게 충분한 설명을 하고 위험 관리와 내부 통제를 철저히 하며 기업의 환경과 노동 문제, 소비자에 대한 품질 유지 등의 일련의 활동이 필요하다.

기업 거버넌스(corporate governance)란 기업의 경영자를 감시하는 주주총회, 이사회, 감사기관 등의 컨트롤 타워를 의미한다. 최근에 기업통치와 관련된 내용은 내부자거래, 주주대표소송, 소액주주운동, 외국공무원에 대한 뇌물방지, 기업윤리 강령, 기업지배구조, 사외이사제도, 공식신고, 환경윤리 등이다.

그렇다면 기업조직의 경우, 그 속에 어떤 구조와 권한관계가 배열되어 있는지 알아야 한다. 여기서는 주주가 유한책임을 지는 주식회사에 대해서 설명하기로 한다. 주식회사는 회사 경영의 건전성을 유지하고 재산을 독립적으로 관리할 수 있도록 소유와 경영이 분리되어 전문경영인에게 경영을 위임함으로써 효율을 달성하려고 한

[그림 4-1] 최고경영층의 구조

다. 기업이 주식회사인 경우 [그림 4-1]에서처럼 최상에 주주라는 소유주가 존재하며, 그 밑에 위탁경영층(trusteeship)이 존재하는데 주주로부터 경영권을 위임받은 이사로 구성되는 이사회와 각종 집행위원회가 존재한다. 이사회의 장이 바로 이사장이다. 기업경영을 세 가지로 구분하면, 전반관리층(corporate management)과 부문관리층(divisional management), 기능관리층(functional management)이다. 4장에서는 기능관리층(과장, 계장, 대리 등)을 제외한 조직구조의 수직적 차원, 즉 구성원을 통제하기 위한 권한(최고경영층과 중간관리자층)의 위계에 대하여 설명한다.

1 주주

권한(authority)은 구성원이 가지는 직위를 바탕으로 한 공식적 힘이다. 주주(shareholder)는 엄밀하게 주식회사의 구성원을 말하며, 주식의 원시 취득 혹은 승계 취득에 의하여 주주 자격을 취득한다. 타인의 승낙을 얻어 그 명의로 주식을 인수하여 대금을 납입한 때에는 명의 차용자가 실질상의 주식 인수인으로서 주주가 된다. 주주는 회사의 자원 사용권에 대한 최종 승인 권한을 가진다. 법적으로 기업을 소유한 자이며, 이사회나 임원진을 통제할 수 있는 위치에 있는 사람이다. 주주는 가치창출을 위한 조직자원의 사용 책임이나 법적 권한을 경영자에게 위탁한다.

2 위탁경영층

경영자는 이사회나 주주로부터의 권한과 책임을 넘겨받아 책임 있는 경영활동을 수행한다. 이사회는 경영자의 경영활동을 감시하고 이해당사자의 목표를 만족시키려고 노력하는 경영자에게 성과에 상응하는 대가를 지불한다. 이러한 경영위임은 기업경영을 타인에게 위임하는 계약으로, 손익이 수익자에게 귀속되고 수임자가 위임자에게 보수를 지급하는 형식이다. 주식회사나 유한회사가 경영위임을 하는 경우에는 주주총회 혹은 사원총회의 특별 결의로부터 성립된다.

이사회는 고용, 해고, 경영권에 대한 법적 권한을 가진다. 이사회의 우두머리는 바로 주주이다. 이사회에는 인사위원회, 재정위원회, 징계위원회 등이 설치되어 있다. 위탁경영층은 주주총회에서 주주로부터 기업경영에 필요한 권한을 위임받아 경영을 하는 사람들로 이사회(board of directors)와 사외이사(outside directors)로 구분된다.

이사회

위탁경영층의 중심에는 이사회가 있다. 이사회는 회사의 업무 집행에 관한 의사결정을 위해 전원이 이사로 구성되는 회사의 독립기관이다. 이사회는 회의체 기관이며, 업무 집행에 관해 의사를 결정하고 그 구체적인 실천은 대표이사가 행한다. 이사회에서 업무 집행이 정식으로 결정되며, 이사회에서 정한 사항을 주주총회의 결의로 번복하거나 무효로 할 수 없다.

사외이사

사외이사란 전문적 지식과 능력을 갖추고 경영 실무를 담당하지 않으면서 업무집행기관으로부터 독립적 지위를 가지고 이사회의 구성원으로서 활동하는 비상근 이사를 말한다. 사외이사의 선임에 대한 강제적 규정은 두지 않으나, 감사위원회를 설치하는 경우에는 그 인원의 3분의 2 이상은 사외이사로 구성해야 한다. 사외이사도 상법상 이사이므로 이사의 의무와 책임에 관한 규정을 적용받는다. 사외이사는 독립성을 갖기 위해 회사와 특수관계에 놓이지 않은 자로 한정하고, 회사와 거래가 있는 자라든가 회사의 전·현직 임직원, 회사와 관련 있는 법률회사, 금융기관, 컨설팅회사의 관련자는 사외이사가 될 수 없다. 그러므로 사외이사는 기업에 실질적 도움을 제공할 수 있는 다양한 재능, 경험, 배경을 가진 전문성이 있는 사람으로 구성한다.

③ 전반관리층

전반관리층(corporate management)은 기업의 전반적 경영을 담당하는 최고경영층이다. 기업의 수뇌, 즉 최고경영자(chief executive officer, CEO)를 중심으로 이사회에서 위임한 권한 내에서 기업의 장기적이고 전반적인 업무에 대하여 경영활동을 한다.

◆◆◆ 조직 인사이트 4-2   Top

최고경영층은 조직전략을 수립하는 데 최종 책임을 지는 사람이다. 조직을 피라미드 형태로 말한다면 최고경영자는 삼각형의 최상층에 위치한다. 그래서 Top이라는 말을 종종 쓴다. CEO도 일종의 Top으로서 회장, 사장, 부사장, 전무이사, 상무이사, 이사 등의 임원(business career)이 여기에 속한다. 중역인 이들 모두는 이사회에 참석하며, 경영자를 보좌하고, 경영자의 효과적 조직자원 사용 여부를 감시하고 평가할 책임을 동시에 가진다. CEO가 이사장에게 지휘, 보고하는 위치이지만 기업 내에서 자원배분을 직접 통제한다는 점에서 최상의 권력을 가졌다고 할 수 있다.

이사회는 CEO에게 강력한 힘을 실어 주어 조직전략을 수립하거나 가치창출을 위한 자원의 효율적 사용 및 배분 권한을 부여한다. 보통 CEO와 이사장은 동일인이 되는 경우가 많은데, 대개 대표이사라고 칭한다. 대표이사인 동시에 사장이 되는 것이다. 이러한 사람은 기업경영진과 이사회를 직접 연결하는 역할을 하는 동시에 상당한 권력을 가진 직위에 오르게 된다. CEO가 조직 유효성이나 의사결정에 미치는 영향을 〈표 4-1〉과 같이 정리할 수 있다.[1]

〈표 4-1〉 CEO의 영향력

- CEO는 조직목표, 조직설계에 대한 전반적인 책임을 진다. 조직의 목표달성을 위한 사기진작이나 자원조정을 위한 권한과 책임을 진다. 상이한 조직 내 부서는 오로지 조직의 목표달성을 위해 일체화하고 조정한다.
- CEO는 관리 서열상 최상의 위치에 있어 대표자를 선택할 수 있는 권한을 가진다. 인력구성(staffing)의 권한을 가짐으로써 중요한 의사결정에 영향력을 행사한다.
- CEO는 최고경영자에 대한 적절한 보상 및 인센티브제 실시 등을 결정한다. 효과적인 경영활동을 수행하여 조직목표를 달성하고 최고경영자의 사기를 진작시킬 수 있는 권한을 갖는다.
- CEO는 조직의 기능부서의 의사결정권, 재정적 지원과 같은 자원을 배분할 통제권을 갖는다. 이로써 조직의 미래 가치창출 활동의 방향을 설정하는 데 힘을 발휘한다.

4 부문관리층

부문관리층은 기업의 특정 분야의 업무에 종사하고 있는 경영자를 일컫는다. 여기에는 부장이나 과장 직급이 아닌 자로서 부서장 혹은 사업본부장 등이 포함된다. 부문 종사자를 중간관리층에 포함시키기도 한다. 하지만 부문 조직을 담당하고 있는 책임자로서 부문에 적합한 경영 방침 및 전략을 수립하고 집행하며, 그 결과에 책임을 진다는 의미에서 부문관리층에 해당하는 관리자는 경영층으로 볼 수 있다.

II 중간관리층의 배치와 관리

1 중간관리자와 역할

중간관리자(middle manager)란 누구이며 어떠한 역할을 하는지 살펴보자. 사전적인 정의에 따르면 중간관리자는 주로 기능관리층이나 기업의 기능부문 및 기능부서에 관한 관리책임을 맡은 사람을 지칭한다. 이를테면 부장, 국장, 실장, 과장 등을 필두로 그 차석인 차장, 부국장, 부실장 등이 중간관리자의 예이다. 즉 각 부문의 장

〈표 4-2〉 중간관리자의 역할

- 상하 및 부문 간 의사소통을 원활히 한다. 중간관리자는 최고경영자가 결정하는 방침이나 계획을 구체화하며, 일선 운영 부문 혹은 말단에 전달함과 동시에 위로부터의 지시, 전달·명령의 집행과 결과에 대해 상급관리자에게 보고한다.
- 부문 간의 상호조정, 즉 부문 간의 협력과 협조에 의해 조직 전체의 종합적 업무 수행을 용이하게 한다. 일상적 협력뿐만 아니라 각종 회의나 위원회 구성원으로서 전반적 정책이나 전사적 계획의 실현을 위해 적극적으로 협력·조정하는 역할을 한다.
- 중간관리자도 전문 경영자이므로 관리자로서의 전문적 지식과 능력을 발휘해야 한다. 전문가로서 조직 내 자원 사용에 대한 감시자의 역할을 수행한다. 회사의 곤란한 문제를 해결하고 위험을 감수하며 고객과의 관계와 업무의 처리에 집중하여야 한다. 조직에 대한 충성과 헌신을 요구되며 유연하고 모든 사람을 다양한 방법으로 만족시키는데 공헌해야 한다.
- 중간관리자는 모든 일의 촉진자(facilitator)이자 독려자 역할을 다해야 한다. 굳이 앞장서서 원성을 들을 필요는 없다고 생각하는 중간관리자가 있을 수 있다. 어느 회사에서 직원에게 어떤 상사를 좋아하는지 설문조사를 하였더니 매사에 우유부단한 상사보다는 따끔하게 질책할 때는 하고 잘하면 잊지 않고 칭찬할 줄 아는 상사가 더 호감이 간다는 답이 우세했다.
- 중간관리자는 현실과 이상을 조정하고 엮어 나가는 가교역할을 해야 한다. 현장에서 출발한 새로운 의미와 정보가 중간 영역에서 편집·확대되고 전파되어야 개인차원에서의 창출과정이 조직 전체로 확산되며 새로운 제안을 만들고 더 크고 높은 질서를 만들어 낼 수 있는 것이다.
- 중간관리자는 업무 개선의 선구자적 역할을 다해야 한다. 업무에는 조금만 주의 깊게 관찰하면 쉽게 고쳐 나갈 수 있는 것이 있다. 우두커니 앉아만 있는 중간관리자의 눈에는 개선해야 할 일이 보이지 않는 법이다. 날짜가 지난 부착물을 제거하는 일은 간단한 것 같으면서도 관심이 없는 중간관리자에게는 1년이 지나도 눈에 띄지 않는다.

과 차석이 주로 중간관리층을 구성하는 핵심 구성원이다. 대개 중간관리자는 관리자(manager)보다는 감독자(supervisor)로 불린다. 중간관리자의 역할에 대해서는 다양하게 규정되고 있으나 대체로 [표 4-2]와 같은 역할을 담당한다. 즉 중간관리자는 피라미드형 조직구조 내 중간에서 상부와 하부를 원활하게 하는 연결자, 조정자, 감시자, 독려자의 역할을 수행한다.

2 중간관리층의 문제

중간관리자는 현장에서 쌓은 다양한 경험을 토대로 핵심적 지식과 정보를 지니고 있으며 상당히 중요한 조직 내 의사소통 기능을 수행한다. 그러나 경영환경의 변화는 중간관리자에게 극복하기 힘든 시련을 주고 있는 것도 사실이다. 이것은 중간관리자의 적극적 자기 변신의 노력이 있어야, 극복이 가능하다. 전통적 중간관리자는 위계 조직에서 권력을 누릴 수 있었고 제한된 영역 내에서 안주할 수 있었다. 이제는 중간에 낀 사람이라는 수동적 위치에서 벗어나 적극적이고 창조적 중간관리자로 거듭나야 한다. 중간관리자에게 직면한 문제를 요약하면 다음과 같다.

동기부여의 문제

중간관리자가 지닌 역량을 어떻게 업무 성과로 이끌어 낼 것인가 하는 동기부여(motivation)의 문제가 있다. 사람은 임금, 상여금 인상, 승진과 같은 인센티브를 통해서만 업무에 몰입하는 것이 아니다. 조직의 수직 위계가 무너지면서 연공 서열에 의한 승진도 보장받을 수 없게 되었고, 리스트럭처링(restructuring)과 같은 구조개혁 혹은 프로세스 혁신, 즉 리엔지니어링(reengineering)만으로 특별한 업무 영역에만 머무를 수 없게 되었다. 따라서 중간관리자는 낡은 동기부여 수단이 사라짐에 따라 다음과 같은 효과적 수단이 더욱 필요해졌다.

• 사명감의 부여

중간관리자에게 자신의 일이 중요하다는 점을 확인시키는 것으로 사명감을 부여한다는 것은, 특히 확실성과 안정성이 사라졌을 때 효과적이다. 유능한 중간관리자는 다른 사람에게 권한과 장래에 대한 비전을 제시할 수 있으며 업무에서 목적의식과 자신감을 줄 수 있어야 한다.

• 과업에 대한 통제권

사람들은 자신의 경력에 대한 확실성과 회사의 장래가 불투명해질수록 자신만의 전문적인 일에 관심을 쏟는다. 전문가는 자신의 활동과 방향에 권한을 가질수록 더욱 열성적으로 업무를 수행한다. 중간관리자는 과정보다 결과로 평가하고 작업 방식과 방향에 대해 더 하급자에게 권한을 위임할 필요가 있다. 과제에 대한 통제권이야말로 잠재적인 보상이 될 수 있다.

- **새로운 학습기회의 부여**

현대 사회는 고도로 발전된 최첨단 기술사회이다. 사람은 신기술에 대한 학습 의욕이 매우 높아 이것이 중요한 동기가 된다. 중간관리자는 자기가 맡은 부서에 대해 더욱 체계적으로 경험을 축적하고 지속적인 학습을 보장해야 한다.

- **작업 결과에 상응하는 명성**

명성은 공적인 인지도와 가시적인 보상을 포함한다. 이는 전문직에게 더욱 절실한 문제로서, 명성이 하나의 중요한 자산이 된다. 팀장이나 부서장이 혁신의 주도자라는 신뢰를 획득하는 것은 직접적으로 이기심을 충족하는 것보다 더 지속적인 보상을 약속하는 기회가 된다.

조직몰입과 충성심 저하의 문제

앞으로의 시대는 노력이나 성의와 같은 충성심(royalty)이 아니라 일의 성과에 대해 보수를 지불하려는 의식이 높아진다. 일부 경영자는 "회사에 대한 충성심은 필요 없다. 일에 대한 충성심을 가져야 한다."고 말한다. 과연 새로운 시대에 중간관리자는 어떠한 충성심을 바탕으로 조직을 위해 일해야 하는 것일까? 과거에는 엄격한 상하관계를 통한 복종과 순종 등이 효과가 있었지만 지금은 그렇지 않다. 마이크로소프트의 빌 게이츠는 청바지를 입고 햄버거와 콜라를 즐겨먹는 형식 파괴의 경영자로 잘 알려져 있다. 직원도 마찬가지로 매우 자유스러운 분위기에서 근무하고 있다. 하지만 자신의 일에 대한 자신감과 몰입의 정도는 엄격한 규정이나 형식에 의존하는 어떤 기업보다 높다.

따라서 기업은 엄격한 규율이나 형식적 의례에 의존하기보다 자신의 직무에 대한 자발성과 몰입을 어떻게 이끌어 낼 것인가를 고민해야 한다. 무엇보다 생각할 수 있는 중간관리자, 창조나 전략을 구할 수 있는 중간관리자 만들기에 주력해야 한다. 많은 기업에서 추진하고 있는 중간관리자를 대상으로 하는 조직슬림화(organizational slim), 즉 인원감축(downsizing)으로는 조직의 문제를 해결할 수 없다. 더욱 장기적인 관점에서 중간관리자를 조직 내의 샌드위치로 인식하는 것이 아닌 혁신의 주도자, 변화의 담당자로 만들어야 한다. 강한 중간관리자가 강한 회사를 만들며 중간관리자의 무능력이 조직의 역동성을 저하시킨다는 점을 깊이 되새겨야 한다.

그렇다면 오늘날 환경의 변화 속에서 바람직한 중간관리자상은 과연 무엇인가? 여러 가지 중간관리자상이 있겠지만 바람직한 중간관리자상을 정리하였다.

◆◆◆ 조직 인사이트 4-3 **살아남은 원숭이**

캘리포니아 대학 교수들이 실험을 했다. 세 곳의 실험실에 두 마리씩 원숭이를 넣고는 첫 번째 방에는 먹이를 바닥에, 두 번째 방에는 쉽게 손에 닿을 수 있는 곳과 닿기 어려운 곳에 먹이를 두었다. 세 번째 방에는 천장에 먹이를 달아 놓았다. 며칠 후 방에 가 보니, 첫 번째 방의 원숭이 중 한 마리는 죽고, 한 마리는 상처를 입었다. 세 번째 방은 두 마리 모두 죽어 있었고, 두 번째 방의 두 마리 원숭이는 모두 살아 있었다. 두 번째 방의 비디오를 판독해 보니, 한 마리가 다른 한 마리를 등에 태워 천장의 먹이를 먹었던 것이다. 조직에서 구성원이 제대로 일을 하려면 어떤 조건이 필요한가? 업무의 난이도가 너무 높아도 너무 낮아도 결과가 좋지 않다. 난이도가 적당하면서 서로 조화롭게 일을 해 나갈 때 성과가 가장 높아지는 것이다.

• **크리에이터**

종래의 중간관리자는 말 그대로 수직적 계층 구조에서 상급 경영자와 일선 근로자의 중간에서 원활한 의사소통을 유지하고 성과를 감독하는 매개자, 조정자, 감독자의 역할이 큰 비중을 차지하였다. 그러나 기업이 주어진 영역에서 일정 기간 자원을 투입하면 수확이 보장되던 농경형에서 수렵형으로 탈바꿈하고 있다. 따라서 중간관리자에게는 조정 능력보다 창조성이 절실히 요구되고 있다.

전통적으로 중간관리자의 조정 능력을 강조해 왔던 세콤사의 이이다 마코토 회장은 "조정 역할만을 전담하는 중간관리자는 필요 없다. 필요한 것은 새로운 노선을 개척해 자신이 결단할 수 있는 크리에이터(creator), 즉 창조자가 필요하다."라고 했다. 이제 중간관리자는 더 이상 위로부터 주어진 업무만을 수행하면 되는 것이 아니라 자기 스스로 목표를 세우고 그에 맞는 효과적 전략을 구사할 수 있어야 한다. 한마디로 기술과 지식, 정보의 걸어 다니는 포트폴리오가 되어야 한다. 중간관리자는 축적된 지식과 경험을 바탕으로 다양한 경영전략, 상품 기획, 아이디어로 끊임없이 재생시킬 수 있는 아이디어 집단이 되어야 한다.

• 미니사장

종래의 중간관리자는 대량생산 시대의 영웅같은 존재였다. 대량생산 시대에는 기업이 나아갈 방향이 명확히 정해져 있었기 때문에 부하를 시켜 이를 잘 수행하는 것이 이상적인 모습이었고, 그에게는 부하를 어떻게 잘 이끌어 갈 것인가 하는 점이 중요한 과제였다. 하지만 지식정보사회에서 이러한 군대식 중간관리자는 거센 도전을 받게 된다. 중간관리자에게는 목표에 대한 달성 능력에 못지않게 문제를 제안하는 능력, 목표를 선택하는 능력이 중시되어야 하는데 군대식 중간관리자는 이 점에서 중대한 결함을 드러내고 있다. 따라서 새로운 중간관리자는 자신이 문제를 찾아내고 이에 대한 혁신을 과감히 행할 수 있는 미니사장(mini CEO), 즉 소사장이 되어야 한다. 중간관리자를 미니사장으로서 적극 활용하는 가토사는 구체적으로 사내 컴퍼니제도를 도입하고 있다. 사내 컴퍼니제도는 사원의 자립을 촉발하여 회사와 개인, 부, 과 단위의 조직이 계약관계를 맺는 제도로서 사원 개개인이 사장이 된다.

중간관리자는 수평적·수직적 조직구조에서 다양한 업무와 정보가 교차하는 지점에 위치하고 있다. 그는 종종 기능적이고 중요한 프로세스에서 책임감 있는 지위를 유지한다. 문제를 해결할 수 있고 의사소통을 할 수도 있으며, 그를 둘러싼 수많은 라인을 관통하여 영향을 미칠 수도 있다. 이러한 점에서 중간관리자는 감량경영 시대에도 미니사장으로서 새로운 영역을 개척해 나갈 수 있다.

• 혁신리더

오늘날 필요로 하는 중간관리자는 혁신리더(change leader)이다. 혁신리더가 소유한 리더십이 바로 변혁적 리더십(transformational leadership)이다. 수직적인 위계 구조상에서 위아래 사이에 끼워진 상황을 표현하는 중간이란 단어는 부적절하다고 할 수 있다. 조사에 따르면 이들이 현존 기업에서 일반대중에게 막대한 영향을 주는 집단으로 변신하고 있음을 알 수 있다. 혁신리더는 시장의 현실, 최고경영자의 리더십 고양과 근로자의 움직임 사이에서 바위와 같이 단단한 연결고리 역할을 한다. 혁신리더는 고객이 진정으로 믿는 것은 무엇이고 경쟁자가 실제로 무엇을 하는지를 알림으로써 동기를 고양시킨다. 또한 공식적인 권한 라인과 무관하게 감독자와 동료, 아랫사람에게 영향을 미친다. 혁신리더는 필요에 따라 구조와 공식적 과정을 활용하지만 비공식적 네트워크를 활용하는 것을 주저하지 않는다.

혁신리더로서 중간관리자는 팀에 기반한 해결을 위해 특수한 상황에 맞는 도구를 고안하고 그 도구가 제대로 작동하고 있는 지의 여부에 항상 관심을 갖는다. 또한 혁신리더는 특정인에게 호응하는 리더십에 현혹되지 않는다. 그들은 상황에 맞는 어떠한 리더십이나 접근이라도 적용하고 수용한다. 그들은 팀의 리더로서, 위계 구조 내에서 작업 집단의 리더로서, 협력자로서, 평사원으로서 배우고 기능한다.

또한 혁신리더는 상층부가 원하는 추상적 비전과 목표를 구체화해서 현실적으로 완성 가능하도록 해야 할 책임을 가진다. 이를 위해 비전을 똑바로 이해하여 비전 완수에 필요한 구체적 액션플랜(action plan)을 구사할 줄 알아야 한다. 액션플랜이란 계획된 내용을 실현시키기 위한 구체적 추진안이다. 동시에 아랫사람이 조직이나 상층부에 요구하는 관심사를 듣고 제대로 전달해서 장기적 비전과 전략의 기반이 되게끔 하는 것은 매우 중요한 역할 중의 하나이다.

Ⅲ 조직의 위계 : 고층조직과 수평조직

조직 내 직위 수준은 몇 단계로 구성하는 것이 적정한가? 즉 조직 내 권한의 수준이나 통제 한계는 어느 정도가 적정한가를 정하는 것은 중요하다. 의사결정을 내리려고 할 때 조직의 형태가 아주 중요한 역할을 하기 때문이다. 조직의 분권화와 집권화 간의 균형, 조직 내 수직적 분화를 어느 정도로 할 것인가가 중요하다.

고대 이집트 주식회사 회장인 파라오 람세스 II세의 참모는 162명이나 되는 아들들이었다. 회장 밑에는 사장 격이 되는 여러 총리대신이 있었고, 그 밑에는 각 지역별로 지역장관이 있었다. 피라미드 건설팀의 채석팀 조직구조를 보면 약 1만 명 정도로 이뤄졌는데, 그중 5,000명은 군대 노동자로서 직접 건설 현장에서 노동하는 사람이다. 부서별 조직은 팀장인 대제사장을 중심으로 제사장, 20명의 서기관, 공무원, 나일 강 하류에서 고기를 잡아 음식을 대는 어부, 측량사인 기술자, 노예 관리자, 말을 끄는 마차꾼으로 이루어졌고, 장비는 130대의 마차, 운반에 쓰는 통나무, 석영 돌망치, 가죽 밧줄 등이 주종을 이루었다.

이 회사는 유령회사도 아니며 중도에 도산하지도 않았고, 부실공사를 안 했으므로 지금까지 90여 개의 튼튼한 피라미드가 남아 있다.

1 위계의 출현

흔히 위계, 계층이라고 번역되는 하이어라키(hierarchy)는 본래 신분제 사회의 신분·지위를 뜻하는 말로서 조직이나 관료제의 고유한 특징만으로 사용되어 오다가 현재는 넓은 의미에서 상하 계층관계로 유지되는 피라미드형 질서와 그 조직을 지칭하는 것으로 사용하고 있다.[2] 이러한 위계의 출발은 분업에서 찾을 수 있다. 기업의 조직규모가 작으면 경영자 혼자서 기업활동 전부를 관리할 수 있지만 기업이 성장하여 조직규모가 커지면 모든 경영을 혼자 할 수 없게 된다. 특히 조정이나 동기부여의 문제에서 위계라는 개념은 중요한 통제 수단이다.[3]

어떤 모양으로든 조직규모가 커지면 계층형 조직이 생겨날 가능성이 높다. 초기 산업혁명 당시 분업은 단순한 수평적 분업이었고 그 후 후기공업기에 들어와 수직적 분업, 즉 경영관리의 분업이 이루어졌다. 시대가 발전함에 따라 다양한 산업영역 확장으로 단순하고 직선적인 수평 방향의 분업은 차차 복잡해졌고 개별적으로 관리할 필요가 생겼다. 이것이 경영권 및 권한이양의 필요성과 맞물려 복잡하고 많은 계층

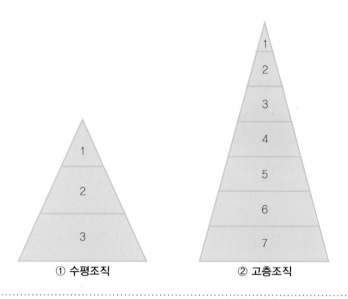

[그림 4-2] 수평조직과 고층조직

의 고층조직(tall organization)을 탄생시킨 것이다. 고층조직의 특징을 요약하면 다음과 같다.

- 위에서 결정하고 밑에서 실행한다.
- 기능부서 간 수평적 분업이 이루어진다.
- 상하 간 명령과 실행의 책임 사슬이 조직 내에 존재한다.

[그림 4-2]를 보면 ①과 ②조직의 구성원 수는 양쪽이 똑같을 수 있지만, 수평조직 (flat organization)은 3단계 위계를, 고층조직(tall organization)은 7단계 위계를 가지고 있다. 그래서 위계가 많은 조직 ②를 키 큰 조직, 수직조직, 고층조직이라 하고, 위계가 적은 조직 ①을 평평한 조직, 저층조직, 수평조직이라고 부른다.

[그림 4-2]에 의하면 고층조직은 수평조직에 비해 위계수준이 4단계나 많은데, 이는 그만큼 개인적 지시와 구성원 활동에 대한 명령과 통제가 심하다는 것을 의미한다.

2 규모와 고층조직의 한계점

고층조직에는 기능부서의 수평적 분업으로 말미암아 조직 속에 좀 더 작은 규모의 조직이 독립된 채로 존재한다. 기업 속의 작은 기업으로서 각 부문은 주어진 책임을

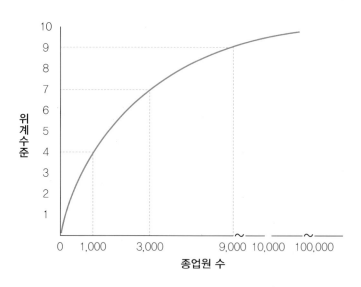

[그림 4-3] 조직규모와 위계수준의 관계

다하기 위하여 타 부문과 배타적 성격을 갖고 벽을 쌓으며 나름대로의 세력권을 고수하기 위해 경쟁을 벌인다.

하나의 조직 속에 있는 몇 개의 부서 간 부서이기주의가 심각한 문제가 된다. 고도의 정보·지식 사회에서 부문 간의 장벽은 정보의 원활한 소통을 차단하고 정보창출 및 대응 능력을 현저히 저하시킬 수밖에 없다. 같은 조직에 몸담고 있는 사람이 단지 부서가 다르다는 이유로 서로 갈등을 빚는다면 조직을 보다 효율적으로 운영할 수 없게 된다. 이러한 여건하에서 구성원이 창의성을 발휘한다거나 다른 사람이 부서의 독창성을 수용한다는 것 자체가 불가능한 일이 되고 만다.

기계적이고 관료제적 특징이 강한 조직에서는 아이디어를 관리하는 사람을 별도로 임명하여 아이디어 창출 및 실현 활동을 하도록 한다. 고층조직 속의 개인은 자기 자리에서 위계질서에 입각하여 맡겨진 일의 역할만을 규칙에 따라 일률적으로 수행하려고만 한다. 이처럼 한 사람 한 사람이 편해지려는 생각으로 일하고 있는 기업에서는 조직 활성화에 필수적 요소가 되는 비전도, 새로운 원리와 수법으로 참신한 효과를 창출하려는 혁신적 노력도, 원활한 의사소통도 생겨나지 못한다. 업무가 각각의 틀에 한정되어 있는 조직으로는 시대의 변화에 정확히 대응하기가 어렵다. 환경변화에 효과적으로 대처하기 위해서는 조직을 새로운 틀로 바꾸어야 한다.

[그림 4-3]은 조직규모와 수직적 위계수준의 관계를 나타낸 것이다. 구성원의 수

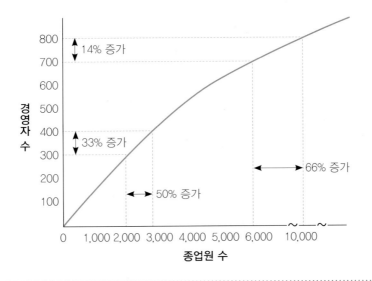

[그림 4-4] 조직규모와 경영자 수와의 관계

가 1,000명일 때 위계는 대략 4단계 정도를 유지한다. 즉 CEO, 기능이나 부문 관리자

층, 현장감독자, 일반 사원 등이다. 그러나 구성원이 3,000명 정도로 3배 증가하면 위

계수준은 12단계가 아닌 7단계 정도면 그만이었다. 또한 구성원의 수가 1만 명 혹은

10만 명 이상으로 급증하여도 위계는 9단계나 10단계 이상을 넘지 않았다. 더구나 대

규모 조직의 경우도 위계 수준에 한계가 있어서 구성원이 증가한다고 무턱대고 위계

가 늘어나는 것은 아니었다.[4] 이는 어느 조직이든 관리자 규모의 증가는 구성원의 증

가 비율에는 항상 못 미친다는 것을 보여 준다.[5] 이러한 현상은 [그림 4-4]에 잘 나타

나 있다. 구성원이 2,000명에서 3,000명으로 조직규모가 50% 증가할 때, 관리자는

300명에서 400명으로 33% 정도만이 증가하였다. 또한 구성원이 6,000명에서 1만 명

으로 증가한다면(66% 증가), 경영자의 수는 700명에서 800명, 즉 단지 100명이 늘어

14% 정도만 증가한다. 이토록 종업원 수와 경영자의 수 증가에 차이가 나는 이유는

무엇일까? 고층조직의 사용과 관련된 각종 중요한 문제를 살펴봄으로써 그 이유를

이해할 수 있다.[6]

고층조직의 문제

적절한 경영자의 수나 위계 수준의 수를 선택하는 의사결정은 아주 중요하다. 이

러한 의사결정이 조직 유효성에 직접적인 영향을 주기 때문이다. 이때 선택은 의사

소통, 동기부여, 관리비용 등에 의해 영향을 받는다.[7]

• 의사소통 문제

지나치게 많은 위계 수준을 가지고 있으면 그만큼 의사소통 방해도 많이 일어나게 된다. 명령의 사슬이 길면 길수록 경영자와 구성원 간 의사소통은 잘못될 가능성이 커지는 것이다. 의사결정도 느려지고 어떤 경우에는 결정 사항이 전파되지 못하고 단절되기도 한다.[8] 이러한 문제가 발생한다면 조직이 목표로 한 성과달성에 아주 치명적일 수 있다. 고객의 욕구나 경쟁자의 정보에 신속하게 대응하지 못하는 것도 결국 위계 때문이다. 더불어 의사소통 왜곡도 큰 문제이다. 정보가 왜곡되어 흐른다면 조직 내 혼란이 야기될 것이다. 메시지가 의사소통 채널을 통해 한쪽에서 다른 한쪽으로 흘러갈 때 중간에 개입된 위계가 많으면 그만큼 왜곡될 가능성은 증가하게되어 있다.[9] 게다가 경영자가 자신과 이해관계가 얽혀 있는 정보를 조작한다거나 선택적으로 받아들인다면 올바른 정보 공유가 이루어지지 못할 것이다. 이러한 문제가 자꾸 발생하면 이를 막기 위한 통제도 더 빈번해진다.

• 동기부여 문제

위계 수준이 증가한다는 것은 각각의 위계 수준별로 갖게 되는 권한의 정도가 낮아짐을 의미한다. 또한 높은 위치에서 많은 권한을 가짐으로써 상대적으로 가지지 못한 계층에서 불만이 생기게 된다. 고층조직보다는 수평조직이 더 많은 권한과 책임을 가진다. 더 많은 권한과 책임을 가진 사람이 그렇지 못한 사람에 비해 사기가 더 높다. 그러므로 고층조직에 비해 수평조직이 동기부여가 더 활성화되어 있다고 할 수 있다.

• 관리비용 문제

경영활동을 하다보면 관리비용이 필연적으로 소모된다. 경영자의 수가 많으면 많을수록, 위계의 수가 많으면 많을수록 관리비용이 증가한다. 관리비용이란 조직을 운영하고 통치하는 비용을 말한다. 위계 수준이 높은 대규모 기업이나 고층조직에게 이러한 비용은 평상시에도 부담이 되지만 경기침체와 같은 불황기에는 골칫거리가 아닐 수 없다. 그래서 대응책으로 구조조정이나 해고, 사업부 조정 등을 단행하기도 한다. 최근의 경영혁신 기법으로 도입되었던 리스트럭처링이나 다운사이징도 관리비용을 줄이기 위한 처방이라 할 수 있다.

고층조직에 비해서 수평조직의 장점은 다음과 같다.

• 계층 수가 많지 않으므로 최고층의 결정이 실무에 빨리 그리고 정확하게 전달된다.
• 관리자가 적어 불필요한 통제나 간섭이 감소한다.
• 직무를 담당하지 않고 관리만 하는 관리자 수가 적어 인건비 부담이 감소한다.
• 실무자의 재량권이 많아져 그들의 아이디어와 창의성 발휘의 기회를 줄 수 있다.
• 실무자에게 자율적으로 솔선수범하는 기회가 되고 동기부여와 참여의식을 높인다.
• 위에 감독과 간섭이 적어지면 팀원 상호간 자유토론, 정보교환, 협동이 증가한다.
• 실무층의 자율권 확대로 시시각각 변하는 환경에 유연하고 빠른 대처가 가능하다.
• 실무자가 부딪히는 현장의 정보가 빠르게 그리고 많이 상층부에 전달될 수 있다.

파킨슨 법칙의 문제

업무, 특히 문서 업무는 아주 탄력적이어서 한 시간 안에 끝낼 수도 하루 종일 걸릴 수도 있다. 파킨슨(C.N. Parkinson)은 관료의 수와 실제 업무량 사이에는 아무런 관계가 없다는 점을 발견하였다.[10] 즉 정부기관의 규모 확대와 공무원의 수의 증가는 현실적 업무의 필요성에서 비롯되는 것이 아니라 자체적인 법칙을 가지고 있다는 것이다. 일반적으로 업무량이 늘면 업무를 처리하는 데 필요한 공무원의 수 역시 늘어나야 한다. 하지만 파킨슨은 정부기관은 업무량의 증감에 상관없이 공무원의 수를 무조건 늘리려는 경향이 있으며, 이를 위해 공무원 스스로 일거리를 만들어 내고 있다고 비판한다.

어떤 일에 종사할 사람의 수가 증가한다는 것은 상급자에게는 부하 하나가 생기는 것이고 그만큼 힘을 행사할 수 있는 여건이 좋아진다는 것을 의미한다. 상사는 경쟁자가 아닌 부하가 늘어나기를 은근히 바라고, 필요하지도 혹은 있지도 않은 일을 일부러 만들어 거기에 맞는 부하를 뽑고자 한다. 일을 계속해서 나눔으로써 업무량과 관계없이 인원이 증가하게 되는 것이다. 일을 할 수 있는 시간이 늘어나면 늘어날수록, 이 시간을 때우기 위해 일 역시 계속 늘어난다. 이것이 파킨슨 법칙(Parkinson's Law)이다.

1914년 영국 해군의 수는 15만 명, 군함 수리창의 관리와 사무원은 3,200명, 여기에 근로자가 5만 7,000명이 있었다고 한다. 그런데 14년 후인 1928년에는 전쟁이 없어 해군이 10만 명으로 줄고 군함 수도 줄었지만, 수리창 관리와 사무원은 오히려 4,600명으로 늘었다. 또한 해군본부의 관리자 수는 2,000명에서 3,600명으로 늘었다. 해군의 수는 30% 정도 줄었지만, 수리창의 관리와 사무원 수는 40%, 본부 관리자 수는 무려 80%나 늘어났다.

인간은 누구나 자기 아래의 부하를 많이 두고 싶어 한다. 그뿐만 아니라 부하가 많지 않으면 다른 팀보다 덜 중요하게 취급받는다. 그리고 대여섯 명의 부하를 둔 상급자보다 50~60여 명의 부하를 둔 상급자가 더 힘이 있어 보이고 책임도 크다고 여긴다. 그러므로 더 많은 부하를 둔 상급자의 승진이 더 빠를 수도 있다. 이래저래 모든 조직의 상급자들은 자기 돈으로 월급을 주지 않기 때문에 가능한 한 자기팀의 부하직원을 이 핑계 저 핑계로 한 명이라도 더 뽑으려고 한다. 부서의 팀원들 역시 한 명이라도 더 추가되면 자신들의 업무 강도가 수월해지므로 상급자와 뜻을 같이한다. 이러저러한 이유때문에 조직의 인력은 필요 이상으로 불어나기 마련이다.

통제한계의 문제

앞에서 조직의 위계가 너무 많아지면 여러 가지 문제가 생긴다는 것을 알았다. 그럼에도 불구하고 조직은 성장을 추구하면서 거대한 조직이 되기를 원한다. 그렇다면 조직이 고층조직이 되지 않는 비결은 없는 것인가? 이 물음에 대한 하나의 답이 경영자의 통제한계(span of control)를 증가시키는 것이다.[11]

통제한계는 한 관리자가 효과적으로 관리할 수 있는 부하의 수이며, 다른 말로 통솔범위라고도 한다. 과연 한 사람의 중역은 몇 사람을 통솔할 수 있을까? 직무가 반복적이고 일상적일 경우와 그렇지 않은 경우에 통제의 폭이 다를 것이다. 최근에는 감량경영의 일환으로 관리의 효율성을 강조하다보니 통제한계가 매우 넓어지는 것이 사실이다. 통제한계가 작을수록 수직적 분업화가 증대된다고 할 수 있으며, 결국 통제 한계가 좁으면 고층조직이고, 통제한계가 넓으면 수평조직이 될 가능성이 높아진다.

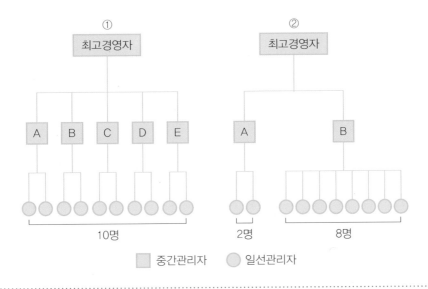

[그림 4-5] 통제한계의 비교

　[그림 4-5]는 통제한계에 대한 두 가지 형태를 보여 주고 있다. ①은 최고경영자가 5명의 관리자와 10명의 부하를 거느리고 있는 형태이고, ②는 최고경영자가 A, B 2명의 중간관리자와 10명의 부하를 거느리고 있지만 중간관리자 A는 2명, 중간관리자 B는 8명을 거느리고 있는 경우이다. 왜 A의 통제한계는 2명이고 B는 8명이나 될까? 어떤 특수한 상황이 존재해서 그렇게 되는 경우도 있겠지만 아마도 A, B 중간관리자의 능력차 때문일 것이다.

　부하의 수가 한 명 증가했다는 것은 단순 산술적인 한 명과의 인간관계 증가를 의미하지 않는다. [그림 4-6]에서 경영자가 1명과 함께 일하는 경우 이들 간 인간관계는 하나밖에 없다. 그러나 2명을 데리고 있을 경우 인간관계는 3배가 된다(X, Y, Z).

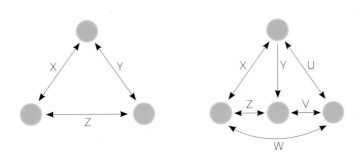

[그림 4-6] 통제한계 증가에 따른 관련성 증가

만약 1명의 사람이 추가되어 4명의 사람이 함께 일하게 된다면 1대1 관계만 모두 6 개(X, Y, Z, U, V, W)가 되고 서로의 관계까지 모두 합쳐 보면 인간관계가 더 많아지게 된다. 만약 통제한계가 너무 넓게 되면 경영자가 부하에 대한 통제권을 행사할 수 없게 될 것이다.[12] 일반적으로 부하의 행동에 대한 직접적 통제나 감독을 할 능력은 과업의 복잡성과 부하가 맡는 과업의 상호 관련성이다.

부하의 과업이 복잡하거나 다른 사람의 과업과 유사하지 않은 과업일 때 경영자가 가지고 있는 통제한계는 좁을 수밖에 없다. 만약 과업이 일상적이며 다른 사람과 유사한 종류라면 통제한계는 증가하게 되어 있다. 예를 들어 대량생산체제에서는 감독자의 통제한계가 30명에서 40명 정도까지 이르도록 넓을 것이요, 생물학 실험실과 같이 어렵고 전문적인 과업을 수행하는 조직에서는 통제한계가 상당히 줄어들 것이다.

부하가 맡고 있는 과업이 다른 사람과 관련이 많은 그런 과업일 경우에는 1사람의 일이 다른 사람과 직접적인 영향관계에 놓여 있기 때문에 조정과 통제가 매우 복잡해진다. [그림 4-6]에서처럼 과업의 상호 관련성(V, W, Z)으로 인해 경영자와의 관계가 복잡해진다. 반대로 부하 간의 업무가 전혀 연결되지 않는다면 부하 간의 관계(V, W, Z)는 중요한 것이 아니기에 수직적 관계(X, Y, U)에만 신경 쓰면 될 것이다.

3 통제와 위계

경영자에 의한 직접적이고 개인적인 감독이 얼마나 효과적인지에 대하여 적지 않은 논란이 있다. 따라서 조직은 구성원의 활동을 통제하는 다양한 방법을 모색해야

[그림 4-7] 위계형성의 영향요인

한다. 흔히 조직은 다른 것보다 우선적으로 수평적 분화의 수준이 증가하다가 결국 다른 부분의 조직설계에 대한 요구에 직면한다. 그러므로 경영자는 성공적인 조직설계에 대한 다양한 도전을 심각하게 고려해 보아야 한다.

수평적 분화

수평적 분화는 기능이나 부서와 같은 하부단위들을 조직 내에 만들어 낸다. [그림 4-8]은 조직의 수평적 분화가 다섯 개의 기능으로 나누어지는 경우의 예이다. [그림 4-8]에서 각각의 삼각형 안에서 사람은 동일한 과업을 수행하며, 각각의 기능부서 안에 서로 다른 위계가 존재한다. 예를 들어 판매 기능부서의 위계는 세 개, 제조 기능부서의 경우는 일곱 개로 서로 다르게 위계가 만들어진다. 이러한 기능부서는 명령 계통의 수를 최소화하도록 설계된다. 각 기능부서가 자신의 과업과 목적을 달성하는 데 필요한 최소한의 위계 수준을 유지하는 것이 전체 조직에 효과적이기 때문이다. [그림 4-9]는 연구개발 기능부서가 프로젝트팀으로 분화되는 수평적 분화를 보여 주고 있다. 각 팀은 특수한 과업에 초점이 맞추어져 있으며 그 과업은 서로 연관되어 있다. 이렇게 팀을 적용함으로써 통제한계를 아주 작게 유지할 수 있다. 아주 복잡하고 상호 연관이 많은 과업을 수행할 때 적절하게 팀을 활용할 수 있다. 한편 수평적 분화는 조직 안에서 수직적 분화를 증가시킨다. 수평적 분화는 고층조직의 문제를 피하는 데 유용한 측면이 있다.

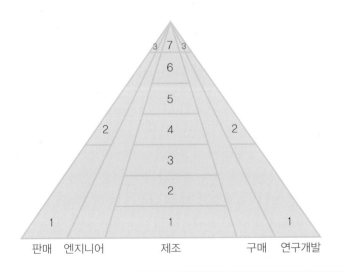

[그림 4-8] **수평적 분화와 기능부서**

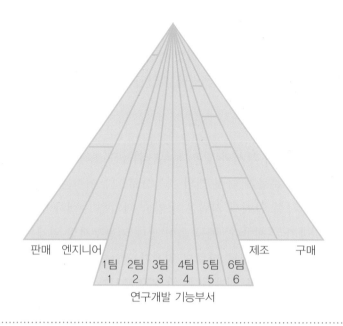

[그림 4-9] **연구개발 기능부서 내의 수평적 분화**

분권화

조직 내 위계의 수가 많아짐에 따라 관리자의 수도 증가하고 이로 인해 의사소통이나 조정 문제가 발생한다. 관리자는 일과 관련하여 구성원을 감시하고 감독하는 일을 하기 때문에 조직목표를 달성하기 위해 권한과 권력을 행사한다. 만약 분권화 정도가 높으면 관리자는 직접적인 관리감독을 덜 행사할 것이다. 즉 분권화되면 권한은 위계를 통해 자연스럽게 사람에게 위임된다. 권한위임은 낮은 수준에 있는 관리자가 상위의 관리자에게 수행해야 할 관리감독의 부담을 나누어 갖는 것이다.

표준화

관리자는 표준화를 통해 구성원의 작업활동을 예측 가능하도록 만들어 조직활동을 통제하려고 한다. 표준화는 관리자의 관리감독 수고를 덜어 주기도 하며, 직접적인 감독을 대체해 주기도 한다. 표준화를 통해 세밀한 작업 규칙이나 조직 규범과 가치관이 만들어진다. 부하의 과업은 계속해서 표준화되며 더욱 쉽게 통제된다. 그러다 보니 경우에 따라 경영자의 통제한계는 증가한다.

기업은 구조조정, 인력감축과 같은 감량경영과 군살 빼기에 여념이 없다. 조직이 만들어지고 시간이 흐름에 따라 조직은 자꾸 비대해지고 유연성을 상실한 채 경직화된 관료화가 진행되기 일쑤이다. 비대해지는 조직은 조직의 역동성이나 생동감은 사라지며 동맥경화로 인한 조직의 경직성이 만연된다. 조직성과는 저하되고 구성원의 사기는 바닥이다. 전통적 조직의 경우 각 부문 간의 관계를 조율한다든지 혹은 계층의 상하로 정보를 전달한다든지 하는 조직 내적인 문제로 인해서 엄청난 낭비를 하였다. 엔지니어는 오직 제조만을, 마케팅 부문 담당자는 오로지 영업만을 고집하며 기업 전체 목표보다는 몸담고 있는 기능부서에 더 충성심을 느끼고 몰입하는 것, 고객보다는 상사에 더 신경 쓰는 것도 그 원인을 따지고 보면, 복잡한 계층을 이루고 부문 간 경계가 명확한 기계적 조직 때문이거나 수직적 조직이기 때문이다.

많은 수의 관리계층 및 기능부서 때문에 의사결정이 계속 지연되고 조정비용도 커질 수밖에 없는 기계적 조직이나 수직조직의 문제점을 극복하려는 노력이 바로 조직의 유기적 특성의 도입 및 조직 수평화 개념의 시도이다.

Ⅳ　관료제

베버(M. Weber)는 위계를 의사결정 권한과 자원에 대한 통제를 효과적으로 배분해 주는 것으로 보아 위계 중심의 설계원칙을 개발하였다. 그는 사회조직이 전통적·세습적 혹은 카리스마적 권력자에 의해 지배되어 왔기 때문에 아주 비효율적으로 운영될 수밖에 없었다고 보고, 미리 정해진 규칙과 제도에 따라 조직을 운영하는 것이 가장 합법적이라고 주장하였다.[13] 베버는 세 가지 지배유형으로 전통적 지배, 카리스마적 지배, 합리적 지배를 제시한다. 전통적 지배는 부족이나 족장, 군주에 의한 지배로서 그들에 대한 절대복종으로 세습화된다. 카리스마적 지배는 신과 유사한 실력을 갖춘 영웅의 지배를 인정하는 것이다. 합법적 지배는 근대적인 관료제적 통치를 말한다. 합법과 합리라는 지배 이념에 입각한 것이 바로 관료제이다. 그러므로 관료제는 근대 조직구조의 하나의 도구가 된 셈이다. 관료제(뷰로크라시, bureaucracy)는 조직구조의 한 형태로서, 구성원은 잘 정의되고 일반적으로 동의하고 있는 규칙이나 표준 운영 절차에 맞도록 행동해야 하는 책임이 있다. 베버가 주장한 관료제의 원칙은 어떻게 합법적인 가치창출 방법을 만들어 내며, 조직 유효성을 극대화하기 위하여 의사결정 권한과 과업 책임성을 어떻게 규정지어 놓는가 하는 것이다. 베버는 효과적 조직구조 설계 방법으로 여섯 가지 관료제 원칙을 제시하였다.

1 관료제의 여섯 가지 원칙

합법성

합리적-법적 권한(rational-legal authority)이란 사람이 가지고 있는 조직 내의 지위로부터 파생된 것이기 때문에 모든 사람이 수긍할 수 있다.[14] 즉 권한이 미리 정해져 있기에 그대로 실천만 하면 되는 것이다. 관료제에서 권한에 대한 복종은 특정 개인의 사적인 감정, 개인의 카리스마, 부유함, 사회적 지위로부터 나오는 것이 아니고, 개인이 위치하는 조직적 직위와 관련된 권한과 책임으로부터 나온다. 예를 들어 경찰관에게 순순히 복종하는 것은 경찰관이 가지고 있는 총이나 경찰봉 때문이 아닌 경찰관이 가지고 있는 법적 권리와 합법적 힘 때문이다. 그래서 관료제를 비개인적 (impersonal) 혹은 비인격성 이론이라고도 한다. 사람의 태도와 신념은 관료제를 운영함에 있어 고려될 사안이 아니다. 그러므로 합법성의 원칙은 조직의 위계가 수행하는 과업에 초점을 두고 있지, 과업을 수행하는 개인의 욕구에 관심을 갖지 않는다.

정실 배제

정실 배제란 조직역할은 기술적 능력을 기초로 하여 맡겨지는 것이지, 개인의 사회적 지위나 혈연(kinship), 세습(heredity) 등을 통해 맡겨지는 것이 아니라는 것이다. 개인적 사정이 통용되어서는 안 되며, 조직의 공식 규정이 엄격하게 적용되어야 한다.[15] 구성원이 맡고 있는 조직 내의 역할은 친분이 있는 사이에 영향을 받아서는 안된다. 그러한 조직을 운영함에 있어서 논리적 방식이 중요함에도 불구하고 종종 무시된다. 오늘날 대부분의 조직에서 직무와 관련된 의사결정이 직무보다는 개인적 관계로 이루어지는 경우도 흔하다. 그러므로 직무에 가장 적합한 사람을 선발할 때에도 정실 배제의 원칙을 지켜야 한다.

세월이 흘러 뇌를 이식받는 세상이 되었다고 가정해 보자. 어느 날 한 재벌이 병원에 가서 값을 흥정하고 있었다. 100억 정도 되는 뇌는 전직 대학교수의 것이었고, 200억 정도 되는 뇌는 과학자의 것이었다. 그런데 500억 나가는 뇌도 있어 물어보니 전직 공무원의 뇌라는 것이다. 왜 하는 일도 없이 세금만 축내는 관료의 뇌가 그리 비싸냐고 물으니 아무 생각도 해 보지 않은 신품이기 때문이라는 것이다. 물론 안그런 관료도 많다.

프란시스 후쿠야마는 관료제가 제일 먼저 망한다고 하였다. 관료제는 사람을 생각할 필요가 없게 만든다. 관료제가 고도 성장기에는 효율적이었을지 모르나 네트워킹으로 움직이는 사회에서는 비효율적이다. 너무 경직되어 있기 때문이다. 마이크로소프트사의 빌 게이츠는 중요한 결정을 내릴 때나 생각할 때 밤에 혼자서 몸을 흔든다고 한다. 네트워킹 시대는 유연성이 중요하다.

어느 연구실에서 24시간 개미 집단을 관찰했더니 실제로 일하는 개미는 15%이고, 나머지 75%는 그냥 왔다갔다만 하더라는 것이다. 개미 집단이야말로 최고의 관료제였던 것이다. 거미줄을 치고 게으르다면 자기에게 곧바로 불리해지는 네트워킹 사회에서는 개미가 아닌 거미가 되어야 한다.

분업화와 전문화

수직적 분화와 수평적 분화가 명확하게 설정되어 있어야 조직 유효성을 달성하기가 좋다. 조직 내 다양한 역할에 대한 권한 및 통제에 대한 한계가 정해져 있어야 구성원의 혼란을 피할 수 있다. 다양한 역할이나 과업이 명확히 구분되어 있어야 구성원이 어떻게 행동할지 알게 된다.[16] 이렇듯 직무는 가능한 한 분업화·전문화시켜야 한다. 역할을 규정지어 놓음으로써 구성원이 상호작용을 하면서 파생될 많은 문제점을 피할 수 있다.

수직적 혹은 수평적 분화가 분명하게 이루어지면 역할갈등(role conflict)이나 역할모호성(role ambiguity)도 상당 부분 줄일 수 있다. 역할갈등이란 양립될 수 없는 두 가지 이상의 기대가 개인에게 동시에 주어질 때 발생하는 것으로, 예를 들어 2명의 감독자나 2개 부서로부터 상이한 요구를 들었을 때 이러지도 저러지도 못하는 상태를 말한다. 역할모호성이란 개인이 역할과 관련된 충분한 정보를 가지고 있지 못할 때 발생하는 것으로서 자기 역할이 무엇인지 잘 모르고 있는 상태를 말한다. 예를 들어 권한이나 과업에 대한 정의가 잘 내려져 있지 않을 때 이 일을 내가 해야 하는지 말아야 하는지에 대한 혼란스러움을 말한다.

◆◆◆ 조직 인사이트 4-9 국가공무원이 지켜야 할 의무

성실 의무, 복종의 의무, 직장 이탈 금지 의무, 친절·공정의 의무, 종교 중립의 의무, 비밀 엄수의 의무, 청렴의 의무, 품위 유지의 의무, 영리 업무 및 겸직 금지의 의무, 정치운동의 금지 의무, 집단행위의 금지 의무

위계적 구조

관료제하에서 낮은 직위에 있는 관료는 더 높은 직위에 있는 관료로부터 감독 및 통제를 받아야 한다.[17] 수직적 권한관계를 통제하기 위하여 조직은 명령사슬(chain of command)을 통한 위계질서를 확립해야 한다. 조직의 자원 사용권이나 각종 의사결정 권한을 가지기 위해 가장 바람직한 것은 공식적 직함이나 직위이다. 낮은 직급에 있는 구성원 갈등을 해결하기 위해서는 그보다는 더 높은 직급의 관리자가 있어야 한다는 주장이다. 이를 위해 권한의 계층이 뚜렷하게 구분되어야 한다. 위로부터의 명령을 아래에서 복종해야 하는 것이다. 전문화된 직무는 계층에 따라 권한과 책임이 분명하게 부여됨으로써 상호 통솔·복종관계가 정해져 있어야 한다.

공식화

규칙, 표준화된 운영 지침, 규범 등은 조직 내의 역할관계나 행동을 통제하기 위하여 사용되어야만 한다. 공식적이고 문서화된 지시 사항, 표준화된 운영 지침, 규칙 등은 주어진 목표를 달성하기 위해 당위적으로 받아들여야 한다.[18] 예를 들면 만약 A가 발생한다면 B처럼 행동하라고 정해 두는 것이다. 그래야 구성원의 행동을 통제할 수 있고 구성원이 수행할 행동 방향을 정하기가 쉽다. 공식처럼 정해 둔 사안이 있으면 고민할 것도 없고 개인적 감정이 삽입될 필요도 없다. 그저 공식화된 절차에 맞게 행동하면 된다.

문서화

경영 지침, 경영활동, 의사결정 등은 문서로 표현되어야 한다. 구성원 각자의 권한, 책임이 문서로 명시화되어 있어야 지켜진다는 것이다.[19] 문서로 남겨 두어야 조직의 역사가 기록될 수 있다. 특히 언어(oral) 의사소통보다 문서(written) 의사소통이 근거를 남기기 때문에 반드시 필요하다.

2 관료제의 장단점

장점

베버의 여섯 가지 원칙이 모두 지켜지도록 조직을 설계하였다면, 그 조직은 이상적인(ideal type) 관료제라 할 수 있다. 정부, 기업, 정당, 교회, 군대 등의 조직에 관료제가 타당하다는 주장이다. 관료제의 가장 기본적인 장점은 조직 위계로서 구성원 간의 상호작용을 통제하기가 매우 수월하며, 이러한 상호작용 결과가 효율을 높이는 데 공헌한다는 점이다. 수직적 권한과 수평적 과업책임의 명확한 설정은 조직 내 개인들의 역할이 어떠해야 하는지를 분명하게 알려 주는 것이기에 의문의 여지가 없다. 특히 표준화에 의해 구성원의 행동이 통제되고 예측이 가능하므로 효율을 높일 수 있다는 점도 장점이다. 또한 종신고용제를 허용함으로써 고용의 안정성도 확보된다. 관료제는 규칙과 규정을 통해 공정성과 통일성이 확보된다는 장점, 수직적 권한 계층을 통해 책임 수행이 용이하다는 장점을 가진다.[20] 〈표 4-3〉은 이상적 관료제의 내용이다

〈표 4-3〉 이상적 관료제의 내용

높은 공식화의 정도와 명확한 규정	• 공식적인 규칙과 절차에 의존하고 사전에 마련된 규정을 준수함.
권한의 위계	• 직위의 위계 수준이 있어 명령을 철저하게 복종함.
성과에 기초한 의사결정	• 채용과 승진 의사결정은 해당자의 자격, 능력, 성과에 기초함.
신분 보장	• 구성원이 경력경로를 밟아 상층으로 오르게 되면 종신고용을 보장받음.
개인생활과 조직생활의 엄격한 구별	• 개인 사정은 배제되고 조직구성원으로서 근무 태도를 철저하게 관리함.

단점

관료제에서 나타나는 역기능 중의 하나가 바로 조직의 경직성이다. 의사결정의 집권화가 촉진되며, 조직이 고층조직으로 변화하면서 의사결정이 느려지고, 조직이 정체되기 시작하다가 결국 관리비용이 점차로 증가하면서 어려움을 겪게 되어 있다.[21] 또 다른 문제점은 구성원이 규칙이나 표준화된 운영 지침에 지나치게 의존하다보니 고객의 욕구나 소비자의 기대에 부응하지 못한 채 인간성 상실이나 무사안일에 빠지는 오류를 범하게 된다는 점이다. 또한 혁신보다 보수(保守)를 지향하다보니 변동에 대하여 극한 저항을 하게 되고 환경 변화에 부적응하게 되어 있다. 한편 지나친 전문화는 부서이기주의나 다른 분야에 대한 몰이해로 이어져 부서 간에 벽을 높이는 계기가 되기도 한다. 〈표 4-4〉는 관료제의 역기능을 정리한 것이다.

〈표 4-4〉 **관료제의 역기능**

관료제의 획일성	• 조직의 유연성을 감소시켜 조직에 해를 미침.
규정 적용의 오류	• 상황은 항상 변하는 것이고 사전에 마련된 규정 적용의 실수가 생김.
구성원의 소외 현상	• 조직의 비인격화는 구성원과 직무 사이에 거리감을 형성함.
권력의 집중	• 소수의 인물에 의해 막대한 권력이 집중됨.
고객관계의 미숙함	• 고객만족, 서비스 마인드 부족함.

Ⅴ 수평조직

상하에서 수평으로 관리의 방향이 바뀌는 추세 속에서 조직의 계층 구조와 부문 간 경계를 배척하는 수평조직이 다수 출현하고 있다.

1 수평조직의 핵심 요소

수평조직은 다음과 같은 핵심 요소를 갖추고 있다.

직무 중심보다는 프로세스 중심 조직

기능부서가 아니라 3~5개 정도의 핵심 프로세스를 중심으로 성과 목표와 함께 조직을 구축한다. 각각의 개별 프로세스에 책임자를 임명한다.

수평화

감독자 수를 줄이기 위해 세분화된 직무를 통합하고 고객에게 가치를 주지 못하는 활동이나 직무는 과감하게 정리한다. 전체 프로세스를 완수하기 위한 팀의 수는 가능한 적게 한다.

경영관리의 핵심은 팀제

팀제를 조직의 근간으로 한다. 하나의 팀이 자기 자신을 관리하게 하여 타인에 의한 감독 역할을 제한한다. 측정 가능한 공통의 목표를 부여한다.

팀 성과에 대한 팀 보상

성과에 대한 평가와 보상 시스템은 개인별 기준이 아니라 팀별로 한다. 스태프는 전문적인 노하우보다는 다양한 핵심역량을 계발하도록 구성원을 고무시킨다. 이에 대한 대가도 지불한다.

기업 외부 고객과의 접촉 확대

조직구성원으로 하여금 기업의 외부 고객과 직접적이고 정규적으로 만나게 한다. 외부 고객을 팀 내에서 활용할 수 있으면 프로세스 구성원으로 간주한다.

구성원 교육과 정보 공유

목적에 맞게 사용할 수 있는 교육 방법을 통해 스스로 의사결정을 하며 조직 내 거의 모든 정보를 공유한다.

▣ 고층조직과 수평조직의 공존

기업환경이 예측 가능하고 안정적인 시절에는 조직구조를 수직적으로 설계함으로써 전문화된 인력을 활용할 수 있었다. 이 경우 구성원 누구나 자기가 해야 할 일을 잘 이해할 수 있으므로 그 나름대로의 이익은 분명히 있었다. 그러나 명확성과 안정성을 확보한 이면에는 조직 전체적인 수준에서 자기 일의 의미나 중요성을 충분히 파악하기 곤란한 점이 있었다. 그나마 조직 내 다른 부서와의 공동 작업이 가능하다는 점이 고층조직의 장점이었다. 고층조직이 가지고 있는 많은 문제와 한계점으로 인하여 고층조직으로 조직을 운영하는데 어려움이 있었고, 조직 간 세대교체는 지식사회로 이전됨에 따라 수평조직이 그 맥을 이어받을 것이다.

그러나 고층조직을 폐기하기는 것은 아직 이르다. 그 어떤 기업도 기능부서의 전문성을 완전히 배제할 수는 없기 때문이다. 기업의 조직체계를 전통적인 피라미드형에서 변화에 신속하게 대응하는 효율성 개념의 비계층형 구조로 전환하는 과정에서 파생되는 조직 내부의 불필요한 요소를 과감히 제거해야 한다.

효율적 고층조직을 창조하기 위해서는 먼저 조직 내의 책임과 권한이양에 대한 명확한 인식이 요구된다. 먼저 위계에 대한 부정적인 시각에서 벗어나야 한다. 최고경영자와 평사원 사이에 4단계의 계층이 적당하다는 등의 목표를 설정해도 아무런 의미가 없다. 효율적 계층구조는 그것이 받아들이는 현재 환경에 얼마나 적합한지의여부와 그것을 어느 정도 훌륭하게 활용하고 있는가에 의해 좌우된다.

현대의 기업에 있어서 현실적인 과제는 조직 유효성을 어떻게 제고시킬 것인가에있다. 이 과제를 해결하기 위해 최근에 다양한 경영혁신 기법이 소개되고 있다. 그러나 문제점으로 지적할 수 있는 것은 조직슬림화를 목표로 하는 대부분의 혁신 전략이 극단적인 경우 기업조직의 위계를 완전히 부정하는 형태로 진행된다는 점이다. 조직의 계층을 줄이고, 인사·급여의 방침을 전면적으로 수정하고 기존의 기업문화를 전혀 새롭게 하고 정보의 흐름을 원활하게 하는 등 조직혁신을 위한 경영 기법은다양하다. 새로운 조직형태의 옹호자도 각 부문의 기능에 특화되어 있는 중간관리자층에게 확실한 비전을 제시해 주지 못하고 있는 상황에서 수평이냐 수직이냐에 대해어느 한쪽만을 선택할 수 없는 노릇이다. 결국 대부분의 조직은 양자의 혼성 형태 혹은 균형에서 결정된다고 보아야 할 것이다.

인물 탐구

파킨슨(C.N. Parkinson, 1909-1993)

영국에서 출생함. 영국 왕립해양대학교에서 강연함. 이코노미스트에 처음으로 파킨슨 법칙을 발표함. 특유의 유머감각과 풍자로 현실에서 나타나는 경영의 폐단을 비판함. 훗날 미국의 하버드 대학, 일리노이 대학, 버클리 대학에서 객원교수로 재직함. 60여 권의 저서를 비롯하여 관료주의를 풍자한 [파킨슨 법칙]이 베스트셀러가 됨.

피터(L.J. Peter, 1919-1990)

캐나다 오타와에서 태어남. 1941년 교단에서 교편을 잡던 피터는 1957년 미국 워싱턴 주립대학에서 교육학 박사가 됨. [피터의 원리]로 베스트셀러 작가가 됨. 위계조직학의 핵심이 되는 원리 발표, 즉 위계적 조직에 충분한 시간이 있다면 그리고 위계질서 내에 충분한 자리가 있다면 모든 구성원은 무능력의 수준으로 올라서게 되며 결국 모든 자리는 자신의 업무를 제대로 처리할 수 없는 사람들로 채워진다는 주장을 함.

수행과제

1. 다음 설명 중 잘못된 것은?

　① 권한은 구성원의 직위를 바탕으로 한 공식적인 측면의 힘이다.

　② 위탁경영층은 이사회와 사외이사로 구분된다.

　③ 대표이사인 동시에 사장이 될 수 있다.

　④ 회장, 사장, 부사장, 전무, 상무, 이사 등이 핵심 운영층에 속한다.

　⑤ 주주는 일종의 소유주이다.

2. 중간관리자 역할이라 보기 어려운 것은?

　① 상하 간, 부문 상호 간 의사소통의 원활한 책임

　② 관리자로서 전문적 지식과 능력의 발휘

　③ 업무의 독려자 혹은 촉진제 역할을 하는 사람

　④ 기업의 전반적 경영을 담당하며 책임을 지는 사람

　⑤ 부서 간 업무의 협력과 협조에 대한 조정

3. 중간관리자에게 직면한 문제라 보기 어려운 것은?

　① 동기부여의 문제　　　② 조직 몰입도의 문제　　　③ 충성심 저하의 문제

　④ 사명감의 문제　　　　⑤ 비전 수립의 문제

4. 중간관리자의 새로운 모습이라 보기 어려운 것은?

　① 의사결정자　　　　　② 미니사장　　　　　③ 혁신리더

　④ 안정자　　　　　　　⑤ 창조자

5. 고층조직의 문제점으로 보기 어려운 것은?

　① 의사소통　　　　　　② 동기부여　　　　　③ 수평조직

　④ 관리비용　　　　　　⑤ 통제한계

6. 관료제의 역기능이 아닌 것은?

　① 권력의 집중　　　　　② 조직외부인과의 미숙한 관계

　③ 규정 적용의 오류　　　④ 유연성 강화

　⑤ 구성원 소외현상 발생

7. 정실을 배제하고, 계층조직에 의한 통제와 감시, 규칙과 규정에 의한 지배 등의 특성을 갖는 조직은?

① 관료제   ② 사업부제   ③ 애드호크러시

④ 팀제   ⑤ 기능조직

8. ( )은 직무 중심보다는 프로세스 중심으로, 경영관리의 핵심은 팀제, 팀 성과에 의한 팀 보상, 기업 외부 고객과의 접촉 확대, 구성원 교육과 정보 공유가 가능하다.

① 관료제   ② 기계적 관료제   ③ 수평조직

④ 전문적 관료제   ⑤ 기능조직

9. 왼쪽에 제시된 키워드를 참고하여 오른쪽을 채우시오. 고층조직의 문제점은?

의사소통의 문제	

10. 관료제란 어떤 조직인가? 관료제의 문제점 등을 토론하시오.

11. 파킨슨 법칙의 핵심은 무엇인지 토론하시오.

12. 박스 안의 글을 읽고 핵심을 파악한 후 토론하시오.

> 인간은 정상에 오르려고 한다. 위쪽 높은 곳이 더 좋은 곳이며, 최선의 자리라고 생각하기 때문이다. 인간이 산을 오르는 것은 산이 있어서가 아니라 산이 높기 때문일지도 모른다. 인간들은 삶을 하나의 사다리, 즉 힘들어서 차근차근 한 단계 한 단계 올라가야만 하는, 또한 높이 오르면 오를수록 정상과 가까워지는 사다리로 여기는 것 같다. 하지만 삶에서의 성공이란 단순히 높은 곳으로 올라가는 것만을 뜻하지 않는다. 성공이란 그저 거쳐 가는 하나의 길, 달려가는 하나의 길일 뿐이다.
>
> 닭의 세계에도 소위 서열이란 것이 있다. 어떤 닭이 다른 닭들로부터 부리로 쪼이지 않는다면 그것은 바로 우두머리 닭이다. 서열 1위의 닭은 서열 2, 3, 4위의 닭을 쪼을 수 있다. 중간 서열의 닭, 예를 들면 서열 50위의 닭은 서열 1위에서 49위의 닭에게 쪼이지만 51위부터 100위까지의 닭을 쪼을 수 있다. 하지만 한 마리의 닭이 저보다 서열이 아래인 모든 닭을 쪼는다면 알 낳을 시간도 없게 될 것이다. 최고 서열의 닭이 제 위치를 지키기 위해 저보다 아래의 모든 닭을 쪼는다면 쉬 지치고 말 것이다. 실제로 닭들을 보면 서열 1위의 닭은 저보다 낮은 몇 마리 닭만 관리한다. 마찬가지로 서열 35위의 닭은 40위권에 있는 닭 중에서 자신보다 서열이 낮은 몇 닭만을 직접 관리한다.

이러한 구조, 즉 위계질서 덕분에 우리는 각자가 도달한 곳의 디딤판에만 관심을 가져도 되는 것이다. 또한 이러한 구조는 우리로 하여금 단계를 뛰어넘은 도약을 불가능하게 만든다. 물론 이러한 시스템을 통해서 조직의 안정이 보장되기도 한다. 개인의 상승은 억제되는 반면, 전체의 안녕이 보장되는 셈이다. 이러한 시스템의 가장 좋은 점은 모든 이들이 자기 위에 많은 우두머리를 갖고 있기도 하지만 동시에 자기보다 낮은 서열에 대한 우두머리도 된다는 점이다.

13. [그림 4-1] 최고경영층의 구조를 참조하여 실제 기업의 사례를 조사하여 발표하시오.

14. 중간관리자에 속하는 사람들이 조직에서 겪는 어려움에는 어떤 것이 있는지 해당인물에 대한 기사, 스토리, 대면 접촉을 통한 인터뷰 내용 등을 정리하여 발표하시오.

1   Gupta, A.K. (1988). "Contingency Perspectives on Strategic Leadership," in Hambrick, D.C., ed., *The Executive Effect: Concepts and Methods for Studying Top Managers* (Greenwich, Conn.: JAI Press), pp.147-178.

2   Galbraith, J.R. (1973). *Designing Complex Organizations* (Reading, Mass.: AddisonWesley)

3   Lawrence, P.R. and Lorsch, J.W. (1967). *Organization and Environment* (Boston: Graduate School of Business Administration, Harvard University)

4   Child, J. (1977). *Organization: A Guide for Managers and Administrators* (New York: Harper and Row), pp.10-15.

5   Scott, W.R. (1981). *Organizations: Rational, Natural and Open Systems* (Englewood Cliffs, N.J.: Prentice Hall), pp.235-240.

6   Baker, D.D., & Cullen, J.C. (1993). "Administrative Reorganization and the Configurational Context: The Contingent Effects of Age, Size and Changes in Size?," *Academy of Management Journal*, vol.36, pp.1251-1277.

7   Blau, P.M., & Schoenherr, R.A. (1971). *The Structure of Organizations* (New York: Basic Books)

8   Carzo, R., & Zanousas, J.N. (1969). "Effects of Flat and Tall Structure," *Administrative Science Quarterly*, vol.14, pp.178-191.; Gupta A., & Govindarajan V. (1984). "Business Unit Strategy, Managerial Characteristics and Business Unit Effectiveness at Strategy Implementation", *Academy of Management Journal*, vol.27, pp.25-41.

9   Wagel, W.H. (1984). "Keeping the Organization Lean at Federal Express?," *Personnel*, vol.4, p.4.

10 Parkinson, C.N. (1964). *Parkinson's Law* (New York: Ballantine Books)

11 Graicunas, V.A. (1937). "Relationships in Organizations," in Gulick, L., & Urwick, L., eds., *Science of Administration* (New York: Institute of Public Administration), pp.181-185.

12 Van Fleet, D.D. (1983). "Span of Management Research and Issues", *Academy of Management Journal*, vol.4, pp.546-552.

13 Weber, M. (1946). *From Max Weber: Essays in Sociology*, eds. Gerth, H.H., & Mills, C.W. (New York: Oxford University Press); Weber, M., *Economy and Society*, eds. Roth, G., & Wittich, C. (1978). (Berkeley: University of California Press)

14 Perrow, C. (1979). *Complex Organizations*, 2nd., (Glenview, Ill.: Scott, Foresman)

15 Weber, M. (1946). Ibid, p.331.

16 Kahn, R.L., Wolfe D.M., Quinn, R.P., Snoek, J.D., & Rosenthal, R.A. (1964). *Organizational*

Stress: Studies in Role Conflict and Ambiguity (New York: Wiley)

17 Lawrence, J.W., & Lorsch, J.W. (1977). *Organization and Environment*; Galbraith, J.R., *Organization Design* (Reading, Mass.: Addison-Wesley)

18 Lawrence, J.W., & Lorsch, J.W. (1977). Ibid.

19 Perrow, C. (1979). Ibid.

20 Jones, G.R., & Hill, C.W.L. (1989). "Transaction Cost Analysis of Strategy Structure Choice," *Strategic Management Journal*, vol.9, pp.159-172.

21 Adler, P.S., & Borys, B. (1996). "Two Types of Bureaucracy," *Administrative Science Quarterly*, vol.41, pp.61-89.

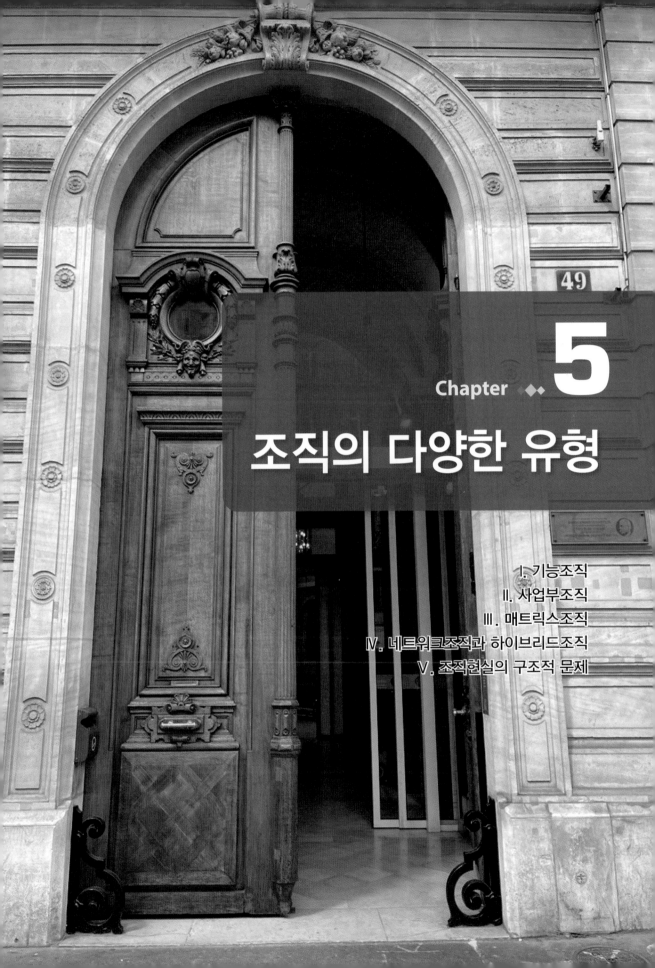

Chapter ◆◆ **5**

조직의 다양한 유형

양극단을 어떻게 피할 수 있을까? 한 극단은 보스에게 모든 명령권을 주는 것이고, 다른 한 극단은 보스가 실질적으로 어떤 명령을 행사할 수 없도록 하는 것이다. 하나의 해결책은 사적인 감정에 치우친 명령을 내리지 못하게 하면서, 명령과 관련된 상황과 연관지어 생각하고, 상황에 따라 사람이 어떻게 해야 하는지를 규정해 놓고, 그 규정에 무조건 순응하도록 만드는 것이다.

– M.P. Follet

사람은 무슨 일을 하든지 자신의 인성과 맞는 일을 해야 한다. 우리는 타인으로 하여금 하기 싫은 일을 하도록 강요할 수 없으며 타인의 발전을 도와야 한다.

– H.L. Gantt

행복에 대한 생각은 개인마다 다르겠지만, 어찌됐든 생활의 목적은 행복이다. 인류생활을 보호하고자 하는 진실한 마음으로 피로를 없애고 낭비를 근절해야 한다. 그들이 무엇을 했건 목적을 달성하지 못했건 상관없이 우리는 타인이 행복하다고 느끼는 시간을 확대시켜야 한다.

– F.B. Gilbreth

◆ 학습목표

학습목표 1 : 기능조직이 필요한 경우 장단점을 비교할 수 있다.

학습목표 2 : 사업부 조직이 필요한 경우 세 가지 유형을 비교할 수 있다.

학습목표 3 : 매트릭스조직의 특성 및 장단점을 비교할 수 있다.

학습목표 4 : 네트워크조직의 특성 및 장단점을 비교할 수 있다.

학습목표 5 : 각 유형별 전문화와 조정 문제를 이해할 수 있다.

학습목표 6 : 하이브리드조직이 무엇인지 설명할 수 있다.

학습목표 7 : 조직설계의 응용에 대하여 이해할 수 있다.

◆ 핵심키워드

기능조직, 전문화, 통제조정활동, 통합, 리엔지니어링, 비즈니스프로세스, 사업부조, 수직적 분화, 수평적 분화, 태스크포스, 제품조직, 지역조직, 시장조직, 제품사업부조직, 다중사업부조직, 제품팀조직, 통합 메커니즘, 통합역할, 통합부서, 제품팀 관리자, 제품사업부 관리자, 매트릭스, 아웃소싱, 네트워크조직, 하이브리드조직

I 기능조직

조직설계의 기본 재료를 조직설계의 상황변수와 조합하면 기능조직, 사업부조직, 매트릭스조직, 네트워크조직, 하이브리드조직 등 다양한 형태의 조직구조(organization structure)가 나타난다. 기업은 자신이 처한 상황에 맞게 조직을 변화시켜 조직 유효성을 높여야 한다.

조직구조란 경영자가 인력과 자원을 어떻게 통제할 것인가에 대한 다양한 선택의 결과라고 할 수 있다. 조직의 구조가 다르다는 것은 조직마다 인력과 자원을 통제하는 방식이 다르다는 의미이며, 조직설계란 조직목표를 효율적으로 달성하기 위해 조직구조를 선택하는 과정이라 할 수 있다. 3장에서는 조직의 목표달성을 위해 조직의 분화와 통합, 집권화 및 분권화와 같은 권한배분, 표준화와 상호조정을 설계한다는 것을 학습했다.

5장에서는 조직설계의 또 다른 주제를 공부한다. 즉 조직의 경쟁우위를 만들기 위해 기능부서의 분업을 어떻게 수행하며, 분화된 부서를 어떻게 통제하고 조정할 것인가에 대하여 학습한다. 또한 조직이 목표를 달성할 수 있도록 인력과 자원을 가장 효과적으로 조정하고 동기부여 할 수 있는 최적화된 역할, 기능부서, 부문, 팀의 수직적 혹은 수평적인 관계를 어떻게 만들어 낼 것인가 하는 점에 대해서 배운다.

◆◆◆ 조직 인사이트 5-1   영원히 좋은 조직은 없다.

이 세상에 영원히 좋은 조직은 이 세상 어디에도 없다. 항상 새로운 조직을 만들어 환경에 대응하는 조직이 좋은 조직이다. 시대와 환경이 변화하면 조직도 그에 맞추어 달라져야 한다. 그런데 사람들은 좋은 조직이 있다고 생각한다. 그래서 어떤 조직이 좋다면 유행처럼 우르르 따라한다. 팀제, 소사장제, 프로세스조직, 네트워크조직, 학습조직 등 각종 조직론이 쏟아져 나오는 이유도 여기에 있다.

전략이 바뀌면 조직을 고치고 사람이 바뀌어도 조직을 고친다. 물론 바뀌는 것 자체에 문제가 있다는 뜻은 아니다. 필요하다면 누가 뭐라고 한들 바꾸어야 한다. 그러나 덩달아 바꾸는 것이야말로 안 될 일이다. 조직을 바꿔 성공한 예도 많지만 괜히 바꿔 망친 경우도 적지 않다. 지금 이 시점에서 자기 위치에 맞는 조직을 택해야 한다. 내 몸에 맞는 옷(조직)을 입어야 한다는 말이다.

1 라인과 스태프

조직구조 중 가장 기본적인 것이 바로 기능조직(functional structure)이다. 이를 어떤 학자는 직능부제 조직이라고도 한다. 기능조직은 전체 조직을 기능별로 분화시킨 것으로, 인사 기능, 생산 기능, 회계 기능, 재무 기능, 영업 기능, 구매 기능 등이 있다. 대개 기업에 있어 가장 중요한 기능으로 생산과 영업 혹은 마케팅 기능이 꼽힌다. 이러한 기능을 라인(line)이라 한다.

라인을 도와주는 인사 기능, 재무 기능, 회계 기능을 스태프(staff)라고 한다. 기능부서에서 일하는 사람은 그 기능에 적합한 사람으로서 전문성이 매우 높다. 전문화의 원칙을 통해 업무를 보다 효율적으로 처리할 수 있다. 기능조직은 조직의 목표달성을 위해서 각각의 기능이 맡은 바를 성실하게 수행할 때 가장 큰 효과를 발휘한다. 또한 기능부서 간 협조가 원활하게 이루어져야 조직은 목표를 달성할 수 있다.

2 전문화와 수평적 분화

조직의 구성원이 증가하고, 조직이 상대하는 고객의 수가 증가함에 따라 경영활동은 그만큼 복잡해진다. 창업 초기에는 경영을 책임지는 몇몇 사람이 여러 가지 역할을 동시에 수행할 수 있지만, 사업이 확장됨에 따라 업무가 가중되고 역할의 전문화 필요성이 대두되며 보다 세분화된 분업이 필요하게 된다. 앞에서 설명했듯이 한 사람에게 한 가지 역할을 할당하는 것이 전문화와 수평적 분화의 시작이다. 이러한 과정이 계속되면 기능조직이 만들어지는데, 기능조직에서는 공통적인 기술과 전문성을 가진 사람을 기초로 그룹화하거나 동일한 자원을 사용하는 기능끼리 묶게 된다. 예를 들어 대규모 레스토랑에는 키친 기능과 홀 기능으로 분류하며, 화장품 판매회사에서 회계사는 회계 기능부서로 모이고, 실험실에서 일하는 연구개발 담당자는 연구개발부서로 분류된다.

기능조직은 수평구조를 근본으로 한다. 회사는 합리적 가격에 높은 품질의 제품을 고객에게 제공하는 것과 같은 중요한 목표를 효율적으로 달성하기 위하여 각 부문에 과업을 할당한다.[1] 각 부문이 전문화됨에 따라 기술과 능력이 개선되고 조직에 경쟁우위를 가져다주는 핵심역량이 형성된다. [그림 5-1]은 기능조직의 예이다.

조직은 점점 복잡해지는 과업 요구에 대응하기 위하여 다양한 부문이 필요해진다.

[그림 5-1] 기능조직의 예

예를 들어 중소기업의 소유주는 회계와 마케팅을 맡기기 위해 외부 전문가를 고용할 수 있다. 그러나 조직규모와 복잡성이 증가함에 따라 효율적 통제를 위해서 외부 전문가를 고용하는 것보다 기업 자체적으로 회계와 마케팅 담당자를 육성하는 것이 더 효율적일 수도 있다. 조직이 성장함에 따라 조직이 더 복잡해지는 이유가 바로 여기에 있다. 단지 한 가지 기능에서 두, 세 가지 기능으로 확장되는 것이 아니라 각각의 기능 안에 더 많은 전문화를 도모하기 때문에 더 복잡해진다. 즉 조직은 보다 많은 기능을 개발해 나갈 뿐만 아니라 각 기능에서 높은 전문화를 필요로 한다.

③ 기능조직의 장점

규모도 별로 크지 않고 환경이 매우 안정적이며 각 기능부서 간의 기술적 의존성이 낮은 일상적 기술을 사용하는 조직이라면 기능조직이 아주 적합하다. 또한 이러한 조직은 각 기능부서의 상급 관리자에게 권한과 영향력이 주어진다.

기능조직의 장점은 유사한 업무를 한 기능부서로 집결함으로써 얻는 규모의 경제를 비롯하여 한 개 부서에서 한 가지 기능에 익숙해지다 보면 짧은 시간에 경험과 지식, 기술을 배울 수 있다는 점이다. 또한 기능조직은 동일한 기능에 속한 구성원이 서로의 전문적인 업무를 배울 기회가 많다. 공통의 기술을 소유한 사람이 한 개 기능부서에 모이면 각자가 가지고 있는 최적의 해법이나 과업을 공유할 수 있는데 실무에 숙련된 사원이 신입사원을 교육하는 데 효과적이다. 따라서 경영자는 가장 숙련된 사원을 승진시켜서 이들에게 신입사원을 직접 고용하고 훈련시키고 적임자를 개발하는 임무를 부여한다면 이것이야말로 조직이 기술과 능력을 축적하는 가장 좋은 방법 중 하나가 될 것이다.

동일 기술을 가지고 있기 때문에 서로의 행동을 통제하기가 수월하다는 장점을 가진다. 동일 부서 내의 동료끼리 감시자이며 감독자인 셈이다. 특히 상급자로부터의 감독이 어려운 상황에서 작업이 복잡하고 협동이 필요할 때 동료에 의한 감독은 아주 의미가 있다. 마지막으로 오랜 시간 동안 같은 부문에서 함께 일을 한 사람은 보다 효율적으로 일을 하기 위한 규범과 가치를 개발하기가 수월하다. 그들은 조직에 몰입하는 하나의 팀이기 때문이다.

◆◆◆ 조직 인사이트 5-2   초우량 기업

1982년에 출판된 피터스와 워터맨(T.J. Peters & R.H. Waterman, Jr.)이 쓴 [초우량 기업의 조건]에는 미국의 우량기업 43개 사의 공통 특성이 나온다.

- 행동 중시 : 합리적 분석보다는 실험정신을 토대로 한 행동을 존중한다.즉 새로운 것을 시도, 문제가 발생하면 문제를 적극적으로 해결한다.
- 고객 밀착 : 고객의 소리에 민감하게 고객으로부터 배우는 것을 매우 중시한다. 즉 고객에게 밀착하여 정보수집, 제품 및 서비스 품질 향상 아이디어를 획득, 경쟁사보다 우위에 있다.
- 기업가정신 : 구성원의 자율성, 기업가정신이 풍부했다. 사내의 분위기는 실패가 되더라도 이를 허용하는 관대한 분위기가 있었고 시행착오를 통한 학습을 장려하는 혁신 분위기가 유지된다.
- 사람을 통한 생산성 향상 : 사람을 통한 생산성 향상을 항시 중시한다. 즉 조직의 말단 구성원이라도 단순 노동력으로 간주하지 않고, 품질과 생산성을 향상시키는 원천으로 대우한다.
- 가치관에 입각한 실천 : 가치관을 기초로 한 실천을 중시한다. 기업경영의 성공 여부는 구성원 에너지를 계속해서 최대한으로 끌어내는 데 달려 있다.
- 관련다각화 : 일을 다각화할 때 자사가 본래하고 있는 전통적 업무 분야와 관련 있는 다각화를 꾀하였다. 업무의 약점을 보완하기 위한 인수합병을 시도하였다.
- 단순조직과 작은 본사 : 조직을 단순화하여 본사의 관리 부문이 역할을 최소한으로 하고, 관리 시스템이 복잡화하는 것을 미연에 방지해 간접비용을 줄였다.
- 엄격함과 완만함의 양면을 동시에 추구 : 본사의 관리 부문으로부터 엄격한 통제와 구성원 각각의 자율성과 기업가정신을 촉진하는 완만한 통제가 공존하고 있었다.

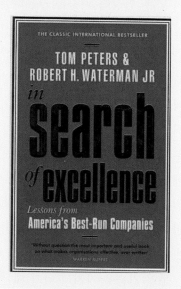

4 기능조직에서의 통제문제

기능부서 간 목표나 이해관계가 달라 갈등 관계에 놓이면 부서 간 조정이 매우 어렵고, 조직 전체의 목표달성 보다 자신이 속한 기능부서만을 중시하는 편협한 사고를 드러낼 수도 있다. 따라서 최고경영자는 팔방미인이거나 다기능적(multifunctional, cross functional) 경영 수업을 통한 관리자가 되어야지 한 가지 기능 분야만의 전문가가 되어서는 곤란하다. 인적자원관리 기능부서에서만 근무를 한 경영자가 생산관리나 품질관리 기능부서는 이해 못한 채 인적자원관리 부서만 중요하다고 해서는 안된다. 또한 환경이 급변하거나 기술이 아주 비일상적일 때 기능조직은 적응력이 떨어지는 단점을 가진다.

하지만 각각의 기능부서는 전문화를 가능케 하며 각 부문의 구성원을 가장 효과적으로 관리할 수 있다. 대부분의 조직은 처음에는 기능조직으로 조직화한다. 기능조직은 핵심역량을 키우는 데 효과적이며 조직의 인력과 자원관리 능력을 키워 준다. 하지만 조직이 계속 성장하고 분화됨에 따라 기능조직은 문제점을 가지게 된다. 조직의 기술과 능력이 증가하고, 조직이 보다 다양하고 우수한 제품에 대한 욕구가 증가하였는데도 이를 충족시키기 위한 조직능력이 부족하기 때문이다.

또한 조직이 제공하는 제품 및 서비스에 대한 고객의 지각된 가치가 높아질수록 고객은 더 많은 것을 요구한다. 고객욕구의 증가는 충분한 물량 생산 능력에 타격을 줄 수도 있고 생산이 증가함에 따라 비용도 상승하는 문제가 발생할 수도 있다. 결국 선두를 유지하고 경쟁자를 물리치기 위한 압박은 연구개발과 품질개선 등의 부담으로 이어진다. 따라서 성공적인 조직은 조직이 성장하고 분화됨에 따라 점점 복잡해지는 활동을 어떻게 통제하는가 하는 문제에 직면한다. 조직이 더 많은 제품을 생산하며 지역적으로 확대되고 경쟁이 증가함에 따라 통제문제가 중요해진다.[2]

〈표 5-1〉 **기능조직의 장단점 비교**

강점	약점
• 기능부서 내 규모의 경제 허용 • 고급 지식과 스킬 개발 가능 • 기능부서의 목표 달성 • 소수의 제품에 집중	• 환경 변화에의 적응이 느림. • 위계를 통한 의사결정 • 부서 간의 조정 어려움. • 혁신적이지 못함. • 조직목표 달성의 제약

상호 의사소통의 문제

각각의 위계를 갖는 기능부서가 많아짐에 따라 부문 간 보다 많은 거리감이 생겨난다. 각 부서는 자기 부서를 중시하는 부서이기주의에 빠지게 되어 부서 간 의사소통에 많은 어려움이 생긴다.[3] 예를 들어 판매부서에서는 조직의 주된 문제가 이익증대를 위한 고객의 욕구를 신속하게 만족시키는 것에, 생산부서에서는 비용을 줄이고 제품을 단순화하는 것을 보다 중요시한다. 연구개발부서에서는 제품을 기술적으로 정교화하는 데 주안점을 둔다. 이러한 부서 간 의사소통이 부족해지면 부서 간 조화와 상호조정이 감소되고, 이는 고객과 시장의 요구에 대한 조직의 반응을 어렵게 만든다.

공헌도 측정의 문제

무엇이든지 간에 통제를 위해서 필수적인 것이 바로 측정이다. 측정 방법이 마련되어 있어야 평가의 근거가 된다. 그러나 조직이 성장하고 부서와 제품 및 서비스의 종류와 복잡성이 증가함에 따라 각 부서에서 전체의 이익에 어느 정도 기여했는지에 대한 정보를 얻기가 그리 쉽지 않다. 그 이유는 제품 개발을 위한 각 부서의 공헌과 비용을 분리시킬 수 없기 때문이다. 각 부서의 기여도를 측정할 수 없기 때문에 조직은 자원을 최적으로 사용하지 못하게 된다.

넓은 지역 간 통제의 문제

조직이 발전함에 따라 고객의 욕구를 충족시키기 위해 다른 지역에도 매장을 둘 필요가 생겨난다. 지역적으로 확대된 기능조직의 문제 중 하나가 바로 통제 문제이다. 여러 나라에서 활동하는 조직의 경우 집권화로는 생산 및 판매 활동을 제대로 통제할 수 없다. 그러므로 여러 지역에 사업장을 둔 조직은 중앙집권적 의사결정권과 지역적 자율권의 균형을 유지하기 위한 정보 시스템의 구축이 무엇보다 우선되어야 한다.

고객욕구 충족의 문제

조직이 성장함에 따라 제공하는 제품 및 서비스의 범위가 넓어지고 품질도 좋아진다. 그러다 보면 관심을 갖는 고객도 다양해진다. 새로운 고객의 욕구를 충족시키고 이들에게 적합한 제품을 제공하는 것이 기능조직에서는 다른 조직에 비해 상대적으로 어렵다. 전반적인 고객만족보다 자기가 맡고 있는 부서와 관련된 부분에만 오로지 최선을 다하기 때문이다. 따라서 기능조직에서는 고객의 욕구를 규명하고 만족시키는 능력이 그만큼 떨어지는 것이다.

중장기 전략수립의 문제

최고경영자는 조정 문제에 대한 해결책을 찾는 데 많은 시간을 허비하기 때문에 회사가 직면한 중장기 전략 문제에 신경 쓸 시간이 부족할 수 있다. 예를 들어 경영자는 의사소통과 통합 문제를 해결하는 데 너무나 깊이 관여하고 있어서 종종 미래의 신제품 개발 계획을 수립할 시간을 놓치기도 한다. 그러다 보면 조직은 방향을 잃고 헤매게 된다.

◆◆◆ 조직 인사이트 5-3　리엔지니어링

과업을 통합하고 조직 유효성을 개선하기 위해 기능부서를 재설계하는 절차를 언급할 때 흔히 리엔지니어링이라는 용어를 사용한다. 이 용어를 최초로 언급한 햄머와 챔피(M. Hammer & J. Champy)는 "리엔지니어링에는 비용, 품질, 서비스, 스피드 등과 같은 중요한 성과 측정치를 개선하기 위해 비즈니스 프로세스를 급격하게 재설계하고 근본적으로 생각을 바꾸는 것이 필요하다."고 주장하였다.[4] 그들은 "리엔지니어링의 대상은 조직이 아니라 프로세스라고 본다. 조직 내의 판매부서나 생산부서를 리엔지니어링하는 것이 아니라 그러한 부서에서 일하는 구성원의 작업, 업무, 과업과정을 리엔지니어링해야 한다."고 강조한다.[5]

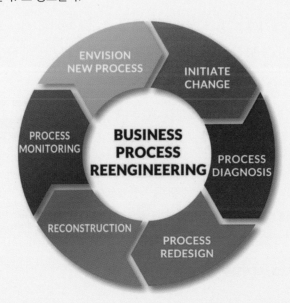

5 통제문제의 해결

기능조직에서 나타나는 의사소통 문제를 해결하거나 기능부서 간의 통합을 증가시키려 할 때 조직구조를 재설계하는 경우가 있다. 예를 들어 영업부서와 마케팅부서 간의 관계를 어떻게 관리할 것인가 하는 점을 생각해 보자. [그림 5-2]에서 ①은 영업부서와 마케팅부서가 독립된 부문으로 존재하는 전통적인 경우이다. 영업부서는 각각의 위계를 가지고 있고 마케팅부서와 독립적이다. 하지만 많은 조직이 이러한 조직의 설계를 바꿔서 부서의 통합을 시도한다. 이것이 바로 ②의 경우이다. 이러한 변화의 이유는 유사한 기능부서를 통합함으로써 통제력을 강화하고자 하는 데 있다.

리엔지니어링을 시작한 조직은 지금까지의 과업, 역할, 작업활동을 일단 무시해야 한다. 고객에게 최상의 품질과 서비스를 제공하기 위해 비즈니스 프로세스를 어떻게 재조정해야 하는가에 대해 스스로 질문해 보아야 한다. 이러한 질문을 통해 보다 효과적인 방법을 찾아야 한다. 예를 들어 제품 및 서비스를 제공하기 위해 열 가지의 작업공정을 거치던 프로세스가 리엔지니어링 이후에 세 가지 공정으로 축소되어 매우 저렴한 비용과 극소수의 사람으로 운영될 수 있다.

기능부서를 통합하고 활동을 효과적으로 통제하기 위해 리엔지니어링을 어떻게 적용하는지에 대한 좋은 예가 [그림 5-3]이다.[6] 이에 의하면 보다 나은 조직 유효성을 달성하기 위해 자재관리 기능을 재설계하였다. 과거에 자재관리의 3대 주요 기능인 구매부서, 생산통제부서, 유통부서는 전형적으로 분리된 기능이었으며 서로 독립적 관계에 있었다.

그림의 ①은 전통적인 기능적 설계를 보여 준다. 각 부서는 나름대로의 구분 및 위계를 갖고, 수직적·수평적 의사소통 문제를가 있개 된다. ①의 구조에서는 비용 절

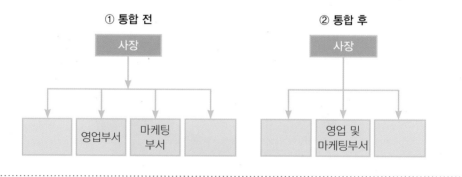

[그림 5-2] 영업부서와 마케팅부서의 통합

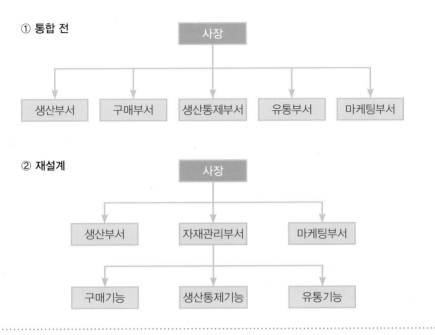

[그림 5-3] 자재관리 기능부서의 재설계

감을 위한 정보를 신속하게 처리하기 어렵다. 예를 들어 자동화된 생산과 창고관리를 위해서는 활동의 세심한 조정이 요구되지만, 자재관리활동의 전통적인 설계하에서는 이러한 목표가 달성되도록 충분한 통제를 하지 못한다. 이러한 활동의 분리가 종종 생산성을 떨어뜨리고 비용을 증가시킨다는 단점을 가지고 있긴 하지만, 많은 조직이 자재관리 프로세스를 리엔지니어링하려고 한다.

한편 대부분의 조직은 세 가지 기능의 활동들을 ②에서처럼 자재관리라는 한 부서 안에 포함시켰다. ②의 구조하에서 경영자가 갖는 하나의 위계는 자재관리의 세 가지 기능에 적용되며, 그러한 경영자 간의 의사소통은 동일 부서 내에서 이루어지기 때문에 보다 용이하다.

리엔지니어링은 비용, 품질, 고객 대우, 업무 속도 등의 각종 성과지표를 획기적으로 향상시키기 위해 업무 진행 프로세스를 근본적으로 재고하면서 재설계하는 것을 의미한다. 즉 프로세스 중심의 전혀 새로운 방식을 도입하여 과업을 설계하고 생산성을 높이고 시간을 단축한다. 기존의 업무 프로세스가 제품의 생산 또는 기능 중심이던 것을 어떻게 하면 고객에게 더 질 좋은 제품 및 서비스를 더 빨리 제공할 수 있도록 고객 중심의 프로세스로 과감하게 조직을 변화시키는 방법이다.

리엔지니어링의 증가는 기능부서 간 통합을 통해 통제 문제를 해결할 수 있고, 이를 통해 조직 유효성이 증대되기도 한다.[7] 그러나 통제의 문제가 기능조직의 리엔지니어링을 통해서 모두 해결될 수 있는 것은 아니다. 그러므로 조직이 성장하고 분화됨에 따라서 효과적인 과업 수행을 위해서는 보다 복잡한 구조를 가질 필요가 있다.

Ⅱ 사업부조직

사업부조직(divisional structure)이란 기능조직과 달리 조직 내 자율성을 갖는 별도의 경영단위, 즉 제품구조(product structure) 혹은 전략적 사업단위(strategic business units, SBU)를 형성하는 조직형태로서 분권화 경향이 짙어짐에 따라 생성되었다. 조직이 소수의 특정 제품을 생산하기 위해 자금과 예산, 인력 보충 등의 경영을 스스로 통제하고, 그 제품을 극소수의 지역에서 생산하고, 제품을 단지 한 형태의 고객에게 판매한다면, 기능조직을 통해 대부분의 통제 문제를 관리할 수 있다. 그러나 조직이 성장함에 따라 이질적인 제품을 생산하게 된다. 더욱이 조직의 제품과 서비스 생산이 증가되면 지리적으로 여러 곳에 공장이나 사무실을 가져야 하며 다양한 유형의 고객욕구에 부응해야 한다.

〈표 5-2〉 **사업부조직의 장단점 비교**

강점	약점
• 불안정한 환경에서 빠른 변화 가능	• 기능부서에서의 규모의 경제 인정 축소
• 제품 책임성으로 인한 고객만족	• 제품라인 간 조정이 낮음.
• 기능부서 간 높은 조정	• 기술 전문화 줄어듦.
• 상이한 제품, 지역, 고객	• 제품라인 간 통합과 표준화 어렵게 만듦.
• 여러 제품을 가진 대규모 조직에서 최상	
• 분권화된 의사결정	

조직이 성장하면 고객욕구를 보다 잘 충족시키는 제품을 만들기 위해 상이한 부문의 통제를 잘 할 수 있는 조직구조가 필요하게 된다. 보다 복잡한 조직으로 변화할 것인가를 결정할 때 다음과 같은 세 가지 요인을 고려한다.

1 수직적 분화의 증가

수직적 분화는 조직의 전략적 대응 능력과 환경 불확실성에 대한 대응 능력을 높인다. 물론 이 과정에서 정보처리 능력의 중복이라는 비용이 들지만 수직적 방향의 통제를 위해서 수직적 분화를 증가시킬 필요가 있는데 이는 전형적으로 다음을 포함한다.

- 위계의 계층 수 증가 정도
- 조직 최상층에 권한을 집중시키는 정도
- 구성원 통제를 위한 표준화와 규칙·규범의 적용 정도

2 수평적 분화의 증가

사업부제가 될수록 조직은 구성원의 통제를 위해 수평적 분화를 증가시킬 필요가 있다. 즉 하나의 기능을 제품사업부별로 나누어야 한다. 예를 들면 회계 기능을 제품사업부별로 나누면 수평적 분화가 된다. 수평적 분화는 복잡성을 제거하여 환경 불확실성에 대처할 수 있는 능력을 높이고 다양한 환경에 적합한 조직의 구축을 가능하게 한다. 그렇지만 수평적 분화가 되면 규모의 경제(economy of scale)라는 장점은 사라진다.

3 통합의 증가

조직은 수직적·수평적 통합을 하기 위해서 하부단위의 통합을 증가시킬 필요가 있다. 분화의 수준이 높아질수록 통제를 위한 조직의 통합 기법이 복잡해진다(3장 참조). 조직은 구성원의 활동을 조정하고 동기부여나 능력 배양을 위하여 하부단위가 나누어지는 것보다 통합되어 있는 것이 효과적이기 때문에 통제의 필요성이 증대된다.

[그림 5-4]의 ①은 분화와 통합을 증가시키는 수직적 분화와 수평적 분화를 보여 준다. ①에 제시된 조직은 두 가지 수준의 위계와 3개의 하부단위를 갖고 있다. 이 조직이 사용하는 유일한 통합 기법은 권한위계이다. ②는 성장과 분화의 효과를 보여 준다. 조직의 복잡한 활동을 관리하기 위해서 조직은 세 가지 수준의 위계와 8개

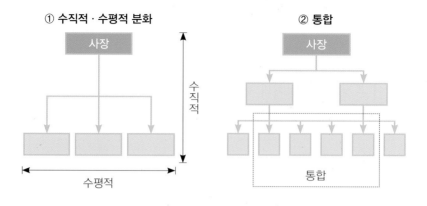

[그림 5-4] 분화와 통합

의 하부단위로 증가하였다. 조직은 분화의 증가로 인해서 높은 수준의 통합이 필요하고, 따라서 하부단위 간의 활동을 통제하기 위한 움직임이 생기게 된다.

5장에서 논의하는 모든 복잡한 조직은 수직적 분화, 수평적 분화 및 통합을 위한 관리자의 의사결정의 결과로 나타난다. 복잡한 사업부조직으로의 변화는 일반적으로 제품조직, 지역조직, 시장조직 등 세 가지이다.

4 기능조직에서 사업부조직으로의 변화

조직이 다양한 고객을 위해서 여러 지역에서 다양한 제품을 생산하는 경우에 발생하는 경영진의 중앙 통제 문제를 해결하기 위해 가장 일반적으로 채택하는 조직구조가 바로 사업부조직이다. 사업부조직은 제품, 시장 혹은 고객의 구체적인 요구에 의해 기능을 하도록 되어 있다. 사업부조직으로 변화하려는 의도는 작고 관리가 가능한 하부단위를 만들기 위해서라고 할 수 있다.

사업부조직의 유형은 해결해야 할 구체적인 통제를 어떻게 하느냐에 따라 달라진다. 제품의 수와 복잡성에 의해 야기된 문제일 경우 조직활동을 제품에 의해 구분할 것이고, 그 조직의 이름은 제품조직(product structure)이라 한다. 생산과 판매 장소의 수에 의해 야기된 문제라면 지역별로 구분하여 지역조직(geographic structure)이라 한다. 또한 많은 수의 다양한 고객 집단에게 서비스하기 위해 야기된 문제라면 조직은 활동을 고객 집단에 의해 구분하고 시장조직(market structure)이라 한다.

　　어느 기업의 자회사는 현지의 기후 특성상 여성이 자주 화장을 고쳐야 하고, 그로 인해 젊은 여성의 휴대용 콤팩트 파우더 수요가 매우 높다는 점을 파악하고, 이 수요를 충족할 수 있는 제품은 물론 제품광고, 유통경로까지 확보하였다. 그러나 본사에서는 화장품이 사업영역이 아니라는 이유로 자회사가 있는 지역의 휴대용 파우더의 출시를 허가하지 않았다. 이후 자회사의 끈질긴 설득으로 제품이 출시되었고, 자회사는 예상한 판매량의 10배에 가까운 판매 실적을 올렸다.

　　하지만 본사는 여전히 이 제품을 기업의 보조 제품으로 한정하고, 자회사가 있는 지역 외의 국가에는 판매를 허가하지 않음으로써 시장주도권을 현지 기업에게 넘겨주고 만다. 왜 현지 시장의 필요를 충족할 수 있는 훌륭한 제품을 경쟁자보다 앞서 개발했음에도 불구하고 그 시장을 잃었는가? 본사로부터 멀리 떨어진 자회사의 사장은 현지 소비자의 욕구에 민감하였고, 이를 충족할 수 있는 기술에 관한 충분한 지식을 보유하였음은 물론 재빨리 적절한 제품의 출시를 준비하는 유연성과 대응성까지 갖추고 있었다. 그러나 본사의 전략적 유연성의 결여와 경직된 사고로 말미암아 현지 자회사에게 권한과 책임을 충분히 위임하지 않았고, 임파워먼트도 제대로 되지 않았다. 그런 와중에서도 자회사가 기업가정신을 가지고 상당히 창의적인 아이디어를 바탕으로 경쟁력 있는 제품까지 출시하였으나 본사는 이를 무시하였다. 그 결과 제품을 출시하는 데 민첩성을 기할 수 없어, 성공의 기회를 타 기업에게 넘겨주는 결과를 초래하였다. 미래 조직은 어떤 측면에 강해야 하는가?

• 유연성, 대응성, 민첩성이 높아야 한다.
• 임파워먼트를 잘해야 한다.
• 학습 및 지식축적에 강해야 한다.

5 제품조직으로서의 사업부조직

　　조직의 제품 및 서비스가 증가함에 따라 과업활동을 조정하는 데 있어서 기능조직의 조직 유효성은 낮아진다. 예를 들어 100가지 종류의 소파, 100가지 종류의 식탁, 50가지 종류의 의자를 생산하는 가구업체의 경우를 생각해 보자. 가치창출활동을 적절히 통제하는 것 자체가 거의 불가능하다. 제품의 범주가 증가함에 따라 조직 유효성과 통제문제의 단순화를 유지하기 위해서 기능조직이 아닌 제품 유형에 의해 조직화하는 것이 필요해진다. 통제 문제를 단순화하기 위해 가구제조업체는 소파, 식탁, 의자 등 3개의 제품 집단을 만들어낼 수 있다.

한편 제품을 기준으로 조직화하기로 결정한 조직은 제품 부문과 다른 지원기능들(연구개발, 마케팅, 회계)을 어떻게 조화시킬 것인지를 결정해야 한다. 따라서 조직이 선택할 수 있는 대안을 두 가지 정도로 생각할 수 있다. 첫째, 특정 지원기능부서를 만듦으로써 이 부서를 모든 상이한 제품 부문을 각각 지원하도록 조직 최상층부에 집중시킨다. 둘째, 여러 개의 지원기능부서를 만들어서 각각의 제품 부문에 1개의 지원기능부서가 지원하도록 한다. 제품을 중심으로 한 사업부조직은 또한 세 가지 형태로 그 유형을 달리할 수 있다. 제품이 거의 유사하고 동일한 시장을 목표로 하는 조직은 집중화된 지원 서비스를 선택할 수 있는 제품사업부조직이 적합할 것이다. 제품이 매우 상이하고 몇 개의 상이한 시장이나 산업에서 활동하는 조직은 다중사업부조직이 적합할 것이다. 제품이 기술적으로 매우 복잡하거나 고객 선호의 변화에 적응하기 위해 신속하게 특성을 바꾸어야 하는 조직은 제품팀조직을 선택할 것이다.

제품사업부조직의 특성

제품사업부조직(product division structure)은 집중화된 지원 기능부서가 여러 개의 상이한 제품 라인을 지원하는 것이다. 제품사업부조직은 식료품업, 가구제조업, 개인용품 제조업, 제지업 혹은 매우 유사하고 동일한 지원 기능을 이용하는 경우에 이용된다. [그림 5-5]는 대형 식료품업체의 제품사업부조직의 예이다. 동일한 제조부서에서 다양한 음식을 생산하는 경우 통제가 매우 어렵고 비용이 많이 들기 때문에 제품 부문을 4개의 사업부로 나누었다. 이러한 결정은 조직의 수평적 분화를 증가시켰고, 각 부문은 각자의 위계를 가지고 전담 경영자의 통제를 받는 별도의 제조사업부가 되었다.

각 제품사업부 관리자(product division manager: 그림에서 PDM)는 자기 부문의 제조와 서비스 활동에 대한 책임을 진다. 또한 PDM은 제조와 서비스 활동을 마케팅이나 자재관리와 같은 중앙의 지원기능과 조화시킬 책임도 있다. 결과적으로 PDM의 역할은 조직의 위계를 증가시키고 따라서 수직적 분화를 증가시킨다.

[그림 5-5]는 마케팅, 연구개발, 자재관리, 재무관리 담당 부사장의 지원기능이 조직의 최상층에 집중되어 있는 제품사업부조직을 보여 준다. 각 제품사업부는 중앙의 지원기능부서를 이용하고, 자체적인 지원기능부서는 갖지 않는다. 각 사업부별로 별도의 지원기능을 갖는 것은 비용이 많이 들고 상이한 사업부의 요구가 너무 크고 달라서 각 제품 유형별로 요구되는 기능적 전문가들이 다를 경우에는 조정할 필요가

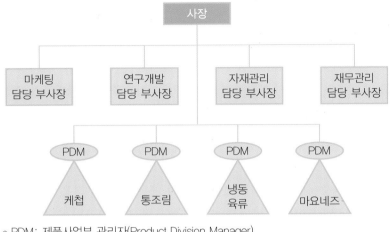

* PDM: 제품사업부 관리자(Product Division Manager)

[그림 5-5] 제품사업부조직

있다.

　각 지원기능부서는 하나의 특정 제품 부문에 초점을 둔 기능적 전문가가 있는 제품지향적인 팀으로 구분된다. [그림 5-6]은 연구개발기능이 별도의 제품 부문에 초점을 둔 4개의 팀으로 집단화된 것을 보여 준다. 1, 2, 3, 4팀이 각각의 제품 그룹의 필요에 따라 특화되고 전문화될 수 있다. 또한 각 팀이 동일한 중앙 기능에 속해 있기 때문에 지식과 정보를 서로 공유할 수 있다. 이러한 기술과 자원의 공유가 제품 부문 간 가치창조를 위한 능력을 배양하는 것이다.

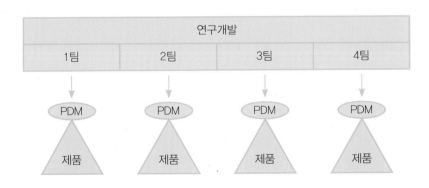

[그림 5-6] 제품지향적 팀

다중사업부조직의 특성

조직이 자동차와 같이 다양하고 복잡한 제품을 생산하거나 혹은 새로운 산업에 진입하거나 패스트푸드산업처럼 각종 제품을 만들어냄에 따라 제품사업부조직은 조직의 욕구를 통제하지 못한다. 복잡하고 다양한 가치창조활동을 관리하기 위해서는 지원 기능부서가 자율통제하에 속해 있는 다중사업부조직(multi-divisional structure)이 더 적절하다. [그림 5-7]에 대규모 회사에서 이용하는 다중사업부조직이 제시되어 있다.

[그림 5-7]의 다중사업부조직과 [그림 5-5]의 제품사업부조직을 비교해 보면 조직이 성장하여 다양한 산업에서 다양한 제품을 만들면서 경험하는 통제 문제를 해결하는 데 있어서 다중사업부조직이 세 가지 혁신적 측면을 가지고 있음을 알 수 있다.[8]

첫째, 각 사업부의 독립성이다. 다중사업부조직에서 각 사업부는 독립되어 있고 내부에 자기 조직화된 지원기능부서를 갖고 있다. 반면 제품사업부조직에서는 각 사업부가 중앙의 지원기능부서를 공유한다. 다중사업부조직에서 사업부가 자기 스스로 조직화되고 나면 각 사업부는 자체적인 지원기능부서를 가지고 가치창조활동을 통제

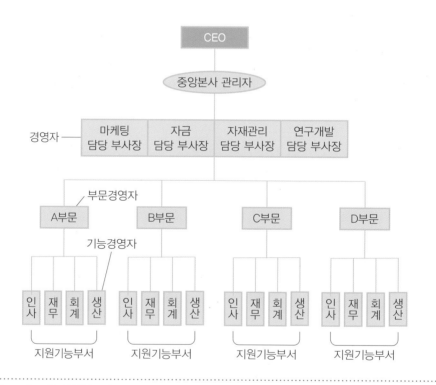

[그림 5-7] 다중사업부조직

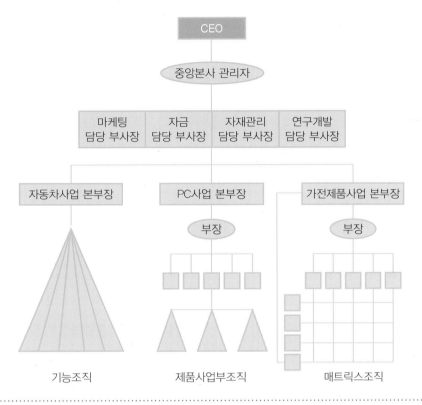

[그림 5-8] 다양한 조직 유형을 포함한 다중사업부조직

한다. 중앙집권화된 지원기능부서를 통해서는 완전히 상이한 제품(자동차, 컴퓨터, 가전제품 등)을 서비스하지 못하기 때문에 각 부문은 자체적인 지원기능부서를 필요로 하는 것이다. 결과적으로 수평적 분화가 증가한다.

둘째, 각 사업부 관리자의 활동을 감독할 중앙본사 관리자(CHS : Corporate Head-quarters Staff)의 출현이다. CHS는 기능을 중심으로 배치되고 사업부의 활동을 조정하는 역할을 한다.[9] 예를 들어 CHS는 사업부 내의 혁신이 조직 전체에 신속히 전달되도록 사업부의 정보 공유와 학습을 도와줄 수 있다. CHS가 또 다른 수준의 위계를 형성하기 때문에 통제 정도를 높여 주는 수직적 분화가 증가한다. 그리고 각 사업부 관리자는 CHS와 사업부를 연결하는 역할을 한다. 기능조직이나 제품사업부조직에 비해서 다중사업부조직은 복잡한 활동의 통제를 용이하게 해 주는 추가적인 분화와 통합의 기능을 하는 것이다.

셋째, 제품사업부조직은 한 가지 사업이나 산업에 종사하는 조직의 활동을 통제하는 데에만 사용된다. 반면에 다중사업부조직은 다양한 사업에 종사하는 조직에 적용되도록 설계되었다. 다중사업부조직의 각 부문은 상이한 사업이다. 더욱이 각 사업부에서 제품을 고객의 욕구에 부합시키기 위한 사업부별 조직을 설계하는 것은 각 사업부별 경영자의 책임이다. 따라서 다중사업부조직 내의 1개 혹은 그 이상의 독립된 사업부는 활동을 조정하기 위하여 제품사업조직이나 다른 조직유형을 사용할 수 있다. [그림 5-8]에 이러한 다양성이 제시되어 있다. 여기서 다중사업부조직은 서로 상이한 구조를 취하는 세 가지 사업부를 가진다. 자동차사업부는 좁은 범위의 단순한 부품을 생산하기 때문에 기능조직을 취한다. PC사업부는 제품사업부조직을 취하고, 각 사업부는 상이한 종류의 컴퓨터를 만든다. 가전제품사업부는 고객의 욕구에 신속하게 반응해야 하므로 매트릭스조직을 추구한다.

다중사업부조직의 효과

다중사업부조직이 매우 널리 사용되기 때문에 여기서 다중사업부조직의 장점과 단점을 세밀하게 살펴볼 필요가 있다. 우선 다중사업부조직이 효과적으로 관리되면 다음과 같은 여러 가지 장점을 갖는 대규모 조직이 될 수 있다.[10]

• 조직 유효성의 증대

다중사업부조직하에서 CHS와 사업본부장 간의 분업은 명확해진다. 사업본부장은 각각의 부문에서 행해지는 일상적인 운영과 고객욕구에 맞추어 부문의 활동을 조정하는 책임이 있다. CHS는 조직 전체의 장기계획과 조직목표에 적합하도록 사업부를 운영할 책임을 갖는다.

• 통제의 증가

CHS는 사업본부장들의 성과를 감시한다. 사업본부장들은 자신의 개인적 스태프 규모를 증가시키거나 자신의 지위를 상승시키려는 일은 하지 않는다. CHS는 비효율이 발생했을 때 이를 간섭하고 수정하도록 요구할 수 있는 위치에 있기 때문이다.

• 밝은 성장 전망

사업부가 성과를 내는 이익센터(profit center), 즉 수익성이 높은 것으로 평가되면, 어떤 자금 투자가 가장 큰 이익을 가져올 것인지 또는 어떤 사업부에 이익이 되는지를 전망할 수 있다. 따라서 CHS는 조직 전체의 성장을 촉진시키기 위한 보다 나은 자원 할당결정을 할 수 있다.

• 내부 노동시장

가장 능력 있는 사업본부장은 CHS로 승진된다. 따라서 사업본부장은 좋은 성과를 향한 인센티브를 갖는 셈이다. 대규모 사업부를 가진 회사는 모든 계층의 사람에게 조직 유효성을 증대시키기 위한 동기부여를 해주는 내부 노동시장(internal labor market)을 갖고 있다.

다중사업부조직의 단점

다중사업부조직도 다른 조직유형처럼 다음과 같은 문제점을 가지고 있다.

• 중앙본사와 사업부 관리

다중사업부조직하에서의 주된 관리 문제는 얼마나 많은 권한을 조직 전체 수준에 집중시킬 것인지 아니면 각 사업부 운영에 분산시킬 것인지에 달려 있다. 과도한 권한집중은 사업부를 구속하게 만들고 중앙본부에게 의사결정의 책임을 지게 만들고, 그 결과 열악한 성과를 초래한다. 그러나 과도한 분권화는 각 사업부에 너무 많은 자유를 주고 느슨해져서 그 비용을 통제하는 데 실패할 수도 있다. 이와 같이 중앙본부와 사업부 간의 관계는 계속적으로 관리되어야 한다. 환경이 변화함에 따라 집권화와 분권화의 필요성 정도가 계속해서 변할 것이기 때문이다.

• 사업부 간의 조정 문제

다중사업부조직이 구성되면 투자수익률 같은 유효성 척도가 사업부의 성과 비교에 이용될 수 있고 중앙본부는 그 성과에 기초하여 각 사업부에 자본을 할당할 수 있다. 그러나 한 가지 문제점은 사업부가 자원 확보를 위해 경쟁을 할 수 있고 이로 인하여 서로의 협동이 저해될 수 있다는 점이다. 예를 들어 자동차회사의 한 사업부가 고속엔진을 개발하고 그 정보를 다른 부문과 공유하기를 거절할 경우 기업 전체의 생산성은 저하될 것이다.

• 이전가격

사업부 간의 문제는 종종 이전가격(transfer price), 즉 한 사업부의 제품이나 혁신에 관한 정보를 다른 사업부로 판매할 때의 이전가격 때문에 생겨난다. 판매하는 입장에 있는 사업부는 투자수익을 극대화하기 위하여 높은 이전가격을 원하지만, 이것은 같은 조직의 일부인 다른 사업부를 곤란하게 만든다. 따라서 다중사업부조직에서 각 사업부를 협동하게 하는 통합기법을 구축하는 것이 중요하다.

• 운영비용

다중사업부조직은 운영을 위한 비용이 많이 소모된다. 각 사업부는 연구개발을 포함한 완전한 지원 기능을 가져야 한다. 따라서 조직 내부에 상당히 중복되는 활동이 있게 된다. 다중사업부조직을 운영하는 비용은 계속적으로 평가되어야 하고, 비용 대비 이익이 떨어지는 경우에는 사업부 수를 줄이거나 지원기능의 비용을 줄이는 방법을 모색해야 한다.

• 의사소통 문제

위계의 수가 많아지면 의사소통 문제, 특히 정보의 왜곡과 같은 문제가 발생할 소지가 있다. 다중사업부조직은 모든 조직유형 중에서 가장 높은 위계를 가지고 있기 때문에 이러한 문제가 흔히 발생한다. 그 안에서 중앙본사와 각 사업부문 간의 차이가 날 수밖에 없다. 사업본부장은 많은 자본 할당을 받기 위해 낮은 성과를 감추려고 하는 데 조직이나 기업 내에 수백 개의 부문이 있는 경우에 그러한 속임수를 감지해 내기란 거의 불가능하다. 또한 의사결정이 이루어지고 각 사업부로 전달되기까지의 시간이 너무 오래 걸려서 경쟁자에 대한 반응이 너무 느려질 수 있다. 조직의 집권화 정도가 높아질수록 의사소통 문제도 많아질 것이다.

제품팀조직의 특성

일반 기업의 제품사업부조직에서 마케팅이나 연구개발 같은 지원 분야의 구성원들은 그들의 서비스를 필요로 하는 다른 사업부와 조정을 한다. 그러나 그들의 관심은 사업부가 아니라 기능부서로 향하고 있다. 현재의 산업 경쟁이 제품에 초점을 두고 특히 고객욕구에 적합한 제품을 만드는 데 최선을 다하기 때문에 점점 조직은 전문가의 기능 지향성이 조직의 최고 관심사가 아니라는 것을 발견하게 된다. 더욱이 경쟁의 증가로 인하여 제품개발 속도를 높이고 개발비용은 낮춤으로써 시장 진출에 필요한 시간을 단축시키는 것이 중요해졌다. 이런 환경에 대응하기 위해 각 사업부

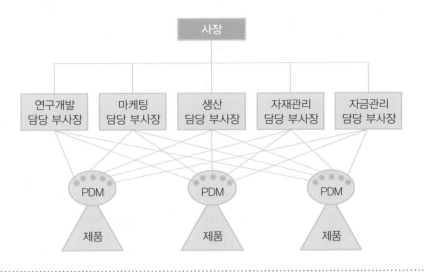

[그림 5-9] 제품팀조직

가 자체적인 지원기능을 갖는 다중사업부조직을 도입하는 것이다. 그러나 조직유형은 매우 많은 운영비용이 들고 부문 간 의사소통 문제가 혁신과 제품개발을 지연시킬 수 있다.

많은 기업이 이러한 문제를 해결하기 위해 새로운 조직을 찾는 과정에서 사업부조직을 제품팀조직(product team structure)으로 리엔지니어링하고 있다. 제품팀조직은 지원기능이 집중화되어 있는 제품사업부조직과 각 사업부가 자체적인 지원 기능을 갖는 다중사업부조직을 혼합한 것이다. 제품팀조직하에서 지원 기능을 담당하는 전문가는 특정한 종류의 제품(혹은 고객)에 전문화된 제품개발팀으로 통합된다. 사실상 각 팀은 제품개발과 제조와 관련된 활동을 감독하는 제품팀 관리자(PDM)를 총수로 하는 사업부이다. 제품팀은 한 제품(혹은 고객) 혹은 몇몇 관련 제품에 초점을 두며 팀원은 기능이 아닌 그들이 함께 하는 제품팀에 헌신한다. 각 기능의 부사장은 조직의 상층부에서 전체적인 기능 통제를 유지하지만, 각 제품에 대한 의사결정 권한은 각 팀으로 분산되고 각 팀은 그 프로젝트의 성공에 책임을 지게 된다.

제품팀조직은 기능조직이나 제품사업부조직에 비하여 보다 분권화된 구조이다. 그리고 다양한 제품팀에 속한 전문가는 서비스 조직에서는 특히 중요하다.[11] 왜냐하면 그때그때 의사결정을 할 수 있는 권한이 주어졌기 때문이다. 각 제품팀이 모든 분야에 대한 책임을 지기 때문에 통합은 증가되고 긴밀한 협동을 통해서 팀원들은 제품개발의 모든 관심을 시장에 집중할 수 있다.

6 지역조직으로서의 사업부조직

앞서 논의한 제품사업부조직, 다중사업부조직, 제품팀조직의 제품조직 중에서 대규모 조직에서 가장 많이 이용되는 것이 바로 다중사업부조직이다. 이 조직은 기업이 복잡하고 다양한 제품이나 서비스를 생산하거나 새로운 산업에 진입하거나 상이한 이해관계자와 경쟁자에 대처하는 데 중요한 추가적인 통제를 제공한다. 그러나 그 기업이 경험하는 통제 문제가 지역적인 것이라면 조직이 활동하는 다양한 지역의 필요에 부응하기 위한 지역조직(geographic structure)이 유용하다.

조직이 성장함에 따라 전국적 혹은 전 세계적인 고객층을 형성하게 된다. 사업이 국가의 여러 다른 지역으로 확장됨에 따라 상이한 지역에 있는 고객의 욕구에 맞추어 핵심역량을 조절할 필요가 있다. 지역조직은 일부 기능을 하나의 지휘사업부 지역에 집중시키고 다른 기능은 각 지역 수준으로 분산시키는 것이 가능하다. 예를 들어 미국, 유럽, 아시아별로 공장을 설립하는 것이다. 각 공장은 자체적인 구매, 품질관리, 판매부서를 갖고 있다. 그러나 연구개발과 기술 파트는 중앙 지원 기능에 집권화한다.

때로는 지역조직이 전적으로 불필요하고 실제적으로 유효성을 감소시킬 수도 있다. 따라서 기업은 항상 현재의 조직구조가 적절한 것인지를 평가해야 하고 만약 그렇지 않다면 수직적·수평적 분화와 통합을 증가시키거나 감소시키는 변화를 시도해야 할 것이다.

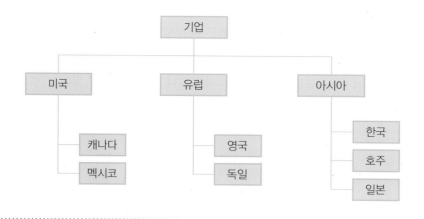

[그림 5-10] 지역조직의 예

[그림 5-11] 시장조직의 예

7 시장조직으로서의 사업부조직

　지금까지 제품이나 지역별로 사업부를 형성하는 것에 대하여 살펴보았다. 그러나 시장조직은 서로 다른 집단의 고객욕구에 적합한 활동을 수행할 수 있다. 시장조직은 생산이 아닌 마케팅이 주요 근간이 되기 때문이다.

　[그림 5-11]은 외교통상, 고객, 기업, 정부고객의 욕구를 충족시키기 위해 설계된 시장조직을 보여 준다. 각 고객집단은 상이한 마케팅 초점을 가지고 있고 각 집단의 직무는 각각의 고객욕구에 부응할 수 있는 제품을 만드는 것이다. 시장조직이 고객의 욕구에 대한 전체 조직활동에 초점을 두기 때문에 조직은 시장의 변화를 재빨리 감지하고 중요한 이해당사자의 욕구를 충족시키기 위해 기술과 자원을 전환할 수 있다.

Ⅲ 매트릭스조직

　매트릭스조직(matrix structure)은 두 가지의 요구, 즉 경영활동을 기능부서로 전문화시키면서 전문화된 기능이나 부문을 상호조정하고 통합하도록 조직을 설계하는 것이다.[12] 따라서 매트릭스조직 내에 있는 사람은 제품관리자에게 보고하고 동시에 기능조직 관리자에게도 보고해야 한다. 이는 전통적 명령 통일화의 원칙을 파괴한 것이다. 두 명의 통제를 받는다는 의미로 두 명의 상사 시스템(two boss system)이라 한다. 이러한 이중적 권한 구조로 인해 갈등이 파생될 수도 있기 때문에 매트릭스조직

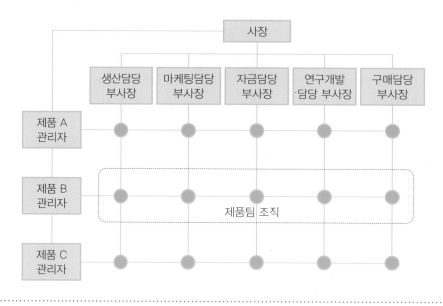

[그림 5-12] 매트릭스조직

에서는 갈등 해소에 많은 노력이 필요하다.

조직규모가 확대되었다는 것은 그만큼 처리할 업무의 복잡성도 증가하였다는 의미이다. 매트릭스조직은 복잡성이 높을 때 이것을 아주 단순화하는 데 적합한 조직이다. 환경 불확실성이 높고 조직의 목표가 기능조직과 제품조직을 동시에 중시하는 경우에 적합하다. 또한 소품종 생산을 하는 경우에 적합한 조직유형이다. 제품개발과 소비자 욕구에 대한 반응을 좀 더 빠르게 하는 방법을 찾는 데도 매트릭스조직이 적당하다. 매트릭스조직은 사람과 자원의 집단을 기능과 제품의 두 가지 방법으로 동시에 설계하는 것이다. 매트릭스조직은 제품팀조직과 어느 정도 유사하며 동시에 차이가 있다.

매트릭스조직과 제품팀조직의 차이점을 알아보기 전에, 매트릭스조직이 어떻게 작용하는지 살펴보자([그림 5-12] 참조). 조직설계의 맥락에서 매트릭스조직은 기능적인 책무의 수직적 흐름과 제품 책임의 수평적 흐름을 보여 주는 사각형 그리드(grid)이다. [그림 5-12]에서 위아래로 표시되는 선(線)은 기능에 의한 과업의 집단화를 나타내며 왼쪽에서 오른쪽으로 표시되는 선은 제품에 의한 과업의 집단화를 나타낸다. 매트릭스조직은 조직목표를 달성하기 위해 필요한 기능이 무엇이냐에 따라 구별된다. 조직 자체는 각 기능부서 간에 최소한의 위계체계를 갖고 권한을 분산시키는 그 자체로는 매우 단순하다.

기능부서의 종업원은 각각 기능의 책임 관리자에게 보고하지만 그의 직접적인 감독하에 일을 하지는 않는다. 팀의 구성원 역시 two boss employees로 불리는데, 왜냐하면 제품팀 관리자와 기능부서의 상급자에게 보고하기 때문이다.

매트릭스조직과 제품팀조직은 모두 팀들이 조정활동을 하지만 두 가지 중요한 점에서 차이를 보인다. 첫째, 제품팀조직의 팀원은 오직 제품팀 관리자 한 명의 보스만을 갖는다. 매트릭스조직의 팀원은 두 명의 보스를 가지며 충성도 역시 나누어진다. 그들은 기능부서와 제품부서의 상충되는 요구를 조정해야 한다. 둘째, 매트릭스조직에서 팀원은 고정되어 있지 않다. 팀원은 자신의 기술을 가장 필요로 하는 팀으로 이동할 수 있다.

이상의 두 가지 차이점 때문에, 매트릭스조직은 라인(line)의 권한과 조정이 좀 더 안정적인 제품팀조직보다 유연해야 한다.

1 매트릭스조직의 장점

매트릭스조직은 환경의 다양한 요구가 있을 때 기능조직의 전문성과 제품조직의 혁신이라는 이점을 동시에 누릴 수 있다는 장점이 있다.[13] 또한 매트릭스조직은 다른 전통적인 조직들에 비해 다음 세 가지 중요한 장점을 갖는다.

첫째, 다기능팀(cross functional team)의 사용은 기능적 장벽을 줄이고 하부단위 지향의문제점을 극복하도록 설계된다. 그리고 기능부서 간의 차이를 최소화함으로써 통합을 달성하기 쉽다. 또한 팀조직(team structure)은 전체 조직의 적응과 학습을 촉진한다. 이 매트릭스팀 시스템(matrix team system)은 조직을 유연하게 만들며 제품의 변화와 고객욕구의 변화에 신속하게 반응하게 한다.

둘째, 기능전문가와의 의사소통이 열려 있으며, 팀원이 다른 기능부서로부터 기술을 배우고 개발할 수 있는 기회를 제공한다. 즉 매트릭스조직은 서로 다른 전문가 간 상호작용을 통해 기업의 핵심역량이 혁신을 만들어낼 수 있기 때문이다.

셋째, 기능부서와 제품 두 가지에 초점을 둔다는 것은 비용과 품질 둘 모두를 고려한 다는 장점을 가진다. 기능전문가의 우선 목적은 비용과 관계없이 가장 혁신적인 제품을 가능하게 하는 기술적 품질일 것이다. 반대로 제품관리자의 최우선 목적은 주어진 시간과 돈으로 할 수 있는 개발 속도일 것이다. 품질과 비용 모두에 초점을 두는 것은 팀이 상업적 현실을 따르게 하며 기술적 가능성을 유지하도록 한다.

2 매트릭스조직의 단점

매트릭스조직은 양 부문 간의 갈등이 많고 갈등 해소에 시간과 노력이 소모된다는 단점과 대인관계에 대한 교육훈련비용 등 협조 비용이 소모된다는 단점을 가진다.[14] 매트릭스조직에서 무엇이 잘못될 수 있는가를 생각해 보자. 매트릭스조직은 관료제 구조의 이점이 없다. 낮은 위계 수준과 최소의 규율과 통제로 인해 구성원을 통제하기가 어렵다. 이론적으로 팀원은 역할책임과 조직을 유연하게 만드는 주고받기식 결과에 대해 서로 지속적으로 협의하지만, 실제적으로는 많은 사람이 매트릭스조직이 만들어낼 수 있는 역할갈등을 좋아하지 않는다. 예를 들어 품질에 초점을 둔 기능부서의 팀장과 비용에 초점을 둔 제품팀장은 팀원에 서로 다른 기대를 가질 수 있다. 그 결과로 역할갈등이 생긴다. 이때 팀원이 책임에 대해 두려워하게 된다면 실제로는 유연성을 저하시킬 것이다.

또한 권한의 위계가 명확하게 정의되지 않은 것은 자원의 사용에 대해 기능팀과 제품팀 간의 충돌을 야기할 수 있다. 제품 관리자와 기능 관리자 간의 권력 투쟁이 발생하며 최고경영자의 지지를 얻기 위한 정치적 행동이 많이 발생한다. 이런 점들은 매트릭스조직이 유연성을 유지하기 위해서는 신중한 관리가 필요함을 보여 준다. 최고경영자는 기대했던 결과를 얻지 못할 때 매트릭스조직에 대해 통제를 강화하고 의사결정권을 위로 이동시키려고 한다. 구성원이 힘과 권위를 위해 부당한 행동을 하면 분권화는 집권화로 변하며 경직성이 도처에 나타나기 시작한다.

〈표 5-3〉 **매트릭스조직의 장단점 비교**

강점	약점
• 고객으로부터의 다양한 욕구를 조정 가능함. • 제품별 인적자원을 유연하게 공유할 수 있음. • 불완전한 환경에서의 빈번한 변화에 대해 다양한 의사결정을 내릴 수 있음. • 제품기술개발 및 기능기술개발의 기회를 제공할 수 있음. • 다양한 제품을 가진 중소기업에 적합함.	• 조직구성원이 이중권한 구조에 혼란과 어려움을 겪을 수 있음. • 대인상호 간 갈등 해결을 위한 광범위한 교육훈련비용이 소모됨. • 갈등해결과 잦은 회의 등 시간 소모적임. • 구성원의 수직적 유형의 관계보다는 평등한 관계에 적응하거나 이해하지 못함. • 권력 균형 유지의 노력이 소모됨.

스위스 인터라켄 동역에서 유럽의 지붕이라는 융프라우 산 정상을 가려면 눈과 얼음, 그리고 암벽을 뚫고 급경사를 오르는 후니쿨라 산악열차를 타야 한다. 이는 ABB가 전기구동 기차를 개발한 1893년부터 지금까지 달리고 있다. 당시의 기차는 모두 증기기관차였기 때문에 ABB의 전기차가 없었더라면 불가능했던 것이다. 지금도 이 열차의 한 량에는 ABB의 로고가 붙어 있다. ABB는 1차 산업혁명의 막바지에 태동해서 내연기관 전기 중심의 2차 산업혁명기에는 유럽 최초로 전기기관차를 공급했고 초 고압직류 송전을 실천했다. 그리고 컴퓨터와 인터넷의 3차 산업혁명기에는 세계 최초로 마이크로 프로세서 기반의 산업용 로봇을 출시했다. 드디어 4차 산업혁명을 맞아 세계 최첨단의 급속충전기술을 출시했고 무인선박 자율주행 시스템을 개발했다.

전 세계 100여 개 국에 140,000여 명의 직원을 거느린 거대 기업 ABB의 본사 직원은 단 600명이다. 본사 빌딩도 취리히 아폴턴거리의 4층짜리가 전부이다. 매년 연초가 되면 이 건물에서 비공개로 리더십 포럼이 열린다. ABB의 전망과 미래 전략을 토론하기 위해 모인 사람은 ABB상위 200명의 인재로서 국적은 유럽은 물론 남아공, 중국 등 6대륙에서 모인다. 회사의 조직도 빠르게 변하는 환경에서 고객과의 거리와 시간을 단축하기 위해 30년 간 유지해 온 매트릭스 조직을 폐지했다. ABB 총 매출액의 25%를 차지하던 그룹의 모태산업 전기송배전 사업도 일본에 매각했다. 사업성이 나빠서가 아니다. 디지털 사업에만 집중하려는 의도였다. 잘할 수 있는 분야에만 총 매진하여 세계 1위를 만드는 것이 이 회사의 철학이다.

Ⅳ   네트워크조직과 하이브리드조직

최근 탄생한 조직유형 중 하나가 네트워크조직(network structure)이다. 네트워크조직은 권한의 형식적 위계보다는 계약이나 동의에 의해 조정되는 서로 다른 조직의 집단이다.[15] 오케스트라 조직, 전략적 제휴, 정보 네트워크, 지역 네트워크, 인적 네트워크 등의 용어는 네트워크조직에 대한 관심을 대변하고 있다. 네트워크조직은 전통적인 계층형 피라미드 조직의 경직성을 극복하려는 조직이 조직 유효성을 찾는 대안으로 내부와 외부 자원의 활용을 통해 효율성과 유연성을 확보한 형태이다. 예를 들어 옷 제조업자는 생산 방법을 탐색하고 시장에서 싸게 팔리는 방법을 탐색한다.

• 단일조직 내 네트워크	• 계열화	• 하도급관계
• 합작 투자	• 전략적 제휴	• 프랜차이징
• 전략적 네트워크	• 집단 네트워크	• 가상조직

자신의 공장에서 생산하기보다 낮은 비용으로 생산할 수 있는 다른 기업에서 생산하도록 아웃소싱을 결정한다.

또한 외국에 있는 광고사와 광고 캠페인 설계와 실행에 관한 계약을 한다. 이렇게 만들어진 네트워크조직은 매우 복잡해지는데 기업이 공급자, 제조업자, 유통업자와 생산, 제품 및 서비스의 마케팅을 포함한 많은 가치창조활동을 아웃소싱하기 위해 계약하는 경우이다. 예를 들어 세계에서 가장 높은 수익을 올리고 있는 나이키는 운동화 생산에 매우 복잡한 네트워크를 개발하였다. 나이키 제품의 설계와 조사 기능을 하는 네트워크 센터(network center)는 미국의 오리건 주에 있으며 나이키 디자이너가 에어 펌프(air pump), 에어 조단(air jordan)과 같은 제품을 만들어 냈다. 하지만 신발을 직접 생산하고 판매하는 거의 모든 기능부서를 전 세계의 회사에 아웃소싱하였다.[16]

그렇다면 나이키는 어떻게 네트워크 내의 다른 기업과의 관계를 관리했을까? 원칙적으로 오늘날 발전한 정보기술을 활용했다. 나이키의 디자이너는 신발 디자인에 CAD를 사용하고 제조 지시를 포함한 모든 새로운 제품 정보가 전자 장치에 저장된다. 디자이너가 작업을 마치면 신제품에 대한 청사진이 나이키 네트워크의 공급자와 동남아 시아의 제조업자에게 인터넷을 통해 곧바로 전달된다. 즉 새로운 신발 설계에 대한 지시가 대만의 공급업자와 말레이시아의 신발 가죽 공급업자에게 보내진다. 이 공급업자들이 신발 부속품을 제조하면, 그것은 나이키사가 제휴를 통해 설립한 중국의 제조업자에게 보내져서 최종과정을 거친다. 그리고 중국으로부터 완성된 신발들이 세계의 유통업자에게 전달되며 나이키와 계약을 맺은 전 세계 판매 조직을 통해 팔려 나간다.[17]

1 네트워크조직의 장점

나이키는 모든 기능활동을 스스로 하기보다 가치창조를 통제하기 위해 네트워크

조직을 사용했는가? 나이키가 네트워크 사용을 현실화하였던 이유는 몇 가지 이점이 있었기 때문이다.[18]

첫째, 특정한 활동을 낮은 비용으로 수행할 수 있는 외부 기업을 확보함으로써 생산비를 감소시킬 수 있다. 예를 들어 나이키의 대부분의 생산업자는 아시아에 분포한다. 동남아시아의 임금이 미국의 임금보다 매우 적기 때문이다.

둘째, 특정한 가치창조활동을 수행하는 다른 조직과 계약함으로써 복잡한 조직운영에서 발생되는 높은 관리비용을 피할 수 있기 때문이다. 예를 들어 위계는 수평화될 수 있다. 나이키가 많은 기능활동을 아웃소싱하였기 때문에 작고 유연하게 유지될 수 있는 것이다. 설계 프로세스의 통제는 나이키로 알려진 새로운 제품의 운동화를 개발하도록 임무가 부여된 팀원에게 분권화된다.

셋째, 네트워크조직은 조직적인 방식으로 운영된다. 예를 들어 환경이 변하면 새로운 기회가 확실해지고 조직은 네트워크를 신속하게 수정할 수 있다. 즉 더 이상 필요 없는 회사와의 관계를 단절하고 필요한 기술을 가진 새로운 회사와 계약을 맺을 수 있다.

끝으로, 네트워크 개발이 매우 중요한 이유는 조직이 낮은 비용으로 외국 자원과 전문적인 기능을 소유한 기업에게 접근할 수 있다는 것이다. 오늘날 이러한 변화는 글로벌 경영환경에서 매우 중요한 요인이 된다.

◆◆◆ 조직 인사이트 5-6　창의적 조직

로니 호로위츠(Roni Horowitz) 박사는 아시트(ASIT: Advanced Systematic Inventive Thinking)라는 사고법을 발표했다. 화장실 거울에 찍는 립스틱 문제가 있다. 화장실 거울에 여대생 1명이 립스틱을 거울에 찍은 후 자신의 입술 모양을 구경했다. 이것을 본 친구가 너도나도 거울에 입술 자국을 남겼다. 청소 아줌마는 화가 나서 교수님께 알렸고, 교수님은 주의를 주었다. 하지만 학생들이 말을 듣지 않았다. 해결책이 제시되었다. 그러나 아주 평범한 것이었다. "립스틱용 거울을 별도로 화장실에 설치한다. 거울 옆에 수건을 두어 찍은 사람이 지우게 한다. 자동차 윈도브러시 같은 세척 장치를 마련한다. CCTV를 설치한다." 하지만 매우 창의적인 해결책이 있었다. 교수가 학생을 데리고 화장실로 가서, 학생이 몰려오면 아주머니가 화장실 바닥을 닦고 있던 대걸레를 들어 거울을 북북 닦는다. 그 뒤로 아무도 립스틱을 거울에 찍지 않았다.

암스테르담에 있는 스키폴 국제공항 남자화장실 이야기가 있다. Aad Kieboom이라는 경제학자의 제안이 의외로 화장실 청결을 가져오게 했다. 소변기 안에 파리 모양의 목표를 부착하는 것이었다. 일자형 드라이버의 개발은 1744년이었고, 십자형 드라이버의 개발은 1930년대 초였다. 용도를 변경하는 데 200년의 세월이 흘렀다.

2 네트워크조직의 단점

네트워크조직이 가지고 있는 이점에도 불구하고 몇 가지 단점이 있다. 하이테크기업이 시장을 독점하기 위해 경쟁사가 강점을 보이고 있는 하드웨어시장보다는 소프트웨어시장을 공략했다고 가정하자. 하드웨어와 소프트웨어가 일치하고 단점이 없다는 것을 확신시키기 위한 기능부서의 활동을 쉽게 아웃소싱할 수 있을까? 전혀 쉽지 않다. 하드웨어 부문과 소프트웨어 부문 간의 밀접한 상호작용이 필요하며 하드웨어의 다른 부문과 시스템의 다른 부문을 설계할 책임이 있는 소프트웨어 프로그래머 간의 상호작용이 필요하다.[19]

네트워크조직은 부문 간에 지속적으로 최종제품을 향상시키기 위해 상당한 수준의 충분한 조정이 필요하다. 또한 관리자는 집단 간의 조화가 잘 이루어지도록 집단의 행동을 통합해야 한다.[20] 조정 문제는 커다란 작업 과정의 서로 다른 활동을 수행하는 서로 다른 기업에 의해 생겨난다. 게다가 생각을 공유하고 성공적인 신제품 개발의 필요를 위해서는 서로 다른 그룹 간의 상당한 신뢰가 필요하다.[21]

동시에 네트워크조직은 시간이 지남에 따라 기업 내부의 핵심역량을 만드는 지속적 학습의 축적을 기대하기 어렵다. 분리된 각국의 회사는 그런 투자를 할 만한 인센티브가 없기 때문이다. 예를 들면 말레이시아의 나이키 공장에서 신발에 깔창 붙이는 고급 기술을 개발했다고 해서 그것을 미국 오리건 주로 보낼까? 그러면 전 세계 나이키 공장에 깔창의 품질과 작업 속도가 개선되는 데 공헌을 하는 것이지 말레이시아 공장에 공헌하는 것은 아니다. 그래서 말레이시아 공장은 어떤 기술이 개발되든 비밀로 하고 자기만의 것으로 하지 본사에 보내어 축적하게 만들지 않을 것이다. 결국 나이키 본사는 기술의 축적 기회를 놓칠 수밖에 없다. 국가별로 지역지점별로 독립채산제로 운영되고, 혹시 그렇지 않더라도 본사와의 경쟁보다는 각 지사들은 다른 나라 지사와 경쟁관계에 있기 때문에 더욱더 새로 습득한 기술과 노하우의 공개를 꺼리기 마련이다.

[그림 5-13] 네트워크조직의 예

3 하이브리드조직

하이브리드조직(hybrid structure)이란 특정한 전략적 욕구 충족에 맞게 손질된 조직으로서 다양한 접근 방법을 조화롭게 사용하는 조직유형이다. 앞서 기술했듯 기능조직, 사업부조직, 매트릭스조직, 네트워크조직 등은 어떠한 상황에서도 약점을 피할수 없다.

하이브리드조직은 조직의 유연성을 더 극대화하기 위해 급변하는 환경 변화 속에서 만들어진다. 따라서 경우에 따라 기능조직과 사업부조직의 특징이나 장점만을 취하여 구성할 수도 있다. 예를 들어 제품이나 시장 규모가 큰 상황에서는 자기 통제가 가능한 부문에 권한을 위임하고, 본부는 기능조직이 갖는 규모의 경제의 이득을 사용할 수 있게 한다. 즉 본부는 더 많은 전문화를 통해 시장 변화에 대처하는 형태가 된다.[22] 다른 예로 기능조직과 매트릭스조직 혹은 네트워크조직의 특성을 조합하여 구성할 수도 있다. 재무기능, 전략과 의사소통기능, 인적자원기능 등은 기능조직 형태로 유지하면서 고객서비스 부문은 기능조직이 아닌 별도의 조직을 수직적으로 만들어서 고객만족에 대응하는 것이다. [그림 5-14]는 두 회사의 하이브리드조직을 예로 든것이다.

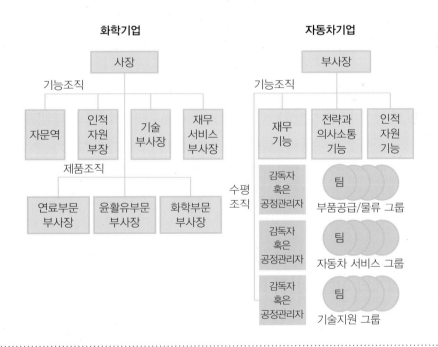

[그림 5-14] 하이브리드조직의 예

요즘은 우리나라도 재택근무는 물론 회사 사무실 출근과 사무실 밖 근무라는 혼용방식(하이브리드 오피스(스마트 오피스): hybrid office)을 허용하는 회사도 많다. 세계적으로 공유사무실이 증가하는 이유도 여기에 있다. 본사 이외의 원격지 근무가 가능하게 된 이유는 IT와 통신기기의 발달에 있다. AI가 직원들의 평균 회의시간, 각 회의 사이의 간격, 직원 밀집 장소, 직원들의 사무실 내 발자취 등을

추적·분석해서 사무실공간 가구 위치도 재배치한다. 공유오피스에는 사무실, 회의실, 사무용품, 화상회의 기계까지 모두 갖추어지고 각자의 기호에 맞는 자유석, 독실형태의 좌석, 스탠딩석도 있다. 회사 밖의 공유사무실에서 본사 직원들과 자주 얼굴을 맞대는 시간을 효율적으로 쓰도록 커피머신의 위치까지 고려하여 사무실 배치를 해놓는다. 이제 근로자들은 장소를 초월하여 어디서든 상사·동료와 교류하며 능률적으로 일하는 것이 가능하게 되었다. 이러한 형태의 노동은 기존의 사무실 근무와 비교하여 무슨 장단점이 있을까?

V 조직현실의 구조적 문제

기능조직부터 하이브리드조직까지 살펴보았는데 앞으로도 더 많은 조직이 세상에 선보이게 될 것이다. 최근 가상조직(virtual network structure)이 네트워크의 새로운 형태로 등장하였다. 여러 조직은 서로 다른 욕구와 서로 다른 상황에 맞게 조직형태를 선택하고 있다. 조직구조와 관련 있는 조직규모, 안정적 환경 혹은 변화적 환경과 같은 조건이 모두 다르기 때문이다. 그러므로 상황에 따라 조직 유효성을 더 발휘하는 조직형태 개발에 끊임없는 노력을 경주해야 한다.

1 조직설계의 이율배반적 특성

조직설계를 할 때 가장 중요하게 고려하는 의사결정 중 하나가 조직이 요구하는 수직적 통제(vertical control)와 수평적 조정(horizontal coordination) 간의 균형을 어떻

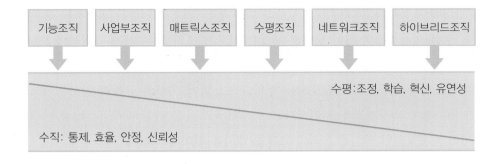

기능조직 | 사업부조직 | 매트릭스조직 | 수평조직 | 네트워크조직 | 하이브리드조직

수평:조정, 학습, 혁신, 유연성

수직: 통제, 효율, 안정, 신뢰성

[그림 5-15] 조직별 관계

게 할 것인지의 문제이다. 수평적 통제는 안정성과 효율이란 목표를 중시하지만 수직적 조정은 학습(learning)과 깊은 관계가 있다. 기능조직은 조직이 수평적 위계를 통해 조정되거나 조직목표로 효율을 설정할 때 적합한 조직이다. 기능조직은 과업전문화와 효율을 얻기 위한 엄격한 명령체계가 주목적이지, 혁신이나 유연한 조직을 가능하게 하는 조직에는 별 관심이 없다. 사업부조직, 매트릭스조직, 네트워크조직과 같은 수평조직은 혁신을 달성하기 위해 기능부서를 조정하는 일 혹은 학습을 촉진하는 데 많은 노력과 힘을 들인다. 그러한 조직은 효율적 자원을 사용하고 변화에 빠르게 부응하는 것을 중요하게 생각하기 때문이다. 이상을 표현하면 [그림 5-15]와 같다.

② 조직의 구조적 결함의 유형

대부분의 경영자는 한 가지 유형의 조직구조를 가지려 애쓴다. 그리고 나서 외부 환경으로부터의 요구와 외부 환경과의 관계에 대한 내부적인 활동 간에 올바른 적합관계를 찾으려고 노력한다. 그러나 여러 조직형태가 특성 및 장점이 각기 다른 것처럼, 어떤 조직을 선택해도 조직에는 구조적인 결함이 일종의 병적인 증상처럼 나타나게 되어 있다.

의사결정의 지연과 결정의 질 하락

의사결정자들은 항상 과부하(overloaded)되어 있다. 높은 위치에 있을수록 지나치게 많은 문제를 떠안게 되며 문제를 해결하기 위해 결정을 내릴 수밖에 없기 때문이다. 그럼에도 불구하고 대개는 자신보다 밑에 있는 위계로 권한을 위임하는 데 주저한다. 또한 의사결정의 질이 낮아지는 것은 정보가 조직구성원에게 정확하게 도달하지 못하기 때문이다. 수평적이거나 수직적인 방향으로 정보 연결이 이루어지지 못하니 자연스럽게 의사결정이 잘못되는 것이다. 그 밖에 회사의 규정과 일하는 방식에 대한 매뉴얼이 의사결정을 지연시키고 오히려 비효율을 만들 때도 많다. 이는 조직을 위하는 듯하지만 사실은 조직의 효율을 해치는 것이다.

변화환경에 적응 문제

혁신이 부족하다는 것은 부문이 수평적으로 제대로 조정되지 못하고 있다는 뜻이다. 마케팅 부문에서 고객욕구를 정확하게 규명하는 것과 연구개발 부문에서 기술개발을 명료화하지 못하는 것은 철저하게 조정되고 관리되며 규명되어야 한다. 조직은 환경을 감시하고 관찰하며 혁신을 조장하는 부문 간 책임 배분을 게을리 해서는 안 된다.

조직과 구성원의 목표 불일치

구성원의 성과가 계속해서 줄어드는 현상은 조직구조가 구성원에게 명확한 목표를 제시하지 못하고 책임과 조정의 각종 수단이 제대로 먹히지 않는다는 반증이다. 조직은 시장 환경의 복잡성을 제대로 반영해야 하며 조직 속에서 효율적으로 일하도록 구성원을 충분하게 고무하고 자극해야 한다.

감당하기 어려운 갈등의 존재

조직은 부서마다 세운 서로 다른 목표를 전체 조직의 단일한 목표로 끌어들여야 한다. 제각각 목적을 가진 부문은 자기 부문의 목표에만 충실하려는 경향이 있어서 조직 전체의 비전이나 방향을 잃을 수도 있기 때문이다.

3 이상적 조직구조의 설계

상황에 맞는 조직을 설계하다 보면 다양한 형태의 조직구조가 있을 수 있지만 과연 상황에 얼마나 맞출 수 있는지, 또한 상황은 안정적인지, 또는 시장상황이 같더라도 각국의 문화는 고려하지 않아도 되는 것인지 등에 대해 살펴보자.

이상적인 조직유형은 가능한가?

최선의 조직형태가 존재하는지는 의문이다. 최선이라는 기준 자체가 상황에 따라 유동적이기 때문에 최적의 조직유형이 별도로 존재하는 것이 아니라 어떤 조직이 되든지 간에 여러 가지 여건 사이에서 고민하다가 어느 점을 선택할 것이다. 분업과 통합, 자율과 통제, 기술과 시장, 개혁과 안정, 그 외에도 부서 간의 차이, 개인 간의 차이 등의 갈림길에서 한 군데에 정착하는 것이 현존하는 조직유형들이다.

이상적 조직을 추구하는 이유

그럼에도 불구하고 상황에 맞는 이상적 조직유형이 무엇인지에 대한 모델연구가 유용한 까닭은 다음과 같다.

- 실제의 조직들을 이러한 유형과 비춰보고 대비시키면서 분석해 보는 것이 훨씬 효과적일 뿐 아니라 현재의 조직이 이상적 조직과 얼마나 괴리가 있는지 구체적인 잣대로 재볼 수 있기 때문이다.
- 조직의 구조는 구성원들에게도 상호 조정·연결하는 데 필요한 것이 무엇인지의 행동기준을 제시해 준다. 그러므로 바람직한 행동이 무엇인지 참고가 되고 모든 구성원의 행동을 교통정리 해준다.

환경결정과 환경적응

조직의 구조는 여러 환경요인(규모, 기술, 시장, 문화 등)의 상태에 따라서 거기에 알맞도록 설계된다고 배웠다. 그러나 이것은 조직구조가 환경의 제약에 대하여 속수무책인 채 피동적으로 만들어진다는 환경결정론적 의미는 아니다. 조직도 어느 정도는 능동적으로 환경에 대응하면서 환경과 조화를 이루려고 하기 때문에 '환경결정'이 아니라 '환경적응'으로 볼 수 있다. 조직은 환경의 제약으로부터 최대한 자유로워지기 위해 노력하면서 적응하기 때문에 조직의 구조도 조직이 '원하는 대로' 만들었다는 표현이 더 사실에 가깝다.

인물 탐구

피터스(T. Peters, 1942-)

미국 메릴랜드 주에서 출생함. 코넬 대학교에서 토목공학을 전공하고 스탠퍼드 경영대학원에서 조직행동으로 박사학위를 취득함. 워터맨(R.H. Waterman)과 [초우량 기업의 조건]을 출판함. 경영학계에서 혁신과 변혁이라는 개념을 강조하였음. 경영전문가 중의 전문가이며 포스트모더니즘 기업의 아버지로 불리움. 7S법칙과 8대 조건을 주장함으로써 1980년대 이후 가장 큰 영향력을 행사한 경영서적 20권 중에 [초우량 기업의 조건]이 1위에 선정됨. 현대를 혼돈, 광기, 급변이라는 용어로 정의하고 광기의 시대에는 광기 어린 조직을 부린다는 혁신을 주장함.

햄머(M. Hammer, 1948-2008)와 챔피(J. Champy, 1963-)

햄머는 MIT에서 수학과 전기공학 석사학위와 컴퓨터 박사학위를 취득함. MIT 교수를 하면서 [리엔지니어링, 자동화하지 말고 제거하라]라는 논문을 통해 비즈니스 리엔지니어링이라는 사상을 처음으로 제시함. 혁명적 변화를 통해 근본적 변혁을 주장하면서 기업의 비즈니스 프로세스를 재설계하여야 함을 주장함. 챔피는 미국에서 태어나 MIT에서 토목공학을, 보스턴 법대에서 박사학위를 받음. 햄머와 함께 [리엔지니어링 기업혁명]을 출판하면서 열아홉 가지 리엔지니어링의 성공을 방해하는 요인을 규명하는 데 앞장섬. 햄머와 챔피는 리엔지니어링의 대가로 인정됨.

수행과제

1. **기능조직에 대한 설명 중 잘못된 것은?**
   ① 기능조직은 수평구조를 근본으로 한다.
   ② 부서가 전문화됨에 따라 기술과 능력이 개선되고 조직에 경쟁우위를 가져다주는 핵심역량을 소유한다.
   ③ 규모도 별로 크지 않고 환경이 매우 안정적이며 각 부서 간의 기술적 의존성이 낮은 일상적 기술을 사용하는 조직에 적합하다.
   ④ 기능조직은 부서이기주의에 빠질 위험이 있다.
   ⑤ 매우 다양한 고객을 위해서 여러 지역에서 다양한 제품을 생산하는 데 발생하는 통제문제를 해결하기 위해 가장 일반적으로 채택하는 조직구조이다.

2. **사업부조직이라고 보기 어려운 것은?**
   ① 제품사업부조직   ② 다중기능조직   ③ 제품팀조직
   ④ 시장조직   ⑤ 지역조직

3. **매트릭스조직의 장점이라 보기 어려운 것은?**
   ① 조직을 유연하게 만들고 기능부서 간 장벽을 해소
   ② 기능 전문가와의 의사소통이 활발해진다.
   ③ Two Boss System
   ④ 다른 조직과의 계약 정도가 높다.
   ⑤ 다기능팀의 운용

4. **네트워크조직의 설명 중 잘못된 것은?**
   ① 계약과 동의   ② 외부 기업의 확보   ③ 아웃소싱의 확대
   ④ 제품사업부 관리자   ⑤ 리좀조직

5. **(   )은 조직유형 중 가장 기본적인 것이며, 직능부제 조직이라고 한다.**
   ① 기능조직   ② 사업부조직   ③ 매트릭스조직
   ④ 네트워크조직   ⑤ 하이브리드조직

6. **(   )은 전체 조직을 기능으로 분화시킨 것으로 인사기능, 생산기능, 회계기능, 재무기능, 영업기능, 구매기능 등이 있다.**
   ① 기능조직   ② 사업부조직   ③ 매트릭스조직
   ④ 네트워크조직   ⑤ 하이브리드조직

7. (　　)은 조직 내 자율성을 갖는 별도의 경영단위, 즉 제품구조, 전략적 사업단위를 형성하는 조직형태이다.

① 기능조직 ② 사업부조직 ③ 매트릭스조직
④ 네트워크조직 ⑤ 하이브리드조직

8. (　　)은 제품조직, 지역조직, 시장조직의 형태로 분화하기도 한다.

① 기능조직 ② 사업부조직 ③ 매트릭스조직
④ 네트워크조직 ⑤ 하이브리드조직

9. (　　)은 두 가지 요구, 즉 경영활동을 기능부서로 전문화시키면서, 전문화된 기능이나 부문을 상호조정하고 통합하도록 조직을 설계한다.

① 기능조직 ② 사업부조직 ③ 매트릭스조직
④ 네트워크조직 ⑤ 하이브리드조직

10. (　　)은 권한의 형식적 위계보다는 계약이나 동의에 의해 조정되는 서로 다른 2, 3개 이상의 조직의 집단이다. 오케스트라 조직, 전략적 제휴, 정보 네트워크, 지역 네트워크, 인적 네트워크 등의 용어가 관심을 대변한다.

① 기능조직 ② 사업부조직 ③ 매트릭스조직
④ 네트워크조직 ⑤ 하이브리드조직

11. 왼쪽에 제시된 키워드를 참고하여 오른쪽을 채우시오. 미래조직은 어떤 특성에 강해야 하는가?

학습을 통한 지식 축적에 강해야 한다.	

12. 기능조직의 예를 들고, 기능조직의 장점과 단점을 토론하시오.

13. 〈조직 인사이트 5-4〉 미래 조직의 강점을 읽고, 미래 조직은 어떤 면에서 강해야 하는지 토론하시오.

14. 30년 뒤 생겨날 새로운 조직구조는 어떤 것이 있는지 토론하시오.

15. 매트릭스조직과 하이브리드조직의 장단점에 관하여 토론하시오.

1   Child, J. (1977). *Organization: A Guide for Managers and Administrators*, New York: Harper and Row; Duncan, R. (1979). "What is the Right Organization Structure?," *Organization Dynamics* (Winte), pp.59-80.; Galbraith, J.R., & Kazanjian, R.K. (1986). *Strategy Implementation: Structure, System and Process*, 2nd ed., (St. Paul, Minn.: West)

2   Williamson, O.E. (1975). *Markets and Hierarchies: Analysis and Antitrust Implications*, New York: Free Press

3   Lawrence, P.R., & Lorsch, J.W. (1967). *Organization and Environment,* Boston: Graduate School of Business Administration, Harvard University

4   Hammer, M., & Camphy, J. (1993). *Re-engineering the Corporation*, New York: Harper Collins

5   Hammer, M., & Camphy, J. (1993). Ibid., p.117.

6   Miller, J.G., & Gilmour, P. (1979). "Materials Managers: Who Needs Them?," *Harvard Business Review* (July-August), p.57.

7   Hammer, M. (1990). "Re-engineering Work: Don't Automate, Obliterate", *Harvard Business Review* (July August), pp.104-112.

8   Chandler, A.D. (1962). *Strategy and Structure,* Cambridge, Mass,: MIT Press, Williamson, Markets and Hierarchies

9   Chandler, A.D. (1971). *Strategy and Structure*: Scott, B.R., *Strategy of Development*, Cambridge, Mass: Harvard Business School

10   Hill, C.W.L., & Jones, G.R. (1988). *Strategic Management*, 4th ed., Boston: Houghton Mifflin; Jones, G.R., & Hill, C.W.L. (1988). "Transaction Cost Analysis of Strategy Structure Choice," *Strategic Management Journal*, vol.9, pp.159-172.

11   Stewart, T. (1992). "The Search for the Organization of Tomorrow," *Fortune* (18 May), pp.12-88.

12   Davis, S.M., & Lawrence, P.R. (1977). *Matrix* (Reading, Mass.: AddisonWesley); Galbraith J. R. (1971). "Matrix Organization Designs: How to Combine Functional and Project Forms," *Business Horizons*, vol.14, pp.29-40.

13   Burns, L.R. (1989). "Matrix Management in Hospitals: Testing Theories of Matrix structure and Development," *Administrative Science Quarterly*, vol.34, pp.349-368.

14   Davis, S.M., & Lawrence, P.R. (1978). "Causes of Failure in Network Organizations," *Harvard Business Review* (May-June), pp.131-142.; Larson, E.W., & Gobelli, D.H. (1987). "Matrix Management: Contradictions and Insight," *California Management Review* (Summer), pp.126-138.

15 Miles, R.E., & Snow, C.C. (1992). "Causes of Failure in Network Organizations," *California Management Review* (July), pp.52-72.

16 Baker, W. (1992). "The Network Organization in Theory and Practice," in Nohris, N., & Eccles, R., eds., *Networks and Organizations* (Boston: Harvard Business School), pp.397-429.

17 Capowski, G.S. (1993). "Designing a Corporate Identity," *Management Review* (June), pp.37-38.

18 Marcia, J. (1995). "Just Doing It," *Distribution* (January), pp.36-40.

19 Bettis, R.A., Bradley, S.P., & Hamel, G. (1992). "Outsourcing and Industrial Decline," *Academy of Management Executive* (February), p.722.

20 Snow, C.C., Miles, R.E., Coleman, H.J., Jr. (1992). "Managing 21st Century Network Organizations," *Organizational Dynamics* (Winter), pp.5-20.

21 Fulk, J., & Desanctis, G. (1995). "Electronic Communication and Changing Organizational Forms," *Organizational Science*, vol.6, pp.33-34.

22 Ackerman, L.S. (1982). "Transition Management: An In-depth Look at Managing Complex Change," *Organizational Dynamics*, Summer, pp.46-66.

Part **··** III

조직의 환경

조선시대나 그 이전 우리나라의 전통 가옥은 북쪽 지방의 경우 온돌이라든가 난방시설이 남쪽 지방에 비해 더 많이 발달되어 있으며, 남쪽 지방의 경우 온돌보다는 대청마루가 북쪽 지방보다 더 넓어지는 것을 알 수 있다. 환경의 차이에 따라 집 구조가 다른 모습을 갖는다. 조직환경에 따라 조직구조가 달라지는 것과 같다. 기업 역시 환경의 영향을 받는다. 환경은 기업이 경영활동을 함에 있어 환경 불확실성의 주요 원천으로서 환경이 어떠하냐에 따라 조직의 모습은 달라진다. 이러한 조직환경에는 시장이나 고객, 경쟁과 경제 흐름 등의 일반환경 및 특수환경(6장)은 물론 조직 내부의 전략(7장), 기술(8장), 문화(9장) 등이 있으며, 조직환경, 조직전략, 조직기술의 변화에 따라 조직구조의 형태는 전혀 다른 모습을 보인다.

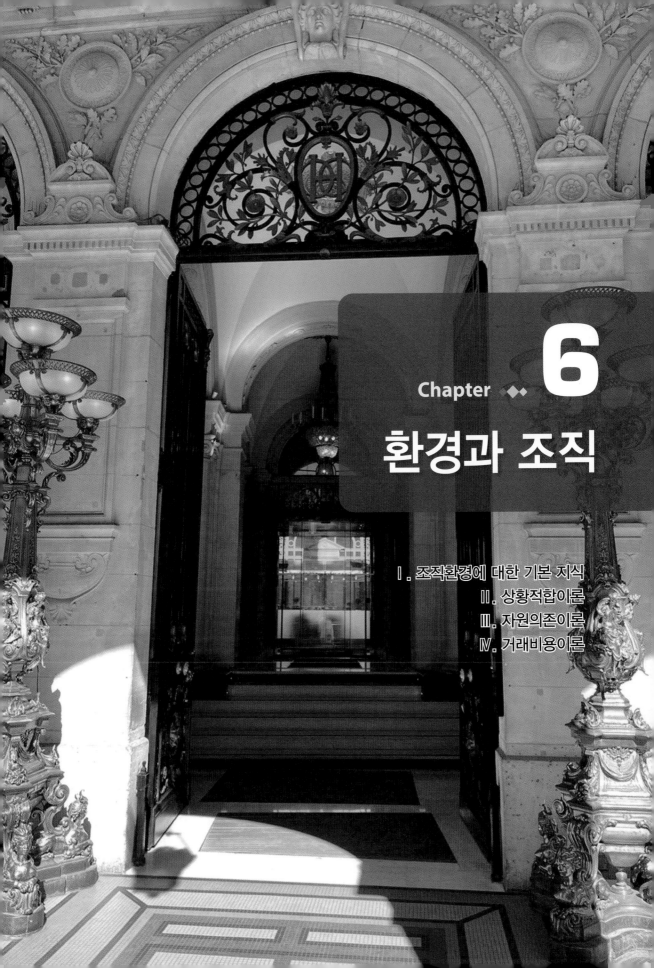

Chapter ✦✦ **6**

환경과 조직

어떠한 관리 시스템도 최적의 시스템이 아니라는 것을 깨닫는 것이 똑똑한 조직관리이다.

– T. Burns

협력체계이란 물리적, 생태학적, 사회적 환경에 대하여 끊임없이 역동적이며 계속해서 조정의 조정을 겪는다.

– C.I. Barnard

조직은 불경기에도 인력을 감원하지 않고 직원을 위한 교육이 많지 않을 때에도 직업교육과 자기계발의 기회를 제공해야 한다. 기업의 관료주의적 색채가 여전히 강한 시절이라고 해도 기업의 경영진은 모든 직원의 이름을 줄줄 꿰고 있어야 한다. 우수한 기업에서 일하는 경영자라면 그의 몸속에 인간적이고 따스한 피가 흘러야 한다.

– T. Peters

◆ 학습목표

학습목표 1 : 조직환경에 어떤 것들이 있는지 이해할 수 있다.

학습목표 2 : 로렌스와 로시의 연구를 설명할 수 있다.

학습목표 3 : 번즈와 스톨커의 연구를 설명할 수 있다.

학습목표 4 : 전략적 선택이론에 대하여 이해할 수 있다.

학습목표 5 : 웨익의 창조된 환경론을 이해할 수 있다.

학습목표 6 : 자원의존이론을 이해할 수 있다.

학습목표 7 : 거래비용이론을 이해할 수 있다.

◆ 핵심키워드

조직환경, 조직영역, 환경영향력, 특수환경, 일반환경, 환경 불확실성, 환경 복잡성, 환경 동태성, 환경 풍부성, 상황적합이론, 상황적합적, 자원의존이론, 통합, 차별화, 유기적, 기계적, 전략적 선택이론, 창조된 환경, 자원의존성, 협력적 환경 불확실성 감소전략, 경쟁적 환경 불확실성 감소전략, 네트워크형성, 거래비용이론

I 조직환경에 대한 기본 지식

　조직환경(organizational environment)이란 조직에 영향을 미치는 조직 외부에 있는 거의 모든 영향 요인이다. 따라서 다음과 같은 것도 조직환경에 포함된다.

〈표 6-1〉 **조직환경**

- 조직의 기술을 발전시키고 경쟁전략을 결정하는 데 필요한 정보
- 제품 및 서비스를 구입하는 고객과 같은 이해당사자의 지원
- 조직을 유지시키기 위해 자본을 공급하는 금융기관과의 관계
- 부족한 자원을 확보하려고 경쟁하는 세력
- 기술에 있어서의 빠른 변화
- 주요 원재료의 가격 상승

　조직은 제품 및 서비스의 생산을 위해 필요한 자원을 환경으로부터 획득하여 관리하고자 한다. 이러한 조직영역(organizational domain)은 매우 다양하다. 조직영역은 조직이 생산하는 제품 및 서비스의 사업영역이며 동시에 조직이 선택한 환경이다.[1] 기업조직은 제품 및 서비스를 사용하는 고객을 정하고 필요한 자원을 확보하는 능력을 최대화하기 위해서 환경영향력을 분석해야 한다. 조직은 고객, 주주, 구성원 등 이해당사자를 위한 가치창출 능력을 향상시키고 조직을 보호하기 위해 환경과의 효과적 거래를 지속해 나간다.

[그림 6-1] **기업의 이해당사자 구성**

[그림 6-2] 특수환경과 일반환경

일반적으로 조직환경은 일반환경과 특수환경으로 구분된다. [그림 6-2]에서와 같이, 조직은 생존과 성장에 필요한 자원을 얻기 위해서 특수환경과 거래를 한다.[2] 또한 조직영역의 크기와 범위는 거래 여부에 따라 수시로 변하며 외부 일반환경과 교류한다.

◆◆◆ 조직 인사이트 6-1 환경 관련 이야기

- 기업 변화를 성공적으로 이끌려면 변화의 시작에서 완성까지의 로드맵을 가져야 한다(하버드 경영대학 존 코터 교수). 그 시작은 위기감 조성으로 시작한다.

- 위기(危機)라는 말은 위험이란 말과 기회란 말이 포함된 것이다. 때로는 가장 안전한 것이 가장 위험하다. "어떤 일에서도 위대함과 평범함의 차이는 자기 자신을 매일매일 재창조할 수 있는 상상력과 열망을 갖고 있느냐 없느냐 하는 것이다(톰 피터스)."

- 모든 기업활동 가운데 99%는 일상 업무가 차지한다. 총체적 100%는 그 나머지 1%를 어떻게 경영하느냐에 따라 결정된다([경영 불변의 법칙: 위대한 기업가들에게 배우는] 중에서)."

- 죽고자 하면 살 것이요, 살고자 하면 죽을 것이다(必死卽生 必生卽死, 이순신).

- 불안정해 보이는 기업이 장기적으로는 가장 안전하며, 안정되어 보이는 기업이 가장 불안하다(고지 고바야시).

1 특수환경

특수환경(specific environment)은 자원을 확보하려는 조직능력에 직접 영향을 미치는 것으로서 주로 이해당사자가 해당한다.[3] 특수환경은 과업환경(task environment)이라 한다. 특정 조직의 특수한 상황에만 영향을 미치는 환경으로서 해당 조직의 조직구조 설계와 의사결정에 영향을 주기 때문이다. 즉 조직의 과업활동과 직접 관계가 있거나 일차적으로 영향을 미치는 구체적인 환경이다. 기업의 노동조합, 공급업자, 유통업자, 경쟁사, 공급업자, 소비자, 경쟁사가 처해 있는 상황 자체도 특수환경에 속한다.

어떤 환경은 특정 조직에는 중요한 영향을 미치지만 다른 조직과는 아무런 관계가 없을 수도 있다. 일반적인 사회의 이슈라고 하더라도 기업조직은 많은 소비자와 사회에 제품 및 서비스를 직접 공급하기 때문에 과업환경이 되지만 가전제품회사와는 직접 관련이 없다. 원자재 공급업체나 제품 및 서비스를 이용하는 소비자 집단도 기업조직의 중요한 과업환경이 된다. 신기술의 발전으로 유사 제품이 발명되기도 하며 사원의 권리와 관련되는 신규 노동법이 제정되는 경우도 있기 때문에 기술수준과 법과 정치환경도 과업환경의 범주에 들어간다. 경쟁사가 어떤 전략으로 어떤 제품을 생산하는지도 중요한 과업환경이다.

한편 자원에 대한 경쟁이 심해질수록 조직이 자원을 얻기가 더 어려워지기 때문에 치열한 자원 획득 경쟁은 자원의 부족과 자원 품귀 현상을 만들어 낸다. 고객욕구의 변화와 고객 유형, 고객 수의 변화도 조직에 직접 영향을 미친다. 이런 환경에 대응하기 위해 조직은 고객과의 관계를 관리하고 고객의 후원을 이끌어 내는 전략을 가져야 하며, 이 전략은 고객욕구에 맞춰 가면서 변해야 한다.

이상의 환경은 조직에 독립적으로 영향을 미치기도 하지만 상호 의존적으로 영향을 미치기도 한다. 이뿐만 아니라 일반환경과 과업환경도 유기적 인과관계를 맺으면서 조직에 영향을 미친다. 예를 들면 국제금융시장의 혼란으로 우리나라의 경제성장이 둔화하고 실업이 증가하면서 구조조정이 생기기도 한다. 정치인이 부익부 빈익빈의 양극화 현상을 완화하려고 고액의 부동산세법을 신설하여 부동산 경기를 침체시켜 놓으면 소비가 위축되어 고품질의 고가전략으로 시장을 석권하려던 기업은 전략을 수정해야 하는 경우도 있다. 두 사례 모두 일반환경이 과업환경에 영향을 미친 결과이다.

2 일반환경

일반환경(general environment)은 자원을 얻기 위해서 기업의 외부에서 영향을 미치는 영향력으로 구성된다. 이는 조직에 영향을 미치는 환경 중에서 과업과 직접 관련되는 환경을 제외한 모든 환경을 지칭한다. 그러나 과업과의 관련성 여부를 명확하게 파악하기는 쉽지 않다. 대개는 거시적이고 잠재적이고 간접적 환경요소를 일반환경이라고 한다.

조직이 속해 있는 사회의 정치와 경제, 문화와 사회제도, 법과 국민의 가치관 등은 조직에 다방면으로 영향을 미친다. 보통 일반환경은 특정 조직에는 간접적인 영향을 미치지만, 경기불황이나 신규고용 관련 법규의 제정 등은 일반환경임에도 불구하고 기업조직에 직접적 영향을 미친다. 홀(R.H. Hall)은 일반환경을 〈표 6-2〉와 같이 일곱 가지로 구분한다.[4]

〈표 6-2〉 **일반환경**

- 기술적 환경 : 사회의 변화를 가져오는 정보기술, 경영관리 기술
- 법적 환경 : 상법, 세법, 근로기준법, 남녀평등고용법, 성희롱방지법 등
- 정치적 환경 : 기업조직의 활동, 정치인의 이념, 행동에 의해 결정되는 정치적 상황
- 경제적 환경 : 경기불황, 경기변동, 인플레이션
- 인구통계적 환경 : 인구증감, 고령화, 핵가족화, 연령별·학력별·종교별 인구분포 등
- 생태적 환경 : 지구 온난화, 날씨 변동, 공해문제, 녹색운동 등
- 문화적 환경 : 문화적 이질성, 다양성

3 국제환경

대부분의 조직은 국제환경의 영향을 그대로 받는다. 한 국가나 한 민족 중심적인 사고에서 벗어나 전 세계를 무대로 한 시장과 제품이 만들어지고 있으며, 한 조직 내에도 여러 다른 민족이나 구성원이 다양하게 공존하고 있다. 오늘날 조직은 단순하게 국내적 상황에만 관심을 쏟게 두지 않는다. 미국을 중심으로 시작된 2008년 리먼 브라더스 금융위기, 2020년 COVID-19 팬데믹(pandemic) 등은 전 세계에 걸쳐 영향을 미쳤다. 국가의 경제가 국내 시장의 경계를 넘어 세계가 하나로 되어 가고 있다.

예를 들어 우리나라가 생산한 제품에 여러 나라의 기술이 들어가 있고, 제품생산은 중국이나 베트남에서 판매는 인도에서, 부품은 대만에서 조달한다. 이렇듯 국외와 국내의 경계가 모호해지고 있다. 이런 상황에서 조직은 훨씬 복잡하고 극단적으로 경쟁적 모습으로 변할 수밖에 없다. 그만큼 환경 불확실성(environmental uncertainty)은 더 커지게 된다.

4 환경 불확실성의 원천

조직은 이해당사자와 조직영역을 쉽게 관리하기 위해서 자원의 지속적이고 풍부한 공급을 소유하기를 원한다. 조직은 경영자가 자원의 흐름을 예측하고 통제하는 것을 불가능하게 만드는 환경 불확실성에 직면해 있다. 환경은 예측할 수 있느냐 없느냐가 가장 중요하다. 예측할 수 있다면 대처할 수 있다는 뜻이 된다. 따라서 환경은 확실한 환경과 불확실한 환경으로 구분된다. 환경 불확실성이란 조직의 환경이 매우 급변하기 때문에 환경을 예측할 수 없다는 의미이며, 조직 유효성의 위협요인이 된다. 따라서 이러한 환경 불확실성을 최소한으로 줄이는 노력이 필요하다.

◆◆ 조직 인사이트 6-2　코코 샤넬의 변화감각

코코 샤넬이 나오기 전까지 검은 드레스는 초상집 방문할 때 입는 상복이었지 이브닝드레스로는 상상도 할 수 없었다. 연인이자 후원자였던 보이 카펠이 죽자 샤넬은 전 세계인이 그를 애도하도록 만들겠다는 일념으로 검은 드레스를 창안하였고, 오늘에 와서는 연회와 만찬의 이브닝드레스로 대유행이 되었다. 제1차 세계대전 때 프랑스 대서양의 도빌로 피난 온 파리의 귀부인들에게 파격적 실용 의상과 모자를 제공하여 일약 스타가 된 샤넬은 항상 새로움을 찾는 파격의 여왕이었다.

하루는 신문기자가 그녀를 인터뷰했다. "이번에 선생님께서 디자인하신 최신 의상에 대해 말씀해 주시죠.", "그건 구식 의상인데요.", "구식이라고요?", "그럼요, 벌써 1주일이나 지났잖아요?"

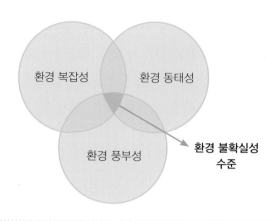

[그림 6-3] 환경 불확실성의 요소

환경 불확실성의 세 가지 요인, 즉 환경 복잡성, 환경 동태성, 환경 풍부성이다. 환경의 불안정성과 환경 동태성이 높아짐에 따라 환경 불확실성의 정도는 증가한다([그림 6-3] 참조).

환경 안정성과 환경 불안정성

환경 안정성과 환경 불안정성(environmental stability, instability)이란 환경이 안정적이냐 불안정적이냐를 의미하는 용어이다. 이때 불안정적인 환경을 환경 복잡성(environmental complexity)이라고 한다. 이는 조직이 관리해야 하는 특수환경과 일반환경의 강도, 수, 상호 결합성에 대한 함수이다.[5] 따라서 환경이 단순한지(simple) 복잡한지(complex)로 구분하기도 하고, 안정적인지 불안정적인지로 구분되기도 한다. 환경 복잡성은 환경 내에서 특수환경, 일반환경이 상호 결합하고 조직에 미치는 영향을 예측하지 못할 때 급격하게 증가한다. 조직의 특수환경이나 일반환경 간의 상호 결합이 존재하면 할수록 조직이 맞이하는 환경 불확실성은 더욱 증가한다. 즉 조직환경이 복잡하면 복잡할수록 환경 불확실성은 더욱 커지는 것이다.[6] 동질적 환경은 이질적 환경에 비해 더 단순하다. 의사결정수도 더 적고 표준화된 관리 방식이 적용 가능하기 때문이다.

환경 동질성과 환경 이질성

환경 동질성과 환경 이질성(environmental homogeneity, heterogeneity)은 동일한 환경이냐 서로 다른 환경이냐의 문제이다. 이때 환경의 동질성 문제는 환경 동태성

(environmental dynamism)과 동일한 범주에 속한다. 환경이 동질적인지 이질적인지에 따라서 환경 동태성이 달라지기 때문이다. 말할 것도 없이 조직환경이 모두 이질적이라면 환경은 매우 동태적이고 다이내믹하여 예측을 불허한다면 조직으로서는 불안을 느낄 것이다. 반대로 모든 조직환경이 비슷하고 경험한 것과 동일하여 예측 가능하다면 조직으로서는 매우 안정적으로 느낄 것이다. 즉 환경 동태성은 특수환경이나 일반환경이 얼마나 많이 그리고 얼마나 빠르게 변화하는가에 대한 함수이다.[7] 환경이 예측 가능한 방법에서 자원 공급에 영향을 미친다면 환경은 안정적이다. 안정적 환경이란 동질적 환경이면서 시간이 지나도 큰 변화가 없는 환경을 말한다. 반면에 환경변화가 매우 잦고, 조직이 그러한 변화를 예측하지 못한다면 환경은 그만큼 불안정하고 동태적이다. 예를 들어 컴퓨터산업과 같이 기술이 급속하게 변화하는 환

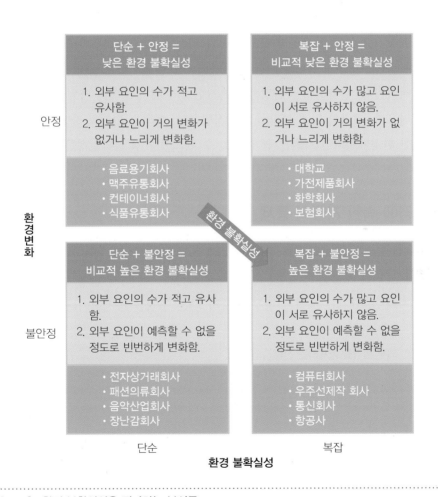

[그림 6-4] 환경 불확실성을 평가하는 분석틀

경은 매우 동태적인 환경이다. 환경 동태성이 크면 클수록 환경 불확실성은 증가하게 되어 있다. [그림 6-4]는 환경 불확실성을 평가하는 분석 틀에 대한 설명이다.

환경 풍요성과 환경 희소성

환경 풍요성과 환경 희소성(environmental rich capacity, lean capacity)은 기업이 이용 가능한 환경이 풍요로운가 아니면 희소한가를 말한다. 이는 환경 풍부성(environmental richness)이라고도 하며, 조직영역을 지지할 수 있는 자원의 양에 대한 함수이다.[8] 풍부한 환경에서는 조직이 자원을 확보하기 위해서 경쟁하지 않기 때문에 환경 불확실성은 낮다. 그러나 환경은 다음 두 가지 이유로 인해 희소해질 수 있다. 첫째, 조직이 저개발국가나 빈곤 지역에 위치했을 때이다. 둘째, 높은 수준의 경쟁이 존재하며 기업은 사용 가능한 자원을 확보하기 위해 경쟁하고 있을 때이다.[9] 빈약한 환경하에서 조직은 최신 기술이나 최상의 투입물을 얻기 위해서 또는 고객을 이끌어 내기 위해서 노력해야 한다. 환경이 희소하면 할수록 자원 거래를 할 때 조직이 직면하는 문제는 더욱 어려워진다. 빈약하며 불안정하고 복잡한 환경에서 조직이 자원을 얻는 것은 대단히 어려우며, 커다란 환경 불확실성에 직면한다. 이와는 반대로 풍요롭고 안정적이며 단순한 환경에서라면 자원은 쉽게 얻을 수 있으며 환경 불확실성은 낮아진다.

5 환경에 속한 자원의 통제

환경으로부터 필요한 자원을 얻기 위해서 조직은 자신의 독립성을 지켜 가면서 다른 조직으로부터 도움을 주고받는 노력이 필요하다. 이 역시 환경 불확실성을 줄이려는 조직의 노력이다. 조직은 경우에 따라 다른 조직을 통제하거나 조정하려 하고

〈표 6-3〉 **외부 환경을 통제하는 전략**

조직 간 연계 구축	환경영역 통제
• 소유지분 • 계약, 합작투자 • 협동조합 활용, 결속력 있는 이사회 가동 • 경영자 외부 영입 • 광고, PR	• 영역의 변화 • 정책적 활동 · 규제 • 거래담합 • 비합법적 활동

다른 조직의 힘을 수정하려고도 한다.[10] 조직이 사용할 수 있는 전략은 환경 안에서 핵심요소와 우호적 연결을 시도하거나 혹은 새로운 환경영역을 형성하기도 한다. 이 방법으로 조직은 계속해서 환경에 속해 있는 자원을 확보하고 획득함으로써 생존해 나간다.

Ⅱ   상황적합이론

조직이 조직환경을 관리하는 방법에 대한 공통된 가정은 조직은 항상 환경에 적합해야 한다는 점이다. 이에 대한 이론이 컨틴전시이론, 상황적합이론(contingency theory)이다. 상황적합이론에 따르면 환경을 효과적으로 관리하기 위해서 조직은 환경에 적합한 조직을 설계해야 한다.[11] 다른 말로 하면 조직은 외부 환경을 통제하기 위한 조직구조를 설계해야 한다.

◆◆◆ 조직 인사이트 6-3   리스크 상황

리스크(risk)란 단어는 위험이라는 뉘앙스를 강하게 풍긴다. 하지만 리스크는 위험만을 의미하지는 않는다. 많은 의사결정은 보이지 않는 긍정적인 면을 가지고 있다. 가장 최악의 결과를 내더라도 얻을 수 있는 이익이 있다. 바로 실수를 통해 배우는 것이다. 비즈니스에서는 위험감수(risk taking)만이 성장과 혁신의 기회를 얻는 유일한 방법일 수 있다. 비즈니스 세계에서 매 순간 마주하는 리스크 상황은 어떤 것인가?

- 사람 : 새로운 직원의 채용, 승진과 보상
- 전략 : 기업 및 사업부 확장, 다각화, 인수합병
- 자원 : 아웃소싱, 기업 내 자원 재분배, 투자 결정
- 과정 : 기업의 일하는 방식과 실행 절차의 의사결정, 산업안전 정책
- 관리 : 한정된 자원의 관리, 계획된 실행을 방해하는 잠재적 문제

[그림 6-5] 환경과 조직 간의 적합 정도

[그림 6-5]에 의하면 환경과 조직 사이에 적합성의 정도가 작을수록 조직 실패의 결과가 야기되며, 적합성의 정도가 커질수록 성공 가능성이 높아진다. 상황적합이론은 환경과 조직의 관계에 관한 다음의 두 가지 연구로부터 유래한다.

1 로렌스와 로시의 연구

로렌스와 로시(P.R. Lawrence & J.W. Lorsch)는 서로 다른 산업 부문에서 기업이 경쟁하고 있는 산업의 특성에 적합한 구조를 통합(integration)하고 차별화(differentiation)하는 방법을 조사하였다.[12] 2명의 연구자는 3개의 산업인 플라스틱산업, 식품산업, 컨테이너산업에 속한 10개의 기업을 대상으로 각각의 산업 안에서 각 기업의 부문별 판매량, 연구개발 생산품의 차별화 단계를 측정하였다. 이러한 연구로부터 그들은 조직의 활동을 조정하기 위한 절차와 규칙이 다르다는 데 관심을 두었다. 연구 결과 3개의 산업은 서로 다른 환경 불확실성을 가지고 있었다.

플라스틱산업은 경쟁업자와 경쟁이 매우 치열했으며, 기업이 신제품이나 새로운 공정을 빈번하게 개발하여 제품수명주기가 아주 짧았다. 이것으로 볼 때 환경이 매우 동태적이며 환경 불확실성이 아주 높았다.

반면에 컨테이너산업은 20년 동안이나 특기할 만한 제품 개발이 거의 없었고 환경역시 매우 안정적이며 환경 불확실성이 낮은 특성을 보였다.

식품산업이 직면한 환경 불확실성 정도는 앞의 2개 산업의 중간 정도에 해당되었다. 식품산업은 급격한 기술 혁신이 별로 없으며 신제품의 출현 및 판매고의 성장이 플라스틱산업보다는 낮고 컨테이너산업보다 높은 특성을 가지고 있었다. [그림 6-6]

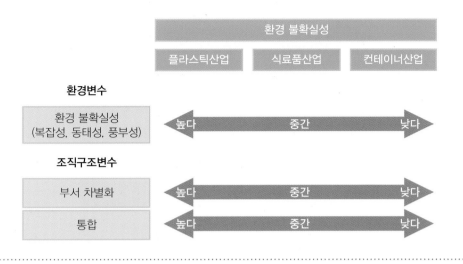

[그림 6-6] 로렌스와 로시의 연구

에서처럼 환경 불확실성이 가장 높은 산업은 플라스틱산업, 식료품산업, 컨테이너산업 순으로 나타났다.

이러한 산업 사이에 차별화는 안정적인 환경에 있었던 기업보다는 불확실한 환경에 직면한 기업에게 더욱 중요하였다. 그들이 제시한 차별화란 기능적으로 상이한 부서에 속한 관리자의 기본 성향에 서로 차이가 있고 부서 간의 공식구조가 다르다는 것을 의미한다. 즉 환경 불확실성이 높을수록 차별화가 많이 되어 있다고 본 것이다.

하지만 이 연구에서 차별화와 함께 중요한 개념이 통합이라는 점이 부각되었다. 조직 전체의 목표달성을 위해서는 부서 간의 차별화를 조정해 줄 통합이 필요하다는 말이다. 조직의 통합이란 차별화된 부서 간의 행동이 조직 전체의 목적과 일치하는 방향으로 움직여 가도록 하는 공동의 노력을 의미한다. 환경 불확실성이 높은 산업 내에 있는 조직일수록 차별화 정도가 높으며 이를 조정하기 위한 통합의 정도도 높아진다. 로렌스와 로시의 연구가 주는 메시지는 조직을 효과적으로 운영하기 위해서는 조직이 환경에 조화를 이룰 수 있도록 조직구조를 적응시켜야 한다는 것이다.

2 번즈와 스톨커의 연구

번즈와 스톨커(T. Burns & G.M. Stalker)는 영국에 있는 20개 기업을 조사한 결과 외부 환경과 조직구조가 서로 관련되어 있음을 발견하였다.[13] 조직이 직면한 환경특

[그림 6-7] 번즈와 스톨커의 연구

성에 따라 활동을 통제하기 위해서 조직은 다양한 종류의 구조를 요구한다는 점을 발견한 것이다. 특히 그들은 기계적 조직을 가지는 기업보다 유기적 조직을 가지는 기업이 불안정하고 변화하는 환경에서 더욱 효과적이라는 점을 발견하였다. 반면에 안정적인 환경에서는 유기적 조직의 특성이라고 할 수 있는 분권화된 팀보다는 집권화, 공식화, 표준화를 특징으로 하는 기계적 조직이 더 효율적이었다.[14]

동태적 환경에 직면한 조직은 안정적인 환경에서 활동하고 있는 조직과 현저히 다르다. 동태적 환경에 직면한 조직은 유기적 조직형태를 보였다. 즉 문서화된 규칙이나 절차가 거의 없고, 의사결정권도 분권화되어 있었고 갈등 해결을 위해서 토론이나 회의를 자주 하였으며, 수평적 의사소통도 빈번하게 이루어지고 있었다.

반면에 안정적 환경 속의 조직은 기계적 조직이었다. 문서에 의한 의사소통이 이루어졌고 소수의 경영자가 의사결정권을 행사하고 있었으며, 정보 공유도 제한적이며 구성원 간의 갈등도 상사의 중재 노력이나 상급자의 결정에 의해 해결되는 등 관료제 특징을 많이 가지고 있었다([그림 6-7] 참조).

왜 이와 같은 결과가 나타난 것일까? 환경이 급속하게 변화하고 현장에서의 빠른 의사결정이 요구될 때 하위 수준의 종업원은 중요한 의사결정을 위한 권한을 가지는 것이 필요하다. 게다가 복잡한 환경에서 빠른 의사소통과 정보의 공유는 새로운 제품을 개발하고 고객욕구에 부응하기 위해서 필수적이지만 환경이 안정적일 때는 복잡한 의사결정 시스템은 필요하지 않았다.

번즈와 스톨커는 조직이 처해 있는 환경 불확실성과 역동성에 조화를 이루는 조직구조를 설계할 수 있어야 한다고 생각하였다. 하지만 기계적 조직이 나쁘고 유기적 조직이 좋다고 단순하게 주장한 것은 아니다. 즉 가장 효과적인 조직이란 직면한 환경의 특성에 적합한 조직이 되어야 한다는 점이 중요하다.

3 상황적합이론의 비판: 환경에 대한 전략적 선택이론

조직이 환경에 의해 수동적으로 지배만 당하는 것이 아니라 능동적으로 대처하고 적극적으로 자신에게 필요한 환경만 선택하든지 심지어는 자신에게 유리한 환경을 조성해 나갈 수 있음을 주장한 이론이 등장한다. 상황적합이론은 환경이 조직구조를 결정하는 중요한 요인이라며 조직을 환경의 피조물로만 여겼다. 이에 대한 비판이 계속 있어 오다가 차일드(J. Child)에 의해 조직의 능동성이 이론화된 것이다. 차일드는 1972년 환경의 영향력보다 경영자가 환경을 어떻게 인식하느냐 하는 점이 더 중요하기 때문에 상황적합이론은 틀렸다고 주장한다.[15] 그는 조직의 특성은 환경에 의해 자동적으로 결정되는 것이 아니고, 조직 내 다양한 과정을 통해서 형성되는 전략적 선택에 의해 이루어진다고 하였다. 그는 상황적합이론은 경영자의 임의적 선택 가능성(voluntarism)을 무시했다고 비판한다. 이것이 바로 전략적 선택이론(strategic choice theory)이다.

차일드는 조직환경에 직접 영향을 줄 수 있는 경영자에 의해서 전략적 선택이 이루어져야 한다는 점을 지적한다. 따라서 환경의 지각은 사람마다 다르며, 특히 주관적이기에 하나의 환경에 여러 개의 지각이 있을 수 있음을 환기한다. 예를 들어 경제위기가 오기 전 어떤 경영자는 위기 상황을 정확히 예측하지만, 어떤 경영자는 상황을 좋게만 낙관할 수 있다. 앞으로의 환경을 어렵지 않은 상황으로 해석하였기 때문이다.[16]

결국 차일드의 주장을 세 가지로 정리하면, 조직의 경영자는 더 많은 자율성을 통해 환경에 대한 다양한 대안을 선택할 수 있어야 하며, 조직은 환경의 힘으로부터 움직이는 것이 아니라 조직이 어느 정도 환경을 움직여서 환경을 새롭게 창조해 내야 하며, 조직은 환경을 종종 다르게 지각하기 때문에 객관적인 환경에 대한 경영자의 주관적 지각을 무시할 수 없다는 점이다.

차일드와 유사하게 창조된 환경(enacted environment)이라는 개념을 처음으로 제시했던 웨익(K.E. Weick)에 따르면, 환경이란 관리자 자신의 지각으로부터 창조된 것이다.[17] 결국 환경은 경영자가 어떻게 인식하느냐에 달려 있다. 환경에 대한 경영자의 과거 경험은 직면하는 환경이 안정적이든 불확실하든 자기 조직에만 특별히 닥친 중요한 것으로 지각하게 한다. 따라서 경영자가 가지고 있는 경험을 활용하여 환경을 직접 변화시키고 영향을 미치려고 한다. 상황적합이론을 비판하는 사람은 조직은 환경을 통제하고 능동적으로 다루려고 하지 그저 단순히 수동적으로 반응하는 것은 아니라고 주장한다.

III   자원의존이론

자원의존이론의 의미를 이해하고, 조직이 환경으로부터의 자원에 대한 의존력을 최대한 감소시키고 조직의 힘을 키우기 위한 전략적 활동을 살펴보자.

1 자원의존이론이란?

자원의존이론(resource dependence theory) 역시 조직이 환경으로부터 일방적으로 적응해야 한다는 상황적합이론을 부정한다. 따라서 조직의 능동성 및 자율성을 부각하면서 조직과 환경 간의 관계에서 조직이 환경에 적응하여 능동적으로 전략을 세우고 결정한다는 점을 강조한다.

조직은 생존하고 성장하는 데 필요한 자원에 대해 환경에 의존한다. 하지만 자원의 공급은 환경 풍부성, 환경 동태성, 환경 복잡성에 따라 달라진다. 결국 조직이 필요로 하는 자원이나 당면하는 제반 문제, 환경 불확실성 등은 대부분 환경에서 비롯된다. 만약 중요한 고객을 상실하거나 새로운 경쟁자가 시장에 진입한다면, 자원은 더 부족하게 되고 환경 불확실성은 더 커진다. 그러면 조직은 그들이 의존하는 자원에 대한 접근을 보장해 주는 환경과 좋은 거래를 위해 노력할 것이다.

이처럼 자원의존이론은 조직생존의 핵심 요인은 자원을 획득하고 유지할 수 있는 능력이며, 이러한 자원은 외부 환경으로부터 획득되므로 환경에 의존해야 하며 환경과의 거래가 필요하다고 한다.[18] 즉 조직은 생존을 위해서 환경과의 거래가 필수적이며 이에 따라 환경의 여러 요인과 상호의존적 관계를 맺어야 한다는 것이다. 경영자는 조직생존을 위해 외부와의 의존관계를 관리하려 든다. 이를 위해서 각종 조직변화전략, 자원의존 회피전략을 세우게 된다.[19]

따라서 조직은 환경과의 상호의존적 관계를 위해 두 가지 측면을 동시에 관리해야 한다. 첫째, 자원을 얻기 위해서 다른 조직에 영향력을 행사해야 한다. 둘째, 환경 아래에서 다른 조직의 요구와 필요에 반응해야 한다. 부족한 자원에 대한 접근을 통제하고 자원의존을 관리하기 위해서 조직은 다양한 전략을 마련하여 추진해야 한다는 점이다.

② 조직 간 자원의존 관리전략

기업 간 자원의 흐름은 불확실하며 종종 다양한 문제를 일으키는데 이러한 환경 불확실성을 감소시키기 위해서 조직은 특수하거나 일반적인 상황에서 각 자원에 대한 의존성을 관리하기 위한 전략을 필요로 한다. 일례로 조직이 많이 확보하고 있는 자원에는 많이 의존할 필요가 없지만 상대방으로부터 필요 자원을 얻기 위해 자신이 가진 자원의 가치를 최대한 부풀리는 전략을 세운다. 그러기 위해 자원을 감추고 희소하게 하거나 여러 방식으로 자원 공급을 조절할 것이다. 이를 자원의존 관리라고 할 수 있다. 이와 같이 자원의존관리는 조직이 자신의 영역을 확대시키거나 보호하는 것을 가능하게 한다. 또한 특수한 상황에서 기업은 공급자, 노동조합, 소비자 관련 집단과 같은 권력과의 상호 의존관계를 관리할 필요도 있다. 관리하지 않고 무조건 의존하다가는 상대 조직에게 먹히고 말 것이다.

특수한 상황에 있어서 두 가지 기본적인 조직 간 상호 의존은 환경 불확실성을 야기한다.[20] 즉 공생과 경쟁이다. 조직 간에 한 조직의 산출물이 다른 조직에 있어서 투입물이 될 때 공생적 상호의존이 된다. 공생적 상호의존은 일반적으로 조직, 공급자와 유통업자 사이에 존재한다. Intel이나 Compaq, Dell과 같은 컴퓨터회사는 공생적 상호 의존을 가진다고 할 수 있다. 반면에 경쟁적 상호의존은 부족한 투입물과 산출물을 위해 경쟁하는 기업 간에 존재한다.[21] Compaq과 Dell은 Intel의 마이크로칩 분야에 있어 경쟁상태에 놓여 있다.

| 우호적 평판 개발 | 중요 인물의 영입 | 전략적 제휴 | 인수합병 |

비공식적 ⟷ 공식적

[그림 6-8] 협력적 환경 불확실성 감소전략

❸ 협력적 환경 불확실성 감소전략

환경 불확실성을 감소시키기 위해 조직은 적극적인 전략을 실행하여 외부환경을 변화시키려 하거나 통제하려고 노력한다. 앞에서도 서술했듯이 환경 불확실성 감소 전략은 크게 협력적 환경 불확실성 감소전략과 경쟁적 환경 불확실성 감소전략으로 구분된다. 먼저 협력적 환경 불확실성 감소전략을 살펴보면 다음과 같다([그림 6-8] 참조).

◆◆◆ 조직 인사이트 6-5 **손자병법의 지혜**

- 우리가 적보다 10배가 많으면 포위하라.
- 적보다 5배 강하면 공격하라.
- 적보다 2배 강하면 교전을 시작하라.
- 적과 대등하다면 적을 쪼갤 수 있어야 한다.
- 적보다 수적으로 열세라면 방어를 할 수 있어야 한다.
- 모든 측면에서 열세라면 적을 피할 수 있어야 한다.

우호적 평판

소비자와 경쟁업자의 상호의존성을 관리하는 가장 비공식적이며 간접적인 방식이 평판(reputation)을 만들어 활용하는 것이다. 기업이 공정하고 정직한 사업 수행을 통해 다른 기업에게 신뢰를 받고 높은 인지도가 유지되는 우호적 평판을 얻는다면 환경 불확실성은 그만큼 감소한다.[22] 예를 들어 신용거래와 좋은 품질의 제품 및 서비스를 제공하는 것은 공급자나 소비자에게 신뢰나 좋은 평판을 이끌어 낸다. 자동차 정비센터가 훌륭한 수리 작업, 공임과 부품에 대한 공정한 가격으로써 고객으로부터 좋은 평판을 받는다면, 고객이 자동차 서비스를 받으려 할 때 그 정비센터를 다시 찾게 될 것이다. 보석이나 다이아몬드를 판매하는 회사나 신용을 생명으로 하는 금융업은 고객과의 연결을 관리하기 위해 평판과 신용을 이용한다. 아마도 평판이나 신용은 협력적 상호 의존성을 관리하기 위한 가장 기본적인 연결 메커니즘일 것이다.[23]

중요 인물의 영입

중요 인물의 영입(co-optation)은 조직의 활동에 특별한 영향을 미치는 외부의 인물을 조직의 일부로 맞아들이는 것으로서 협력적 환경 불확실성 감소 및 상호의존성을 관리하는 전략이다. 즉 상대편을 우리 편으로 끌어들이는 것이다. 중요 인물을 영입한다는 것은 중요한 정치적 수단이다. 조직에 중요한 영향을 주는 소비자, 공급자 또는 중요한 외부의 이해당사자를 영입하거나 위촉한다. 예를 들어 지역 학교는 발언권이 강력한 부모를 위원회 위원으로 위촉한다. 또한 자금 공급을 원활하게 하기 위해 은행의 자금부 중역을 회사의 이사 혹은 자문으로 위촉하는 경우도 있다.

전략적 제휴

전략적 제휴(strategic alliances)는 협력적일 뿐만 아니라 경쟁적 상호 의존성을 감소시키기 위한 관리전략이다. 전략적 제휴는 새로운 사업 기회를 연합해서 발전시키기 위해 자원 공유를 목적으로 둘 또는 그 이상의 기업이 제휴하는 것이다. 예를 들어 A라는 컴퓨터회사는 새로운 컴퓨터 워크스테이션 기술을 판매하기 위해 B사와 거대한 유럽 판매 네트워크를 사용할 수 있는 협정을 맺었다. 이 제휴는 거대 유럽 사무컴퓨터시장에서 A사가 IBM사와 경쟁하도록 만들었다.[24] 계약이 더 공식화되면 될수록 더 강하고 많은 규정이 만들어지며 연합활동의 조절은 강화된다. 일반적으로 환경 불확실성이 증가하면 기업은 자원에의 접근을 보호하기 위해 보다 더 전략적 제휴를 선

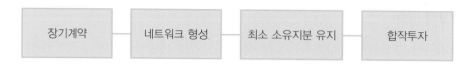

| 장기계약 | 네트워크 형성 | 최소 소유지분 유지 | 합작투자 |

[그림 6-9] **전략적 제휴의 유형**

택한다. [그림 6-9]는 전략적 제휴의 다양한 유형을 나타낸다.[25]

• 장기계약

장기계약(long-term contracts)은 한 조직이 다른 조직과 법률적 관계를 설정함으로써 환경 불확실성을 줄이려는 것이다. 둘 혹은 그 이상의 기업 간 장기계약이 명시되는 제휴가 일반적이다. 이들 계약의 목적은 대개 자원을 공유하고 연구, 개발, 마케팅, 그외 활동의 위험 요소를 공유함으로써 비용을 절감시키고자 하는 것이다. 장기계약은 문서화되거나 성문화될 수 있는데 대개는 진술되거나 혹은 매우 상세하게 열거된다. 기업의 최고경영자는 고객의 욕구 변화, 컴퓨터 시스템의 보편화와 같은 몇가지 경영활동에 있어서 생각과 정보를 공유하기 위해서 정규적인 접촉을 한다. 계약을 통하여 자재 공급과 수요환경에 대한 일정 부분을 문서화함으로써 환경 불확실성을 줄이는 것이다.[26]

• 네트워크 형성

네트워크 형성은 공식적인 권위의 정규체계보다는 오히려 상호 계약에 의해 조정되는 경우가 흔하다. 또한 네트워크 구성원은 서로 다른 활동을 보완하고 지원한다. 네트워크에 의해 형성되는 관계는 계약에 의해 형성되는 것보다 더 공식적이고 관계기업 간의 결속력에 기반한다. 더 많은 조직 간의 네트워크가 형성됨에 따라 네트워크 간의 조정활동도 매우 빈번해진다.[27] 결국 네트워크조직이란 기업에게 필요한 모든 수평적·수직적 기능을 기업 내부로 흡수하지 아니하고 외부 기업과의 효과적인 연결·협조관계를 통하여 더 효율적으로 조직을 운영하는 형태라고 할 수 있다. 네트워크 형성의 목적은 파트너와 R&D 기술을 공유하는 것이며, 조직은 이 기술을 사용하여 품질을 높이고 비용을 감소시킴으로써 효율을 꾀한다.[28]

• 최소 소유지분 유지

최소 소유지분 유지(minority ownership)는 공식적인 전략으로서 한 조직이 다른 조직의 소유지분을 최소한으로 보유한다. 최소 소유지분 유지 전략은 계약과 네트워크 관계보다 더 공식적인 연결이다. 최소 소유지분을 유지함으로써 조직 간에 의존성이 높아지며, 상호의존성으로 말미암아 강한 결속력이 만들어진다.[29]

◆◆ 조직 인사이트 6-6 먼저 신뢰하면 확실해진다.

(주)하림이 운영되려면 농장에서 닭을 길러야 되며 공장에서 가공이 되어야 하고 시장에 배달되어 팔려야 한다. 소위 농장, 공장, 시장의 3장(三場)이 체계적으로 연결되지 않으면 한쪽에서 아무리 잘 해도 문제가 생긴다. 공급자인 농장과 장기계약을 맺고 닭을 공급받는다. 혹시 통닭이 안 팔려도 계약 된 가격과 계약된 수량을 그대로 주문하니 농장 측이 하림을 신뢰할 수밖에 없다. 시장과도 마찬가지 관계를 갖는다. 불확실성이 줄어드니 당연히 장기 예측과 계획이 가능하다. 조직 간 굳건한 신뢰관계 로 연결된 형태이다.

이와 반대의 경우가 GM사이다. 자동차회사가 많은 부품을 모두 생산해서 조립하는 것은 아니며 수많은 공급업체와 계약관계를 가진다. GM사는 협력업체와 느슨한 관계를 갖는 것으로 유명하다. A 업체와 협력관계를 맺고 부품을 공급받다가도 더 품질 좋고 값싼 가격으로 공급할 수 있는 업체가 나 오면 언제나 환영이다. 이때 기존 업체와 결별하기 쉬우므로 별문제 없이 관계를 끊든지 잠정적으로 거래를 중단하고 더 좋은 조건으로 다른 회사로부터 부품을 공급받을 수 있다. 그렇다고 기존 업체와 의 관계를 완전히 단절하지도 않는다. 항상 여러 업체와 느슨한 관계를 유지하면서 GM사의 위치를 유지해 왔던 것이다.

Toyota사는 협력업체와 자회사와 모회사 관계 이상으로 굳건한 관계를 가진다. 그러므로 상황이 바뀌어 부품 유형을 바꾸고 싶어도 협력사가 동의하지 않으면 어렵다. 결과적으로 유연성이 줄어든 다. 그런데 환경변화와 경쟁이 극심해지면서 GM사는 협력사로부터 안정적인 공급을 받는 데 있어 한 계에 부딪쳤다. 생산의 일관성도 없 어지고 미래를 예측하기 어려웠다. 반대로 Toyota사는 어려운 시기에 도 자신이 원하는 부품을 안정적으 로 일관성 있게 공급 받아 생산차질 을 빚는 일이 없었으며 미래예측도 쉬웠다. 굳건한 것이 언제나 좋은 것도 아니며 느슨할수록 좋은 것도 아니다.

• 합작투자

합작투자(joint venture)는 둘 혹은 그 이상의 기업이 새로운 사업을 설립하면서 소유지분을 결합적으로 공유하기로 동의하는 전략적 제휴이다. 합작투자는 전략적 제휴 중 가장 공식적이다.[30] 기업 A와 기업 B는 새로운 조직체인 기업 C를 설립할 것에 동의하며, 이때 조직구조가 설계되어 최고경영자팀을 선정한다. 기업 A와 기업 B 모두는 기업 C를 경영하기 위한 경영자를 보내며, 기업 C가 성장하고 성공하는 데 필요한 각종 자원 역시 지원한다. 합작투자에서 참여자는 때때로 각각의 차별적 권한을 지원한다. 예를 들어 효율적 생산기술에 대한 숙련 지식을 공급하며 R&D 기술을 공급하기도 한다. 새로운 사업에 있어서 기술의 공동출자는 생산가치를 증대시킨다. 즉 합작투자를 통하여 혼자서 감당하기 어려운 위험을 줄이려고 하고 비용이 많이 드는 대규모 투자나 위험이 높은 프로젝트의 경우 합작투자로써 환경 불확실성을 줄일 수 있다.

인수합병

소유지분을 보다 강화하기 위해서 취하는 것이 합병(merger)이다. 이는 하나의 조직이 다른 조직을 완전히 소유해 버리는 것이다. 공급자 혹은 유통업자 환경이 매우 불확실할 경우 그러한 환경에 대한 의존성이 매우 높아지기 때문에 이를 줄이기 위하여 공식적인 전략의 일환으로 소유지분을 합병 또는 인수(takeover)한다.[31] 이때 인수한 조직은 막대한 자금을 부담하게 되며 새로운 사업을 관리하는 문제에 직면하기도 한다.

4 경쟁적 환경불확실성 감소전략

조직은 경쟁을 되도록이면 피하려 한다. 경쟁은 부족한 자원의 공급을 위협하며 특수 환경에 있어서 환경 불확실성을 증가시키기 때문이다. 치열한 경쟁으로 인해 제품 가격이 하락함으로써 조직의 생존은 매우 위태로워지며 환경은 점점 더 악화된다. 경쟁이 강화되면 될수록 파산 기업의 수는 증가한다.[32] 궁극적으로 조직환경은 자원을 위해 맞부딪쳐 경쟁하는 최강의 소수 생존자로 구성된다. 이때 조직은 경쟁적 환경 불확실성을 감소시키고자 직접적으로 환경을 다루는 다양한 기술을 사용한다. [그림 6-10]은 경쟁적 환경 불확실성 감소전략이다.

[그림 6-10] **경쟁적 환경 불확실성 감소전략 유형**

결탁과 카르텔 형성

결탁(collusion)은 기만적이고 불법적인 목적을 위한 정보를 공유하기 위해 경쟁자들 간에 이루어지는 비밀스러운 동의이며 비합법적인 행동이다. 뇌물을 통한 권력자와의 결탁이 가장 흔한 예이다. 조직은 자신이 경험한 경쟁적 환경 불확실성을 감소시키기 위해 서로 결탁한다.[33] 카르텔(cartel, kartel)은 기업연합이라고도 하며, 협약 관계에 의한 집중 형태로서 각 기업이 법률적·경제적으로 독립성을 유지하면서 협약에 의해 결합하는 것을 말한다. 결탁과 카르텔은 조직환경의 안정성을 증가시켜 경쟁자들 간의 관계에 대한 환경 불확실성 혹은 환경 복잡성을 감소시킨다.

한편 산업에서 경쟁자는 산업표준을 설정함으로써 결탁 혹은 카르텔이 가능하다.[34] 산업표준은 운영 규칙과 같은 기능을 한다. 결국 산업표준이란 경쟁자에게 어떤 비용을 부과해야 하는지 제품명세서 가운데 필수적인 것이 무엇인지 특정 제품에 있어 어느 정도의 이윤을 확보해야 하는지에 대한 일반적인 상식이라 할 수 있다. 시장을 선도하고 있는 조직은 가격 리더가 될 수 있다. 가격 리더가 곧 산업표준이 되는 경우가 많다. 이것은 제품에 대한 가격을 책정하는 것이며, 그에 따라 보다 약한 조직은 리더가 책정한 가격에 기준하여 가격을 부과하게 된다.

제3자와의 연결 메커니즘

제3자와의 연결 메커니즘(third-party linkage mechanism)을 사용하는 방식은 경쟁하는 조직을 조정히는 방식에 있어 매우 공식적이긴 하나 간접적인 방식이다.[35] 제3자란 경쟁을 규제하거나 관련 정보를 공유하도록 만들어 주는 규제 기관이라 할 수 있다. 예를 들면 한국과 일본의 무역업자에게 있어 한일무역협회가 제3자가 된다. 하나의 산업 안에서 각각의 회사를 대표하고 경쟁자와의 만남을 성사시키고 정보를 공유하며 다른 회사의 활동을 감시하는 것을 가능하게 하는 기업을 말한다. 이와 같은 상호작용은 하나의 조직이 다른 조직을 속이거나 기만할지도 모를 일을 예방한다. 무역협회는 산업 구성원을 보호하기 위해 정부를 향한 강력한 정책 개진이나 로비를 벌여 나가기도 한다.

제3자와의 연결 메커니즘은 조직이 산업경쟁을 안정화시키는 기준과 규칙을 제공하며 따라서 환경의 풍요함을 증대시킨다. 이러한 메커니즘은 조직의 상호작용을 통제하기 때문에 환경 복잡성을 감소시키며, 정보 흐름을 증가시킴으로써 기업이 환경 변화에 보다 용이하게 반응하는 것을 가능하게 한다. 그러므로 제3자와의 연결 메커니즘은 환경 불확실성을 감소시킨다.

전략적 제휴

전략적 제휴는 협력적 환경 불확실성 감소전략뿐만 아니라 경쟁적 환경 불확실성 감소전략에 동시에 사용될 수 있다. 경쟁자는 최종 상품이 시장에서 호황을 누리게 될 때 그들의 고객에게 있어 비록 경쟁 위치에 있기는 하지만 비용을 절감할 수 있는 공통기술을 개발하기 위해 전략적 제휴를 형성하고 협력할 수 있다.[36] 예를 들어 Apple Computer와 IBM은 개인 컴퓨터 시장에 있어 서로 경쟁관계에 놓여 있지만 기계의 호환성을 가능하게 하는 공용 마이크로칩의 개발비용을 감소시키기 위해 장기간 전략적 제휴를 하였다. Mazda와 Ford는 미국 시장에서 자동차 생산을 위해 서로 협력했다. Ford는 일본 제품에 대한 지식과 정보를 얻었으며, Ford와 Mazda 모두는 전략적 제휴에 의해 이득을 얻었다. 전략적 제휴는 새로운 진입자를 막으려 할 때에도 사용된다. 또한 기업은 특허를 방어하거나 취득함으로써 다른 경쟁자로부터 자기 사업을 보호하려 할 때에도 전략적 제휴를 사용한다.

인수합병

인수합병은 협력적 환경 불확실성 감소전략이면서 경쟁적 환경 불확실성 감소전략이다. 상호의존성을 관리하기 위해 경쟁 조직을 인수하거나 합병한다. 인수합병은 기업이 보다 많은 고객에게 보다 나은 봉사를 위해 보다 광범위한 제품을 생산할 수 있는 능력을 증가시키거나 기업이 영역을 확장시키고 강화하는 것을 가능하게 함으로써 기업의 경쟁적 위치를 향상시킬 수 있다.

　국내 M&A 중에서 가장 성공적인 사례로 현대차의 기아차 인수합병이다. 부도직전의 기아차를 서로 인수하기 위해 현대, 삼성, 대우, Ford 등이 입찰했다. 당시 삼성이 자동차 사업을 강력하게 추진 중이었지만 결국 현대가 기아차를 인수한다. 인수합병 후 경영 정상화가 쉽지 않았지만 현대·기아차는 각 브랜드를 유지하면서 세계 5위의 자동차회사로 자리 잡았다. 현대·기아차 양재동 사옥 이후 국내 자동차회사는 계속 부도 위기에 몰려 끊임없이 매각과 인수합병이 이어졌다. 대우차는 GM에 매각되어 GM대우로 변경되었고, 삼성차는 프랑스 르노자동차에게 6천2백억에 인수되어 르노코리아로 바뀌었는가 하면, 쌍용차는 상하이 자동차를 거쳐 인도의 마힌드라 자동차에 인수되었다.

　성공적인 M&A 사례로는 SKT의 하이닉스 인수합병을 꼽는다. 하이닉스매각에 단독 입찰해 인수하여 SK하이닉스가 된 후에 경영정상화에도 성공했다. 또한 두산의 한국중공업 인수와 포스코의 대우인터내셔널 인수 등도 성공적인 M&A 사례로 꼽힌다. 최근 세기의 인수합병으로는 2022년 초 마이크로소프트가 미국 게임업체 블리자드를 82조 원에 인수한 일이다. 이로써 블리자드는 세계 3위 글로벌 게임 회사로 등극하면서 가상현실, 메타버스, 게임 스트리밍, 비디오 게임 등 게임산업 전반에 걸쳐 영향력을 끼칠 것이다. 우리나라도 최근에 독일기업인 딜리버리히어로가 배달의 민족을 약 5조 원에 인수하여 한국 IT벤처기업 역사상 가장 큰 규모의 인수합병으로 기록되었다. 그 외에도 카카오가 로엔엔터테인먼트'를 1조 9천억에 인수하여 음원 스트리밍 서비스 1위였던 멜론을 소유하고 자회사 카카오M을 통해 연예 기획 분야로도 진출할 수 있었다. 또한 넷마블은 웅진코웨이를 1조7천억에 인수하여 웅진코웨이가 보유한 생활밀접 서비스에 넷마블의 IT 기술을 더해 새로운 비즈니스 모델을 창출할 수 있게 되었다. 그러나 인수합병이 언제나 성공적인 것은 아니다.

　1998년 미국의 '크라이슬러'와 독일 '다임러'의 합병은 당시 '천상의 결혼'이라는 평가를 받았지만 실패로 막을 내렸다. 고급스러운 이미지의 벤츠와 실용적인 크라이슬러의 결합이 가져다주는 시너지 효과를 노렸지만 시장의 반응은 정반대였다. 합병 실패의 원인으로 '구조조정 없는 단순 합병'이 꼽힌다. 하나의 회사가 되기 위해서는 두 회사를 융합시켜야 하는데 합병 후에도 두 회사는 회사 간의 문화 장벽을 넘지 못했으며 미국과 독일이라는 국가간 자존심 싸움 문제도 직원들의 사기를 떨어뜨렸다.

Ⅳ 거래비용이론

조직은 환경 불확실성을 줄이기 위해 다양한 전략을 가질 수 있다. 이들 전략의 목적은 동반자를 만들고 특수 환경과 일반 환경에 대한 조직의 통제력을 증가시키는 데 있다. 대다수 조직은 많은 전략 중에서 특정 전략을 선택하여 사용하고 변화하는 환경에 적응하기도 한다.[37] 거래비용이론(transaction cost theory)은 조직 유효성이 조직의 출현을 설명하는 중요한 요인이며 거래비용을 최소화하는 것이 효율성을 재는 척도라는 점을 분명히 한다.

거래비용이란 불완전한 정보하에 거래 상대의 의도 혹은 행동 양식에 관한 문제를 극복 또는 회피하기 위해 필요한 비용, 즉 통제비용, 거래관계의 유지비용, 정보비용 및 대체비용 등 교환과 관련된 모든 비용을 의미한다. 사람이 함께 일할 때면 어느 곳에서나 활동을 통제하는 것과 관련된 비용, 즉 거래비용이 발생한다. 거래비용 역시 조직이 정보나 자원을 얻기 위해서 다른 기업과 상호작용하며 공생적이고 경쟁적인 환경 불확실성을 줄이기 위해 부담해야 하는 비용인 것이다. 따라서 조직은 거래비용이나 관리비용을 최소화하기 위해 노력한다. 그와 같은 비용이 생산 능력을 줄이는 역할을 하기 때문이다.

이러한 거래비용을 쉽게 이해하기 위해서는 개인(사냥군과 어부)끼리 물물교환을 하던 원시시대로 돌아가 보자. 개인끼리의 물물교환이 중개자(상인, 예: Walmart)를 통한 교환보다 편할 것 같지만 사실은 그 반대이기 때문에 이 땅에 기업(상인조직체 혹은 중개자조직체 혹은 생산자조직체)이 존재하게 된 것이다. 기업은 개인끼리 거래할 때 생기는 거래비용을 훨씬 줄여주기 때문에 그 존재가치가 있다.

1 거래비용의 원천

거래비용이론의 체계를 확립한 윌리엄슨(O.E. Williamson) 등은 거래비용의 발생 원인을 다음과 같이 제시하고 있다.

인적 요인

• 탐색활동의 노력과 시간

토끼 사냥꾼 김 씨가 물고기만을 원한다면 어부 박 씨가 사는 동굴만 찾아 방문하면 되지만 문제는 물고기, 사과, 버섯, 가죽, 새알, 불씨, 바늘, 필요한 게 한두 가지가 아니었다. 누가 나에게 가장 유리한 교환조건을 내세우는 사과 공급자인지 누구의 사과가 가장 맛있는 것인지 찾으러(탐색) 다니는 시간과 노력이 무척 많이 든다. 물고기 공급자도 누가 나의 물고기 값을 가장 많이 쳐줄 사람인지 찾아야 한다. 현대인도 마찬가지이다. 현대인에게는 상인조직체(예: 백화점, 대형마트 등)가 이 일을 대신해주는 것이다.

• 제한된 합리성

제한된 합리성(bounded rationality)은 복잡한 문제를 해결하거나 광범위한 정보를 처리할 수 있는 인간 능력의 한계에 기인한 것으로 이러한 한계 때문에 인간은 의사 결정과정에서 혹은 거래 파트너의 성과 측정에 있어서 객관적, 이성적으로 판단하지 못한다. 따라서 성과 계측의 개선과 정보 흐름의 원활화를 위해서 수직적 통합(vertical integration)이 제기된다. 제한된 합리성 때문에 환경 불확실성의 수준이 높아지면 조직 간의 거래를 관리하는 것이 그만큼 더 어려워진다.

• 도덕적 해이(moral hazard)

사냥꾼과 어부 중에 나쁜 사람이 있다면(원시시대도 사기꾼은 있었으리라) 뱀고기를 토끼고기라고 속이든지 상한 물고기를 갖고 교환장소(시장)에 나올 수도 있다. 시장에 사람들이 몰려 누가 누군지 모른다면 거짓 행동은 더욱 기승을 부릴 것이다. 그러나 ○○자동차, ○○전자, ○○은행은 낯선 개인보다 훨씬 믿을 만하다. 아주 먼 옛날이나 오늘이나 내일이나 사기꾼(시장에 가면 우리 모두 약간의 사기꾼이 된다.)은 항상 존재한다. 소비자이건 생산자이건 사기를 당하는 쪽은 거래비용을 뒤집어쓰는 셈이다.

• 기회주의

사기꾼은 아니더라도 중요하고 희소한 물품은 상대에게 높은 가치가 있다. 겨울에 강물이 얼면 물고기가 안 잡히니까 어부는 평소에 물고기 한 마리와 사과 한 개를 바꾸어 먹었는데 겨울에는 한 마리 물고기에 사과 세 개를 달라고 할 것이다. 공급자는 이 기회를 활용한다. 얼음값은 겨울에는 싸더라도 여름에는 비싸다. 그래서 얼음 장수는 겨울에는 정상적으로 팔지만 여름에는 더 비싸게 달라고 한다. 얼음의 원가와 상관없이 더운 날씨의 기회를 잡은 것이다. 예를 들어 교환 상대방의 약점이나 나의 강점을 기회로 활용하여 나에게 유리한 교환을 하려 한다. 기회주의(opportunism)란 기만적으로 자기의 이익을 추구하는 것(self interest seeking with guile)으로 정의되며, 구체적으로 정보의 왜곡 및 지연, 의무나 약속 이행의 회피와 같은 행동이 이에 해당된다. 대부분의 사람과 조직은 늘 정직하고 올바르게 행동하지만 그렇지 못한 사람은 항상 기회주의적으로 행동한다. 거래비용이론 연구에 의하면, 기본적으로 인간은 기회주의적 행동이 실행 가능하거나 이익일 때는 누구나 기회주의적으로 행동하는 내재적인 경향을 가지고 있다. 하나의 조직이 하나의 공급자나 소수의 파트너에 의존한다면 기회주의의 잠재성은 그만큼 커진다.

환경적 요인

• 불확실성

불확실성은 환경변화의 예측 불가능성 또는 복잡성을 의미하는 환경 불확실성과 계약 협정에 근거하여 거래 상대방의 성과를 정확히 계측하기 어려운 정도를 의미하는 행동 불확실성으로 구분된다. 특히 환경 불확실성은 환경이 급변해 기업이 갑작스러운 환경에 직면하는 정도를 의미하는 가변성과, 환경 불확실성의 다양한 원천의 정도를 반영하는 개념인 다양성으로 세분되기도 한다. 이러한 환경 불확실성은 기업의 의사결정을 어렵게 하고 수행되어야 할 과업의 사전 설정과 과업수행 방법의 결정을 어렵게 한다.

또한 불확실성하에 대응하기 위해 불가피하게 수시로 기업활동의 목표와 평가 기준을 설정함으로써 거래비용 상승이 초래된다. 특히 계약이 불명확할 때 거래 당사자들은 자신의 이익을 위해 기회주의적으로 계약을 해석하는 경향을 보이기도 한다. 불확실성의 사전해결이 불가능한 까닭에 거래비용의 상승이 야기되고 기업은 거래 파트너에 대한 통제력의 발휘와 기회주의의 억제를 위해 수직적 통합을 하게 된다.

• 정보의 비대칭

사냥꾼 김 씨는 사실 사냥만 했기 때문에 좋은 버섯과 좋은 물고기가 어떤 것인지 잘 모른다. 원하는 물건의 품질과 가격에 관한 정보가 부족해서 진정 좋은 것은 발견 못 하고 더 낮은 품질 혹은 더 비싼 것을 선택한다. 이런 행동을 역선택(adverse selection)이라고 한다. 한 마리 물고기의 품질과 가치에 대해서 공급자와 수요자가 똑같은 정보를 가지고 교환을 해야 정당한 것인데 공급자(어부)는 자기 물고기이므로 품질과 가치를 잘 알겠지만 수요자(사냥꾼)는 그 물고기에 관한 정보를 잘 모른다. 이를 정보의 비대칭(information asymmetry)이라고 한다. 이런 상황에서 서로 교환하면 수요자(구매자)에게 손해되는 거래가 이루어지는데 이는 수요자에게는 '거래비용'이다. 정보 비대칭의 원인은 자신의 이익을 위하여 정보를 왜곡하거나 잘못된 정보를 제공하려는 기회주의에 있다. 정보의 비대칭은 최선의 거래를 하기 위하여 정보가 필요한 거래당사자로 하여금 원가회계측정, 예산 시스템, 이사회와 같은 새로운 관리계층의 부가 등 정보를 얻기 위한 비용 즉 거래비용을 부담시킨다.

거래의 특성

• 거래 특유 자산

거래 특유 자산(transaction specific asset)은 거래비용이론 중 가장 핵심적인 개념으로서 거래에 있어 특유한 자산이 있으면 특정 교환의 지원을 위해 전문화되고 전환비용(switching cost) 없이는 재배치가 불가능한 투자를 의미한다. 이러한 자산의 가치는 거래 상대방의 성실한 행동에 의존하기에 특유 자산에 투자한 기업으로서는 거래 상대방의 기회주의 행동에 대한 안전장치가 요구된다. 거래 특유 자산 중에 자산 특유성이라는 것이 있다. 자산 특유성은 자산의 성질상 거래의 대상이 그 사용처나 사용자를 쉽게 떠날 수 없어서 만약 떠나는 경우 손해를 수반하는 정도를 말한다. 윌리엄슨은 자산 특유성을 크게 입지 특유성, 물적자산 특유성, 인적자산 특유성으로 구분하였다.

• 거래 빈도

거래 빈도는 생산원가와 밀접한 개념으로 거래 당사자와 상대방 간의 거래의 수, 즉 반복 발생 정도를 의미한다. 거래는 불연속적으로 이루어질 수도 있으며, 지속적·반복적으로 이루어질 수도 있다. 불연속적 거래는 수직적 통합을 유지하는 비용을 상쇄시켜 줄 수 없으나, 반복적 거래는 규모의 경제를 통해 생산비용을 감소시킬 수 있는 여지를 제공함으로써 수직적 통합을 촉진시키는 요인이 된다.

② 거래비용의 감소

원시인이나 현대인이나 이러한 거래비용을 피하고 싶을 것이다. 완전히 피할 수는 없지만 공공연하게 전문적 활동을 하는 기업을 이용하는 것이 낯선 개인과 거래하는 것보다 거래비용을 줄일 수 있다. 즉 기업은 개인보다 우리에게 거래비용 측면에서 훨씬 유리한 상황을 제공한다. 이것이 기업이 탄생한 하나의 이유이다. 따라서 어떤 회사가 나를 속여서 내가 개인과 교환하는 것보다 나에게 더 많은 거래비용을 안긴 다면 나는 그 회사와 거래하기를 꺼릴 것이고 그 회사는 곧 이 땅에서 퇴출된다. 예를 들자면 폭스바겐 자동차 회사처럼 매연가스 배출을 쉬쉬한다든지 중고차매매센터가 나를 속이면서 거래비용을 증가시킨다면 나는 다른 기업을 찾아 나설 것이다. 하지만 대개의 기업은 큰 규모라서 평판이 잘못 나면 손실도 크고 보는 눈이 많아서 개인보다 덜 부도덕하다. 그리고 규모의 경제(economy of scale)가 있으므로 단위비용 측면에서 개인보다 훨씬 유리하다. 나는 이러한 축소된 거래비용으로 교환하려고 다른 개인 대신 기업을 활용하는 것이다.

조직은 교환관계를 포함하는 거래비용의 수준에 있어서 기업 상호 간에 연결 메커니즘의 선택을 기반으로 한다. 〈표 6-4〉의 환경에서 조직은 다른 조직을 신뢰할 수 없다는 감정을 느끼게 되고 감시를 시작하게 되며 교환을 통제하기 위해서 장기계약과 같은 보다 공식적인 연결를 사용하게 될 것이다. 하지만 장기계약이 발생될 수 있는 모든 상황을 감당할 수 있는 것은 아니다.

〈표 6-4〉 **거래비용의 증감 조건**

거래비용 증가 조건	거래비용 감소 조건
• 조직은 특수한 제품 및 서비스의 교환을 시작한다. • 환경 불확실성이 증가한다. • 가능한 교환 파트너 수가 감소한다.	• 조직이 불특정 제품 및 서비스를 교환한다. • 환경 불확실성이 낮다. • 가능한 한 많은 교환 파트너가 존재한다.

인물 탐구

◇◇◇◇◇◇◇◇◇◇◇◇◇◇◇◇◇◇◇

포터(M.E. Porter, 1947-)

미국 미시건 주에서 태어나 프린스턴 대학과 하버드 대학에서 수학함. 경쟁 3부작인 [경쟁전략], [경쟁우위], [국가의 경쟁우위]를 발표함. 34세의 나이에 하버드 대학 교수가 됨. 경쟁전략의 대가임. 경쟁자 잠재력, 경쟁전략 유형, 가치사슬 등 경쟁전략의 새로운 사고를 제시함. 하버드 대학에서 최고의 영예인 하버드 대학교수로 선정됨. 위대한 50대 경영학자 중 1위에 선정되었고, 경영학회에서 경영정책 및 전략 분야의 위대한 교육자로 불림.

앤소프(H.I. Ansoff, 1918-2002)

러시아 블라디보스토크에서 태어나 미국 뉴욕으로 이민함. 스티븐슨 공과대학과 브라운 대학원에서 공부함. 카네기 공과대학에서 교편을 잡음. 대표작 [기업전략]은 전략에 대한 기본 가설과 정리, 패러다임 등의 설명을 하고 있어 기업전략 이론 및 실천 연구를 위한 필독서가 됨. 전략경영의 창시자로, 전략경영의 아버지로 불림.

1. 환경에 대한 설명으로 잘못된 것은?

   ① 특수환경은 자원을 확보하려는 조직능력에 직접적으로 영향을 미치는 것이다.

   ② 특수환경은 과업환경이라고 불러도 된다.

   ③ 일반환경은 기술적, 법적, 정치적, 경제적, 인구통계적, 생태학적, 문화적 환경을 포함한다.

   ④ 조직환경이란 조직에 영향을 미치는 것으로 조직 내부의 모든 요소를 말한다.

   ⑤ 환경 불확실성은 환경 복잡성, 환경 동태성, 환경 풍부성으로 구성된다.

2. 다음 중 구분이 다른 하나는?

   ① 상황적합이론

   ② 로렌스와 로쉬의 연구

   ③ 환경 불확실성

   ④ 플라스틱산업, 식료품산업, 컨테이너산업

   ⑤ 환경과 기계적·유기적 구조

3. 협력적 환경불확실성 감소전략이 아닌 것은?

   ① 우호적 평판 개발   ② 중요 인물의 영입   ③ 결탁과 카르텔 형성

   ④ 장기계약과 네트워크 형성   ⑤ 최소 소유지분 유지와 합작투자

4. 환경 변화에 대응한 기업의 경영변화로 옳지 않은 것은?

   ① 이윤 확대와 원가 절감   ② 이해당사자 경영   ③ 환경친화경영

   ④ 사회복지경영   ⑤ 환경경계경영

5. 로렌스와 로시는 서로 다른 산업 부문에서 기업들이 경쟁하고 있는 산업의 특성에 적합한 구조를 (   )와 통합이라는 2개의 차원으로 설정하였다.

   ① 사회화   ② 조건화   ③ 강화

   ④ 차별화   ⑤ 기계화

6. 번즈와 스톨커는 20대 기업을 조사하여 외부 환경과 (   )가 서로 관련되어 있음을 발견했다.

   ① 조직전략   ② 조직성과   ③ 조직구조

   ④ 조직문화   ⑤ 조직규모

7. (   )은 조직의 특성은 환경에 의해 자동적으로 결정되는 것이 아니고 조직 내 다양한 과정을 통해서 형성되기 때문에 경영진의 임의적 선택 가능성이 중요하고 했다.

① 상황적합이론   ② 전략적 선택이론   ③ 거래비용이론

④ 자원의존이론   ⑤ 관료제 이론

8. 경쟁적 환경 불확실성 전략에 속하지 않는 것은?

① 결탁과 카르텔   ② 제3자와의 연결 메커니즘   ③ 중요 인물의 영입

④ 전략적 제휴   ⑤ 인수합병

9. 거래비용이론의 개념이 아닌 것은?

① 정보의 공유   ② 제한된 합리성   ③ 기회주의

④ 불확실성   ⑤ 거래 특유 자산의 존재

10. 왼쪽에 제시된 조직환경 관련 명언을 읽고, 오른쪽에 자신의 생각을 채우시오.

위기라는 말은 위험과 같은 말이다 (톰 피터스).	

11. 환경이란 무엇인지, 또한 앞으로 미래 환경은 어떻게 변화할 것인지 토론하고 결론을 내리자.

12. 실제로 어느 고등학교의 급훈이다: "30분 더 공부하면 남편 직업이 바뀌고, 30분 더 공부하면 아내 몸매가 바뀐다." 이 급훈에 대하여 비판을 하든 찬성을 하든 자신의 의견을 피력하고, 팀의 의견을 모아서 결과를 발표하자.

13. 박스 안의 글을 읽고, 불황기에 성공할 수 있는 전략을 논의 후 발표하자.

> 전 세계가 경기 불황기에 처했을 때 맥주 등의 주류업체와 샴푸 등의 생활용품업체의 고객만족도가 모두 하락하고, 특히 나이키, 리복 등 고급 운동화 제조업체에 대한 고객만족도는 큰 폭으로 떨어졌다고 한다. 불황기에는 고급 운동화 대신 값싼 신발을 신기 때문이다. 그러나 유독 허시푸드, 마스 등 초콜릿 제조사의 고객만족도는 상승했다. 사람들이 경기가 안 좋을 때는 초콜릿같이 싸게 즐길 수 있는 제품을 선호하기 때문이다. 경기변동은 여성들의 치마 길이와 반비례한다고도 한다. 불경기에는 여성들이 움츠러들기에 긴 치마로 가리려고 하며 색깔이 검은색이 유행하다가, 경기가 회복될 때는 밝은 색에 미니스커트가 유행하며 노출이 과감해진다. 경기가 호전될 때는 문방구류의 판매량도 증대된다. 비즈니스계의 오피스 업무가 늘어나기 때문이다.

1 Thompson, J.D. (1967). *Organizations in Action*, New York: McGraw Hill

2 Hall, R.H. (1972). *Organizations: Structure and Process*, Englewood Cliffs, N. J.: Prentice Hall

3 Miles, R.H. (1980). *Macro Organizational Behavior,* Santa Monica Calif.: Goodyear

4 Hall, R.H. (1972). Ibid.

5 Child, J. (1972). "Organizational Structure, Environment, and Performance: The Role of Strategic Choice,"Sociology, vol.6, pp.1-22.; Dess, G.G., & Beard, D.W. (1984). "Dimensions of Organizational Task Environments," *Administrative Science Quarterly*, vol.29, pp.52-73.

6 Emery, F.E., & Trist, E.L. (1965). "The Causal Texture of Organization Environments," *Human Relations*, vol.18, pp.21-32.

7 Aldrich, H. (1979). *Organizations and Environments,* Englewood, Cliffs N. J.: Prentice Hall

8 Starbuck, W.H. (1976). "Organizations and Their Environments," in M. D. Dunnette ed., *Handbook of Industrial Psychology,* Chicago: Rand McNally, pp.1069-1123.

9 Aldrich, H. (1979). *Organizations and Environments,* Englewood Cliffs, N.J: Prentice Hall

10 Babcock, J.A. (1981). *Organizational Responses to Resource Scarcity and Munificence: Adaptation and Modification in College within a University*, Ph. D. Diss, Pennsylvania State University

11 Pfeffer, J. (1982). *Organizations and Organizational Theory*, Boston: Pitman

12 Lawrence, P.R., & Lorsch, J.W. (1967). *Organization and Environment,* Boston: Graduate School of Business Administration, Harvard University

13 Burns, T., & Stalker, G.M. (1961). *The Management of Innovation*, London: Tavistock

14 Courtright, J.A., Fairburst, G.T., & Rogrs, L.E. (1989). "Interaction Pattern in Organic and Mechanistic Systems," *Academy of Management Journal*, vol.32, pp.773-802.

15 Billiard, M. (1992). "Change Blows in with Hurricane at Burger King," *Houston Chronicle* (4 October), p.5.

16 Weick, K. (1979). *The Social Psychology of Organizing*, Reading, Mass: Addison-Wesley

17 Pfeffer, J., & Salancik, G.R. (1978). *The External Control of Organizations*, New York: Harper and Row

18 Miller, D., & Shamsie, J. (1996). "The Resource Based View of the Firm in Two Environments: The Hollywood Film Studios from 1936-1965," *Academy of Management Journal*, vol.39, pp.519-543.

19 Greve, H.R. (1996). "Patterns of Competition: The Diffusion of Market Position in Radio

Broadcasting," *Administrative Science Quarterly*, vol.41, pp.29-60.

20 Pennings, J.M. (1981). "Strategically Interdependent Organizations," in Nystrom, J., & Starbuck, W., eds., *Handbook of Organization Design* (New York: Oxford Univ. Press), pp.433-455.

21 Hill, C.W.L. (1990). "Cooperation, Opportunism, and the Invisible Hand," *Academy of Management Review*, vol.15, pp.500-513.

22 Pfeffer, J. (1972). "Size and Composition of Corporate Boards of Directors," *Administrative Science Quarterly*, vol.17, pp.218-228.; Burt, R.D. (1980). "Cooptive Corporate Actor Networks: A Reconsideration of Interlocking Directorates Involving American Manufacturing," *Administrative Science Quarterly*, vol.25, pp.557-581.

23 Levine, J.B. (1992). "A Helping Hand for Europe's High Tech Heavies," *Business Week* (13 July), pp.43-44.

24 Schwartz, E.I. (1992). "Prodigy Installs a New Program," *Business Week*, 14 September, pp.96-97.

25 Powell, W.W., Kogut, K.W., & Smith, D. L. (1992). Bechtel, Willbros to Build Pipeline at Caspian Sea," *Wall Street Journal* (26 October), p.3.

26 Powell, W.W., Kogut, K.W., & Smith D, L. (1996). "Inter-organizational Collaboration and the Locus of Innovation: Networks of Learning in Biotechnology," *Administrative Science Quarterly*, vol.41, pp.116-145.

27 Miles, R., & Snow, C. (1992). "Causes of Failure in Network Organizations," *California Management Review*, vol.4, pp.13-32.

28 Aoki, M. (1988). *Information, Incentives and Bargaining in the Japanese Economy,* New York: Cambridge University Press

29 Kogut, B. (1988). "Joint Ventures: Theoretical and Empirical Perspectives," *Strategic Management Journal*, vol.9, pp.319-333.

30 Pfeffer, J. (1972). "Merger as a Response to Organizational Interdependence," *Administrative Science Quarterly*, vol.17, pp.382-394.

31 Scherer, F.M. (1980). *Industrial Market Structure and Economic Performance*, 2nd ed., Boston: Houghton Mifflin

32 Carton, D.W., & Perloff, J.M. (1990). *Modern Industrial Organization* (Glenview, Il.: Scott, Foresman)

33 Provan, K.G., Beyer, J.M., & Kruybosch, C. (1980). "Environmental Linkages and Power in Resource Dependence Relations Between Organizations," *Administrative Science Quarterly*, vol.25, pp.200-225.

34 Leblebichi, H., & Salancik, G.R. (1982). "Stability in Interor-ganizational Exchanges: Rule Making Processes in the Chicago Board of Trade," *Administrative Science Quarterly*, vol.27,

pp.227-242.

35 Kogut, B. (1988). "Joint Ventures: Theoretical and Empirical Perspectives," *Strategic Management Journal*, vol.9, pp.319-332.

36 Alchian, A., & Demsetz, H. (1972). "Production, Information Costs and Economic Organization," *American Economic Review*, vol.62, pp.777-795.

37 Williamson, O.E. (1979). *Markets and Hierarchies* (New York: The Free Press, 1975); Williamson, O.E., "The Governance of Contractual Relationships," *Journal of Law and Economics*, vol.22, pp.232-261.

전략과 조직

경영이 성공할 것이냐 실패할 것이냐는 공식권한을 가진 집단이나 리더의 입장을 무조건적으로 채택할 것이냐에 달려 있다.

– E. Mayo

인간에 대한 관심과 생산에 대한 관심을 가진 리더인 9.9형 리더는 인간에 대한 배려행동과 과업주도행동이 가장 높은 우측 상한에 자리한다.

– R.R. Blake & J.S. Mouton

전략경영은 기획을 세울 때만 필요한 것이 아니라 기업경영의 모든 과정에서 전면적으로 활용되어야 한다.

– H.I. Ansoff

◆ 학습목표

학습목표 1 : 전략의 세 가지 수준에 대하여 비교할 수 있다.
학습목표 2 : 전략의 수준별 전략의 내용을 비교할 수 있다.
학습목표 3 : 전략의 유형을 설명할 수 있다.
학습목표 4 : 전략과 조직의 관계를 이해할 수 있다.
학습목표 5 : 전략과 조직문화의 관계를 이해할 수 있다.

◆ 핵심키워드

조직전략, 핵심역량, 가치창출 주기, 기능자원, 조직자원, 조정능력, 전략의 수준, 원가우위전략, 차별화전략, 조직연계전략, 조직문화, 기능부서 수준의 전략, 사업부 수준의 전략, 기업전체 수준의 전략, 수직적 통합, 관련다각화, 비관련다각화, 시장침투전략, 제품개발전략, 다각화전략, 집중화전략, 콘글로메리트구조, 국가 간 전략

I 조직의 전략

전략(strategy)이란 기업의 효율적 목표나 승리를 달성하기 위해 상대방의 대응책을 주시·고려하여 유리한 대비책을 구축하는 특정 의사결정 및 행동 패턴을 말한다.[1] 전략이라는 용어는 고대 그리스 시대 알렉산더 대왕이 처음으로 썼다고 알려져

〈표 7-1〉 **전략과 유사한 개념의 정의**

전략	• 전쟁을 총체적으로 이끌어가는 방법, 책략으로 전술보다 상위 개념
목표	• 어떤 목적을 이루려고 지향하는 대상
정책	• 정치적 목적을 실현하기 위한 방책
목적	• 실현하고자 하는 목표의 관념
계획	• 앞으로 할 일의 절차, 방법, 규모, 포부

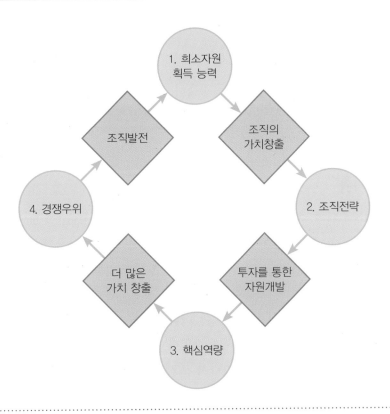

[그림 7-1] **가치창출 주기**

있다. 레닌, 나폴레옹, 모택동 등 권력자들이 자주 사용한 말이기도 하다. 전략은 기업이 어떤 사업을 하기 위한 목표와 목적, 정책과 계획의 형태로 나타난다. 쉽게 말해 조직의 전략은 조직 전체를 포괄적으로 통합하는 주요한 힘이라 할 수 있다.

조직은 전략을 통해 환경과의 관계에서 부족하고 희소한 자원을 증대시킬 수 있는 경쟁우위(competitive advantage)를 얻고자 한다. 경쟁우위를 가지고 있는 조직은 그렇지 못한 조직보다 더 나은 성과를 달성할 수 있다. 조직전략을 통해 조직은 희소한 자원획득을 위해 경쟁자보다 한발 앞서는 핵심역량(core competency)을 개발하고 사업 영역을 관리할 수 있다. 조직이 환경으로부터 획득할 수 있는 자원이 많아질수록 더 높은 장기목표를 수립할 수 있고 장기목표를 달성할 수 있는 투자를 지속시킬 수 있다. 즉 핵심역량을 통해 조직은 경쟁우위를 창출하고, 고객 확보, 높은 수준의 구성원, 새로운 재무 자원 등을 얻을 수 있다. [그림 7-1]과 같이 조직전략은 자원을 증대시켜 핵심역량을 키우고, 이러한 핵심역량은 조직에게 경쟁우위를 안겨 주며 이러한 경쟁우위를 통해 계속 더 많은 자원획득을 촉진한다.

1 핵심역량의 원천

조직의 핵심역량이란 조직이 가치를 창출하고 경쟁자보다 높은 성과를 올릴 수 있는 전략을 개발할 수 있는 능력이다. 핵심역량은 전문화된 자원과 그 조직만이 소유하고 있는 조정능력에 달려 있다.[2]

전문화된 자원

조직에 경쟁우위를 주는 전문화된 자원에는 기능자원(functional resources)과 조직자원(organizational resources)이 있다. 기능자원이란 조직의 기능부서에 속한 구성원이 소유하고 있는 기술(skill)을 말한다.[3] 하지만 훌륭한 기능자원만 가지고는 조직의 경쟁우위를 달성할 수 없다. 기능자원이 기업의 경쟁우위가 되기 위해서 그 기능자원이 독특하거나 모방하기 힘든 것이어야 한다. IBM은 MS 최고의 인재를 스카우트하였고, 듀퐁은 3M의 연구원을 스카우트하였다. 이런 일이 생기면 특정 기업만이 소유했던 경쟁우위는 사라지게 된다. 따라서 조직은 장기적 경쟁우위를 유지하기 위해서 특정 조직의 특별한 기능자원을 잘 관리하고 보호해야 한다.

기능자원과 함께 조직자원은 조직의 경쟁우위를 가져다주는 속성으로, 최고경영진의 경영 기술을 포함하여 창업자나 최고경영자가 가지고 있는 비전, 토지, 자본, 공장 설비와 같은 가치 있는 자원 등을 모두 포함한다.[4] 물론 기업의 브랜드와 명성 같은 무형자산도 포함된다. 기능자원과 같이 조직자원도 독특하거나 가치창출이 되어야 하고, 모방하기 힘든 것이어야 한다. 코카콜라사의 브랜드나 삼성, 토요타, MS의 명성은 독특하고 모방하기 힘든 조직자원이다.

조정능력

조정능력은 가치를 극대화하기 위해 기능자원과 조직자원을 조정하는 능력이다. 조정능력은 조직구조와 조직문화에 의한 통제를 통해 달성될 수 있으며, 이러한 조정능력으로 말미암아 경쟁우위가 창출된다.[5] 기능자원과 조직자원의 조정능력이 조직의 경쟁우위에 공헌하는 핵심역량이다. 조직의 권한을 집중화할 것인가 아니면 분권화할 것인가를 결정하는 방법이나 공유된 문화적 가치관 등도 핵심역량이 된다. 조직에서 발생하는 모든 활동을 조정하기 위해 조직구조와 조직문화를 사용할 수 있는 조정능력은 기능자원과 조직자원 달성에 모두 중요하다.[6]

어떤 조직이 맥도날드 회사가 사용하는 기술과 유사한 패스트푸드 생산기술에 접근하여도, 맥도날드와 같은 효율성을 달성할 수 있는 생산 운영상의 규범, 표준화된 작업 과정, 규칙을 그대로 모방할 수는 없다. 또한 조직자원에 있어 부서나 기능부서 간의 활동을 조정하고 통합시키기 위해 조직구조와 문화를 통하여 핵심역량을 획득하고 이를 통해 경쟁우위를 달성한다. 기능자원은 모방이 가능한 반면, 기능부서를 조정하고 동기부여를 하는 조정 능력은 모방이 쉽지 않다.

2 전략의 유형

포터의 경쟁전략

포터(M. Porter)는 기업이 선택하는 경쟁전략을 원가우위전략(cost leadership), 차별화전략(differentiation), 초점전략(focus)이라 했다.[7] 이러한 전략에 의해 [그림 7-2]와 같은 네 가지 기본 전략이 탄생한다. [그림 7-2]에서 초점전략이란 조직이 특정한 한곳의 시장이나 구매자 집단에 집중하는 것으로, 낮은 원가에 초점을 둔 초점전략과 차별화에 초점을 둔 전략으로 세분된다. 포터는 경쟁우위와 경쟁범위(competitive scope)라는 요인에 의해 네 가지 전략이 가능하다고 보았다.

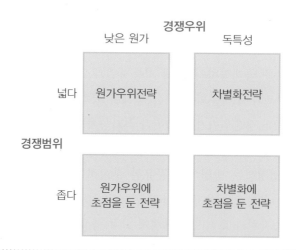

[그림 7-2] 포터의 경쟁전략

마일즈와 스노우의 전략

사업의 전략 유형을 개발한 사람이 마일즈와 스노우(R. MIles & C. Snow)이다.[8] 환경에 대한 조직의 적응은 기업가적 문제해결, 관리적 문제해결, 기술적 문제해결이라는 순환을 이루고, 여러 가지 조직이 보여 주는 환경에의 적응 패턴이 4개의 유형으로 집약될 수 있다고 하였다.

• 공격형

공격형(prospector) 전략은 기업의 성공 원인을 안정성보다는 신제품과 신시장 기회를 포착하고 개척하는 데 두며, 광범위한 시장을 계획하고, 조직의 통제보다는 촉진에 초점을 두고 분권화된 특성을 갖는다.

• 방어형

방어형(defender) 전략은 조직이 얼마나 안정적인가에 중점을 두고 환경 변화에 대하여 매우 신중하며 현상유지 태도를 취한다. 소수의 제품으로 승부를 걸며, 다른 기업의 시장 침투에 대해 방어하는 입장이다. 중앙집권적 통제 방식을 선호하며 제한된 환경 분석을 통해 효율성에 관심을 갖는다.

• 분석형

분석형(analyzer) 전략은 앞의 두 가지 유형의 결합 형태로서 수익의 기회를 최대화하면서도 위험을 최소화하는 목적을 갖는다.

• 낙오형

낙오형(reactor) 전략은 변화하는 환경에 직면할 때 일관성 있는 적응 노력을 하지 못하며 항상 불안한 상태로 존재하는 것이다.

포터의 전략 및 마일즈와 스노우의 전략 중 어떤 것을 선택하든, 전략은 내부 조직 특성에 영향을 미친다. 그러므로 조직은 기업의 경쟁적 접근방식을 지지할 수 있도록 설계되어야 한다. 〈표 7-2〉는 포터의 전략과 마일즈, 스노우의 전략과 관련 있는 조직설계의 방향에 대해서 논하고 있다.

〈표 7-2〉 전략과 조직설계

포터의 전략	마일즈와 스노우의 전략
차별화 전략 조직설계: • 학습조직 • 고객과의 밀접한 관계를 위한 메커니즘 구축 • 종업원 창의성, 위험감수, 혁신에 대한 보상	**공격형 전략** 조직설계: • 학습조직 • 연구조사에서의 강점
	방어형 전략 조직설계: • 효율성 중시 • 효율적 생산 강조 • 밀접한 감독
원가우위전략 조직설계: • 효율성 중시 • 표준화된 작업 절차 • 매우 효율적인 재료 조달과 유통체계 • 밀접한 감독	**분석형 전략** 조직설계: • 효율과 학습의 균형 • 안정적 제품라인의 효율적 생산
	낙오형 전략 조직설계: • 명확한 조직설계 접근법 없음.

3 세 가지 수준의 전략

조직은 기능자원과 조직자원을 통해 가치를 창출하기 위해서 적절하게 전략과 조직구조를 배치시켜야 한다. 그렇다면 기능자원과 조직자원에 대한 조직전략은 어디

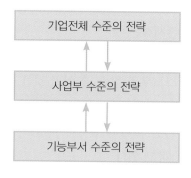

[그림 7-3] 전략의 수준

에서 누가 창출하는가? 전략은 세 가지 수준에서 각각 형성된다. 즉 [그림 7-3]과 같이 기능부서 수준의 전략, 사업부 수준의 전략, 기업전체 수준의 전략이다.

기능부서 수준의 전략

기능부서 수준의 전략은 핵심역량을 창출하기 위하여 조정능력뿐만 아니라 조직의 기능자원 및 조직자원을 강화시키기 위한 행동 계획을 말한다.[9] 기능부서 수준의 전략은 궁극적으로 각 기능부서별 경영자가 담당하며, 생산, 마케팅, 재무, 인사, 연구개발 등 각각의 기능부서에서 단기목표와 전략 방안을 강구하는 것을 주요 내용으로 한다. 기능부서 수준에서의 의사결정은 사업부 수준에서 전략을 실천하는 것과 직접적 관련성이 있다. 따라서 기능부서 수준의 전략은 사업부 수준의 전략과 연관성 혹은 일관성을 가져야 한다.

◆◆◆ 조직 인사이트 7-3   포에니 전쟁과 전략

B.C. 216년 이탈리아 반도에 2만 2,000명의 카르타고군과 7만 2,000명의 로마군이 대치했다. 수적으로는 로마군이 절대 우세였다. 기병의 수는 서로 비슷했지만 보병의 수가 극히 열세에 있던 카르타고의 한니발(Hannibal)이 비슷한 수의 기마병 전략으로 나가는 것은 당연했다. 지형적으로도 고지대였기에 기마병이 전술적으로 유리했다. 한니발은 2,000명의 기마병을 일렬로 세우되 한쪽에는 강한 기마병을 다른 쪽에는 상대적으로 약한 기병을 세웠다. 물론 이를 모르는 로마군의 바로(Varro) 장군은 기병 2,000명을 동등하게 횡대로 세웠다. 전투가 시작되자 우세한 쪽의 카르타고 기마병이 치고 나가고 열세한 쪽은 방어만 했다.

싸움이 시작되고 얼마 되지 않아서 강한 쪽과 싸우던 로마군 기마병이 많이 죽었다. 기세를 몰아 카르타고의 강한 쪽 기마병은 로마군의 후방을 가로질러 방어하고 반대쪽에서 방어만 하고 있던 자기 편의 기마병과 합세하여 나머지 로마의 기마병도 쉽게 격퇴시켰다. 나머지 7만 명의 로마군 보병이 공격해 오자 카르타고의 보병 2만 명은 작전상 후퇴하고, 이를 도망하는 것으로 착각한 로마군이 깊숙이 들어왔을 때 카르타고군는 로마군을 포위하였다. 대기하던 기마병은 로마군 후방을 차단하고 전후양공작전으로 로마군을 파죽지세로 물리쳤다. 후에 로마군의 스키피오 장군은 기병을 좌우 불균형 배치한 한니발의 독창적 전략을 벤치마킹하여 카르타고를 점령하는 데 활용하였다.

기능부서 수준의 전략은 기업전체 수준의 전략, 사업부 수준의 전략에 비해 단기적이며 보다 구체적이다. 즉 의사결정은 주로 생산 시스템의 효율성 제고, 적정 재고수준의 결정, 고객 서비스의 질적 향상, 연구개발의 방법 결정 등과 같은 실천적 문제를 다룬다. 기술·인적 자원을 강화시키기 위해 기능부서의 관리자는 경쟁자를 앞서는 기술을 확보하도록 부하를 교육훈련시킨다. 예를 들어 연구개발부서의 관리자는 경쟁하고 있는 회사의 제품과 기술을 이해할 필요가 있다. 자동차회사의 연구개발 기능부서의 담당자는 생산에 응용할 기술과 설계를 연구하기 위해 반복적으로 경쟁자의 자동차를 분해하여 부품을 연구한다. 이렇게 얻은 정보를 이용하여 경쟁자의 제품보다 한발 앞설 수 있는 자동차를 만들어 낼 수 있다. 조직에 있는 모든 기능부서의 책임자가 각각의 기능부서 외부의 환경을 감시하고 기능자원과 조정능력을 개발한다면 그 조직은 불확실한 환경을 보다 잘 관리할 수 있다.[10]

사업부 수준의 전략

사업부 수준의 전략은 조직의 영역에서 경쟁우위를 갖기 위하여 기능부서의 핵심역량을 결합하는 것이다.[11] 사업부 수준의 전략은 기업이 어떻게 특정 사업 또는 산업에서 경쟁할 것인가 하는 문제를 다룬다. 기업은 경쟁우위와 수익성을 최대화하기 위해 여러 가지 전략을 세울 수 있다. 이때 성공적인 전략이란 기업이 시장에서 효과적으로 경쟁할 수 있게 하는 것을 말한다. 사업부 수준의 전략에 대한 성공 여부는 환경으로부터의 기회와 위협을 기업의 강점과 약점에 얼마나 잘 조화시키는가에 달려 있다고 할 수 있다. 사업부 수준의 전략은 사업부를 책임지는 사업본부장 책임하에 있다. 사업본부장은 사업부가 속한 환경 속에서 어떻게 경쟁우위를 달성할 것인지를 결정해야 한다.

◆◆◆ 조직 인사이트 7-4   아웃소싱

지상파 방송사는 자사의 시청자를 확보하기 위해 공중파, 케이블 TV, 유료 채널 등과 치열하게 경쟁한다. 지상파 방송사는 경쟁우위를 달성하려고 뉴스, 다큐멘터리, 코미디, 예능 등 일부 프로그램을 다른 회사의 전문가에 위임하거나 아웃소싱하여 경쟁우위를 얻고자 하기도 한다. 최근에는 외부 협력업체나 방송 관련 업체인 네트워크를 통해 드라마 일부를 아웃소싱하여 경쟁자보다 앞서려고 하고 있다.

기업전체 수준의 전략

기업전체 수준의 전략은 현재의 조직활동 영역을 방어하고 확대시키는 것뿐만 아니라 새로운 조직영역으로 확장할 수 있는 데 필요한 전략이다.[12] 기업전체 수준의 전략은 전략의 책임을 맡은 최고경영층에 의해 이루어진다. 주로 기업의 전체 목표를 정의하고 어떤 사업에 참여하며 어떻게 사업부 간에 자원을 배분할 것인가를 결정한다. 따라서 기업전체 수준의 전략은 새로운 사업 영역의 선택, 기존 사업의 포기, 성장 우선순위 결정, 장기적 자본 조달, 배당정책 등과 관련된 문제를 다룬다. 이와 같은 문제는 기업전체적 관점과 장기적 시야를 필요로 한다. 기업전체 수준의 전략은 최고경영자가 전략 스태프의 도움을 받아 결정하거나 이사회 의결을 통해 결정된다. 기업전체 수준의 전략은 기업전체 수준의 경영자와 최고경영자의 책임하에 있다. 그렇다면 가치창출 증대를 위해 각 부문에서의 전략은 어떻게 운영되는지를 각각 살펴보자.

Ⅱ   기능부서 수준의 전략

기능부서 수준의 전략의 목표는 조직이 경쟁우위를 확보할 수 있도록 핵심역량을 창출해 내는 데 있다. 맥도날드에서 생산부서와 마케팅부서는 조직의 중요한 핵심역량이다. 어떠한 경쟁기업도 맥도날드의 생산과정 효율성을 따라잡을 수 없고, 맥도날드가 누리는 브랜드의 명성을 얻지 못한다. 조직은 최종 제품 및 서비스에 대한 투입에서 변환과정을 거쳐 산출에 이르기까지 자신이 보유하고 있는 기술과 지식을 활용하여 가치를 창출한다. 경쟁우위를 획득하기 위해 조직은 경쟁자보다 저원가로 기능부서 활동을 수행하거나 경쟁자에 비해 명확하게 차별화된 제품 및 서비스를 제공할 수 있어야 한다.

1 원가우위전략 혹은 차별화전략

특정 제품은 원가에서 앞서거나 제품만이 가지고 있는 차별성이 있어야만 경쟁력을

가치창출 기능부서	원가우위의 원천	차별화의 원천
생산	• 유연생산시스템에서의 기술(skill) 개발	• 제품의 품질과 신뢰성 향상
인적자원관리	• 이직률과 결근율 감소	• 고숙련자 고용
자재관리	• JIT 재고 시스템	• 공급자와 소비자의 장기계약
마케팅	• 수요를 늘리고 생산비용은 낮춤.	• 목표 집단의 설정
연구개발	• 생산 기술의 효율성 향상	• 기존 제품의 개선

가질 수 있다. 〈표 7-3〉은 가치창출에 있어서 기능부서 수준의 전략을 요약한 것이다.

- 생산부서는 유연생산시스템(flexible manufacturing systems, FMS)과 같은 가장 효율적인 생산 방법의 적용하여 원가우위를 달성한다.[13] 린(lean) 생산 방식을 도입한 소니와 토요타는 결점의 수를 낮춤으로써(무결점의 추구) 생산비용을 낮추고 품질을 향상시키는 두 가지 목표를 모두 달성할 수 있었다. 따라서 린 생산 방식을 통해 생산된 제품은 원가우위와 차별화우위를 동시에 갖게 되었다.

◆◆◆ 조직 인사이트 7-5 롤렉스의 차별화 전략

디지털 시계의 기술은 많은 사람이 저렴한 가격으로 정확한 시계를 사서 이용할 수 있게 하였으며 카시오(Casio)사는 이 분야에서 절대 강자로 경쟁우위의 맥을 이어 오고 있다. 반면 전자 기술을 사용하지 않고 전통적 문자판의 아날로그 고급 시계를 생산하는 롤렉스(Rolex)는 카시오에 대해 어떤 대응을 했을까? 한마디로 무대응이었다. 롤렉스는 카시오와는 매우 다른 틈새시장을 잡고 있다. 롤렉스가 수동으로 태엽을 감는 방식에서 기술적으로 우수한 디지털 기술을 도입한다면 그러한 전략 변경으로 자기의 틈새시장은 위협받을 것이다. 일반적으로 이미 고유한 자기만의 경쟁우위를 차지하고 있다면 다른 기업의 다른 종류의 경쟁우위에 민감하게 반응하지 않는 것이 좋다는 것을 입증해 준다. 하지만 언제나 그런 것도 아니다. 기계적 계산기는 전자 계산기보다 경쟁열위에 있으며, 주판보다 금전출납기가, 전보보다 전화기가 절대적 경쟁우위에 있다. 이럴 때는 한시라도 빨리 포기하고 아직 다른 자원이 남아 있을 때 다른 쪽으로 전략을 변경하는 것이 낫다. 모든 경쟁우위는 언젠가는 소멸하기 마련이다. 소멸 시점이 오기 전에 전략을 바꾸는 전략이 좋은 전략이다.

- 인적자원관리부서는 구성원을 동기부여 하고 이직률, 결근율을 낮출 수 있는 통제와 보상 시스템을 마련하여 원가를 낮추었다.[14] 또한 고급 숙련자를 고용함으로써 차별화를 달성할 수 있었다. 종업원지주제(employee stock ownership), 유연시간근무제(flexible work hours)를 실시하여 기업의 가치를 향상하였다.

- 자재관리부서에서 JIT 재고 시스템은 운반비용과 재고 수송비용을 감소시킨다. 장기적 관점에서 공급자와 소비자를 연결시키고 조직의 명성을 높여 원가우위, 차별화우위를 달성한다.[15]

- 마케팅부서는 낮은 원가와 차별화 우위에 직접적 공헌을 한다. 부서의 핵심역량을 통해 가치창출활동에 소요되는 비용을 낮출 수 있으며 부서에서 매출을 증대시킬 캠페인을 추진하여 시장점유율을 안정적으로 증가시켰다.[16]

- 연구개발부서는 제품을 낮은 비용으로 생산하는 방법을 개발함으로써 비용을 절감하였다. 유연생산기술이 비용을 절감하게 했고, 이를 제록스, 휴렛팩커드, 크라이슬러, 다른 미국 제조업체가 모방하고 있다.[17] 연구개발부서의 핵심역량은 차별화를 통해 신제품 개발로 이어졌다.

더불어 기능자원과 조정 능력을 개발하기 위한 조직연계전략은 그 중요성이 점차 증대되고 있다. 〈표 7-3〉에서 살펴본 바와 같이 자재 관리의 핵심도 원가를 낮추기 위한 공급자와의 연계에 달려 있다. 공급자의 소유지분을 획득하거나 즉시생산인 적시주문생산(just in time, JIT) 재고 시스템을 개발하기 위해 공급자와 장기계약을 맺는 것이 환경불 확실성을 줄여 가치창출 비용을 낮추는 방법이다. 연구개발비용을 낮추는 방법으로 전략적 제휴를 맺거나 연구개발활동을 연계하기 위해 각자의 지식을 합작하는 합작회사(joint venture)도 조직연계 전략의 예이다.

2 기능부서 수준의 전략과 조직구조

조직에 있는 여러 기능부서는 경쟁자의 비용보다 낮은 비용으로 가치창출 활동을 수행하게 하거나 명확하게 차별화된 제품을 창출해야 한다. 조직의 목표 중 한 가지는 우세한 기술이나 전문지식을 개발하는 데 필요한 환경과 자원을 기능부서에 제공하는 것이다. 따라서 조직구조와 조직문화는 기능부서 수준의 전략에 있어서 매우 중요한 역할을 한다.

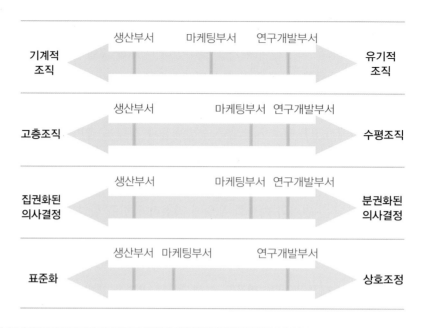

[그림 7-4] 기능부서와 조직특성

기능별 핵심역량의 크기는 기능자원에 의해서만이 아니라, 각각의 기능자원을 이용하는 조정능력에 의해서도 결정된다. 즉 조직의 조정능력은 조직구조로부터 나오는 것이다. 가장 효과적인 조직이 되기 위해서는 기능부서가 각자의 과업에 대한 특수한 방향과 환경에 대한 기능부서 나름의 대응 방안을 개발해야 한다.[18] 상황적합이론에 따르면 조직은 인적·기술적 자원에 적합한 구조를 개발하기 위하여 각 기능부서가 효율적으로 운영되도록 설계되어야 한다.[19] [그림 7-4]는 생산부서, 마케팅부서, 연구개발부서별로 핵심역량을 개발하기 위해 적합한 조직구조의 성격을 요약한 것이다. 생산부서에 있어서 핵심역량을 개발하는 데 필요한 조직구조는 어떤 형태인가? 전통적으로 제조 기능은 집권화된 의사결정과 작업과정 통제라인의 속도를 높이기 위해 고층조직이 사용되고 있다.[20] 작업과정을 표준화하고 이러한 조직설계를 선택한 결과, 기계적 조직이 형성되었다.

전통적으로 판매부서는 수평구조를 갖는 경우가 많고, 조정활동을 위해서는 분권화된 구조가 적절하다. 따라서 보상 시스템도 관리자에 의한 직접적인 감독에 의한 것보다는 판매목표를 설정하고 이의 달성 여부에 따른 인센티브 보상 시스템이 일차적인 통제 메커니즘으로 사용된다.[21] 판매원은 일반적으로 표준화된 보고 시스템을 통해 상급자에게 보고한 판매량, 고객의 욕구와 요구 사항의 변화에 관해 얼마만큼의 정보를 가지고 있는가를 기초로 보상을 받는다. 판매원은 혼자서 일하는 경우가 많기 때문에 상호조정은 덜 중요한 것이 된다. 따라서 판매부서의 조직은 연구개발부서에 적용되는 조직과 비교하여 기계적 조직에 가까우나 생산부서에 비해서는 덜 기계적 조직 형태를 갖는다.

연구개발부서에 가장 적절한 조직구조는 수평조직으로, 팀 간의 상호조정을 통해 인적·기술적 자원을 조정하는 분권화된 구조가 적절하다. 그러한 유기적 조직에서는 자기 통제와 팀 통제(team control)에 기초한 기능적 규범과 가치관이 형성될 것이고 연구개발부서의 핵심역량이 개발될 것이다.

③ 기능부서 수준의 전략과 조직문화

핵심역량을 이끌어 내기 위해서는 기능부서 수준의 조직전략과 조직문화가 적합해야 한다. 9장에서 다시 살펴보겠지만, 조직문화란 구성원과 이해당사자의 상호작용을 통해 발생하는 공유된 가치관의 집합이다. 그렇다면 기능부서 수준의 전략을 실행하기 위해서는 어떤 형태의 문화가 중요한가? 경쟁자는 다른 조직구조는 쉽게 모방할 수 있지만, 일상적인 상호작용에서 발생하는 조직문화는 모방하기가 매우 어렵다. 조직문화를 관리하고 통제하는 것, 조직문화만을 모방하는 것은 매우 어려운 일이기 때문에 효과적인 조직문화를 보유한 기업은 경쟁적 우위를 점할 수 있는 중요한 원천을 소유한 것이라 할 수 있다.[22] 따라서 다른 조직문화를 모방하여 자신의 조직문화로 재생산하기란 상당히 어려운 일이다.

기능별 능력을 개발하고 핵심역량을 형성하기 위해서는 기능부서의 조정능력을 가장 크게 강화시킬 수 있는 조직구조 및 관리 형태를 선택하는 것이 필요하다. [그림 7-4]에서 연구개발부서는 수평적, 분권화된 구조를 가진 소규모의 팀이 적절함을 알았다. 또한 조직문화를 구축하는 다른 한 가지 방법은 구성원에게 강한 직무 권한을 포함한 각종 권한을 부여하고 조직이익을 공유하게 하며 조직에 적합한 가치관을 소유한 사람을 채용하여 기능부서에 배치시키는 것이다.[23] 생산부서에 있어서도 조정능력에 영향을 주는 다른 요인이 바로 조직문화이다. 생산부서에서의 조직문화는 과업 수행에 필요한 기술을 단순화하고 통제권을 감독에게 부여함으로써 과업에 대한 종업원의 통제권을 최소화하는 관리에 몰두하고 있다. 그러한 환경에서 관리자는 원가 절감이라는 경제적 가치관에 기초한 문화를 발전시킨다. 이렇듯 구성원에게 권한을 부여하고, 참여, 협력, 몰입을 강조하는 문화적 가치관과 규범을 발전시키는 것이 품질 향상의 원천이 된다.

요약하면 기능부서 수준의 전략은 각 기능부서로 하여금 조직의 경쟁자와 차별화된 제품을 생산하거나 원가우위라는 핵심역량을 개발할 수 있는 토대를 마련하는 것이다. 이상적으로 핵심역량은 조직이 각 기능별로 자원을 어떻게 할당하고 그러한 자원을 어떻게 조정할 수 있는가에 달려 있다. 경쟁우위를 획득하기 위하여 조직은 핵심역량을 개발할 수 있는 환경을 조성하는 문화와 기능조직을 설계해야 한다. 따라서 구성원 간의 상호작용을 바탕으로 조정능력에 기초한 기능부서의 핵심역량이 증가할수록 경쟁 조직은 핵심역량을 모방하기가 어려워지고 이는 다시 조직의 경쟁우위의 강화로 이어지는 것이다.

◆◆ 조직 인사이트 7-6 이베이의 전통유지전략

지금부터 15년 전 오랫동안 E-bay를 이끌던 메그 휘트먼이 은퇴를 선언한다. 이베이는 평범한 온라인 경매기업으로 시작했지만 전자상거래 분야의 다각화된 대기업으로 성장했다. 그런데 이베이가 이룩한 성장은 이베이가 인수한 페이팔과 스카이프에서 이루어진 것이었고 핵심 사업이었던 온라인 경매서비스는 몇 년간 정체된 채로 있었다. 그 결과 신상품 등록과 이용자수의 성장이 멈추었다. Amazon은 이베이보다 이 사업에 늦게 진입했으면서도 괄목할만한 성장을 이루었다. 아마존이 더 다양한 상품이 많고 이용이 쉽다. 초기에도 이베이는 상품사양 리스트만 있었지 실제의 상품 사진을 보여주는 소프트웨어가 없었다. Yahoo의 온라인 경매서비스 사이트에서는 경매를 통하지 않고 이용자끼리 직거래할 수도 있는 시스템을 도입했으나 이베이는 부동자세였다. 그리고 이베이의 다각화전략에도 허점이 있었다. 페이팔과 스카이프를 인수했으나 스카이프를 인수한 직후 너무 많이 지불한 것을 알고 손절했다. 이베이의 새로운 경영자인 존 도나휴는 이베이의 핵심 사업을 재건하기 위한 신전략을 짜야 했지만 핵심 사업에 대한 신전략을 짜더라도 온라인 경매라는 산업 자체가 성장을 멈추

었고 마진이 박해졌기 때문에 재기하기 어려웠다.

2020년부터 Walmart의 전자상거래 책임자였던 제이미 이아논이 CEO자리로 스카웃 되었지만 코로나19를 현명하게 대처하지 못한 이베이에 대해 '매도' 의견을 내놓았다. 골드만삭스가 이베이의 투자등급을 '중립'에서 '매도'로 일제히 하향 조정하고 목표주가를 기존 52달러에서 42달러로 낮췄다. 이유는 코로나19 사태 이후 전자상거래 시장 성장세가 꺾인 점과 이베이의 해외시장 비중 등을 고려해 투자등급을 정했다고 했다. 골드만삭스의 투자의견 하향 소식이 전해지면서 이베이의 주가는 5.16% 하락했다.

III 사업부 수준의 전략

　　조직이 직면하고 있는 사업부 수준의 전략은 환경으로부터 발생하는 기회를 이용하기 위해 각 기능에서 창출된 핵심역량을 결합시키는 것이다. 사업부 수준의 전략은 조직이 경쟁우위를 획득하기 위해 가치창출 지원과 조정 능력을 사용하는 영역을 선택하고 이를 관리한다. 경쟁우위는 앞에서 살펴본 바와 같이 동일한 환경에 있는 조직이 한정된 자원을 획득하기 위하여 경쟁하고 있기 때문에 중요하다. 자원을 획득하기 위한 사업부 수준의 전략을 고안하는 데 있어 실패한 조직은 경쟁자에 비해 이익 부문에서 뒤처지며, 결국에는 경쟁에서 실패하게 되는 주원인이 된다. 따라서 두 가지 범위에서 사업부 수준의 전략이 필요하다. 하나는 조직이 경쟁하게 될 영역, 즉 시장을 선택하는 것이고, 다른 하나는 조직이 자신의 자원을 이용하여 자신의 영역을 확장시키기 위해 조직의 위치를 선정하는 것이다.

1 기능부서 수준의 전략과 조직문화

　　조직이 가치를 창출할 수 있는 두 가지 방법으로 원가우위전략과 차별화전략을 살펴보았다. 사업부 수준의 전략은 조직이 기능부서 수준의 핵심역량을 활용할 수 있는 사업 영역을 선택하는 데 초점을 맞춘다. 또한 앞에서 조직 영역은 고객과 다른 이해당사자를 만족시키기 위해 조직이 생산하는 제품 및 서비스의 범위임을 알았다. 조직이 자신의 영역을 선택하면 자신의 경쟁자와 경쟁하기 위해서 두 가지 방법에 기초해야 한다.

　　조직은 낮은 가격의 제품 및 서비스를 구매하기를 원하는 고객 집단을 위해 다양한 방법을 활용할 수 있다. 이러한 계획을 원가우위 사업부 수준 전략이라 한다. 다른 방법으로 조직은 비싼 가격을 지불해야 하는 차별화된 제품을 구입할 여유가 있고, 이러한 것을 원하는 고객 집단을 위해 차별화된 제품 및 서비스 생산에 조직의 기술을 사용할 수 있다. 이러한 계획을 차별화된 사업부 전략이라 한다.[24]

　　어떤 의류회사는 고가전략을 택하지만 다른 의류회사는 저가전략을 고집한다. 2개 기업은 모두 의류산업에 속하지만 경쟁에 있어서 다른 영역을 선택하고 있다. 그들은 서로 다른 고객 집단에게 다른 제품을 판매하기로 결정한 것이다. 특히 고가를 지향하는 기업은 차별화에 핵심역량을 둔 사업부 수준의 전략을 선택한 경우이고, 저가를 지향하는 기업은 원가우위를 위해 저원가 중심의 핵심역량에 기초를 둔 사업부 수준의 전략을 선택한 것이다.

전략은 조직이 직접적으로 경쟁하게 될 경쟁 상대에 따라 결정된다. 따라서 고가품과 저가품을 파는 회사가 직접적으로 경쟁하는 것은 아니다. 저가품을 파는 회사는 효율적인 구매와 유통 시스템, 자재관리부서에서 원가우위라는 핵심역량을 보유하고 있기 때문이다. 또한 마케팅부서에서 다른 경쟁자가 소요하고 있는 것보다 더 적은 광고비를 지출하는 등 저원가 접근을 하고 있다. 원가우위 사업부 수준의 전략을 통해 조직은 경쟁우위를 확보하고 자신의 영역에 있는 고객과 자원을 획득하는 능력을 강화시킨다.

성공적인 관리를 위해서 조직은 자신의 영역을 방어하고 확장시키기 위한 원가우위전략이나 차별화전략을 개발해야 한다. 그 밖에도 조직은 원가우위와 차별화된 제품 및 서비스 두 가지 전략을 모두 추구할 수 있다. 이렇게 두 가지 부문을 동시에 보유한다는 것이 매우 어렵지만 조직이 가지고 있는 핵심역량을 최대한 활용한다면 가능하다.

조직이 장기간에 걸쳐 환경을 성공적으로 통제하기 위해서는 경쟁우위의 원천을 방어하고 보호하며 경우에 따라 수정할 필요가 있다. 한 산업에서 선구자적인 역할을 하는 기업은 자신의 기능부서 수준의 전략을 유지하고 개발함으로써 경쟁우위를 유지해야 한다. 선두 기업이 그러한 영역을 방어하고 확장시키기 위해 추구해야 하는 것은 무엇인가? 그것은 새로운 제품 및 서비스의 생산을 추구하거나 보다 많은 자원을 획득하기 위해 고객과 시장에 있어서 새로운 방법을 추구해야 할 필요가 있음을 의미한다.

② 조직영역의 확장전략

조직은 원가우위전략과 차별화전략을 통해 시장침투전략, 신제품 개발전략, 신시장개척전략, 다각화전략 등을 추구할 수 있다. [그림 7-5]는 조직영역을 확장시키기 위해 사용할 수 있는 성공적인 조직전략을 요약한 것이다.[25]

시장침투전략

조직은 기존의 제품시장에서 시장점유율을 높이기 위해 기존 제품과 핵심역량을

[그림 7-5] 조직영역 확장을 위한 사업부 전략

통해 시장침투전략(market penetration strategy)을 추구한다. 더 많은 시장점유율과 고객을 획득하기 위해 광고와 마케팅 비용을 증대시키거나 점포의 수를 증가시킨다. 하지만 기존 경쟁자도 한정된 시장자원을 빼앗기려 하지 않기 때문에 환경은 점점 경쟁적으로 변한다. 원가우위전략과 차별화전략을 보유하지 못한 취약한 조직은 시장점유율을 잃게 된다. 강력한 경쟁자는 취약한 경쟁자가 처한 특수환경의 환경 불확실성을 증대시킴으로써 시장침투전략을 강행한다. 경쟁조직이 어떻게 행동할지를 예측하는 것은 점점 더 어려워지고, 동일한 세분시장에 있는 경쟁자와의 상호 연계는 증가한다. 시장침투전략을 추구하는 지배 조직은 취약한 기업을 인수하거나 합병하는 전략을 강행할 것이다.[26]

신제품개발전략

조직은 기존의 제품을 대체할 수 있는 신제품을 만들어 내는 핵심역량을 통해 기존의 영역을 유지하고 확장시키는 신제품개발전략(product development strategy)을 추구한다. 자동차 제조업체의 경우 더 안전하고 신뢰성이 있으며 엔진 효율성이 높고 스타일이 매력적인 자동차를 만들어 내기를 원한다. 예를 들어 포드는 자사의 제품을 개선시키는 데 필요한 신기술을 획득하기 위해 마쯔다사와 전략적 제휴를 형성하였다. 전략적 제휴는 새로운 핵심역량의 개발을 가능하게 함으로써 경쟁자로부터 시장점유율을 빠르고 공격적으로 획득하게 하고 조직영역을 확장시킨다.[27]

신시장개척전략

조직은 기존의 제품이나 핵심역량을 적용시킬 수 있는 새로운 영역을 찾는 신시장개척전략(market development strategy)을 추구한다. 혼다는 가치창출을 위한 새로운 방법으로 엔진 개발에 몰두하였다. 이러한 핵심역량을 이용하여 오토바이 생산을 시작하였고 그러한 영역에 빠르게 침투할 수 있었다. 또한 엔진 제조업을 통해 쌓은 핵심역량을 자동차산업에 적용시킬 수 있었고, 곧 소형차시장에 침투하였다. 이렇게 해서 탄생한 것이 바로 혼다 어코드(Honda Accord) 자동차이다. 전략적 제휴는 2개의 조직이 시장 개발의 장점을 찾아낼 수 있는 확실한 방법이다.[28] 다시 말해 조직은 전략적 제휴를 맺음으로써 몇 가지 핵심역량을 획득할 수 있다. 혼다는 자동차 제조라는 새로운 영역에 침투하기 위해 기존의 자동차 제조업체와 전략적 제휴를 형성하였지만 자동차 제조에 사용할 새로운 엔진을 개발하는 전략을 통해 자사의 자원을 크게 몰입시키지 않고도 새로운 영역에서 가치를 창출할 수 있었다.

◆◆◆ 조직 인사이트 7-7 판매전략

방문판매에서 세일즈맨이 Foot in the door 테크닉이란 것이 있다. 초반부터 상품을 구입하라고 하면 거의 다 거절당하고 만다. 이 테크닉은 초반에는 상대가 응할 것 같은 작은 부탁으로 시작해서 차차 그 수준을 올려 최종적으로 물건을 파는 것이다. 이와 반대되는 전략을 구사할 수도 있다. 바로 Door in to face 테크닉이다. 이는 먼저 상대가 승낙할 것 같지 않은 큰 요청을 하고 그것을 거절당하는 것에서 요청의 중심을 목적의 수준까지 떨어뜨려 가는 방법이다. 300만 원짜리 컴퓨터를 권한다. 너무 무리라는 반응이 나오면 200만 원짜리 컴퓨터를 권하면서 300만 원짜리와 다름이 없다고 설명한다. 손님 입장에서는 한 번의 거절이 있었기에 또다시 거절하기가 어렵다.

다각화전략

다각화전략(diversification strategy)은 사업부 수준의 전략이기보다는 오히려 기업 전체 수준의 전략이라 할 수 있다. 조직은 새로운 고객을 위한 신제품을 개발하여 새로운 영역에 경쟁적으로 침투하기 위해 다각화전략을 추구한다. 다각화전략을 선택한 조직은 새로운 환경에서 경쟁적 도전에 직면한다. 다각화전략에 대해서는 기업전체 수준의 전략 부분에서 다시 언급할 것이다.

3 사업부 수준의 전략과 조직

조직이 사업부 수준에서 만들어 내는 가치는 경쟁우위를 획득하기 위해 핵심역량을 사용하는 조직 능력에 의해 결정된다. 이러한 능력은 조직의 구조를 어떻게 설계하느냐의 결과로부터 발생된다.[29] 사업부 수준에서 차별화전략을 추구하는 조직은 일반적으로 원가우위전략을 추구하는 조직과는 다른 조직구조를 설계한다. [그림 7-6]은 차이점을 요약한 것이다.

차별화전략을 추구하는 조직의 경쟁력은 조직 나름대로의 독특한 제품이나 경쟁자들과 구별되는 기술로부터 나온다. 차별화전략을 추구하는 조직은 고객의 기억 속에 경쟁사의 제품보다 먼저 인식시킴으로써 차별적인 우위를 활용할 수 있기 때문에 제품을 신속하게 개발할 필요가 있다. 신제품을 시장에 빠르게 침투시키기 위해서는 쉽게 의사소통할 수 있어야 하고 기능부서 활동을 조정해야 한다. 이러한 요인은 차별화전략을 추구하는 조직으로 하여금 유기적 조직을 설계하도록 만들 것이다. 유기적 조직은 의사결정과정을 분권화하고 다기능팀을 통해 신제품을 개발하도록 한다.[30]

원가우위전략을 추구하는 기업은 제품개발에 소요되는 비용을 낮추고 감시하기 위해 기능별 활동을 세밀하게 통제할 필요가 있다. 제조와 자재관리는 원가우위전략을 추구하는 조직에 있어서 핵심적인 기능이 된다. 시장 변화에 대한 신속한 대응은 원가우위 조직의 경쟁적 성공을 결정하는 중요한 속성이 아니다.[31] 이러한 조직은 신제품 개발비용이 많이 소요되기 때문에 고객이 그것을 완전히 필요로 할 때까지 신제

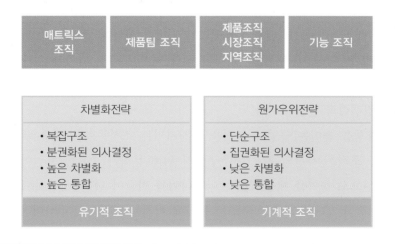

[그림 7-6] **사업부 수준의 전략과 조직**

품 개발이나 개선을 기다리기도 한다. 일반적으로 원가우위전략을 취하는 조직은 차별화된 제품을 모방하고 항상 원가우위를 유지하기 위해 마지막 단계까지 시장에 남아 있다. 원가우위를 추구하는 조직에게 있어서 가장 적합한 조직구조의 선택은 기계적 조직인 경우가 많다. 집중화된 의사결정을 통해 조직은 기능별 활동에 대해 높은 통제를 유지할 수 있고 따라서 비용을 통제할 수 있다. 또한 신속하거나 혁신적으로 대응해야 할 어떤 압력도 존재하지 않기 때문에 기계적 조직구조는 경쟁적 영역의 수요에 맞추기 위한 충분한 조정을 제공한다.[32]

④ 사업부 수준의 전략과 조직문화

조직문화는 기능자원 및 조직자원을 효과적으로 활용하는 조직의 조정능력을 결정하는 하나의 주요 요인이다. 원가우위전략을 취하는 조직문화와 차별화전략을 취하는 조직문화 사이에는 어떠한 차이점이 존재하는가? 원가우위를 추구하는 조직은 경제성과 절약에 대한 가치관을 중시한다.[33] 원가우위전략을 추구하는 조직은 조직의 경제적 가치관을 반영한 목표를 개발할 것이다. 마케팅부서는 고객의 주의를 끌 가장 효율적인 방법을 찾는 데 몰두할 것이다. R&D부서는 자원의 투자를 최대한 회수할 수 있는 신제품을 개발하는 것에 관심을 가질 것이다.

반대로 차별화된 조직에서는 제품 개발이나 마케팅에 있어서 중심적인 역할로 경쟁자들과 차별화되고 혁신적인 제품을 개발하는 것이 주요 관심사일 것이다. 혁신을 촉진시키고 고객의 요구에 반응하기 위한 갖가지 방안이 모색될 것이다. 이때 내부적으로는 제품 차별화를 통해 업계 최고가 되어야 한다는 인식을 구성원에게 심어줄 필요가 있다. 혁신, 품질, 우수성, 독특성에 대한 문화적 가치관은 차별화전략을 추구하는 조직에게 소기의 목적을 달성할 수 있는 수단이 될 것이며, 이러한 것이 바로 조직의 경쟁력의 원천이 된다.

조직 유효성을 높이는 규범과 규칙을 촉진시키는 조직문화는 경쟁우위의 원천이 될 수 있다. 조직은 자신의 목표를 추구하기 위해 문화가 중요한 요인이다. 소니와 MS는 구성원으로 하여금 재능, 능력, 아이디어를 만들어 낼 수 있는 분위기를 통해 혁신을 장려한다. 그러므로 조직구조는 문화에 미치는 영향을 고려하여 선택해야 한다. 유기적 조직은 혁신적이고 높은 품질에 대한 문화적 가치관의 개발이 잘 만들어진다. 반대로 기계적 조직은 새로운 것을 발견하는 것이 아닌 기존의 규범과 표준 작업 절차를 개선하는 데 초점을 맞춘 경제적 가치관이 촉진된다.

IV 기업전체 수준의 전략

사업부 수준의 전략을 통해 성공한 조직은 시장에서 자원에 대한 통제권을 획득한다. 제품을 구입하는 충실한 고객 집단의 후원에 힘입어 공급자와 유통업자 등의 관계에서도 신뢰를 형성한다. 하지만 많은 조직이 자신의 위치를 강화시키기 위해 추가적인 자원을 획득하는 것이 매우 어렵거나 비용이 많이 소요되는 한계에 부딪친다. 예를 들어 코카콜라와 펩시콜라 양사는 음료시장이란 동일한 시장에서 경쟁하고 있다. 한 조직영역에서 시장점유율을 증대시키기를 원한다면 고객을 끌어들이기 위해 광고와 마케팅을 집중적으로 증대시켜야 한다. 어느 한 조직이 이러한 마케팅비용을 감수한다면, 다른 조직이 자사의 광고 캠페인을 통해 이에 대응하게 될 것이다. 경우에 따라 조직은 부가적으로 획득할 수 있는 자원이 그것을 획득하기 위해 소요되는 비용 이상의 가치가 있는지의 여부를 평가해 보아야 한다.

조직이 현재의 조직영역에서 보다 많은 가치를 창출할 수 없을 경우, 즉 시장점유율을 더 이상 높일 수 없을 경우에는 다른 영역으로 침투하려 하는 경향이 있다. 다각화전략, 즉 신제품으로 새로운 시장에 침투하려는 전략은 팽창을 위한 한 가지 방법이다. 그러므로 다각화전략은 중요한 기업전체 수준의 전략이다.

기업전체 수준의 전략은 원가우위나 차별화된 핵심역량을 활용하여 가치를 창출함으로써 새로운 영역을 추구하는 것과 관련된 전략이다.[34] 기업전체 수준의 전략은 조직이 기존의 핵심역량을 보유하고 이를 새로운 영역에 적용시키는 것이기 때문에 사업부 수준의 전략을 확대시킨 것이라 할 수 있다. 조직영역을 개발하는 과정에서 마케팅기술을 가지고 있다면 새로운 영역에서 이를 적용시킬 수 있고 결과적으로 새로운 영역에서 가치를 창출할 수 있다.

조직은 기존의 영역을 방어하고 확장시키기 위해 새로운 영역으로 진출할 수 있다. 공급자를 인수하여 자신이 만든 투입물을 통해 제조를 책임지게 된 조직은 자신의 영역을 확장시킨 것이다. 투입에 대해 통제를 함으로써 조직은 핵심역량이나 현재의 영역에서 투입의 품질을 높이거나 비용을 감소시킬 수 있다. 조직의 지배 영역

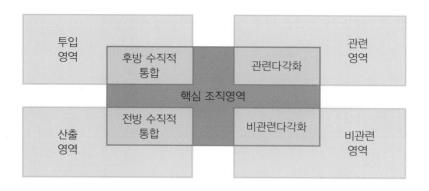

[그림 7-7] 신규 영역에 진입하기 위한 기업전체 수준의 전략

밖에서 가치창출의 기회를 갖고자 할 경우 어떤 종류의 전략을 추구해야 하는가? [그림 7-7]은 적절한 성장전략을 설명한다. [35] GM은 후방 수직적 통합(원료 공급선)이나 전방 수직적 통합(유통시장)을 통하여 기업을 인수하는 전략을 사용하였다.

다음에서 수직적 통합(vertical integration)과 관련다각화전략과 비관련다각화가 조직의 가치창출활동에 어떤 기여를 하거나 손실을 주는지 살펴보기로 한다.

❶ 수직적 통합

조직은 활동 영역에서 다른 조직을 인수하거나 수직적 통합을 강행하는 전략을 추구한다. 그렇게 함으로써 투입이나 산출적인 측면에 있어서의 핵심역량과 중복되는 새로운 영역에 진입을 한다. 수직적 통합을 통해 조직은 어떻게 가치창출과정에서 핵심역량을 이용하고 강화시킬 수 있는가?

조직은 수직적 통합을 통해 원가 측면에서 유리한 조건을 가지며 신뢰와 품질을 통제함으로써 고품질을 유지할 수 있고, 이를 통해 많은 비용을 절감할 수 있게 된다. 조직은 경쟁자와 차별화된 제품을 만듦으로써 주의를 끌 수 있다. 이를 가능하게 하는 한 가지 방법은 제품을 차별적으로 만드는 투입을 통제하는 것이다. 코카콜라사를 예로 들어보면 다른 콜라 음료가 흉내 낼 수 없는 독특한 맛을 가지고 있다. 투입에 대한 통제는, 또한 조직이 품질에 대해 통제를 할 수 있게 하기 때문에 제품에 있어서 차별화가 가능하다. 롤스로이스(Rolls Royce)사는 자동차 시트 및 장식에 쓸 가죽을 획득하기 위해 양을 직접 사육한다.

수직적 통합을 통한 공급망을 인수할 경우 한 산업에서 소수의 공급자만이 있어 투입물의 가격을 부풀리거나 품질을 낮추는 등의 기회주의적인 행동을 하는 문제를 피할 수 있다. 투입과 산출 영역에서 중복되는 부분에 대한 통제는 활동 영역에서 조직의 경쟁우위를 강화하고 가치창출을 위한 새로운 기회를 제공한다. 그러나 조직은 공급과 유통을 소유함으로써 관리비용이 유발될 수도 있다.

② 관련다각화 전략

관련다각화(related diversification)란 조직이 새로운 영역에서 원가우위전략이나 차별화전략을 통한 경쟁우위를 창출하기 위해 기존의 핵심역량을 활용할 수 있는 경우를 말한다. 이는 사업부가 상호작용을 통한 시너지 획득을 목적으로 하며 사업부 간의 자원, 지식, 정보 등을 공유하는 것이 특징이다. 따라서 시너지를 창출하는 자원 이동이 촉진되도록 사업부 조직을 적절히 관리할 필요가 있다. 수직적 통합의 경우와 달리 사업부 간 자원 공유와 협동관계가 많기 때문에 개별 사업부의 성과를 정확하게 측정하기가 어렵다.

혼다사의 경우 자신의 핵심역량인 오토바이시장에서 개발하였던 엔진의 설계와 제조 기술을 활용하여 원가우위를 달성할 수 있는 경차시장에 진입하였다. 조직이 원가우위나 차별화를 창출할 수 있는 기회를 활용하기 위해 새로운 영역에 진입하는 경우에는 관련다각화를 통해 가치를 창출할 수 있다.

③ 비관련다각화전략

비관련다각화(unrelated diversification)에서 각 사업부는 독립채산제로 운영되며, 사업부 간 관련성도 별로 없다. 따라서 관리가 손쉽고 비용이 적게 드는 편이다. 이 전략의 실천을 위해서는 사업부의 성과를 쉽고 정확하게 평가할 수 있는 조직구조와 통제 시스템이 필요하다. 이를테면 각 사업부를 자율적 이익 센터로 취급하는 콘글로메리트(conglomerate) 형태가 적합하다. 또한 각 사업부는 엄격한 투자수익률 기준에 의해 평가되고 예산이 주어질 필요가 있다. 콘글로메리트 조직에서는 사업부들을 통합하기 위한 별도의 관리가 필요하지 않다. 기업관리적 측면에서 가장 큰 문제점은 포트폴리오 수익을 최대화하기 위해 자원을 어떻게 사업부에 할당할 것인가 하는 점이다.

관련다각화는 새로운 영역에서 조직의 핵심역량을 활용함으로써 가치를 창출한다. 비관련다각화를 통해서도 가치를 창출할 수 있는데, 이는 최고경영팀이 기존의 최고경영팀보다 조직 전체를 잘 통제할 수 있는 능력에 있어서의 핵심역량을 활용함으로써 달성된다. 비효율적인 조직을 인수하고 그것을 가치창출을 위해 리스트럭처링함으로써 비관련다각화전략을 추구할 수 있다. 새로 인수한 조직을 투자수익률(return on investment, ROI)을 기초로 순이익이 나올 때까지 관리하고, 이후 그 조직을 매각하는 것도 비관련다각화전략을 추구하는 경우이다.

비관련다각화전략을 추구하는 조직은 평균 이하의 성과를 보이는 사업부를 인수하고, 이를 구조조정하여 보다 효율적인 조직으로 관리함으로써 가치를 창출하려 한다. 리스트럭처링 이후, 기업경영자의 역할은 단지 각 사업부의 성과를 감시하고 필요할 경우에 한해서만 간섭을 하는 행동을 선택한다. 비관련다각화전략을 추구하는 조직은 콘글로메리트 구조를 운영한다. [그림 7-8]에서 볼 수 있듯이 콘글로메리트 구조는 독립채산적으로 운영된다. 사업부 간 활동을 조정할 필요가 전혀 없고 소수 기업본부의 전략진단이 필요할 뿐이다. 의사소통은 하향으로 이루어지고, 새로운 가치창출 기회를 추구하기위해 필요한 재무 및 예산에 대한 의사결정과 관리비용은 이러한 조직에서 빈번히 발생하는 이슈가 된다.

지금까지 살펴본 바와 같이 조직의 핵심역량을 활용하는 새로운 전략을 추구할 때 수직적 통합, 관련다각화전략, 비관련다각화전략과 같은 세 가지 수준의 기업 전체

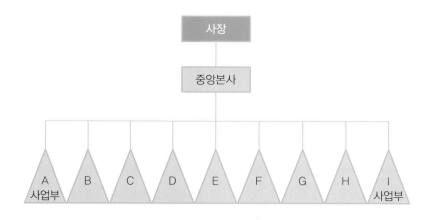

[그림 7-8] 콘글로메리트 구조

수준의 전략을 고려할 수 있다. 조직은 이러한 기회를 보다 많이 추구할수록 본래 사업부에서 실천하였던 기능 이상으로 활동을 팽창시키고 다각화시키게 된다. 조직 수준에서 전략에 맞는 적절한 조직구조는 수직적 통합, 관련다각화전략과 비관련다각화전략을 선택할 필요가 있다. 일반적으로 사업부 조직, 다중사업부 조직이 적절한 구조임을 앞서 논의하였다. 사업부 간 이전되는 자원을 조정할 필요가 있을 경우 기업의 본부에 있는 스태프를 파견하여 조직을 통제함으로써 핵심역량을 조직 전반에 걸쳐 공유하도록 한다.

◆◆◆ 조직 인사이트 7-8   가지 많은 나무에 바람 잘 날 없다.

독일의 스포츠웨어 제조업체인 푸마사가 위기에 놓였다가 당시 30세이던 CEO 요한 자이트(J. Zeitz)가 안락의자 운동가인 특정 고객만을 상대로 최신스타일의 신발과 운동복을 제조하여 제공함으로써 기업을 회생시켰다. 스웨덴의 볼보자동차는 모든 생산라인을 중국으로 넘기고 트럭생산에만 몰두하기로 했다. 가지 많은 나무에 바람 잘 날 없다? 새로운 시장에 새로운 제품을 개발하여 나가는 다각화 전략은 현재의 시장에서는 기업이 더 이상 성장의 기회가 없거나 새로운 시장에서 새로운 사업이 오히려 유리하게 매출을 증대시킬 수 있을 때 펴는 전략이다.

우리나라 대기업들은 과거 여러 사업에 손을 대면서 소위 문어발식 경영 혹은 선단식(船團式) 경영으로 확장만을 선호하였다. 그런데 이러한 다양한 제품이나 다양한 사업에 대기업이 참여하고 확장해 나가는 것을 일반 국민은 못마땅하게 여기고 혹자는 선단식 경영은 한개 망하면 모두 망하니까 해체해야 한다고 주장하기도 한다. 소위 가지가 많으면 항상 어디에선가 골머리를 썩기 마련이기에 단순제품, 단순 업종에 전문화하는 것이 바람직하다는 주장이다. 그러나 꼭 그런 것만은 아니다. 형제가 많으면 어려울 때 서로 도울 수 있듯이 호황일 때는 서로 상승효과를 발휘하며 불황일 때도 한 군데가 어려우면 다른 곳에서 채우며 상호보증의 기회도 있는 것이다. 오히려 한 가지 업종만 의존하고 있다가 그 업종에 문제가 생기면 헤어날 길 없이 올스톱되는 경우도 있다.

４ 관련다각화전략과 조직

관련다각화전략을 추구하는 조직은 자원을 공유하거나 많은 조정과 통합을 요구하는 과정을 통해 가치를 획득한다. 관련다각화는 사업부와 기업의 본부 사이의 수직적 의사소통뿐만 아니라 부문 간의 수평적 의사소통을 필요로 한다. 결과적으로 기능부서전문가로 구성된 팀을 통한 조정 기술과 자원의 이전을 요구한다. 사업부는 충분하게 보상을 받지 않는 한 자원의 획득을 위해 싸우고 정보와 지식을 공유하려 하지 않기 때문에 조정이 복잡해진다. 비관련다각화로부터 얻는 이익만큼 관련다각화로부터 이익을 획득하기 위해서는 사업부 간의 활동을 조정하기 위한 많은 수의 기업본부 스태프가 필요하고 보다 많은 양의 정보 관리를 위한 시간과 노력이 요구된다.

관련다각화를 관리하는 것은 수직적 통합이나 비관련다각화를 경영하는 것과 비교해 보면 더 많은 관리비용을 소모한다는 것을 알 수 있다. 다른 기업 전체 수준의 전략과 비교하여 상당량의 의사소통과 조정이 가치창출을 위해 필요하다. 관리비용은 기업의 스태프의 수에 따라, 부문관리자나 최고경영자가 다른 기능을 조정하기 위해 소요하는 시간의 양에 따라 증가한다. 반대로 비관련다각화의 관리비용은 사업부 간 자원의 교환이 이루어지지 않기 때문에 사업부 사이의 자원의 이전을 조정할 필요가 없어 낮은 것이 일반적이다.

５ 기업전체 수준의 전략과 조직문화

가장 효율적인 조직구조를 설계함으로써 관리비용을 줄일 수 있음을 살펴보았다. 여기서는 가장 적절한 조직문화를 살펴보기로 한다. 공통된 가치관과 규범, 규칙, 즉 문화를 반영한 목표가 기업 전체 수준의 전략에 대한 촉진제 역할을 한다.[36] 비관련다각화전략을 추구하는 기업으로, 경제성, 비용절감, 조직자원의 효율적 사용에 가치를 둘 수도 있다. 사업부 관리자가 본사 이사의 승인 없이는 큰돈을 사용하지 못한다고 하자. 관리자와 구성원은 자신의 성과가 면밀히 감시되고, 자신의 행동이 기업 가치관에 의해 형성됨을 알고 있다. 그들 모두는 비용 절감의 규칙과 규범에 따라 사회화되어 있는 것이다. 조직문화의 영향을 받는 것이다.

반대로 관련다각화를 추구하는 조직을 생각해 보자. 어떤 종류의 가치관, 규범 그리고 규칙이 관련다각화전략을 실행하기 위해 필요한가? 관련다각화로부터 가치를 창출하기 위해서는 상당한 양의 조정과 통합이 필요하기 때문에 사업부들 사이의 협력을 강조하는 규범과 가치관이 중요하다. 이러한 문화를 형성함으로써 자원 교환의 비용을 감소시키고, 다양한 사업부는 사업부 간의 상호작용을 통해 공통된 기업문화를 형성시킨다. 각 사업부는 각자의 문화를 가지고 있지만 사업부 수준의 문화를 통해 기능별 수준의 목표 불일치를 극복할 수 있었던 것과 같이 기업 전체 수준의 문화를 통해 사업부 간 목표의 불일치를 극복할 수 있다.

따라서 기업전체 수준의 전략에 따라 전략을 뒷받침해 주는 기업문화가 달라짐을 알았다. 조직은 자신이 추구하는 전략과 구조에 적절한 문화를 구축하고 강화할 필요가 있다. 콘글로메리트 조직은 사업부 사이의 연계가 없고 다양한 사업부 관리자가 서로에 대해 모르기 때문에 사업부를 절충시키는 공통된 기업문화의 개발 자체가 무의미하다. 반대로 다중사업부와 매트릭스조직의 경우에는 조직 전반에 걸쳐 규범과 가치관을 이전시키고 아이디어의 신속한 교환을 뒷받침할 응집력 있는 기업문화를 개발하고 이를 지속시킬 필요가 있다. 앞에서 살펴본 바와 같이 조직문화는 종업원을 조정하고 동기부여 할 수 있는 중요한 도구가 되는 셈이다.

◆◆◆ 조직 인사이트 7-9 한국인이 가장 존경하는 起業家, 정주영

고(故) 정주영 회장은 상인에게 있어 신용이 최고라는 점을 항상 중요하게 생각하고 실천하였다. 그는 현장에서 답을 구하라는 지시를 종종 내렸다. "기업이란 현실이요, 행동함으로써 이루는 것이며 똑똑하다는 사람들이 모여 앉아 머리로 생각만해서 기업이 클 수 없다." 그의 자서전 [시련은 있어도 실패는 없다]를 보면 그가 어떻게 행동했는지 알 수 있다. 정주영 회장의 좌우명은 일근천하무난사(一勤天下無難事), 즉 부지런하면 천하에 어려울 일이 없다는 것이다. 그가 설립한 회사가 지금은 건설산업, 자동차산업, 조선산업에서 세계 초일류를 달리고 있다. 우리가 아는 정주영 신화가 여럿 있지만 소개하면 다음과 같다.

- 경부고속도로 290일 만에 완공(1970년)
- 울산의 바닷가, 바람만이 스쳐가는 황량한 모래밭에 조선소 건립(1973년)
- 9억 3,000만 달러 프로젝트, 사우디아라비아 주베일 항만 건설(1977년)
- 폐유조선으로 물을 막은 서산 천수만 간척사업(정주영 공법)

인물 탐구

손자(孫子, BC ?-?)

손자는 중국의 오나라 손무(孫武)를 높여 부르는 말이다. 그가 편찬한 병법서가 [손자병법]임. 이 병법서는 중국전쟁체험을 집대성함으로써 전략전술의 법칙에 대하여 설명함. 춘추시대 최고의 명장임.

포드(H. Ford, 1863-1947)

미국 미시건 주에서 태어나 포드자동차 회사를 설립함. 조립라인의 대량생산체제를 도입하여 미국의 첫 번째 자동차인 모델 T자동차를 생산함.

1. 조직에서 시행되는 전략의 수준으로 잘못된 것은?
   ① 영업부, 생산부의 전략　　② 가전제품 사업부의 전략　　③ D주식회사의 전략
   ④ 김 부장의 전략　　　　　　⑤ 기능부서 수준의 전략

2. 다음 전략과 그 내용이 잘못된 것은?
   ① 생산부서의 전략 – 원가우위전략
   ② 영업부서의 전략 – 차별화전략
   ③ 사업부 수준의 전략 – 시장 및 제품 전략
   ④ 기업 전체 수준의 전략 – 수직적 통합
   ⑤ 기능부서의 전략 – 관련·비관련다각화

3. 전략의 설명으로 잘못된 것은?
   ① 전략이란 군대 용어에서 파생된 용어이다.
   ② 기업이 행하는 활동도 전쟁에 비유해서 승리해야 한다는 의미이다.
   ③ 전략과 목표, 목적, 정책, 계획은 모두 같은 말이다.
   ④ 자원이 희소하기 때문에 조직의 전략은 필요하다.
   ⑤ 전략이 효과를 보려면 적합한 조직구조가 마련되어 있어야 한다.

4. 피터 드러커가 구세군이라는 조직을 극찬한 이유가 아닌 것은?
   ① 봉사를 위한 서비스 조직　　② 분명한 미션　　　　③ 지속적인 혁신
   ④ 성과의 측정　　　　　　　　⑤ 자원 활용 능력

5. 사업부 수준의 전략이 아닌 것은?
   ① 원가우위전략　　　　　　② 시장침투전략　　　　③ 신제품개발전략
   ④ 신시장개척전략　　　　　⑤ 다각화전략

6. 기업 전체 수준의 전략이 아닌 것은?
   ① 차별화 전략　　　　　　　② 전방 수직적 통합 전략　　③ 관련다각화 전략
   ④ 비관련다각화 전략　　　　⑤ 후방 수직적 통합 전략

7. 포터는 경쟁전략이라 보기 어려운 것은?
   ① 원가우위전략　　　　　　② 차별화전략　　　　③ 원가우위에 초점을 둔 전략
   ④ 차별화에 초점을 둔 전략　⑤ 방어형 전략

8. (   )은 변화하는 환경에 직면했을 때 일관성 있게 적응할 수 있는 반응메커니즘을 지니지 못하고 항상 불안한 상태에 있는 것이다.

① 공격형 전략   ② 방어형 전략   ③ 분석형 전략
④ 낙오형 전략   ⑤ 원가우위전략

9. (   )은 조직이 얼마나 안정적인가에 중점을 두고 환경변화에 대하여 매우 신중하며 현상유지 태도를 보인다.

① 공격형 전략   ② 방어형 전략   ③ 분석형 전략
④ 낙오형 전략   ⑤ 원가우위전략

10. 미션, 비전, 경영철학과 전략의 차이에 대한 자신의 생각을 왼쪽에 제시된 키워드를 모두 넣어 오른쪽에 적어 보자.

희소한 자원 핵심역량 경쟁우위 가치창출 기업목표	

11. 손자병법에 나오는 박스와 같은 전략을 참조하여 팀만의 전략을 수립해 보자. 각각의 팀은 스마트폰 마케팅팀이라고 가정한다.

> 우리가 적보다 10배가 많으면 포위하라.
> 적보다 5배 강하면 공격하라.
> 적보다 2배 강하면 교전을 시작하라.
> 적과 대등하다면 적을 쪼갤 수 있어야 한다.
> 적보다 수적으로 열세라면 방어할 수 있어야 한다.
> 모든 측면에서 열세라면 적을 피할 수 있어야 한다.

12. CEO는 자신만의 독특한 전략이기 마련이다. 여러분 각자가 최고경영자라고 가정하고 회사전체의 전략을 보여 줄 수 있는 캐치프레이즈를 만들어 보자. "좋은 학과는 좋은 학생이 모여서 만들어 갑니다. 파이팅!"식이다.

13. 마일즈와 스노우의 전략 네 가지 형태 모두를 비판하라.

1 Chandler, A.D. (1962). *Strategy and Structure: Chapters in the History of the Industrial Enterprise*, Cambridge, Mass: MIT Press

2 Hill, C.W.L., & Jones, G.R. (1988). *Strategic Management: An Integrated Approach*, 4th ed., Boston: Houghton Mifflin

3 Porter, M.E. (1980). *Competitive Strategy*, New York: The Free Press

4 Weigelt, K., & Camerer, C. (1988). "Reputation and Corporate Strategy," *Strategic Management Journal*, vol.9, pp.443-454.

5 Hill, C.W.L., & Jones, G.R. (1988). Ibid., Ch.10

6 Nelson, R.R., & Winter, S. (1982). *An Evolutionary Theory of Economic Change,* Cambridge, Mass.: Harvard University Press

7 Porter, M.E. (1980). *Competitive Strategy: Technique for Analyzing Industries and Competitor,* New York, Free Press

8 Miles, R.E., & Snow, C.C. (1978). *Organizational Strategy, Structure, and Process,* New York, McGrrawHill

9 Porter, M.E. (1985). *Competitive Advantage: Creating and Sustaining Superior Performance,* New York: The Free Press

10 Ruekert, R.E., & Walker, O.C. (1987). "Interactions Between Marketing and R&D Departments in Implementing Different Business Strategies," *Strategic Management Journal,* vol.8, pp.233-248.

11 Porter, M.E. (1980). ibid.

12 Dundas, K.N.M., & Richardson, P.R. (1980). "Corporate Strategy and the Concept of Market Failure," *Strategic Management Journal,* vol.1, pp.177-188.

13 Wheelright, S.C. (1984). "Manufacturing Strategy: Defining the Missing Link," *Strategic Management Journal,* vol.5, pp.77-91.

14 Ulrich, D. (1989). "Linking Strategic Planning and Human Resource Planning," in L. Fahey, ed., *The Strategic Planning Management Reader* (Englewood Cliffs, N.J.: Prentice Hall), pp.421-426.

15 Buffa, E.S. (1989). "Positioning the Production System A Key Element in Manufacturing Strategy,"in L. Fahey, ed., *The Strategic Planning Management Reader*, pp.387-395.

16 Johnson, R.M. (1971). "Market Segmentation: A Strategic Management Tool," *Journal of Marketing Research*, vol.8, pp.15-23.

17 Scarpello, V., Boulton W.R., & Hofer, C.W. (1986). "Reintegrating R&D into Business Strategy," *Journal of Business Strategy*, vol.6, pp.49-56.

18 Miller, D. (1987). "Strategy Making and Structure: Analysis and Implications for

Performance," *Academy of Management Journal*, vol.30, pp.7-32.

19 Lawrence, P.R., & Lorsch, J.W. (1967). *Organization and Environment,* Boston: Graduate School of Business Administration, Harvard University

20 Woodward, J. (1965). *Industrial Organization: Theory and Practice,* London Oxford University Press

21 Eisenhardt, K.M. (1985). "Control: Organizational and Economic Approaches," *Management Science*, vol.16, pp. 134-138.

22 Barney, J.B. (1986). "Organization Culture: Can It Be a Source of Sustained Competitive Advantage," *Academy of Management Review*, vol.11, pp.791-800.

23 Oster, S.M. (1990). Modern Competitive Analysis (New York: Oxford University Press); Porter, M. (1980). *Competitive Advantage*, Ch.2 (Free Press, N.Y.)

24 White, R.E. (1986). "Generic Business Strategies, Organizational Context and Performance: An Empirical Investigation," *Strategic Management Journal*, vol.7, pp.217-231.; Jones, G.R., & Butler, J.E. (1988). "Costs, Revenue, and Business Level Strategy," *Academy of Management Review*, vol.13, pp.202-213.

25 Ansoff, H.J. (1984). *Corporate Strategy,* London: Penguin

26 Madigan, K., Flynn, J., & Weber, J. (1992). "Masters of the Game: CEOs Who Succeed in Business When Times Are Really Trying," *Business Week* (12 October), pp.110-118.

27 Chakravarthy, B.S., & Lorange, P. (1991). *Managing the Strategy Process,* Englewood Cliffs, J.J.: Prentice Hall

28 Schine, E., Borrus, A., & Carey, J. (1992). "The Defense Whizzes Making It in Civvies," *Business Week* (7 September), pp.88-89.

29 White, R.E. (1989). "Generic Business Strategies, Organizational Context and Performance," Miller, D., "Configurations of Strategy and Structure," *Strategic Management Journal*, vol.10, pp.211-231.

30 Lawrence, P.R., & Lorsch, J.W. (1967). *Organization and Environment*, Cambridge, Mass.: Harvard University Press

31 Miller, D. (1987). "Strategy Making and Structure: Analysis and Implications for Performance," *Academy of Management Journal*, vol.30, pp.7-32.

32 Deutschman, A. (1992). "If They're Gaining on You, Innovate," *Fortune* (2 November), p.86.

33 Peters, T.J., & Waterman, R.H. (1982). Jr., *In Search of Excellence* (New York: Harper and Row)

34 Poter, M.E. (1987). "From Competitive Advantage to Competitive Strategy," *Harvard Business Review* (May-June), pp.43-59.

35 Chandler, A.D.Jr (1978). Strategy and Structure (New York, McGraw-Hill); Pfeffer, J. & Salancik, G.R., *The External Control of Organizations,* New York: Harper and Row

36 Jones, G.R., & Hill, C.W.L. (1988). "Transaction Cost Analysis of Strategy Structure Choice," *Strategic Management Journal*, vol.9, pp.159-172.

Chapter ◆◆ **8**

기술과 조직

신기술이 조직에 잘못 도입되면 운영부서에 악영향을 미칠 수 있다.

– E. Trist

신기술 도입에 따라 직무특성도 변하지만 이와 함께 경영자의 업무 및 작업에 대한 관리, 통제업무 역시 변한다.

– P. Thompson

어느 경영 시스템으로도, 사람을 관리하는 어느 수단으로도 노동자나 고용주의 번영을 영원히 보장하지 못한다.

– F.W. Taylor

◆ 학습목표

학습목표 1 : 기술의 변화를 이해할 수 있다.

학습목표 2 : 기술의 혁신을 이해할 수 있다.

학습목표 3 : 첨단 생산기술에 대하여 설명할 수 있다.

학습목표 4 : 기술과 조직구조에 대하여 설명할 수 있다.

학습목표 5 : 정보기술의 영향을 설명할 수 있다.

학습목표 6 : 기술이 조직 유효성에 미치는 영향을 설명할 수 있다.

학습목표 7 : 기술의 분석수준을 비교할 수 있다.

◆ 핵심키워드

대량 생산기술, 첨단 생산기술, 린 생산방식, 컴퓨터 지원 설계, 컴퓨터 지원 자재관리, 적시생산재고방식, 컴퓨터 통합생산, 지식기술, 유연성, 유연작업팀, 전사적 품질관리, 정보기술, 기술, 조직 유효성, 기술의 분석수준, 기술복잡성, 단위소량 생산기술, 연속공정 생산기술, 기술결정론, 과업다양성, 과업분석가능성, 일상적 기술, 비일상적 기술, 상호의존성, 혼류생산, 경영통제시스템, 균형성과 평가제도, 전사적 자원관리

Ⅰ 기술에 대한 이해

1 기술의 정의

일반적으로 조직이 수행하는 것이 무엇이냐에 따라 조직을 구분한다. 조직이 수행하는 것을 기술(technology)이라고 한다. 조직의 구성원이 기계, 장비를 가지고 제품을 조립하는 기술을 사용하고 있다면 그러한 조직을 제조업 조직이라고 한다. 병원이라는 조직은 환자를 치료하기 위한 기술을 가지고 있다. 대학에서는 학과마다 배우는 기술, 즉 전공이 다르다. 기술은 투입물이 산출물로 변화하는 데 사용되는 스킬, 지식, 능력, 기법, 활동이며, 가치 있는 제품 및 서비스를 산출하는 것으로 정의된다.

조직에서의 기술은 세 가지 수준, 즉 개인 수준, 부서 수준, 조직 수준으로 분류된다. 개인 수준에서의 기술은 구성원 개인 각자가 소유하고 있는 개인적 기술, 지식이다. 부서 수준에서의 기술은 부서나 집단이 작업하는 기법이나 절차로 구성된다. 외과수술 팀원의 상호작용, 학자의 공동 연구, 조립라인에서 개발된 기술 등은 부서 수준의 기술의 예이다. 조직 수준에서의 기술은 조직이 투입물을 산출물로 변환시키는 방식이다. 예를 들어 대량생산 기술은 컨베이어벨트와 표준화된 조립과정을 사용한 조직 수준의 기술이다.

2 기술과 조직 유효성

조직은 [그림 8-1]처럼 환경으로부터 얻은 투입물을 변환과정을 통해 산출물로 변환시킴으로써 가치를 창조한다. 기술은 변환과정에서만 필요한 것이 아니라 투입·변환·산출 과정 모두에서 필요하다.[1] 투입 단계에서의 기술은 부서별로 외부와의 관계를 다룬다. 예를 들어 인적자원관리부서는 신입사원 선발과정, 인성검사와 같은 기술과 관련된다. 변환과정에서의 기술은 투입물을 산출물로 변환시키는 것으로서, 조직이 조직자원의 비용을 최소화하면서 투입물에 최고의 가치를 부여하는 과정이며 이러한 과정을 통해 더 많은 조직 유효성을 창출해야 한다. 산출 단계에서의 기술은

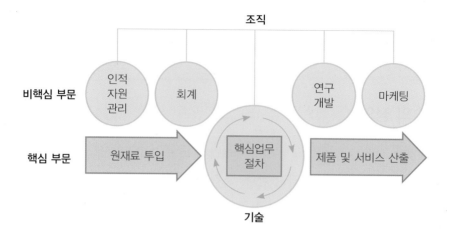

[그림 8-1] 제조업 조직에서의 변환과정

조직이 제품 및 서비스를 효과적으로 처리하는 데 필요한 기술을 말한다. 완제품의 품질을 검수하기 위한 기술이라든가, 마케팅 기술 등이 그것이다. 조직이 보유한 기술은 기업의 이익을 위해서 매우 중요하다. 조직은 조직환경을 관리하기 위한 기술의 개발, 관리, 사용 측면에서 아주 뛰어나야 한다.

Ⅱ 조직의 핵심 생산기술

기술은 특수기술이냐 일반기술이냐로 구분할 수 있다. 특수기술은 일반기술보다 통제가 더 복잡하고 구조화하기가 어렵다. 변환과정 절차가 예측 가능하고 과업이 표준화될 수 있을 때 구조화된(programmed) 기술, 즉 일반기술이다. 기술이 구조화되지 않았다는 것은 생산과정을 통제하고 예측하기가 어렵다는 의미이며 특수기술이라는 의미이다.

우드워드(J. Woodward)는 생산기술의 복잡성을 기준으로 기술을 분류한다. 그녀는 변환과정이 미리 구조화되고 전체적으로 자동화될 수 있을 때 생산기술의 복잡성이 높다고 하였다.[2] 자동화함으로써 작업 행위와 그 결과물은 표준화되고 정확하게 예측될 수 있다. 변환과정이 주로 기계가 아닌 사람이나 기법, 지식에 의지할 때 생산기술의 복잡성은 낮다. 기계에 의존하지 않는 사람의 작업 행위를 미리 프로그램화하기란 쉽지 않다. 이는 생산활동의 결과가 작업과 관련된 사람의 숙련, 솜씨(skill)에 의존하기 때문이다.

제품 생산기술이 아닌 서비스 생산기술의 경우는 장비나 기계에 의존하기보다 최종 산출물을 생산하기 위해 고객과 가장 밀접하게 상호작용하는 구성원의 지식이나 경험에 주로 의존한다. 서비스 생산기술의 노동 집약적 속성은 작업 행위를 표준화하고 프로그램화하며 작업과정을 통제하게 한다. 작업과정이 주로 사람의 성과에 의존할 때 생산기술의 복잡성은 낮아지고 생산의 일관성 및 고품질 유지의 어려움은 커진다.

1 생산기술의 분류

우드워드는 [그림 8-2]에서와 같이 열 가지 복잡성에 따라 생산기술을 세 가지 유형, 즉 단위소량 생산기술, 대량 생산기술, 연속공정 생산기술로 구분한다.[3]

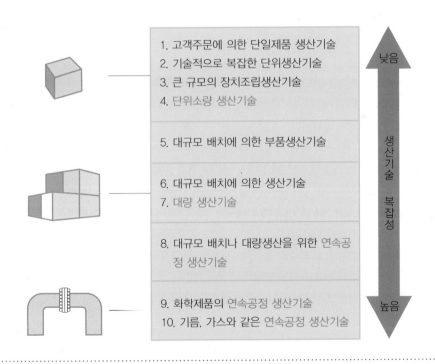

1. 고객주문에 의한 단일제품 생산기술
2. 기술적으로 복잡한 단위생산기술
3. 큰 규모의 장치조립생산기술
4. 단위소량 생산기술

5. 대규모 배치에 의한 부품생산기술

6. 대규모 배치에 의한 생산기술
7. 대량 생산기술

8. 대규모 배치나 대량생산을 위한 연속공정 생산기술

9. 화학제품의 연속공정 생산기술
10. 기름, 가스와 같은 연속공정 생산기술

낮음

생산기술 복잡성

높음

[그림 8-2] 생산기술 복잡성과 기술유형

단위소량 생산기술

단위소량 생산기술(small-batch production & unit production)을 사용하는 조직은 소수의 주문 제품 혹은 소량의 제품을 생산한다. 이러한 조직의 예로는 개인 취향 맞춤형 향수 및 가구회사, 고객 주문 제작 자동차 제조사, 맞춤복을 만드는 의류 회사, 환자의 요청에 따른 개별화된 의료 서비스를 공급하는 차별화된 병원 등을 들 수 있다. 단위소량 생산기술은 변환과정에서 사용되는 기술은 생산기술의 복잡성 수준이 가장 낮다. 이러한 기술을 사용하는 작업자 스스로가 다양한 작업기술을 스스로 선택하기 때문에 변환과정이 매우 유연하다. 단위소량 생산기술의 유연성은 개별 고객의 욕구를 만족시킬 수 있는 다양한 종류의 제품을 생산할 수 있게 한다. 단위소량 생산기술은 다른 기술에 비해 상대적으로 운영비용이 더 많이 든다. 작업과정을 예측하기 어려우며, 주문 생산의 경우 작업행위를 미리 구조화하기 어렵기 때문이다.

◆◆◆ 조직 인사이트 8-1   Economies of Linkage

500원짜리 붕어빵을 살 때도 규모로부터의 이익(economies of scale)은 발생한다. 2개를 1,000원에 사야 되지만 10개를 산다면 5,000원에 살 필요가 없다. 5,000원보다 적은 돈을 주어도 붕어빵 10개를 살 수도 있다. 붕어빵 장사는 어느 정도의 물량을 팔았기에 싸게 해 준다. 즉 규모가 달성되었다고 한다. 제철소도 용광로를 24시간 가동하여 보다 많은 철을 생산하다 보면 단위당 생산원가가 절감되는 득을 보게 될 것이다. 이렇게 규모가 커지면서 생산단가가 낮아질 때 규모의 경제가 나타난다.

하지만 세상은 가격보다 차별·개성이 더 중요해지는 시대로 변했다. 이제는 라면 전문점에서 값싼 점심을 먹는 것보다, 면 판매점에서 원하는 면의 종류를 자유롭게 선택하는 추세다. 구두를 생산하는 기업이 따로 있고, 핸드백을 생산하는 기업이 따로 있다. 이렇게 기업이 생산하는 제품을 다양하게 마련해 놓아 고객의 욕구에 부응하여 이득을 얻는 것이 바로 범위의 경제(economies of scope) 원리이다.

이제 컴퓨터는 인터넷, 인트라넷 등으로 거미줄처럼 연결되어 수많은 자료를 주고받거나 이야기를 나누며, 뉴스를 읽고 사람을 만나며 게임을 즐긴다. 소프트웨어를 불법으로 복사하는 것을 막으며 독점 사용하던 시대에서 남들과의 연결로부터의 이득(economies of linkage)이 중요해지는 시대가 되고 있다.

대량 생산기술

조직은 작업과정을 통제하고 예측력을 높이기 위해 기계나 장비의 사용을 더 많이 투입한다. 이렇게 되면 생산량은 훨씬 늘어난다. 조직이 대량 생산기술(large-batch production & mass production)을 사용할 때 표준화된 제품의 반복적 생산이 가능해진다. 대량 생산기술을 가진 조직의 예로는 자동차 회사, 전자제품 회사, 식품회사, 음료회사 등을 들 수 있다. 대량 생산기술은 자동차, 전자제품, 식품 및 음료회사의 제품 생산을 위한 자동화된 장비의 사용과 연관된다. 이러한 기업의 대량 생산기술은 과업을 미리 구조화하고 특징지어 놓음으로써 작업은 표준화되고 동일하게 반복된다. 또한 담당자의 작업이 모두 비슷하므로 상급자는 생산과정을 보다 수월하게 통제할 수 있게 된다.[4] 대량 생산기술을 사용하는 조직은 비용을 절약하고 가격을 낮출 수 있다. 포드(H. Ford)는 단위소량 생산기술을 포기하고 대량 생산기술로 바꾸었을 때 T모델 자동차를 생산할 수 있었고 조립라인을 통해 노동비용을 낮출 수 있었다. 컨베이어벨트의 사용과 표준화되고 상호 교환 가능한 규격화된 부품, 특징적인 과업은 변환과정을 효율적이고 생산적으로 바꾸었다.

연속공정 생산기술

연속공정 생산기술(continuous production process)은 단위소량 생산기술, 대량 생산기술에 비해 생산기술의 복잡성이 상당히 높다. 석유정제공장, 정밀화학공장 등이 이러한 기술을 사용한다. 연속공정 생산기술은 거의 완전하게 자동화되어 있고 기계화되어 있다. 구성원은 생산의 전 공정에 직접적으로 관여하지 않는다. 제품생산에서 구성원의 역할은 공장과 기계를 감시하거나 체크하고 효율적으로 작동하는 데 신경을 쓰는 것뿐이다.[5] 연속공정 생산기술에서 구성원의 과업은 기계의 고장이나 비정상적인 기능을 하는 장비와 같은 작업공정에서 발생하는 문제를 관리한다.

또한 연속공정 생산기술의 핵심은 운영을 유연하게 한다. 공정을 통한 제품화는 거의 멈추지 않고 산출물의 변동도 거의 없이 연속적이다. 천연석유가 탱크에서 계속 정제되고 파이프를 통해 분해타워에 이르게 된다. 개별적으로 화학물질들이 추출되고 다른 정제공정으로 보내진다. 가솔린, 벤젠, 타르 등과 같은 생산물은 각각의 공정별로 생산된다. 정밀화학공장의 작업자는 직접 제품을 생산하지 않는다. 제품은 파이프와 기계를 통해 만들어지며, 구성원은 중앙통제실에서 계기판과 모니터로 공정을 감시하고 공정이 안전하고 효율적인 기능을 하도록 관리하면 된다. 연속공정 생산기술은 대량 생산기술보다 기술적으로 더 효율적이다. 보다 더 기계화되어 있고 자동화되어 있어서 예측 가능성이 높고 통제하기가 더 쉽기 때문이다. 또한 연속공정 생산기술은 단위소량 생산기술이나 대량 생산기술보다 비용 측면에 있어서도 더 효율적이다.

우드워드는 비용을 절감하기 위해 기계의 사용이 증대되고 단위소량 생산기술에서 대량 생산기술, 연속공정 생산기술로 이동한다고 보았다. 하지만 모든 기술이 반드시 이러한 순서로 이동하는 것은 아니다. 어떤 조직에서는 가능하지 않거나 비실용적이기 때문이다. 예를 들어 시제품 개발, 신약이나 컴퓨터의 기초 연구, 병원이나 학교 운영 등은 본질적으로 예측이 불가능하고 자동화된 기계를 사용할 수 없다. 이러한 것은 시행착오, 연구자의 지식 또는 숙련에 의존하기 때문이다. 게다가 많은 고객이 개인의 입맛에 맞추어 설계된 제품에 높은 가격을 지불하고 싶어한다. 예를 들면 주문 제작한 옷, 보석, 고급 전원주택 등이 그렇다. 그래서 생산비용이 높은 단위소량 생산기술을 통한 제품시장이 존재한다.

◆◆ 조직 인사이트 8-2　대량 생산기술에서 첨단 생산기술까지

20세기 가장 괄목할 만한 기술진보 중 하나가 헨리포드(H. Ford)에 의해 도입된 대량 생산기술(mass production technology)이다.[6] 적은 비용으로 표준화된 제품(T 모델 자동차: 사진)을 대량으로 만들어 내는 것이다. 대량 생산기술은 규모의 경제(economies of scale)와 분업(division of labor)으로부터의 이익을 극대화한다. 대량생산은 두 가지 방식, 전용설비와 표준화된 작업절차, 컨베이어벨트를 이용한 일괄작업이라는 흐름작업(flow-line) 방식이고, 태업(slowdowns)이나 작업중단(stoppages)을 방지하는 작업통제 방식이다. 전통적 대량생산은 전용설비의 사용에 기초하는데 이는 특정제품이나 부품의 생산에만 사용되는 설비를 말하며, 반복적인 절삭기나 자동차부품을 찍어내는 압축기와 같은 기계나 설비가 여기에 속한다.[7] 생산량을 극대화하기 위해 기계는 매우 저렴하면서 소수의 제품만을 만들면서 비용을 낮출 수 있다.

헨리 포드에 의한 생산기술의 전

형인 이동식 조립라인은 1913년 디트로이트의 하이랜드 파크 공장에 도입되었다. 이 기술이 도입된 후 조립 소요시간을 전과 비교하면 〈표 8-1〉과 같다. 조립생산라인을 사용하고 표준화된 작업 절차에 따라 봉급작업자(fixed worker)를 고용하기에 이른다. 대량생산 방식을 채택한 조직은 또한 외부 환경의 급격한 변화에 따른 환경 불확실성으로부터 생산과정을 보호함으로써 비용을 절감할 수 있게 되었다. 투입, 변화, 산출 단계에 이르는 전 과정을 위협하는 요인을 비축량 혹은 재고(stockpile)로 조정하면서 위기를 극복할 수 있었다([그림 8-3] 참조). 입력 단계에서 조직은 파업이나 생산지연, 태업 등으로 원재료나 반제품 공급의 차질이 없도록 하는 것이 중요하였다. 산출 단계에서 조직은 산출물의 처분 능력을 유지하는 데 힘을 발휘할 수 있었다. 그래서 비축되었던 원재료로 고객요구에 적절하게 부응할 수 있었다.

〈표 8-1〉 수공업 생산기술과 대량 생산기술의 조립 시간 비교

구분	수공업 생산기술	대량 생산기술	시간 단축률
엔진	594분	226분	62%
자석발전기	20분	5분	75%
차축	150분	26.5분	83%
최종 조립	750분	93분	88%

[그림 8-3] 대량 생산방식과 첨단 생산방식의 작업흐름 비교

2 생산기술의 복잡성과 조직구조

우드워드가 생산기술을 복잡성에 따라 분류한 것은 생산기술이 조직구조의 설계에 어떠한 영향을 미치는가를 알아보기 위함이었다. 그녀는 효율적 조직구조와 기술이 얼마나 조화를 이루고 있는가를 밝히고자 하였다. 세 가지 형태의 기술이 추구하는 조직구조의 특징을 비교하였을 때, 기술과 조직 간 관련성에 체계적인 차이가 있었다. [그림 8-4]에서와 같이 단위소량 생산기술에서 연속공정 생산기술로 복잡성이 증가함에 따라 관리 계층의 수가 증가하고, 전체 구성원 중 경영자가 차지하는 비율이 높아지며, 통제한계, 공식 절차, 집권화 정도 등에서도 차이를 보였다.

우드워드는 각각의 기술이 서로 다른 조직과 관련된다고 주장, 각각의 기술이 서로 다른 통제와 조정 문제를 가지고 있기 때문으로 설명하였다. 소량 단위생산기술을 사용하는 조직은 일반적으로 관리 계층의 수가 3개이며, 대량 생산기술을 사용하는 조직은 관리 계층의 수가 4개, 연속공정 생산기술을 사용하는 조직은 관리 계층의 수가 6개이다. 생산기술의 복잡성이 높아질수록 조직의 위계수준은 점점 많아지며, 최고경영자 통제한계는 넓어진다. 일선감독자의 통제한계는 처음에는 넓었다가 나중에는 좁아진다. 이러한 결과를 [그림 8-4]를 통해 정리하였다.[8]

	← 낮음 ── 생산기술 복잡성 ── 높음 →		
조직특성	단위소량 생산기술	대량 생산기술	연속공정 생산기술
관리계층의 수	3	4	6
CEO의 통제한계	3	7	10
통제한계	23	48	15
관리자:노동자 비율	1 : 23	1 : 16	1 : 8
조직형태	 상대적으로 수평조직, 통제한계 좁음	 상대적으로 고층조직, 통제한계 넓음	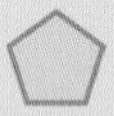 매우 고층조직, 통제한계 매우 협소
운영비용	높음	중간	낮음
조직유형	유기적 조직	기계적 조직	유기적 조직

[그림 8-4] 생산기술 복잡성과 조직유형

단위소량 생산기술과 관련된 문제 중 하나는 변환과정을 조정하기가 어렵다는 데 있다. 이는 생산기술 자체가 작업자의 숙련과 경험에 의존하기 때문이다. 단위소량 생산기술을 사용하는 조직은 작업자에게 의사결정의 자유를 주어 고객 요구에 맞는 제품을 정확하게 생산하기 위해 고객요구에 재빠르게 반응하고 유연하게 대처할 수 있어야 한다. 이러한 이유로 조직은 상대적으로 수평구조를 가지고 있으며 의사결정은 팀으로 분권화되고 일선감독자의 통제한계는 상대적으로 좁아지게 된다.

단위소량 생산기술을 사용하는 조직에서는 각 감독자나 작업집단이 투입-변환-산출과정 각 단계에서 발생하는 사항을 어떻게 관리할 것인가에 대해 스스로 결정하고, 이 결정은 공동 작업자나 고객과의 의사소통을 통해 상호조정된다. 따라서 이러한 기술을 사용하는 조직은 유기적 조직이 바람직하다.

대량 생산기술을 사용하는 조직에서는 과업이 표준화되어 있어서 과업활동이 예측 가능하다. 일선감독자의 통제한계는 48명으로 증가한다. 규정이나 절차를 통한 표준화가 통합의 근본적 방법으로 사용되기 때문이다. 의사결정은 집권화되어 있으며 권한의 위계는 높아져 경영자는 수직적 의사소통에 의존하여 작업과정을 통제한다.

따라서 대량 생산기술을 사용하기에 적합한 조직은 기계적 조직이다. 조직이 연속공정 생산기술을 사용하면, 과업은 고도화된 기술에 의해 예측 가능하고 통제 가능하다. 그러나 주요 시스템이 고장 날 잠재성을 항상 가지고 있다. 이러한 조직에서 근본적인 통제 문제는 뜻밖의 사건으로 인해 재난이 발생할 수 있다는 점이다. 예를 들어 석유 정제공장이나 정밀 화학공장에서 파이프라인에 결함이 생긴다면 엄청난 재난이 발생할 수도 있다. 그러므로 연속공정을 순조롭게 운용하기 위해 시스템을 끊임없이 감시해야 하며 각 작업자는 철저하게 지침에 따른 운용을 수행해야 한다. 이 점에서 볼 때 연속공정 생산기술에서는 권한의 위계가 높을 수밖에 없다. 각 단계의 관리자는 부하의 행동을 밀접하게 감시한다. 다이아몬드 형태의 위계는 일선감독자의 좁은 통제한계를 반영하고 있다. 많은 감독자는 낮은 수준의 구성원을 감독하고, 정교한 장비를 통제하고 감시하는 역할을 한다.

연속공정 생산기술은 유기적 조직이 적합한데, 이러한 조직이 잠재해 있는 예측 불가능한 사건에 유연하게 대응할 수 있는 능력을 요구하기 때문이다. 퍼로우(C. Perrow)는 핵발전소에서 사용되는 기술과 같은 복잡한 연속공정 생산기술의 경우 통제가 불가능하기 때문에 이에 적합한 조직구조를 찾기가 어렵다는 주장을 펼치고 있다.[9]

③ 기술결정론

의류나 맞춤 가구 같은 단일제품을 주문받아 제조해 주는 기술을 가진 중소기업이라면 기술을 표준화하기가 어렵다. 반대로 대량생산하는 제품의 조립공장은 표준화하기가 좋고 상급자가 모든 권한을 가지고 관리할 수 있다. 이처럼 기술의 형태에 따라서 조직구조가 달라진다.

우드워드의 주장은 여러 연구자에 의해 동일하게 검증되었는데, 그녀의 주장은 곧, 기술이 조직구조의 설계를 결정하는 주된 요인이라는 점이다.[10] 특정 기술을 사용하고 있다면 그러한 특정 기술에 적합한 조직구조가 되어야 효율적임을 의미한다. 대량 생산기술을 사용하는 기업은 4단계의 위계, 1인당 48명의 통제한계를 가지는 기계적 구조가 효율적이다. 이렇듯 기술이 구조를 결정한다는 주장을 기술결정론(technology imperative)이라 한다.

어떤 연구자는 우드워드의 연구에서 분석된 기업의 82%에 해당되는 기업이 500명 이하로 상대적으로 작은 기업규모여서 조사 대상이 소규모 기업에 편중되었다는 비판을 하였다.[11] 그들은 소규모 제조업체에서는 기술이 조직구조에 중요한 영향을 미친다는 데에는 동의하지만, 대규모 조직에서는 조직구조가 다양한 제품을 만드는 데 사용되는 기술에 의해 결정되지 않는다고 반박한다. 애스톤 그룹(Aston Group)의 연구자는 기술이 조직구조에 어느 정도는 영향을 미친다는데 동의한다. 조직의 기술이 더 기계화·자동화될수록 더 집권화·표준화되는 기계적 구조를 가진다는 점에서는 우드워드의 주장과 일치한다.[12] 애스톤 그룹의 몇몇 연구자는 조직의 기술보다는 조직규모가 조직구조의 선택에 더 영향을 미친다고 결론을 내린다. 이들은 기술이 소규모 조직의 조직구조에는 강력한 영향을 미치지만, 대규모 조직에서는 조직구조가 조직 성장이나 특화와 같은 요인에 의해 영향을 미친다는 주장을 한다.

Ⅲ   조직의 비핵심 부문 기술

조직에는 우드워드가 말하듯 핵심 생산기술만이 있는 것은 아니다. 핵심은 아니지만 비핵심 부문(non-core department)이 존재한다. 조직의 비핵심 부문 기술이란 조직

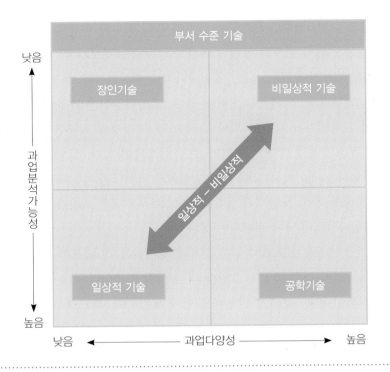

[그림 8-5] 퍼로우의 기술 분류

의 핵심 생산기술 이외 조직 내에 있는 다양한 부문, 즉 인적자원, 회계, 연구개발, 마케팅 부문이 보유하고 있는 기술들이 있다. 특정 부문의 기술이 다른 부문의 기술에 비해 왜 복잡한가를 이해할 필요가 있다. 햄버거 주문을 받는 일은 컴퓨터 프로그래밍이나 외과 수술을 하는 일에 비해 더 일상적이다. 햄버거 주문받는 일이 프로그래밍이나 외과 수술에 비해 더욱 예측 가능하고 관리하기 쉽기 때문이다. 이처럼 수행할 과업의 범위를 예측할 수 있다는 것은 과업의 특성을 파악할 수 있게 해준다.

퍼로우(C. Perrow)는 비핵심 부문 기술을 과업다양성과 과업분석가능성의 2개 차원으로 나누어 과업의 특성을 설명한다([그림 8-5] 참조).[13]

1 과업다양성과 과업분석가능성

과업다양성(task variability)은 과업을 수행하는 동안 작업자가 직면하는 예외의 수이다. 예외가 많은 일은 과업다양성이 높다. 예외는 투입, 변환, 산출의 각 단계에서 발생된다. 사람이 과업을 수행할 때 여러 가지 새로운 상황이나 문제에 직면하게 되면 과업다양성은 높아진다. 예를 들어 병원에서 외과 수술 동안 갑자기 기대하지 않던 문제가 발생한다면? 환자의 상태가 의사가 생각하는 것보다 더 심각할 수도, 의사가 실수를 할 수도 있다. 무슨 일이 일어나더라도 외과의사와 수술팀은 발생하는 새로운 상황을 재빠르게 조정할 수 있어야 한다. 과업다양성은 과업이 아주 높게 표준화되어 있거나 작업자가 시간이 지나도 계속 같은 상황에 직면한 경우에는 낮아진다.[14] 패스트푸드점에서 발생할 예외의 수는 한정되어 있다. 고객의 주문은 제한된 메뉴에서 선택하는 것이어서 그렇게 많은 예외가 일어나지 않는다. 구성원은 예상하지 못했던 상황에 거의 노출되지 않는다. 패스트푸드점은 비용을 줄이고 효율성을 높이도록 과업다양성이 낮게 설계되어 있다.

과업분석가능성(task analyzability)은 문제를 해결하는 데 필요한 탐색 행동의 정도이다. 분석가능성이 높은 과업은 그만큼 더 일상적인 과업이다. 완결에 필요한 절차가 잘 구조화되어 있어, 문제가 발생해도 쉽게 해결한다. 패스트푸드점에서 여러 명의 고객이 메뉴에 있는 음식을 여러 개 선택하여 주문하더라도 주문받는 사람의 입장에서 보면 매우 간단한 일이다. 예를 들어 주문한 음식을 가져 갈 봉투에 넣는 과업은 쉽게 분석가능하다. 주문을 받은 사람은 마실 음료를 컵에 넣고 감자튀김과 햄버거 등을 봉투에 넣어 고객에게 건네면 된다.

과업은 구조화되어 있지 않을 때 분석하기 어렵다. 대개 사람은 예외적인 상황에 직면하면 사전에 정해진 절차에 의존하려 한다. 과학자가 부작용이 없는 새로운 암 예방약을 개발하려고 한다거나 소프트웨어 프로그래머가 시간과 노력을 줄이기 위해 컴퓨터를 음성으로 작동하도록 구조화하는 일은 쉽지 않다. 가장 분석이 어려운 작업은 위성발사체를 발사했을 때 공중에서 폭발하는 경우일 것이다. 탐색행동의 상당 부분이 문제의 해결이나 절차가 미리 구조화되어 있지 않을 때 과업은 복잡해지고 비일상적이 된다.[15]

과업다양성과 과업분석가능성은 특정 과업이 다른 과업보다 더 일상적인지를 설명해 준다. 작업과정에서 작업자가 직면하는 수많은 예외와 각 예외의 해결책을 찾는 데 요구되는 탐색행동이 많을수록 과업은 더 복잡하고 덜 일상적이 된다. 퍼로우는 "일상적 과업을 방법에 있어 불확실성이 적고 수행되는 기술의 변화나 다양성이 적은 경우라 하였고, 복잡한 과업을 방법에 있어 확실성이 적고 수행하는 기술의 다양성이 매우 높은 경우라고 하였다."라고 했다.[16]

2 퍼로우의 기술 분류

퍼로우는 [그림 8-6]처럼 과업다양성과 과업분석가능성 2개 차원에 따라 기술을 네 가지로 분류하였다.[17] 즉 일상적 기술, 장인기술, 공학기술, 비일상적 기술이다. 우드워드가 조직 수준에서 기술을 분류하였다면, 퍼로우는 조직의 부서 수준에 따라 기술을 분류한 것이다.

일상적 기술

과업다양성이 낮고 과업분석가능성이 높은 기술을 말한다. 작업과정에서 소수의 예외가 있으며 예외가 발생하였을 때 그것을 해결하기 위해 소수의 탐색 행동이 필

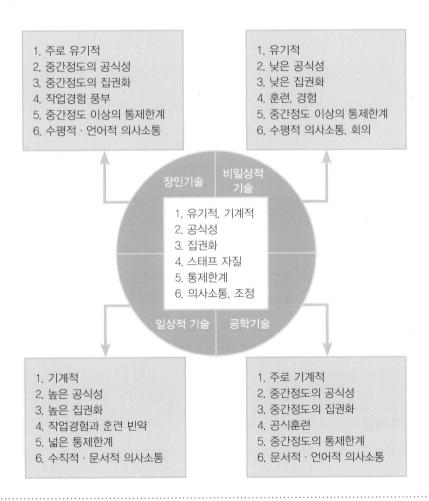

[그림 8-6] 일상적 기술, 비일상적 기술과 조직유형

요하다. 대량 생산기술이 일상적 기술(routine manufacturing)의 대표적 기술이다. 대량 생산기술에서 과업은 예외의 발생 가능성을 최소화시키는 쪽으로 이루어지며, 표준화된 절차를 따르게 되어 있다. 대량 생산기술의 비용우위는 과업다양성이 낮고, 과업분석가능성이 높은 것에 의해 유지되는 것이다.

장인기술

장인기술(crafts work)은 과업다양성이 낮고, 과업분석가능성이 낮은 경우이다. 즉 좁은 범위의 예외에 직면하고 문제해결을 위해 높은 수준의 탐색 행동을 필요로 한다. 조직 내에서 구성원은 현존하는 문제를 더욱 효과적으로 해결할 수 있는 새로운 기법을 찾거나, 새로운 상황에서 받아들일 필요가 있을 때 기존의 절차를 사용한다. 이러한 기술은 자동차, 가구, 옷, 기계, 목공예품, 가정용 액세서리 등 특별히 혹은 주문 제작된 제품을 만들 때 사용되는 기술이다. 가정용 액세서리는 부엌이나 화장실을 고칠 때 많이 사용되지만 집집마다 그 형태가 다르기 때문에 장인기술이 사용된다.

공학기술

공학기술(engineering production)은 과업다양성이 높고 과업분석가능성도 높은 기술이다. 과업수행 시 직면하는 예외의 빈도가 높으나 해결책을 찾는 것은 상대적으로 쉽다. 예외를 해결하기 위해 필요한 표준화된 절차가 있기 때문이다. 이러한 절차는 종종 기술적 공식, 표, 지침서 등으로 문서화되기 때문에 발생하는 문제는 올바른 기법에 적용시키거나 동일시함으로써 해결된다. 공학기술을 사용하는 조직에서의 절차는 다양한 종류의 제품을 만드는 데 사용된다. 도시공학을 전공한 사람이 모인 집단은 공항이나 댐, 수력발전소 등을 만드는 데 이러한 기술을 사용하고 건축가들이 아파트를 지을 때도 같은 기술을 사용한다. 장인기술 같은 공학기술은 단위소량 생산기술과 같은 형태이다.

비일상적 기술

비일상적(non-routine) 기술은 높은 과업다양성과 낮은 과업분석가능성의 특징을 가지고 있다. 퍼로우의 네 가지 기술 분류 중 가장 많은 복잡성과 적은 일상성을 가진다. 과업은 기대되지 않은 많은 상황과 탐색 행동으로 인하여 복잡하다. 기업의

R&D 부서의 활동은 비일상적 기술의 전형적인 예이다. 기술적 지식을 매우 많이 가지고 일을 하지만 문제해결을 위해 사전에 준비된 답을 아무도 가지고 있지 않다. 완벽한 다리를 짓기 위해서는 수천 가지의 잘 정의된 공학기술이 필요하지만, 에이즈(AIDS) 치료를 위하여 잘 정의된 단계는 거의 없다. 조직의 최고경영자팀은 비일상적 기술을 사용하는 집단의 또 다른 예이다. 이 팀의 일은 조직이 나아갈 미래의 방향을 정하고 그것을 성공적으로 달성하기 위한 자원 획득과 관련된 의사결정을 한다. 그들은 환경 불확실성하에서 의사결정을 하고 성공할지는 아무도 모른다. 최고경영자의 계획과 예측, 다른 비일상적 활동은 매우 위험하며 불확실하다. 그 기술은 관리하기 어렵기 때문이다.

3 일상적 기술과 조직구조

우드워드와 퍼로우가 기술의 유형을 분류하여 각각의 기술에 적합한 조직구조가 있다고 주장한 것은 매우 큰 의미가 있다. 퍼로우와 몇몇 연구자는 과업이 더욱 복잡해지고 덜 일상적이 됨에 따라 조직이 기계적 조직에서 유기적 조직으로 이동해야 한다고 제안하였다.[18] 기술이 일상적일 때, 작업자는 잘 정립된 규정과 절차에 의해 명백하게 정의된 과업을 수행한다. 작업과정은 이미 구조화되어 있고, 표준화되어 있다. 작업과정이 일상적 기술에 의해 표준화되어 있기 때문에, 작업자는 단지 과업을 효과적으로 수행할 수 있는 절차를 배우기만 하면 된다. 예를 들어 맥도날드는 신규 인력을 훈련시키기위해 문서화된 규정과 절차를 사용한다. 따라서 맥도날드 구성원의 행동은 일관되고 예측 가능하다. 각각의 새로운 구성원은 고객을 대하는 올바른 방법을 학습하고 고객의 주문을 충족시키기 위한 적당한 방법과 햄버거를 만드는 올바른 기술을 학습한다.

구성원의 과업이 일상적 기술에 의해 표준화될 수 있기 때문에 조직의 위계는 상대적으로 높아지고, 의사결정은 집권화된다. 관리자는 구성원을 감독하고 생산라인의 중지와 같은 몇몇 예외만 관리하면 된다. 과업이 일상적이기 때문에 생산에 있어 모든 중요한 의사결정은 위계의 가장 윗부분에서 이루어지고 명령과 지시 체계에 의해 중간관리자와 구성원에게 전달된다. 대량 생산기술과 같이 일상적 기술을 사용하는 조직에서는 반숙련 과업을 필요로 하는 데, 이는 복잡한 과업은 기계가 수행하고 작업과정의 설계는 작업자의 독창성이나 판단을 조금만 필요로 하기 때문이다.

4 비일상적 기술과 조직구조

조직은 조직설계에 영향을 미치는 요인 중에 비일상적 기술이 어떤 것인지 고려해야 한다.[19] 과업이 덜 일상적이고 더욱 복잡해짐에 따라 조직은 구성원이 많은 예외를 관리하고 이에 재빨리 대응할 수 있는 구조와 문제를 조절할 수 있는 새로운 절차를 개발해야 한다.[20] 빠르게 변화하는 환경에 대응할 수 있는 조직은 유기적 조직이다. 유기적 조직은 함께 일하는 구성원과의 직접대면을 통해 상호 조정하고 문제의 해결책을 찾는 경우가 흔하다.

태스크포스나 팀에서 상호조정은 팀원 간의 통합을 높이고, 의사소통을 촉진하는 데 있어 특히 중요하다.[21] 작업과정이 더욱 복잡해질수록 조직은 상대적으로 수평화되고 분권화된 구조가 되는데, 이는 구성원이 빠르고 효과적인 의사결정을 하는 데 도움이 된다.[22] 이러한 조직의 주요한 특징은 복잡한 과업을 수행하는 구성원 사이에 빠른 조정과 피드백을 촉진하는 작업집단이나 생산팀을 사용한다는 것이다. 다른 기술을 사용하는 부서는 각각의 조직설계 또한 달라야 한다.[23] 일반적으로 비일상적 과업을 수행하는 부서는 유기적 조직을 가지는 경향이 있고, 일상적 과업을 수행하는 부서는 기계적 조직을 가지는 경향이 있다. 예를 들어 R&D부서는 전형적인 유기적 조직을 가지며 의사결정은 분권화되어 있다. 생산이나 판매 부서는 기계적 조직을 가지며 의사결정은 집권화되어 있다. 결국 부서 수준에서 받아들이는 기술의 종류가 조직을 결정짓는 것이다([그림 8-6] 참조).[24]

IV 부문 간 업무 흐름의 상호의존성

우드워드는 조직기술이 조직구조 선택에 어떻게 영향을 미치는가에 초점을 두었고, 퍼로우는 과업다양성과 과업분석가능성이 조직구조에 영향을 미치는 방법에 초점을 두었다. 반면 톰슨(J.D. Thompson)은 과업상호의존성(task interdependence)에 따라 조직구조가 어떻게 달라지는가에 초점을 두었다.[25] 과업상호의존성이 낮을 때 사람과 부서는 개별적으로 특화된다. 즉 구성원은 분리되어 일을 하고 독립적으로 조직의 목표달성을 시도한다. 과업상호의존성이 높을 때는 사람과 부서는 연대하여

기술유형	과업 상호의존성 형태	주요 조정수단	불확실성 감소전략	조정비용
중개형 기술	집합적 ⓧ ⓨ ⓩ (단위작업)	표준화	고객의 수 증가	낮음.
연속형 기술	순차적 ⓧ→ⓨ→ⓩ (조립라인, 연속공정)	계획과 스케줄	여유자원, 수직적 통합	중간
집약형 기술	상호적 ⓧ ⓨ ⓩ (종합병원)	상호조정, 회의, 팀워크	과업활동의 전문화	높음.

....
[그림 8-7] **과업상호의존성과 기술유형**

특화된다. 즉 과업 성취를 위해 투입과 자원의 공급에 서로 의존한다. 톰슨은 [그림 8-7]과 같이 기술을 단위작업 간의 과업상호의존성에 따라 세 가지 형태로 정의하였다. 중개형 기술, 연속형 기술, 집약형 기술이 그것이다.

① 과업상호의존성에 의한 기술 분류

중개형 기술의 집합적 과업상호의존성

중개형 기술은 투입, 변환, 산출의 과정이 상호 독립적으로 형성되는 것에 의해 특징지어진다. 중개형 기술은 사람, 팀, 부서와 같은 조직의 각 부분이 전체 조직 형성에 따로따로 공헌하는 것을 의미하는 집합적 과업상호의존성에 기초한다. 사람은 다른 사람이 자신의 과업을 도와주도록 직접적으로 의존하지 않기 때문에 중개형 기술의 집합적 과업상호의존성은 낮다. 컨설팅회사 혹은 미용실 경영에서 컨설턴트 혹은 미용사는 독립적으로 고객의 문제를 해결하려 한다.

전체 조직의 성공은 모든 고용자가 얼마나 노력을 집약시키느냐에 달려 있다. 스포츠팀의 행동은 집합적 과업상호의존성으로 설명된다. 각각의 팀원은 독립적으로 행동하고 특별한 경기에 이기거나 혹은 패한다. 그러나 팀원의 집약된 점수는 팀 승리를 결정한다. 각 부서는 부서 간 과업상호의존성이 거의 없는 단위작업(piecework) 형태를 보이기 때문에 조직의 한 부분으로서 조직의 공동 목표에 독립적으로 공헌할 뿐이다. 구성원 1명의 행동은 다른 사람의 행동에 영향을 미치지 않기 때문이다. 예를 들어 판매부서의 성과는 모든 판매원의 성과에 의존하지만 판매사원 1명의 성과는 부서 내 다른 사람의 성과에 영향을 미치지 않는다.

부서별 혹은 조직의 행동을 성취하기 위한 중개형 기술의 사용은 개인 각각의 성과를 감시하고 통제하고 평가하는 것을 용이하게 한다. 개인 각각의 산출물을 평가하기 좋고 동일한 기준으로 각각의 구성원에 대하여 평가할 수 있다.[26]

과거 몇 10년간 중개형 기술의 사용은 운영과 관리에 있어 비용이 적게 들기 때문에 계속해서 증가해 왔다. 조직의 행동을 표준화함에 따라 통제가 쉽고, 비용이 낮아진다. 각 부서 간 업무의 표준화를 위해서 규정과 절차를 사용하고 동일한 규정과 절차에 의해 업무를 수행하기 때문에 부서 간의 상호 조정활동은 거의 필요하지 않다.

연속형 기술의 순차적 과업상호의존성

연속형(long-linked) 기술은 투입, 변환, 산출 과정이 연속적으로 달성되는 작업과정에 근간을 두고 있다. 연속형 기술은 순차적(sequential) 과업상호의존성에 기초하는데, 순차적 과업상호의존성은 한 사람 혹은 한 부서의 활동이 다른 사람 혹은 다른 부서의 활동에 직접적인 영향을 미치게 되어 과업상호의존성이 매우 높은 상태를 말한다. 대량 생산기술은 순차적 과업상호의존성에 기초한다. 생산라인에서 초기 구성원의 작업 행동이 얼마나 성공적이냐 하는 점이 다른 구성원의 과업 작업에 많은 영향을 미치는 것이다. 순차적 과업상호의존성은 과업 순서가 다른 과업과 연계되기 때문이다. 연속형 기술은 중개형 기술보다 더 많은 통합을 요구한다. 순차적 과업상호의존성의 한 가지 결점은 생산과정 초기에 발생한 오류가 다음 단계로 확대된다는 점이다.

한 사람 혹은 한 부서의 성과가 다음 단계에서 얼마나 잘 성취되는가는 릴레이 경주나 럭비 경기와 같이 순차적 과업상호의존성에 기인한다. 예를 들어 럭비 경기에서 수비라인의 성과는 공격을 얼마나 잘 달성할 수 있는가를 결정한다. 만약 수비가 실패한다면 공격, 즉 터치다운을 할 수 없다.

순차적 과업상호의존성은 관리자가 과업을 단순화하기 때문에 각 노동자의 과업다양성은 감소하고, 과업분석가능성은 증가한다. 순차적 과업상호의존성은 연속형 기술을 사용하는 조직에 존재한다. 조직 수준에서 순차적 과업상호의존성은 한 부서의 산출물이 얼마나 다른 부서의 투입물이 되고, 한 부서의 성과는 얼마나 다른 부서의 성과가 좋아지는가에 의해 결정된다. 생산부서의 성과는 시기적절하게 높은 품질의 투입물을 적절한 양으로 유지하는 자재관리부서의 능력에 의존하는 것과 마찬가지이다. 최종 완성품을 판매하는 판매부서의 능력은 생산부서에서 나오는 제품의 품질에 의존한다. 한 단계에서 성과의 실패나 낮은 성과 수준은 다음 단계의 성과와 전체 조직의 성과에 심각한 결과로 나타나게 된다.

오늘날 글로벌시장에서의 경쟁 압력은 부서와 늘어나는 조직의 부서활동, 통합욕구 간 과업상호의존성의 필요성을 증대시킨다. 그러므로 순차적 과업상호의존성을 가진 조직은 조정 노력으로 부서 간 의사소통을 활성화하거나 마스터플랜이나 작업 스케줄의 제시 등의 조치가 필요하다.

◆◆◆ 조직 인사이트 8-3   혼류생산

컨베이어벨트 시스템은 대량생산의 키워드였다. 찰리 채플린이 나오는 무성영화 Modern Times에도 기계 앞에 앉아 동일 반복 작업을 하는 기계 부속 같은 인간이 나온다. 공장의 한 라인에서는 한 가지 제품만이 대량으로 생산되었고, 이는 규모로부터의 이득과 함께, 비용도 줄여 주는 효과를 가져다주었다. 이렇게 만들어진 제품은 시장에 내다놓는 족족 소비(product out) 되었다.

하지만 21세기 세상은 고객의 욕구로부터 제품이 출하되는(market-in) 반대의 현상이 나타나고 있다. 따라서 단일 생산라인을 이종의 제품이 공유하면서 다양한 제품이 동시에 생산이 가능한 형태도 나타났다. 다른 품목을 한 개의 라인에서 만드는 생산기법이 바로 혼류생산이다. 미국 포드사가 고안한 대량생산 시스템에 한계를 느낀 일본 혼다사가 다양한 차종을 한꺼번에 같은 생산라인에서 만들기 시작한 것이 기원이다. 다품종 소량생산이 트렌드가 되었다. 주요한 제품의 디자인 이미지도 함께 사용하면서, 일종의 제품 확장 개념이 성공한 브랜드를 중심으로 펼쳐지고 있다. 백색가전 중 TV, 에어컨, AV 기기 등이 동시에 생산되고 있다. 브랜드 이미지도 함께 쓰면서 마케팅 능력과 제조기술 등을 결합해 시너지를 내고 있다.

집약형 기술의 상호적 과업상호의존성

집약형(intensive) 기술은 투입, 변환, 산출 과정이 분리 가능하다는 작업과정에 의해 특징지어진다. 집약형 기술의 상호적 과업상호의존성이란 모든 사람과 부서의 행동이 서로 완벽하게 의존적임을 의미한다. 즉 하나의 과업을 수행하기 위해서 여러 부서의 활동이 동시에 상호 관련되어 있음을 의미한다.

과업상호의존성은 문제해결을 위한 이전의 과업의 연속이나 절차 내 프로그램을 불가능하게 한다. 그러므로 과업상호의존성이 존재하는 집약형 기술을 선택한 조직은 각 부서 간의 조정을 위해서 지속적인 협조와 노력, 빈번한 회의 등이 이루어진다.[27] 따라서 과업은 더 복잡하고 비일상적이 된다.

병원은 집약적 기술을 사용하는 조직이다. 병원은 환자에게 다양한 제품 및 서비스를 제공할 때 모든 관련 담당자가 동시에 협력하여야 한다. 종합병원은 다양한 의료 문제해결을 위하여 지식, 기계, 전문가 부서 등의 서비스를 갖추고 있다. 예를 들어 응급실에 실려 온 환자의 상태를 진단하기 위해서는 응급실, 기계, 수술실, 숙련된 간호사, 전문의, 수련의, 원무과 스태프의 협력하에 병원 서비스가 제공되는 것이다. 그들의 각 환자가 무엇이 잘못되었나를 선택하고 병원의 투입물(환자)을 산출물(건강한 사람)로 변환시키기 위한 행동과 기술의 조합을 결정한다. 이런 경우 상호적 과업상호의존성, 즉 집약형 기술이 필요한 것이다. 농구, 축구, 럭비 경기는 과업상호의존성의 예이다.

중개형 기술이나 연속형 기술보다 집약형 기술이 조정활동에 대한 비용이 더 많이 소모된다. 보다 많은 상호조정 노력이 필요하기 때문이다. 제품팀과 매트릭스구조는 집약형 기술에 적합하다.

2 다양한 수준에서의 기술과 조직구조의 조화

부문마다 과업상호의존성 수준이 매우 다양하므로 조직은 그 수준을 반영하여 설계되어야 한다. [그림 8-8]과 같이 각각의 과업상호의존성에 따른 조직의 상호조정, 표준화, 계획수립 등 다양한 방법이 동원되어야 한다. 제조업 기업에서 신제품 개발은 설계 부문, 공학 부문, 구매 부문과 제조 부문, 영업 부문 간의 과업상호의존성을 통해 이루어진다.

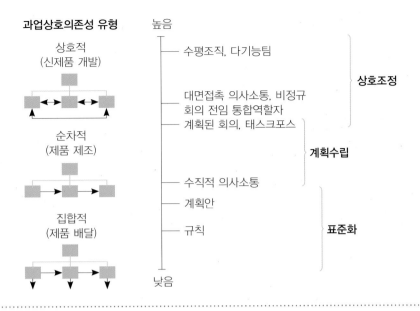

[그림 8-8] 과업상호의존성 수준에 따른 조정

이러한 세 가지 과업상호의존성 수준을 〈표 8-2〉와 같이 세 가지 운동팀으로 비유해서 설명할 수도 있다.

〈표 8-2〉 팀플레이의 여러 특성과 과업상호의존성의 관계

구분	야구	축구	농구
과업상호의존성 유형	• 집합적	• 순차적	• 상호적
상호조정	• 주어진 경기 규칙	• 게임규칙과 포지션별 역할	• 상호조정과 공유된 책임
핵심관리	• 선수선발과 선수별 능력 개발	• 경기진행과 사전준비	• 게임흐름에 미치는 영향

3 기술의 조직문화 적합성

9장에서 문화와 조직의 관계에 대해서 자세하게 논의할 것이기 때문에, 이 절에서는 기술과 문화에 대하여 간략하게 설명한다. 기술이 조직 내에 존재하는 가치관과 규범에 중요한 영향을 미친다.

기술과 문화에 관한 초기의 연구는 영국 석탄산업에 대한 연구에서 비롯되었다. 제2차 세계대전 이후에 광부 사이의 작업관계를 변화시킨 신기술이 석탄산업에 도입되었다. 대부분 이전의 석탄산업은 숙련된 광부가 지하로부터 석탄을 캐내어 지상에 운반하는 단위소량 생산기술 혹은 장인기술을 통해서였다. 제한된 공간과 위험한 조건 속에서 생산성은 팀원 간의 밀접한 협동에 달려 있었다. 다시 말해 높은 수준의 과업의 상호의존성이 있었다. 높은 수준의 과업상호의존성을 관리하고, 위험하고 제한된 작업조건에서의 스트레스를 이겨 내기 위해 작업자 사이에는 강한 가치관과 규범이 만들어졌다. 작업자는 서로 친밀했고 그들 나름의 비공식적 신분 위계질서가 형성되었다. 즉 비공식적 팀의 리더가 작업과정을 자율적으로 관리하였다.

과거에 손으로 직접 광물을 캐는 방식은 단위소량 생산기술에 가까웠다. 그러나 전쟁 이후에 효율성을 더 증가시키기 위해 기계를 가지고 석탄을 캐는 신기술로 대체되었다. 이런 기술의 도입과 유사한 것이 대량 생산기술이었다. 석탄은 이제 드릴과 컨베이어벨트에 의해 생산되었다. 과업은 더욱 프로그램화되고 표준화되었다. 하지만 이러한 신기술 도입 이후에 광부의 결근율이 증가하였다.

신기술을 효율적으로 운영하기 위해서는 더욱 기계화된 생산기술과 더불어 광부 사이의 과업, 역할관계 구조까지 변화시켜야만 했다. 새로운 기술로 인한 역할관계는 집단의 가치관과 규범의 강한 시스템을 파괴시켰다. 다시 말해 기술이 변화되고 더욱 대량 생산기술로 전환되다 보니 조직문화도 변하게 되었다. 그러므로 신기술이 도입될 때 고려되어야 할 중요한 문제가 바로 조직문화라는 사실이 입증되었다.

따라서 조직문화에 적합한 기술이 도입될 때 생산성이 향상되고 결근이 감소될 수

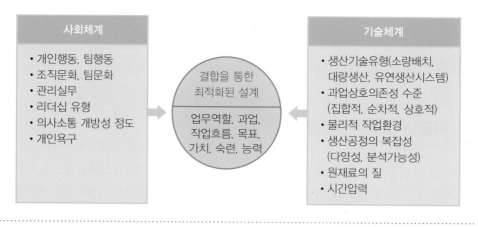

[그림 8-9] 사회체계-기술체계 이론

있다는 주장을 하게 된 것이다. 이 연구가 사회기술 체계이론(socio-technical systems theory)의 발전을 이끌었다([그림 8-9] 참조). 즉 기술과 인간(혹은 집단 혹은 인간관계) 사이의 연계를 이루어 내지 못한다면 기술의 도입은 실패작이 되고 말 것이라는 주장이다. 그러므로 기술의 형태, 문화적 가치관, 규범 사이의 연계에 대한 중요성을 증명하는 계기가 되었다.

◆◆◆ 조직 인사이트 8-4   열린 사장실

조직 간에 벽을 없애는 일은 모든 기업의 과제이다. GE사의 모토는 벽 없는 조직이다. 3M사는 남의 아이디어를 죽이지 말라는 계명이 있다. 무엇이든 터놓을 수 있는 회사 분위기가 중요하다는 생각이다. 이렇듯 보이지 않는 벽을 허무는 방법에 대해서는 수많은 경영이론이 나름대로의 모범답안을 제시하고 있다. 그러나 어려운 문제  일수록 답은 의외로 단순할 수 있다. 추상적인 개념으로서 조직의 벽을 없애려면 우선 공간의 벽을 허물어야 한다.

V 첨단 생산기술과 혁신

20세기 후반에 조직 내 새로운 기술적 진보가 두 가지 목적을 가지고 도입되었다. 새로운 기술적 진보는 유연생산방식, 린 생산 방식(lean), 컴퓨터 지원(computer-aided) 생산방식이라 불렸다.[28] 첨단 생산기술은 대량 생산방식을 채택한 조직의 전통적인 작업 흐름을 변화시키는 도구기술(materials technology)과 지식기술(knowledge technology)에 있어서의 혁신을 의미한다.

1 도구기술의 혁신

도구기술이란 기계류, 기타 장비류, 컴퓨터 등을 포함한다. 그러므로 도구기술에 있어 혁신은 투입 단계, 변환 단계, 산출 단계 간의 연결에 있어 중요한 역할을 한다. 전통적 대량 생산방식은 환경 불확실성을 줄이고 통제를 늘리기 위해서 완충 역할을 하는 재고를 통해 투입 단계로부터 산출 단계까지 모든 과정에서 나타날 수 있는 방해 요소를 제거한다. 하지만 첨단 생산방식은 재고의 비축을 통한 환경 불확실성 감소보다는 투입·산출 단계에서 재고의 존재 자체를 제거하여 보다 빠르고 정확한 투입·산출과정이 이루어지도록 하는 능력을 향상시켜 환경 불확실성을 제거해 나간다 ([그림 8-3] 참조).[29]

도구기술의 혁신을 통해 제품 및 서비스의 생산과정에서 나타나는 시간을 단축시키고 비용을 줄이려고 노력한다. 컴퓨터 지원(computer-aided) 설계, 컴퓨터 지원 자재관리, 적시생산재고방식(JIT), 컴퓨터 통합생산 등은 서로 영향관계에 있으면서 결합을 통해 조직 유효성을 향상시키는 데 공헌을 한다. 컴퓨터 지원 설계, 컴퓨터 지원 자재관리, 적시생산재고방식 등이 생산의 투입 단계와 변환과정에서의 조정을 위한 기법이라면, 컴퓨터 통합생산은 변환과정에서의 기술적 복잡성을 처리하기 위한 기법이라 할 수 있다.

◆◆◆ 조직 인사이트 8-5 첨단기술의 성공

첨단기술은 환경적인 특징을 기준으로도 정의할 수 있다. 다른 산업에 비해 첨단기술산업은 거시적 환경 변화에 대해 예민하다. 즉 기술을 토대로 하여 시장 반응과 경쟁, 신기술 위협에서 고도의 환경 불확실성이 존재하는 산업이다. 환경 불확실성은 우리가 성공의 확률로 이해할 수 있는데, 세 가지의 환경 불확실성 중 하나만 실패하더라도 결과는 실패이다.

이를테면 기술의 성공확률은 0.9, 경쟁자에 대한 방어확률은 0.8이라고 가정해 보자. 아직 소비자 반응의 성공이 불확실하다는 문제가 남아 있다. 이것이 가령 0.1이라고 한다면? 이 회사의 복합적 성공확률은 0.9×0.8×0.1, 즉 성공이 희박한 0.072가 된다. 이처럼 삼박자 중 하나만 부족하더라도 그 결과는 실패라는 말이다. 따라서 첨단기술업체는 종합적인 성공을 위해 다양한 노력을 할 필요가 있다.

컴퓨터 지원 설계

대량 생산기술은 소수의 제품을 대량으로 생산하는 방식이다. 제품이 복잡한 것일수록 제품 디자인 비용은 더 많이 소모되는 것이 보통이다.[30] 예를 들어 신차 디자인 비용은 어마어마하게 많은 비용이 들어간다. 컴퓨터 지원설계(CAD)는 디자인과정이 프로그램화된 첨단 생산기법이다. CAD는 도면 작업이 가지고 있는 비능률을 제거할 뿐만 아니라 그래픽 시뮬레이션 기능을 이용하여 가공 공정을 시각적·순차적으로 분석함으로써 제품의 성능을 크게 향상시킬 수 있다. 이러한 기술은 기술적 복잡성이 아주 높은 작업이라든가 사람의 접근이 불가능했던 작업을 가능하게 하였다. 또한 CAD를 이용하면 차별화와 원가우위를 모두 달성할 수 있으며 제조상의 효율을 향상시킨다. 결국 CAD는 유연성(flexibility) 향상이 가장 큰 장점이라 할 수 있다.

컴퓨터 지원 자재관리

자원의 흐름과 변환과정을 통한 자재관리는 조직의 부서 중 가장 복잡한 부서에서 하는 일이다.[31] 컴퓨터는 바람직한 의사결정을 내릴 수 있게 도와주고 조직 유효성에 가장 긴급하고 우선적인 자재가 어떤 것인지 선별해 준다. 따라서 컴퓨터는 자재관리와 관련 있는 정보처리를 위한 유용한 도구이다. 컴퓨터 지원 자재관리(CAMM)는 재고통제나 생산일정계획을 관리하는 데 사용되는 첨단 생산기법이다.[32] 전통적 자재관리와 새로운 컴퓨터 지원기법 간의 차이는 소위 자재를 관리함에 있어 푸시 접

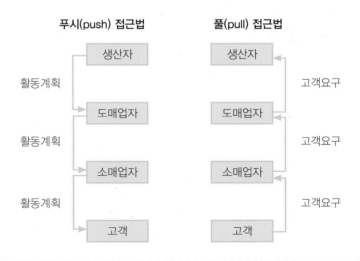

[그림 8-10] 푸시 접근법과 풀 접근법의 비교

근법(push approach)과 풀 접근법(pull approach)이라고 불리는 것 간의 차이로 설명할 수 있다.[33]

전통적 대량 생산방식은 푸시 접근법을 사용한다. 자재는 생산통제시스템의 변환과정이 자재를 받을 준비가 끝났다는 신호를 보낼 때 투입 단계에서 변환과정 단계로 이동된다. 사전 결정된 일정 계획에 의해 투입물이 변환과정으로 밀려오게 되는 것이다. 반면에 CAMM은 풀 접근법을 가능하게 만들었다. 즉 투입 자재의 흐름이 완성된 제품 공급에 대한 고객요구에 의해 통제받게 된다. 입력 단계로부터 밀어붙이는 식이 아닌 오히려 산출 단계로부터 고객에 의해 끌어당기는 식의 과정이 이루어지는 것이다.

시장의 변화, 고객요구의 변화에 맞는 제품이 만들어지는 것이다. CAMM은 투입활동, 변환과정, 산출활동의 통합을 증가시킨다. CAMM에서 각 단계는 과업의 상호의존성이 매우 높다. 투입의 변화로부터 변환과정이 재빠르게 대응하려 하기 때문이다. 기술적 복잡성 정도 또한 높다. 이러한 과업상호의존성과 기술적 복잡성은 보다 많은 상호조정을 필요로 하며 조직은 보다 유기적 조직을 원한다. 한편 CAMM은 저원가와 차별화 전략을 추구한다. 이러한 자재 흐름의 통제 능력은 과도한 재고를 보유하지 않게 함으로써 수요 변화에 보다 쉽고 빠르게 대응할 수 있는 유연성을 확보해 준다.

적시재고방식

투입물의 흐름을 관리하려는 첨단 생산기법 중 하나가 바로 적시재고방식(just in time, JIT)이다. JIT에는 칸반(kanban)이라는 개념이 있는데, 이는 카드 혹은 표시판 등의 의미로 해석된다. JIT는 재고의 운송을 감소시키고 제품 생산에 필요한 자재나 재고를 필요 시점에 지원하도록 한다. 칸반을 이용하여 자재 구매량의 최저 수준, 심지어는 1단위(최저 수준) 정도까지 낮추어 구매하도록 수량을 감소시키고, 자재를 생산하여 필요한 동일 시점에 지원한다.[34] 재고 저장 및 이동 등과 관련된 각종 경비를 절약할 수 있다.

JIT는 생산의 연결과정에서 각 단계별 과업상호의존성 정도가 매우 증가된다. 전통적인 대량 생산기술은 투입, 변환과정, 산출 활동마다의 경계를 가지고 있었으나, JIT의 경우 이러한 각각의 경계가 없이 활동이 순차적으로 일어나거나 혹은 연속적인 가치창출활동이 상호 연결되어 일어난다. 조직활동이 연속적인 과정을 거치기에 생

고객	상점	생산업자	공급업자	다른 공급업자
제품 구입	주문	상점 주문에 즉각 대응	제품 생산에 필요한 원재료 공급	

[그림 8-11] **적시재고방식**

산기술의 복잡성도 증가하게 된다.[35] 동시에 JIT는 유연한 생산을 가능하게 한다. 그러므로 JIT는 기술적 효율의 감소 없이 단위소량 생산기술(유연성과 주문 생산)이 가능하다.

결론적으로 JIT, CAD, CAMM은 생산기술의 복잡성과 과업상호의존성을 증가시켜 대량 생산기술을 연속공정 기술처럼 운영할 수 있도록 한다. 또한 이들 기법은 단위소량 생산기술의 장점인 보다 높은 유연성, 고객욕구에 부응하는 능력, 품질 향상 등의 확보와 함께 저원가와 차별화 전략을 수립할 수 있게 도와준다. [그림 8-11]은 적시재고방식의 과정을 그려 본 것이다.

유연생산기술

소비자 기호의 변화와 시장 세분화로 인한 제품시장의 환경 불확실성 증대라는 중대한 변화가 발생함에 따라 환경 불확실성에 대한 신속한 적응을 위해 기업활동의 모든 측면은 유연성을 필요로 한다. 따라서 새로운 생산 방식이 요구되는데, 이는 전자기술, 정보통신기술의 급속한 발전과 이 기술의 적용으로 과학기술혁명(micro electronic, ME) 혁명이라고 한다.

대량생산체제의 기본적인 모순이 시장 상황의 환경 불확실성에 대응하기 어려운 경직성에 기인한다면, ME 기술의 발전은 대량 생산기술의 경직성을 극복하고 생산전략의 유연성을 증대시키는 이른바 유연생산기술(flexible manufacturing technology, FMT)을 가능하게 하였다. 이 기술은 생산 시스템과 노동력의 활용을 최대한 유연화함으로써 시장의 환경 불확실성에 적극적으로 대처할 수 있는 중요한 대안이 된 것이다.[36] 유연생산기술은 기술의 복집성을 증가시키고 과업상호의존성을 보다 복잡하게 만든다. 따라서 유연생산기술이 적용되려면 상호조정이 활발하게 이루어질 수 있는 유기적 조직이 적합하다.

컴퓨터 통합생산

유연생산기술에 있어 핵심적 요인은 유연한 운영과 관련된 비용의 증가를 막는 것이다. 이를 가능하게 하는 것이 바로 컴퓨터 통합생산(CIM)이다. CIM이란 생산부터 내부의 원자재, 제품의 흐름, 판매 등의 전반적인 과정을 통합적으로 관리하는 것이다. CIM을 위해서는 로봇이 사용되어야 한다. 유연화된 기계와 컴퓨터의 조합으로 다양한 작업 순서가 수행될 수 있어야 한다. CIM은 고객의 주문에 적합한 제품 생산을 폭넓게 지원하기 때문에 과업의 상호의존성이나 기술적 복잡성이 아주 높다.[37]

결론적으로 CIM이나 JIT, CAMM, CAD 등은 다양한 제품을 생산하는 유연성을 확보해 줄 뿐만 아니라 적절한 생산비용도 달성하게 해 준다. 한편 이러한 기술들은 전통적인 투입활동 → 변환과정 → 산출활동의 경계를 허물어 상호 관련성을 도모함으로써 재고를 줄여 주고, 환경 불확실성에 어느 정도 대처하게 하며, 기술적 복잡성과 자동화를 증가시킴으로써 제품의 신뢰도도 향상시킬 것이다.

◆◆ 조직 인사이트 8-6　린 생산방식

린 생산방식(lean production system)은 적은 자원과 노동력을 가지고 더 큰 생산성을 산출하기 위해서 노동과정을 획기적으로 변형시킨 것으로 인력 절감, 제조 공간 절감, 신상품개발 시간 및 설치의 절감, 재고관리 절감 등을 목표로 한다. 린 생산방식은 장인생산의 고비용과 대량생산의 획일성을 피하면서도 각각의 이점을 취하도록 고안된 것이다. 즉 고도의 기술과 자율성을 가진 전문 인력과 자동화 기계의 융합을 통해 생산성의 극대화를 꾀한다. 이러한 새로운 생산체제를 뒷받침하기 위해서 오늘날 생산 현장에서 새롭게 도입되고 있는 경영기술로는 자율경영팀(self managed team)과 적시공급방식(just in time) 등을 들 수 있다. 자율경영팀은 위계적 관리 질서를 부수고 생산과정에서 함께 일하는 다양한 기술을 가진 사람들을 평등하고 협력적인 팀 체제로 재구성하여 스스로의 책임하에 일을 진행시켜 가도록 만드는 것이다. 그리고 적시 대응은 한 프로젝트에서 다른 프로젝트로 즉시 전환할 수 있도록 생산라인의 구조와 절차(공정)는 물론 인력구조(채용·배치·이동·재교육) 등을 더욱 유연하게 만드는 것이다. 린 생산방식은 다양한 고객의 구미를 겨냥한 다품종 소량생산에 적합할 뿐 아니라 비용 절감과 생산성 증가, 수익성 있는 새로운 사업을 창출해 내는 데 뛰어난 능력을 발휘할 수 있다는 점에서 더욱 빠르게 확산되어 갈 것이다.

2 지식기술의 혁신

지식기술은 집단이나 개인이 소유하고 있는 기술이나 능력을 의미한다. 도구기술에서의 변화는 지식기술의 변화를 필연적으로 이끈다. 전통적인 대량 생산 기술 상황에서 지식기술은 전용 설비의 효율적인 운용을 유도해 내는 절차를 마련하려는 데 집중되었다. 일반적으로 작업자는 1개 과업을 완수하는 데 필요한 표준 절차만을 숙지하면 되었다. 따라서 작업자가 이미 맡고 있던 작업에서 다른 작업으로 이동하기에는 어려움이 있었다.

작업자의 활동이 조립라인에 묶여 순서적으로 연결된 과업이었기에 매일매일의 작업이 단조롭고 반복적이었다. 더구나 대량 생산기술하의 작업자는 과업활동으로부터 산출된 결과물의 질보다는 자신이 맡은 과업 수행 절차만 책임지면 되었다. 품질은 최종 단계에서 품질통제를 담당한 작업자의 일이지 생산라인 작업자의 일이 아니었던 것이다.

> **◆◆◆ 조직 인사이트 8-7   역량은 어디에서 오는가?**
>
> "내가 말더듬이가 아니었다면 물방앗간 인부로 일생을 살았을 것이다." 어린 시절 지독한 말더듬이었던 윌리엄 서머셋 모옴이 세계적인 작가가 되어 한 말이다. 아리스토텔레스, 이솝, 다윈, 처칠, 메릴린 먼로 역시 말을 더듬었다. 사마천은 거세를 당한 상태에서 [사기(史記)]를 썼으며, 베토벤은 귀가 먹은 상태에서도 '열정', '합창' 등을 작곡하여 악성이라는 칭호를 들었다. 위대한 화가 마티스는 거의 눈먼 사람이었고, 손자는 절름발이로 [병법(兵法)]을 지었다. 위대한 천재 78명을 조사한 결과 크고 작은 콤플렉스가 있었다.
>
> 위인이든 보통 사람이든 그것이 기계 혹은 시스템이라도 세상에 완벽하고 완전한 것은 없다. 콤플렉스라는 문제가 없었다면 그들이 역사에 기록되었을까? 역량은 어디에서 오는 것일까? 문제가 있다면 해결하면 되고, 단점은 고쳐서 장점으로 전환하면 된다. 소프트웨어에는 항상 버그와 결함이 있고, 바이러스, 악성코드, 웜, 좀비도 사후약방문(死後藥方文)이나 실마치구(失馬治廏)식 솔루션이 있을 뿐이다. 어떤 시스템에도 콤플렉스는 존재한다. 조직 내 시스템의 에너지인 시너지(synergy)를 모아 역량을 발휘하려면 어떻게 해야 할까? 우선, 조직 내 시스템이 누더기가 더해지면서 수정하고 보안하는 일을 순조롭게 진행해야 한다. 불안정을 안정화해 정상으로 가동하려는 과정이 벌어지면 자연스럽게 서비스수준관리(SLA) 데이터도 모아진다. 초기 시스템 개발자의 의도나 정책이 수정되어도 좋다. 시스템을 사용하는 사람들의 불편이 줄고 그것이 답이라면 누더기를 덮어써도 좋다는 말이다.

첨단 생산기술과·대량 생산기술에서 필요한 지식은 근본적으로 다르다. AMT 지식을 가지고 있다면 과업은 더욱 복잡해진다. 업무활동의 범위가 아주 넓기 때문에 신제품개발이라든가 제품 디자인활동이 증가되는 것이다. 보다 나은 방식을 찾으려는 시도도 증가한다. 결국 AMT를 이용하려는 작업자는 점점 높은 숙련도를 가지게 되어 있다. 그러므로 첨단 생산기술은 유연작업자(flexible worker)와 유연작업팀이 발전할 수 있는 토대가 된다.

유연작업자

첨단 생산기술에서 구성원은 완제품을 조립하는 필수적인 과업을 수행하는 데 필요한 숙련 기술을 발전시키고 획득하기를 원한다.[38] 작업자는 초기에는 한 가지 일을 완수하는 데 필요한 숙련 기술을 원하다가 시간이 지남에 따라 다른 과업을 수행하는 데 필요한 숙련 기술도 훈련받고 싶어 한다. 임금 결정이나 보상이 한 작업자가 수행할 수 있는 과업의 수에 달려 있기 때문이다. 각각의 작업자가 다른 작업자로 대체되는 경우도 매우 흔하다. 유연작업자는 조직에서 가장 필요한 과업에 배치되기를 희망한다. 본질적으로 첨단 생산기술에서는 분업이 줄어들며 각각의 작업자들이 한 가지 일에 전문화되기보다 여러 가지 일을 동시에 더욱 폭넓게 수행할 수 있게 된다. 첨단 생산기술을 사용함으로써 작업자나 조직 모두는 매우 큰 혜택을 보게 된다. 조직은 환경변화에 신속하게 적응할 수 있고, 개인은 반복적이고 지루하며, 피로도가 높은 한 가지의 일에서 벗어나 보다 직무충실화(job enrichment)된 일을 수행함으로써 사기도 높아지고 보람도 찾게 된다.

유연작업팀

현대 기술에 있어 첨단 생산기술의 가장 중요한 공헌 중 하나가 유연작업팀의 탄생이다.[39] 유연작업팀이란 생산과정에서 각 공정을 완수하기 위해 필요한 모든 운영방법을 수행하는 데 책임을 진 작업자로 구성된다. 생산 현장의 작업자는 우선 팀 안에서 맡은 과업책임과 생산과정의 한 공정에서 부여된 책임을 동시에 가진다. 예를 들어 포드 공장에서 이러한 하나의 작업팀이 자동차 트랜스미션을 조립하는 것과 차체를 조립라인으로 이동시키는 일에 대한 책임을 지고 있고, 차체 조립팀은 차체와 트랜스미션을 결합하는 책임을 지고 있다. 이처럼 유연작업팀은 자기 스스로 관리되고 운영된다. 즉 팀원은 함께 모여 과업을 할당하고, 할당된 과업에 작업자를 배분하

는 것이다. 이 모든 것이 그때그때 팀 내에서 자율적으로 이루어진다.[40]

유연작업팀의 분리된 팀은 각각 다른 종류의 부품을 조립하여 최종 제품 작업팀에게 넘겨준다. 각각의 팀 활동은 최종 제품에 대한 고객요구에 의해 영향을 받는다. 유연작업팀이 단지 조립활동에만 관여하는 것은 아니다. 생산과정 동안 산출물에 대한 품질을 통제하는 책임도 가지고 있다. 품질검사기능이란 이제 생산라인의 가장 끝자리에 놓여 있는 과정이 아니다. 이 팀에서는 품질 검사를 수시로 실시한다. 유연작업팀은 생산과정의 효율성을 향상시키는 방안을 찾는 데에도 책임을 진다. 통상 품질분임조(quality control circles)라는 팀회의를 통해 논의된다.[41] 더구나 가장 경험이 많은 팀원이 새로운 팀원에 대한 훈련을 책임진다. 모든 팀원은 팀에 적합한 신참을 선발하는 데 동일한 책임을 진다. 이러한 팀제를 실행하는 경영자의 역할은 감독자나 감시자의 역할이 아니라 팀활동을 촉진하는 코치로서의 역할을 해야 한다.

◆◆◆ 조직 인사이트 8-8   어정쩡하지 않게

포터(M.E. Porter)는 본원적인 전략으로 원가우위, 차별화, 집중화 세 가지를 꼽으면서 이도 저도 아닌 어정쩡한 전략을 경계하였다. 도자기를 만들다가 손가락이 걸려서 도자기가 엉망이 되어 버리자, 손도끼로 거치적거리는 손가락을 잘라 버렸다는 기담이 있다. 바로 자유를 꿈꾸는 조르바 이야기이다. 조르바가 손을 자른 이유는 도자기를 제대로 만들고 싶었기 때문이었다. 무언가를 하면 그것 자체에 완전히 빠져드는 사람, 일 따로 생각 따로가 아니라 일이 곧 생각이고, 자기 자신인 사람, 그가 바로 리더 조르바이다. 일이든 전략이든 할 때는 화끈하게 하자는 것이다. 관리자는 주어진 그리고 계획된 일을 해 내지만, 리더는 자신의 일을 자신의 뇌에서 벗어 두는 법이 없다. 물론 퇴근할 때도 가지고 퇴근한다. 그러나 결정은 매우 간헐적이면서 초스피드이다.

사람들은 조직생활을 하면서 이래서 꺾이고, 저래서 막히고, 우물쭈물 어설프게 행동한다. 자신의 일에 미쳐 본 적이 없다. 반쯤 미치는 것도 필요 없다. 완전히 미쳐야 한다. 자신이 선택한 직업은 운명과도 같이 결정되었지만, 자신이 맡은 일을 어떠한 마음가짐으로 행할 것인지는 그 자신에게 달려 있다.

무엇인가를 간절히 원하면 내가 원하는 안테나가 높이 하늘로 솟구칠 것이고, 그러면 우주에서도, 국민 성원도 함께 도움을 준다는 것은 다 아는 비밀이 되었다. 스스로 내부에 있는 보물을 찾아내는 것, 그것은 신화가 아니라 행동이었다. 자기 혁신, 새로운 인생, 결정적 변화는 모두 어정쩡하지 않은 분명하고 긍정적인 행동으로부터 나오는 진정한 결단이다. 니체는 이야기한다, 퇴근하는 사람의 걸음걸이만을 봐도 그가 얼마나 직장에서 노력했는지를 알 수 있다고.

③ 첨단 생산기술과 조직의 설계

첨단 생산기술의 도구기술과 지식기술 간의 적합 관계를 동시에 관리한다는 것은 매우 어렵다. 첨단 생산기술의 다양한 요소는 대부분 일본 기업에 의해서 정의되고 개발된 것이다. 토요타, 소니와 같은 기업이 신경영기법을 발전시키고 첨단 생산기술을 효율적으로 사용할 수 있는 조직구조를 건설하였다. 그러므로 여기에서 전사적 품질관리(total quality management, TQM)와 같은 기법을 살펴봄으로써 첨단 생산기술을 효과적으로 운영할 수 있는 적절한 조직구조를 설계하는 방법을 모색해 보도록 한다.

전사적 품질관리

전사적 품질관리는 유연작업팀의 효율을 향상시키기 위해 데밍(W.E. Demming)에 의해 개발된 기법이다. TQM의 최종 목적은 지속적인 품질 향상에 있다.[42] TQM의 목적은 지속적인 품질 향상에 대한 중요성을 작업자에게 계속 심어 줌으로써 비용을 절감하고 품질을 높인다. 또한 낭비를 줄이기 위한 생산 공정의 효율을 달성하도록 강조한다. TQM 시스템 속의 작업자는 작업과정의 모든 측면을 향상시키는 제안을 직접 수행하고 조직 전반에 걸친 의사소통을 통해 관리자의 전문적인 지식을 함께 공유한다. 예를 들어 새로 도입된 신기법과 새로운 절차는 프로그램으로 제공되어 모든 작업팀이 쉽게 이용할 수 있게 한다.

품질이란 단지 작업과정에서 파생된 것이라는 사고에서 모든 기능부서의 지식기술의 결과라는 사고로 전환된다. 제로(zero) 이하로 불량을 줄이려는 생각을 가지고 있는 것이다. 결국 TQM의 경영철학은 새로운 기업문화를 만들어 내게 된다. 따라서 TQM에서 중요한 활동 중 하나가 벤치마킹(benchmarking)이다. 즉 다른 조직의 성공적인 품질을 달성할 수 있는 모델을 배우자는 것이다. 관리자와 팀원은 다른 조직의 성공 사례를 모방하거나 본뜸으로써 우수한 품질을 유지하려고 노력한다. TQM은 조직구조에 강력한 영향력을 행사한다. TQM은 모든 구성원에게 권한을 부여(empowerment)하자는 생각을 갖는다. 즉 작업에 있어 품질을 통제하거나 효율적인 작업 절차를 고안해 내는 권한을 줌으로써 품질을 향상시키려고 한다.[43] 이러한 TQM을 사용하는 조직에서 통제는 작업자 간 표준화보다는 오히려 상호조정에 의해 이루어지고, 관리자 한 사람에게 권한이 집중되기보다 오히려 팀원에게 권한이 분산된다.

첨단 생산기술과 조직구조

조직은 전사적 품질관리와 첨단 생산기술의 결합으로 인해 여러 가지 혜택을 누리게 된다. 조직이 유연성 있는 작업자와 유연생산기술의 장점을 가질 수 있기 때문이다. 첨단 생산기술로 인해 기술적 복잡성은 증가하고 과업은 더욱 복잡해지고 과업 상호의존성 또한 매우 높다.[44] 이러한 특성을 보이는 조직은 상호조정이 원활하게 이루어질 수 있는 유기적 조직이 적합할 것이다. 조직에서 조정이 빈번하게 이루어져 첨단 생산기술에 의한 복잡한 조직구조와 복잡한 통합기법이 효과를 볼 수 있다.[45] 〈표 8-3〉은 대량 생산기술과 첨단 생산기술 간의 조직구조를 비교한 것이다. 상대적으로 위계가 많고 집권화된 의사결정은 대량 생산기술과 관계가 깊다. 이에 비해 수평적 조직구조를 보이며 권한이 분권화된 경우는 유연작업팀이 활동하는 첨단생산기술의 특성이다. 첨단 생산기술에서 각각의 팀은 과업을 수행하는 최상의 절차를 학습하기를 희망한다. 또한 각 팀은 팀이 달성하려고 하는 목표나 성과 표준을 정확히 파악하고 있다.

상호조정을 통해 작업팀의 조정활동을 수행하며 팀원 모두가 작업을 어떻게 나눌 것이며, 팀의 생산성 향상을 위한 활동을 어떻게 조율해 나갈 것인지도 의논한다. 대량 생산기술과 첨단 생산기술 간에 중요한 차이를 보이는 것이 상호조정을 얼마나 하는가이다. 작업자가 자기 작업의 품질에 대한 책임을 지는 점과 작업과정을 향상시킬 수 있는 권한을 가지는 점에서 2개의 기술은 큰 차이를 보이기 때문이다. 첨단

〈표 8-3〉 **대량 생산기술과 첨단 생산기술의 비교**

구분	대량 생산기술	첨단 생산기술
제품생산	• 소품종 대량생산	• 다품종 소량생산
설비형태	• 전용 설비(경직성)	• 범용 설비(유연성)
의사결정 권한	• 집권화	• 분권화
의사소통	• 수직적	• 수평적
전략	• 규모의 경제	• 범위의 경제
노동의 분업	• 직무 세분화	• 직무 통합화
효율	• 낮음.	• 높음.
조직유형	• 기계적 조직	• 유기적 조직

생산기술은 부서 간의 벽을 허무는 역할을 한다. 그러므로 첨단 생산기술을 도입한 조직은 기능구조보다는 제품팀 구조가 더 좋을 수 있다. 팀이 중요한 통합 기법임을 앞에서 서술했듯이 부서 간의 주요 통제 수단인 위계에 따른 권한과 작업 절차, 규칙 등을 대체하는 수평적 통합이나 통합기법으로서 다기능팀(cross functional team)이 사용되는 것이다. 그러므로 전통적 대량 생산기술의 경우는 기계적 조직이 적합하며, 첨단 생산기술의 경우는 유기적 조직이 더 적합할 것이다.

◆◆◆ 조직 인사이트 8-9   일터의 변화

로봇의 출현과 컴퓨터 및 통신기술의 발전에 의한 전자 네트워크의 등장은 사람 없는 공장, 고밀도 네트워크 형식의 회사 아닌 회사(가상 기업: virtual company), 생산자와 소비자가 사이버 공간 안에서 직거래하는 가상 쇼핑(virtual shopping)'과 같은 개념은 이제는 새롭지도 않다. 일터는 점점 더 인공지능, 빅데이터 전문가 네트워크, 컴퓨터 지원 의사소통, 전자식 조직 등으로 변해 가고, 그 과정에서 지금 존재하고 있는 많은 직업이 사라질 것으로 보인다.

분명 일의 세계는 변하고 있다. 경제와 산업이 바뀌고, 조직과 일터가 바뀌고, 직업 구조와 노동의 주역이 바뀌고 있다. 사무 구조 및 조직 구조의 변화는 새로운 환경에 기업이 적응하는 과정에서 불가피하게 나타나는 현상으로 볼 수 있다. 새로운 기술을 과거 조직 모델에 접합시키려는 경영 노력이 지속되는 한 각종 첨단 도구의 능력을 충분히 그리고 효과적으로 이용한다는 것은 거의 불가능하다. 따라서 최근에는 이 새로운 기술과 양립할 수 있는 새로운 조직 모델을 만드는 데 주력하는 기업이 부쩍 늘고 있다. 새로운 조직 모델은 대체로 다음과 같은 방향에서 전개되고 있다.

• 전통적 관리 계층을 최대한 줄이고 직무 형태를 압축함으로써 결정과정과 명령체계를 단축시키는 한편 기존의 위계적 피라미드조직을 수평화하고 일선관리자에게 상당한 권한을 위임한다.

• 생산과 유통 과정을 단순화·신속화하고 구성원에 대한 교육훈련 실시와 함께 자주관리팀제로 작업 공정을 다시 구축한다.

• 공급─생산─고객의 유기적 네트워크 시스템을 구축하여 제휴·하청·아웃소싱을 적극적으로 활용한다.

첨단 생산기술과 조직문화

JIT 시스템과 TQM은 작업자의 작업 속도를 매우 빠르게 할 수 있도록 하였다. JIT는 최소한의 재고를 유지하게 하였다. 어떤 연구에서는 TQM을 스트레스 경영 (management by stress)이라고 한다. 지속적인 품질 향상 노력이 흥미롭거나 쉬운 업무가 아니기 때문에 그런 이름이 붙은 것이다. 작업자의 작업 속도를 늦추거나 작업자에게 새로운 기술을 배우기 위한 시간을 제공하는 대신 기존의 생산라인부터 작업자를 오히려 해고함으로써 노동력을 절약할 수 있게 되었다. 물론 작업자는 보다는 훨씬 열심히 일하게 된다.[46]

◆◆◆ 조직 인사이트 8-10   직업의 변화

토플러(A. Toffler)는 직업 형태가 매우 급속도로 변하고 있기 때문에 사람들이 전처럼 쉽게 취직할 수 없는 시대로 가고 있다고 지적하였다. 지금까지 학교를 졸업하고 한 가지 직업을 정하여 취직한 후 한정된 부문에서 단계적으로 승진하였으며 매년 임금 인상을 보장받았다. 그러나 이러한 시대는 끝나 가고 있다. 이제 기업은 일상 업무를 수행하는 사람을 고용하기보다는 사업에 필요한 인원을 수시로 고용하는 스타일로 변했다. 즉 임시적 고용 형태로 이동하고 있다. 이를테면 새로운 프로젝트가 시작할 시점에서 필요한 사람들을 모아서 일을 진행시키고 그 프로젝트가 완료된 시점에서 모인 사람들을 해산시키는 방식이다. 이것은 기존의 직업 형태가 더 이상 존속하지 못하게 될 것이라는 점을 암시하고 있다.

따라서 이제 평생직장이라는 개념은 없다. 앞으로는 한 가지 직업에서 풀타임으로 일하는 근무 형태가 점차 사라질 것이다. 그보다는 오히려 일시성(contingency), 이동성(mobility), 탄력성 (resiliency), 자율성(self reliance), 자기 상품화 의지(vendor mindedness), 정보력(information power) 같은 말로 표현되는 새로운 고용 및 직업 형태가 나타날 것이다. 일례로 미국은 임시 직업과 파트타임 직업의 나라로 변하고 있다. 지금 미국에서 가장 많은 고용 인원을 가진 회사는 임시 고용직 알선업체인 Manpower사(사진)이다. 오늘날 직업 세계에서 나타나고 있는 추세를 보면 몇 가지 뚜렷한 특징을 찾아볼 수 있다.

- 임시직, 파트타임, 프리랜서 직업의 급속한 확산
- 아웃소싱 업체에서의 파견직 증가
- 복수 직업을 가진 사람들의 증가
- 인공지능과 전자 네트워크 속에서 활동하는 새로운 직업의 출현

조직문화는 구성원이 작업에서 받는 압력을 잘 견디도록 해준다. 집단에 대한 충성심, 집단에 대한 동조, 순응, 상급자에 대한 의무감 등이 구성원을 그렇게 만들어내는 것이다. 예를 들어 토요타의 경우 종신고용제(lifetime employment)를 통해 고용안정을 달성하고 조직의 이익을 공정하게 배분해 줌으로써 구성원을 단결시킬 수 있었다.[47] 이러한 분위기가 11시간 노동에 20분 점심시간이라는 토요타만의 문화를 창조해 내었다.

VI 정보기술과 통제

정보기술(information technology, IT)은 [그림 8-12]처럼 진화해 왔다. 일선운영층은 IT 도입을 통해 전형적으로 운영되는 사소한 문제와 사건에 대해 비교적 제대로 관리가 이루어졌다. 이에 비해 최고경영층은 전략과 계획 수립과정에 대해 IT를 그대로 적용하는 데 무리가 있었는데, 최고경영자가 다루는 문제가 단순하지 않으며, 모호한 사항도 많았기 때문이다. 그러므로 조직은 컴퓨터 지향적인 IT체계를 통해 효과적인 최고경영자 통제와 의사결정의 문제를 지원하기 위해 많은 노력을 해 왔다. IT

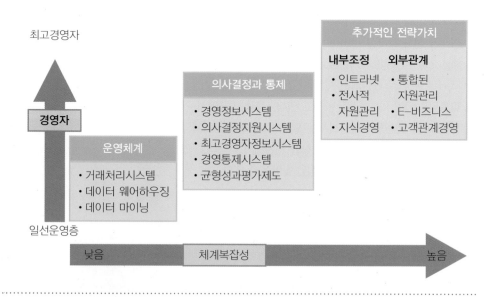

[그림 8-12] IT의 적용 단계

체계는 주로 조직의 운영과 관련된 것이었다. 최근에는 축적된 자료를 통해 경영의 사결정을 지원하기 위한 경영정보시스템(management information system, MIS)이 조직에 도입되었고, 경영정보시스템의 일환으로 정보보고시스템(information reporting system, IRS), 최고경영자정보시스템(executive information system, EIS), 의사결정지원시스템(decision support system, DSS) 등이 가동되고 있다. 또한 피드백통제시스템(feedback control system), 즉 조직의 정보를 통제하기 위한 시스템으로서 경영통제시스템(management control system)과 균형성과평가제도(balanced score card, BSC), 전사적 자원관리(enterprise resource planing)가 운용되고 있다.

1 경영통제시스템

경영통제시스템은 조직활동을 유지하고 관리하기 위해 다양한 정보, 즉 절차, 보고체계, 일상적인 공식 과업 등을 체계화한 것으로 계획수립과정, 예산과정, 성과평가, 자원할당, 종업원 보상 등을 효율적으로 통제하기 위한 관리 시스템이라 할 수 있다.[48]

[그림 8-13] 의사결정과 경영통제를 위한 정보시스템

2 BSC

균형성과평가제도란 기업의 사명과 전략을 측정하고 관리할 수 있는 포괄적인 측정 지표의 하나로 개발된 것이다.[49] 이는 대부분의 조직이 조직의 성과를 평가하기

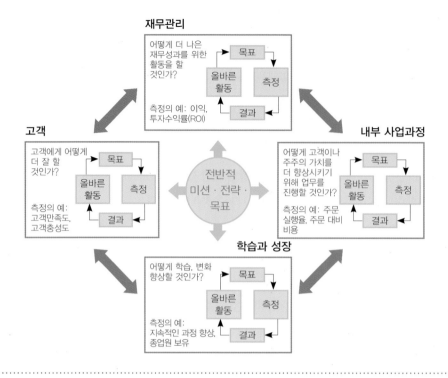

[그림 8-14] BSC의 주요 관점

위해 매출액이나 수익 등의 재무제표를 활용하는 잘못을 범하고 있다고 보고, 재무적인 측면과 더불어 고객, 내부 사업과정, 학습과 성장 등 기업의 성과를 종합적으로 평가하는 균형 잡힌 성과 측정 기록표이다. 현재의 기업 상황을 평가하는 것뿐만 아니라 미래에 대한 경고등 역할을 하며 사업전략을 세울 때 중요한 정보로서의 역할도 수행한다. 이에 대해서 [그림 8-14]처럼 설명할 수 있다.

③ 전사적 자원관리

조직 내에 있는 한 기능부서의 활동은 다른 기능부서에 영향을 미치게 된다. 그러므로 조직 내의 모든 활동을 하나의 통합적인 체계로 인식할 필요가 있다. 예를 들어 주문이 이루어지는 과정, 제품이 설계되는 과정, 구매과정, 재고, 제조 및 생산과정 그리고 분배과정과 인적자원, 고객에게 전달하는 과정, 미래의 수요를 예측하는 과정까지 각 과정은 별도로 돌아가는 것이 아니라 서로 맞물려 돌아간다. 따라서 기업 전체 입장에서 다양한 경영활동을 통합하여 관리하려는 것이 바로 전사적 자원관리이다.

인물 탐구

우드워드(Joan Woodward, 1916-1971)

영국에서 태어남. 사우스 이스트 엑세스 공과대학 교수를 역임함. 조직사회학 교수로 조직론과 상황적합이론에 많은 영향을 끼친 사람 중 한 사람. 기술을 세 가지로 구분하여 기술에 따른 적합한 조직이 있음을 실증조사하여 발표함.

노나카(I. Nonaka, 1935-)

일본 동경에서 태어나 1958년 와세다 대학을 졸업하고 1967년 미국으로 이민, 버클리 대학에서 박사학위를 받음. 비즈니스 사고에서 지식 관련 최고 영향력 있는 인물로 지식관리, 혁신과 조직 관련 연구에 정평이 있음.

1. 생산기술이 얼마나 복잡한가에 따라 조직유형이 달라진다고 주장한 사람의 주장과 거리가 먼 것은?

   ① 단위소량 생산기술　　　② 대량 생산기술　　　③ 연속공정 생산기술
   ④ 단일제품 생산기술　　　⑤ 비일상적 기술

2. 다음 기술과 조직의 연결이 잘못된 것은?

   ① 단위소량 생산기술 – 유기적 조직
   ② 대량 생산기술 – 기계적 조직
   ③ 일상적 기술 – 기계적 조직
   ④ 연속공정 기술 – 기계적 조직
   ⑤ 비일상적 기술 – 유기적 조직

3. 대량생산과 첨단생산기술에 대한 설명 중 잘못된 것은?

   ① 대량생산은 전용설비의 사용에 기초한다.
   ② 적시재고방식은 대량생산방식 기술이다.
   ③ 대량생산은 대량소비를 전제로 한다.
   ④ 첨단생산기술은 유연생산기술을 사용한다.
   ⑤ 전사적 품질관리는 데밍에 의해 개발되었다.

4. 전사적 품질관리에 맞는 조직구조의 설명 중 잘못된 것은?

   ① TQM은 품질관리부서나 생산관리부서에서 주도한다.
   ② TQM은 유연작업팀의 효율을 높이는 것이다.
   ③ TQM의 목적은 지속적 품질향상이다.
   ④ TQM에서의 중요한 활동은 벤치마킹이다.
   ⑤ TQM은 조직구조에 강력한 영향을 향상한다.

5. (　　　)기술은 개개의 제품단위를 고객의 주문에 따라 각각 생산하는 방식이다.

   ① 중개형 기술　　　② 주문생산　　　③ 대량생산
   ④ 장치생산　　　　　⑤ 연속생산

6. (　　　)는 생산기술을 열 가지에 따라 복잡성이 단위소량 생산기술, 대량 생산기술, 연속공정 생산기술로 구분된다고 하였다.

   ① 우드워드　　　　② 페로우　　　③ 톰슨
   ④ 번즈와 스톨커　　⑤ 로렌스와 로시

7. 퍼로우는 일반적으로 기술을 과업의 (   )과 과업분석가능성을 기준으로 구별할 수 있다고 주장하였다.

① 상호의존성 　　　　② 과업다양성 　　　　③ 공학기술
④ 연속형 기술 　　　　⑤ 집약형 기술

8. 톰슨의 주장이 아닌 것은?

① 중개형 기술 　　　　② 연속형 기술 　　　　③ 대량 생산기술
④ 집약형 기술 　　　　⑤ 상호의존성

9. 퍼로우의 기술분류가 아닌 것은?

① 장인기술 　　　　② 비일상적 기술 　　　　③ 단위소량 생산기술
④ 일상적 기술 　　　　⑤ 공학기술

10. BSC의 구성요소가 아닌 것은?

① 재무관리 　　　　② 고객 　　　　③ 내부사업과정
④ 학습과 성장 　　　　⑤ 정량화 기법

11. 〈조직 인사이트 8-1〉의 Economies of Linkage란 무엇인지 자신의 생각을 왼쪽의 키워드를 넣어서 오른쪽에 적어 보자.

규모로부터의 장점 범위로부터의 장점 연결로부터의 이점 공유, 관계, 제휴, 연합	

12. 첨단기술 기업은 종합적인 성공을 위해 다양한 노력을 할 필요가 있다. 여러분의 팀이 신기술을 가지고 있다고 하자. 어떻게 고객에게 새로운 기술이 있다는 점을 광고 혹은 소구(appeal)할 것인지, 광고를 만들어 보자.

13. 〈조직 인사이트 8-4〉 열린 사장실에서 주장하는 핵심은 무엇인가? 한 단어로 정의하고, 그것을 토론하시오.

14. 〈조직 인사이트 8-9〉 일터의 변화와 〈조직 인사이트 8-10〉 직업의 변화를 읽고 여러분이 40대가 되는 시대에는 일터 혹은 직업이 어떻게 변화될 것인지 예측해 보자.

1   Rousseru, D.M. (1979). "Assessment of Technology in Organizations: Closed Versus Open Systems Approaches," *Academy of Management Review*, vol.4, pp.531-542.; Scott W.R. (1981). *Organizations: Rational, Natural, and Open Systems*, Englewood Cliffs, N.J.: Prentice Hall; Woodward J. (1958). *Management and Technology*, London: Her Majesty's Stationery Office, p.12.

2   Woodward, J. (1965). *Industrial Organization: Theory and Practice* (London: Oxford University Press)

3   Woodward, J. (1965). Ibid., p.11.

4   Woodward, J. (1965). Ibid., p.12.

5   Woodward, J. (1965). Ibid., p.14.

6   Thompson, J.D. (1967). *Organizations in Action,* New York: McGrew Hill

7   Edquist, C., & Jacobson, S. (1988). *Flexible Automation: The Global Diffusion of New Technology in the Engineering Industry*, London: Basil Blackwell

8   Woodward, J. (1965). *Industrial Organization: Theory and Practice*, London: Oxford University Press

9   Perrow, C. (1984). *Normal Accidents: Living with High Risk Technology*, New York: Basic Books

10   Harvey, E. (1968). "Technology and the Structure of Organizations," *American Sociological Review*, vol.33, pp.241-259.; Zwerman, W.J. (1970). *New Perspectives on Organizational Effectiveness* (Westport, Conn.: Greenwood)

11   Hickson, D.J., Pugh, D.S., & Pheysey, D.C. (1967). *Operations Technology and Organizational Structure*, in Thompson, J.D.,, Organizations in Action, New York, McGraw Hill

12   Child, J., & Mansfield, R. (1972). "Technology, Size and Organization Structure," *Sociology*, vol.6, pp.369-393.

13   Perrow, C. (1970). *Organizational Analysis: A Sociological View*, Belmont, Calif.: Wadsworth

14   Perrow, C. (1970). Ibid.

15   Perrow, C. (1970). Ibid, p.21.

16   Perrow, C. (1970). Ibid.

17   Perrow, C. (1967). "A Framework for the Comparative Analysis of Organizations," *American Sociological Review*, vol.32, pp.194-208.

18   Perrow, C. (1989). Organizational Analysis: Gresov, C., "Exploring Fit and Misfit with Multiple Contingencies," *Administrative Science Quarterly*, vol.34, pp.431-453.

19 Beyer, J., & Trice, H. (1985). "A Re-Examination of The Relations Between Size and Various Components of Organizational Complexity," *Administrative Science Quarterly*, vol.30, pp.462-481.

20 Argote, L. (1982). "Input Uncertainty and Organizational Coordination of Subunits," *Administrative Science Quarterly*, vol.27, pp.420-434.

21 Jones, G.R. (1984). "Task Visibility, Free Riding and Shirking: Explaining the Effect of Structure and Technology on Employee Behavior," *Academy of Management Review*, vol.9, pp.684-696.

22 Keller, R.T. (1994). "Technology Information Processing Fit and The Performance of R&D Project Groups: A Test of Contingency Theory," *Academy of Management Review*, vol.37, pp.167-179.

23 Perow, C. (1965). "Hospitals: Technology, Structure and Goals", in March, J., ed., *The Handbook Organization,* Chicago: Rand McNally, pp.910-971.

24 Comstock, D.E., & Scott, W.R. (1977). "Technology and The Structure of Subunits," *Administrative Science Quarterly*, vol.22, pp.177-202; A.H. Van de Ven and A.L. Delbecqu. (1974). "A Task Contingent Model of Work Unit Structure," *Administrative Science Quarterly*, vol.19, pp.183-197.

25 Thompson, J.D. (1967). *Organizations in Action*, New York: McGraw Hill

26 Ouchi, W.G. (1977). "The Relationship Between Organizational Structure and Organizational Control," *Administrative Science Quarterly*, vol.22, pp.95-113.

27 Jones, G.R. (1987). "Organization Client Transactions and Organizational Governance Structures," *Academy of Management Journal*, vol.30, pp.197-218.

28 Voss, C.A. (1986). *Managing Advanced Manufacturing Technology*, Bedford, England: IFS Publications Ltd.

29 Sweeney, M.T. (1991). "Flexible Manufacturing Systems Managing Their Integration," in *Voss, Managing Advanced Manufacturing Technology*, pp.69-81.

30 Whitney, D.E. (1988). "Manufacturing by Design," *Harvard Business Review*, July August, pp.210-216.

31 Hayes, R.H., & Wheelright, S.C. (1984). *Restoring Our Competitive Edge: Competing Through Manufacturing*, New York: Wiley

32 Voss, C.A. (1989). "Managing Advanced Manufacturing Technology", in R. Wild, ed., *International Handbook of Production and Operations Management*, London: Cassel, pp.112-121.

33 New, C.C., & Clark, G.R. (1989). "Just in Time Manufacturing," *International Handbook of Production and Operations Management*, pp.402-417.

34 Young, S.M. (1992). "A Framework for the Successful Adoption and Performance of

Japanese Manufacturing Practices in the United States," *Academy of Management Review*, vol.17, pp.677-700.

35 Ansari, A., & Modarress, B. (1990). *Just in Time Purchasing*, New York: The Free Press

36 Wild, R. (1989). *International Handbook of Production and Operations Management*, Cassells, London

37 Nemetz, P.L., & Fry, L.W. (1988). "Flexible Manufacturing Organizations: Implications for Strategy Formulation and Organizational Design," *Academy of Management Review*, vol.13, pp.627-638.

38 Young, S.M. (1992). Ibid, pp.677-700.

39 Parthasarthy, R., & Sethi, S.P. (1992). "The Impact of Flexible Automation on Business Strategy and Organizational Structure," *Academy of Management Review*, vol.17, pp.86-111.

40 Womack J. P., Jones D., & Roos D. (2007). *The Machine That Changed the World*

41 McHugh, J., & Dale, B. (1989). "Quality Circles," in *Wild, R., International Handbook of Production and Operations Management*, pp.112-121.

42 Walton, M. (1990). *The Demming Management Method* (New York: Perigee Books)

43 Leavitt, T. (1960). "How Does Service Dirve the Service Company?," *Harvard Business Review*, (November-December), pp.146-158.

44 Zammuto, R.F., & O'Connor, E.J. (1992). "Gaining Advanced Manufacturing Technologies' Benefits: The Roles of Organizational Design and Culture," *Academy of Management Review*, vol.4, pp.701-728.

45 Nemetz, P.L., & Fry, L.W. (1988). Ibid., pp.627-638.

46 Young, S.M., & Davis, J.S. (1990). "Factories of the Past and Future: The Implications of Robotics on Workers and Management Accounting Systems," in Cooper, D., & Hopper, T., eds., *Critical Accounts*, London: Macmillan, pp.87-106.

47 Young, S.M., & Davis, J.S. (1990). Ibid., p.686.

48 Simons, R. (1991). "Strategic Organizations and Top Management Attention to Control System," *Strategic Management Journal*, 12, pp.82-84.

49 Chow, C.W., Haddad, K.M., & Williamson, J.E. (1997). "Applying the Balanced Scorecard to Small Companies," *Management Accounting*, 79, no.2, August, pp.21-27.

문화와 조직

무슨 일이 일어났다는 것은 사회지도층과 경영자 계급이 자신의 권력이나 특권, 사회적 지배욕을 유지하기 위하여 어떤 일을 벌였다는 뜻이다.

– J. Burnham

조직의 궁극적인 욕심은 평범한 구성원이 놀라우리만큼 특별한 성과를 달성해야만 해소된다.

– P.F. Drucker

조직은 조직 내 과업 집단이 집단의사결정과정을 효과적으로 사용할 수 있도록 서로 연결되는 구조로 구성되어야 한다.

– R. Likert

◆ 학습목표

학습목표 1 : 조직문화의 구성 요소를 이해할 수 있다.
학습목표 2 : 조직문화의 원인을 설명할 수 있다.
학습목표 3 : 조직문화의 관리를 이해할 수 있다.
학습목표 4 : 조직문화와 조직구조에 관계에 대하여 설명할 수 있다.

◆ 핵심키워드

조직문화, 조직사회화, 행사, 일화, 역할지향성, 조직언어, 기술언어, 통과의례, 결속의례, 강화의례, 파면의례, 소유지분, 윤리적 행동, 비윤리적 행동, 조직윤리, 사회적 책임, 사회윤리, 직업윤리, 개인윤리, 조직구조, 방해전략, 방어전략, 적응전략, 행동전략

I 　조직문화의 이해

인간에게 성격이 있듯이 모든 기업에도 일반적으로 성격이 있다. 이러한 성격, 즉 조직문화가 다른 기업과의 구분을 가능하게 한다. 좋은 조직이 경쟁우위, 주주의 이익을 향상시키는 것처럼 조직문화는 구성원의 행동을 통해서 경쟁우위와 조직 유효성을 개선하는 역할을 한다.[1]

조직문화를 관리하는 목적은 조직문화를 통해 구성원을 동기부여하고 조직의 궁극적인 가치인 조직 유효성을 증가시키는 데 있다. 조직의 공식적인 사회화나 조직문화가 어느 정도 무르익은 조직에서의 구성원은 비공식적으로 개발된 의례, 일화, 조직 언어로부터 핵심적인 가치를 학습한다. 조직이 바라는 이상적인 문화는 저절로 만들어지기 어렵기 때문에 경영진은 외부의 자문과 내부 전문가의 조언에 의지하여 하나의 모형을 만들어서 구성원에게 주입시키는 편이 바람직하다.

◆◆◆ 조직 인사이트 9-1 　조직문화운동의 추진

- 1단계(현상 분석) : 경영이념, 구성원 의식, 대외 이미지, 운영 실태와 내부 커뮤니케이션 파악을 통해서 강점과 약점을 분석한다.

- 2단계(이념 설정) : 기업이념, 사업영역, 구성원의 비전, 슬로건, 구성의 행동 규범 등을 일관성 있게 설정하는 데 이러한 것이 내부 구성원에게 강하게 전달되고 행동으로 옮겨져야 한다. 이를 위해 세부 행동 지침을 만들어 구체적 행동 양식으로 몸에 배게 한다.

- 3단계(이미지 형성) : 기업 내의 유형체에 대한 시각적 통일작업 단계로서 상표, 디자인, 회사의 깃발, 광고물, 점포, 사옥, 사가, 내부장식, 간판, 서류장식 등 다방면에 걸쳐서 통일된 디자인과 색깔을 이용한다.

- 4단계(홍보) : 기업문화의 추진 결과는 대내외 홍보를 통해서 성과가 나타나는 것이므로 전략적인 홍보를 병행하여 추진해야 하는데, 방법으로 교육, 워크숍, 강연회, 안내책자, 사내방송, 사무실 디자인, 표어와 슬로건, 사가의 제정, 배포 등이 이용되고 있다.

[그림 9-1] 조직문화의 가치

1 조직문화란?

조직문화(organizational culture)란 조직 이해당사자, 구성원 간의 상호작용을 통제하는 공유된 가치관, 신념, 사고방식, 규범으로서 구성원의 행동형성에 영향을 미치는 것으로 정의된다. 조직문화는 쉽게 말해서 특정 조직이 가지고 있는 일종의 개성, 성격과 같다.

조직문화의 가치는 무엇이며, 어떻게 구성원 행동에 영향을 미치는가? 조직문화의 가치는 [그림 9-1]처럼 크게 두 가지 종류로 구분되는데 궁극적 가치(terminal value)와 수단적 가치(instrumental value)이다.[2] 궁극적 가치란 구성원이 달성해야 할 최종목표이다. 조직이 달성해야 할 궁극적 가치로는 안정성, 예측 가능성, 혁신, 경제성, 도덕성, 품질 등을 들 수 있다. 수단적 가치란 구성원 행동의 바람직한 형태를 말한다. 수단적 가치는 열심히 일하기, 전통 고수나 권위 및 존경 유지, 보수성을 유지하면서 창조적이고 대담한 행동하기, 위험 감수, 높은 작업 표준 지키기 등이 포함된다.

그러므로 조직문화는 조직의 궁극적 가치와 궁극적 가치를 얻는 데 공헌하는 수단적 가치로 이루어진다. 예를 들어 컴퓨터회사의 전반적인 조직문화가 혁신을 유지하는 것이라면 이를 위해서는 구성원의 창조적인 사고와 위험 감수의 마음가짐이 따라주어야 한다. 궁극적 가치와 수단적 가치의 결합을 통해 혁신을 추구하려는 이러한 조직문화는 혁신적인 분위기를 갖게 될 것이다. 어떤 컴퓨터회사가 권위에 복종하는 것을 중시하거나 시장이나 고객의 안정성과 예측 가능성을 달성하기를 바란다면 그 회사는 아마도 보수적 기업문화를 가진 기업일 것이다.

궁극적 가치는 조직사명, 공언목표 안에 그 내용이 반영된다. 구성원이 수단적 가치를 이해하기 위해서는 조직 나름의 특별한 규범, 규칙, 표준 운영 절차 등이 개발되어 있어야 한다. 조직문화는 구성원의 의사결정 방법을 통제하며 상황 해석 방법, 조직환경을 통제하는 방법, 정보 이용 방법, 조직운영 방법 등에 영향을 준다.[3]

　조직문화는 조직의 경쟁우위에 영향을 미친다.[4] 조직문화의 잘못된 관리로 인해 조직의 성과가 나빠질 수 있다. 조직문화란 조직에서 일어나는 상호조정을 위한 중요한 촉매제이다. 공유된 문화적 가치관은 구성원에게 공통의 인식체계를 형성하고 어떤 특정 사건이 발생했을 때 생길 수 있는 인식의 차이를 사전에 없애는 역할을 한다. 이와 같이 조직문화는 구성원 간의 상호작용을 부드럽게 유지해 주는 윤활유와 같다.

◆◆◆ 조직 인사이트 9-2　사람을 지배하는 문화

　나라마다 풍습이 다르고 사람들의 사고방식도 큰 차이가 있다. 터널을 뚫는다고 하자. 이런 공사 현장에서도 문화가 사람을 지배하는 것을 볼 수 있다. 공사 기간을 단축하기 위해 양쪽 끝에서 동시에 굴을 파들어 간다고 하자. 독일 사람 같으면 처음부터 치밀하게 측량해서 가운데 지점에서 한 치의 오차도 없이 딱 마주친다. 중국 사람은 얼렁뚱땅 대충 파고 들어가다가 중간에서 만나지 못해도 끝까지 밀어붙인다. 그래 놓고는 원래 터널을 한 개 뚫으려 했는데 결과적으로 2개가 생겼다고 좋아한다. 한국 사람은 서로 어긋나서 만나지 않으면 처음 설계가 어떻게 되었든 간에 중간을 뚝 잘라서 이어 버린다. 그래 놓고는 세계에서 가장 짧은 시간에 터널을 뚫었다고 자랑한다. 물론 과거보다는 많이 나아졌지만 아직 멀었다.

② 조직사회화

　조직에 들어온 신참은 기존의 구성원이 행동하는 방법과 의사결정 방식을 이끄는 가치관과 규범을 학습할 필요가 있는데 이를 조직사회화(organizational socialization)라 한다.[5] 신참은 아직까지는 외부인이다. 그들은 조직의 가치를 배우고 내부화(internalization)되어 조직의 규칙과 규범에 일치된 행동을 할 때만이 내부인으로 인정받게 된다. 조직문화를 배우기 위해서 신참은 문화적 가치에 대한 정보를 입수해야 한다. 그는 기존 구성원의 행동을 관찰함으로써 간접적으로 조직가치를 배울 수 있다. 그러나 조직 관점에서 보면 간접 방법은 아주 위험하다. 신참은 조직에서 용납되지 않는 행동이나 습관만을 관찰하여 배우려 하기 때문이다. 따라서 조직 관점에서 신참이 적절한 가치를 배우는 가장 효과적인 방법이 바로 조직사회화이다.

만넨과 샤인(J. Van Mannen & E.H. Schein)은 조직문화 교육을 위한 조직사회화 모형을 개발하였는데, 이 모형은 특히 신참이 적절한 가치를 배울 수 있는 사회화 경험을 어떻게 구조할 수 있는지에 초점을 두고 있다.[6] 조직가치는 신참이 조직에 들어와 가지는 역할지향성(role orientation)에 영향을 미친다. 신참이 가지는 역할지향성은 상황에 대응하는 특별한 방식이다. 구성원이 명령이나 지시에 수긍하거나 복종하는 이유는 무엇인가? 구성원이 창조적이고 혁신적으로 문제해결을 하게 되는 이유는 어디에 있는가? 이 모두는 구성원이 가지고 있는 역할지향성에 영향을 받은 결과이다. 만넨과 샤인은 신참의 역할지향성에 영향을 주는 열두 가지 사회화 전술([그림 9-2] 참조)을 밝혔다. 열두 가지 전술은 두 가지 역할지향성으로 구분되는데, 조직 역할지향성(institutionalized role)과 개인 역할지향성(individualized role)이다.

조직 역할지향성은 한 개인이 새로운 환경에서 기존의 구성원과 동일하게 행동하는 방법을 배우는 것이다. 조직 역할지향성은 규범과 규칙에 절대복종하고 동조하는 것을 강조한다. 개인 역할지향성은 조직이 더 많은 가치를 달성할 수 있도록 기존의 규범과 가치를 변화시키거나 창조적인 행동을 하는 것을 말한다.[7] 다음과 같은 신참자의 사회화 기법을 조직 역할지향성과 개인 역할지향성으로 구분해서 설명할 수 있다.

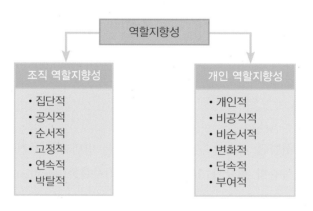

[그림 9-2] 조직 역할지향성과 개인 역할지향성

조직사회화는 개인이 사회의 일원으로 발전하는 과정처럼 구성원이 조직문화를 배운 후 이러한 자신의 지식과 이해를 다른 구성원에게 전수하는 것을 말한다. 조직에서 허용되는 것이 무엇이며, 허용되지 않는 행동에는 어떤 것이 있는가를 파악하는 과정이다. 조직에서의 사회화(socialization)과정을 통해 조직에의 충성심이 야기되기도 하며, 다른 한편으로는 개인의 성격상 조직이 요구하는 의무를 성심껏 완수해야 한다는 내적인 가치체계가 높아서 몰입도가 높아지기도 한다.

인간은 사회적 동물이기 때문에 항상 사회적 관계를 갖는다. 즉 집단 속에서 함께 살아간다. 그러면서 자신이 직접 겪어보지 않더라도 남들을 보고 모방하면서 특정 행동을 습득한다. 회사에 갓 입사한 신입사원은 누가 가르쳐주지 않아도 선배나 동료를 관찰하면서 옷은 무엇을 입고 전화 받을 때는 어떤 멘트를 하는지 등을 배운다. 즉 직접 행동의 결과(포상 혹은 처벌)를 보고 생각해서 판단하는 것이 아니라 타인을 관찰하면서 자신의 생각과 감정, 느낌을 이용한 모방행동을 통해 배우는 것이다. 신입사원 A는 입사 첫날 지각을 한 다른 사원이 상사로부터 꾸지람 당하는 걸 보며 늦게 오면 안 된다는 사실을 깨닫는다. 그래서 계속 일찍 출근하다 보면 얼마 후엔 남들처럼 행동한다. 즉 자기가 직접 겪지 않고도 타인의 경우를 보면서 이성으로 생각해서 할 것 안 할 것을 판단하며 모방하는 것이다.

집단 : 개인

집단적 기법은 신참에게 특정 상황에 맞는 공통된 학습 경험으로부터 나온 표준화된 대응법을 제공하는 것인, 반면 개인적 기법은 각각의 신참이 상황에 적합한 유일한 학습 경험을 갖도록 한다.

공식 : 비공식

공식적 기법이란 기존 구성원을 제외한 신참만을 대상으로 하는 학습과정이며, 비공식적 기법이란 팀의 일원으로서 업무를 보면서 상황에 맞는 학습을 하는 것을 말한다.

순서 : 비순서

순서적 기법은 구성원으로서 활동해야 할 역할을 다른 역할과 견주어 신참에게 체계적으로 설명해 주는 것이며, 비순서적인 기법은 개인이 배워야 할 사안이나 개인적 관심 사안이 생길 때마다 불규칙적으로 가르쳐 주는 기법이다.

고정 : 변화

고정적 기법은 학습과정 중 각 단계를 완성하였을 때 각 단계에 맞는 시기적절한 지식을 제공하는 것인, 반면 변화적 기법은 신참이 학습과정의 각 단계에 도달한 것과 무관하게 신참이 원할 때 교육을 제공하는 것을 말한다.

연속 : 단속

연속적 기법은 기존 구성원이 조언자로서 혹은 수행해야 할 역할의 모델로서 행동하며 가르친다. 그러나 단속적 기법은 신참 스스로 특정 방법을 개발하기를 원하거나 조직 내부 사정을 이해하려고 할 때 지식이 제공된다.

박탈 : 부여

박탈적 기법은 기존의 구성원이 신참에게 사회적 지원이나 도움을 전혀 주지 않고 무시해 버리는 경우이다. 부여적 기법은 다른 구성원으로부터 긍정적인 사회적 지원을 받게 하는 것이다.

[그림 9-2]에서와 같이 이러한 기법이 결합될 때 개인 역할지향성에 영향을 주는 것은 분명하다. 예를 들어 군대의 사회화 교육을 살펴보자. 군대는 극단적으로 조직 역할지향성을 추구한다. 신참내기 장교는 신병과 같은 소대(집단적)에 편성된다. 반면 기존의 소대원으로부터는 일정 기간이 분리(공식적)된다. 그리고 소대에서 지금까지 해 오던 훈련이나 학습 경험(순서적)을 배우게 되고, 이러한 훈련에서 신병에게 지시할 사항이 무엇이며 신병훈련 기간이 얼마 정도 되는지(고정적)에 대하여 알게 되고, 고참 장교에 대하여 본인이 어떤 역할(연속적)을 가져야 하는지 알게 되며, 장교훈련을 완수하기 전까지 인내로써 버텨야(박탈적) 한다.

이와 같은 결과로 보면 신병이나 신참장교는 조직규범이나 조직가치를 성공적으로 배우기까지 복종과 동조를 통해 조직 역할지향성을 배운다. 신참에게 조직 내에서 자기 자신의 신분지위를 깨닫게 하고 자기 직무를 겸손하게 수행하도록 하기 위해 조직 역할지향성을 받아들이게 하는 것이 옳은가 아니면 개인 역할지향성을 받아들여 창의적이고 적극적인 역할을 하게 하는 것이 옳은가? 이 물음에 대한 답은 조직의 사명(mission)에 달려 있다고 하겠다.[8]

우리네 어머니들의 장 담그는 법, 김치 담그는 법도 기록되지 않고 사라져 가고 있다. 유명한 음식점 간판에는 항상 자기만의 원조를 자랑한다. 그러나 맛의 원조가 후대에 이어지지 못하고 끊길 판이다. 노하우와 비법은 자식, 며느리에게도 공개하지 않는다. 중요 문화재 32호로 지정된 조선시대 마지막 상궁이 그의 제자에게 부엌 문을 열어 주기까지 30년 세월이 흘렀고, 그 세월 동안에도 말로만 전수된 채 궁중의 맛내기는 어떠한 기록도 남지 못할뻔하였다. 상궁의 손이 곧 계량기이기에 두 눈으로 양념집기를 곁눈질하면서 배울 수밖에 없었다. 옆에서 한두 번 보아서 배우기란 너무 어렵다. 어머니의 통밥 솜씨를 곁눈질해서 따라 한들 제맛이 날 리 없다. 그러다 보니 비법을 모두 알고 계신 어머니 없이는 음식을 시작할 엄두도 못 낸다.

그러나 다른 나라 사람은 어떠한가? 우리가 통밥에 사로잡혀 정보를 공개하기를 꺼리고, 때 지난 정보에 매달려 있을 때 그들은 사소한 것부터 하나하나 기록하는 습성을 가지고 있었다. 일본 사람이 한국 역사를 정리해 놓은 것을 보면 기가 막힐 정도이다. 서양의 TV 요리강습을 보면 무게와 양이 표시된 수저를 늘어 놓고 소금은 몇 그램, 설탕은 어떤 수저로 얼마, 이런 식이다. 누구나 그대로 따라하면 쉽게 배울 수 있다. 그러니 외국의 경우 호텔 주방장이 되는 데 약 10년 정도 걸리는 데 반하여 우리의 경우는 평균 20년이 걸린다고 한다. 이것이 바로 기록과 통밥의 차이이다.

③ 의례, 일화, 조직언어

조직문화의 가치는 조직 내에 존재하는 의례, 일화, 조직언어 등을 통해 살펴볼 수 있다.[9] 예를 들어 사우스웨스트 항공사의 경우 특정 기간동안 구성원이 할로윈 복장

〈표 9-1〉 **조직의 각종 의례**

의례종류	의례의 예	의례의 목적
통과의례	•초기 연수 및 교육훈련	•내부 규범, 가치관 학습
결속의례	•공식적 파티	•공통의 규범, 가치관 형성
강화의례	•보상 행사	•보상의 공식화
파면의례	•임원의 해고	•본보기와 교훈

을 하고 근무를 한다. 조직은 문화적 규범과 가치관을 전달하기 위하여 다양하고 특별한 공개 행사(ritual : 예식), 관습에 따른 상징적 행사(rite : 의례)를 개최한다(〈표 9-1〉 참조).[10]

통과의례(rites of passage)는 개인이 조직에 처음 들어왔을 때 이제부터는 개인으로서가 아니라 구성원으로서의 출발을 의미하는 행사이다. 예를 들어 대학 신입생, 동아리 새내기, 군대 신병이나 감방에서의 신참내기 신고식 등이다. 결속의례(rites of integration)는 구성원 사이에 연대를 강화하고 조직성공을 다짐하는 엄숙한 행사이다. 주로 특정 조직이 의형제를 맺음으로써 조직 결속을 이루려는 행동과 유사하다. 강화의례(rites of enhancement)는 저녁만찬을 겸한 보상행사, 신문기사화(newspaper release), 승진 등을 통해 구성원의 공헌을 공식적으로 보상해 주는 것이다. 파면의례(rites of degradation)는 사장의 전격적인 교체와 같이 조직으로부터 비자발적으로 제거당하는 본보기성 행사라고 할 수 있다. 일화 혹은 조직언어는 문화를 전달하기 위한 중요한 매체이다.

조직 내의 영웅에 대한 일화는 문화적 가치, 규범에 대한 실마리를 제공한다. 조직에 돌아다니는 일화나 조직언어를 연구함으로써 조직가치가 무엇이며, 어떤 행동을 이끄는지를 알 수 있다. 언어라는 것은 조직 내 의사소통의 일차적인 매개 수단이기 때문에 언어의 각종 특성을 분석해 냄으로써 조직규범과 가치관을 파악할 수 있다. 조직언어는 사람이 말하는 언어뿐만 아니라 구성원이 무슨 옷을 주로 입으며, 사무실의 대화 분위기는 어떻고, 어떤 식으로 자동차를 몰고 출퇴근하는지, 누구의 성격이 어떤지, 상사와 부하 간의 의사소통은 어떻게 이루어지는지에 대하여 파악할 수 있게 한다.

또한 대부분의 조직은 구성원 사이의 원활한 상호조정을 위해 기술언어를 가지고 있다.[11] 3M의 경우 내부 변화 주도자는 제품개발위원회를 통해 구성원의 창의적인 아이디어를 유도해 내기 위해 회사의 궁극적 가치와 제품 간의 관계를 지속적으로 강조한다. 3M의 많은 제품, 즉 포스트잇, 복사 용지, 필름 등이 모두 사각형의 표면이 평평한(flat) 제품이기 때문에 회사 내에 사각(flatness)이라는 기술언어가 발달한다. 기술언어는 군대, 스포츠팀, 병원 등의 조직에서 쉽게 찾아볼 수 있다. 여러 가지 조직사회화 프로그램이라든지, 조직언어, 예식 및 의례와 같은 행사(ceremony), 일화(stories)는 조직문화를 학습하는 데 있어 매우 중요하다.

마지막으로 조직상징은 조직 외부에 있는 다른 사람이나 구성원에게 조직문화를 전달한다. 자사의 건물 양식이라든가, 동일 색의 사용, 계열사를 포함해 가장 직위가 높은 사장의 집무실의 건물에서의 동일 위치 등이 그것이다. 예를 들어 GM의 경우 최고경영자는 스카이라운지에 집무실이 위치해 있으며 주차장과 연결된 전용 계단이 별도로 존재한다.

◆◆◆ 조직 인사이트 9-5　두 회사의 보이지 않는 규칙

　　일본 마쓰시타사와 혼다사는 타 기업에게 모범이 되는 기업으로 모두 특색 있는 조직문화가 형성되어 있다. 두 회사는 서로의 장점과 특징을 교환하여 자기 조직문화를 더 발전시키고자 20명씩의 사원을 차출하여 상대 회사에서 몇 개월씩 근무하게 하였다. 그런데 교대 기간이 끝나고 자기 회사로 원위치할 때 양사의 교대 근무자는 모두 소화불량에 걸려 있었다. 혼다의 사원은 자기 회사에 있을 때 편안한 분위기에서 자유롭게 자율적으로 근무하다가 격식이 많고 철저한 규칙과 시간 속에서 움직이는 마쓰시타 분위기에 적응하려니 소화불량에 걸렸다. 한편 마쓰시타 사원은 철저한 규칙생활을 하다가 혼다에 가니 커피 타임도 많고 자유 시간도 많아 마땅히 할 일도 없고 커피만 많이 마시다가 소화불량에 걸렸다. 양사의 직장 분위기는 매우 대조적이었던 것인데, 이미 자기 회사 분위기에 젖어 있던 양사의 사원들은 그 이유로 타 회사에 적응하기 어려웠다.

II　조직문화의 원천

　　조직문화는 어디로부터 오는 것이며, 왜 조직마다 특이한 문화가 존재하는지, 문화가 조직의 목표 추구에 어떠한 도움을 주는지에 대해 살펴보자. 조직문화는 보통 네 가지 요인의 상호작용으로 인해 발전한다([그림 13-3] 참조). 즉 조직 내 사람의 개인적·직업적 특성, 조직윤리, 소유지분, 조직구조가 그것이다. 이들 요인의 상호작용을 통해 조직 안에서 그 조직만의 문화가 탄생하며, 시간이 흐름에 따라 조직문화는 변화한다.

1 조직 내 구성원의 특성

조직문화의 기본적인 원천은 조직을 구성하는 사람이다. 문화가 다른지를 알고자 한다면 구성원을 세밀하게 관찰하면 된다. 조직 A, B, C가 각기 다른 문화를 가지고 있다면 그들은 다른 가치관, 구성원의 다른 성격·윤리를 가지고 있어, 각기 사람을 유인하고 선발하고 보유하는 방식이 다르다.[12] 사람은 자기 자신의 성격과 일치하는 가치관을 가진 조직에 매력을 느끼고 조직도 조직가치를 공유하는 사람을 선호한다. 시간이 흐르면서 조직에 맞지 않는 사람은 그 조직을 떠날 것이다. 그 결과 조직 내 구성원은 더욱 비슷해지며 조직의 가치는 더욱 빛을 발한다. 따라서 그 조직 나름대로의 조직문화가 남게 된다. 구성원이 조직에 속하게 됨에 따라 조직 설립자의 비전을 받아들이고 조직 내에서 설립자의 가치를 영속시켜 나간다.[13]

빌 게이츠는 창조성, 성실성에 근간을 둔 기업가적 문화를 만들어 낸다. 프루덴셜 보험의 경우 보험회사의 성격상 보험계약자의 이익에 최상의 가치를 두며 박애주의, 보호문화를 통한 고객만족의 궁극적 가치를 만들어 낸다. 구성원이 시간이 지나면서 서로서로 유사해진다는 것은 환경변화에 대한 재빠른 반응 능력이 점점 약해진다는 것을 의미한다.[14] 의사결정을 내림에 있어 조직 내에 많은 조직타성(inertia)이 생겨나기 때문이다. 조직은 의도적으로 조직타성을 극복하기 위한 방법을 마련해야 한다.

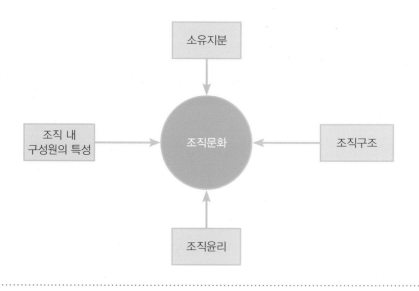

[그림 9-3] 조직문화의 원천

2 조직윤리

조직은 구성원의 행동을 통제하기 위해 고의적이고 의도적으로 조직문화를 만들어 내기도 한다. 여기서 의도적인 문화 중 하나가 조직윤리이다. 조직윤리(organizational ethics)는 도덕가치, 신념, 규칙으로서 조직의 환경이나 이해당사자와의 관계를 적절하게 다룰 수 있는 방식을 제공한다. 문화적 가치를 개발하는 동안 최고경영자는 조직이 당연히 해야 할 것과 조직의 권리에 대하여 끊임없는 선택을 해야 한다. IBM의 경우 구성원을 해고하기 전에 사전 해고 통보 및 사전 해고와 관련된 조율 문제를 해고 대상자와 상의할 것인지에 대한 지침을 마련해 놓고 있다. 그러나 대부분의 조직에는 그런 지침이 없다. 그 이유는 해고될 구성원의 반발이 심하기 때문이다.

다양한 상황에서 경영자는 이해당사자와의 관계를 고려하면서 의사결정을 한다.[15] 올바르고 윤리적인 결정을 위해서 조직문화 안에 구체화된 윤리적 가치관에 의존할 수밖에 없다. 만약 윤리적이지 못한 결정을 내린다면 기업의 이미지나 고객평판의 하락, 이해당사자의 피해로 이어질 것이다. 기업윤리, 규칙, 규범은 의사결정을 내리는 데 아주 중요한 기준이다. 또한 기업문화와 기업윤리는 분리될 수 없다. 조직윤리는 조직과 이해당사자 사이의 협상, 타협, 흥정을 통해서 발전한다. 윤리적 규칙은 구성원이나 이해당사자 간의 갈등과정을 통해 발전한다.[16] 예를 들어 구성원은 고용조건이나 종업원 해고와 관련된 문제를 개선하기 위해서 경영진에 압력을 행사하고,

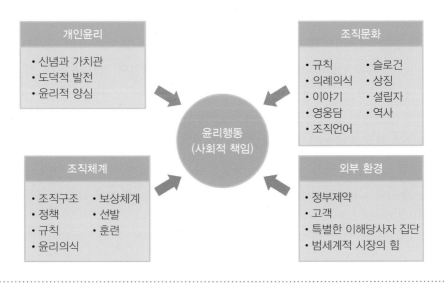

[그림 9-4] 윤리행동의 원인

주주는 최고경영층에 대하여 인종차별, 성차별, 미성년자 고용 등의 문제를 야기하지 말 것을 요구한다.

조직윤리는 사회윤리(societal ethics), 직업윤리(professional ethics), 개인윤리(individual ethics) 등이 결합하여 이루어진다. 여기서는 [그림 9-4]와 같이 윤리행동의 원인을 개인윤리, 조직문화, 외부 환경, 조직체계로 설명한다.[17]

◆◆ 조직 인사이트 9-6 일벌레 문화

빌 게이츠는 하루 18시간 일하는 일벌레이다. 그가 회사에 바라는 궁극적 가치는 우량기업, 혁신 그리고 고품질 등이고 수단적 가치는 열심히 일하기, 창조성 그리고 전 세계에 맞는 표준의 개발 등이다. 이런 사장은 자기 회사의 구성원이 더욱 오랜 시간 일해 줄 것을 기대한다. 자기 자신도 이미 실천하고 있기에 더욱 그렇게 하기를 바란다. 그는 혁신성과 품질을 향상시키기 위해 할 수 있는 여러 가지 조치를 한다. 이러한 조치에 불만을 가진 자는 조직을 떠날 수밖에 없다. 그래서 이 회사는 빌 게이츠가 하는 행동에 기초한 조직통제가 이루어지게 된다.

사회윤리

조직에 존재하는 사회적 윤리는 조직윤리를 결정짓는 중요한 요인 중 하나이다. 사회윤리는 사회의 법적 체계 안에서 형성된 도덕가치관이며 관습과 관례, 불문율과 같은 규범, 일상생활 속에서 사람들이 따르는 가치관이다. 사람은 대부분 자기가 사는 사회의 가치관인 윤리적 규범을 자동으로 따른다. 사람은 윤리적 규범을 내면화하고 자신의 것으로 만들기 때문이다.[18]

최고경영자의 주요 책임 중 하나가 구성원이 자연스럽게 사회적 윤리에 복종하도록 하는 것이다. 그러나 아직도 많은 조직이 불법 행동을 일삼고 있으며 부도덕적이고 비윤리적인 행동을 하고 있다.

직업윤리

직업윤리는 직장인이 지켜야 할 도덕적 가치관이다.[19] 예를 들어 간호사, 변호사,

의사, 회계사는 나름의 직업윤리를 가진다. 의사는 환자를 돕는 데에 최선을 다하며 일반 직업인과 다른 직업윤리를 가져야 한다. 즉 환자의 생명을 고귀하게 다루어야 하며, 불법적인 의료 행위를 해서는 안 된다.

따라서 대부분의 전문집단은 자신만의 직업윤리 표준을 설정해 놓고 그것을 지키려 한다. 만약 변호사가 과다한 수임료를 받아 물의를 일으키면 변호사협회로부터 징계를 받을 것이고 앞으로 상당 기간을 변호사로서 일할 수 없게 된다.

◆◆◆ 조직 인사이트 9-7 조직문화의 7S

피터스는 조직문화의 구성 요소로서 다음의 일곱 가지 요소(7S)가 상호작용하여 환경적 적응행동을 취하는 것이라고 주장하였다. 7S란 다음과 같다.

- shared value(공유가치) : 기업체의 구성원이 공통으로 가지고 있는 가치관과 경영이념 및 사업목적
- strategy(전략) : 기업체의 방향과 기본 성격을 결정하는 것으로서 기업의 장기적인 사업목적과 계획 등
- structure(구조) : 기업의 경영전략을 수행하는 데 필요한 틀이 되는 것으로서 직무설계 및 권한관계 등 기업구성원의 역할과 상호관계를 지배하는 요소
- system(관리 시스템) : 경영의사결정과 운영의 틀이라 할 수 있는 제도와 절차 등
- staff(구성원) : 기업의 인력 구성과 능력, 가치관과 신념, 욕구와 동기 및 행동패턴
- skill(관리기술) : 각종 기계 장치와 컴퓨터 등 생산 및 정보처리 분야의 하드웨어뿐만 아니라 그것을 이용하는 소프트웨어의 기술을 모두 포함하는 개념
- style(행동관리 특성) : 조직구성원을 지도하는 조직관리의 스타일로서 구성원의 행동강령뿐만 아니라 조직분위기에 직접적인 영향을 주는 요인

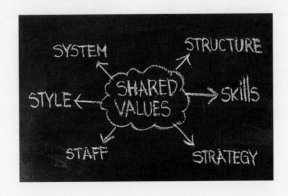

개인윤리

개인윤리는 다른 사람과 상호작용을 할 때 사용하는 개인적 도덕가치관이다. 개인윤리가 있어야 사회윤리가 만들어진다. 또한 개인윤리는 개인이 성장을 통해 건전하게 만들어진 도덕성이다. 그러므로 가족, 친구, 종교생활 등으로부터 많은 영향을 받게 되어 있다. 그러나 한 사람의 비윤리적 행동이 다른 사람에게는 윤리적 행동으로 간주하기도 한다. 개인마다 가지고 있는 윤리적 신념이 다르기 때문이다. 개인이 비윤리적 행동을 일삼는다면 법적인 제재를 당할 것이다. 개인이 어떻게 조직 내에서 행동해야 하는지는 개인윤리에 영향을 받는 것이다. 예를 들면 종교인들로만 구성된 조직은 보통의 조직보다 매우 적극적인 윤리활동을 펼칠 것이지만 그 반대의 조직은 사회에 좋지 못한 부산물을 산출물로 내놓기 쉽다.

3 소유지분의 구조

조직문화는 조직 내의 사회윤리, 직업윤리, 개인윤리 등을 반영한다. 또한 조직문화는 조직의 소유지분이 어떻게 분배되어 있는지와 관계가 있다. 소유지분이란 조직의 이해당사자 중 주주의 권리 혹은 책임이라 할 수 있다. 최고경영자도 강력한 소유지분을 갖는다.[20] 예를 들면 높은 임금, 스톡옵션, 낙하산식 인사(golden parachute) 등이 그것이다. 최고경영자는 자원을 사용할 수 있는 권한을 통해 조직자원을 통제하고 의사결정을 내린다. 경영자 역시 강력한 권리를 가지지만 구성원도 권리를 가지고 있다. 종신고용을 보장받는다거나 극히 일부이지만 종업원지주제(employee stock ownership)를 통한 경영 참가 등이 그것이다.

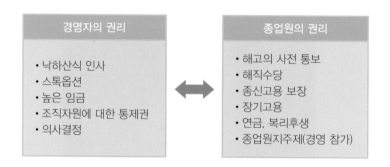

[그림 9-5] 경영자와 종업원의 권리

조직시민행동에 반하는 행동 중에서 가장 심한 것이 조직절도행동이다. 독일에서는 종업원 절도가 통하지 않는다. 루르지방의 한 포장지 제조회사 직원인 모하메드 쉐이크는 회사 자산을 횡령한 죄로 해고당했다. 사무실에서 휴대폰을 충전했으므로 약 25원 어치의 회사 전기를 훔친 것이 횡령의 전부였다. 베를린의 한 슈퍼마켓에서 30년 동안 일해 온 계산원이 빈 병 환불보증금 2,300원을 훔쳤다가 해고되었다. 청소용역회사 재활용품 수거원으로 10년간 일해 온 메흐메트는 쓰레기로 버려진 아기침대를 수거해서 집에 가져갔다가 해고당했다. 생크림 판매원이 돈을 안 내고 생크림을 먹었다가 해고된 후 법원에 자신을 해고한 회사를 고소했다가 패소했다. 우리나라 사원들도 이젠 조심해야 한다. 아이스크림 판매원이 손님과 주인이 없을 때 손님에게 퍼주는 수저를 이용하여 아이스크림을 퍼 먹는 것은 회사재산의 절도이다. 점심 식사 후에 친구와 카페에서 오랜 시간 잡담을 나누는 것도 회사시간의 절도이다. 심지어는 근무시간에 인터넷으로 개인 핸드백을 구입한다든지 사적인 메일을 주고받는 것도 회사시간을 절도한 범인으로 몰릴 수 있다. "난 회사물건을 훔치거나 공금횡령을 한 적이 없다"고 큰소리치는 사람도 시간 도적질은 했을지 모른다. 업무시간에 전화통 붙들고 사적인 농담이나 한다든가 회사에 지각하거나 일찍 퇴근한다든가 바쁜 집안일이 있을 때 아프다고 핑계를 대고 출근을 안 했다면 시간도둑이다. 미국의 경우에는 회사원 60%가 시간 도둑이라니 공사구별이 약한 우리나라의 경우 거의 전부 시간도둑이 될 수 있다. 실수로 불량품을 만들었는데 숨긴다든가 잘못을 감추는 것도 회사이익에 타격을 가한 것이기에 회사 자산을 훔친 것과 다름없다. 물건을 더 팔려고 고객에게 거짓말해서 팔았다면 고객 자산을 절도한 것이다. 법에 저촉되지도 않고 처벌받지도 않는 조직절도는 그 외에도 무한하다. '남들도 다 한다'면서 공공연하게 절도행각을 벌이기도 한다. 모두가 도둑이면 도둑잡기는 정말 어려워진다.

국내기업 다섯 곳 중 한 곳이 기업주 및 임직원의 개인비용을 회사 경비로 처리한 혐의가 있는 것으로 밝혀졌다. 국세청이 지난 3년간 법인세 신고 자료를 분석한 결과 12월 말 결산법인 중 56,472개 기업이 회사 경비를 기업주 및 임직원의 개인용도로 사용한 것으로 나타났다. 결산법인 277,264개의 20.4%가 개인 비용을 회사에서 부담한 셈이다. 회사업무와 관계없는 스포츠 레저용품·의류·주방용구·귀금속 등을 사거나 예식비·한의원·피부미용실 등에 쓰고 회사 경비로 처리한 경우도 있다. 법인카드를 법인이 아닌 개인이 써야 하니 달리 방법이 없나 보다.

조직이 성장함에 따라 조직 유효성이 떨어지는 이유는 바로 변화에 적절하게 대응하지 못하는 조직문화, 조직구조에 있다. 최고경영자는 복잡성과 조직규모의 확대에 따른 통제 문제를 해결할 수 있는 조직구조를 설계해야 한다.

◆◆◆ 조직 인사이트 9-9   기업윤리

윤리(ethics)란 기업활동과 관련하여 공정, 정의, 양심, 선행, 에티켓, 도덕, 규범 등을 지키는 것이다. 이해당사자 간에 당연하게 수행해야 할 도덕적 가치관이 바로 기업윤리이다. 기업윤리와 유사한 용어로는 경제윤리, 상업윤리, 직업윤리, 사회적 책임, 기업가의 윤리, 산업윤리 등이 있다.

세계 2위의 미국 증권회사인 모건 스탠리(Morgan Stanley)사는 출장 중 고객과 함께 스트립쇼를 구경한 남자직원 네 명을 해고했다. 그런데 해고 사유는 그들의 비도덕적 행동 때문이 아니었다. 여자직원을 배제한 채 남자들끼리만 특정 행사에 참여하는 것을 금지한 사규를 어긴 때문이었다. 이 회사는 과거에도 전 현직 여직원들로부터 소송을 당하고 벌금을 지불한 적이 있었다. 이유는 남자 직원들끼리 고객과 골프를 치거나 유흥주점에 갔기 때문에 여성 직원들이 승진과 실적에서 차별을 받았다는 것이었다. 이러한 위험은 우리나라도 곳곳에 존재한다.

1 윤리적 행동의 장점

이해당사자 간에 당연하게 수행해야 할 도덕적 가치관이 바로 기업윤리이다. 이 기업윤리가 조직문화를 형성하는 중요한 부분임은 두말할 나위 없다. 다양한 이해당사자가 조직의 활동을 수행함에 있어 경쟁적 관계에 놓여 있으며 조직은 이러한 이해당사자에게 좋은 평을 얻기 위해 아주 공정하게 노력하고 있다. 윤리적 조직문화를 창출해 내는 것은 최고경영자의 주요한 권리 중 하나이다. 경영자가 윤리적 조직문화를 창조해 내는 것은 윤리적 가치를 지지하는 개인의 품성에 달려 있다. 모든 조직은 윤리적 가치를 만들어 내기를 희망한다. 왜냐하면 윤리적 행동의 장점이 조직이나 사회에 모두 이득을 주기 때문이다.

윤리적 규칙의 가장 중요한 효과 중 하나는 개인적 이득의 추구를 막는 데 있다. 자기 이해관계만을 추구하는 행태를 잘 규제해야 공통의 비극(tragedy of commons)을 막을 수 있다. 한 도시에 여러 사람이 동일한 땅을 소유하고 있다고 하자. 이를 공동의 토지라고 하자. 각각은 자기의 이익을 극대화하려고 할 것이다. 그러므로 소유자마다 개인의 이득을 높이고자 각기 소를 방목하기에 이른다. 그러나 얼마 가지 않아 비좁은 땅에 너무 많은 소가 방목되고 결국 풀이 부족해져 소가 잘 자라지 못하고 죽게 된다.

이와 유사한 일이 조직에서는 쉽게 발생한다. 경영자가 자기 이익만을 챙기려 든다면 종업원을 비롯하여 이해당사자에게 해를 끼치게 되는 것이고, 기업이 비경쟁적이 되든 말든 자기 월급 상승에만 관심을 가진 노조가 있다면 기업은 공통의 비극으로 어려움을 겪게 될 것이 뻔하다. 윤리적 가치관이나 규칙은 자기 이득을 챙기려는 행동을 통제하는 역할을 한다. 그러므로 윤리적 가치는 바람직한 목표를 수립하는 데 도움을 준다. 조직은 공정한 경쟁 상황 속에서 사람들의 활동에 제약을 가한다. 경쟁자와 경쟁하는 사람이 윤리적이야 함은 기본이다. 가격과 품질에 대한 경쟁도 법적으로 윤리적으로 타당해야 한다. 조직문화 안에서의 윤리적 강조는 구성원의 권리가 무엇인지 결정짓는 데 매우 중요하다.[21]

또한 윤리적 행동을 통한 장점은 긍정적인 평판효과(reputation effect)를 얻는다는 데 있다.[22] 사람들은 비합법적이고 비윤리적인 활동에 종사했던 조직을 매우 불신하는 경향이 짙다. 하지만 윤리적 행동을 하는 조직은 좋은 평판을 유지한다. 비록 비윤리적 기업이 단기간의 혜택만을 얻는 사이, 장기간 소비자의 뇌 속에 부정적으로 자리 잡게 된다면 얻는 게 없는 것이다. 평판효과가 바로 종업원이나 경영자가 윤리적으로 행동해야 함을 설명한다. 또한 중요한 것은 비윤리적인 행동이 조직 내 어느 특정인의 행동이어도 사람은 그것을 그 조직 전체로 확대하여 간주하는 경향이 있기 때문에 한 사람의 잘못이 모든 종업원에게 영향을 주고 손해를 입힌다는 것을 명심해야 한다. 따라서 이러한 비윤리적 행동을 막기 위해 법적, 사회, 관습적 통념이 필요하다.

2 비윤리적 행동의 원인

조직이나 개인이 비윤리적으로 행동하는 이유는 무엇인지 살펴보자.

개인윤리의 소멸

개인은 성장하면서 각종 윤리적 원칙과 도덕성에 대하여 학습한다. 윤리는 가족, 친구, 종교, 제도, 학교, 기타 준거조직으로부터 학습된다. 자신의 경험으로부터 사람은 옳고 그른 것을 구별하기 시작한다. 예를 들어 가족의 일부가 범죄에 연류되어 있고 가족구성원이 이단종교에서 일하고 있다고 가정해 보자. 과연 그 상황 속에서 건전하고 올바른 개인윤리가 만들어질 것인가.

자기 관심만의 추구

다른 사람에게 신경 쓰지 않고 오직 자신의 활동에만 관심을 가질 경우에 특히 윤리적 문제가 발생하게 되어 있다. 이완용은 나라는 어떻게 되든 말든 일본에 조선을 팔아먹었다. 그러면서 자기는 큰돈을 챙길 수 있었다. 예를 들어 10억짜리 프로젝트 계약을 성사시킨다면 회사의 부사장으로 승진된다고 하자. 그러나 500만 원 정도의 뇌물 제공이 필요하다고 하자. 계약만 성사되면 경력과 미래는 보장된다. 내가 주지 않아도 다른 회사에서 계약을 따기 위해 뇌물을 줄 것이고 뇌물을 준다고 해도 내 개인 돈이 지출되는 것도 아니다. 잘되기만 한다면 나는 부사장으로 승진한다. 결과적으로 개인이 손해 볼 것이 없다고 생각하고 뇌물을 제공한다. 어려움에 빠진 기업일수록 비윤리적인 행동은 증가한다. 살아남기 위해 비윤리적·불법적 행동을 서슴지 않는 것이다. [23]

외부 압력

비윤리적 행동은 사람이 수행하는 외부 압력이 강하다고 느낄 때 증가한다. 회사의 성과가 감소하면 경영자는 성과에 주목하고 있는 주주로부터 압력을 받을 것이다. 자신이 직장을 잃을 수도 있다는 공포, 그래서 기업의 가치를 증가시킨다는 이름 아래 비윤리적 행동을 한다. 또한 외부 압력을 받으면 개인적이기보다는 조직적으로 비윤리적 행동을 위장하고 정당화한다.

3 기업의 사회적 책임

기업의 사회적 책임(social responsibility)은 조직활동에 의해 직·간접적으로 영향을 받는 이해당사자의 도덕적 책임감이다. 기업이 이윤을 추구할 때 사회 전체의 복지도 동시에 고려해야 한다는 사회적 요구를 말한다. 사회적 책임은 기업윤리와 관련되는 것이다. 하지만 이러한 사회적 책임에 대해서 찬성과 반대가 꾸준히 제기되어오고 있다.

기업은 사회에 봉사해야 하는가? 윤리경영이 필수적인가? 윤리경영에 대한 사회적 요구에 대한 기업의 대응전략과 이에 대한 이해관계자의 반응은 어떤 유형이 있을까? 그리고 과연 윤리경영은 조직의 성과를 높일 수 있을까? 기업의 목적은 이윤 추구이다. 그런데 사회에 봉사만 하고 사회에서 요구하는 의무를 철저히 이행하다 보면 결국 사회적 비용(social cost) 때문에 이윤 대신 손실을 보게 된다. 어느 것이 옳은가?

기업의 목적은 이윤 추구이다. 그런데 사회에 봉사하든지 사회에서 요구하는 의무를 철저히 이행하다 보면 결국 사회적 비용 때문에 이윤 대신 손실을 보게 된다. 어느 것이 옳은가? 이에 대해 찬성과 반대라는 양극단의 견해가 맞서고 있다.

• 고전적 견해(반대) : 기업은 일차적으로 돈을 벌어야 주주와 사원을 먹여 살릴 수 있다. 기업이 사회적 문제에 신경을 쓰다 보면 주주의 배당도 줄어들며 사원의 봉급도 많이 줄 수 없어, 결국 주주와 사원 모두를 놓치게 된다. 기업은 돈을 버는 조직이지 사회봉사활동을 하는 조직이 아니다.

• 사회경제적 견해(찬성) : 각 개인이 자신의 행복 추구를 위해 노력하면서도 이웃을 위해 봉사활동을 하듯이, 기업도 사회의 한 구성원으로서 행복한 사회를 위해 공헌을 해야 한다. 더구나 기업은 개인보다 재력이나 능력도 더 있고 사회에 대한 영향력이 더 크기 때문에 더욱 그렇다. 또한 기업이 사회적 책임을 다한다면 고객이나 지역사회로부터 환영을 받게 되어 장기적으로는 회사에 이익이 된다.

기업의 사회적 책임 반대론

기업은 일차적으로 돈을 벌어야 주주와 사원을 먹여 살릴 수 있다. 기업이 사회적 문제에 신경을 쓰다 보면 주주의 배당도 줄어들 것이며 사원의 봉급도 많이 줄 수 없어 결국 주주와 사원 모두를 놓치게 될 것이다. 설령 그렇게까지 되지는 않더라도 제품 가격이 올라 소비자가 골탕 먹게 되어 시장경쟁력이 떨어지고 경영이 부실화될 것이다. 경제학자 프리드만(M. Friedman)은 조직은 사회의 기본적인 규칙에 따르는 것으로 법적·윤리적 관습의 영향을 받는다고 하였다.[24] 이러한 반대론자는 기업이란 단지 생존하고 있는 것만으로 책임을 다하고 있는 것이라며 자유주의적 사상에 입각한 영리원칙을 중시한다. 또한 기업은 돈을 버는 조직이지 사회봉사활동이나 하는 전문기관도 아니며 윤리단체도 아니라서 이와 관련한 사회활동을 할 필요가 없다고 한다. 따라서 사회적 책임 수행은 정부나 봉사기관 같은 전문가에게 맡기고 기업은 이익을 내기 위해 열심히 좋은 물건이나 싸게 만들어 팔면 그것이 소비자를 위하는 길이라고 주장한다.

기업의 사회적 책임 찬성론

기업은 하나의 법인이다. 인간은 이기적이면서도 선을 베풀고 도덕을 지켜야 하듯이 기업도 이기적으로 이윤 추구를 해야 하지만 동시에 사회 속에서 살아가면서 도덕과 윤리를 지켜야 한다고 주장한다. 우리 각자가 자신의 행복 추구를 위해 노력하면서도 이웃을 위해 봉사활동을 하듯이 기업도 사회의 한 구성원으로서 행복한 사회를 위해 공헌을 해야 한다는 것이다. 더구나 기업은 개인보다 재력이나 능력도 더 있고 사회에 대한 영향력이 더 크기 때문에 더욱 그렇다.

또한 기업이 사회적 책임을 다한다면 고객이나 지역사회로부터 환영을 받게 되어 장기적으로는 회사에 이익이 된다. 즉 이윤추구라는 목표 달성에 긍정적으로 기여한다. 근시안적으로 사회적 비용이 아까워서 사회봉사를 외면한다면 고객도 그 기업을 외면할 것이며 곧 이어서 경제적 손실을 가져올 수 있다. 예를 들어 기업이 공해물질을 계속 내뿜게 되면 지역주민에 대한 배상도 해야 하며 사원들의 건강을 해쳐 의료비 부담도 증대할 것이다.

아프리카에서 현지 경찰이 교통위반을 했다며 외국인을 붙잡고 뒷돈을 요구하다가 그 외국인이 3M사 직원인 것을 알고 나서는 "재수 없다."며 떠났다고 한다. 3M은 정교한 윤리경영 매뉴얼을 가지고 있다. 전 세계 3M 직원은 회사의 윤리 규정에 따르겠다는 서명을 한다. 규정에는 정부 관료에 대한 접대·선물은 지위고하·횟수·양에 관계없이 금지한다, 부당 취득의 3배에 해당하는 벌금을 회사에 낸다 등이 있다. 사업과 관련해 상대방에게 연간 50달러 이상의 금품이나 향응을 제공할 수 없다. 다만 커피와 도넛은 제외된다라는 규정도 있다. 웬만한 법률보다 3M 윤리 규정이 더 엄격하며 이를 어기면 원칙대로 처리된다.

존슨앤존슨은 미국 본사는 물론 각국의 현지법인에도 우리의 신조(Our Credo)를 요약하여 석판이나 목판에 새겨 놓았다. 지난 1982년 어떤 정신병자가 존슨앤드존슨의 진통해열제 타이레놀 캡슐에 청산가리를 집어넣어 7명이 사망하였다. 회사 측은 즉각 우리의 신조에 맞추어 대응책을 마련하였다. 창고에 저장되어 있는 모든 재고 물량을 처분하기로 결정하였다. 뿐만 아니라 이미 방출된 타이레놀을 회수하는 데 1억 달러를 지급하였다. 사건 직후 타이레놀의 시장점유율은 32%에서 6.5%로 떨어졌으나 6개월 만에 금방 회복되었고, 현재 미국에서 가장 많이 팔리는 해열진통제가 되었다. 이 기업의 우리의 신조의 내용이다.

• 소비자에 대하여 책임을 진다.
• 사원에 대한 기업의 책임을 진다.
• 사회 공동체에 대한 직원을 책임진다.
• 회사 주주에 대한 책임을 진다.

4 사회적 책임의 대응과 반응 유형

사회적 책임을 실천하되 기업에 따라서 여러 가지 전략으로 대처할 수 있으며 전략이 상황에 따라서 유용하게 작용할 수 있다. 또한 이해당사자별로 사회적 책임의 실천에 대해 나타나는 반응이 다를 것이다.

조직의 대응전략

사회는 기업에 대해 사회적 책임을 실천하고 사회적 책임을 다하도록 다방면으로 압력을 가하는데 이에 대해 기업은 소극적 책임, 예를 들면 법적 의무를 다하지 않으면 고발을 당할 것이요, 적극적 책임, 예를 들어 지역사회봉사를 다하지 않으면 비난을 받을 것이다. 그렇다고 기업이 압력에 못 이겨 사회적 책임만 이행하다가는 손해만 볼 수도 있다. 기업은 압력의 유형과 강도에 따라 다음의 네 가지 대응전략을 적절히 교대로 사용하면서 대처하기 마련이다.

- **방해전략** : 이윤에만 집착하고 사회적 책임 수행은 전혀 신경 쓰지 않고 또한 사회로부터 고발을 당해도 극구 부정한다. 오직 기업의 목표를 이윤 극대화에만 둔다.
- **방어전략** : 소극적으로 법이 요구하는 최소한의 규정만 지킨다. 잘못이 드러나면 정당화하며 변명한다. 즉 불법 행위는 안 하지만 윤리실천에 대한 관심은 없다.
- **적응전략** : 도의적 책임까지 인정하고 사회적 책임의 압력이 크면 책임을 실천한다. 그러나 압력이 없는데도 미리 적극적으로 윤리적 책임을 이행하지는 않는다. 즉 소극적 윤리는 지키지만 적극적 윤리는 압력이 강할 때만 지키는 전략이다.
- **행동전략** : 미리 예방적, 적극적, 자발적으로 사회적 책임을 이행하는 경우이다. 수익성이 높은 대기업에서는 적극적 행동전략이 필요하다. 사회봉사나 적극적 윤리 실천에 대하여 기업이 앞장서서 솔선수범하는 전략이다.

이해당사자의 반응 유형

- **사회구성원** : 우선 기업이 사회적 책임을 많이 이행할수록 지역주민이나 그 기업이 속한 사회구성원은 환영할 것이다. 공해와 환경 파괴로부터의 해방, 예술, 봉사 활동의 혜택은 사회구성원이 바라는 바이다.
- **기업구성원** : 사원은 자기 회사의 사회적 지명도가 높아지니 자부심과 긍지가 커질 것이며 회사에 대해 애착과 호감을 갖고 만족한 상태에서 근무할 것이다.
- **고객** : 기업보다 고객의 편에서 제품 및 서비스를 개발하여 시장에 공급한다면 고객은 더 편리한 생활을 하게 되고 그 기업에 대한 이미지를 좋게 가지고 그 기업의 상품을 애용하게 된다. 뿐만 아니라 기업의 사회적 이미지가 올라가면 우수한 인재들은 기왕이면 평판이 좋은 회사로 몰릴 것이다.
- **주주** : 투자자는 투자하고자 할 때 수익률이 같다면 구태여 국민의 건강이나 안

전을 해치는 도박, 담배, 무기 제조, 방사능 유출 기업에 투자하려고 하지 않을 것이다. 아무리 소액주주라 하더라도 불량식품회사보다 기왕이면 평판 좋은 회사의 주식을 소유하고 싶어 할 것이다. 이외에도 기업 이미지가 좋으면 사회에 많이 알려지고 그것이 기업의 매출 증대와 이익 증대, 나아가서 주가에 반영될 것이라는 기대를 한다.

◆◆ 조직 인사이트 9-12 시행착오를 허용하는 문화

피터스와 워터맨이 쓴 [초우량 기업의 조건]에서 성공 기업의 조건으로 우선 행동해 본다라는 항목을 제시하고 있는데, 개개인의 창의성을 구체화하기 위해서는 작은 시행착오가 허용되는 조직의 분위기가 필요하다. 일본의 다테이시전기에는 7-3의 원칙이라는 것이 있어서, 대기업이 되어도 벤처정신을 잃지 않는 기업문화의 핵을 이루고 있다. 이는 7할의 가능성이 있으면 우선 해 보고, 3할의 위험 발생 가능성은 실행과정에서 대처해 나간다는 의미이다. 이것은 스스로 행동하는 가운데 사업의 흐름을 알고 거기서 얻은 정보를 바탕으로 최적 답안을 도출해 나가려는 생각에 근거한다.

새로운 사업을 시작하는 경우, 시장이나 기술에 관해서 완벽한 정보를 준비한다는 것은 불가능하다. 우리는 항상 부분적 무지(partial ignorance) 상태에서 변화를 만들어 내고 시행착오를 반복해 가는 것이 불확실성이 높은 상황에서 리스크를 가장 떨어뜨리는 방법이라고 말할 수 있다.

5 조직문화와 조직구조

1장에서 설명했듯이 조직구조란 조직행동을 통제·조절하기 위해 만든 과업·권위의 공식적 체계이다. 조직마다 조직문화가 다르기 때문에 조직문화에 적합한 조직구조를 설계할 필요가 있다. 기계적 조직과 유기적 조직은 조직문화가 영 딴판이다. 기계적 조직에서의 가치관, 규칙, 규범은 유기적 조직에서의 그것과 다르다. 기계적 조직은 고층조직이며, 집권화·표준화가 특징이다. 유기적 조직은 수평구조로 분권화, 상호조정 등의 특징을 갖는다. 그러므로 기계적 조직은 예측성, 안정성이 조직문화를 구성하는 요인에 포함되며, 유기적 조직은 창조적이고 대담하며 위험 감수와 같은 표현들이 조직문화에 포함될 것이다. 그러므로 유기적 조직은 혁신과 유연성 달성이 조직문화의 최종 목표일 것이다. 공유된 규범과 가치관은 의사소통 문제를 감

소시키고 정보 왜곡 혹은 정보 흐름을 빠르게 만들 것이다.

더욱이 규범, 가치, 조직언어 등을 통해 팀이나 태스크포스의 성과를 향상시킬 수 있다. 여러 부서가 정보를 공유하는 것이 상대적으로 수월하고 유사한 문화적 가치를 공유하고 있기 때문에 서로 신뢰하기가 좋다. 이것이 왜 제품개발 기간이 짧아질 수 있는지의 하나의 이유이며, 제품팀조직이나 매트릭스조직과 같이 유연성 있는 조직이 태스크포스팀 내의 기능 전문가가 직접 얼굴을 맞대고 서로 상호의존함으로써 더 효과적일 수 있는 것이다. 회사가 집권화 혹은 분권화되어 있는지에 따라 개발되는 문화적 가치가 다르다. 분권화된 권한을 가진 조직은 혁신성과 창조성을 보상하고 촉진하는 데 좋다.

휴렛팩커드사에는 휴렛팩커드 방식(Hewlett Packard Way)이 존재하는데, 이러한 경영철학은 구성원에게 보다 창조적이고 업무에 책임을 다하는 풍토를 만들어낸다. 3M의 경우 개인 업무 시간의 15% 정도를 비공식적으로 자유롭게 사용할 수 있다는 규칙이 있다. 이러한 규칙은 구성원의 사고를 혁신적으로 만드는 데 크게 기여한다. 반면 집권화는 복종, 책임을 강화하는 문화적 가치관을 만들어 낸다.[25]

◆◆◆ 조직 인사이트 9-13　**MS와 IBM의 조직문화**

빌 게이츠가 가지고 있는 가치관이나 신념, 비전 등은 MS의 핵심문화가 되었다. 초기의 성공은 소프트웨어 프로그래머를 동기부여 하는 것으로부터 시작된다. 빌 게이츠는 능력 있는 사람을 선발하여 그에 맞는 자리에 앉혔다. 시간이 흐른 뒤 개인의 창조성 여부에 기초한 규범이 만들어졌고 그에 맞는 보상이 주어졌다. 이를 통해 구성원은 강력한 결속력과 확신을 가지게 된 것이다. 빌 게이츠는 조직을 유기적 조직으로 만들어 권한을 분산함으로써 소규모 작업팀의 작업활동을 조정할 수 있었다. 그는 또한 제품팀조직을 강화하여 조직 내 팀워크를 강조하며 팀 정신(team spirit)을 중시하는 분위기를 창조해 냈다. 위험을 감수해 내는 혁신적인 문화와 강력한 창조성을 주장하여 종업원에게 이익을 분배하고 소유지분을 확대해 주었다. 또한 종업원에 대한 복리후생에 신경을 쓰며 능력 있는 구성원이 다른 회사로 이동하는 일이 거의 발생하지 않도록 하였다. 뿐만 아니라 윤리적 측면에서도 고객과 구성원에게 도덕적으로 행동하였다. 그러므로 MS는 사람, 조직구조, 소유지분, 조직윤리 등이 문화를 만들어 내기 위해 다함께 어울리는 기업이라고 할 수 있다.

이에 비해 IBM의 문화는 어떤가? IBM은 변화를 시도한다. 그들의 문화는 보수적이고 안정을 중시한다. IBM은 소유지분이 성과에 달려 있기보다 조직 내의 연공서열에 의존하고 있다. 또한 고층조직과 집권화된 구조는 복종과 순종을 중시한다. 문화적 가치관이 안정을 강조하기 때문에 IBM은 기술, 고객요구의 변화와 같은 환경변화에 적절하게 적응할 수 없다.

인물 탐구

빌 게이츠(B. Gates, 1955-)

미국 시애틀이 배출한 비즈니스계의 거물이며 기부를 실천하는 박애주의자임. 마이크
로소프트를 이끄는 세계적인 부자 중 한 사람이며 IT계의 혁명을 주도한 인물임.

스티브 잡스(S. Jobs, 1955-2011)

미국 샌프란시스코에서 출생함. 기업가이면서 애플에서 퇴직했다가 다시 입사하여
CEO가 된 인물임. 카리스마 있는 성격의 소유자로 단순한 디자인과 발표의 천재로,
혁신의 마스터와 같은 인물임.

수행과제

1. 다음 중 기업문화에 대한 설명 중 잘못된 것은?

   ① 공유된 가치관, 신념, 사고방식이 문화이다.
   ② 조직문화는 구성원의 행동에 많은 영향을 미친다.
   ③ 조직문화의 궁극적 가치는 열심히 일하기, 전통 고수나 권위 및 존경 유지하기이다.
   ④ 조직문화는 구성원의 의사결정 방법을 통제하며 구성원의 조직운영에 영향을 준다.
   ⑤ 조직문화는 조직의 경쟁우위에 영향을 미친다.

2. "조직에 들어온 신참은 기존의 구성원이 행동하는 방법과 의사결정방식을 이끄는 가치관과 규범을 학습할 필요가 있다." 이 설명은 무엇에 대한 것인가?

   ① 조직학습　　　　　　　② 조직사회화　　　　　　　③ 조직의 전략
   ④ 조직의 기술　　　　　　⑤ 조직의사결정

3. 조직문화가 어디로부터 만들어지는지에 대한 설명 중 잘못된 것은?

   ① 경영자와 종업원의 권리
   ② 조직 내 사람들의 개인적, 직업적 특성
   ③ 조직윤리
   ④ 소유지분
   ⑤ 조직구조

4. 기업윤리에 있어 비윤리적 행동이 일어나는 이유 중 잘못된 것은?

   ① 자기 관심만의 추구
   ② 개인윤리, 도덕의 상실
   ③ 외부 압력
   ④ 기업의 사회적 책임
   ⑤ 생산성 악화

5. 조직문화의 가치는 궁극적 가치와 (　　)로 구분된다.

   ① 생명적 가치　　　　　　② 윤리적 가치　　　　　　③ 수단적 가치
   ④ 사명적 가치　　　　　　⑤ 조직 유효성 가치

6. 조직 역할지향성이 아닌 것은?

   ① 집단적　　　　　　　　② 공식적　　　　　　　　③ 고정적
   ④ 연속적　　　　　　　　⑤ 변화적

7. 조직의 의례가 아닌 것은?

① 통과의례   ② 결속의례   ③ 기술의례

④ 강화의례   ⑤ 파면의례

8. 비윤리적 행동의 원인이 아닌 것은?

① 개인윤리의 소멸   ② 자기 관심만의 추구   ③ 외부 압력

④ 도덕성 상실   ⑤ 기업윤리 준수

9. 기업의 사회적 책임에 대한 자신의 생각을 왼쪽의 키워드를 넣어서 오른쪽에 적어 보자.

기업의 사회적 책임을 반대하거나 찬성할 수 있다.	

10. 다음 글자의 뜻을 알아보고 각 글자가 조직문화와 어떤 관계가 있는지 토론하시오.

改, 替, 代, 變, 返

11. 인간 개개인마다 이념, 가치관, 기질, 개성이 있는 것과 같이 조직도 나름대로의 문화, 즉 구성원들이 공통으로 가지고 있는 방법, 느끼는 방향, 행동 패턴으로서의 가치체계와 목적 및 신념이 있어 조직 고유의 특성이 존재한다. 따라서 성격이 개인의 행동을 결정짓는 중요한 요인인 것처럼, 기업문화는 구성원의 행동에 영향을 행사한다. 여러분은 기업문화를 무엇이라고 생각하는가?(Hint: 첫 글자 모두 영어의 S로 시작하면 총 7개가 있다. 한 가지는 System이다. 그러면 나머지 6개는 무엇인가?)

12. 기업윤리 사례를 찾아보고 조직이 어떻게 이해당사자와 관계할 것인지를 토론하시오.

13. 현대와 삼성, E마트와 월마트는 서로 다른 기업문화를 가지고 있다. 이들 기업문화에 대하여 조사하여 발표하자.

14. 박스 안의 이야기를 읽고 기록을 중시하는 문화가 왜 중요한지 토론하시오.

독일 주재 한국대사관의 한 참사관이 업무 협조를 위해 본에 위치한 경제부 담당자를 찾았다. 둘은 명함을 교환하고 자료 보관실로 향했다. 자료 보관실에는 각종 파일이 비치되어 있었고 아시아 칸은 국가별로 분류되어 있었다. 한국 관련 파일을 꺼냈을 때 참사관은 놀라지 않을 수 없었다. 그동안 그곳 경제부를 찾은 한국인 명함이 한국 관련 파일 속에 보기 좋게 정리되어 있었고, 방문객의 질의답변 내용이 구체적으로 기재되어 있었다. 누가 무슨 자료를 받아갔는지 깨알같이 적혀 있었다. 참사관의 놀란 표정에 경제부 담당자는 "당신의 방문 사실도 이렇게 파일로 정리될 겁니다."라고 말해 주더란다.

독일인의 이러한 습성은 기업에도 파고들고 있다. 파이프오르간을 만드는 회사를 방문했을 때 클라이스 회장은 한국 사람에게 "당신이 우리 회사를 찾은 157번째 한국인"이라며 반기더라는 것이다. 그 회장님은 미리 회사 파일 속에 기록되어 있는 한국인 방문자에 관한 자료를 읽어 둔 것이었다.

라인 강변의 공원에 가면 부모와 산책을 즐기는 유치원생 또래의 어린이들을 흔히 볼 수 있다. 가방에는 인형 한 개와 책 한 권, 메모지, 필기구가 들어 있는 게 보통이다. 인형놀이가 싫증나면 메모지에 그림을 그리거나 무언가를 쓴다. 이런 습관은 어른이 되어서도 그대로 지속된다. 남과 대화하면서도 뭔가를 열심히 적는다. 토론거리를 정리하기도 한다. 독일 주부들은 책에서 좋은 구절을 발견하면 따로 적어서 냉장고나 부엌 벽에 붙여 둔다. 그래서 독일 사회에서 '잊었다'는 말은 용납되지 않는다. '기네스북'도 기록 문화의 산실이다.

1   Smircich, L. (1983). "Concepts of Culture and Organizational Analysis," *Administrative Science Quarterly*, vol.28, pp.339-358.

2   Rokeach, M. (1973). *The Nature of Human Values,* New York: The Free Press

3   Cool, S.D.N., and Yanow D. (1993). "Culture and Organizational Learning," *Journal of Management Inquiry*, vol.2, pp.373-390.

4   Berger, P.L., & Luckman, T. (1967). *The Social Construction of Reality*, Garden City, N.Y.: Anchor Books

5   Jones, G.R. (1983). "Psychological Orientation and the Process of Organizational Socialization: An Inter-actionist Perspective," *Academy of Management Review*, vol.8, pp.464-474.

6   Van Mannen, J., & Schein, E.H. (1979). "Towards a Theory of Organizational Socialization", in B.M. Staw, ed., *Research in Organizational Behavior*, vol.1, Greenwich, Conn.: JAI Press, pp.209-264.

7   Jones, G.R. (1986). "Socialization Tactics, Self Efficacy, and Newcomers Adjustments to Organizations," *Academy of Management Review*, vol.29, pp.262-279.

8   Cusumano, M.A., & Selby, R.W. (1995). *Microsoft's Secrets*, New York: The Free Press

9   Trice, H.M., & Beyer, J.M. (1984). "Studying Organizational Culture Through Rites and Ceremonials," *Academy of Management Review*, vol.9, pp.653-669.

10 Trice, H.M., & Beyer, J.M. (1993). *The Cultures of Work Organizations*, Englewood Cliffs, M. J.: Prentice Hall

11 Pettigrew, A.M. (1979). "On Studying Organizational Cultures," *Administrative Science Quarterly*, vol.24, pp.570-582.

12 Schneider, B. (1987). "The People Make the Place," *Personnel Psychology*, vol.40, pp.437-453.

13 Schein, E.H. (1983). "The Role of the Founder in Creating Organizational Culture," *Organizational Dynamics*, vol.12, pp.13-28.

14 Schein, E. (1992). *Organizational Culture and Leadership*, 2d ed., San Francisco: Jossey Bass

15 Jones, T.M. (1991). "Ethical Decision Making by Individuals in Organizations: An Issue Contingent Mode," *Academy of Management Review*, vol.2, pp.366-395.

16 *The Economist*. (1993). 31 March, p.25.

17 Victor, B., & Cullen, J.B. (1988). "The Organizational Bases of Ethical Work Climates," *Administrative Quarterly*, vol.33, pp.101-125.

18 Kohlberg, L. (1969). "Stage and sequence: The Cognitive Development Approach to

Socialization," D.A. Goslin, ed., *Handbook of Socialization Theory and Research*, Chicage: Rand McNally, pp.347-380.

19 Frankel, M.S. (1989). "Professional Codes: Why, How, and with What Impact?," *Journal of Business Ethics*, vol.8, pp.109-115.

20 Demsetz, H. (1967). "Towards a Theory of Property Rights," *American Economic Review*, vol.57, pp.347-359.

21 Jones, T.M. (1995). "Instrumental Stakeholder Theory: A Synthesis of Ethics and Economics," *Academy of Management Review*, vol.20, pp.404-437.

22 Dobson, J. (1989). "Corporate Reputation: A Free Market Solution to unethical Behavior," *Business and Society*, vol.28, pp.1-5.

23 Baucus, M.S., & Near, J.P. (1991). "Can Illegal Corporate Behavior Be Predicted? An Event History Analysis," *Academy of Management Journal*, vol.34, pp.9-36.

24 Friedman, M. (1970). "A friedman Doctrine: The Social Responsibility of Business Is to Increase Its Profits," *New York Times Magazine*, 13 September, p.33.

25 Mintzberg, H. (1979). *The Structuring of Organizational Structures*, Englewood Cliffs, N.J.: Prentice Hall

Part ⋅⋅ **IV**

조직의 혁신과 개발

조직은 만들어져 활동을 시작하면 다양한 조직의 내부과정이 발생한다. 10장에서는 조직이 성장하여 성숙해지면 경우에 따라서 위기를 맞기도 한다. 따라서 조직수명주기와 쇠퇴에 관하여 학습한다. 이러한 위기에서 벗어나기 위해서는 11장 조직혁신과 변화관리가 개입되어야 하며 혁신과 변화로 안정을 추구해야 한다. 12장은 합리적인 의사결정을 통해 다양한 문제를 이겨내고 극복해야 한다. 이를 위해서 개인학습을 넘어 조직학습, 학습조직에 대하여 학습한다. 13장에서는 조직에서 필연적으로 발생하는 조직갈등, 조직권력, 조직정치에 대하여 배운다. 14장 조직개발은 문제를 인식한 조직이 어떠한 개입을 통해 변화 프로그램을 도입하고 실행하는지에 대하여 상세하게 학습한다.

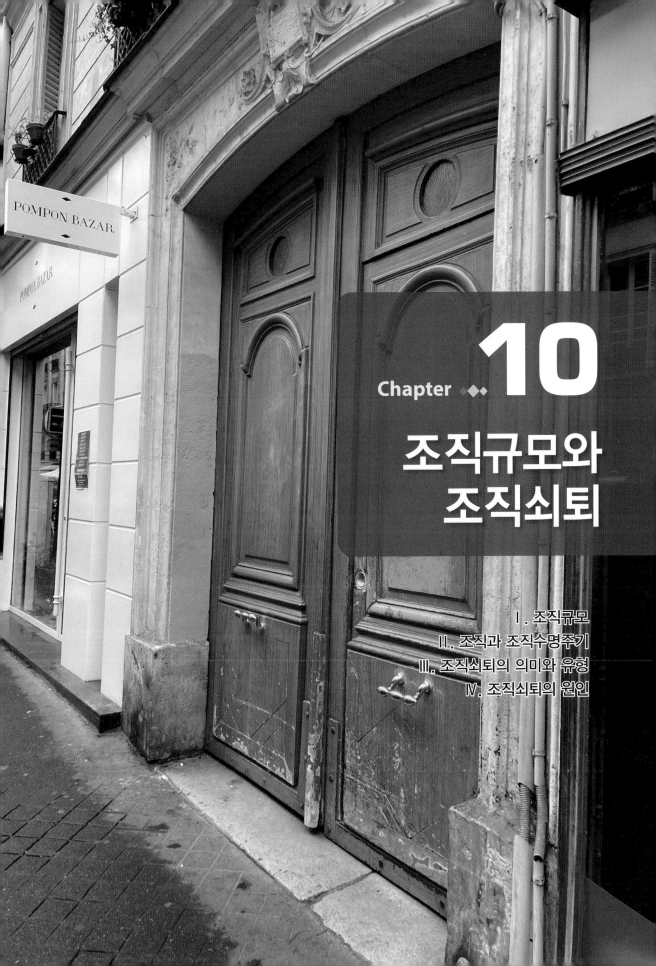

Chapter ✦✦ **10**

조직규모와 조직쇠퇴

조직은 성장을 위해 창조되는 좋은 실체를 사장(死藏)시킴으로써 수명을 다하는 경우가 있다.

- K. Boulding

미래가 불확실하다는 것만이 확실한 상황에서 앞으로 가장 중요하고 유일한 경쟁우위 원천은 바로 지식이며, 조직도 끊임없이 지식을 창조해야 생존할 수 있다.

- I. Nonaka

한 조직의 사무실 인테리어가 완벽할수록, 장식재가 화려할수록 해당 조직이 사라질 시간이 점점 앞당겨진다.

- C. N. Parkinson

◆ 학습목표

학습목표 1 : 조직의 생태학적 접근에 대하여 이해할 수 있다.

학습목표 2 : 조직의 성장과 쇠퇴에 대하여 설명할 수 있다.

학습목표 3 : 조직쇠퇴의 원인을 설명할 수 있다.

학습목표 4 : 조직쇠퇴의 유형을 비교할 수 있다.

◆ 핵심키워드

조직규모, 조직수명주기, 창업가, 성장기, 쇠퇴기, 조직쇠퇴모형, 집중형 쇠퇴, 모험형 쇠퇴, 발명형 쇠퇴, 이완형 쇠퇴, 조직쇠퇴, 조직정신, 성공함정, 환경변화

I 조직규모

　조직은 작은 조직에서 더 큰 조직으로 성장하려는 욕구를 가진다. 조직을 이끌고 통제하는 여러 가지 절차를 통해 작은 조직에서 대규모 조직으로 성장하려고 한다. 그러나 조직은 운영 과정에서 비효율성, 엄격성, 고객에 대한 잘못된 반응 등의 비효율이 생겨나면서 성장을 방해받는다. 대부분의 조직이 초기에는 기업가정신으로 중무장한 채 사업을 시작한다. 그러다가 환경변화에 대처하지 못하거나 유연성을 잃어버리면서 어려움을 겪는 조직도 있다. 조직에 있어 가장 쉽게 범하는 문제로는 조직규모 문제 혹은 점점 관료제로 변해 가는 문제가 나타난다.[1]

　조직을 크게 혹은 작게 시작하는 것이 좋은지에 대해서 많은 논쟁이 있다([그림 10-1] 참조). 조직규모에 따라 조직을 설계해야 한다는 점에서 규모가 조직에 영향을 행사하는 요인이 되기 때문에 조직규모에 관심을 가질 수밖에 없다. 조직은 최상의 제품을 시장에 내놓거나 제품 및 서비스를 통해 더 많은 이익을 창출하려는 목적보다는 다른 조직보다 더 빠르고 더 많이 양적으로 성장하는 것에 목적을 두는 경우가 흔하다.[2] 최근 기업을 보면 거대한 조직을 지향하면서 그 성장을 가속하고 있는 것을 볼 수 있다. 그런 기업은 그들이 속한 산업에서 수익을 독차지 하거나 원재료 공급선이나 판매망에도 직접 손을 대어 사업 영역을 넓힘은 물론, 전 세계를 상대로 한 글로벌 기업으로 계속 성장하려고 애쓴다.

[그림 10-1] 대규모 조직과 소규모 조직 비교

1 대규모 조직

조직이 다양한 자원과 규모의 경제를 가지고 있다면 경쟁우위를 갖는다. 대규모 조직은 경제적이고 사회적인 힘으로부터 많은 지원을 받는다. 대규모 조직은 표준화되어 있고 기계적 조직구조로 운영되는 복잡한 존재이다. 조직에는 수백 명 이상의 기능부서 전문가가 포진되어 다양한 제품 및 서비스를 생산하기 위해 자신이 맡은 여러 가지 과업을 수행하고 있다. 대규모 조직은 구성원을 조직인(organizational man)으로 간주하며 구성원의 임금과 승진을 적절하게 조정하면서 오랜 기간 동안 근무토록 하는 데에 관심을 갖는다. 하지만 거인과 같은 조직(giant organization)은 최적화(optimization)는 달성하고 있지만 혁신적이지는 못한 경우도 많다.

2 소규모 조직

작은 것이 아름답다라는 말이 있다. 이러한 주장에도 불구하고, 현실적으로 소규모 조직은 그리 각광을 받지 못한다. 하지만 급변하는 시장의 환경과 글로벌 경제에서 효과적으로 반응하기 위해서 작은 조직이 되어야 한다는 주장 역시 오래되었다. 소규모 조직이 갖는 장점은 시장 조건과 환경 조건의 변화, 고객욕구의 변화에 빠르게 대응할 수 있다는 점이다.[3] 소규모 조직은 수평구조와 유기적 조직구조가 특징이다. 소규모 조직에서는 지속적인 혁신과 기업가정신 고무하기 등을 관리하는 것이 대규모 조직보다는 쉬울 수 있다.

> ### ◆◆◆ 조직 인사이트 10-1 조직과 조직구조
>
> 조직은 기계·상품·선수·심판·직원 등과 같은 눈에 보이는 실체뿐 아니라 조직의 에너지를 통한 갖가지 관계에 의해 특징 지을 수 있는 무형의 것도 함께 존재한다. 그러므로 은행, 증권, 생명 등과 같은 회사명이 들어가는 공식 직함이 그 조직을 나타내는 것이 아니라, 조직 내에서 이루어지는 의사결정이나 토론이나 직원 상호 간의 의사소통이나 조직 내의 권력관계와 같은 개념이 바로 조직의 중추가 되는 것이다.
>
> 조직이란 거대한 건물과 유사한 구조(structure)라고 한다. 따라서 조직이란 말과 조직구조라는 말은 같은 말이다. 조직을 하나의 건물에도 비교하였는데, 이는 토대(infra)가 흔들리면 건물 전체(조직구조)가 흔들리게 된다고 보는 것이다.

하루에도 수많은 기업이 탄생하고 유명했던 기업이 하루아침에 사라진다. 이렇게 수많은 기업이 사라지는 것을 보면, 기업은 계속기업을 전제(going concern)로 한다는 원칙이 유지될 수 있을지 의문이 생긴다. 계속기업의 전제란 기업이 미래에도 망하지 않고 목적을 달성하기 위한 행동을 지속시켜 나간다는 것이다. 따라서 기업은 시스템 내부와 외부의 다양한 구성 요소와 균형 잡힌 상태를 보존해야 한다. 이와 관련된 것을 조직균형(organizational equilibrium)이라 한다.

인간은 태어나서 유년기, 청년기, 장년기를 거쳐 죽음에 이르는 피할 수 없는 운명을 가지고 태어난다. 어떤 조직은 만들어진 목적이 이루어지면 자연스럽게 사라지는 경우도 있다. 인적·물적 결합체인 유기체로서의 기업조직은 처음에 만들어질 때는 말 그대로 계속기업으로서 영원히 존재하고자 하는 목표를 가지고 태어난다. 그러나 성공을 향하는 것만은 아니며 채 걸음마를 떼기 전에 쓰러지거나 정상에 올랐던 기업이라 하더라도 자리를 계속 지키지 못하고 실패하여 사라져 가는 경우가 많다.

기업조직이 걷는 길은 확대와 축소, 흥망성쇠가 교차하는 복잡한 길이며 모든 기업에 적용된다고는 할 수 없지만 이러한 변화과정은 어떤 순환성, 단계성을 가진다.[4] 이를 조직수명주기(organizational life cycle, OLC)라고 부른다. 각 단계에서 여러 가지 도전에 부딪히며 변화와 혁신을 통하여 어려움을 극복하는 조직은 새로운 성장의 기회가 있지만 그렇지 못한 조직은 순환주기를 따라 쇠퇴하고 만다.

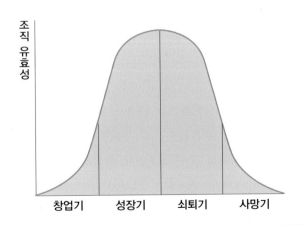

[그림 10-2] **조직수명주기**

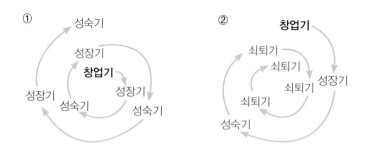

[그림 10-3] 조직수명주기의 순환

　　조직은 효과적인 자원 사용과 구성원의 가치창출활동을 위해 조직마다의 전략, 조
직구조, 조직문화 등을 선택한다. 이러한 조직 나름의 차별화는 다양한 조직성과를
창출한다. 그러므로 조직은 환경과의 만족스러운 적합관계를 통해 조직에 내재한 역
동적인 영향력을 감지해 내야 한다.

　　인간처럼 조직도 탄생하고 성장하고 발전하다 사라지는 조직수명주기가 존재한
다. [그림 10-2]에서처럼 조직수명주기는 크게 창업기, 성장기, 쇠퇴기, 사망기의 4
단계로 구분된다.[5] 어느 조직이든 조직수명주기와 같은 변화를 겪지만 그렇다고 모
든 조직이 동일하게 변하는 것은 아니다. 각각의 단계에 있어서 조직마다의 경험이
같지 않기 때문이다. 어떤 조직은 창업하자마자 고객에게 사랑받지 못하고 성장기를
거치지도 못한채 사망기로 접어들기도 한다. 반면에 어떤 조직은 성장기를 오랜 기
간 동안 즐기면서 성장기를 더 늘려가기도 한다. 이렇듯 조직은 그 수명을 늘려 가는
것이 중요하다. [그림 10-3]의 ①은 성숙기를 늘려 가는 조직의 모습을, ②는 창업은
거창했으나 시간이 지남에 따라 쇠퇴해 가는 조직의 모습을 나타낸다.

1 창업기

　　조직은 창업가(entrepreneurs)라 불리는 배짱 두둑한 개인, 기업가정신을 가진 자가
가치창출에 대한 핵심역량을 소유함으로써 그러한 핵심역량을 사용할 필요성과 기
회를 인식할 때 설립된다.[6] 예를 들어 최초로 E-메일을 통해 저가에 컴퓨터를 판매했
던 마이클 델(M. Dell)이라든가, 건조하고 부서지는 쿠키에서 촉촉한 쿠키를 만들었
던 데비 필즈(D. Fields)와 같은 사람이다. 마이클 델의 경우 경쟁자보다 낮은 가격에
서 컴퓨터를 팔 수 있는 사업수준전략을 구사하였고, 데비 필즈는 차별화전략을 통

해 고객에게 전혀 다른 쿠키를 제공할 수 있었다.[7]

신기함에 대한 부담

창업기 혹은 탄생기(organizational birth)는 조직의 창업 단계로서 조직수명주기에서 가장 위험한 단계라고 할 수 있는데, 이 단계에서 실패할 가능성이 가장 높기 때문이다. 그 이유는 새로운 조직에 대하여 사람은 신기함의 부담(liability of newness)이라는 것을 느끼기 때문이다.[8] 이러한 부담은 다음과 같은 여러 가지 이유 때문에 더 커진다.

첫째, 창업가는 남달리 모험심이 강하다. 창업가에게 성공 보장이나 미래 예측을 기대하는 것은 무모할 수도 있다.[9] 창업가는 위험이 크면 수익도 클 것이라고 생각하기 때문에 사업에서 이성적으로는 손을 떼지 못하다가 나중에 더 손해를 입는 경우도 많다.[10]

둘째, 신생 조직이 위험천만한 것은 가치창출과정을 지원해 주는 공식조직이 부족하든지 활동의 안정성, 확실성 등이 부족한 것을 들 수 있다. 처음으로 해 보는 것이기에 시행착오를 겪는다. 조직구조, 기술력, 의사결정의 절차는 하루아침에 이루어지기보다 점증적으로 구성되는 경우가 더 많다. 특히 창업기에 있는 조직은 경영자 한 사람에 의해 비공식적으로 운영되는 일이 비일비재하며 구성원 보상이나 통제도 경영자 개인의 직접적 감독에 의존하므로 체계적이고 공식적 시스템을 갖출 겨를이 부족하다.[11] 따라서 창업기에는 유기적 조직이 최대의 장점이기도 하면서 단점이 되기도 한다.

◆◆◆ 조직 인사이트 10-2 페니실린 발명

페니실린을 발견한 알렉산더 플레밍의 연구실은 매우 열악하고 협소하였다. 창문의 유리창은 깨져서 바람과 먼지가 들어왔다. 그는 이 연구실에서 곰팡이에 대한 연구에 몰입하였다. 어느 날 그는 깨진 창문을 통해 날아온 곰팡이의 포자를 현미경으로 관찰한 후 중요한 사실을 발견하였다. 그 곰팡이에 페니실린의 원료가 숨어 있었던 것이다. 그는 이것을 토대로 페니실린을 만들었다.

몇 년 후 한 친구가 플레밍의 연구실을 방문하고 깜짝 놀랐다. "이렇게 형편 없는 연구실에서 페니실린을 만들다니……. 만약 자네에게 좋은 환경이 주어졌다면 엄청난 발견들을 했을 텐데……." 플레밍은 빙그레 웃으면서 대답했다. "이 열악한 연구실이 페니실린을 발견하게 해 주었다네. 창틈으로 날아온 먼지가 페니실린의 재료가 되었지. 중요한 것은 환경이 아니라 강한 의지라네."

적대적 환경

창업기가 가장 위험한 단계인가? 신생 조직의 환경이 매우 적대적(hostile)이기 때문이다.[12] 예를 들어 두 조직이 매우 희소한 자원을 동시에 구한다고 할 때 두 조직 간에는 치열한 경쟁이 벌어질 수 있다. 이처럼 기존에 존재하는 조직 속에서 새로운 조직이 탄생하는 비율에 영향을 주는 요인을 설명하는 이론이 바로 모집단생태학이론(population ecology theory)이다. 모집단생태학이론의 모집단이란 환경 속에서 동일한 자원을 얻으려고 경쟁하는 일련의 조직군(群)을 의미한다. 예를 들어 놀이동산 내에서 서로 경쟁하고 있는 스낵코너들은 스낵 모집단이다. 컴퓨터 시장에서 삼성, LG, IBM, COMPAQ, Dell 등과 같은 컴퓨터회사도 모집단인 것이다. 결국 모집단생태학이론은 자연 속의 유기체와 같이 조직도 자신의 생존을 위해 필요한 자원을 획득할 수 있는 능력에 의존한다. 이러한 이론은 조직변동의 중심적 동기로서 리더십, 의사결정과정과 같은 조직 내부의 과정 측면보다 자원 분포와 같은 환경적 특성에 더 많은 관심을 갖는다. 환경 중에서도 특히 조직이 형성되는 역사적 상황, 즉 거시 사회적이고 정치경제적인 상황에 주목한다.

◆◆◆ 조직 인사이트 10-3　모집단생태학 이론

모집단생태학이론에서는 조직의 생성, 발전, 소멸의 상황을 자연계에서 일반 생물들이 진화해 온 과정과 유사하게 취급한다. 따라서 조직변동을 변이(variation), 선택(selection), 보전(retention)의 단계로 보는데, 변이에는 새로운 조직이 출현하여 기존의 조직에 유입되면서 생기는 변이와 조직이 스스로 성장하여 조직규모가 증대하고 복잡성이 증대하면서 나타나는 변이가 있다. 선택은 어떤 변이가 성공적으로 선택되고 어떤 것은 탈락하는가와 같다. 조직은 환경과의 적합성 여부에 따라 성공적으로 선택되어 생존하거나 조직 전체가 도태될 수 있다. 보전은 환경에 의해 성공적으로 선택된 조직형태가 지속되고 계승되는 과정이다.[13]

이러한 노력과정에서 조직은 필연적으로 다른 조직과의 경쟁에 직면하게 되고 자원의 희소성으로 인하여 단지 틈새(niche : 니치, 적소)에 있는 자만이 생존할 수 있게 된다. 틈새라는 말은 특정 모집단이 다른 모집단을 경쟁에서 물리치는 공간적으로 제한된 구역을 의미한다. 따라서 하나의 모집단 내에 있는 서로 다른 조직들은 특정적인 자원 혹은 상이한 환경 틈새에 초점을 두려고 한다.

창업의 수

모집단생태학이론에서는 새로운 환경 속에서 탄생하는 조직의 수(數)에 관심을 보인다.[14] [그림 10-4]처럼 모집단생태학이론에 의하면 새로운 환경 속에서 조직의 탄생비율은 초기에는 급격하게 증가하다가 나중에는 점점 감소하는 S자형을 보인다.[15]

조직의 탄생비율이 급격하게 증가하는 데에는 다음과 같은 두 가지 설명이 가능하다. 첫째, 새로운 조직이 설립되었을 때 그 조직과 유사한 조직에 축적된 지식과 기술을 이용할 수 있다. 많은 신생 조직이 창업가에 의해 설립될 때 기업가는 유명한 조직에 몸담고 있다가 창업을 한다. 예를 들면 미국의 신생 컴퓨터 창업회사는 휴렛패커드, IBM 같은 기존 컴퓨터회사에 있다가 창업을 한 경우가 대부분이다.

둘째, 하나의 조직이 설립되고 생존하면 그러한 창업 사례는 하나의 표본처럼 작용하여 연쇄적으로 창업 붐이 일어난다. 신생 조직의 성공은 새로운 회사를 창업하려는 기업가에게 용기를 제공하며 주주에게 아주 매력적 투자 기회가 된다.[16]

한편 조직탄생비율이 감소하는 데에도 두 가지 이유가 존재한다. 첫째, 조직탄생비율의 감소는 동일한 환경 속에서 이용 가능한 자원이 부족하기 때문에 잠재적 진입자가 감소한다. 맥도날드, 마이크로소프트 등과 같이 최초로 그 사업을 시작한 회사는 선점우위(first mover advantage) 재미를 톡톡히 봤다. 선점우위란 조직이 새로운 환경에 처음으로 진입했기 때문에 얻을 수 있는 혜택이다. 시장에 후발로 참여하는 회사는 자원의 고갈로 인해 여러 모로 어려움을 겪게 되어 있다.

둘째, 자원을 위한 기존 조직의 경쟁이 점점 치열해지기 때문이다. 진입장벽이 높아져 잠재적인 창업 준비 기업들이 산업에 진입하려는 의욕을 잃거나 대규모 기업들

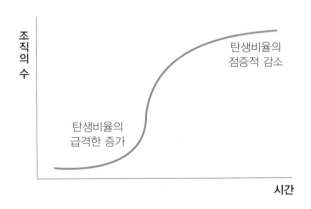

[그림 10-4] 조직탄생비율

이 이미 진입해 있어서 경쟁 자체가 어렵게 된 것이다. 새로운 고객을 얻기 위해서는 엄청난 광고비용이나 제품 혁신과 같은 것이 추가적으로 필요해진다. 더구나 기존 기업은 시장에 진입하려는 잠재 창업자에게 공동으로 대응하려는 움직임까지 보이기도 한다.

생존전략

모집단생태학이론은 환경 속에서 생존의 기회와 자원 획득에 대한 접근을 높이기 위해서 일반적으로 두 가지 전략을 주장한다. 한 가지 전략은 선점전략과 후발전략이고, 다른 전략은 스페셜리스트(specialist)전략과 제너럴리스트(generalist)전략이다.

• 선점전략과 후발전략

새로운 환경에 최초 진입하여 조직을 설립하였다면 선점전략을 추구한다. 선점전략의 장점은 역시 선점으로 인한 우위, 즉 자원 개발권을 처음으로 획득할 수 있다는 점이다. 이러한 결과로 인해 조직은 급성장하고 생존 가능성은 아주 높아진다. 반면 후발전략을 따르는 경우에는 다른 창업가에 의해 처음으로 시도되어 위험이 줄어들 때까지 기다리다 어느 정도 환경 불확실성이 줄어드는 것을 확인하고 창업하는 전략이다.[17]

• 스페셜리스트전략과 제너럴리스트전략

스페셜리스트전략과 제너럴리스트전략의 차이는 환경 틈새의 깊이에 의해 이해할 수 있다. 즉 스페셜리스트전략을 구사하는 조직은 한두 개의 틈새에서 자신의 핵심역량을 집중하는 것이며, 제너럴리스트전략을 사용하는 조직은 여러 개의 틈새를 가지고 있으면서 그 속에서 핵심역량을 가지고 경쟁하는 것을 말한다. 스페셜리스트는 제너럴리스트가 제공하는 고객 서비스보다 더 질 좋은 서비스를 제공하려고 노력한다.[18] 따라서 보다 우월한 제품을 개발하는 데 혈안이 되어 있다.

제너럴리스트전략은 환경 내에 상당한 환경 불확실성이 존재할 때 그러한 환경 불확실성을 줄이기 위해 사용된다. 경쟁하고 있던 하나의 틈새가 사라지면 곧바로 다른 틈새를 향해 이동하게 된다. 그만큼 조직 쇠퇴나 사망의 기회가 더 높다고 보아야 한다. 실질적으로 대부분의 환경에서 제너럴리스트와 스페셜리스트가 동시에 존재하고 있다. 그 이유는 제너럴리스트가 성공할 수 있는 조건에서는 스페셜리스트도 성

	스페셜리스트전략 (하나의 틈새시장에서 운영)	제너럴리스트전략 (여러 틈새시장에서 운영)
선점전략 (환경에 초기 진입)	선점-스페셜리스트전략	선점-제너럴리스트전략
후발전략 (환경에 후발 진입)	후발-스페셜리스트전략	후발-제너럴리스트전략

[그림 10-5] **자원획득을 위해 경쟁하는 전략**

공할 수 있기 때문이다.[19]

• 전략의 선택

선점전략과 후발전략, 스페셜리스트전략과 제너럴리스트전략의 결합을 통해 네 가지 전략이 만들어진다. [그림 10-5]는 환경에 있어서 경쟁하는 네 가지 전략의 예이다. 조직은 네 가지 전략을 추구할 수 있다. 선점-스페셜리스트전략, 후발-스페셜리스트전략, 후발-제너럴리스트전략, 선점-제너럴리스트전략이 그것이다. 기업이 새로운 조직을 이용하여 환경에 일찍 진입하여 하나의 틈새시장을 개발하고 새로운 자원을 이용하는 전략이 바로 선점-스페셜리스트전략이다. 가장 취약한 조직을 위협하면서 시장에 늦게 진입하여 다양한 틈새시장을 노리는 전략이 바로 후발-제너럴리스트전략이다. 후발-제너럴리스트전략은 제품차별화를 중요하게 생각한다.

2 성장기

조직이 조직수명주기의 창업기를 벗어나 생존하였다면 어떤 원인이 그 조직을 환경에 적합하게 만들었기 때문일 것이다. 따라서 원인이 무엇인지 탐색하는 것도 중요하다. 조직은 조직이 직면한 환경 불확실성을 줄이기 위해 희소한 자원에 대한 통제력을 얻으려고 노력한다. 또한 조직은 규모가 커지면서 자원에 대한 통제력을 더 많이 얻기를 희망한다. 성장기는 조직이 가치창출을 위한 활동이나 추가적 자원획득을 위해 핵심역량을 발전시키는 단계이다. 성장기에는 조직의 분업과 전문화가 증가

되며 경쟁우위를 발전시키려 한다. 이때 조직은 더 많은 자원을 획득하려는 노력을 기울인다. 성장기는 조직이 주주의 욕구를 극대화하기 위한 핵심역량을 발전시키는 과정에서 얻게 된다.[20]

이와 같이 제도화이론(institutional theory)을 연구하는 사람은 어떻게 조직이 이해 당사자를 만족시키면서 경쟁 환경에서 생존하며 성장해 나가는지를 설명한다.[21] 이 이론은 조직이 외부 환경으로부터의 제약이나 압력과 조직 내부에서 형성된 비공식 적인 관계, 구성원의 이해관계 등의 변화에 적응하면서 변화해 간다고 주장한다.[22]

제도화이론

신생 조직은 신기함에 대한 부담으로 어려움을 겪게 되어 있으며 결국 희소 자원 을 획득하거나 고객을 유치하는 능력을 개발시키지 못함으로써 쇠퇴할 수도 있다. 조 직의 성장 기회를 증가시키기 위하여 조직은 주주들의 합법적인 동의를 얻어야 한다. 제도화이론에서는 대부분의 조직이 가지고 있는 여러 환경 중 특히 제도적 환경을 강 조한다. 제도적 환경은 가치관이나 규범, 이념에 따라 구성원의 행동을 통제한다.[23] 예를 들어 은행의 제도적 환경이란 구성원이 할 수 있는 엄격한 내규와 업무 절차를 말한다.

유기체로서의 조직이 생존하기 위해서는 제도적 환경이 필요하다. 조직이 생존하 기 위해서는 조직 안정 혹은 생존을 위협하는 대상이나 요소를 조직의 정책결정 구 조 속에 흡수시키고 이를 관행화하여 공식적 혹은 비공식적으로 제도화함으로써 조 직의 안정을 확보해야 한다.[24]

그라이너의 조직성장모형

조직성장모형으로는 그라이너(L.E. Greiner)에 의해 개발된 모형이 가장 유명하다. 그라이너는 조직이 다섯 가지 연속적인 성장 단계를 거쳐 성장하고 발전한다고 주장 하였다. 각 단계는 일정 기간이 지난 후 연이어 발생하는 조직변혁을 통해 다음 단계 로 진행된다고 하였다. 즉 하나의 단계가 어느 정도 유지되다가 여러 가지 문제가 발 생하고 지금까지 유효했던 관리 방법이 부적절해짐에 따라 이를 해결하기 위해 여러 단계의 조직변혁이 일어난다. 경영자는 조직 내 구조상의 변화, 다양한 문제의 속성 을 파악함으로써 적절한 해결책을 발견하고, 결국 조직은 전보다 훨씬 성장, 발전하 게 된다는 것이다. 물론 조직이 변혁기의 문제를 성공적으로 해결하지 못한다면 결

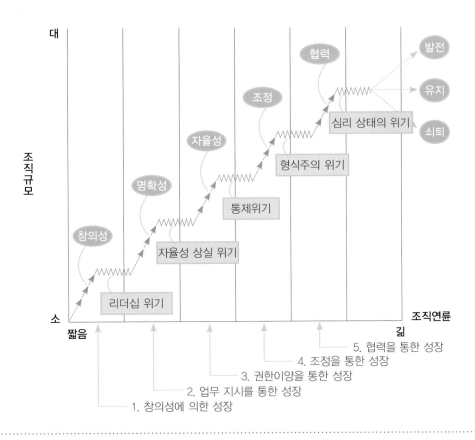

[그림 10-6] 그라이너의 조직성장모형

국 조직쇠퇴의 길을 겪게 된다. 그라이너의 조직성장모형은 다섯 단계로 구분되는데 [그림 10-6]과 같다.[25]

• 창의성에 의한 성장

그라이너는 성장기의 가장 초기 단계에서 창의성(creativity)을 강조한다. 이 단계에서는 새로운 틈새시장을 위한 신제품 개발에 대한 노력이 지속되며 혁신적인 제품 생산으로 재미를 본다. 창업가는 학습을 통해 새로운 절차를 지속적으로 배우며 만들어 낸다. 다시 말해 이 단계는 창업가의 창의력에 바탕을 둔 제품 및 서비스를 통하여 이익이 창출되는 시기라 할 수 있다. 이때 창업주는 조직이 성장함에 따라 조직을 관리하는 경영 방식에 대하여 고민에 빠지기도 하고, 점차 의사소통 문제가 제기되기도 한다. 경영자는 종업원의 수 증가에 따른 관리 문제에 신경을 쓰지 못한 채 창의성과 기술을 중시하면서 종업원의 끊임없는 창의력을 유도하는 데에만 집중한다.

기업의 평균 수명은 얼마쯤 될까? 미국의 기술 의존형 대기업 2,000개의 표본을 조사한 결과 87% 이상이 10년을 못 넘기고 파산했다는 조사 결과도 있다. 일본 닛케이 비즈니스가 '일본의 100대 기업'의 과거 100년간의 변천을 더듬어 보면서 일본 기업의 평균 수명을 조사한 결과에 따르면 상위 100대 기업에 한 번이라도 든 기업의 수는 모두 413개에 달했다. 단순 계산상으로 413개의 기업이 평균 2.5회(1,033÷413) 정도 그 대열에 들었다는 말이다. 그러면 한국의 경우는 어떨까?

한국 기업의 수명, 즉 전성기는 일본 기업의 절반 수준인 평균 16년이다. 한국능률협회가 지난 1965년부터 조사 발표한 국내 매출액 상위 100대 기업의 자료를 기초로 약 10년 간격으로 조사하여 분석한 바에 따르면, 이 기간 동안 100대 기업에 단 한 번이라도 들었던 기업의 수는 총 241개 사이다. 한 기업이 평균 1.6회씩 이름이 올랐다. 대상 기간 내내 최고를 유지한 기업수가 13개이며, 약 60%의 기업이 이 기간 중 최고 대열에서 밀려났다.

이상의 자료에서 기업 간의 생존경쟁이 얼마나 심한지를 단적으로 알 수 있다. 기업의 수명은 30년, 혹은 15년이다 라는 말이 창업 후 그 정도의 세월이 지나면 기업이 소멸하여 존재 자체가 사라져 버린다는 의미는 아니다. 10대 기업 혹은 100대 기업이라 하여 매출액이나 이익의 규모가 업계에서 일정 서열에 낄 수 있는, 소위 기업의 전성기가 그렇게 길지 못하다.

그러다가 리더십 부재로 인한 리더십 위기(crisis of leadership)에 처하게 된다. 조직 규모가 작을 때는 종업원 수도 적어서 창업자이자 경영자의 직접적인 감독 및 비공식적인 의사결정도 잘 통했는데 점차 종업원 수가 많아지면서 조직 내의 수평적·수직적 의사소통 문제가 대두되고 원활한 조정이 필요한 강력한 리더십이 필요해지는 것이다.

• 업무 지시를 통한 성장

리더십 위기로 인해 조직은 업무 지시(direction)를 통한 조직성공을 모색한다. 무능한 리더는 퇴진하고 새로운 전문 경영자가 조직 내에 유입된다. 전략이 중요한 시기로, 조직구조나 조직문화에 대한 재평가가 뜨겁게 달구어진다. 이제 구성원의 활동을 통제하기 시작하며 의사결정 권한은 보다 집권화된다. 많은 공식적이고 표준화된 규칙과 절차가 만들어져 구성원의 활동을 통제하거나 감시하는 기능이 많아지는 시기이다.

그러나 공식화된 의사결정과 권한의 집권화로 인해 또 다른 형태의 위기를 맞게 된다. 바로 자율성 상실 위기(crisis of autonomy)이다. 전문경영자의 자율권 문제는 또 하나의 위기로 대두되는데, 핵심적인 권한을 아직도 창업주 혹은 소유경영자가 가지고 있기 때문에 발생한다. 즉 전문경영자는 조직 전반에 걸쳐 활동 범위가 넓고 업무량이 많아지나 상대적으로 권한이 부여되지 않아 어려움을 겪는 것이다. 예를 들어 창업자인 그룹 총수가 절대적인 권한을 가지고 있다면 계열사의 경영을 맡고 있는 사장은 얼굴마담격인 경영자에 불과하다. 또한 지시에 의한 성장은 궁극적으로 사기 저하를 불러온다. 자율권이 부족한 상태에서 지시에 의한 성장은 관료제를 증가시키는 원인이 된다. 과거의 계급제도에 얽매여 자율성이 보장되지 않으면 결국 유능한 구성원이 조직을 떠나는 일이 발생할 수도 있다.[26]

• 권한이양을 통한 성장

창업주가 강력한 리더십을 발휘하거나 전문경영자가 자율성을 최대한 발휘하면서부터 조직은 다시 성장한다. 권한이양(delegation)에 따른 성장 단계이다. 조직은 분화되고 각 부문별 전문경영자에게 권한과 책임이 부여되어 그에 맞는 자율성이 주어지는 단계이다. 경영자와 종업원이 자기 한 일에 알맞은 보상을 받는 것도 매우 중요해지는 이 시기에는 기술적 효율을 향상시키려는 최고경영자의 욕구와 저렴한 원가로 혁신적인 제품을 만들려는 혁신적인 방식을 소유한 야망에 찬 중간관리자나 그 이하 관리자의 욕구 간에 충돌이 발생한다.

의사결정 권한이양에 대한 요청이 밑으로부터 터져 나오면서 조직은 다시 한 번 통제위기(crisis of control)에 휩싸이게 된다. 조직의 최고경영자는 조직의 모든 부분을 장악하여 직접적인 통제와 조정을 되찾으려 할 것이다. 각 부문이 너무 자율적으로 활동하다 보면 부서의 능률에만 관심을 가진 채 조직 전체의 효율을 망각한다. 따라서 부서들의 경쟁 내지 독단적 행동은 부서 간 갈등을 유발하고 알력이 생기면서 조직성장에 해를 끼치게 된다.

• 조정을 통한 성장

통제위기를 해결하기 위해 조직은 최고경영자에게로 권한을 집중할 것인지 여러 부서로 분권화할 것인지에 대해 선택해야 한다. 최고경영자 역할 중 가장 중요한 것은 상이한 부서를 조정(coordination)하는 역할일 것이다. 각 부문의 통제 계획을 수립하거나 여러 부문의 조정을 필요로 하는 업무를 수행함으로써 부문 간 갈등을 배제하고 기업 전체의 입장에서 조정활동을 벌여 나감으로써 조직을 다시 성장으로 이끌어야 한다. 예를 들어 관련 다각화를 추구하는 기업의 경우 조정의 문제가 매우 중요하다. 그러나 이제 조직을 통제하기 위한 각종 시스템을 정비하여 조직이 성장하기에 이르지만 엄격한 통제로 인해 다시 구성원들을 경직시키고 억압하는 폐단이 발생하기도 한다. 즉 지나친 형식주의 위기(crisis of red tape)에 빠지게 된다. 이 시기에는 규칙과 절차가 증가하고 효율을 증대시키기 위한 각종 형식이 도입되기 시작하여 조직은 관료화되고 지나치게 공식화가 증대되면서 점차적으로 경직화되어 간다.

• 협력을 통한 성장

그라이너의 조직성장모형에서 성장기의 최종 단계는 협력(collaboration)을 통한 성장이다. 협력을 통한 성장기에는 개인들의 차이점을 인정하고 이러한 차이점을 극복하기 위한 구성원 간의 상호작용을 중시한다. 한편 공식적인 개인통제보다는 사회통제나 자기훈련이 중시된다.[27] 따라서 지나친 금기 사항 및 제도화, 관료화를 제거함으로써 조직을 성장시켜 나가고자 한다. 또한 협력적으로 일하는 매트릭스조직이나 자율생산팀을 사용함으로써 고객욕구에 부응할 수 있는 능력이나 신제품을 신속하게 개발할 수 있는 능력을 키워 나간다. 라인과 스태프의 협력, 중간관리자와 최고경영자의 협력, 외부와 내부의 상호협력으로 조직을 성장시켜 나간다.

협력이란 조직을 더욱 유기적으로 만들어 상호조정을 보다 확대하며 표준화의 사용을 줄게 한다. 기계적 조직에서 유기적 조직으로 변화하는 조직성장은 여러 가지 문제를 극복해야 함을 의미한다. 그라이너는 협력 단계에 나타나는 위기를 1970년대까지는 알 수 없는 위기로 표현했다가 나중에 심리 상태의 위기로 수정하였다.

3 쇠퇴기

그라이너의 조직성장모형에서 조직은 성장기의 5단계마다 문제점 혹은 위기에 직면한다고 주장한다. 그러한 위기를 잘 관리하지 못한다면 조직은 쇠퇴하고 마는 것이다. 조직수명주기에서의 쇠퇴기는 조직의 장기적 생존을 위협하는 내외부 압력을 예측하고, 인지하고, 회피하고, 중화시키고, 적응시키는 것에 실패했을 때 일어난

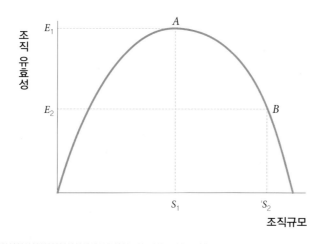

[그림 10-7] 조직규모와 조직 유효성 관계

다.[28] 예를 들어 신기함의 부담은 신생 조직을 위협하고 안정적인 조직구조를 만드는 데 저해가 되어 결국 조직을 쇠퇴하게 만든다.[29] 쇠퇴하는 조직은 은행으로부터의 재무적 자원이나 고객이나 인적자원으로부터의 각종 자원을 얻기가 불가능하다. 가장 성공적인 조직이 그런 자원을 모두 소유하기 때문이다. 쇠퇴라는 것은 가끔 조직이 너무 지나치게 성장했을 때 나타나기도 한다. 제록스나 IBM과 같은 회사도 이런 쓰라린 경험을 가지고 있다.

[그림 10-7]은 조직규모와 조직 유효성의 관계를 설명하고 있다. 그림에 의하면 조직 유효성은 점A에서 가장 높다. 이때 가장 적정한 조직규모는 S_1이다. 점A를 지나 점B에 도달하면 조직 유효성은 E_1에서 E_2로 낮아질 것이다. 그라이너 모형에 의하면 경영자는 점A에서 조직을 유지할 수 있도록 조직위기를 밝히고 그러한 위기 상황을 극복해 내야 한다. 그러나 이렇게 하지 못할 때 내외부의 영향력이 이를 방해할 것이다. 경영자가 능력이 부족하거나 동기부여가 되지 못한 상태여서 성장과 조직 유효성의 관계를 관리하지 못한다고 가정하자. 이때 조직타성과 환경변화라는 두 가지 이유로 인해서 조직은 성장하지 못하거나 조직쇠퇴의 길로 접어드는 것이다.

조직의 타성

조직은 변화하는 환경에 쉽게 적응하지 못한다. 조직타성(organizational inertia)이 있기 때문이다. 조직타성이란 변화에 대하여 저항하게 만드는 조직 내부로부터의 힘을 말한다. 변화에 대한 조직능력, 환경으로부터의 새로운 조건에 적응하려는 능력으로 인해 조직타성이 생겨난다. 조직타성이 조직변화를 적극적으로 저해한다. 조직타성을 증가시키는 요인에는 위험회피와 안정 욕구, 보상 극대화 욕구, 지나친 관료제 문화 등이 있다. 이러한 요인이 동시에 작용한다면 더욱 혼란스러울 것이다.

• 위험회피와 안정 욕구

조직이 성장함에 따라 경영자들은 종종 위험을 회피하려는 경향(risk aversion)을 보인다. 본래 경영활동에는 환경 불확실성이 숨어 있어서 의욕을 상실하기 때문이다.[30] 이러다 보면 조직은 점점 더 변화하기 어려워진다. 경영자의 최우선적 관심은 아마도 경영자 자신의 직위에 대한 보호일 것이다. 그러므로 그들은 프로젝트가 만약 실패했을 때 자기가 부담해야 할 책임으로 인해 모험을 자제하며 극히 안정적이고 상대적으로 비용이 덜 소모적인 프로젝트에만 매달리게 된다. 주주로부터의 비난을 매우 싫어하기 때문이다. 경영자는 이미 성공이 어느 정도 보장되는 확실한 프로젝트에만 관심을 보이게 된다. 그러므로 새로운 모험사업에 대하여 제도적이고 관료제적인 규칙과 절차로써 긴밀하게 통제권을 행사하려고 들고 혁신과 기업가정신을 교묘하게 억누르는 데 혈안이 되어 있다.

• 보상 극대화 욕구

경영자의 명성에 대한 욕구, 직무 안정 욕구, 권력 욕구, 소유지분에 대한 욕구 등은 수익성보다 조직규모와 더 많은 관련이 있는 것으로 밝혀지고 있다. 심지어 조직 성장이 조직 유효성을 낮추더라도 경영자는 자기의 보상을 극대화하기 위하여 기업의 외형적 규모를 키우려고까지 한다.[31]

• 지나친 관료제 문화

경영자는 조직의 관심사를 확대하는 일에 몰두하기보다 자신의 소유지분을 늘리고 보호하는 데 많은 시간을 소비한다. 예를 들어 최고경영자는 자기보다 직위가 낮은 경영자가 자기보다 우월한 능력과 기술을 가지고 자기를 위협하는 것을 몹시 경계한다.[32] 심지어 그런 능력을 가진 구성원이나 관리자를 자꾸 억압한다. 또한 파킨슨이 지적한 것처럼 부하의 수를 자꾸 늘림으로써 힘을 과시하려 한다. 경영자는 자기 직위를 고수하기 위해 부하의 자유를 억압하기도 한다. 관료제 문화란 현 상태를 유지하는 데에만 급급하여 조직절차에 대한 순응만을 강조하는 문화라 할 수 있다.

환경변화

환경변화(environmental changes)는 조직 쇠퇴기를 초래하는 중요한 요인으로 희소 자원을 구입하려는 조직역량에 지대한 영향력을 행사한다. 환경 불확실성의 주요한 원천에는 바로 환경 복잡성, 즉 조직이 관리해야 하는 상이한 영향력의 수, 조직환경의 변화하는 정도를 말하는 환경 동태성, 환경 속에서 이용 가능한 자원의 양을 의미하는 환경 풍부성 등이 있다. 환경 불확실성이 크면 클수록 조직은 쇠퇴하는 경향이 그만큼 더 뚜렷해진다. 조직은 틈새를 공략하나, 경영자는 조직의 자원에 대한 접근을 향상시킬 어떠한 전략적 변화라든가 인센티브 노력을 수행하지 않으려 한다. 또한 종종 환경이 더 열악해지고 자원 확보에 대한 경쟁이 치열해져 기존 조직을 위협하면 조직은 효과적으로 관리되지 못한다.

4 웨이첼과 존슨의 조직쇠퇴모형

조직쇠퇴는 쇠퇴 정도에 의해 설명되어야 하는데 웨이첼과 존슨(W. Weitzel & E. Jonsson)은 [그림 10-8]처럼 모두 다섯 단계를 거쳐 쇠퇴한다고 주장하고 있다.[33] 모

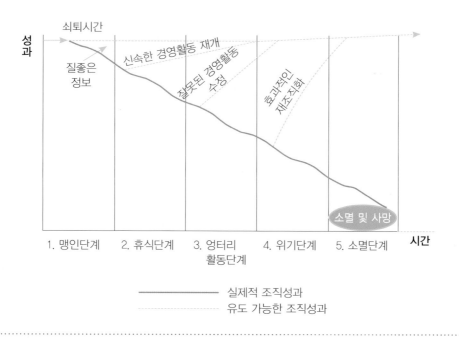

[그림 10-8] 웨이첼과 존슨의 조직쇠퇴모형

든 단계의 맨 마지막은 소멸단계(dissolution)로 경영활동은 이러한 소멸이 나타나지 않도록 하는 데 그 목적이 있다.

맹인단계

맹인단계(blinded)에서 처음으로 조직의 쇠퇴 현상이 나타나기 시작한다. 조직은 장기적인 생존과 관련된 내외적인 위협을 인식하지 못한다. 맹인이 되는 가장 일반적인 이유는 조직 유효성을 측정하려는 생각이나, 조직타성의 이유를 밝히려는 시도가 전혀 없거나, 감시 시스템, 정보 시스템을 전혀 도입하려는 의도가 없기 때문이다. 내부 신호는 의사결정이 왜 중단되는지, 개인의 인사 문제가 무엇인지, 구성원 간이나 부서 간 갈등이 무엇인지 등의 잠재된 문제를 알리는 신호이다.

이 단계에서는 질 좋은 정보(good information)에 접근할 수 있어야 조직쇠퇴를 막을 수 있다. 쇠퇴를 피하기 위해서는 내외부 요인을 끊임없이 감시해야 하고 때로는 시기적절하면서 강압적인 활동을 행사할 필요가 있다.

휴식단계

맹인단계에서 고통을 느끼지 못하고 있다면 이 조직은 쇠퇴의 두 번째 단계인 휴식단계(inaction)에 와 있는 것이다.

이 단계에서는 매출액 혹은 이익과 같은 조직성과의 감소가 현저하게 보이지만, 최고경영자가 이러한 문제를 해결할 경영활동을 전혀 하지 않고 있다. 이러한 게으름 혹은 휴식상태는 경영자의 정보 부족과 상황 이해 능력의 부족에 기인한다. 역시 조직타성이 경영자의 반응을 무디게 만든다.[34] 경영이란 조직문제를 해결함에 있어 시행착오를 겪으며 기존의 상황을 호전시킬 적절한 시도가 이루어져야 하는 것임에도 불구하고 어떠한 경영활동도 일어나지 못하게 되는 것이다.

이 단계에서 벗어나기 위해서는 즉각적이고 신속한 경영활동 재개가 필요하다. 예를 들어 적절한 구성원의 수를 유지하기 위해 인력 감축을 시도한다든지 사업 영역을 조절한다든지 하는 활동을 수행해야 한다. 조직타성을 극복하기 위한 조직구조의 변화를 시도해 보는 것도 좋은 방법이다.

피터(L.J. Peter) 교수가 지적한 위계조직의 병폐는 심각하다. 위계조직 안에서 일하는 모든 사람은 자신의 무능력 수준에 도달할 때까지 승진하기를 원한다. 즉 어떤 신분 수준에서 자신이 일을 잘해 내면 그 신분에 만족하지 않고 더 높은 신분으로 승진해야 한다고 생각하고 상급자나 조직에 그렇게 주장한다. 상급자나 조직은 그를 승진시킨다. 그래서 누구나 일한 만큼 승진을 거듭한다. 결국 자신의 능력을 초과한 최고의 수준에서 벅찬 일을 맡고서야 후회하며 승진 주장을 멈춘다. 그러나 아래로 강등될 위험 때문에 무능을 숨긴다. 그러면서도 무능을 보이기 싫어 워크홀릭이 되거나 서류를 산더미처럼 쌓아 놓으면서 그 수준의 신분계층에서 자신의 공헌이 필요하다는 것을 보이려고 애쓴다. 회의를 주재하면서 쓸데없이 말을 길게 한다든가 부하가 올린 보고서의 틀린 맞춤법이라도 가지고 늘어진다. 결국 그가 일하는 계층에 있는 모든 사람도 동일한 길을 밟아 올라왔기 때문에 그 계층의 역할에는 벅찬 사람들로만 채워질 수밖에 없다. 왜냐하면 그 위치에서 유능한 사람은 같은 원리에 의해 더 상위계층으로 승진해 올라가 버렸기 때문이다. 즉 특정 계층을 보면 일을 잘하는 사람은 모두 위로 승진을 했고 무능력자만 남아서 일을 한다. 이러한 현상이 모든 계층에 똑같이 일어나기 때문에 결국 조직의 모든 계층은 어느 계층이나 할 것 없이 무능한 자들만 남아서 일을 하는 것이 되고 만다.

엉터리활동단계

휴식단계를 중단시키지 못하면 조직은 곧 엉터리활동단계(faulty action)로 이동한다. 이 단계는 임원진 내의 갈등으로 인해 잘못된 의사결정이 내려지거나 잘못된 방향에서 사전준비 없이 빈번하게 조직이 개편되는 경우가 발생한다. 경영자는 본래 급진적인 변화를 싫어하는 경향을 보이는데, 기존의 구조를 바꾸는 문제나 기존의 전략을 수정하려는 문제는 다른 사람에게 위임하려고 든다.[35] 이러한 단계를 벗어나려면 잘못된 경영활동 수정 자세가 매우 중요하다.

위기단계

위기단계에 봉착하면 단지 급진적 변화만이 조직을 쇠퇴에서 벗어나게 한다. 이제 조직전략이나 조직구조를 완전히 손봐야 할 것이다. 조식이 위기를 경험하였다는 것은 곧 옛 명성을 되찾을 수 있다는 신호이기도 하다.[36] 위기가 곧 기회인 것이다. 조직이 이 단계에 올 때까지 아무 징후도 감지하지 못했다면 조직소생은 어려울 것이다. 이제 과감한 소생술이 필요한 것이다. 이러한 효과적인 재조직화를 통해 조직타성도 극복하고 환경과 조건에 맞는 조직변화를 시도해야 한다. 효과적인 재조직화로 부터 생겨나는 과거 조직이 아닌 전혀 새로운 조직이 되어야 할 것이다. [37]

◆◆◆ 조직 인사이트 10-6　기업의 수명

우리나라 사람의 평균 수명은 80을 넘어섰지만 Adrie de Geus의 논문에 의하면 세계 기업의 평균 수명은 20년이라고 한다. 유년기를 겪고 확장에 성공한 대기업만 40~50년이 되고 나머지 기업의 수명은 앞으로는 더 짧아져서 15년 정도가 될 것이라고 한다. 지난 30년간 세계 100대 기업의 생존율은 38%였는데 미국 기업은 21%, 일본 기업은 22%였으며, 유럽은 조금 길다. 삼성경제연구소 조사에 의하면 지난 30년간 우리나라 100대 기업의 생존율, 즉 30년 계속해서 100대 기업에 든 기업은 16%이고 계속 10대 기업에 든 기업은 없었다. KDI 연구에 의하면 우리나라 중소기업의 75%가 10년 이내에 퇴출당한다. 어느 연구소장은 최근 기업의 10년 생존율은 1%이며 벤처기업의 경우는 0.1%로 보고 있다. 어떤 연구에 의하면 1993년 조사대상이 된 5만 6,472개의 중소기업 중에서 10년 후 살아남은 기업은 1만 4,315개로서 생존율 25%를 기록했다. 그중에서 500인 이상 대기업으로 성장한 기업은 0.01%인 8개 사에 불과했다. 1만 개 기업 중 1개 기업만 성장했다는 의미이다.

소멸단계

조직이 소멸단계(dissolution)에 도달하면 조직의 회복은 불가능하며, 그 조직은 결국 사망한다. 이 단계에서 조직은 주주의 지원과 관심을 잃고 고객과 시장을 놓치며 조직에 대한 각종 평판이 땅에 떨어지는 등 거의 모든 것을 잃게 된다. 새로운 리더가 선발되었다 하더라도 다시 일어서지 못할 것이다. 아마도 조직은 파산 절차를 통해 청산을 하는 편이 더 나을 수도 있다. 조직이 사망하게 되면 그 조직구성원이었다는 경력도 별로 좋을 것이 없다. 망한 기업에 다녔다는 것이 왠지 부정적인 느낌을 주기 때문이다. [38] 따라서 [그림 10-8]에서 보듯이 소멸단계에 와서 어떤 비법이나 방책을 제시하는 것은 무의미하며 이미 때늦은 처방이 된다.

조직쇠퇴와 조직성장은 어찌 보면 백지 한 장의 차이이다. 잘나가던 조직도 잘못하면 쇠퇴의 길을 걷게 된다. 조직이 쇠퇴한다는 것은 어떤 것인가? 인간이 나이가 들면서 체력이 떨어지고 병이 드는 것처럼, 기업조직이 시장의 성숙과 축소에 따라 규모가 작아지는 조직규모의 축소를 먼저 떠올릴 수 있다. 이러한 관점에서 하르그(L.G. Halgh)는 조직쇠퇴를 환경에 대한 적응 잘못으로 기업과 환경 간의 동적 균형 상태가 크게 파괴되고 그로 인한 기업 자원의 대폭적인 축소라고 정의한 바 있다.[39]

가장 왕성한 활동을 보여야 할 20~30대의 젊은이가 정신이상으로 올바른 생활을 유지할 수 없는 경우처럼, 매출과 이익이 오르고 종업원의 수가 늘어나는 기업이라 해서 건강한 기업이라고 단언할 수는 없다. 이러한 의미에서 휘튼(D.A. Whetten)은 조직이 관료적이고 수동적이며 무감각해지는 것을 조직쇠퇴라고 보며 조직쇠퇴를 침체(stagnation)라는 말로써 표현한다.

기업은 규모가 커질수록 조직의 질서 유지를 위해 더 많은 규정과 절차가 필요하고 부서도 늘어난다. 거대한 조직은 관료화되어 조직 내 의사소통에 장벽이 생기고 경직화되며 유연성과 활력을 잃게 되어 이른바 대기업 병리현상에 걸리게 된다. 매출액 감소로 인한 시장점유율의 저하나 이익 감소 등은 분명한 조직쇠퇴이지만, 이는 경제적 관점에서 본 조직의 육체적 쇠퇴라고 해야 할 것이다. 이에 반해 조직이 성장과 더불어 창업정신이 흐려지고 기업가정신이 약화되며 보신주의가 성행하는 등 조직 내의 윤리나 문화가 원래에서 벗어나 변질되어 퇴폐나 부패되는 현상은 조직의 정신적 쇠퇴이다. 인간의 정신이 육체적 질병의 원인이 되는 경우가 종종 있는 것처럼 어떤 의미에서는 조직의 경제적 쇠퇴의 참된 원인이 되는 것은 조직의 정신적 쇠

〈표 10-1〉　**대기업 병리현상**

- 불필요한 관리조직의 비대현상
- 부서이기주의 발생
- 의사소통 단절
- 의사결정 지연
- 무사안일과 책임회피 경향
- 보수주의의 팽배와 도전정신의 상실

〈표 10-2〉 조직쇠퇴의 네 가지 유형과 그 특성

구분	기업형태	경영전략	조직목표	조직문화	조직구조
집중형 쇠퇴	장인형 기업	품질주도형	품질	공학 중시 문화	집권화
	수선공형 기업	기술적 수선공형	완벽주의	기술자 중시	초집권화
모험형 쇠퇴	건축가형 기업	팽창	성장	기업가정신	사업부제
	제국주의자형 기업	극단적 팽창	규모	흥정가적 기질	확장 구조
발명형 쇠퇴	개척자형 기업	혁신	과학 중시	연구개발	유기적 구조
	현실도피주의자형 기업	하이테크 추구	기술 중시	아이디어 중시	무질서 구조
이완형 쇠퇴	영업사원형 기업	고도의 마케팅	시장점유율	조직일체형	분권화
	표류자형 기업	무분별한 확산, 생산	분기별 수치	무미건조, 정치적	관료제

퇴일지도 모른다.

조직은 성숙단계를 지나서 쇠퇴하거나 성장 단계에서 직면하는 위기에 제대로 대처하지 못하면 쇠퇴한다. 뒤에서 살펴보겠지만 조직쇠퇴는 여러 가지 이유에 근거하고 있는 만큼 그 유형도 다양하다. 밀러(D. Miller)는 생산제품과 목표시장의 범위를 나타내는 활동 영역과 상품 제공의 변동성 정도를 나타내는 변화라는 두 차원에서 생각해 볼 때, 성공한 기업들이 이 두 차원의 각 극단으로 진전되면서 쇠퇴한다고 설명하며 그 유형을 네 가지로 분류한다.[40]

▌1▐ 집중형 쇠퇴

집중형(focusing) 쇠퇴란 장인형 기업에서 수선공형 기업으로 전락하는 유형이다. 장인형(craft man) 기업이란 어느 한 가지를 거의 완벽하게 잘하는 데 매혹되어 있는 기업을 말한다. 이러한 기업은 끊임없이 계획을 정밀하게 세우고 단돈 1원이라도 절약하려고 하며 거의 완벽한 상태에서만 제품을 출하하고자 한다. 하지만 이들은 매우 사소한 기술적 세부 사항들에 사로잡혀서 극도의 완벽과 절약을 추구하다가 수선공형(tinker) 기업으로 떨어지고 만다. 수선공형 기업은 최소한의 혁신도 하지 않고 소비자와는 무관한 가치와 기술에 사로잡혀 소비자로부터 멀어지고 차츰 고립되어 간다.

그리스·로마 신화에는 새가 되려고 했던 사람, 이카루스에 관한 이야기가 나온다. 그는 오랜 세월 동안 주워 모은 새의 깃털로 날개를 만들어서 탈옥을 감행하는 데 성공하였다. 그러나 하늘로 두둥실 떠오르자 슬며시 마음 한구석에 오만함이 머리를 쳐든 것이 문제였다. 이제 이 세상 그 누구보다도 더 높이 날 수 있다는 생각에 그는 탈옥이라는 당초의 목적을 잊어버린 채 가능한 높이 날아오르는 데만 열중하게 되었다. 그렇게 하늘 높이 날아오른 이카루스는 땅에 추락해 즉사하고 말았다. 강렬한 태양 빛에 깃털을 이어 붙인 밀랍이 녹아 내렸기 때문이다.

이 신화의 한 부분인 이카루스의 역설(Icarus paradox)이라는 말이 경제·경영 용어로 정착한 것은 1980년대 후반이다. 어떤 개인이나 조직, 국가가 초기의 성공에 지나치게 집착한 나머지 바로 그 때문에 실패를 자초하게 되는 경우를 말한다. 포드사를 설립한 미국의 헨리 포드는 값싸고 단순한 T형 차를 대량으로 생산해서 대성공을 거두었다. 그러나 그는 나이가 들어서도 검은색의 T형 차만을 고집하며 제너럴모터스(GM)와 같은 경쟁 업체들이 다양한 색깔과 디자인의 차를 내놓아도 아랑곳하지 않았다. 결국 포드사는 문을 닫기 직전까지 갔다가 포드 2세가 경영권을 물려받고 나서야 기사회생할 수 있었다. 하지만 부동의 1위 자리만큼은 만회할 수 없었다.

② 모험형 쇠퇴

모험형(venturing) 쇠퇴는 건축가형 기업에서 제국주의자형 기업으로 변환되는 경우이다. 건축가형(builder) 기업은 확장, 합병, 인수를 통해 급격히 성장하는 기업을 말하는데, 최고경영층의 저돌적인 특성, 야망적인 목표, 기업가적 자질을 특성으로 한다. 계속적인 사업 확장을 추구하는 건축가형 기업은 전략적 타성의 희생물이 되면서 탐욕과 과신에 찬 무차별적 확장과 합병의 노예가 되는 제국주의자형(imperialist) 기업으로 전락해 버린다. 경영자는 자신이 잘 알지도 못하는 분야의 부실기업을 인수하고 이로써 막대한 자금 부담을 지며 조직이 과중하게 되어 심각한 위기를 야기한다. 수선공형 기업이 너무 영역을 좁히고 정체화되어 소비자로부터 괴리되어 쇠퇴하는 데 비해, 제국주의자형 기업은 너무 많은 일을 광범위하게 벌임으로써 쇠퇴한다.

③ 발명형 쇠퇴

발명형(inventing) 쇠퇴는 개척자형(pioneer) 기업이 현실도피주의자형 기업으로 변환되는 경우이다. 새로운 시장을 개척하고 새로운 기술을 창출해 내는 데 뛰어난 능력을 보유한 기업을 개척자형 기업이라 한다. 이러한 기업에는 낙천적이고 발명적인 조직문화가 형성되고 획기적인 신상품으로 시장에서 선도적 위치를 확보한다. 하지만 소비자의 기호나 경제적 능력을 무시하면서까지 기술 혁신을 강조하다가 현실도피주의자형(escapist) 기업으로 떨어진다. 현실도피주의자형 기업은 새로운 상품을 끊임없이 개발하는 데에만 혈안이 되고 기술우위만을 과신하여 고객욕구와는 거리가 먼 상품을 판매함으로써 차츰 경쟁에 뒤지고 쇠퇴한다.

◆◆◆ 조직 인사이트 10-8　실패는 성공의 어머니

경영을 하는 입장에서 보면 실패라는 단어는 부정적인 말이다. 그러나 실패를 겪지 않고선 제대로 된 비즈니스맨이 탄생될 수 없다. 넘어지지 않고 스키나 스케이트 선수가 될 수 없듯이 실패는 그야말로 하나의 과정이다. "실패는 성공의 어머니"이다. 세상에 공짜는 없다. 대개 사업이란 70% 이상 실패한다고 보면 틀림없다. 실패라는 상황이 터져 눈앞이 캄캄해질 때 침착하게 실패를 이용해 역전승해야 한다. "실패한 사람에게 상을 줍니다. 회사에 큰 손실을 입힌 사례일수록 좋습니다." S전자는 한때 개발, 생산, 구매, 영업 등 회사내 모든 업무분야를 대상으로 임직원, 개인 또는 조직단위로 업무실패사례를 공모했었다. 가장 큰 실책을 저지른 '공로'가 인정되는 제보자에게는 대상을 주고 부상으로 5백만 원의 상금도 주었다. 그 회사는 이같이 색다른 사업을 벌이게 된 취지를 '실패의 원인을 분석하고 이를 자료로 만들어 그 경험을 공유함으로써 전임자의 전철을 밟지 말자는 뜻'이라고 했다. 회사측은 실패사례에 대해 절대 문책하지 않고 책으로 펴낼 때는 가명을 썼다. 인류사상 에디슨만큼 많은 발명품을 성공시킨 사람도 없지만 한편으로는 에디슨만큼 발명품 실패를 많이 한 사람도 없다. 비

아그라 열풍이 세계를 휩쓸지만 이것 역시 에디슨의 발명품들처럼 실패에서 건진 작품이다. 혈압 강하제를 만들다가 실패한 것을 그냥 버리기엔 개발비가 아까워 어떻게 해야 본전이나마 건질까 생각하다 탄생된 세기의 히트품이다. 우리가 흔히 사용하는 비누, 포스트 잇도 모두 실패의 수렁에서 건진 보물들이다.

4 이완형 쇠퇴

영업사원형(salesman) 기업이 표류자형으로 전락하는 쇠퇴 유형을 이완형(de-coupling)이라고 한다. 영업사원형 기업은 막강한 대중 판매전략과 폭넓은 유통망으로 유명한 회사로, 집중적인 광고, 매혹적인 포장, 훌륭한 서비스로 인한 이미지 차별화가 주요 전략이다. 차츰 이들은 상품 내용보다는 포장을 더 중요하게 여기고 과도하게 새로운 시장에 진입하여 과다한 판매장을 설치하는 표류자형(drifer) 기업으로 변한다. 표류자형 기업은 과도한 팽창 때문에 업무 수행이 혼란스럽고 무질서한 조직구조가 형성되어 조직 전체적으로 통합된 전략을 실행하는 것이 불가능하게 되고 차츰 도태되어 결국 몰락한다.

IV 조직쇠퇴의 원인

잘나가던 기업이 병이 들어 쇠퇴하거나 사라지는 이유는 무엇 때문일까? 새로운 기술이나 제품을 개발하지 못함으로써 매출이 떨어지고 이익이 줄면서 자금 사정이 나빠져 부도가 나기 때문이라고 이야기해도 과언은 아니다. 조직을 죽음에 이르게 하는 원인은 다양하겠지만 몇 가지만 논의해 보자.

1 환경 부적응

수천만 년 전 지구상에 존재했던 공룡은 왜 사라졌을까? 운석의 낙하설, 기상 변화설 등 다양한 추측이 있으나 결국은 지구환경 변화에 적응하지 못했기 때문일 것이다. 조직도 마찬가지이다. 기업은 내외부적으로 활동에 영향을 미치는 여러 가지 요인을 갖고 있는데, 이러한 요인의 집합을 통칭 기업환경이라 한다. 기업환경은 한 기업에 대해 사업 또는 성장의 기회를 주기도 하지만 동시에 성장을 제약하거나 위협하는 요인이 되기도 한다. 그러므로 외부 환경변화에 효과적으로 대응하고 환경의 다양한 욕구를 충족시킬 수 있어야 조직의 존속과 성장이 가능하다.

셀즈닉(P. Selznick)은 조직을 적응적 사회구조(adaptive social structure)라고 정의하는 데, 이는 조직이 복잡한 주위 환경에 보다 효과적 적응을 도모해야 한다는 것을 의미한다. 기업의 외부 환경의 변화는 기업의 환경 적응을 갈수록 어렵게 만든다. 하지만 조직 생존의 일차적 과제는 활동의 근거가 되는 환경에의 적응이다. 예를 들어 기업환경 중 가장 중요한 것이 바로 고객이다. 기업은 고객과의 관계에서 재화나 서비스, 정보 등과 같은 경제적 가치를 주고받는다. 기업이 고객을 위시한 환경의 요구를 무시하고 독자적 원리로 치우칠 때 실패한다. 앞에서 살펴본 조직쇠퇴 유형 중 발명형 쇠퇴가 좋은 예이다. 신상품과 신기술로 성공한 개척자형 기업은 고객의 기호나 경제 능력을 무시한 채 너무 시대에 앞선 비현실적인 상품개발로 결국은 자기도취에 빠져 버리는 현실도피주의자형 기업으로 전락하고 만다. 컴퓨터산업의 IBM 역시 변화하는 환경에 적절한 대응을 못함으로써 어려움을 겪었다. IBM은 앞에서 살펴본 쇠퇴유형 중 발명형 쇠퇴의 좋은 예이다. IBM은 컴퓨터 시장에서 대형 컴퓨터로 거의 독점체제를 구축하자 소형화하는 시장의 흐름을 외면하였다. 환경변화를 수용하지 않는 과거 집착적인 경영은 PC 중심으로 바뀌는 컴퓨터업계의 흐름에서 IBM을 뒤떨어지게 만들었고, IBM은 회복하기까지 상당한 시간을 허비하였다.

2 성공이라는 함정

밀랍 날개를 달고 처음에는 두려움 때문에 조금만 날아올랐지만 점점 비행에 성공하자 자신감이 생긴 이카루스는 더 높이 올라간다. 그러다가 태양에 가까워지자 그만 태양열에 밀랍이 녹아 버려 에게해로 떨어진다. 그리스 신화의 이카루스(Icarus) 이야기처럼 인간은 한 가지 일에서 성공하면 그것을 되풀이하려는 성향이 있다. 성공 뒤에 오는 풍요가 사람을 오만하게 만들고 나태하게 만들기 때문에 오히려 성공자의 성공이 오래가지 못하고 실패자가 경험한 실패보다 더 심한 실패를 맛보는 경우를 흔히 본다.

스타벅과 밀러와 동료(W.H. Starbuck & D. Miller et al.)는 기업을 흥하게 했던 강점에 눈이 무뎌서 외부 여건 변화를 감지하지 못하는데 이것이 쇠퇴의 주요 원인으로 작용한다는 사실을 지적하고 있다. 즉 조직의 지속적인 성공이 바로 실패를 잉태한다는 것이다. 매우 성공적인 조직은 때때로 하나의 시장을 지배하는 능력을 너무 과신하게 되고, 이 과신 때문에 연구와 제품 개발에 몰두하기는커녕 자기 논리에 치우쳐 결국은 고객으로부터 외면당한다.

조직은 개인보다도 훨씬 성공함정(success trap)에 빠지기 쉽다. 그것은 어떤 전략, 어느 사업에서 한 번 성공하면 그 성공으로 인한 공로자가 조직 내의 주류로 자리 잡아 권위와 권력을 강화시키기 때문이다. 그래서 그들은 자신의 전문 분야에서 권한을 확대하고 그렇게 되면 자연히 행동과 판단도 과거 성공에 집착하게 된다. 어떤 특정한 시대에 큰 성과를 올릴 수 있었던 조직이라고 해도 그 성공이 권위가 되고 항상 같은 방법이 같은 성공을 가져온다고 믿음으로써 무엇보다 위험한 경직화를 초래한다.

③ 무모한 확장

챈들러(A. Chandler)는 한 연구에서 시장에서 경쟁우위를 확보하고 성공하려면 기업의 규모가 커져야 한다고 주장한다. 조직에도 규모의 경제(economy of scale)가 있다. 1880년대에서 1930년대에 이르는 동안 미국, 영국, 독일의 200개 제조업체를 대상으로 한 연구에서 대상 기업은 경영자형 기업(managerial enterprise)이었기에 성장과 경쟁력이 있었다고 주장한다. 여기서 경영자형 기업이란 이사회의 지배하에 있는 경영자에 의해 운영과 투자에 대한 결정이 이루어지는 큰 규모의 산업체를 말한다. 기업성장을 위해 거액을 투자하여 시장을 지배할 수 있는 큰 조직규모를 이야기하고 있다.

규모의 경제를 넘어서는 무모한 다각화와 맹목적인 규모 확장은 기업실패의 중요한 요인이 된다. 앞에서 살펴본 밀러의 조직쇠퇴 유형 중 모험형 쇠퇴에서 알 수 있듯이 합병과 인수를 통해 성장하던 건축가형 기업들이 결국은 무분별한 확장, 탐욕스런 합병과 방향 없는 다각화로 제국주의자형 기업으로 변함으로써 쇠퇴해 버린 경우가 많다.

생물은 일정 생존 영역을 벗어나면 살기 어려워지는데, 이 영역을 도메인(domain)이라 한다. 이것은 기업도 마찬가지로, 기업의 도메인은 사업 영역에 해당되며 조직의 전체적 이미지를 규정하는 정체성(identity)이 된다. 다양한 변화 속에서 살아가는 조직은 생존영역을 명확히 하지 않으면 광야를 헤매고 있는 것처럼 위험에 처할 수 있다. 예를 들어 다각화는 기업 성장의 관건이 되기도 하지만, 무모한 설비 투자와 무계획적 다각화는 회복할 수 없는 재난을 불러오는 화근이 되기도 한다.

BC 146년 아프리카의 맹주 카르타고가 마침내 로마에게 패망하던 날 승리한 로마의 스키피오 장군은 불타는 카르타고 도시를 내려다 눈물을 흘렸다. 카르타고의 한니발은 6만의 대군을 이끌고 알프스를 넘어서 로마를 10년이나 유린해 왔다. 그런 카르타고를 패망시켰으니 얼마나 감격에 겨울까? 과연 감격의 눈물이었을까? 부관이 스키피오에게 물었다. "각하! 왜 오늘 같이 기쁜 날 눈물을 흘리십니까?" 장군의 대답은 이랬다. "로마에게 가장 큰 적이었던 나라가 사라졌으니 이제 로마는 자만과 혼란의 늪으로 빠질 것이다. 점차 로마군은 태만해지고 정치인은 서로 싸우면서 언젠가는 저 카르타고처럼 사라질 것이다. 그래서 슬프다."거대한 제국 로마가 멸망한 이유로는 귀족들의 절제정신의 약화, 시민정신의 상실 그리고 레전이라 불리는 로마 군단의 사기 상실 등을 들 수 있다. 확대와 풍요가 더해 가면서 로마군 장군들의 리더십은 소멸되고 로마 귀족들의 시민정신은 점차 대중적인 수준으로 떨어지면서 우민화되었다. 로마를 로마일 수 있게 했던 기질이 약해지고 정치와 문화의 퇴폐가 진전되면서 서서히 로마는 몰락의 길로 접어들었다.

4 조직정신의 추락

인간에게 육체적 체질과 정신적 기질이 있듯이 조직 역시 구조적 체질과 정신적·사상적 기질인 조직정신이 있다. 조직정신이란 구성원의 사기, 스스로 하고자 하는 마음과 구성원 간의 협조, 즉 함께하고자 하는 마음이다. 일종의 공동체 신념이라고 할 수 있다. 조직구성원의 하고자 하는 마음이 약화되고 개별 부서가 자기 이익만 추구하여 협동심이 없어지면 공동체 신념이 약화된다. 그런데 사기와 협조의 관계는 종종 상충되는 경우가 있어 각 부서가 너무 왕성하면 상호 경쟁심이나 권한의식이 높아져서 협조가 안되고, 분위기가 지나치게 협조적이면 서로 의존하고 적당히 하자는 식이 되어 버리기 십상이다. 조직정신의 측면에서 부분적인 장점이 전체적인 불량으로 이어지고 이것이 조직을 병들게 하는 원인이 된다.

GE는 세계 최대의 자산 규모를 가지고 127년의 역사를 자랑하는 기업이다. 잭 웰치가 회장으로 취임할 당시 GE는 약 350개의 사업부를 가지고 미국 전체 제조업 분야의 2/3를 좌지우지하는 기업이었다. 냉장고부터 발전소의 터보엔진에 이르기까지 생산품이 다양했다. 조직의 규모가 크다 보니 의사결정은 한없이 느리고 인사이동의 정체 현상이 심각했다. 계열사끼리 비슷하거나 같은 업종에서 사업을 하는 경우가 많아 방만하게 운영되고 있었다. 잭 웰치가 공룡기업 GE를 어떻게 성공적으로 변화시켰을까? 잭 웰치는 GE의 사업이나 제품 하나하나를 바꾸는 것이 아니라 핵심 요소인

기업의 DNA를 바꾸었다. 또한 가혹한 워크아웃을 단행했다. 전 세계적으로 시장점유율 1, 2위가 아닌 사업부를 모두 워크아웃을 통해 정리했다. 350개 사업부를 13개 사업 분야로 개편하고 수익성이 가장 높은 기업으로 DNA를 바꾸었다.

조직은 사회적 존재로서 가져야 할 조직윤리가 있다. 지나친 개인주의에 빠져 자기 이익만을 추구하다 보면 조직윤리가 퇴폐 혹은 부패되기 쉽다. 부패는 나쁘다는 것을 알면서도 저절로 나타나는 것이며, 퇴폐는 무엇이 나쁜지를 모르는 것이다. 조직에서 일어나기 쉬운 조직윤리의 퇴폐나 부패 현상은 그 조직이 만들어진 본래의 목적에서 벗어나서 자신의 주관적인 윤리와 자의식에만 매몰되어 버리기 때문에 일어난다. 조직정신이 약화되고 사기가 상실되며 윤리가 부패하는 현상을 조직정신의 추락이라 한다.

조직정신이 추락하는 것은 무엇 때문일까? 구성원이 지탱해 나갈 수 있는 내일의 꿈, 즉 비전이 없기 때문이다. 내일의 꿈은 조직이 나가야 할 방향을 결정지어 주는 공동 목표라 할 수 있다. 참된 목적이 존재하는 신념이 구성원 한 사람 한 사람에게 깊이 뿌리 내릴 때 비로소 구성원의 에너지와 재능을 끌어낼 수 있는 것이다. 조직은 그 목적을 달성할 수 없는 경우에는 붕괴될 것이 틀림없다. 따라서 계속적으로 성장해 나가려는 조직은 새로운 목적을 끊임없이 만들어낼 필요가 있다. 내일의 꿈이 계속적으로 존재한다는 것, 그 꿈을 가슴속에 소중하게 간직할 수 있는 구성원의 깊은 믿음이 있다는 것이야말로 조직의 쇠퇴를 막을 수 있는 중요한 요인임이 틀림없다.

5 기타의 원인

조직의 쇠퇴라고 말할 때 이는 반드시 죽어가는 조직만을 대상으로 하지는 않는다. 인간이 죽지 않더라도 일시적으로 건강이 나빠질 때가 있듯이 조직도 마찬가지이다.

통제불능의 이유

처음에 사업계획을 세울 때는 누가 보아도 매출이 증가하고 자금이 잘 돌아가며 흑자가 쌓이는 것으로 타당성 분석이 잘되었더라도 예측은 예측일 뿐이다. COVID-19의 확산으로 여행수요가 급감하면 관광업계 기업은 유지가 어렵다. 삼겹살집을 개업하자마자 구제역이 발생하여 곧 문 닫는 식당은 업주 잘못이 아니라 운이 없는 것이다. 경쟁사의 유사 제품 출시나 수입관세 하락으로 인한 제품 공급량의 확대, 고객취향의 갑작스런 변화 등 모두가 위험요소이다.

조직구조와 조직문화

조직구성원이 조직을 마음대로 운영하는 것 같지만 사실은 많은 행동이 조직의 구조와 제도에 의해 제약을 받는다. 경직화된 조직구조는 권력이 최고경영층이나 특정 부서에 편중되고 조직의 전체적인 전략이 특정 부서의 이익에만 집중하기도 한다. 예를 들어 영업부의 권한이 막대하면 기술투자나 자금회전에 문제가 생겨 조직이 난처한 상황에 빠지더라도 영업부 마음대로 시장을 확장하다가 쇠퇴의 빌미를 제공한다.

경영진과 CEO

최고경영층의 능력과 특성, 리더십과 관리방식 등은 기업성공과 소멸에 직접적이고도 큰 영향을 미친다. 왜냐하면 최고경영자의 욕구나 특성에 따라 전략이 수립되기도 한다. 그리고 그의 성격이나 경험에 따라 환경변화의 심각성 수준도 다르게 보인다. 환경압력을 잘못 인식하다 대응이 늦으면 안 된다. 어떤 경영자는 아예 외부환경에는 무관심한 채 내부통제에만 주력하거나 내부에서도 자기의 관심사에만 몰두하다가 위기를 맞는다.

인물 탐구

웰치(J. Welch, 1935-)

미국 매사추세츠 주에서 태어남. 1981년과 2001년 사이 GE의 CEO를 역임하면서 회사의 가치를 4,000% 증가시킨 인물임. 포춘지가 선정한 '세기의 경영인'으로 명성을 얻음.

드러커(P.F. Drucker, 1909-2005)

오스트리아 출신의 경영학자이며 사회학자. 목표관리와 분권화 등 다양한 경영 개념을 규정함. 미래지향적인 태도로 미래를 전망한 학자임.

수행과제

1. 조직수명주기의 설명 중 잘못된 것은?

① 생태학적 사고
② 창업기, 성장기, 쇠퇴기, 사망기
③ 조직은 반드시 사망한다.
④ 기업 조직은 확대와 축소, 흥망성쇠가 교차하는 복잡한 과정을 겪는다.
⑤ 조직의 비유

2. 다음 조직수명주기별로 나타나는 현상과 잘못 연결된 것은?

① 창업기 – 신기함, 신선함의 힘
② 성장기 – 경쟁과 조직변혁
③ 쇠퇴기 – 조직타성
④ 쇠퇴기 – 대기업 병리현상
⑤ 성장기 – 보상 극대화 욕구

3. 웨이첼과 존슨의 조직쇠퇴모형의 설명 중 잘못된 것은?

① 초기 단계에서 다른 것보다는 창의성을 강조하는 경우가 많다.
② 장기적인 생존을 위한 내외적인 위협을 인식하지 못한다.
③ 임원진 갈등으로 인해 잘못된 의사결정을 내린다.
④ 매출액 혹은 이익과 같은 조직성과의 감소가 현저하게 나타난다.
⑤ 조직의 회복이 불가능한 상태에 도달한다.

4. 조직쇠퇴의 유형에 대한 설명 중 잘못된 것은?

① 너무 지나치게 집중하거나 지나치게 모험하면 위험 가능성이 높다.
② 수선공형, 제국주의자형, 현실도피형, 표류자형 기업은 바람직한 형태이다.
③ 새로운 시장을 개척하고 새로운 기술을 찾는 발명에 관심을 갖는 것은 바람직하다.
④ 장인형, 건축가형, 개척자형, 영업사원형 기업은 바람직한 형태이다.
⑤ 무질서한 팽창은 업무 수행에 나쁜 영향을 미친다.

5. 조직의 규모가 커졌을 때 나타나는 현상이 아닌 것은?

① 규모의 경제　　　　　② 수직조직　　　　　③ 기계적 조직
④ 복잡조직　　　　　　⑤ 단순조직

6. (　　)는 신기함에 부담, 적대적 환경, 생존전략의 선택 등이 주요 이슈가 된다.

① 창업기　　　　　　　② 성장기　　　　　　　③ 성숙기
④ 쇠퇴기　　　　　　　⑤ 조직수명주기

7. 조직성장모형을 발표한 사람은?

① 그라이너　　　　　　② 이카루스　　　　　　③ 데비 필즈
④ 위이첼과 존슨　　　　⑤ 하르그

8. (　　) 단계에서 처음으로 조직의 쇠퇴현상이 나타나기 시작한다. 조직은 장기적인 생존과 관련된 내외적인 위협을 인식하지 못한다.

① 소멸　　　　　　　　② 맹인　　　　　　　　③ 초기
④ 휴식　　　　　　　　⑤ 최종

9. (　　) 쇠퇴는 건축가형 기업에서 제국주의자형 기업으로 변환되는 경우로 이러한 기업은 확장, 합병, 인수를 통해 급격하게 성장하는 기업이다.

① 집중형　　　　　　　② 모험형　　　　　　　③ 발명형
④ 이완형　　　　　　　⑤ 환경형

10. 조직쇠퇴의 원인이 아닌 것은?

① 환경적응　　　　　　② 과거성공에의 집착　　③ 무모한 확장
④ 조직정신의 추락　　　⑤ 조직윤리의 부패

11. 〈조직 인사이트 10-7〉 이카루스의 날개를 읽고 조직성장 혹은 조직쇠퇴와 대한 자신의 생각을 왼쪽의 키워드를 넣어서 오른쪽에 적어 보자.

성공함정에의 매몰 환경에의 부적응 조직정신의 추락	

12. 이런 회사는 반드시 망한다. 망할 징조 열 가지를 토론해 보자.

13. 조직규모, 큰 것이 좋은가 혹은 '작은 것이 아름답다'라는 개념과 왜 대기업이 좋은지, 중소기업이 좋은지를 논의해 보자.

14. 〈조직 인사이트 10-2〉 페니실린 발명의 핵심은 무엇인가?

1   Wilson, J.Q. (1989). *Bureaucracy*, New York, Basic Books

2   Peters, T. (1992). "Rethinking Scale," *California Management Review*, Fall, pp.7-29.

3   Pil, F.K., & Holweg, M. (2003). "Exploring Scale: The Advantage of Thinking Small," *MIT Sloan Management Review*, Winter, pp.33-39.

4   Quinn, R.E., & Cameron, K. (1983). "Organizational Life Cycles and Shifting Criteria of Effectiveness: Some Preliminary Evidence," *Management Science*, vol.29, pp.33-51.

5   Adizes, I. (1979). "Organizational Passages: Diagnosing and Treating Life Cycle Problems of Organizations," *Organizational Dynamics*, vol.8, pp.3-25.; Miller, D., & Freisen, P. (1980). "Archetypes of Organizational Transitions," *Administrative Science Quarterly*, vol.25, pp.268-299.

6   Knight, F.H. (1921). Risk, Uncertainty and Profit (Boston: Houghton Mifflin); Kirzner, I.M. (1973). *Competition and Entrepreneurship*, Chicago: University of Chicago Press

7   Manne, H.G. (1966). *Insider Trading and the Stock Market*, New York: The Free Press

8   Stinchcombe, A. (1965). "Social Structure and Organizations," in March, J.G. ed., *Handbook of Organizations*, Chicago: Rand McNally, pp.142-193.

9   Schumpeter, J.A. (1934). *The Theory of Economic Development*, Cambridge, Mass.: Harvard University Press

10   Aldrich, H. (1979). *Organizations and Environments,* Englewood Cliffs, N.J.: Prentice Hall

11   Nelson, R.R., & Winter, S. (1982). *An Evolutionary Theory of Economic Change*, Cambridge, Mass.: Harvard University Press

12   Hannan, M.T., & Freeman, J.H. (1989). *Organizational Ecology*, Cambridge, Mass.: Harvard University Press

13   Aldrich, H. (1979). *Organizations and Environment* (Englewood Cliffs, N.J., PrenticeHall), p.55.

14   Carroll, G.R. (1984). "Organizational Ecology," *Annual Review of Sociology*, vol.10, pp.71-93.; Carroll, G.R., & Hannan, M. (1989). "On Using Institutional Theory in Studying Organizational Populations," *American Sociological Review*, vol.54, pp.545-548.

15   Delacroix, J., & Carroll, G.R. (1983). "Organizational Founding: An Ecological Study of the Newspaper Industries of Argentina and Ireland," *Administrative Science Quarterly*, vol.28, pp.274-291.

16   Hannan, M.T., & Freeman, J.H. (1987). "The Ecology of Organizational Founding: American Labor Unions, 1836-1975," *American Journal of Sociology*, vol.92, pp.910-943.

17 Brittain, J., & Freeman, J. (1980). "Organizational Proliferation and Density Dependent Selection,"in Kimberly, J., & Miles, R., eds., *Organizational Life Cycles*, San Francisco: JosseyBass, pp.291-338.

18 Carroll, G.R. (1964). "The Specialist Strategy,"California Management Review, vol.3, pp.126-137.; Carroll, G. R. (1985). "Concentration and Specialization: Dynamics of Niche Width in Populations of Organizations," *American Journal of Sociology*, vol.90, pp.1262-1283.

19 Caroll, G.R. (1985). Ibid, pp.1262-1283.

20 Pfeffer, J., & Salancik, G.R. (1978). *The External Control of Organizations*, New York: Harper and Row

21 Meyer, J., & Rowan, B. (1977). "Institutionalized Organizations: Formal Structure as Myth and Ceremony," *American Journal of Sociology*, vol.83, pp.340-363.; Gibbs, B.W. (1990). "The Double Edge of Organizational Legitimation," *Organization Science*, vol.1, pp.177-194.

22 Selznick, P. (1957). *Leadership in Administration*, New York: Haper & Row, p.5.

23 Zucker, L.G. (1987). "Institutional Theories of Organization," *Annual Review of Sociology*, vol.13, pp.443-464.

24 Rowan, B. (1982). "Organizational Structure and the Institutional Environment: The Case of Public School," *Administrative Science Quarterly*, vol.27, pp.259-279.; Tolbert, P.S., & Zucker, L.G. (1983). "Institutional Sources of Change in the Formal Structure of Organizations: The Diffusion of Civil Service Reform, 1880-1935," *Administrative Science Quarterly*, vol.28, pp.22-38.

25 Greiner, L.E. (1972). "Evolution and Revolution as Organizations Grow," *Harvard Business Review* (July-August), pp.37-46.

26 Cooper, A.C. (1986). "Entrepreneurship and High Technology,": in Sexton, D.L., & Smilor, R.W., *The Art and Science of Entrepreneurship*, Cambridge, Mass.: Ballinger, pp.153-168.; Thorne, J.R., & Ball, J.G. (1981). "Entrepreneurs and Their Companies," in Vesper, K.H., *Frontiers of Entrepreneurial Research*, Wellesley, Mass.: Center for Entrepreneurial Studies, Babson College, pp.65-83.

27 Greiner, L.E. (1972). Ibid, p.43.

28 Weitzel, W. & Jonsson, E. (1989). "Decline in Organizations: A Literature Integration and Extension," *Administrative Science Quarterly*, vol.34, pp.91-109.

29 Cameron, K.S., Kim, M.U., & Whetten D.A. (1987). "Organizational Effects of Decline and Turbulence," *Administrative Science Quarterly*, vol.32, pp.222-240.; Cameron, K.S., Whetten, D.A., & Kim, M.U. (1987). "Organizational Dysfunctions of Decline," *Academy of Management Journal*, vol.30, pp.126-138.

30 Chandler, A.D. (1977). The Visible Hand (Cambridge, Mass.: Belknap Press); Mintzberg, H., & Waters, J.A. (1982). "Tracking Strategy in an Entrepreneurial Firm," *Academy of*

Management Journal, vol.25, pp.465-499.; Stopford, J., & Wells, L.T. (1972). *Managing the Multinational Enterprise*, London: Longvam

31 Berle, A.A., & Means, C. (1932). The Modern Corporation and Private Property (New York: Macmillan); Williamson, K. (1966). "Profit, Growth and Sales Maximization," *Economics*, vol.34, pp.1-16.

32 Kanter, R.M. (1989). *When Giants Learn to Dance: Mastering the Challenges of Strategy*, New York: Simon and Schuster

33 Weitzel, W., & Jonsson, E. (1989). Ibid, pp.91-109.

34 Starbuck, W.H., Greve, A., & Hedberg B.L.T. (1978). "Responding to Crisis,"in C.F. Smart and W.T. Stansbury, *Studies in Crisis Management,* Toronto: Butterworth, pp.111-136.

35 Hannan, M., & Freeman, J. (1984). "Structural Inertia and Organizational Change," *American Sociological Review*, vol.49, pp.149-164.; Miller, D. (1982). "Evolution and Revolution: A Quantum View of Structural Change in Organizations," *Journal of Management Studies*, vol.19, pp.131-151.

36 Weitzel, W., & Jonsson, E. (1989). Ibid, p.105.

37 Hedburg, B.L.T., Nystrom, P.C., & Starbuck, W.H. (1976). "Camping on Seesaws, Prescriptions for a Self Designing Organization," *Administrative Science Quarterly*, vol.21, pp.31-65.; Tushman, M.L., Newman W.H., & Romanelli, E. (1986). "Convergency and Upheaval: Managing the Steady Pace of Organizational Evolution," *California Management Review*, vol.29, pp.29-44.

38 Sutton, R.I. (1987). "The Process of Organizational Death," *Administrative Science Quarterly*, vol.32, pp.542-569.

39 Geernhalgh, L. (1983). "Organizational Decline,"in Samuel B. Bacharach, ed., Research in *the Sociology of Organizations*, 2, Greenwich, Conn., JAI Press, pp.231-276.

40 Miller, D., & Freisen, P. (1979). "Archetypes of Organizational Transitions," *Administrative Science Quarterly*, vol.25, pp.268-299.

Chapter ◆◆◆ **11**

조직혁신과
변화관리

개인은 조직과 어떻게 협력해야 할 것인가를 파악할 필요가 있다. 하지만 그것보다 한발 앞서 개인이 조직에 저항하는 방법이 있음도 깨달아야 한다.

– W.H. Whyte

조직을 수정하려고 한다면 조직 내 역할관계와 조직구조에 대한 이해는 필수이며 어느 한 부분에서 다른 부분으로 파급되는 변화의 연쇄 반응도 예측할 수 있어야 한다.

– E.W. Bakke

리엔지니어링은 비즈니스 프로세스의 기본적 문제에 대한 반성으로 근본적 재설계를 통해 비용, 서비스, 품질, 속도 등 기업의 실적을 가늠하는 중요한 척도에서 압도적 성장을 꾀한다.

– M. Hammer & J. Champy

◆ 학습목표

학습목표 1 : 조직변화가 필요한 이유를 설명할 수 있다.
학습목표 2 : 조직변화에 대한 당위성을 이해할 수 있다.
학습목표 3 : 조직변화에 대한 저항을 설명할 수 있다.
학습목표 4 : 레빈의 장이론과 학습에 대하여 이해할 수 있다.
학습목표 5 : 조직변화모형에 대하여 설명할 수 있다.
학습목표 6 : 혁신과 기술변화에 대하여 이해할 수 있다.
학습목표 7 : 혁신과정 관리에 대하여 이해할 수 있다.
학습목표 8 : 혁신과 조직구성원의 역할에 대하여 설명할 수 있다.

◆ 핵심키워드

조직변화, 변화 유형, 리엔지니어링, 리스트럭처링, 이노베이션, 저항, 집단응집력, 집단사고, 인지적 편차, 선택적 지각, 장이론, 혁명적 변화, 점진적 변화, 기술변화, 기술주기, 병목현상, 다기능팀, 프로젝트팀, 혁신 분위기

I 조직변화의 이해

조직변화(organizational change)란 조직 유효성을 높이기 위해 현재 상태보다 더 나은 상태로 전환시키는 과정으로, 일종의 동태적 조직론 주제라고 볼 수 있다. 조직변화는 크게 조직의 자연적 변화, 즉 인위적 개입이 없거나 있어도 영향력이 거의 없는 변화와 적극적이고 의도적이며 계획적 변화로 구분할 수 있다. 여기서 계획적 변화를 조직변화로 보는 시각이 일반적이다. 이 책에서는 계획적 변화를 조직변화로 보는 관점을 갖는다. 조직변화는 대개 세 가지 종류의 붕괴에 대응하기 위해 일어난다고 하는데 〈표 11-1〉과 같다.

〈표 11-1〉 **조직변화의 원인**

산업의 비연속성	• 산업 내 경쟁의 토대를 흔드는 법적, 정치적, 경제적, 기술적 조건의 변화
제품수명주기의 변화	• 다양한 사업전략과 비즈니스 모델의 제품수명주기 변화
기업 내부의 역동성	• 조직규모, 포트폴리오전략, 경영진 이직 등의 변화

◆◆ 조직 인사이트 11-1 창조적 파괴

건축가는 건물을 새로 짓는 것이 낡은 건물을 리모델링하는 것보다 쉽다고 한다. 기업의 경우도 이미 보편화된 틀을 가지고 있는 기업을 전환하기보다 새로 만드는 것이 수월하다고 할 수 있다. 기존에 확립된 구조를 뒤흔드는 것 자체가 매우 어려운 일이기 때문이다. 기업 내에서 새로운 변화를 일으키는 창조적 파괴의 원천은 무엇인가?

- 경영 자원이 부족할 때 더욱 쉽게 발생한다. 풍요로운 자원을 가지고 있는 기업은 종래의 방식을 그대로 답습하더라도 어느 정도 성공을 거둘 수 있다. 그러나 자원이 부족한 기업은 그렇게 할 수 없기 때문에 가능한 한 모든 지혜를 동원한다. 기존의 기업보다 알려지지 않았던 중소기업이나 회사 내에서도 도외시되었던 부서에서 오히려 창조적 파괴가 먼저 일어나는 것도 그런 이유에서이다.
- 성숙 단계에 접어든 기업은 만족감을 가져서 창조적 파괴의 효과를 얻을 수 없다.
- 고정관념을 버려야 한다. 기존에 성공한 기업이 성공하기까지 축적한 노하우는 그 자체가 보수적인 행동으로 작용하여 창조적인 파괴를 저해하는 역할을 한다.

계획적 변화의 목적은 조직의 가치창출 활동을 증가시키거나 이해당사자의 부(富)를 향상시키기 위한 방법을 찾는다. 쇠퇴기에 있는 조직은 환경과의 적합관계를 향상시키기 위해 조직을 재정비하려고 한다.[1] 예를 들어 IBM이나 GM의 경우 1990년대 초 제품판매가 급격하게 감소하는 것을 경험하였다. 옛 명성을 되찾고 성과를 향상하기 위한 새로운 방식을 찾고자 피나는 노력을 하였다. 하지만 꾸준히 수요가 유지되고 비교적 잘나가는 기업도 변화가 필요하다. 이러한 기업은 기존의 제품으로 새로운 시장을 개척하거나 신제품 개발을 위한 새로운 방식을 통해 변화에 대응하려한다.

1 조직변화의 목표와 대상

계획적 변화는 네 가지 수준에서 기존보다 더 나은 성과 향상을 목표로 한다. 즉 인적자원, 기능부서 자원, 기술능력, 조직능력이 그것이다.

인적자원

인적자원이란 조직의 가장 중요한 핵심자산이다. 궁극적으로 조직의 독특한 핵심역량(core competences)은 구성원의 숙련 기술이나 능력에 달려 있다. 이러한 숙련 기술과 능력이야말로 조직의 경쟁력을 좌우한다. 따라서 조직은 우수한 인적자원을 획득하고 획득된 자원의 능력을 최대한 사용할 수 있는 가장 적합한 조직구조를 유지하며 감시하는(monitoring) 활동을 지속적으로 수행해야 한다.

인적자원 입장에서의 변화 노력은 다음과 같은 것을 포함한다.

- 교육훈련에 대한 투자와 함께 구성원의 새로운 숙련 기술과 능력을 향상시킬 수 있는 인적자원개발
- 구성원이 조직문화에 의해 조직성과를 향상시키는 새로운 방식을 학습
- 변화하는 조직규범과 가치관을 통해 다양한 문화를 경험한 구성원에게 동기부여
- 승진 및 보상 시스템의 지속적인 검증
- 조직학습과 의사결정을 향상시킬 수 있는 최고경영층의 구성 및 지원

기능부서 자원

환경이 변화하기 때문에 조직은 종종 기능부서로 자원을 배분하며 조직 내 가장 중요한 핵심역할을 맡은 기능부서의 중요성이 더욱더 증대된다. 조직은 변화하는 조직구조, 조직문화, 기술 등에 의해 만들어진 각각의 기능부서를 운영할 필요가 있다. 예를 들어 특정 기능부서로부터 하나의 생산팀으로 변화한다고 할 때 제품개발 속도는 더욱 빨라질 수 있다.

기술능력

기술능력이란 조직이 시장에서 성공할 기술능력을 말한다. 기술능력은 조직의 핵심능력 중 하나이다. 여기에는 제품 및 서비스를 생산하는 방식을 향상시키는 능력도 포함된다.

조직 능력

조직구조의 설계나 조직문화는 기술능력을 개발하는 인적자원과 기능부서 자원이 일을 할 수 있게 만들어 준다. 조직변화는 인적자원과 기능부서 간의 관계를 변화시키기도 한다. 조직구조와 조직문화의 변화는 조직 전반에서 발생하는 것으로 최고경영층의 변화에 의한 조직문화 변화와 부서 간의 통합을 향상시키거나 작업집단을 변화시키는 것 등을 모두 포함한다.

앞의 네 가지 수준에서의 변화는 독립적으로 일어난다기보다 분명 상호 의존적인 관계에 놓여 있다. 예를 들어 조직이 새로운 기술을 가진 생태학자 1명을 전문위원으로 위촉하려 한다고 가정하자. 인적자원을 제대로 선발한다면 그 생태학자로 인해 조직은 새로운 기술 능력을 소유하게 될 것이다. 새로 임명된 최고경영자가 조직구조를 재평가하려는 것이나 여러 기능부서를 조정하거나 통폐합하려고 하는 것도 마찬가지이다. 조직변화가 완만하고 점진적인 경우에는 구성원이 시간적 여유를 가지고 변화과정에 조화와 균형을 맞추어 나갈 수 있다. 그러나 조직변화가 빠를 경우 조직구조, 구성원 행동, 조직전략 등의 경영 요소 간에 새로운 조화가 필요하다.

② 변화유형

앞에서 조직변화를 크게 자연적 변화와 계획적 변화로 구별했다. 보통 조직변화는 계획적 개입을 통한 변화를 칭한다. 계획적 개입을 통한 변화는 두 가지로 구분 가능하다. 즉 점진적 변화(evolutionary change)와 혁명적 변화(revolutionary change)이다.[2] 조직변화 노력 중 하나는 미래에 발생할 수 있는 문제를 사전에 방지하려는 것이고, 다른 하나는 기존의 조직문제를 해결하려는 시도이다. 전자를 발전적 변화, 즉 점진적 변화라 하면 후자를 문제해결 변화, 즉 혁명적 변화라 할 수 있는데, 두 개의 변화 간의 구별은 매우 중요하다([그림 11-1] 참조).

점진적 변화란 점증적 혹은 누적적인 변화라고도 하며, 혁명적 변화란 급진적 혹은 조직전반(organization wide)에 걸친 변화라고 한다. 점진적 변화는 조직전반에 걸쳐 일어나는 변화가 아니라 일부 부문을 중심으로 조금씩 변화가 일어나는 것이다. 그래서 환경변화에 적합한 조직전략과 조직구조를 점진적으로 개선시켜 나가고자 한다.

반면에 혁명적 변화란 기존 전략과 조직구조에 큰 변화를 가져오면서 구성원에 대해 전에 없던 새로운 것을 요구하는 조직전반에 걸친 근본적 변화이다. 이것은 변화

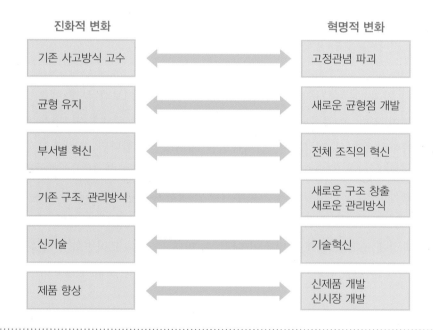

[그림 11-1] 변화유형

라기보다 변신이라고 할 수 있다. 삼성그룹의 회장이 아내와 아이를 제외하고 모두 바꿔야 한다고 말한 적이 있다. 이 주장에는 혁명적 변화에 대한 바람이 담겨 있다. 혁명적 변화는 기존의 것을 모두 버리고 새로운 목표, 새로운 구조, 새로운 사고방식을 추구하자는 것이다. 혁명적 변화에 속하는 최근의 경영기법이 바로 리엔지니어링, 리스트럭처링, 이노베이션이다.

조직변화를 관리함에 있어 경영자는 많은 선택상황에 직면하는데 다음과 같은 경우이다.

- 얼마만큼 변화시킬 것인가?
- 점진적 변화와 혁명적 변화를 위해 얼마만큼의 노력을 투입할 것인가?
- 변화를 위해 사용하려는 특별한 전략과 전술은 무엇인가?

이러한 선택상황에서 의사결정을 내리기란 쉽지 않다. 그 이유는 어느 것을 선택하더라도 장단점이 존재하기 때문이다. 경영자는 중요한 조직변화를 도입하려 할 때 사람들의 저항에 직면하게 된다. 그러므로 적절한 전략과 전술을 선택하기 위하여 여러 가지 저항의 문제를 분석하기 위한 틀이 필요하다. 소수의 변화를 가져오거나 한 분야나 한 개인에 국한된 변화라면 받아들이는 데 큰 문제는 없겠지만 엄청난 규모의 변화라든가 대부분의 구성원, 부서가 관련되는 변화의 경우에는 보다 조직적이고 심각한 문제가 야기될 공산이 크다.

경영자는 구성원이 어떤 일이 발생했다는 것을 깨닫기도 전에 조직변화를 일주일 정도나 심지어 하루 만에 신속하게 도입하려고 하는 경향이 있다. 반면에 구성원은 이런 변화를 천천히 수용하면서 진행하려 한다. 구성원은 성공적으로 변화를 마치기 전에 얼마간의 시간을 벌려고 하는 경향이 있다. 그러므로 경영자는 조직변화를 실행하려는 많은 전술을 행사해야 한다. 이러한 전술에는 다음과 같은 것이 포함된다.

- 변화의 장점에 대하여 구성원에게 적극적으로 설득한다.
- 저항 없는 변화를 수용하도록 구성원에게 강압적인 방법을 동원한다.
- 변화로 인해 구성원이 잃을 수 있는 것을 대신한 상당한 보상을 설명하고 제공한다.
- 변화를 적극 수용하는 사람에 대한 교육훈련 혹은 심리적 안정을 제공한다.
- 변화를 수용하도록 구성원에게 강압적 수단 혹은 위협을 가한다.
- 변화를 설계하거나 실행하는 데 참여하도록 구성원에게 강하게 요구한다.
- 구성원 모두가 참여의식을 높여 참여하지 않으려는 자를 흡수한다.

1950년 일본의 먀야자키 현 고지마라는 무인도에 원숭이가 20여 마리가 살고 있었는데, 먹이는 주로 고구마였다. 원숭이들은 처음에는 고구마에 묻은 흙을 손으로 털어 내고 먹었는데, 어느 날 한 살 반짜리 젊은 원숭이 한 마리가 강물에 고구마를 씻어 먹기 시작했다. 그러자 다른 원숭이들이 하나 둘 흉내 내기 시작했으며, '씻어 먹는 행위'가 새로운 행동양식으로 정착해 갔다. 고지마 섬에서 고구마 씻기를 하는 원숭이 수가 어느 정도 늘어나자 이번에는 이 섬 이외 지역의 원숭이들 사이에서도 똑같은 행위가 동시다발적으로 나타났다. 불가사의하게도 이곳에서 멀리 떨어진 다카자키 섬을 비롯한 다른 지역에 서식하는 원숭이들 역시 고구마를 씻어 먹기 시작했다. 서로 전혀 접촉이 없고, 의사소통도 할 수 없는 상황에서 마치 신호를 보내기라도 한 것처럼 그 행위가 퍼져 나갔다.

미국의 과학자 라이올 왓슨(L. Watson)은 이것을 '100마리째 원숭이 현상'이라고 이름 붙였다. 어떤 행위를 하는 개체의 수가 일정량에 달하면 그 행동은 그 집단에만 국한되지 않고 공간을 넘어 확산되어 가는 불가사의한 현상을 말한다. 이 학설은 1994년에 인정되었다. 많은 동물학자와 심리학자가 여러 실험을 한 결과 이것은 원숭이뿐 아니라 인간을 포함한 포유류나 조류, 곤충류 등에서도 볼 수 있는 현상이라는 사실이 밝혀졌다.

우리가 여기서 한 가지 깨달을 수 있는 사실은, 세상의 가치관이나 태도는 먼저 깨달은 소수의 사람에 의해 바뀐다는 것이다. 세상 사람 모두가 깨달으려면 시간이 걸리겠지만, 먼저 몇 퍼센트 정도의 소수만 깨닫게 되면 모든 사회와 전 세계를 바꿀 수 있다. 시공을 초월한 공명 현상(共鳴現象)이 작용하기 때문이다.

리엔지니어링

리엔지니어링이란 정보기술을 사용하여 조직계층을 단순화하고 불필요한 비용을 최대한 줄이고자 하는 혁신전략이다.[3] 리엔지니어링으로 인한 직업 박탈에 가장 심하게 노출되어 있는 계층이 바로 화이트칼라층이다. 리엔지니어링의 주창자인 해머와 챔피(M. Hammer & J. Champy)는 중간관리자에 속한 사람 가운데 3/4 정도까지 줄일 수 있다고 분석한다. 중간관리자층의 비창의적인 업무 가운데 다수가 정보통신 기술에 의해 더욱 훌륭하고 빠르게 수행될 수 있다는 것이다. 기업의 정보 하부구조를 개편하여 의사소통과 의사결정을 신속히 전개해야 한다는 점은 오늘날 모든 조직이 시급하게 해결해야 할 공통의 과제이다.

리스트럭처링

리스트럭처링은 급격한 성과 하락을 막기 위한 혁신적 변화방법 중 하나이다. 리스트럭처링을 하려면 두 가지 기본 단계를 거쳐야 하는데, 첫 단계는 조직의 분화를 줄이는 것으로 위계수준을 줄이거나 부서를 통폐합하는 단계이며, 그 다음 단계는 운영비용을 줄이기 위해 구성원의 수를 줄이는, 즉 조직규모를 줄이는 다운사이징 단계이다. 일반적으로 리스트럭처링은 기능부서를 줄이는 것부터 시작한다. 조직이 원활한 운영을 위해 다운사이징을 해야 하는지, 리스트럭처링이 필요한지에 대하여 여러 가지 이유가 있다. 그중 하나가 환경변화를 예측하지 못했을 때, 즉 제품이 시대에 뒤떨어진 제품이 되어 버렸을 때 조직변화가 필요해진다. 고객이 더 이상 제품 및 서비스를 원하지 않는다면 기업은 치명적 손상을 입게 된다. 그리고 지나치게 고층조직이 되어 관료제적 특성이 많아지며 운영비용이 과도하게 소모되는 것을 방지하기 위한 방편으로 리스트럭처링을 시도하기도 한다.

혁신

혁신은 고객의 욕구에 보다 빠르게 대응하기 위해 제품 및 서비스를 개발하거나 새로운 생산 방식과 운영 시스템을 개발하는 데 자원과 숙련 기술을 사용하는 과정이다.[4] 혁신은 조직의 극적인 성공에 대한 결과이다. 애플사는 PC를 시장에 최초로 진입시켰을 때 성공할 수 있었다. 혼다는 50CC 모터사이클을 미국 시장에 처음으로 내놓아 성공했다. 하지만 혁신은 높은 위험 수준과 상당한 관계가 있다.[5] 그 이유는 연구개발활동 자체가 종종 아주 불확실하기 때문이다. 보통 R&D 프로젝트 중 제품으로 탄생되어 시장에 출하되는 제품은 고작 12~20% 정도이다.[6] 혁명적 변화 중 혁신은 장기적 성공을 위해 가장 좋은 것이지만 위험이 가장 크다는 것도 알아야 한다.

변화의 전략적 유형

조직이 전략적 우위를 달성하기 위해서는 다음과 같은 네 가지 변화에 주목해야 한다. [그림 11-2]를 보면 기술변화, 제품 및 서비스 변화, 전략과 구조 변화, 조직문화 변화가 그것이다. 이러한 요인은 국제환경에서 경쟁우위를 얻는 데 다른 무엇보다도 더 중요하다. 기술변화란 조직이 다른 조직과 구별되는 핵심 기술, 능력, 지식을 포함한 생산과정에서의 변화를 말한다. 제품 및 서비스 변화는 조직이 생산하는 제품 및 서비스에 대한 변화로 이는 새로운 시장, 새로운 고객의 변화에 따라 변화될

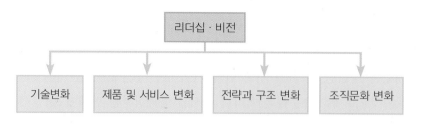

[그림 11-2] 변화의 네 가지 유형

수밖에 없다. 전략과 구조 변화는 조직의 내부적인 관리에 관한 변화로, 조직구조의 변화와 함께 생겨나는 각종 정책, 전략경영(strategy management), 노사관계, 조정 도구, 관리와 통제를 위한 각종 시스템, 회계와 예산 등에서의 변화를 의미한다. 조직문화 변화란 구성원들이 가지고 있던 행동, 능력, 기대, 신념체계, 태도, 가치관에서의 변화를 의미한다.

조직은 구성원이 수행해야 할 활동을 변화시키려 하는가? 그 이유는 구성원은 생존을 위한 변화에 적응해야 하고 지속적인 변화 속에 항상 노출되어 있으며 그러한 환경변화에 영향을 받는다.[7] 하지만 [그림 11-3]처럼 변화의 영향력에 비해 조직 내에는 다양한 저항도 동시에 존재한다.

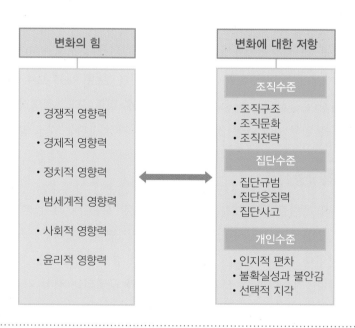

[그림 11-3] 변화의 압력과 저항

Ⅱ 조직변화에 대한 압력과 저항

1 변화의 압력

조직에 영향을 주는 다양한 환경적 영향력이 존재한다. 경영자의 가장 중요한 과업 중 하나가 환경적 영향력을 재빠르게 인식해야 한다.[8] 환경적 영향력에 대한 반응이 느리다면, 조직은 경쟁자보다 뒤처지고 낮은 조직 유효성을 보일 것이다.

경쟁적 영향력

조직은 다른 조직에 비해 경쟁우위의 위치에 있어야 안정적으로 성장할 수 있다.[9] 경쟁이 조직 변화의 가장 큰 압력이 되는 것이다. 조직은 효율, 품질, 혁신, 고객 반응 등의 경쟁우위 중 적어도 하나 이상에서 경쟁자보다 앞서려고 하기 때문이다.[10] 예를 들어 효율에 있어 앞서는 조직은 기술력에 있어서도 앞서고 있는 것이다. 조직이 신기술에 적응하는 것 자체가 조직의 과업을 담당하고 있는 구성원으로 하여금 신기술을 배우게 하는 원동력이 되고 이로 인해 조직은 끊임없이 변화할 수 있기 때문이다. 경쟁자에 비해 혁신이나 기술에서 앞선다면 그 조직은 변화와 혁신에 계속 성공하고 있다는 의미이다.

경제적·정치적·범세계적 영향력

경제적·정치적·범세계적 영향력이 조직에 변화의 압력을 부추긴다.[11] 예를 들면 1993년 결성된 캐나다, 미국, 멕시코 간의 협력체인 북미자유무역협정(north american free trade agreement, NAFTA)이나 1996년 유럽 12개국에 의해 조직된 유럽연합(european union, UN), 아시아태평양경제협력체(asia pacific economic corporation, APEC) 등이 그 연합 단체에 속한 국가와 기업을 얼마나 많이 변화시켰는지를 보면 그 영향력을 짐작할 수 있다. 이러한 글로벌 연합체는 한 국가의 정치뿐만 아니라 방위전략과 무역과 경제정책을 바꾸고 이어서 기업의 수출전략, 생산전략, 심지어는 인력채용정책까지도 바꾸어 놓는다.

사회적 영향력

여성, 인종, 소수민족, 장애자 등에 대해 경영자가 승진 결정에 있어 차별을 두어서는 안 되며 선발 및 해고도 마음대로 못하는 시대이다.[12] 직장과 가정의 공존, 여가와 일의 균형, 직장생활의 질 등 사회적 가치가 바뀌고 있는 지금 우리나라 기업들이야말로 채용과 보상제도, 작업장 배치와 승진정책을 모두 변화시켜야 하는 압력을 받는다. 기업의 경영자가 과거의 관습을 고집한다 하더라도 법과 규정의 통제에서 벗어날 수 없는 것이다. 공기업 여성 임원 비율을 정부정책으로 높인다면 시차를 두고 사기업도 이에 맞추어 나가는 것과 같다. 구성원의 노동생활의 질도 매우 중요시되고 있으며 여성인력의 경우도 과거에 비해 적극적인 사회활동 비율이 증가하는 등 많은 사회적 변화가 일어나고 있다.

윤리적 영향력

국가 조직은 국민의 가치관 변화로 인하여 성장만을 내세워 약자와 소수자가 희생되던 분위기에서 벗어나 경제민주화와 사회복지정책을 우선하도록 압력을 받는다. 기업조직도 마찬가지이다. 이제 성실하고 책임 있는 윤리경영이 아주 중요하다. 윤리적 행동의 중요성이 강조되다 보니 영리 추구만을 목적으로 기업경영을 할 수 없게 된다.[13] 인간에 대한 권리, 직장 내 성희롱 문제, 종업원의 도둑질, 종업원에 대한 복리후생, 업무 시간 표준 설정, 외국인 근로자 문제 등에 더 많은 관심을 가지게 된 것이다.

2 조직수준에서의 저항

조직변화를 막는 여러 가지 압력도 조직 내에서 일어나게 된다.[14]

조직구조

기존의 조직구조가 조직변화의 장애가 될 수 있다. 조직구조를 새롭게 개편했을 때 조직은 구성원이 행동해야 할 방식에 대하여 매우 안정적인 패턴을 가져야 한다. 시간이 지남에 따라 조직구조는 스스로 유지되기 시작한다. 예를 들어 사람이 조직에 들어오고 나가고 했는데도 과업 관련성은 옛날 그대로 존속된다고 하자. 이는 조직구조가 변화의 걸림돌이 된다. 조직구조를 변화시킨다는 것은 쉬운 일이 아니다. 변화는 구성원에게 당연하게 여겨진 것을 사라지게 만드는 부정적인 것으로 지각된다. 이런 이유로 어떤 연구자는 변화는 급진적·혁명적 접근이 더 좋다고 주장한다.

고층위계, 집권화된 의사결정, 규칙과 절차에 의한 행동 표준화로 특징지어진 기계적 조직을 보자. 반대로 수평적이고 분권화된 의사결정, 상호조정에 의존하는 유기적 조직이 있다. 두 가지 유형 중 변화에 대한 저항이 더 큰 조직은 어떤 것인가? 기계적 조직의 경우 사람이 어떤 특정 방식으로 프로그램되어 있고 변화하는 조건에 대한 나름대로의 행동을 발전시킬 능력이 주어지지 않았다. 유기적 조직에서는 상호조정의 사용과 분권화된 권한이 새로운 문제에 대한 해결책을 찾거나 변화하는 환경에 대한 창조적인 방식을 개발시킬 수 있다.[15]

조직문화

조직문화에 있어 특히 가치관, 규범은 변화에 대한 저항이 될 수 있다. 가치관과 규범은 구성원의 행동을 통제하고 어떻게 행동할지 예측할 수 있게 한다. 조직변화로 인해 당연한 것으로 받아들이던 가치관과 규범이 깨진다면 구성원에게 왜 그렇게 해야 되는지 납득시키기가 매우 어렵다. 조직문화가 변화의 저항 원인이 되는 것이다.[16]

조직전략

이미 만들어져 실행되고 있는 조직전략은 변화의 저항이 될 수 있다. 기존의 전략에 모두가 몰입하면서 성과를 내려고 한다면 새로운 전략이나 새로운 시도는 거들떠보려고 하지 않는다. 기존의 전략에 더욱 집착할수록 새 전략이나 새로운 시도에는 관심이 없을 것이다. 밀러(D. Miller)는 조직이 과거 성공에 대한 집착을 하는 경향을 이카루스 패러독스(icarus paradox)로 설명한다. 성공했던 전략이 오히려 해가 될 수도 있는 것이다.[17]

③ 집단수준에서의 저항

조직의 일이란 보통 집단에 의해 수행되는 것이 대부분이며 따라서 몇몇 집단의 특성이 변화에 대한 저항이 된다.

집단규범

대부분의 집단은 강력한 비공식적 혹은 공식적 집단규범을 가지고 있다. 특이한 행동이나 해야 할 혹은 하지 말아야 할 행동, 구성원 간의 상호작용 같은 것이다. 동일 집단 속에서 역할이나 과업관계를 변화시키려 할 때 집단규범이나 비공식적 기대와 부딪치는 경우가 종종 있는데 구성원은 집단의 규범으로부터 보이지 않는 지시와 명령을 받고 있기 때문이다.

◆◆ 조직 인사이트 11-3 '너희 편 우리 편'

알고리즘(Algorithm)은 사용자의 이용기록과 다양한 개인정보를 토대로 이용자에게 '맞춤형' 콘텐츠를 제공해주는 페이스북, 트위터, 구글 등의 소셜미디어 시스템이다. 내가 무슨 제품을 샀는지, 어떻게 반응했는지, 좋아하는 주제는 무엇인지 등을 파악해서 그와 유사한 콘텐츠를, 소위 '취향저격'의 것들을 제공해주는 고마운 도구이다. 문제는 처음부터 나의 결정으로 선택하는 것이 아니라 소셜미디어가 추천해 준 극히 일부의 대안 중에서 내가 고른다는 데에 있다. 대인관계에서도 나와 의견이 맞지 않는 사람은 만나기 싫고 내 의견에 동조하는 사람을 선호하는 것과 같다. 그러므로 내가 유튜브에서 보수당의 메뉴를 한 번 읽게 되면 보수당 쪽 화면만 뜬다. 역시 내가 정치적으로 보수편이라면 진보인 친구는 나에게 친 진보적인 글을 카톡으로 보내주지 않는다. 관계도 끊어진다. 친보수적인 친구들만 나에게 친보수의 글을 보내주니 나는 그것만 읽을 수밖에 없다. 나는 점점 보수적이 되어 간다. 반진보의 말만 듣다 보면 나도 모르게 중독되어 예전보다 훨씬 더 열렬한 보수당 지지자가 된다. 물론 내가 똑똑하다면 진보당 콘텐츠를 찾아서 반 보수와 친 진보의 말을 듣고 난 후에 어느 당에 투표할 것인지를 결정하면 문제없다. 그런데 나는 덜 똑똑하면서 그럴 시간도 없다. 나에게 단톡으로 정치적인 글을 보내주는 사람들은 모두 나와 유사한 배경을 가진 자들이다. SNS 세계에서 진보당 화면은 완전히 가려진 채로 보수당 화면의 노예가 되는 것이다. 그런데 정치적 성향이 나와 비슷하게 중도였던 한 친구가 우연히 진보당 유튜브를 보기 시작했다면 며칠 후에 그 친구는 진보당의 열렬한 지지자가 된다. 여럿이 모인 진보당 모임에서 보수당 얘기를 하면 모두 싫어할 뿐만 아니라 그 모임에서 그를 싫어한다.

지난 미국 대선기간 동안 트럼프와 바이든 두 후보를 놓고 미국 국민의 소셜미디어 왕래를 빅데이터 분석한 결과 서로 자기 편 사람들하고만 교류했다는 현상이 드러났다(사진). 서로 다른 성향의 정치적 지지자들은 흩어져서 개인으로 있을 때보다 집단으로 모이면 더욱 양극화되는 이유는 그 때문이다. 우리나라 역시 너무 양극화되었다. 결과적으로 그 친구와 나는 보수와 진보라는 양극화 상황에서

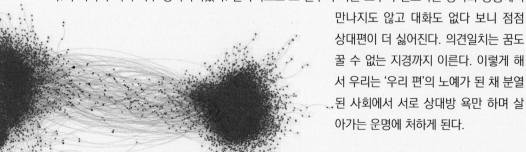

만나지도 않고 대화도 없다 보니 점점 상대편이 더 싫어진다. 의견일치는 꿈도 꿀 수 없는 지경까지 이른다. 이렇게 해서 우리는 '우리 편'의 노예가 된 채 분열된 사회에서 서로 상대방 욕만 하며 살아가는 운명에 처하게 된다.

집단응집력

집단응집력은 집단성과를 좌우한다. 집단응집력이 높을수록 집단 협력이나 집단 성과가 촉진되는 반면에, 지나친 집단응집력은 성과를 낮추기도 한다. 집단의 규범이 강하다면 이는 단단한 터를 잡고 꿈쩍하지 않을 정도로 모든 구성원의 가치관으로 혹은 관습으로 이루어져 있다. 이때 급격한 변화와 새로운 혁신의 징후가 나타나면 구성원은 반대 의견을 제시할 것이고 그 의견을 억누를 수 있는 대안은 거의 없을 것이다.

집단사고

집단사고(groupthink)란 집단응집력이 강한 집단이 잘못된 의사결정을 내리는 것을 말한다. 개인은 만장일치가 될 수 없음에도 불구하고 부정적 정보를 없애면서까지 저항에 동조하게 된다. 이러한 집단사고가 진행 중인 집단에서 집단행동을 변화시키려는 움직임은 아무 소용이 없다. 의견이 다른 두 개인은 어느 정도 타협하면서 양보가 가능하지만 의견이 다른 두 집단은 이것이 거의 불가능하다.

4 개인수준에서의 저항

개인수준에서의 저항은 다음과 같다.[18]

인지적 편차

인지적 편차(cognitive biases)는 개인적인 상황 지각이나 상황의 원인을 해석하는 데 영향을 준다. 개인이 보유하고 있던 인지적 편차로 인해 환경변화에 대한 지각이 매우 달라지는 것이다.

불확실성과 불안감

사람은 변화에 저항하기 마련인데 만일 변화가 발생하면 그로 인한 스트레스, 불확실성, 불안감을 느끼기 때문이다.[19] 변화가 생겨 자기 자리를 잃을지도 모른다고 두려움을 느끼면 더더욱 저항할 것이다. 예를 들어 변화가 일어나는 작업장에는 결근과 이직이 증가하고 협동심도 줄어들며 변화과정을 지연시키려는 의도적 활동이 증가한다.

선택적 지각

사람의 지각(perception)은 작업 태도 및 행동을 결정짓는 데 아주 중요한 역할을
한다. 사람은 조직에 존재하던 관점과 일치되는 정보만을 선택하여 받아들이려는 경
향을 갖는다. 조직 내에서 변화가 일어날 때 구성원은 자기 부서에 영향을 주는 사안
에만 개인적으로 관심을 보이거나, 변화로 인한 자기의 혜택이 줄어들 때에는 더 큰
저항을 하게 된다.

5 레빈의 장(場)이론

변화를 이끄는 다양한 영향력이 존재하는 것처럼 변화에 대한 저항의 다양한 힘이
있음을 알았다. 레빈(K. Lewin)은 장이론(field theory)을 발전시켰는데, 조직 내 전혀
상반된 두 힘이 어떻게 균형을 이루어 나가는가를 설명한다.[20] 조직 내 두 힘이 균형
을 이루고 있을 때 변화는 나타나지 않는다. 조직이 변화하기 위해서는 변화를 위한
영향력은 키우고 동시에 변화에 대한 저항은 줄여 나가야 한다. [그림 11-4]처럼 P_1
수준에서는 변화의 저항과 변화 압력이 같기 때문에 균형이 이루어진다. 하지만 P_2로
가고자 한다면 변화의 압력은 더욱 증가시키고 반대로 변화의 저항은 줄여 나가도록
해야 할 것이다.

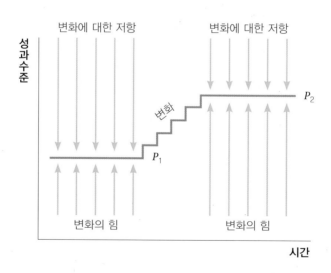

[그림 11-4] 변화의 영향력

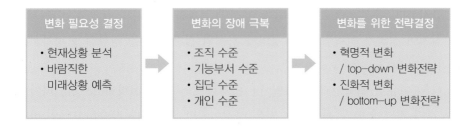

변화 필요성 결정	변화의 장애 극복	변화를 위한 전략결정
• 현재상황 분석 • 바람직한 　미래상황 예측	• 조직 수준 • 기능부서 수준 • 집단 수준 • 개인 수준	• 혁명적 변화 　/ top-down 변화전략 • 진화적 변화 　/ bottom-up 변화전략

[그림 11-5]　조직변화의 모형

　　조직변화 모형을 참조하여 조직의 현재 상황을 평가한 후 미래에 나아갈 조직방향을 결정한다. 그런 다음 바람직한 미래 상황에 도달하기까지 변화의 장애를 극복해야 하며, 그 후 변화에 대한 전략을 결정해야 한다.[21]

변화 필요성 결정

　　변화 필요성 결정을 위해 해결하고자 하는 문제를 규명해야 한다. 변화 필요성이란 실제 성과와 바람직한 미래 성과 간 차이에 대하여 조직 내에 누군가가 지각하였다는 의미이다. 경쟁자의 출현과 같은 경쟁 조건에서의 변화는 조직의 자원사용에 대한 재평가를 할 수 있게 한다. 다른 경쟁자가 우월한 제품과 기술을 시장에 도입했다는 사실은 조직의 자원 사용에 대한 개편이 곧 이루어질 것이라는 것을 의미한다.

　　어떤 위기가 생겼다는 것은 변화에 대한 압력이 높아졌음을 의미한다. 매출이익 혹은 수익성으로 측정되는 조직성과가 감소하고 있다는 것도 변화가 필요하다는 일

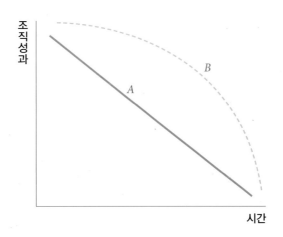

[그림 11-6]　시간 흐름과 조직성과

종의 암시이다. 대부분의 조직은 자기 자신의 성과와 경쟁자의 성과를 비교한다. 하지만 심지어 성과가 하락할 때도 경영자 자신의 실제 상황을 정확하게 평가하는 것 자체가 쉽지 않다.

또 다른 이유로 조직성과는 [그림 11-6]처럼 A와 같은 선형적 모양을 띠지 않는다. 시간이 지남에 따라 쇠퇴하는 것은 사실이지만 쇠퇴하다 상승하고 상승하다 쇠퇴하는 것을 반복하게 되는 것이다. 성과는 오르락내리락하는 것인데 어느 순간 갑자기 조직이 몰락으로 내달을 때 조직은 위기에 빠지게 된다. [그림 11-6]에서의 점선은 이를 표현한 것이다.

조직의 현재 상황을 진단하기 위해서 경영층은 조직과 환경을 기간적으로 주도면밀하게 살필 수 있는 프로그램을 도입하는 것이 좋다.[22] 미래를 예측하고 미래의 이상적 상황을 그려 보는 것이다. 조직의 과거 실적이 미래 모습에 영향을 준다는 점도 염두에 두어야 한다. 변화 필요성을 결정짓는 것과 변화를 관리하는 것은 복잡한 의사결정과정이다.

경영자는 바람직한 상태에 도달하기 위해 각종 시나리오(scenario)를 만들어 볼 필요가 있다. 그러고 나서 성공 기회가 가장 많은 대안을 선택해 추진하는 것이 좋다. 그런 변화 필요성을 결정짓는 것이 점진적 변화 혹은 혁명적 변화 중 하나가 되어야 한다.[23] 조직전략과 조직구조에 대한 점진적 변화를 꾀하는 점진적 변화를 선택할 수도 있고 혁명적 변화를 통해 급격한 변화를 취할 수도 있다. 또한 변화 전에 기존에 알고 있던 것을 폐기학습(unlearning)하는 것도 중요하다.[24] 새로운 학습이 일어나기 전에 모든 것을 지워 버림으로써 변화 후 그 변화를 오래도록 유지하는 것이다. 레빈은 폐기학습을 해빙이라 하였다.

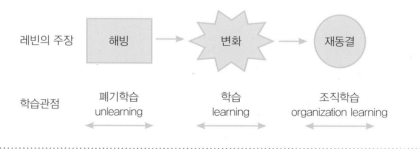

[그림 11-7] 레빈의 변화과정

변화를 위한 전략결정

변화에 대한 강력한 장애를 어렵게 극복하였다면 조직은 점진적 혹은 혁명적 변화중 하나를 선택해야 한다. 혁명적 변화는 일종의 top down 변화전략이다. 일반적으로 top down 변화전략은 조직의 최상 수준에서의 개입을 일컫는다. 이제 상부로부터 새로운 목표가 설정되어 아래로 공표되며 각 부서나 각 책임자는 변화 필요성을 크게 깨닫는다. top down 변화전략은 종종 어느 방향으로 나아갈지를 몰라 조직 과업의 혼란을 야기하기도 하며 상부로의 보고 업무만을 대량으로 만들어 내기도 한다. 상부로부터의 문제해결 능력은 전문성, 과학성에 의하기도 하지만 직관, 경험에 의해 의사결정이 이루어지기에 그러한 의사결정을 아래에서 예측하기가 쉽지 않다.

이에 반해 점진적 변화는 bottom up 변화전략이다. 경영자는 점증적인 방법으로 조직을 관리해 나가는 것이 최상이라고 생각한다. 조직변화는 많은 불확실성과 관련되어 있기 때문에 전략과 조직구조에 점진적인 조정이 좋다고 보는 것이다. 변화를 위해 bottom up 변화전략을 준비함에 있어 조직이 직면한 문제가 무엇인지 밝히거나 변화 필요성을 역설할 때에도 조직 내 위아래 모든 수준의 구성원이 토의에 참여함으로써 변화 필요성에 대한 일체감을 조성할 수 있다.

◆◆◆ 조직 인사이트 11-4 남과 다른 생각

다양성이 공존하기 위해서는 역시 충분한 기반이 필요하다. 보통 대기업의 조직구조와 관리구조에서는 효율성을 극대화할 수 있는 관리 시스템이 만들어져 있어서 주류에서 약간만 어긋나면 바로 제재를 가하는 경향이 강하다. 그래서 조직 내부에 변화를 항상 장려하고 또한 다양성이 발생할 수 있도록 보다 많은 상호작용을 만들어 낼 구조가 필요하다. 세포분열도 다른 세포와의 상호작용이 클 때 분열이 일어나기 쉽다.

경쟁은 상대방을 창조적으로 부정하는 것이라는 점에서 본질적으로 변증법적 프로세스를 내포하고 있다. 사라질 수 있었던 아이디어를 가능한 한 무대 위로 끌어내 주는 역할을 하는 것이다. 3M에서는 신사업, 아이디어의 실행을 위한 자금원을 직속 상사만이 쥐고 있는 것이 아니고 필요하다면 다른 사업부의 자금을 쓰는 것도 가능하다. 또한 그것마저도 불가능하다면 섹터 연구소나 중앙연구소, 나아가 사장에게 직접 담판하는 것까지도 허용되고 있다. 즉 3M에서는 "아이디어를 부정하는 경우에는 부정하는 측에서 아이디어가 쓸모없다는 증거를 제시할 책임이 있다."는 규칙까지 마련해 두고 있다.

예를 들어 TQM은 점진적 변화를 가져오게 만든다. 경영자는 그간 경험했던 문제해결방식을 추천하고 아래에서는 추천된 방식을 자기 상황에 맞게 적용시켜 나가는 것이다. top down 변화전략에 비해 bottom up 변화전략이 더 오랜 기간 이루어지는 데 많은 잠재적 문제가 존재하기 때문에 이러한 문제를 잠재우는 데 시간이 필요하기 때문이다. 더구나 경영자와 모든 구성원의 혼연 일체된 변화에 대한 종업원 관여 (employee involvement)가 변화에 대한 저항을 줄여 주고 새로운 해결점을 찾는 데 사람들을 열성적이게 만든다. 그래서 최고경영자가 내리는 top down 변화전략에 비해 bottom up 변화전략은 구조화되어 있지 않은 의사결정이라고 할 수 있다.

6 변화 실행을 위한 전략

경영자나 구성원에게 있어 조직의 기술혁신, 제품 및 서비스에 대한 아이디어 개발, 전략과 구조의 정합성 유지, 강한 조직문화의 촉진, 기업가치활동의 향상 등의 실행은 조직변화에서 어려우면서도 가장 중요한 부분이다. 경영자뿐 아니라 구성원에게도 변화는 파괴적이며 두려운 것이다.

◆◆◆ 조직 인사이트 11-5   변화저항의 변명

- "잘해 봐."라는 식의 비꼬는 말
- "그건 해도 안 된다."는 소극적인 말
- "바빠서 못한다."는 핑계의 말
- "잘되어 가고 있는데 도대체 무얼 바꿔."라는 무사안일의 말
- "이 정도면 괜찮다."는 현실 안주의 말
- "다음에 하자."고 미루는 말
- "해 보나마나 똑같다."고 포기하는 말
- "이제 그만두자."는 의지를 꺾는 말
- "지금까지 해 본 적이 없다."는 무기력한 말
- "좋으나 돈이 많이 든다."는 변명의 말
- "당신은 우리의 문제를 잘 모른다."는 자만의 말
- "큰 기업이니까 하지 우리같이 작은 회사는 안 된다."
  는 열등의 말
- "규정 때문에 안 된다."는 보수적인 말
- "난 모르겠다."식의 무책임한 말
- "네가 뭘 아느냐"는 무시하는 말

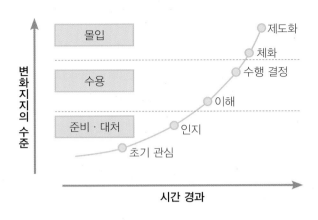

[그림 11-8] 변화에 대한 구성원의 몰입 단계

그러므로 변화라는 것이 본래 복잡하고 역동적이며, 영향력이 크기 때문에 이를 실행하는 사람의 강한 리더십이 필요다. 강한 리더십이 변화에 대한 저항을 줄이고 성공적인 변화를 이끌기 때문이다. 그래서 조직에서는 변화를 주도하는 리더를 만들어 내는데, 그 사람을 대개 변화리더(change leader)라 칭한다. 이러한 리더는 거래적 리더십(transactional leadership)보다는 변혁적 리더십(transformational leadership)을 가진 경우가 많다. 거래적 리더십이 부하의 욕구가 무엇인지 파악하여 리더 자신이 원하는 결과와 상호 거래한다는 개념이라면, 변혁적 리더십은 리더와 부하 모두에게 동기와 목적의식을 고취하는 것을 포함한다고 할 수 있다. 변혁적 리더십은 비전을 제시함으로써 자연스럽게 단결을 유도하며, 부하에 대한 비전의 전달 능력도 매우 뛰어나고 부하로부터 신뢰를 확보하고 있을 뿐 아니라 리더 자신의 이미지 관리에도 매우 뛰어나다. 여기서 리더의 리더십에 대해 부하가 어떤 단계로 반응하는지를 살펴보면 [그림 11-8]과 같다.

혁신이란 조직이 새로운 아이디어를 창출하고 그것을 조직에서 받아들여 개발하고 실용화함으로써 시장의 요구를 충족시키는 전 과정을 의미한다. 경제학자 슘페터(J. Schumpeter)는 경제성장의 원천은 혁신이다라고 주장한다. 즉 기업이 기술혁신을 하게 되면 이를 통해 많은 이윤이 발생한다. 그러나 다른 경쟁자가 곧 모방함에 따라 녹자적으로 누리던 이윤이 소멸되고 따라서 새로운 혁신을 추구해야 더 나은 이윤을 달성할 수 있다.

8장에서도 정의 내렸듯이 기술이란 숙련 기술, 지식, 경험, 과학적 지식을 비롯하여 도구, 기계, 장비 사용과 관련된 것까지 모두 망라한다. 기술은 조직의 제품이나 조직운영 방법에 있어 핵심이 된다. 결과적으로 기술변화는 조직이나 경영자에게 있어 중요한 사건이 된다.[25] 일반적으로 말해 기술변화는 갑작스런 기술적 비약(quantum technological change)과 점증적 기술변화(incremental technological change)로 대별된다.

Ⅲ　조직혁신과 혁신과정의 관리

　　갑작스런 기술적 비약이란 제품에 대한 기술이 혁명적으로 변동되는 것을 말한다. 갑작스런 기술적 비약의 예로는 컴퓨터를 최초로 개개인이 소유할 수 있게 하였던 변화가 있다. 인텔의 4004 마이크로프로세서가 개발되어 마이크로칩이 컴퓨터에 내장되었을 때 일대 혁신이 일어난 것이다. 이에 반해 점증적 기술변화는 기본적 기술의 개량으로 인한 기술 변화를 말한다.[26] 인텔의 4004 마이크로프로세서가 8086, 8088, 286, 386, 486, 펜티엄칩(586)으로 연속적으로 고도화되는 것이 여기에 속한다. 점증적 기술변화는 점증적 혁신을 기초로 이루어진다. 앤더슨과 투

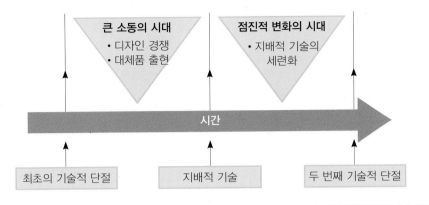

[그림 11–9] **기술주기**

시만(P. Anderson & M.L. Tushman)은 비약적 기술혁신은 기술적 단절(technological discontinuities)이라고 부르면서 [그림 11–9]와 같은 혁신모형을 발표하였다.[27]

[그림 11–9]에서 최초의 기술적 단절은 큰 소동의 시대(era of ferment)를 오게 하는데, 그 시대에는 새로운 기술을 발표한 회사와 그것을 모방하려는 회사 간의 벌어지는 상황과 그러다 새로 나온 제품이 기존 제품을 대체해 버리는 상황이 연출된다. 지배적 기술 단계 이후에는 점증적 변화의 시대(era of incremental change)를 겪는데, 지배적 기술에 기초하여 그 기술보다 나은 기술이 되도록 세련되게 갈고 닦는 시대이기도 하다. 대부분의 회사가 이 시기에 가장 많은 시간을 소비한다. 그러다가 두 번째 기술적 단절을 맞고 기술은 또 커다란 변화를 겪는 것이다. 기술변화는 기회이자 곧 위협이다. 신제품 혁신은 경영자에게 성장의 좋은 기회이기도 하지만 기존 질서, 기존 제품, 기존 요구를 파괴하는 위협도 된다.

경영자는 비약적 혁신과 점증적 혁신 모두를 이루기 위해 고급 기술을 사용하는 기업의 혁신과정을 관리해야 한다. 이러한 혁신을 관리하기 위한 몇몇 기법을 소개한다. 이러한 기법이 필연적으로 필요한데, 혁신과정에 영향을 주는 저항을 줄이기 위해 동원해야 하기 때문이다.

1 병목현상

경영자가 혁신과정을 관리함에 있어 잘못 생각하고 있는 것은 특정 시점에서 한번에 지나치게 많은 개발 프로젝트를 수행하려 한다는 점이다. 너무 많은 프로젝트를

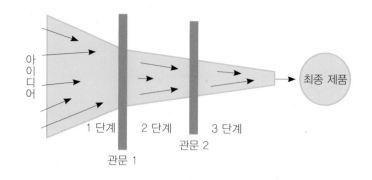

[그림 11-10] 개발 프로젝트의 병목현상 응용

위해서는 재무적·기능적·인적자원이 많이 소모됨에도 불구하고 무조건 다양하고 여러 가지 발전 대안을 받아들이려 한다. 이럴 때 병목현상(stage gate funnel)을 이용하여 문제를 해결할 수 있다.[28]

[그림 11-10]처럼 지나치게 많은 개발 프로젝트가 한두 차례 좁은 통로를 통과하면서 혁신안에 대한 평가가 이루어져 아이디어가 걸러짐으로써 최종 단계에서는 가능한 아이디어만을 채택한다. 도로에서 병목현상은 부정적 뜻이지만 무분별한 혁신과정을 통제하고 조정한다는 의미에서 개발 프로젝트의 병목현상은 긍정적 측면을 가진다. 예를 들어 신약을 개발할 때에도 생체실험 단계를 인체에 해가 없을 때까지 반복하여 실행하고 아무리 효능이 있어도 부작용을 최소화할 때까지 수십 년씩 좁은 병목을 통과시키는 과정을 거친다.

② 다기능팀, 프로젝트팀의 사용

비록 혁신은 R&D부서에서 시작되지만 다른 기능의 도움 없이 성공할 수 없다.[29] 그런 의미에서 혁신을 주도할 다기능팀의 지원은 필수적이다.[30] [그림 11-11]처럼 R&D 기능에 추가하여 제품개발 기능, 엔지니어링 기능, 생산 기능, 마케팅 기능이 필요하다. 이처럼 상이한 집단들의 다양한 조정활동이 중요하다. 또한 핵심 신제품 개발 역할을 수행할 프로젝트팀으로도 혁신을 성공적으로 이끌 수 있다. 혁신을 촉진하는 팀의 핵심 구성원을 보통 팀 리더(team leader), 프로젝트 챔피언(project champion), 제품 챔피언(product champion), 사내기업가(intrapreneur)라는 다양한 이름으로 부른다.

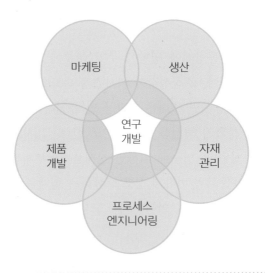

[그림 11-11] 혁신을 위한 다기능 팀의 활동

3 혁신 분위기의 창조

조직문화는 혁신을 촉진시키는 데 아주 중요한 역할을 한다. 가치관과 규범은 조직을 변화하는 환경에 재빠르고 창조적으로 적응하도록 하며 기업가정신을 한층 더 강화시킨다. 조직문화를 형성하는 세 가지 요인에는 조직구조, 조직구성원, 소유지분 등이다.[31]

◆◆◆ **조직 인사이트 11-7   조직문화의 수준**

효과적인 기업전략과 잘 연계된 조직문화는 오늘날 변화를 요구하는 환경에서의 성공과 실패를 가늠하는 중요한 요소이다. 조직문화는 인공물(artifact), 규범(norm), 가치(value), 기본전제(basic assumption) 등으로 구성된다. 이러한 요소들이 가지는 의미는 구성원이 조직에서 일상적인 생황을 하도록 도와준다.

- 인공물(가공물): 가시적인 상징들, 행동, 복장, 언어, 조직구조, 시스템, 프로세스
- 규범: 일반적으로 구성원들이 행동하고 서로 상호작용하는 방법
- 가치: 조직이 존재해야 하는 것에 대한 믿음
- 기본 전제: 구성원에게 사물을 지각하고 생각하며 느끼는 방법이며 환경, 인간, 인간활동, 인간관계와 관련된 대립되지 않고 논란의 여지가 없는 전제

조직구조와 조직구성원

조직구조는 구성원의 행동방식에 영향을 주기 때문에 혁신을 위한 기업가정신을 촉진하는 중요한 마당이 된다. 조직성장이 의사결정 속도를 늦춘다. 관료제는 기업가정신을 방해한다. 연륜이 쌓이면 조직은 그만큼 덜 유연하며 덜 혁신적이 된다. 또한 조직의 수직적·수평적 문화가 혁신을 저해하기도 한다. 그리고 혁신적 문화는 보통 구성원 자신에 의해 형성된다. 연구에 의하면 신제품개발부서의 구성원은 대체로 다른 조직의 구성원과 자유롭고 빈번하게 상호 교류하는 행태를 보였다. 그들은 공유된 가치관과 커뮤니케이션으로 새로운 아이디어를 교환하기를 좋아했다.

소유지분

혁신은 불확실성과 깊은 관련이 있는 것으로 경영자가 성공을 예측하기란 쉽지 않다. 또한 성공은 꽤 시간이 흘러야 평가되기 때문에 소유경영자로부터 경영을 위임받은 전문경영인이 소유경영자의 눈치나 미래 자기 업적 평가에 대하여 보수성을 띠게 되면 혁신은 성공할 수 없다. 그러므로 전문혁신을 위한 경영자는 강력한 소유지분이 보장되어 있어야 한다. 조직구조, 구성원, 소유지분에 의한 기업문화가 혁신을 더 촉진하고 새로운 혁신을 이룩해 낼 수 있는 우량기업을 만든다고 할 수 있다.

◆◆◆ 조직 인사이트 11-8 소유경영자와 전문경영자

어느 중소기업에 열심히 일하는 전문경영자가 있었다. 물론 그 회사에는 오너인 소유경영자가 회장을 맡고 있었고 전문경영자는 사장으로서 소유자인 회장을 보필하고 있었다. 이 사장은 누가 보아도 월급쟁이처럼 안 보이고 주인처럼 성실하게 일했다. 회장과 사장은 눈코 뜰 새 없이 일 년 내내 일을 해 왔다. 그러다가 유난히 더웠던 어느 여름 해에 직원을 모두 휴가 보냈다. 사장은 회장에게 우리도 단 하루만 틈을 내어 바닷가에 가서 바람 좀 쐬고 오자고 건의했고, 드디어 뜨거운 여름날 둘은 동해바다 모래사장을 맨발로 거닐게 되었다.

정말로 모처럼 회사 일을 잠시 잊고 바닷가를 즐겁게 거닐던 사장에게 해변을 걷고 있던 회장이 심각한 얼굴로 빨리 호텔로 돌아가자는 것이었다. 사장은 "회장님, 오늘 특별히 더운 날이죠? 이렇게 뜨거운 모래를 밟으면 무좀에 상당히 좋다고 합니다. 좀 더 걷다가 들어가시죠."라고 말했다. 그러나 회장은 더욱 급하게 말했다. "오늘은 정말로 이상하리만치 무더운 날씨야. 어서 호텔로 돌아가서 서울 사무실로 전화를 걸어 봐야겠어. 혹시 냉동 창고에 이상이 없는지 확인해 봐야지." 1년에 단 하루 회사를 떠나왔지만 오너인 회장의 머리는 회사 일을 잊을 수 없었고, 그런 회장에게 모래사장을 더 걷자고 말한 월급장이 사장은 무안함을 감출 수 없었다.

인물 탐구

샤인(E.H. Schein, 1928-)

취리히에서 태어나 시카고 대학, 스텐포드 대학원, 하버드 대학원을 졸업하고 MIT 경영대학원에서 교수로 재직함. 조직심리학의 창시자이며 조직문화, 조직학습, 조직변화 등의 권위자임. 기업문화 연구와 컨설팅에 종사했기에 기업문화 영역의 창시자로 일컬어짐.

슘페터(J.A. Schumpeter, 1883-1950)

오스트리아에서 태어나 윈 대학을 다님. 오스트리아공화국의 재무장관을 역임. 본 대학과 하버드 대학에서 교수생활을 함. 혁신이 경제를 발전시킨다고 주장한 경제학자임.

수행과제

1. 다음 중 변화를 일컫는 말과 거리가 먼 것은?

① 창조적 파괴   ② 리스트럭처링   ③ 이노베이션

④ 레빈의 장이론   ⑤ 병목현상

2. 변화의 저항 이유 중 구분이 다른 하나는?

① 조직구조   ② 조직문화   ③ 조직전략

④ 조직규범   ⑤ 불확실성과 불안감

3. 변화에 대한 레빈의 이론으로 잘못 설명된 것은?

① 조직 내 상반된 두 힘이 어떻게 균형을 이루어 나가는지를 설명한다.

② 집단에는 필연적으로 집단사고현상이 나타난다.

③ 변화 전에 해빙을 하고, 변화 뒤에 재동결시킨다.

④ 기존의 학습을 폐기한 후, 학습을 하고 조직학습으로 지속시킨다.

⑤ 변화를 위한 전략에는 혁명적 변화와 점진적 변화가 있다.

4. 혁신에 대한 설명으로 잘못된 것은?

① 혁신을 위해 무조건 인원을 감축해야 한다.

② 성장의 원천은 혁신이다.

③ 혁신은 기술 변화만 있는 것은 아니다.

④ 혁신 분위기, 혁신문화가 중요하다.

⑤ 혁신은 점진적으로도 가능하다.

5. 조직변화의 유형으로 보기 어려운 것

① 기술변화

② 제품 및 서비스 변화

③ 전략과 구조 변화

④ 조직문화 변화

⑤ 자연스로운 변화

6. 세상이 가치관이나 태도는 먼저 깨달은 소수의 사람에 의해 바뀐다. 시공을 초월한 (　　　)이 작용하기 때문이다.

① 작용, 반작용   ② 공명현상   ③ 해빙

④ 재동결   ⑤ 혁신

7. 집단 수준에서의 저항이 아닌 것은?

① 집단규범   ② 조직구조   ③ 집단사고
④ 집단응집력   ⑤ 집단동조

8. 레빈의 (　　)은 조직 내 전혀 상반되는 두 힘이 어떻게 균형을 이루어 나가는 가를 설명한다.

① 장이론   ② 해빙이론   ③ 동결이론
④ 재동결이론   ⑤ 변화의 저항

9. (　　)은 새로운 학습이 일어나기 전에 모든 것을 지워 버림으로써 변화 후 그 변화를 오래도록 유지하는 것이다.

① 조직학습   ② 학습조직   ③ 폐기학습
④ 시나리오 조직   ⑤ 조직전략

10. 집단사고현상에 대한 자신의 생각을 왼쪽의 키워드를 넣어서 오른쪽에 적어 보자.

집단의사결정 8가지 현상	

11. 〈조직 인사이트 11-2〉의 한 사람이 바꾸는 세상을 읽고 변화와 관련하여 핵심이 무엇인지 토론하시오.

12. 레빈의 장이론에 관하여 토론하시오.

13. 다음은 변화에 저항하는 말들이다. 변화를 수긍하는 말을 다섯 개 만들어 발표하자.

① "잘해 봐."라는 식의 비꼬는 말
② "난 모르겠다." 식의 무책임한 말
③ "그건 해도 안 된다."는 소극적인 말
④ "네가 뭘 아느냐."는 무시하는 말
⑤ "바빠서 못한다."는 핑계의 말
⑥ "잘되어 가고 있는데 도대체 무얼 바꿔."라는 무사안일의 말
⑦ "이 정도면 괜찮다."는 현실 안주의 말
⑧ "다음에 하자."고 미루는 말
⑨ "해 보나마나 똑 같다."고 포기하는 말
⑩ "이제 그만두자."는 의지를 꺾는 말
⑪ "지금까지 해 본 적이 없다."는 무기력한 말

⑫ "좋으나 돈이 많이 든다."는 변명의 말
⑬ "당신은 우리의 문제를 잘 모른다."는 자만의 말
⑭ "큰 기업이니까 하자 우리같이 작은 회사는 안 된다."는 열등의 말
⑮ "규정 때문에 안 된다."는 보수적인 말

14. 거래적 리더십과 변혁적 리더십의 비교를 통해 변화실행을 위한 전략수립을 토론하시오.

15. 〈조직 인사이트11-3〉 너희 편 우리 편을 읽고 글의 핵심을 파악하고 양극화 문제에 대한 자신의 의견을 글로 작성하시오.

1   Beer, M. (1980). Organizational Change and Development, Santa Monica, Calif.: Goodyear; Porras, J.I., & Silvers, R.C. (1991). "Organization Development and Transformation," *Annual Review of Psychology*, vol.42, pp.51-78.

2   Miller, D. (1982). "Evolution and Revolution: A Quantum View of Structural Change in Organizations," *Journal of Management Studies*, vol.19, pp.11-151.; Miller, D. (1980). "Momentum and Revolution in Organizational Adaptation," *Academy of Management Journal*, vol.2, pp.591-614.

3   Hammer, M., & Champy, J. (1993). *Re-engineering the Corporation*, New York: Harper Collins

4   Burgelman, R.A., & Maidique, M.A. (1988). *Strategic Management of Technology and Innovation*, Homo-wood, Ill.: Irwin

5   Jones, G.R., & Butler, J.E. (1992). "Managing Internal Corporate Entrepreneurship: An Agency Theory Perspective," *Journal of Management*, vol.18, pp.733-749.

6   Mansfield, E., Rappaport, J., & Schnee, J. (1971). Wagner S. and Hamburger M., *Research and Innovation in the Modern Corporation*, New York: Norton

7   Argyris, C., Putman, R., & Smith, D.M. (1985). *Action Science*, San Francisco: Jossey Bass

8   Kanter, R.M. (1984). *The Change Masters: Innovation for Productivity in the American Corporation*, New York: Simon & Schuster

9   Hill, C.W.L., & Jones, G.R. (1995). *Strategic Management: An Integrated Approach*, Boston: Houghton Mifflin

10 Hill, C.W.L. (1997). *International Business*, Chicago Ill.: Irwin

11 Hill, C.W.L. (1997). Ibid.

12 Jamieson, D., & O'Mara, J. (1991). *Managing Workforce 2000: Gaining a Diversity Advantage*, San Francisco: Jossey Bass

13 Shaw, W.H., & Barry, V. (1995). Moral Issuess in Business, 6th ed., Belmont, Calif.: Wadsworth

14 Kanter, R.M. (1989). *When Giants Learn to Dance: Mastering the Challenges of Strategy*, New York: Simon and Schuster

15 Burns, T., & Stalker, G.M. (1961). *The Management of Innovation*, London: Tavistock

16 Lawrence, P.R., & Lorsch, J.W. (1972). *Organization and Environment*, Boston, Mass.: Harvard Business School Press

17 Miller, D. (1990). *The Icarus Paradox: How Exceptional Companies Bring About Their Own*

Downfall, New York: Harper Collins; Miller, D. (1993). "The Architecture of Simplicity," *Academy of Management Review*, vol.1, pp.116-138.

18 Likert, R. (1967). *The Human Organization*, New York: McGraw Hill

19 Argyris, C. (1957). *Personality and Organization*, New York: Harper & Row

20 Lewin, K. (1951). *Field Theory in Social Science*, New York: Harper & Row

21 Beckhard, R., & Harris, R.T. (1987). *Organizational Transitions: Managing Complex Change*, Reading, Mass.: Addison Wesley; French, W.L., & Bell, C.H. (1990). *Organizational Development*, Englewood Cliffs, N.J.: Prentice Hall

22 March J., & Simon, H. (1993). *Organizations*, Second Edition, Massachusetts: Blackwell

23 Miller, D. (1982). "Evolution and Revolution: A Quantum View of Structural Change in Organizations," *Journal of Management Studies*, vol.19, pp.131-151.

24 Miller, D., & Freisen, P. (1980). "Momentum and Revolution in Organizational Adaptation," *Academy of Management Journal*, vol.23, pp.591-614.

25 D'Aveni, R. (1994). *Hyper Competition*, New York: The Free Press

26 Engardio, P., & Gross, N. (1992). "Asia's High Tech Quest: Can the Tigers Compete Worldwide?" *Business Week*, 7 December, pp.126-130.

27 Anderson, P., & Tushman, M.L. (1990). "Technological Discontinuities and Dominant Designs: A Cyclical Model of Technological Change," *Administrative Science Quarterly*, vol.35, pp.604-633.; Schumpeter, Q.J. (1942). *Capitalism, Socialism, and Democracy*, New York: Harper Brothers

28 Clark, K.B., & Wheelwright, S.C. (1993). *Managing New Product and Process Development*, New York: The Free Press

29 Griffin, A., & Hauser, J.R. (1992). "Patterns of Communication Among Marketing, Engineering and Manufacturing," *Management Science*, vol.38, pp.360-373.; Moenaert, R.K., Sounder, W.E., Meyer, A.D., & Deschoolmeester, D. (1994). "R&D Marketing Integration Mechanisms, Communication Flows and Innovation Success," *Journal of Production and Innovation Management*, vol.11, pp.31-45.

30 Burgelman, R.A., & Maidique, M.A. (1988). *Strategic Management of Technology and Innovation*, Homewood, Ill.: Irwin

31 Jones, G.R., & Butler, J.E. (1992). "Managing Internal Corporate Entrepreneurship: An Agency Theory Prospective," *Journal of Management*, vol.18, pp.733-749.

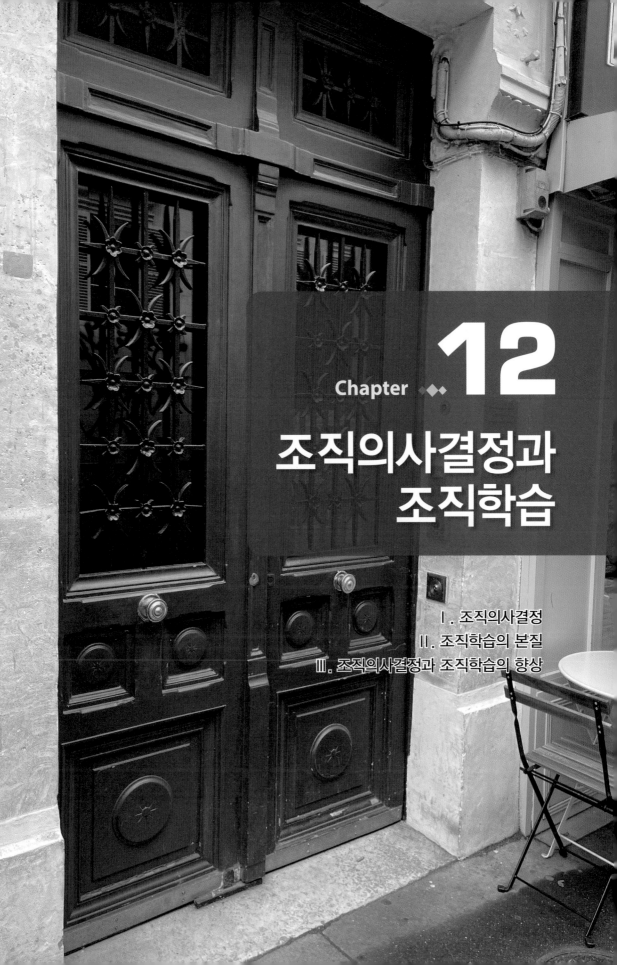

Chapter ◆◆◆ **12**

조직의사결정과
조직학습

조직은 의사결정을 하지 않는다. 그보다 조직기능을 통해 뼈대를 제공하거나 일상적인 방법으로 처리될 수 있는 의사결정권 범위 내에서 공식화된 기준을 제공한다.

– F.P. Sloan Jr.

정보나 통계적 추청치, 기대확률에 근거한 조직의사결정은 통상적으로 볼 때 현실과 동떨어져 있는 경우가 흔하다.

– R.M. Cyert & J.G. March

보통 사람은 명령을 받아들이는 것뿐 아니라 책임감을 느끼는 적절한 상황이 주어지면 자율적으로 학습할 수 있는 존재이다.

– D. McGrege

◆ 학습목표

학습목표 1 : 조직의사결정의 유형을 비교할 수 있다.
학습목표 2 : 조직의사결정 모형을 비교할 수 있다.
학습목표 3 : 조직학습에 대하여 이해할 수 있다.
학습목표 4 : 조직의사결정과 조직학습의 관계를 설명할 수 있다.
학습목표 5 : 학습조직에 대하여 이해할 수 있다.

◆ 핵심키워드

조직의사결정, 정형화된 의사결정, 비정형화된 의사결정, 의사결정모형, 합리성모형, 제한된 합리성모형, 카네기모형, 점진적 모형, 쓰레기통모형, 조직학습, 학습조직, 의도적 학습, 자생적 학습, 자기반성적 합리성

I 조직의사결정

    대부분의 조직의사결정은 매번 성공적이지 못하다. 그렇기 때문에 경영자나 구성원 모두 개인의사결정이나 집단의사결정, 조직의사결정에 많은 노력과 시간을 들인다. 앞에서 경영자가 어떻게 조직구조를 설계하는지, 환경, 전략, 기술, 조직문화에 적합한 조직구조는 어떤 것인지에 대하여 기술하였다. 이 장에서는 의사결정과 조직학습에 대하여 배운다. 모든 조직은 어떤 형태로든 의사결정을 하게 된다. 조직은 가치창출을 위한 도구뿐만 아니라 의사결정을 하는 도구라는 점도 알아야 한다. 조직 내 모든 수준에서 개인은 의사결정을 통해 보다 나은 의사결정을 위해 노력한다([그림 12-1] 참조).

경영환경

- 신규전략, 리엔지니어링, 리스트럭처링, 인수합병, 다운사이징, 신제품·신시장 개척 등 변화 요구에 직면

조직에서 이루어지는 의사결정

- 규모가 커지고 복잡성도 증가하고 감정 문제도 중요시되면서 생기는 다양한 문제에 기초
- 신속한 반응 증가
- 환경 불확실성 증가
- 의사결정과 의사결정 실행과정에 참여와 협력 문제 증가

새로운 조직의사결정

- 개인이 중요한 의사결정을 내리거나 정보를 독점하지 못하도록 하는 문제
- 의사결정 실행을 위한 적절한 시간관리와 신뢰성 확보 문제
- 좋은 의사결정을 위해 어떤 자료, 정보, 지식에 기초할 것인가의 문제
- 팀으로서 활동하기 위한 협력 방안
- 축적된 단계에서 시행착오를 통한 더 나은 의사결정의 허용 문제

[그림 12-1] **환경에서의 조직의사결정**

1 조직의사결정의 개념과 유형

조직의사결정(organizational decision making)은 이해당사자가 경영활동의 해결책을 선택하거나 다양한 문제를 탐색하는 일련의 과정이다. 최상의 투입물을 확보하는 문제, 고객에게 최상의 서비스를 제공하는 문제, 공격적 경쟁자를 어떻게 다룰 것인지의 문제 등이 경영자가 내려야 하는 의사결정 사안이다. 일반적으로 조직의사결정 유형은 복잡성에 따라 정형화된 의사결정(programmed decisions)과 비정형화된 의사결정(non-programmed decisions)으로 구분된다.

정형화된 의사결정

정형화된 의사결정이란 반복적이고 일상적인 의사결정으로서 문제해결 절차가 항상 명확하게 정의된다.[1] 해결할 문제가 과거 경험을 통해 계속적으로 검증되고 문제와 관련된 변수가 명확하게 정의되는 경우에 정형화되었다고 한다. 따라서 정형화된 의사결정은 시간과 경험이 축적되면서 조직 내에서 개발된 절차, 규칙, 표준 운영방안 등을 이용한다.

비정형화된 의사결정

비정형화된 의사결정이란 새롭고 구조화되지 않은 의사결정으로 문제해결 절차가 특별하게 정의되어 있지 않다.[2] 문제가 발생하면 그때그때 해결책을 찾아야 하기 때문에 정형화된 의사결정보다 해결방안을 찾고 수립하기 위한 탐색활동이 더 많이 요구된다. 문제해결을 위한 절차, 규칙이나 표준 운영방안 등이 존재하지 않기에 경영자의 판단, 직관, 주관성 등에 의존하게 된다.

2 개인의사결정 모형

의사결정의 초기 모형은 주로 의사결정의 합리적 과정을 전제하였다.[3] 새로운 모형은 불확실한 환경 속에서 경영자가 어떻게 의사결정을 내리고 있는지를 설명한다. 개인의사결정 모형에는 합리성모형, 제한된 합리성모형이 있다.

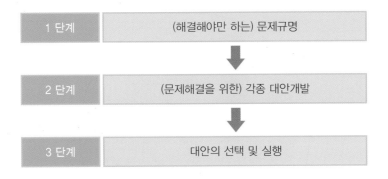

1 단계	(해결해야만 하는) 문제규명
2 단계	(문제해결을 위한) 각종 대안개발
3 단계	대안의 선택 및 실행

[그림 12-2] 조직의사결정의 합리성모형

합리성모형

합리성모형(rational decision model)은 의사결정자가 문제의 인식, 대안의 개발, 대안의 선택과 선택된 대안의 실행 및 평가의 3단계를 거쳐 의사결정을 내린다고 주장한다.[4] 이러한 모형은 의사결정자가 객관적이고 의사결정에 필요한 정보를 파악하고 있는 완전한 합리성을 가정한다.

[그림 12-2]처럼 1단계에서는 해결해야만 되는 문제를 규명한다. 문제는 미래의 바람직한 상태와 현재의 상태 간에 차이가 있을 때 발생한다. 문제를 제대로 해결하기 위해서는 문제에 대한 정확한 인식과 조기 파악이 중요하다.

◆◆◆ 조직 인사이트 12-1 합리적 의사결정

어떤 대안이 선택되어 실천되기까지 다음 단계를 거쳐서 이루어졌을 때 그 의사결정은 합리적이었다고 한다.

- 1단계 : 문제 파악(문제가 무엇인가? 회사의 단기현금 사정이 안 좋다.)
- 2단계 : 해결해야 할 목표 확정(보유현금을 확보해 놓는다.)
- 3단계 : 해결대안의 도출(판매가 인상, 생산인원 감축, 재고 처분)
- 4단계 : 대안평가(가격 인상은 매출 감소, 인원 감축은 분규의 소지, 적정 재고 유지 필요)
- 5단계 : 대안선택(약간의 가격 인상과 여유재고 처분으로 결정)
- 6단계 : 선택된 대안의 실행(가격을 인상하고 재고를 판매함.)
- 7단계 : 실행 후의 검토(충분한 현금유동성이 확보되었나?)

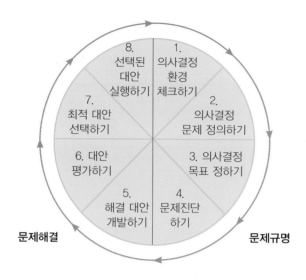

[그림 12-3] 합리적 의사결정모형의 단계

2단계에서는 문제해결에 필요한 각종 자료를 수집하여 문제해결을 위한 각종 대안을 개발해야 한다. 정형화된 의사결정의 경우에는 이미 사용 가능한 대안이 존재하지만, 비정형화된 의사결정의 경우 이 단계에서 가장 요구되는 것이 바로 창의력이다. 3단계에서는 가장 바람직한 결과를 가져올 대안을 선택해야 하는데 각각의 대안에 가치를 부여하는 일 자체가 매우 주관적이기에 대안 선택에 주의를 기울여야 한다. 또한 선택된 대안이 실행되고 나면 그 효과를 측정하고 대안에 대한 평가를 내린다.

합리성모형은 다음과 같이 세 가지 조건이 전제되어야 최적화될 수 있다.[5] 첫째, 의사결정자는 그가 필요로 하는 모든 정보를 가지고 있다. 둘째, 의사결정자는 의사결정과정을 파악할 수 있는 능력을 가진다. 셋째, 의사결정자는 의사결정 대안이 가져올 결과에 대하여 알고 있다. 합리성모형에 따르면, 의사결정은 [그림 12-3]과 같이 8단계를 거친다.[6]

• 의사결정 환경 체크하기

경영자는 내·외부 정보를 살펴봐야 한다. 예를 들어 재무상태를 나타내는 재무상태표, 경영 상태를 알려 주는 손익계산서, 기업의 유동성을 나타내는 현금흐름표, 주주 입장에서 자신의 부가 어떻게 변동했는지를 분석해 주는 자본변동표 등에서 조직의 각종 지표가 나타내는 것을 평가한다.

- **의사결정 문제 정의하기**

육하원칙을 통해 문제를 정의해야 한다.

- **의사결정 목표 정하기**

의사결정을 통해 달성하고자 하는 성과에 대해 타당한 목표를 설정해야 한다.

- **문제진단하기**

문제의 원인을 분석하기 위해 표면상 혹은 잠재된 문제를 진단해야 한다.

- **해결 대안 개발하기**

바람직한 목표달성을 위한 취득 가능한 선택안(options)을 명확하게 이해하고 다양한 해결대안을 만들어 내야 한다.

- **대안 평가하기**

통계적 기법이나 개인이 가지고 있는 경험에 근거해서 대안을 평가해 본다.

- **최적 대안 선택하기**

의사결정의 핵심이 되는 단계로 문제의 분석, 문제의 목적, 대안의 성공 여부 등을 모두 고려해서 가장 적합한 대안을 선택한다.

- **선택된 대안 실행하기**

관리 능력, 경영 능력, 구성원 참여를 통해 결정된 내용을 실행해 나간다.

제한된 합리성모형

제한된 합리성(bounded rationality)이란 합리적이고 싶어도 합리적일 수 없는, 조금은 부족한 합리성을 의미한다. 인간은 합리적이지 못하고 어느 정도만 합리적이다. 그러므로 아무리 좋은 의사결정을 내리려고 해도 합리적이지 못할 수 있다. 또한 어떤 조직이나 개인이든 제약점(constraints)을 가지고 있으며 개인이 가진 제약점과 조직이 가진 제약점이 서로 어느 정도 상쇄(trade off)되는 점이 존재한다([그림 12-4] 참조). 의사결정은 아직 일어나지 않은 미래에 대한 결정인데, 인간은 미래를 확실하게 알 수 없다. 더욱이 개인은 항상 분석과 이성보다는 감정 혹은 직관에 의한 의사결정

(intuitive decision making)을 좋아한다.[7] 이래저래 인간의 완전한 합리적 의사결정은 불가능하고 제한된 합리성에 만족할 수밖에 없다.

수렵인들은 야생 무화과를 따먹고 야생 양을 사냥했다. 무화과를 어디에 심을지, 양 떼를 어느 목초지에 길러야 할지, 울타리는 어떻게 만들어야 할지 등을 생각할 필요가 없었다. 다니다가 밀과 콩이 있으면 잘라서 동굴로 가져와 나눠 먹으면 되었다. 어느 날 동굴 앞에 오래전에 먹다 버렸던 콩이 싹을 틔워 수백 개의 콩이 되었다. 곧 그들은 밀과 콩을 몇 알만 땅에 뿌리고 가을이 오기를 기다리면 큰 수확을 얻는다는 사실을 깨달았다. 이제 옮겨 다닐 필요가 없게 되었다. 물이 있고 따뜻한 곳에 터를 잡고 눌러앉아 농경정착민이 되었다. 짐승을 잡으러 멀리 다닐 필요 없이 야생 양도 길들여 동굴 근처에 울타리를 치고 살게 하니 새끼를 낳아 주었다. 이제는 피곤하고 위험한 수렵채집인의 삶을 포기하고 여유 있고 만족한 삶을 살려고 한곳에 정착했다. 식량의 총량이 확대되고 가시덤불을 뛰어다니지 않아도 고기를 먹을 수 있었다. 참 잘한 결정 같았다. 그러나 그것은 환상이었다. 인류가 편해지니 인구가 늘어났다. 야생 사과도 버섯도 산딸기도 부족해지고 주렁주렁 열린 감도 서로 따 먹으려고 야단이었다. 밀과 콩만 먹으니 식량이 부족했다. 영양부족으로 저항력이 약해져 질병에 쉽게 감염되었다. 게다가 농경지를 중심으로 모여서 복작거리니 지하철 정도는 아니더라도 한 사람만 걸려도 금방 전염되었다. 밀과 콩이 자갈밭은 싫다고 하니 인간이 밀과 콩을 위해 돌을 골라내 주느라 등골이 휘었다. 밀과 콩에게 멀리서 물을 길어다 주고, 잡초를 뽑아 주고, 벌레까지 잡아 주는 인간은 밀과 콩의 노예가 되고 말았다. 농토와 양의 목초지도 부족했다. 양과 소에게 겨울먹이로 인간이 잡초를 베어다가 바친다. 인류가 밀과 콩을 길들인 것이 아니라 밀, 콩, 소, 양이 인류를 길들인 것이다. 그뿐 아니라 농토와 목초지를 놓고서 부족들끼리 사냥보다 훨씬 더 위험한 전쟁을 했다. 그래서 안전하게 살아보려고 집을 짓는 것이 아니라 방패막이가 될 성을 쌓느라 안 해도 될 일에 피와 땀을 쏟았다. 남의 곡식을 훔치는 도둑이 생겨서 경찰을 지명하여 지키게 하니 그들의 식량까지 책임져야 했다. 싸움을 조정하는 왕과 지배자를 두었지만 이들이 독재와 부패를 일삼았다. 자연에서 자라던 밀과 콩과 양과 소가 인류를 '창살 없는 감옥'에 처넣은 것이다.

12,000년 전에 우리의 조상이 이러한 결과를 예측할 수 있었다면 아마 더 좋은 결정을 했을 것이

다. 그러나 이미 늦었다. 예나 지금이나 인간은 미래를 알 수 없다. 그리고 지금 우리도 미래를 위한 숱한 결정을 내리고 실행하고 있다. 4차 산업혁명을 결정했고 AI개발이나 화성 식민지화를 결정했으며 이미 시작되었다. 이 결정이 미래에 가져올 결과가 좋을지 나쁠지 모르는 채로 말이다. 오늘 아무리 합리적이고 타당한 결정을 해도 그것이 실천되어 결과로 나오려면 먼 훗날이 된다. 오늘의 의사결정이 어떻했는지는 그때 가봐야 한다. 인류는 미래를 모르기 때문에 우리의 합리성 기준은 어차피 제한된 합리성이다.

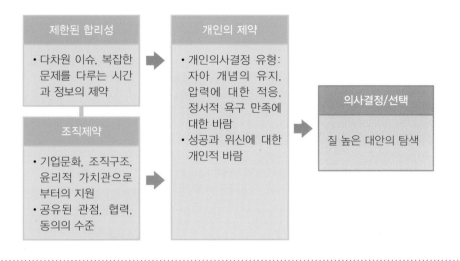

[그림 12-4] 의사결정에서의 제약

3 조직의사결정 모형

카네기모형

합리성모형과 달리 제한된 합리성에 근거한 조직의사결정 모형을 카네기모형
(Carnegie decision model)이라 한다.[8] 합리성모형과 카네기모형을 비교한 것이 〈표
12-1〉이다. 카네기모형은 완전한 합리성이 아닌 제한된 합리성에 의해, 즉 합리적
의사결정을 방해하는 여러 가지 제약 요인에 의해 의사결정이 제한받는다는 의사결
정모형이다.[9] 이러한 제약 요인에는 제한된 능력을 포함하여 문제의 복잡성, 정보의
부족, 불확실성, 시간의 압박 등이 있다. 카네기모형은 이러한 요인으로 인해 합리성

〈표 12-1〉 의사결정의 합리성모형과 카네기모형의 비교

합리성모형	카네기모형
• 무한적 정보 비용	• 제한적 정보 비용
• 의사결정에 소요되는 비용이 적음.	• 의사결정에 소요되는 비용이 많음.
• 자유로운 의사결정	• 의사결정에 제한받음.
• 이용 가능한 대안	• 제한된 대안
• 만장일치로부터의 해결책 제시	• 조직연합체 간 협상에 의한 해결책 제시
• 최상의 해결책 제시	• 만족할 수준에서의 해결책 제시

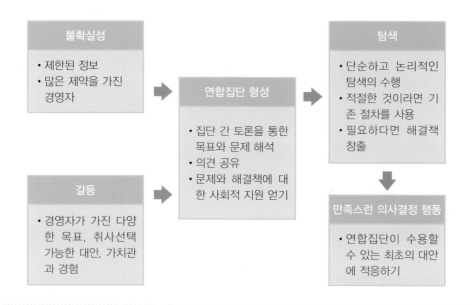

[그림 12-5] 카네기모형의 선택과정

모형에서 제시하는 의사결정, 즉 최적화된 결정을 이끌지 못하고 만족할 만한 대안을 선택할 수밖에 없다고 한다.

특히 제한된 합리성모형은 비정형화된 의사결정에 적용된다. 해결해야 할 문제가 새롭고 불명확하고 복잡하여 논리적인 절차를 이용할 수 없을 때에는 제한된 합리성 관점에서의 의사결정이 더 효과적인 것이다.

따라서 카네기모형은 제한된 합리성모형에서 만족화를 인정하고 있으며 의사결정 과정에 영향을 미치는 조직 내 연합집단(coalition)의 존재를 중시한다. 조직을 상이한 이해관계를 갖는 다양한 연합집단의 집합으로 본다. 조직 내에서의 의사결정이 각 연합집단 간의 협상, 타협 등에 의해서 이루어지는 것으로 간주한다. 선택될 대안은 반드시 조직의 지배연합(dominant coalition), 즉 대안을 선택할 수 있는 권력을 갖고 있으며 대안 실행을 위한 자원을 확보할 수 있는 힘을 가진 지배연합의 승인을 받아야 한다. 시간이 지남에 따라 지배연합도 변하기 때문에 의사결정도 달라진다. 결국 의사결정이란 경영자가 조직목표와 이해관계의 달성을 위해서 만든 규칙 속에서 이루어진다([그림 12-5] 참조).

집단으로 모여서 의사결정을 하다 보면 함정에 빠지기 쉽기에, 누가 무슨 안을 제출했는지 모르도록 하는 방안이 효율적일 수 있다. 이때 언어적 커뮤니케이션을 지양한 채 문서에 무기명으로 안을 도출하고 적힌 내용에 대하여 비밀투표를 통해 합의를 이끌어 내는 방법이 바로 명목집단법이다.

명목집단법은 토론이 없다는 단점이 있다. 이를 개선하기 위해 어떤 아이디어들은 서로 토론하면서 개선되고 토의하다 보면 의견이 수정되고 더 좋은 의견이 개진되기도 한다. 백지에 의견을 개진하고 모아진 의견을 구성원 수만큼 복사하여 토론을 통해 의견을 수정하는 과정을 반복하는 것이 바로 델파이법이다.

두뇌선풍기법인 브레인스토밍은 서로의 의견에 대한 비판을 금하며, 많은 양의 아이디어를 제시하고, 남의 아이디어의 편승도 환영하며, 자유분방한 아이디어의 개진을 환영한다. 딱딱한 분위기에서는 좋은 의견이 개진되지 않는다.

점진적 의사결정 모형

카네기모형은 만족화의 수준과 제한된 합리성에 의해서 분석해야 하는 대안의 수와 복잡성이 상당히 감소한다. 반면에 점진적 모형은 경영자가 과거와 조금 다른 새로운 행동 대안을 점진적으로 도입하는 방식으로 의사결정이 이루어진다고 본다.[10] 의사결정과정에서 대안의 점진적 도입은 잘못된 의사결정의 여지를 줄여준다. 진흙 속 통과 모형(muddling through model)이라고도 불리는 점진적 의사결정 모형(incremental decision process model)은 의사결정 시 전에 내렸던 의사결정과 차이가 나는 의사결정을 좀처럼하지 않으려는 경향이 있음을 암시한다. 그러므로 성공적인 점진적 변화를 통한 계속적인 수정작업으로 실수를 줄여나감으로써 완전히 새로운 행동 대안을 유도해낼 수 있다고 보고 있다. 결국 경영자의 능력에 한계가 있기에 조심스럽게 한 단계 한 단계 전진해 나가는 것이다. 이러한 점진적 의사결정모형은 세 가지 단계, 즉 규명단계(identification phase), 발전단계(development phase), 선택단계(selection phase)별로 의사결정이 이루어진다([그림 12-6] 참조).

• 규명단계

규명단계는 다시 2단계로 구분되는데, 우선 의사결정의 필요성, 제기된 문제점 등

규명단계	발전단계	선택단계
• 인지 • 진단	• 탐색 • 설계	• 판단 • 권한 부여

[그림 12-6] 점증적 의사결정 모형

을 인식하는 인지(recognition)단계와 문제를 진단하는(diagnosis) 단계이다.

• 발전단계

해결책을 형성하려는 단계로 다시 2단계로 구분된다. 탐색(search)이 이루어지며, 해결책을 설계(design)하는 단계이다.

• 선택단계

선택단계는 다시 2단계로 구분되는데, 최종 대안을 놓고 판단(judgement)하는 단계와 공식적으로 채택이 이루어져 확정하는 권한부여단계(authorization)가 있다.

4 학습조직

카네기모형과 점진적 의사결정 모형의 조합

카네기모형과 점진적 의사결정 모형은 주장하는 바가 다른 모형이다. 하지만 문제를 규명하거나 해결책이 불명확한 상황이라면 두 모형을 혼합해서 사용하는 것도 가능하다. 두 모형이 가진 각각의 장점을 살리기 위함이다. 이에 대하여 [그림 12-7]처럼 설명할 수 있다.

쓰레기통모형

의사결정모형 중 비구조화된 과정으로서 의사결정을 내리는 경우가 마치와 그의 동료들(J. March et al.)에 의해 개발된 쓰레기통모형(garbage can model)이다.[11] 이 모형에 의하면 극단적으로 불확실한 상황에서는 합리성모형에 준한 의사결정을 내릴 수 없으며 문제(problem)로부터 출발하여 해결책(solution)이 제시되는 일련의 과정

문제규명	문제해결
• 문제규명이 불확실할 때 카네기모형 적용 • 정치적·사회적 과정이 필요할 때 • 목표와 문제의 우선순위에 대한 연합집단 형성, 동의를 찾거나 갈등 해결할 때	• 문제 해결책이 불확실할 때 점증적 의사결정 모형 적용 • 점증적·시행착오적 과정이 필요할 때 • 해결책 찾지 못할 때 재시도하거나 새로 시도한 과정에서 큰 문제에 직면할 때

[그림 12-7] 문제규명과 문제해결이 불명확한 상황에서의 의사결정

이 이루어지지 못한다. 문제의 파악과 해결 단계가 서로 연결되어 있지 않다. 그래서 체계적인 해결보다 우연성에 의해 해결되기도 하며, 문제점만 도출되고 해결책이 나오지 않을 수도 있다. 결국 조직을 거대한 쓰레기통으로 묘사하며 그 안에 문제, 해결책, 의사결정 참가자, 선택 기회 등 네 가지 요소가 복잡하게 뒤엉켜 상호작용을 일으키고[12], 네 가지 요소가 어느 시점에서 서로 만나게 될 때 문제가 해결될 수 있다는 것이다. 불확실한 환경에서 의사결정을 내리는 것이기 때문에 경영자나 조직이 내리는 의사결정이 잘못되거나 실패하는 것 자체가 어찌 보면 당연하다.

물론 조직이 환경 적응을 제대로 해 나가거나 경영자의 무모한 의사결정이 통하는 적도 있기는 하다. 그러나 조직이 생존하거나 번성하기 위해서는 올바른 의사결정을 내려야 한다. 올바른 의사결정을 내리기 위해 조직은 비효과적 행동 등을 폐기학습 (unlearning)하고 새로운 행동을 학습하기 위한 능력을 향상시켜야 한다.[13] 가장 중요한 프로세스 중 하나가 경영자에게 보다 올바른 비정규적 의사결정(non-programmed decisions)을 내리는 데 도움을 제공하는 조직학습(organizational learning)이다.[14] 그러므로 경영자는 조직학습을 이해하고 조직학습을 촉진하거나 방해하는 요인이 무엇인지 관심을 가져야 할 것이다.

Ⅱ 조직학습의 본질

1 조직학습의 유형

조직학습이란 구성원의 욕구를 충족시키거나 조직효과를 지속적으로 향상시키기 위한 의사결정을 내릴 수 있는 조직과 조직환경을 관리하거나 이해하는 데 노력하는 과정이라 할 수 있다.

◆◆◆ 조직 인사이트 12-4 지식 유형

철학자 폴라니(K. Polanyi)는 지식을 명시된 형식적인 지식(디지털적 지식)과 암묵적으로 말하기 어려운 지식(아날로그적인 지식) 두 가지로 구분한다. 또한 MIT 대학의 서로우(L.C. Thurow) 교수는 지식을 공공지식과 사적 지식으로 구분한다. 그는 지식 확장을 통해 사적 지식을 공공지식으로 공유화해서 지식을 누구나 이용하게 하여야 한다고 주장한다.

일본의 대표적 지식경영학자 노나카(I. Nonaka)는 언어나 숫자로 표현할 수 있고 쉽게 공유할 수 있는 명료하고 체계화된 지식이나 객관적 지식을 형식지(型式知: explicit knowledge)라고 하고, 학습과 체험을 통해 개인에게 습득되어 있지만 겉으로 드러나지 않은 상태의 지식, 애매하고 경험적인 지식을 암묵지(暗默知: tacit knowledge)라고 분류한다. 다시 말해 형식지는 구체 지식이며, 암묵지는 추상적인 지식 능력이라 할 수 있다. 예를 들어 자동차를 사고 없이 안전하게 운전하는 행위를 생각해 볼 경우, 형식지는 운전 매뉴얼이나 프로그램과 같은 것이며, 암묵지는 운전 체험과 훈련에 의해 얻어진 것과 같은 것이다. 당연한 것이겠지만 후자가 아니라면 자동차를 제대로 운전하는 것은 불가능할 것이다. 형식지는 누구나 이해 또는 전달할 수 있는 객관적 지식이며, 문서, 규정 매뉴얼, 공식, 프로그램 등의 형태로 표현될 수 있다. 이에 반해 암묵지는 어떤 유형이나 규칙으로 표현하기 어려운 주관적이면서 내재적인 지식을 말하며 개인이나 조직의 경험, 이미지 혹은 숙련된 기능, 조직문화 등의 형태로 존재한다.

오늘날 조직학습은 각각의 조직에 영향을 주는 급격한 변화로 인해 조직을 관리하는 데 있어 없어서는 안 될 긴요한 프로세스가 되었다. 앞서 논의했듯이 조직은 새롭고 향상된 핵심역량을 개발하는 데 몰두하며, 이 핵심역량이 경쟁우위를 제공해 준다.

새로운 학습이 없으면 조직이나 개인의 활동은 보수적 관점에서 과거의 것을 답습할 수밖에 없고 설사 변화가 있다고 해도 피상적인 것에 그치고 구체적인 성과 개선에는 이르지 못한다. 어쨌든 먼저 무엇인가 새로운 것을 배우지 않고서는 조직이 향상되기를 바랄 수 없다. 문제를 해결하며 신제품을 도입하고 프로세스를 개선하는 모든 조직활동이 새로운 각도에서 사물을 바라본 후 그에 따라 행동할 것이 요구된다. 새로운 학습이 없다면 기업이나 개인 모두 예전의 관행을 단순히 반복할 뿐이다. 몇몇 선견지명이 있는 최고경영자는 학습과 개선 프로그램 관계를 인정하고 기업경영의 초점을 조직학습에 두고 있다.

조직학습에는 크게 두 가지 유형이 있다. 계획된 의도적 학습(planned learning)과 계획에 없었던 자생적 학습(emergent learning)이 그것이다.[15] 의도적 학습은 애초에 계획과 목적이 있어서 정해진 절차에 의한 질서 가운데 만들어진 지식의 증가이다. 이 지식은 처음에 세웠던 목적에 유용하게 사용될 수 있다. 그러나 학습의 의도나 목표 없이 아무런 계획이 없었는데도 조직학습은 일어날 수 있다. 조직 내 행위자는 자신의 이해관계에 따라 다른 사람이나 조직의 질서 혹은 외부 환경에 반응하고 그런 와중에 조직에 일정한 질서가 생기고, 그 질서는 더 나은 것으로 발전하기도 하는데 이것이 자생적 학습이다. 즉 누가 구체적으로 프로그램을 짜서 가르쳐 주지 않더라도 자기들끼리 부대끼다가 스스로 터득되고 이것이 모여서 더 나은 조직이 될 때 그 조직은 더 높은 환경대처능력을 터득하는데 이것이 자생적 학습의 결과이다.

학습이란 주어진 정보 자료를 지식으로 전환시키는 과정으로, 조직은 환경과 상호작용하면서 계속 자료를 만들어 내고 이 자료는 어떤 지식으로 구조화되고 이를 되풀이하면서 진화해 나간다. 조직이 자생적 학습 능력을 가지고 있다는 사실은 이미 오래전부터 지적된 바 있다. 코헨, 마치, 올센(M.D. Cohen, J.G. March & J.P. Olsen)의 쓰레기통모형(garbage can model)이라든가 웨익의 자기반성적 합리성(retrospective rationality)은 조직의사결정의 비합리적·비계획적·비의도적 측면을 강조하는 이론으로, 의사결정이 항상 합리적이고 이성적인 과정이 아니어서 이 과정에서 자생적 학습이 창출됨을 암시하고 있다. 의도적 학습은 계획을 했을 때만 간헐적으로 이루어지지만, 자생적 학습은 특수한 상황에서 나타나는 학습 형태가 아니라 살아 있는 조직이라면 항상 가지고 있는 유기체의 속성으로 볼 수 있다.

의도적 학습과정에서 자생적 학습이 저절로 이루어지며 의도적 학습 결과는 항상 자생적 학습 결과와 같이 발생한다. 자생적 학습은 처음의 목적과 의도에 잘 맞지 않을 수도 있다. 또한 자생적 학습에 의해 의도적 학습이 더욱 촉진될 수도 있지만 오히려 방해받을 수도 있다. 의도적 학습은 그 학습의 내용과 과정을 관리할 수 있지만, 자생적 학습은 학습 내용이나 결과를 통제할 수 없고 학습이 일어나도록 여건만 마련해 줄 수 있을 뿐이다. 학습의 결과는 항상 의도적 학습과 자생적 학습이 동시에 작용해서 된 것인데, 결과적으로 자생적 학습을 통제할 수 없다면 조직학습의 결과는 예측·통제·계획이 불가능하다고 할 수 있다.

② 조직학습의 수준

조직학습을 만들어 내기 위해서 네 가지 수준에서 학습을 촉진시킬 필요가 있다. 네 가지 수준이란 개인수준, 집단수준, 조직수준, 조직 간 수준을 말한다([그림 12-8] 참조).

개인수준

조직은 핵심역량을 확보하기 위해 개인의 숙련 기술과 개인적 능력을 증가시키며 새로운 규범과 가치관을 축적시킬 필요가 있다. 구성원의 조직학습이 필요한 것인데, 관리자는 구성원 사이에 조직학습이 항상 일어날 수 있도록 동기부여를 한다. 구성원에게 약간 고난도의 업무와 더 많은 책임을 부여하거나 더 높은 전문지식을 발휘하도록 업무를 부여하는 것이다.

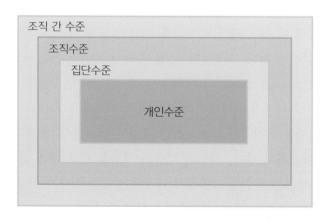

[그림 12-8] 조직학습의 수준

집단수준

경영자는 문제해결을 위해 집단(팀) 간에 능력을 공유하도록 유도하고 그런 집단 (팀)에게 더 보상을 해 준다. 팀이나 집단의 협력활동을 촉진하기 위해 계속적으로 지원한다면 팀들은 상호 연계를 통한 상승작용(synergism)을 만들어 내는데, 이러한 시너지효과를 통해 조직의 성과는 더욱 향상된다. 예를 들면 여러 과업을 서로 집합적·순서적·상호적으로 연결하여 상호 의존적이게 하면서 시너지를 증가시키고 집단수준의 학습을 증가시킬 수 있다. 왜냐하면 시간의 흐름에 따라 집단구성원의 상호작용이 증가하고 이에 따라 학습의 기회도 증가하기 때문이다. 집단의 공유된 학습능력은 집단성과 향상과 목표달성을 수월하게 할 것이다. 이러한 학습을 팀학습 (team learning)이라 하는데, 조직학습을 촉진함에 있어 개인수준의 학습보다 팀 수준의 학습이 더 중요하다. 가장 중요한 의사결정은 개인보다는 집단이나 부서에서부터 만들어지기 때문이다.

조직수준

조직구조와 조직문화를 연결시키기 위해서 조직학습이 절실히 요구된다. 즉 조직구조는 집단 간 의사소통이나 문제해결을 촉진하도록 설계되어야 하는데 이때 구조는 팀원의 학습분위기 형성에 큰 영향을 미친다. 예를 들어 기계적 조직과 유기적 조직은 학습의 접근방식에 있어 큰 차이를 보이는데, 기계적 조직의 설계는 의도적 학습을 촉진하는 반면 유기적 조직은 자생적 학습을 촉진하는 경향이 있다. 사실상 조직은 의도적 학습과 자생적 학습 모두로부터의 공헌을 얻기 위해서라도 기계적 조직과 유기적 조직 간의 균형이 필요하다.

또한 조직문화는 조직수준에 있어서 학습에 영향을 주는 중요한 요소이다. 특히 조직학습의 분위기를 만들 때 구성원 전체에 비전을 공유시키는가는 매우 중요하다. 이는 구성원을 조직에 묶어 둘 수 있는 정신적 모델이 되며 행동 준거의 틀이 되기 때문이다.

조직 간 수준

조직구조나 조직문화만이 조직 내부의 학습을 활성화하는 공유된 비전을 만들어 내지는 않는다. 조직 간 수준에서도 학습이 이루어질 수 있다. 예를 들어 유기적 조직은 타 조직과의 조직 간 연계를 관리하는 데 적합한 반면, 기계적 조직은 다양한 연결 메커니즘의 장점을 얻는 데 효율적이지 못할 수 있다. 일반적으로 조직 간 학습은 다른 조직의 핵심역량을 모방하거나 복제하여 조직 유효성을 향상 시키려는 조직에게 있어서는 매우 중요하다. 예를 들어 미국 자동차산업의 성공을 제2차 세계대전 이후 일본 자동차회사들이 모방함으로써 소형차 분야에서는 일본이 더 앞서기도 했다. 한국의 전자업체에서는 서로 경쟁사의 영업전략이나 기술개발을 모방하고 심지어는 경영전략까지도 벤치마킹(benchmarking)하기도 한다. 조직은 공급업자나 유통업자와 함께 입력과 산출을 효과적으로 다루기 위한 새로운 방법을 항상 모색하며 서로 협력함으로써 탐색학습과 개척학습을 지속한다. 부품을 공급해 주는 중소업체들이나 제품을 가져다 파는 유통업체들과 전략적 제휴나 네트워크 조직을 구축해 놓으면 지속적으로 지식증대의 학습효과를 높이는 데 효과적일 것이다.

3 조직학습에 영향을 주는 요인

조직학습이 자동적으로 잘 진행되는 조직이 있는가 하면 어느 조직은 그렇지 못하다. 오히려 최고경영자가 노력을 해도 학습은커녕 답보 상태에 있는 조직도 많다. 무슨 요인 때문일까?

조직학습과 인지구조

조직학습을 방해하며 조직생존을 위협하는 것에는 무엇이 있는가? 과거의 성공적 학습이 종종 새로운 학습이나 새로운 경험을 추구하는 것을 방해하는 경우가 있다. 성공적 학습이 조직타성(organizational inertia)으로 작용하기 때문이다. 예를 들어 조직 내 위기가 닥쳤다는 신호가 생겼다고 하자. 경영자는 이 신호를 별것 아니라고 간주해 버릴 수도 있는데, 과거의 대응 방식이 머릿속에 그대로 기억되어 있어서 그대로만 하며 다시 위기를 극복할 수 있다고 간주하기 때문이다. 이처럼 과거의 학습된 성공 방정식이 경영자나 구성원의 머릿속에 굳어져 있는데, 이것들이 유용하게 재사용되어 성공하게도 하지만 실패의 나락으로 떨어지게도 한다. 즉 어떤 문제가 발생했을 때 문제의 본질을 파악하고 이를 해결할 방식에 대한 생각의 틀(인지구조 : cognitive structure)이 이미 당사자의 머릿속에 존재한다. 그는 이를 그대로 활용하여 문제에 대응한다.[16] 인지구조란 문제나 사건을 정의하는 데 사용되는 개인이 가지고 있는 신념, 선호도, 기대, 가치관 등의 체계라고 할 수 있다. 조직의 인지구조는 구성원의 계획, 목표, 일화, 신화, 언어 속에서 나타난다.[17] 인식의 틀은 경영진의 의사결정에도 영향을 주며 환경을 기회와 위협으로 지각하는 데에도 힘을 발휘한다.

인지적 편차의 유형

환경변화가 없을 때에는 조직 경영자나 구성원의 인지구조가 빠르고 정확한 의사결정을 하게 하지만 변화가 심한 오늘날에는 이로 인해서 조직이 위기에 처하기도 한다. 인지구조가 경영자의 지각을 왜곡시키고 조직학습이나 의사결정에 타격을 입히기도 하는데 왜 그런지 살펴보자.

곤란한 문제에 직면한 경영자는 머릿속의 인지구조를 가지고 그 문제에 관한 정보를 해석하게 되는데, 이때 그는 사전에 가지고 있던 경험과 습관적인 사고방식에 기초하여 문제를 바라볼 것이다. 환경변화가 있으면 이로써 생기는 문제가 인지적 편차(cognitive biases)이다.[18]

◆◆ 조직 인사이트 12-5 **피그말리온 효과**

희랍 신화에 나오는 조각가 피그말리온은 평소 여자를 싫어했다. 그런데 자신이 조각해 놓은 대리석 여인상이 너무 아름다웠다. 그는 이 대리석상이 실제 사람이 되게 해 달라고 신에게 몇 달을 빌었다. 이에 감복한 아프로디테 여신이 그의 소원대로 대리석상을 실제의 인간으로 만들었고, 피그말리온은 인간이 된 대리석상과 결혼하여 일생을 잘 보냈다.

우리의 국가든지 회사든지 자녀든지 부하든지 자신이든지 잘되기를 빌면 실제로 그렇게 된다. 이는 자신이 예언하는 대로 실현된다는 것이며, 자기 충족적 예언 혹은 피그말리온 효과(Pygmalion effect)라고 한다.

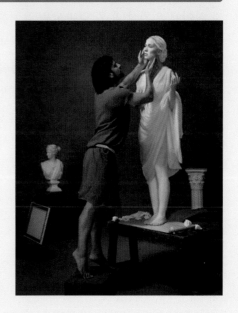

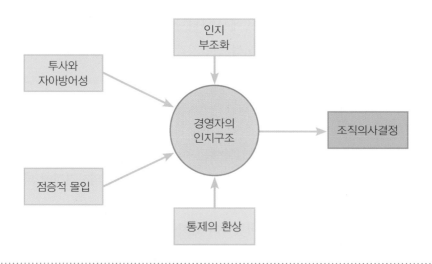

[그림 12-9] 인지적 편차에 의한 의사결정 왜곡

• 인지 부조화

개인이 신념과 행동 사이에 불일치가 생겼을 때 느끼는 불안감 혹은 불편한 상태를 인지 부조화(cognitive dissonance)라고 한다.[19] 의사결정자는 의사결정, 태도, 이미지 사이에 일치성 혹은 일관성을 유지하려고 애쓴다. 흡연이 암의 원인이라고 알면서(하나의 인지) 담배를 피운다(갈등을 야기하는 행동에 대한 인지)는 식으로 인지 부조화가 발생할 때 사람들은 자신의 행동을 정당화해 주는 정보는 이해하려 하고 그렇지 못한 정보는 무시해 버리는 경향이 있는데 경영의사결정자들도 마찬가지이다. 직면한 문제와 관련해서 본인의 인지구조와 일치된 정보만을 취하고 이와 상반되는 정보는 무시하려 한다. 그래야 마음이 편하기 때문이다.

• 투사와 자아방어성

자신의 결점을 남의 것으로 여기는 것이 바로 투사(projection)이다.[20] 원래는 자기의 것인데 자기 것으로 의식하지 않고 그것을 남에게 넘겨 버리는 것이다. 경영자가 자기 자신의 선호도나 가치관 때문에 일어난 사건에 대하여 부하의 탓으로 돌려 해석하려는 인지적 편차를 말한다. 자아방어성(ego defensiveness) 역시 경영자가 조직 내에 좋지 않은 사건이 발생했을 때 자기 자신을 방어하는 쪽으로 현실을 해석하는 인지적 편차이다. 결국 자기에게 최대한 유리한 쪽으로만 현상을 이해하려고 드는 것이다.

• 점증적 몰입

경영자는 만족스러운 결과를 희망하기 때문에 실수가 생겨도 이를 인정하려 들지 않고, 손해를 끼친 경영활동에 계속해서 더욱 몰입하려 들 수 있다. 이런 인지적 편차가 점증적 몰입(escalation of commitment)이다. 이러한 인지적 편차로 인해서 조직은 잘못된 학습을 되풀이 할 수 있는 것이다.[21]

• 통제의 환상

사람들이 불확실성 수준이 매우 높은 상황에서도 현상을 자기 마음대로 통제하고 싶은 욕구로 인해 현상 자체를 자기 마음대로 할 수 있다고 믿는 경향을 통제의 환상(illusion of control)이라고 배웠다. 그런데 조직의 환경이나 미래가 매우 불확실할 때 경영자는 조직자원에 대한 의사결정을 내림에 있어 올바른 선택을 못하고 자신이 잘 해결할 수 있으리라고 믿을 수 있다. 결국 경영자가 환경 복잡성과 환경 불확실성을 개인의 능력으로 통제할 수 있다는 잘못된 신념을 가지고 있어 상황을 과소평가하게 되는 것이다. 이에 대한 예로서 최고경영자의 통제가 점점 먹혀들지 않을 때 그는 오히려 조직 내 세세한 부분까지 통제를 늘리려고 더욱 집권화를 시도하려는 경향을 보이기도 한다.[22]

◆◆ 조직 인사이트 12-6   통제의 환상

지진과 수해로 집을 잃은 가장(家長)은 슬프지만 죄책감은 없어야 한다. 그러나 자식들이 이사가자고 했을 때 말을 들었어야 했는데 모든 게 내탓이라고 괴로워 한다. 사실 천재지변은 개인이 예측하고 대비하기가 거의 불가능함에도 불구하고 우리는 그런 것들도 통제할 수 있다고 착각하는 경우가 많다. 그래서 나쁜 일이 일어나면 '사전에 통제할 수 있었는데....'라면서 누군가의 탓으로 돌리려는 경향이 크다. 심지어 옛날에 가뭄이 오면 왕의 행실 탓으로 돌리기도 하였다. 그러나 엄밀히 따지고 보면 그의 책임은 약간만 있을 뿐이다. 천재지변의 경우에는 전혀 책임이 없다. 그런데도 사람들은 조직의 리더를 탓한다. 우크라이나 사태나 세계적인 불경기로 회사가 어려운데도 경영자의 탓을 한다. 물론 경영자나 정부의 무능력과 책임도 따져야 하지만 이를 지나치게 확대해서 100% 뒤집어 씌우는 경우를 종종 본다. 왜 그런 현상이 지속될까? 바로 사람은 불가능한 것까지도 통제할 수 있다고 하는 대중들의 '환상' 때문이다. 정치집단이 이를 악용하면 리더나 책임자는 억울하게 무너지는 것이다.

III 조직의사결정과 조직학습의 향상

조직타성과 인지적 편차는 조직학습을 지연시키거나 시간에 따른 조직의사결정의 질을 유지하기 어렵게 만든다. 어떻게 하면 경영자가 부적절한 판단, 신념, 가치관을 피해서 올바로 문제를 이해하고 해결할 수 있는가? 여기에서 조직학습을 촉진하고 인지적 편차를 극복할 수 있는 몇 가지 방안을 제시한다.

1 조직학습을 위한 실행전략

경영자는 과거의 사고를 폐기하고 지속적으로 자신의 신념과 지각에 대한 실수 (error)를 극복하기 위해 노력한다. 이렇듯 과거의 사고를 폐기학습 하는 세 가지 방법을 소개한다.[23]

반대 의견의 적극적 청취

보다 효과적인 의사결정을 위해서 경영자는 반대자로부터의 의견을 적극적으로 청취할 필요가 있다. 그들이 경영자가 생각하지도 못했던 사안에 대한 새로운 정보를 가지고 있을 수 있기 때문이다. 불행하게도 최고경영자는 부하의 이야기를 들으려 하지 않는 경향이 있다. 그러다 보니 자연스럽게 부하는 예스맨(Yes Man)이 되기 일쑤이다.

사건을 학습 기회로 전환

어떤 회사가 개혁을 위해 팀장을 임명하여 실행에 옮기기까지 무려 4년의 세월이 소모되었다고 한다. 생산성을 증가시키는 데 약 2년, 조직의 여러 분야에서 개혁의 움직임이 생겨나는 데 약 2년이 소요된다. 특별한 변화를 실행으로 옮기려 할 때 해보지도 않았던 좋지 않은 사건들이 돌출되면 그냥 포기하는 경우가 허다하기에 많은 시간이 그냥 흘러간 것이다. 사건 및 위기를 학습기회로 전환하여 적극적으로 실행에 옮길 필요가 있다.

실험정신

학습을 일으키려면 조직은 실험정신이 있어야 한다. 새로운 대안을 제시하는 것이나 과거의 대안에 대한 타당성을 검증하는 데에도 이러한 실험정신은 필요하다. 실험정신이란 조직이 일상적으로 해 오던 것에서 약간 벗어나 실패를 두려워하지 않고 학습을 해 보는 것이다. 보수적인 경영자는 실험정신이 모자라 위험을 감수하려 들지 않는 경향이 짙다.

◆◆ 조직 인사이트 12-7 실패에서 배우기

"실패는 성공의 어머니이다." 넘어지지 않고 자전거를 배울 수는 없다. 에디슨(T.A. Edison)은 실패의 천재이다. 세계 초우량 기업들이 5년도 못 되어 법정관리에 들어가고 와해되었다면 그것은 과거의 성공 때문이라고 [초우량 기업의 조건]의 저자들은 밝힌다. 성공이 실패의 어머니가 된 셈이다. "실패한 사람에게 상을 줍니다. 회사에 큰 손실을 입힌 사례일수록 좋습니다." S전자는 한때 개발, 생산, 구매, 영업 등 회사 내 모든 업무 분야를 대상으로 임직원 개인 또는 조

직 단위로 업무 실패 사례를 공모했다. 가장 큰 실책을 저지른 '공로'가 인정되는 제보자에게는 대상을 주고 부상으로 505만 원의 상금도 주었다. 그 회사는 이같이 색다른 사업을 벌이게 된 취지를 '실패의 원인을 분석하고 이를 자료로 만들어 그 경험을 공유함으로써 전임자의 전철을 밟지 말자는 뜻'이라고 했다. 회사 측은 실패 사례에 대해 절대 문책하지 않았고 책으로 펴낼 때는 가명을 썼다.

인류사상 에디슨만큼 많은 발명품을 성공시킨 사람도 없지만 한 편으로는 에디슨만큼 발명품 실패를 많이 한 사람도 없다. 비아그라 열풍이 세계를 휩쓸지만 이것 역시 에디슨의 발명품들처럼 실패에서 건진 작품이다. 혈압강하제를 만들다가 실패한 것을 그냥 버리기에는 개발비가 아까워 어떻게 해야 본전이나마 건질까 생각하다 탄생된 세기의 히트품이다. 몸 전체에 실패했지만 사타구니 쪽에다가 집중적으로 피 흐름을 유도하여 혈관을 팽창시켜 24시간 발기를 성공시킨 것이다. 우리가 흔히 사용하는 비누, 포스트잇도 모두 실패의 수렁에서 건진 보물들이다.

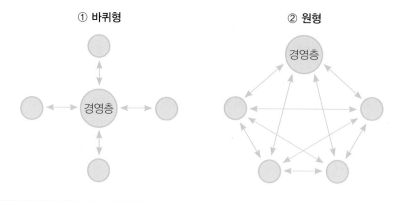

[그림 12-10] 조직학습의 두 가지 유형

2 경영층에 의한 조직학습

의사결정이 누구에 의해 이루어지느냐에 따라서 조직학습의 성패가 달라질 수 있다.[24] 최고경영자에 의해 이루어지는 조직학습의 형태는 [그림 12-10]과 같이 두 가지로 요약할 수 있다. 바퀴형(①)의 경우 조직학습이 감소한다. 왜냐하면 최고경영층이 서로 분리된 각각의 기능부서로부터 조직학습을 관리하기 때문이다. 팀에 의한 조정활동보다 오히려 각 기능부서로의 정보 배급에 지나친 힘을 소모한다.[25] 의사결정 사안이 도달되려면 각각의 경영자들과 CEO가 일대일 접촉을 시도해야 되는 것이다. 바퀴형에서는 단순한 문제나 최소한의 조정이 필요한 학습 내용이 적절하다.

원형(②)에서는 각 부서의 책임자가 서로 상호작용을 하는 형태이다. 즉 각각의 기능이 팀이 된다. 따라서 그러한 팀이 조직학습을 촉진하는 역할을 하고 학습을 통해 복잡한 의사결정 문제를 해결하고 학습내용을 서로 공유한다. 물론 팀들에 의한 의사결정이 항상 바람직한 결과를 내는 것은 아니다. 팀들의 연결을 통한 의사결정이나 조직학습은 상승효과(synergy effect)를 가져오며 문제에 대한 필요한 지식과 기술이 풍부 해지기 때문에 더 질 높은 의사결정이나 조직학습이 이루어지는 것이다.[26]

3 학습조직의 내용

학습조직(learning organization)이란 학습하는 개인이 진정으로 원하는 조직목표를 달성하기 위해 자발적으로 개인역량을 계발하고 새롭고 포용력 있는 사고력을 높이며 개인이 학습을 통해 가지게 된 열의를 서로 공유하여 지속적으로 공부하려는 조직이다. 이러한 조직의 구성원은 지식을 배우고 만들어 내며 공유하여 확대하고 새로운 지식을 추구하여 자신의 잘못된 행동을 수정하는 데 관심을 갖는다.

학습조직은 개인학습, 집단학습, 조직학습, 조직 간 학습의 형태로 나뉜다. 개인학습은 조직의 구성원 각자가 자아계발 등의 학습을 하는 것이고, 집단학습은 조직의 팀, 부서와 같은 단위조직에서 경험과 지식을 공유하기 위한 학습이다. 조직학습은 조직 전체 차원에서 기업문화, 권한이나 권력관계, 조직활성화, 비전의 추구와 전략의 실행 등에 대해서 학습하는 형태이다. 조직 간 학습은 다른 조직으로부터 장점을 배우는 것이다. 〈표 12-2〉는 학습조직의 내용을 정리한 것이다.

〈표 12-2〉 **학습조직의 내용**

• 효율적 조직구조를 지속적으로 유지하고 관리하기 위한 전략, 정책
• 기업의 강한 문화를 통해 구성원의 행동지침을 마련하고 혁신 분위기를 조성하려는 시도
• 구성원의 참여와 팀워크를 유도하고 권한을 이양하여 건전한 권력관계를 형성하려는 실험
• 지식의 지속적인 창출, 공유, 기존 정보의 네트워킹, 잘못된 지식의 폐기 등의 시도
• 정보수집, 수집된 정보분석의 배분, 조직 내 정보기술을 비롯한 기술에 대한 학습
• 경쟁사나 고객에 대한 전략이나 비전을 새롭게 수정하고 실행

인물 탐구

카네기(A. Carnegie, 1835-1919)

스코틀랜드에서 태어남. 미국 피츠버그로 이민 후 18세에 펜실베이니아 철도회사에서 근무하면서 두각을 보임. 1865년 새로운 사업에 입문하여 1973년 ETSW 철강회사를 설립함. 세계적 철강 거물이면서 록펠러, 모건 등과 함께 미국의 3대 갑부가 됨. 공적 중 가장 중요한 것은 자선사업과 공익사업임.

아지리스(C. Argyris, 1923-)

미국 뉴저지 주에서 태어나 하버드 대학에서 교수를 함. 숀과 함께 [조직학습]이라는 책을 저술함. 조직학습이론의 일인자임.

수행과제

1. 다음 중 쓰레기통모형에 대한 설명은?
   ① 완전한 합리성의 가정
   ② 카네기 의사결정모형
   ③ 진흙 속 통과 모형
   ④ 극단적으로 불확실한 환경하의 의사결정
   ⑤ 문제와 대안의 결정

2. 조직학습의 설명 중 잘못된 것은?
   ① 계획된 의도적 학습과 자생적 학습으로 구분된다.
   ② 학습이란 주어진 정보자료를 지식으로 전환시키는 과정이다.
   ③ 조직학습의 수준은 개인 수준, 집단 수준, 조직 수준, 조직 간 수준으로 구분된다.
   ④ 반대 의견의 적극적 청취, 사건을 학습기회로 전환, 실험정신이 있어야 학습이 일어난다.
   ⑤ 조직학습과 학습조직은 동일한 개념이다.

3. 조직학습에 영향을 주는 개인적 요인에 대한 설명 중 잘못된 것은?
   ① 인지 부조화   ② 실험정신   ③ 통제의 환상
   ④ 투사와 자기방어성   ⑤ 몰입의 점증적 확대

4. 지식 유형에 대한 설명 중 잘못된 것은?
   ① 형식적 지식   ② 암묵적 지식   ③ 지식의 사회화
   ④ 객관적 지식   ⑤ 학습지식

5. 조직의사결정의 유형은 복잡성에 따라 (   )과 (   )으로 구분된다.
   ① 형식적 의사결정과 비형식적 의사결정
   ② 과학적 의사결정과 비학과학적 의사결정
   ③ 정형화된 의사결정과 비정형화된 의사결정
   ④ 개인의사결정과 조직의사결정
   ⑤ 합리적 의사결정과 비합리적 의사결정

6. (   )이란 합리적이고 싶어도 합리적일 수 없는, 조금은 부족한 합리성을 의미한다.
   ① 부족한 합리성   ② 이성적 합리성   ③ 제한된 합리성
   ④ 무한의 합리성   ⑤ 감성적 합리성

7. (　　　)은 합리성모형과 달리 제합된 합리성에 근거한 조직의사결정모형이다.

① 카네기모형　　　　② 쓰레기통모형　　　　③ 점진적 모형

④ 제한된 합리성모형　　⑤ 의사결정모형

8. 조직학습의 수준이 아닌 것은?

① 조직 간 수준　　　　② 조직수준　　　　③ 집단수준

④ 개인수준　　　　⑤ 경쟁자 수준

9. 경영자의 인지구조의 원인이 아닌 것은?

① 투사와 방어　　　　② 인지부조화　　　　③ 통제의 환상

④ 몰입의 점증적 확대　　⑤ 조직의사결정

10. OB-Mod 대한 자신의 생각을 왼쪽의 키워드를 넣어서 오른쪽에 적어 보자.

새로운 행동을 학습시키고 강화 조직행동수정 기법 각 단계별 과정	

11. 합리적 의사결정의 각 단계를 이해하고 단계별로 유사한 예를 만들어 토론하시오.

12. 합리적 의사결정 모형이 좋은지, 아니면 쓰레기통 의사결정 모형이 좋은지 토론하시오.

13. 조직학습을 위한 실행전략으로 제시한 세 가지 이외에 전략을 추가해 보고 토론하시오.

1   Simon, H.A. (1960). *The New Science of Management Decision*, New York: Harper and Row, p.206.

2   Simon, H.A. (1960). Ibid.

3   Keiser, S., & Sproull, L. (1982). "Managerial Response to Changing Environments: Perspectives on Sensing from Social Cognition," *Administrative Science Quarterly*, vol.27, pp.548-570.

4   Simon, H.A. (1958). *Administrative Behavior,* New York: Wiley

5   March, J.G. (1978). "Bounded Rationality, Ambiguity, and the Engineering of Choice," *Journal of Economics*, vol.9, pp.587-608.

6   Archer, E.R. (1980). "How to Make a Business Decision: An Analysis of Theory and Practice," *Management Review*, 69, Feb., pp.54-61.

7   Simon, H.A. (1987). "Making Management Decisions: The Role of Intuition and Emotion," *Academy of Management Executive*, 1, Feb., pp.57-64.

8   Larkey, P.D., & Sproull, L. S. (1984). *Advances in Information Processing in Organizations*, vol. 1, Greenwich, Conn.: JAI Press, pp.1-8.

9   Simon, H.A. (1957). Models of Man, New York: Wiley; Grandori, A. (1984). "A Prescriptive Contingency View of Organizational Decision Making," *Administrative Science Quarterly*, vol.29, pp.192-209.

10   Lindblom, C.E. (1959). "The Science of Muddling Through," *Public Administration Review*, vol.19, pp.79-88.

11   Cohen, M.D., March, J.G., & Olsen J.P. (1972). "A Garbage Can Model of Organizational Choice," *Administrative Science Quarterly*, vol.17, pp.1-25.

12   Cohen, M.D., March, J.G., & Olsen J.P. (1972). Ibid.

13   Hedberg, B. (1981). "How Organizations Learn and Unlearn," in Starbuck, W.H., & Nystrom, P.C., eds., *Handbook of Organizational Design*, vol.1, New York: Oxford University Press, pp.1-27.

14   Senge, P. (1990). *The Fifth Discipline: The Art and Practice of the Learning Organization*, New York: Double-Day

15   March, J.G. (1991). "Exploration and Exploitation in Organizational Learning," *Organizational Science*, vol.2, pp.71-87.

16   Nystrom, P.C., & Starbuck, W.H. (1984). "To Avoid Organizational Crises, Unlearn," *Organizational Dynamics*, vol.12, pp.53-65.

17 Dror, Y. (1964). "Muddling Through Science or Inertia?," *Public Administration Review*, vol.24, pp.103-117.

18 Fiske, S.T., & Taylor, S.E. (1984). *Social Cognition*, Reading, Mass.: Addison Wesley

19 Festinger, L. (1957). *A Theory of Cognitive Dissonance,* Stanford, Calif.: Stanford University Press; Aaronson, E. (1969). "The Theory of Cognitive Dissonance: A Current Perspective," in Berkowitz, L., ed., *Advances in Experimental Social Psychology*, vol.4, pp.1-34.

20 De Board, R. (1978). *The Psychoanalysis of Organizations,* London: Tavistock

21 Staw, B.M. (1978). "The Escalation of Commitment to a Course of Action," *Academy of Management Review*, vol.6, pp.577-587.; Staw, B.M., & Ross, J. (1978). "Commitment to a Policy Decision: A Multi-Theoretical Perspective," *Administrative Science Quarterly*, vol.23, pp.40-64.

22 Langer, E.J. (1975). "The Illusion of Control," *Journal of Personality and Social Psychology*, vol.32, pp.311-328.

23 Nystrom, P.C., & Starbuck, W.H. (1984). Ibid, pp.53-65.

24 Hanbrick, D.C. (1988). *The Executive Effect: Concepts and Methods for Studying Top Managers*, Greenwich, Conn.: JAI Press

25 Shaw, M. (1964). "Communications Networks," in Berkowitz, L., ed., *Advances in Experimental Social Psychology*, vol.1, New York: Academic Press

26 Finkelstein, S., & Hambrick, D.C. (1990). "Top Management Team Tenure and Organizational Outcomes: The Moderating Role of Managerial Discretion," *Administrative Science Quarterly*, vol.35, pp.484-503.

조직갈등, 조직
권력, 조직정치

경영자가 권력의 힘을 빌리지 않고 사업을 원활하게 추진할 수 있을까? 권력이 뒤에서 밀어주면 사업은 순풍에 돛을 단 배가 될 것이고, 권력이 앞에서 가로막으면 날개 꺾인 새가 되어 땅으로 곤두박질치고 만다.

– 호설암

주인은 힘이 있지만 주인에 대하여 노예도 권력을 가지고 있다. 노인이 너무 못살게 굴면, 노예는 자신의 생명을 끊음으로써 주인에게 손해를 끼칠 수 있다.

– G.W. Hegel

업무를 처리할 때는 침묵하고 귀찮을 때는 권한을 떠넘기고 의심스러울 때는 속닥거린다.

– J.H. Boren

◆ 학습목표

학습목표 1 : 조직갈등을 이해할 수 있다.
학습목표 2 : 갈등의 순기능적 역할을 설명할 수 있다.
학습목표 3 : 조직권력의 이해와 원천을 비교할 수 있다.
학습목표 4 : 조직정치가 무엇인지 이해할 수 있다.

◆ 핵심키워드

조직갈등, 이해당사자, 상호의존성, 갈등의 단계, 갈등관리, 조직권력, 조직권력의 원천, 권한, 조직정치, 권력 이동, 권력행사 전술, 조직정치 행동

조직은 보상을 받기 위해 조직에 공헌하는 다양한 이해당사자로 이루어져 있다. 이해당사자는 조직이 제품 및 서비스를 생산하려고 할 때 필요한 자원을 지원받아야만 하고 이러한 과정에서 다른 이해당사자와 긴밀하게 협력하게 된다. 하지만 조직에는 이해가 서로 다른 구성원이 희소한 자원을 두고 경쟁을 할 수밖에 없다. 따라서 이해당사자는 다양한 상호작용 과정이나 활동에서 희소한 자원을 더 많이 획득하거나 산출해 내기 위해 경쟁자와 처절하게 경쟁한다. 제품 및 서비스를 생산하기 위해 조직은 경영자와 구성원의 기술과 능력, 주주에 의해 제공되는 자본, 공급자에 의해 제공되는 투입물을 필요로 한다. 구성원, 경영자, 주주와 같은 내부 이해당사자와 외부 이해당사자는 조직이 산출하는 보상과 자원에 대한 자신들의 부를 극대화하기 위해 경쟁한다.[1]

따라서 조직은 성장하고 변화하고, 생존하기 위해 이해당사자 사이에서 협력과 경쟁 모두를 관리해야 한다. 특정 목표에 관심을 가지는 각각의 이해당사자는 목표와 관심이 대개 비슷하다. 그 이유는 모든 이해당사자는 조직의 생존에 대해 일반적으로 동일한 관심을 가지고 있기 때문이다. 물론 어떤 경우에는 이해당사자의 목표와 관심이 일치하지 않을 수 있다. 이런 상황에서 갈등이 생길 가능성은 높아진다. 갈등은 개인갈등보다는 조직갈등이 더 무섭다.[2]

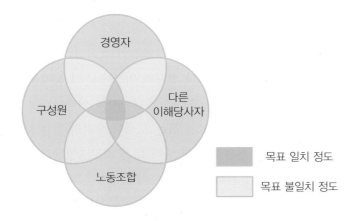

[그림 13-1] 조직의 이해당사자 사이에서의 협력과 경쟁

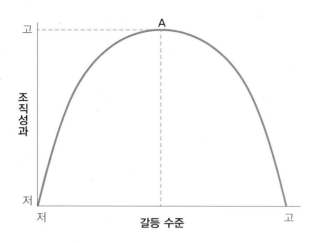

[그림 13-2] 갈등과 조직성과의 관계

    조직갈등(organizational conflict)은 하나의 집단이 목표를 달성하기 위해 지시받은 행동이 다른 집단의 목표와 다를 경우 발생하는 충돌이나 불일치를 말한다. 조직갈등은 이해당사자의 목표, 관심이 다르기 때문에 조직에서 어쩔 수 없이 발생하는 문제이다.

    그렇지만 흔히 갈등을 무엇인가 부정적인 상태로 인식하지만, 갈등은 조직 유효성을 높이는 순기능을 한다. [그림 13-2]처럼 갈등의 수준이 너무 낮거나 높아도 조직성과는 떨어지며, 따라서 적절한 수준([그림 13-2]의 A점)에서 오히려 조직성과가 높은 것을 알 수 있다. 이해당사자 사이에 극심한 갈등은 조직성과를 감소시킬 수 있다.[3]

    그렇다면 갈등은 이로운 것인가? 갈등의 순기능은 조직타성, 무관심, 무기력 등을 이겨내며, 조직학습과 조직변화를 유도해 내는 데 있다.[4] 조직 내에서의 갈등 또는 조직사이에서의 갈등, 희소한 조직환경에서 쟁탈전이 벌어질 때 조직과 조직의 관리자는 특정 소수의 의견만을 청취하기보다 전사적 입장에서 그 문제를 조명하고 평가해야 한다. 관리자와 관리자 사이에서 또는 이해당사자와 이해당사자 사이에서 의사결정의 왜곡이나 그릇된 방법을 고치고자 하는 모색이 오히려 갈등 때문에 가능하다는 말이다. 예를 들어 회사를 개편하는 데 있어 누가 최고경영자의 역량을 보이는지에 대한 회사 내 핵심 간부와 임원진, 부서장 사이에 갈등은 관리에 근본적인 변화를 가져오는 계기가 된다. 새로운 경영자층은 회사의 전통적인 접근 방법을 변화시키고 문제점을 극복하기 위해 혁신 프로그램을 가동하는 것에 중점을 두었다. 이처럼 갈등은 의사결정방법을 개선시키기도 하며 조직변화를 과거보다 더 좋은 방향으로 이끌어 더 효과적인 조직이 되는 데 많은 기여를 한다.

하지만 적정 수준을 넘어서면 갈등은 긍정적인 효과보다는 역기능을 하게 되는데, 이를 통해 조직은 타격을 받고 결국 조직이 쇠퇴하는 하나의 원인이 되기도 한다. 예를 들어 관리자 사이에 갈등이 오래 계속되면, 관리자는 조직에서 기존에 누려오던 각종 권리를 포기하려 않을 것이며 자원의 효과적인 배분에 동의하지 않을 수 있다. 이러한 상황에서 관리자는 모든 시간을 거래나 교섭, 싸움을 하는 데 소비하게 되며, 결국 이는 조직에 해로운 행동이 되고 만다.

또한 갈등은 조직의 학습을 장려할 수 있다. 하지만 갈등의 순기능적인 면을 활용하고 역기능 효과를 피하기 위해서 관리자는 어떻게 갈등을 통제할 것인지를 학습해야 한다. 폰디(L.R. Pondy)는 조직갈등의 유용한 모형을 개발하였다. 그는 갈등의 원인을 규명하였으며, 대표적인 갈등의 단계를 조사하였다.[5] 그의 모형은 조직에서 갈등을 어떻게 관리하고 통제할 것인지에 대한 많은 실마리를 제공한다.

◆◆◆ 조직 인사이트 13-1 갈등의 원인과 순기능

프로이드(S. Freud)는 인간 내부에 삶의 충동과 죽음의 충동이 끊임없이 충돌하고 있다고 본다. 그리고 그 이유는 본능 때문이라고 주장한다. 또한 욕구의 좌절로 인해 갈등이 일어난다고도 한다. 사람은 누구에게나 불안, 긴장, 초조가 엄습해 올 때 무방비 상태로 굴복하지 않고 이에 대처하려는 방어 메커니즘이 존재하는데 그렇지 않고서는 현실에 적응하여 살아갈 수 없기 때문이다. 그로 인하여 현실을 부인하기도 하고(부정 메커니즘), 자신의 결점을 남의 것인 양 여기기도 하며(투사 메커니즘), 자기 실수를 정당화하기도 하는데(정당화 메커니즘), 이 과정에 타인과 오해와 갈등이 생긴다.

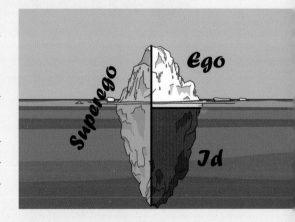

한편 아이가 자라면서 부모가 싸우는 것을 보고 배웠다든가 폭력 비디오를 보면서 공격성을 습득하였다면(사회적 학습), 이것이 바로 갈등의 원인이 될 수 있다. 공동 목표를 가진 여러 사람이 모인 것이 조직이라면 각각 역할분담이 있고, 각 부서마다 하위목표가 달성되어야 공동 목표를 달성할 수 있는데 하위 목표의 달성과정에서 서로 상충되는 현상이 빈번하게 빚어진다. 개인의 특성이 서로 다르면 갈등이 생기듯 집단의 특성이 서로 달라도 갈등은 생긴다. 집단 말고도 조직적 원인도 있을 수 있다.

1 폰디의 모형

폰디는 갈등을 연속적인 5단계로 인식한다. 갈등의 각 단계는 [그림 13-3]과 같다.

잠재적 갈등단계

폰디 모형의 첫 번째 단계는 눈에 띄는 갈등이 존재하지 않지만 여러 가지 요소로 인해 잠재적 갈등이 발생할 가능성이 있는 단계로 잠재적 갈등단계라 칭한다. 폰디에 의하면, 모든 조직에서 갈등은 자연스럽게 발생한다. 왜냐하면 수직적 분화 혹은 수평적 분화로 인해 조직의 하부 부서가 매우 다르며 상이한 목표를 가지고 있어서 이러한 목표를 달성하기 위한 실무적 방법이나 기법의 선택도 매우 다르기 때문이다. 예를 들어 기업 내 부서장의 경우 조직의 장기적 혹은 주요한 목표에는 동의하지만 그러한 목표달성의 방법에는 서로 생각이 다를 수 있다. 조직이 저원가를 위해 제조업체에 자원을 투자할 것인지, 새로운 제품을 개발하기 위해 R&D에 자원을 투자할 것인지 등에 대하여 이견이 있을 수 있다.

이렇듯 하부 부서 사이의 잠재적 갈등에는 다섯 가지 요인이 있을 수 있다. 즉 상호의존성, 상이한 목표, 관료제적 요인, 잘못된 성과평가 기준, 자원경쟁이 그것이다.[6]

• 상호의존성

조직의 하부 부서는 각 부서에 맞는 욕구와 목표, 이익을 추구하게 된다. 하지만 하부 부서가 독립적으로 혼자 활동하는 조직체가 아니므로 다른 부서와의 상호의존

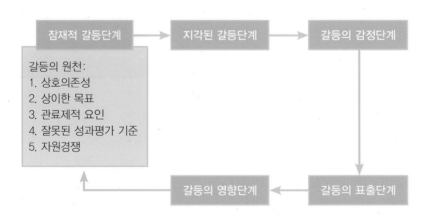

[그림 13-3] **폰디의 조직갈등 모형**

성은 매우 중요하다. 특히 상호의존성 정도가 높으면 그만큼 갈등도 높아진다고 봐야 한다. 8장에서 톰슨의 상호의존성에서도 밝혔듯이, 상호의존성이 높을 때 갈등은 그만큼 더 발생할 가능성이 높아진다. 상호의존성이 없다면 조직의 하부 부서 또는 이해당사자 사이에 갈등이 발생할 가능성은 그만큼 줄어드는 것이다.[7]

• 상이한 목표

하부 부서의 목표가 다르다면 동일한 목표 때와는 달리 더 많은 갈등이 발생할 것이다. 조직 내 하부 부서에는 모순된 목표가 종종 발생하게 되어 있다. 하나의 목표를 달성하기 위해 투입되는 자원이 다른 목표에 의해 빼앗기기도 하고 방해받을 수도 있다. 각 부서장이 가지고 있는 권력이나 목표에 대한 지향점이 갈등의 원인으로 작용한다.

• 관료제적 요인

조직에서 업무를 수행하는 방법이나 과정에서 갈등이 생길 수 있다. 특히 관료제를 지향하는 집단과 그렇지 않은 집단 간에는 상호모순이 발생하며 갈등상황에 빠질 가능성이 높다. 대학교와 병원의 경우 스태프와 라인의 특성이 서로 다르다. 예를 들어 대학교 교수는 자율적이고 비관료적인 반면에, 직원은 상당히 관료적이며, 이는 병원의 경우도 그렇다. 어느 조직이 더 관료제인가 아닌가 하는 것이 부서 간에 갈등으로 작용하기도 한다.[8]

• 잘못된 성과평가 기준

갈등은 목표달성 이후 더 커질 수 있다. 그동안 수행한 업적이나 과업에 대한 상응한 조치나 대가를 요구하기 때문이다. 적정한 보상을 받기 전 공정한 평가를 받고 싶어 한다. 그러나 잘못된 평가는 조직 내 불신과 갈등을 만들어 낸다. 예를 들어 생산부서나 영업부서는 객관적 지표로 쉽게 평가받지만, 총무부서나 인사부서의 경우 정량화된 평가로 평가하기가 곤란한 측면이 많다.

• 자원경쟁

만일 하부 부서에 사용하고자 하는 자원이 항상 풍부하다면 별로 문제되지 않겠지만, 자원이 부족할 때 자원을 어떻게 할당할 것인지에 대해 신중해지며, 하부부서 몫의 배분이 꽤 조심스러운 일이 되어 버린다.[9]

양식장의 미꾸라지가 자꾸만 죽어 나가고 병에 걸리고 하여 주인이 낙담해 있을 때 어느 날 친구가 찾아와서 미꾸라지 양식장에 메기를 몇 마리 잡아 넣으라고 충고해 줬다. 메기를 넣으면 그나마 나머지 미꾸라지를 잡아먹을 것 아니냐고 하니까, 자기 말만 듣고 무조건 넣어 보라는 것이었다.

메기를 넣은 지 며칠이 지난 후 양식장의 미꾸라지들은 전보다 더 튼튼하게 자라면서 양식이 잘되었다. 왜였을까? 주는 사료만 받아먹고 태평성대를 누릴 때는 빈둥빈둥하며 약해졌지만 메기가 들어오면서부터 메기에게 안 잡히려고 마구 헤엄쳐 다녔고 활동량이 많아지니 먹이도 잘 받아먹고 해서 튼튼해진 것이다. 안전지대의 국영기업체나 경쟁이 없는 공무원 사회는 세계 어느 나라를 막론하고 사기업보다 훨씬 비능률적으로 운영되고 있다. 때로는 메기와의 갈등도 필요하다.

이상의 다섯 가지 요인이 모두 합쳐져 조직갈등의 중요한 원인이 된다. 잠재적 갈등단계에서 갈등은 표출되지 않는다. 갈등이 발생할 가능성이 존재하며, 갈등은 표면적으로 나타나지는 않는다. 분화와 통합의 높은 수준을 가지고 있는 복잡한 조직은 갈등이 일어날 잠재성이 그만큼 높다. 하부 부서가 높은 상호의존성을 가지고 있으며, 상이한 목표를 가지고 있고, 보상 시스템이 복잡하게 뒤얽혀 있으며, 조직의 자원을 얻기 위한 그들 사이의 경쟁이 강렬하다면 갈등발생 가능성은 높아 진다.

지각된 갈등단계

폰디 모형의 두 번째 단계는 바로 지각된 갈등(perceived conflict)단계로 하부부서 또는 이해당사자의 목표가 다른 집단의 행동에 의해 방해된다고 지각될 때 발생한다. 각각의 하부 부서는 왜 갈등이 생겨나는지를 규정하기 시작하며, 갈등에 이끄는 사건을 분석하기 시작한다. 또한 각각의 집단은 갈등의 원인에 대해 조사한다. 일반적으로 갈등은 다른 하부 부서 또는 이해당사자로 점증적으로 확대된다.

갈등의 감정단계

갈등을 감정적으로 느끼는 단계로, 여러 사람에 대한 감정적인 반응이 빠르게 진척된다. 예를 들어 신제품을 개발하는 것은 아주 오랜 시간이 필요하다. 이때 연구개발 부서, 자재관리부서, 생산부서는 좋은 품질의 최종 제품이 나오기까지 많은 갈등을 감정적으로 느끼게 된다. 상이한 관점이나 논쟁, 얼굴을 붉히는 말다툼이 서서히 증가하기 시작한다.

갈등의 표출단계

폰디 모형 중 갈등이 명백히 나타나는 단계로, 목표달성이 어렵다고 판단하여 상대에게 보복이나 복수를 하는 것으로 발전한다. 갈등의 표출은 다양한 형태로 발생하는 데 예를 들어 사람과 집단 사이에 공격이 아주 일반적이다. 조직에는 상급자가 그들 자신의 이익을 극대화하기 위해 실제로 압력을 가하는 경우도 종종 있으며 상대를 상처 주는 논쟁에 대한 많은 이야기와 전설이 떠돌아다니고 있다. 예를 들어 아이어코카(L. Iacocca)가 포드 자동차사의 CEO였으며, 헨리포드 2세(H. Ford Ⅱ)가 새로운 CEO로서 제너럴모터스의 최고경영자로 결정되었을 때 헨리포드 2세를 최고경영자로 승진시키기 위해 아이어코카를 CEO에서 급히 퇴임시킨 사례가 있다.

상대를 공격하는 것과 달리 상대의 욕구에 아무것도 수행하지 않으면서 반대나 대립을 극대화하는 것도 한 방법이다. 상대는 서두르는데 이쪽에서는 회피하거나 무관심을 보이는 것으로 대항한다. 이전 단계의 갈등의 표출은 조직 유효성을 감소시킨다. 경영자와 하부 부서 간에 조정과 통합이 깨졌기 때문이다. 관리자는 명백한 갈등 단계에 도달했을 때 발생될 갈등을 예방할 수 있는 모든 수단을 강구하는 것이 필요하다.

갈등의 영향단계

조직갈등은 어떤 방법으로든 해결되는데, 몇몇 상급 관리자의 결정에 의해서 해결되기도 한다. 갈등의 원인이 해결되지 않는다면 논쟁이나 분쟁, 문제는 다른 내용의 갈등을 다시 불러일으키는 원인이 된다. 갈등이 재발되는 이유는 갈등이 처음에 발생한 시점에서 어떻게 해결되었는지에 달려 있다. 판매 담당자가 새로운 요구를 수렴하여 생산할 것을 제안했다고 가정하자. 판매 담당자와 생산 담당자는 어떻게 행동할 것인가? 그들은 이미도 각각 다른 사람과 논쟁할 것이고 상대에 대하여 의심을 품을 것이며 상대의 의견에 동조하는 것이 어렵다는 것을 발견할 것이다.

판매부서와 생산부서의 초기 논쟁을 평화적으로 해결할 수 있고 주요 고객의 욕구에 대해 유연하게 탄력적으로 대응해야 할 필요가 있음에 대해 서로 동의한다고 가정하자. 다음 시점에 판매 담당자가 특별한 요구를 해 오면, 생산 담당자는 어떻게 반응할 것인가? 생산 담당자는 아마도 협력적인 태도를 가질 것이며, 양쪽 부서는 다툼을 멈추고 각자의 일을 본격적으로 시작할 것이며 양쪽 부서의 욕구에 적합한 상호작용 행동을 계획할 것이다.

2 조직갈등 관리 및 갈등 해결전략

조직갈등은 빠르게 확대될 수 있으며, 조직문화를 나쁘게 만들 수 있기 때문에 조직갈등을 우선적으로 관리하는 것이 중요하다. 따라서 이 장에서 조직갈등을 관리하여 조직에게 도움을 주기 위해 설계된 몇 가지 갈등 해결전략과 조직의 정책에 대해 검토할 것이다.

조직갈등을 일으키는 문제의 원인을 파악하고 그 원인을 관리하기 위한 방법을 효과적으로 선택해야 한다. 예를 들어 어느 기업에서 낮은 성과를 보이는 부서에게 패널티를 부과하는 불공정한 보상 시스템을 가지고 있다고 하자.

◆◆◆ 조직 인사이트 13-3 **노바티스제약의 열린 구조**

세계 제약업계에 백혈병 치료제 글리벡을 선보인 스위스 제약사 노바티스 돌풍이 거세지고 있다. 신약 개발에서 1위를 달리고 있으며 최근 4년간 노바티스가 미국에서 시판 허가를 받은 약품수는 13개로 화이자의 9개를 제쳤다. 현재 임상시험 중인 약물만도 75가지 세계 최고이다. 이 무서운 돌풍은 어디서 비롯되었을까?

2002년 5월 노바티스사는 보스턴과 하버드의 중간 지점에 연구소를 짓고 MIT와 하버드의 인재를 채용하고 사장도 하버드 의대 피시먼 교수를 모셨다. 사장은 연구실과 사무실의 벽을 유리로 만들고 중앙 홀은 천장까지 뚫었으며 엘리베이터도 사면 모두 투명 유리로 만들었다. 회의실은 복도 한가운데에 원형으로 만들고 벽도 물론 투명 유리로 하였다. 이 연구소는 숨을 곳이 없다. 따라서 사람들이 제각각 틀어박혀 연구에 몰두하는 것이 아니라 서로 모여 이런저런 연구에 대한 이야기를 나눈다. 연구원들끼리는 물론 유사 벤처 파트너들과도 적극적 대화를 나눈다. 건물의 층과 층 사이도 단절될까 봐 중앙에 회전 계단(사진)을 만들어 위아래 층은 계단으로 서로 통하게 되어 있다. 그 덕분에 노바티스는 화이자 연구비의 반만 쓰고도 2배의 신약을 개발하였다.

이럴 때 보상 시스템의 운영방법을 변화시킴으로써 갈등의 원인을 제거해야 한다. 즉 공정한 보상 시스템을 고안해 내야 한다. 그러므로 갈등을 해결하기 위해 사용할 수 있는 몇몇 전략을 제안해 보면, 첫째, 갈등의 원인을 제거하거나 감소시키기 위해 조직구조를 변화시키거나, 둘째, 개인의 태도를 변화시키는 것이라 할 수 있다.

조직구조에 대한 변화 시도

과업이나 직무의 상호의존이나 부서 간 목표가 다르다는 것은 갈등의 두 가지 주요한 원인이 되기 때문에 과업이나 직무관계를 변화시키기 위한 분화와 통합의 시도는 갈등을 해결하기 위한 방법이 된다. 예를 들어 조직은 다른 여러 생산물 종류와 관련하여 총원가나 비용을 통제하는데 무능력한 생산라인 감독자 간 갈등의 원인을 제거하기 위해 생산부서의 구조를 활동기준원가(activity based costing)로 변화시킬 수 있다. 만약 부서가 희소한 자원을 얻기 위해 갈등 상황에 놓이게 된다면, 경영자는 조직의 다양한 통합기법을 사용해도 된다(3장 참조). 개인 사이의 갈등을 해결하기 위해 그리고 일과 관련된 구조를 개선하기 위해 그 책임을 최고경영자에게 할당할 수 있을 것이다. 사실 통합의 수준을 증가시키는 것은 부서의 목표가 상이함에 따른 다양한 문제를 관리할 수 있는 하나의 주요한 방법이 된다. 잠재적인 갈등상황을 해결하기 위해서, 조직은 직접접촉, 연결역할, 태스크포스, 팀제, 통합역할 혹은 통합부서의 사용을 증가시킬 수 있다.

갈등을 관리하기 위한 또다른 방법은 조직의 라인이 갖는 권한을 확실하게 만드는 것이다. 조직은 성장하고 분화되기 때문에 권한의 위계에 따른 통제가 점점 줄어드는 것도 사실이다.[10] 이러한 통제의 상실은 갈등의 주요한 원인일 수 있다. 조직구성원에 대한 의사결정 책임은 막중한 반면 의사결정을 수행하기 위한 권한은 부족해지기 때문이다. 계층이 평평해질수록 권한관계를 명확히 정의 내려 주어야 한다. 모호해진 권한으로 조직 내 갈등은 생길 수 있기 때문이다. 이러한 상황은 다른 사람이 동등한 자원을 얻으려 할 때 의사결정을 내리기가 어려워 혼란을 준다. 이러한 이유로 인해 조직은 매우 분명한 라인의 권한을 만들려고 애쓴다.

좋은 조직의 설계는 조직갈등을 최소화할 수 있는 조직구조를 만드는 데 있다. 그러나 조직타성 때문에, 많은 조직은 조직구조를 관리하거나 새롭게 만드는 데 실패하며 환경변화에 따라 적합한 조직으로 변화시키는 데 실패한다. 이렇게 되면 갈등은 증대되며 조직 유효성은 감소한다.

개인 태도에 대한 변화 시도

조직목표를 달성하기 위한 최상의 방법은 개인마다 가지고 있는 개인목표에 대한 지각, 신념이 다르기 때문에 그렇게 쉽게 특정 방법을 찾기가 쉽지 않다. 조직 내 개인이 속해 있는 부서목표도 모두 다르기 때문이다. 부서 간 갈등을 해결하고 대립되는 태도를 변화시키는 방법을 폰디의 모형에서 찾을 수 있다. 폰디의 모형은 갈등을 느끼는 단계에 체계적인 시스템을 제공해 주는 것이다. 체계적인 시스템이란 다른 집단의 상이한 관점을 잘 이해해주고 각 부서에 떠돌아다니는 고충을 잘 처리해 줄 수 있는 시스템을 말한다. 예를 들어 위원회 또는 팀제를 통해 하나의 부서가 다른 부서와 함께 직접협상할 수 있도록 공개 토론회 같은 시스템을 제공할 수 있는 것이다. 또한 체계적 시스템 중 공정한 절차를 위한 시스템은 경영자와 노동조합 사이의 갈등을 관리하는 데 있어 특히 중요하다. 조직은 사용자측과 노동조합측의 갈등을 완화시키기 위해 제3자의 개입을 허용하기도 한다. 제3자의 개입이란 조정 및 통합 역할을 하는 상위의 관리자일 수도 있으며 조정의 논의를 추진하는 데 있어 전문적 지식을 가진 외부 컨설턴트일 수도 있다.

태도변화를 통해 갈등을 관리하기 위한 방법 중 하나가 바로 부서 간 구성원을 순환시키고 교체하는 방법이다.[11]

◆◆ 조직 인사이트 13-4　CEO가 나서서 갈등을 해결한다.

조직의 CEO는 갈등에 대한 태도에 중요한 영향을 미친다. CEO는 조직의 가치와 문화를 상징하며, CEO의 행동은 다른 관리자의 태도에 직접적인 영향을 미친다. 조직의 우두머리로서 CEO는 부서 간의 갈등을 해결하기 위한 최종적인 권한과 권력을 가지고 있다. 힘 있는 CEO는 조직의 갈등을 적극적으로 관리하며, 각각의 집단이나 부서가 가지고 있는 주장을 분석하거나 중재하기 위해 회의에 참여한다. 힘 있는 CEO는 갈등의 해결과 논의에 대한 일치를 얻어 내기 위해 자신의 권한을 사용할 수 있으며, 부서에게 조직의 목표를 달성하기 위해 협력해야 함을 지시할 수 있다.

반면 무기력한 CEO는 조직갈등을 증대시킬 수 있는데, CEO가 부서 간의 거래와 협상과정을 관리하는 데 실패할 경우, 힘 있는 부서만이 좋은 위치에 놓이며, 힘없는 부서는 그만큼 손해를 보게 된다. 결국 무기력한 CEO가 존재하면 조직은 눈에 보이지 않게 서서히 파괴되어 간다고 할 수 있다.

사람을 특정 기능이나 직무로부터 다른 기능이나 직무로 계속해서 교대시키는 직무순환제이다. 이는 조직구성원을 조직 전체 관점에서 파악하도록 만드는 장점을 가진다. 하지만 태도는 변화시키기가 그리 쉽지 않다. 태도는 오랜 시간이 지나면서 발전되어 정착된 것이기 때문이다. 갈등을 해결하기 위한 유일한 방법은 사람이 관여하고 있던 사상이나 사물에 대한 평가를 변화시키는 것이다. 이를 위해 조직은 다른 부서에 있는 구성원을 계속해서 이동시키거나 경우에 따라 그들을 승진시키거나, 최악의 경우 그들을 해고함으로써 어느 정도 태도변화를 이룰 수 있다.

II 조직권력의 이해

힘 있는 CEO는 조직의 갈등을 관리하는 데 있어 매우 중요한 역할을 한다. 사실 CEO, 이사회가 가지고 있는 권력은 조직이 어떻게, 왜 변하는지, 조직구조가 왜 변화되어야 하는지, 어떤 사람과 어떤 부서가 다른 사람과 다른 부서에 비해 왜 더 많은 이익을 획득하는지를 결정하기도 한다.[12] 가변적이며 상대적인 특성을 가지고 있는 권력을 어떻게 획득하며 조직갈등의 문제를 조직권력이 어떻게 해결하는지를 이해하기 위해 조직권력(organizational power)의 문제를 살펴볼 필요가 있다.

1 조직권력이란?

조직권력이란 무엇이며 조직갈등 안에서 권력의 역할은 무엇인가? 대부분의 학자에 따르면, 조직권력은 갈등을 해결하기 위한 메커니즘이다. 조직권력은 바람직한 목표 또는 결과를 달성하기 위해 다른 사람으로부터의 저항이나 반대를 극복하기 위한 한 사람 또는 한 집단의 능력으로 정의된다. 특히 조직권력이란 A가 B에게 힘을 행사함에 있어 B가 다른 방법을 수행하지 않고 A가 하라는 대로 만들 수 있는 A의 능력이다. 따라서 조직권력이 조직갈등을 해결하기 위해 사용될 때 어느 정도 강압적 측면이 존재한다. 조직권력을 가진 이해당사자는 다른 이해당사자의 저항을 넘어 자신의 욕구를 달성하는 결과를 가져올 수 있다.

조직권력을 소유하는 것은 조직갈등을 해결하기 위한 의사결정의 종류를 결정하는데 있어 매우 중요하다. 예를 들어 의사결정이란 자원의 할당 또는 관리자와 부서 간의 책임이나 할당에 관심을 갖는 것이다. 조직의 외부 이해당사자 간의 거래를 통해 의사결정이 만들어질 때 의사결정에 영향을 미치는 것 중 하나가 바로 조직권력이다.

따라서 조직갈등과 조직권력은 직접적으로 관련되어 있다. 조직갈등은 조직목표를 달성하기 위해 협동이나 협력을 필요로 하지만 때로는 조직자원을 얻기 위해 서로 경쟁해야 하며 조직 내에는 조직권력을 쥐고 있던 기득권과 조직권력을 새로 얻으려는 집단이나 사람이 존재하기 때문에 조직 내에는 항상 조직권력 쟁탈전이 벌어지게 되어 있다.

◆◆◆ 조직 인사이트 13-5   권력 이동

중세에는 땅을 가지고 있는 것, 산업사회에서는 돈을 가지고 있는 것, 그리고 정보사회에서는 정보를 가지고 있는 것이 권력 행사의 원천이 되어 왔다. 이처럼 권력의 원천이 변화된 까닭은 권력 수단이 다른 것으로 이전되어 왔기 때문이다(땅 → 돈 → 지식). 그러므로 권력의 주체도 지벌(地閥) → 재벌(財閥) → 지벌(知閥)로 이동되어 왔던 것이다.

이러한 경우를 예로 들어 보면, 외국에 사는 한 동포가 야구 관람을 하다가 열과 오한이 나던 차에 마침 이전에 치료받았던 일이 있는 미국인 의사가 옆에 앉았기에 상담을 했더니 바로 집에 가서 아스피린을 먹고 자도록 조언을 해 주었다. 그런데 수일 후 이 의사로부터 10달러의 청구서가 날아왔다. 하도 어이가 없어서 역시 안면이 있는 미국인 변호사에게 그 지불 여부를 물어보았더니 지불해야 한다고 충고하더란 것이다. 그래서 10달러를 보내고 나니 이번에는 그 변호사로부터 100달러의 청구서가 날아들었다. 전문지식과 정보는 현대 생활의 가장 중요한 재산이며 따라서 권력의 수단이 되는 것이다.

2 조직권력의 원천

조직구성원이나 부서, 특정 집단의 사람이 조직 내 권력을 얻기 위해 힘쓰고 있다면 조직권력이 어디에서부터 나오는 것을 알아야 조직권력을 잡기도 그만큼 쉬워질 것이다. 다른 사람이나 부서를 통제하고 지배하며 영향을 행사할 수 있는 조직권력의 원천은 무엇인가? [그림 13-4]에 조직권력의 일곱 가지 원천을 규명하였다.

권한

권한(authority)이란 권력 중 합법적 권력에 속하는 것으로 어떤 조직에서 만든 규칙, 법, 문화적 토대를 통해 합법화된 것이다.[13] 예를 들어 법에 상세하게 기록되어 있는 대통령이 가지는 의무와 권리 같은 것이다. 조직에 합류한 사람은 조직구성원의 행동을 통제하기 위해 조직의 합법적인 권리를 수용해야만 한다. 행사할 수 있는 권한 안에서 관리자는 인적자원을 포함한 모든 자원을 통제하기 위해 공식적 권한을 사용한다.

앞에서 논의했듯이 조직의 권한은 집중되어 있으며 최고의 권한은 최고경영자가 가지고 있다. 하지만 조직 안에서 권한은 분산되어야 하며, 권한은 조직의 자원을 사용하는 방법에 실제적인 책임을 가지고 있는 낮은 계층의 사람에게도 위임되어야 한다. 최근 경영자는 자신의 권한을 얼마나 줄일 것인가에 대해 고민하고 있으며 최고경영자보다 낮은 경영자에게 의사결정을 분산시킴으로써 밑으로 많은 권한을 넘겨주고 있다.

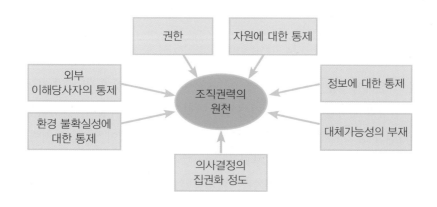

[그림 13-4] **조직권력의 원천**

권한위임이 이 시대의 거대한 흐름이라 하더라도 권한위임을 꺼리는 경영자도 많다. 그러므로 자기 아랫사람에게 의사결정 권한을 주기는 주지만 상당 부분 정보를 제한함으로써 실제로 권한은 경영자인 자신이 가지는 경우도 있다. 만약 너무 많은 정보를 부하에게 넘겨준다면, 부하는 윗사람이 수행하는 업무에 대해 지나치게 많이 알게 될 것이며 결국 상사는 권한을 잃게 될 수도 있기 때문이다. 이러한 두려움의 결과로서, 상급 관리자는 정보를 축적(저장)하고 있으며, 그리고 권력(권한)을 부하와 함께 나누지 않으려 한다.

그러나 만약 경영자가 권력(권한)을 너무 많이 보유하고 있어 부하가 의사결정을 내릴 수 없다면, 경영자는 지나친 업무로 인해 과로하게 될 것이고 의사결정의 질 역시 떨어질 것이며 조직쇠퇴를 가져올 것은 뻔하다. 따라서 부하에게 권한을 분산시키는 것은 경영의 권한(권력)을 반드시 감소시키는 점은 아니라는 것을 알아야 한다. 왜냐하면 그는 지속적으로 부하가 도대체 어떠한 의사결정을 내리는지를 살펴볼 책임이 있기 때문이다.

권한위임은 기업 전체 관점에서도 매우 중요하다. 어떤 기업의 본사는 사업 부문 수준에 권한을 위임하는 것을 좋아하지 않는다. 오히려 의사결정권을 중앙에 집중시키는 것을 더 선호한다.

부문 관리자가 본사 경영자보다 더 많은 정보와 지식을 가지는 것을 싫어한다. 이로 인해 새로운 활동을 시작하거나 도전적인 실험을 하는 것이 불가능해진다. 따라서 부문 상급자는 환경에서 기회를 포착하고 부문과 전체 조직의 성과를 향상시키기 위한 전략을 창조하지 못하게 된다.

자원에 대한 통제

권력은 고정되어 있는 것이 아니다. 성과를 증대시키는 것과 같이 조직의 이익을 위해 의사결정과 행동을 수행하는 경영자의 권력은 계속 변화된다. 기업환경에서 보다 많은 자원을 통제하게 되면 그만큼 조직권력은 커지게 되어 있다. 이처럼 조직 내에서의 권력도 자원에 대한 통제로부터 생긴다.[14]

생존을 위해 조직은 자본, 인적기술, 원재료, 고객과 같은 다양한 자원을 필요로 한다. 하나의 자원이 조직을 위해 특히 중요하다면, 개인 또는 부서는 자원을 통제하기 위한 권력을 소유하려고 애쓴다. 예를 들어 신약을 개발하기 위해 필요한 R&D 기술과 지식은 중요한 자원이다. 신약개발 회사에서는 누가 가장 많은 권력을 가지는 가? 그 답은 연구소에서 일하는 연구자일 것이다. 그들은 조직의 성공을 위한 고급 지식을 소유하고 있기 때문이다. 유사한 예로 코카콜라 또는 맥도널드와 같은 회사에서는 마케팅 노력이 성공을 가름하는 중요한 요소이다. 이때 마케팅 부서는 상당한 권력을 가진다. 마케팅 부서가 소비자를 끌어들일 수 있는 핵심기술을 보유하고 있기 때문이다.

또한 자산이나 자본은 근본적인 조직의 자원이다. 자산은 다른 자원을 구매할 수 있는 힘이기 때문이다. 자산이 많으면 최고경영자의 권력도 많아진다. 합법적으로 경영자는 조직에서 자산의 할당을 통제한다. 예를 들어 다국적 기업에서 다양한 소비자로부터 많은 수입을 발생시키는 사업부는 그렇지 못한 사업부에 비해 적지 않은 권력을 가지게 된다. 요즘처럼 대학이 어려울 때 가장 인기가 있는 학과가 많은 권력을 갖는 것도 당연하다.

◆◆◆ 조직 인사이트 13-7 　동력분산식 고속열차

지금까지 대부분의 열차는 맨 앞에 기관차가 있어 뒤에 달린 10여 개의 객차를 모두 끌고 간다. 뒤에 달린 객차에는 동력이 없기에 수동적으로 끌려갈 뿐 아니라 앞의 기관차가 가는 대로 순순히 따라가지 않으면 제구실을 못 한다. 반면에 차세대 고속열차는 동력분산식 EMU(Electric Mutiful Unit)의 기술력에 기반을 두어 개발한 고속열차이다(사진). 이는 기존 KTX처럼 동력원을 맨 앞쪽에만 연결하는 동력집중식과 달리 각 전동차마다 엔진을 장착한 게 특징이다. 동력집중식보다 가·감속 능력이 좋아 정차역 간 간격이 좁아도 빠르게 속도를 높일 수 있다. 급제동 때 안전성도 높다. 동력원이 각 객차마다 붙어 있기 때문에 모든 객차가 사장이나 중역이 없이도 혼자 움직일 수 있다. 그러니 사장이 없는 상황에서 커브길이라든지 장애물이 있다든지 어떤 상황이 오더라도 알아서 즉시 대처할 수 있다. 각 객차는 개별적으로 동력이 있기 때문이다. EMU의 각 객차는 하나의 팀이고 동력원은 팀장이다. 기존 열차는 사장 한 사람에 의해 움직이는 기능식 조직이다. 모두 사장 얼굴만 쳐다보고 있으니 최종 책임도 사장이 진다. 문제가 또 있다. 맨 뒤에 달린 객차가 제대로 따라오는지, 그 안에서 무슨 문제가 있는지 맨 앞의 기관차가 알 리 없다. 또한 손님이 있든지 없든지 기관차는 항상 수십 량의 객차를 끌고 다니기에 몸집이 무거울 수밖에 없다. EMU열차는 한 개만 달아도 되고 30개를 달아도 철도여건만 된다면 시속 430km까지 달릴 수 있다. 동력차를 많이 붙일수록 오히려 운행속도가 빨라진다. 현재 세계적인 추세인 EMU열차는 우리나라에서도 점진적으로 수명을 다하는 기존 KTX·SRT 열차를 대체해가는 중이다.

정보에 대한 통제

정보는 조직의 자원으로써 매우 중요하다. 전략적인 정보에 대한 이용이나 접근, 부서 간 정보 흐름의 통제는 의사결정과 프로세스의 변화에서 중요한 권력의 원천이 된다. 그것은 그들이 받은 정보를 조심스럽게 추적함으로써 다른 사람의 관점을 변화시키는 것을 가능하게 한다. 한 연구에서 정보의 흐름을 적절하게 통제하는 사람이 많은 권력을 보유한다는 사실이 밝혀졌다.[15] 특히 정보의 누설을 통제하는 사람을 수문장(gatekeeper)이라 하였고 외부 이해당사자와의 연결·연락을 통제하는 수문장의 역할이 중요하다고 결론 내리고 있다. 전문화된 역할을 맡은 많은 사람 또는 부서에서 누가 정보를 통제하는지가 중요하다. 종합병원에서는 의사가 약사에 비해 많은 권력을 누리게 되는데 이는 특정 정보와 지식을 통제하는 능력을 더 가지고 있기 때문이다.

◆◆◆ 조직 인사이트 13-8　권력행사 전술(power tactics)

- 논리성 확보(reason) : 정보와 증거를 확보하여 논리에 어긋남이 없으면 상대방이 꼼짝 못할 것이다.
- 친절한 호소(friendliness) : 인간적인 호소나 겸손함, 심한 경우에는 아첨까지 동원하여 자신의 원하는 바를 관철시키려 한다.
- 연대와 연고(coalition) : 다른 사람이나 집단의 힘을 얻어 밀어붙이려 한다.
- 약정과 계약(bargaining) : 타협과 양보 내지는 다른 것과 교환하면서 상대의 허락을 받아 내려 한다.
- 강한 주장(assertiveness) : 요구를 반복하면서 강요하고 명령하면서 고집을 피운다.
- 타인의 힘(higher authority) : 더 직급이 높은 사람의 도움을 청하여 자기 뜻을 관철하려 한다.
- 위협(sanctions) : 상대에게 벌을 주거나 위협을 하면서 순종하도록 한다.

대체 가능성의 부재

어떤 사람 또는 어떤 부서에서 수행하는 과업을 다른 부서 사람이 절대로 수행할 수없는 경우를 대체 가능성의 부재(non-substitutability)라고 말한다. 특정 기술을 가진 집단의 기술자를 대체할 수 없을 때 전문가들은 상당한 권력을 누리게 된다.[16] 오직 그들만이 그 조직에서 직면한 환경 불확실성을 감소시킬 수 있기 때문이다. 그 사람 없이는 아무것도 할 수 없는 조직이라면 그 사람이 조직을 떠나면 조직은 생존 가능성을 잃게 된다. 예를 들어 프로야구팀이나 프로축구팀도 이를 방지하기 위해서 항상 같은 자리에 유능한 후보를 보유하고 있어야 한다. 유능한 후보를 많이 보유하면 할수록 현재 뛰고 있는 선수의 권력은 그만큼 줄어들게 되어 있다.

의사결정의 집권화 정도

정보의 수문장 역할을 하던 사람은 상당한 권력을 가지고 있다. 그는 정보흐름을 통제할 수 있으며, 의사결정과정에 있어 중요한 역할을 하기 때문이다. 정보에 대한 서비스 관리와 같은 역할에서 수문장은 다른 사람에게 환경 불확실성을 감소시키는 정보를 제공할 수 있다. 조직은 종종 부서의 중대한 결정을 조직의 본사로 미루는 경우가 많다. 마케팅 전략의 성패에 따라 사활이 걸린 코카콜라와 같은 회사에서 제품 개발부서, 생산라인, 판매부서와 같은 부서들은 마케팅부서에 의해 수집된 정보에 매우 많은 의존을 한다. 그러므로 마케팅부서는 핵심적 역할을 하는 중심 부서가 되는데, 이는 다른 부서가 필요로 하는 자원, 즉 소비자에 대한 지식과 소비자의 미래 욕구와 같은 자원을 공급해 주기 때문이다. 그러므로 조직 내 어느 한 부서의 의사결정이 다른 부서의 의사결정에 영향을 미치게 되거나 특정 부서에게로 의사결정 권한이 몰려 있으면 그 부서의 권력은 커지게 된다.

환경 불확실성에 대한 통제

조직이 직면한 환경 불확실성 또는 예상치 못한 사건의 주요한 원인을 실제로 통제할 수 있는 부서는 상당한 권력을 가지게 된다. 예를 들어 생물학이나 인간공학에서 연구개발 기능은 아주 중요하다. 신약을 개발하는 회사의 경우 신약의 효능을 검사할 수 있는 임상실험의 결과는 아주 불확실하기 때문에 이러한 환경 불확실성을 줄여 나갈 수 있는 연구소나 연구개발부서는 상대적인 권력을 갖게 된다.

종합병원에는 의사가 많은 권한을 가지고 있다. 의사는 병원 조직에 있어 불확실성의 주요한 원인인 환자의 문제에 대해 진단하고 치료하기 위한 능력을 의사가 가지고 있기 때문이다. 그래서 조직변화에 따른 상황적합적 조직을 유지할 수 있는 조직은 권력을 많이 가지게 된다. 예를 들어 제2차 세계대전 직후 기업은 소비자의 수요를 충족시키기 위해 제품을 빠르게 충분히 제조하는 것이 필요했기 때문에 저렴한 가격에 제품을 만들어 시장에 출시하였다. 하지만 세상은 바뀌어 만들어 판다는 식에서 시장에서 요구하는 제품을 만들어 판다는 식으로 변화하게 되었다. 고객이 변한 것이기 때문에 조직도 변할 수밖에 없게 된 것이다. 즉 조직의 환경 불확실성을 얼마나 줄이는가 하는 점이 아주 중요해졌다는 뜻이다.

외부 이해당사자의 통제

권력의 또 다른 중요한 원천은 조직에 힘을 행사하고 있는 지배적인 이해당사자를 어떻게 다루느냐에 달려 있다. 예를 들어 군대를 결성함에 있어 연합군(coalition)을 어떻게 통제할 것인가와 똑같은 이치이다. 이해당사자 세력과 공통의 관심사를 어떻게 지속적으로 유지하느냐의 문제가 핵심인 것이다.

Ⅲ 조직정치의 이해

경영자는 권력의 행사를 통해 조직갈등을 해결하고 조직 내 변화를 어느 정도 유도해 낼 수 있기 때문에 자기가 원하는 것을 얻기 위해 많은 조직권력을 가지고자 하는 데 이는 필연적인 일이다. 조직정치(organizational politics)란 특정 사람이 조직 내에서 공식적으로 부여된 행동을 제외하고 자신의 이득에 좋은 결과를 얻고자 영향을 미치는 행동을 말한다. 개인, 부서, 외부 이해당사자와의 갈등을 해결하려는 순수한 행동이 아닌 정치적 행동, 외부 이해당사자의 권력을 이용하여 무엇인가 행사하려는 행동, 자신의 이해관계에 얽힌 의사결정에 영향을 미치는 행동 등이 여기에 속한다. 비록 조직구성원 또는 부서가 조직정치를 하고 싶지 않다고 하더라도 조직구성원은 조직정치에 대한 이해가 필수적이다.

1 조직정치의 전술

조직생활에는 반드시 정치적인 행동이 필요하기 때문에 개인과 부서가 정치적인 게임에서 승리를 얻어 내기 위해서라도 조직정치의 전술에 대해 면밀하게 조사할 필요가 있다. 조직에서 성공에 대한 보상은 조직의 자원, 즉 권한, 돈, 지위 등을 더 많이 제공받음으로써 교환된다. 그러므로 개인과 부서는 그들의 목표와 목적을 달성하기 위해 또는 조직권력을 얻기 위해 보다 많은 조직정치의 전술을 사용할 수 있다([그림 13-5] 참조).[17]

중요한 존재라는 사실의 유포

개인 또는 부서가 권력을 증가시키기 위해 사용할 수 있는 하나의 주요한 조직정치의 전술은 조직을 위해 개인이나 부서가 없어서는 안 될 존재라는 사실을 유포하는 것이다. 우선 본인을 과장해서 거짓으로 크게 보이려고 하는 행동이 있다. 없어서는 안 될 존재라는 사실의 유포를 통해 대체할 가능성이 없다는 사실을 퍼뜨리거나 의사결정 권한의 집중도를 더 높이는 것이다.

대체 가능성 부재 유포

조직정치적인 경영자는 그가 다른 어떤 것으로 대체할 가능성이 전혀 없다는 사실을 부각시키려 애쓴다. 어느 조직에서는 경영 문제를 해결하기 위해 정보 기술을 이용하여 상당 부분 기술개발을 시도하지만, 조직정치적 경영자는 그 와중에서도 살아남는 방법을 알고 있다. 그래서 그는 결국 조직이 직면한 어려운 상황을 통제하기 위한 각종 지위와 특권을 누리면서 이러한 조직에 대한 자신의 조직권력을 증가시키기

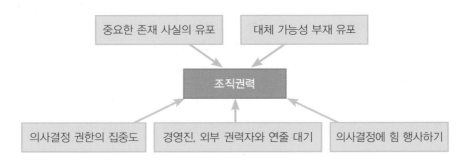

[그림 13-5] 조직정치의 유형

위해 더욱 몰두한다. 이러한 전술들을 사용한 개인과 부서는 문제를 해결하는 데 있어 그들의 지위와 명성과 능력이 증대되기도 한다.

◆◆◆ 조직 인사이트 13-9　나의 직장은 얼마나 정치적인가?

아래의 문항마다 전혀 아니다(1)에서 매우 그렇다(5)까지의 5점척도로 응답하면 최하 12점에서 최고 60점까지 나오는데 점수가 높을수록 정치적 조직인 셈이다.

- 최고경영진은 자기들만의 취향에 맞는 사람들을 뽑는 채용제도를 고집한다.
- 승진, 보상제도는 잘되어 있지만 실제 적용은 불공평하게 실행되고 있다.
- 인사평가가 규정보다는 상급자의 개인적 판단으로 이뤄지고 있다.
- 상사가 부하에게 지시하는 대부분이 실제로는 상사 자신을 보호하려는 것이다.
- 조직 유효성에 위배가 되는 파벌과 집단이 많다.
- 우리 부서 사람은 다른 부서 생각은 별로 하지 않고 우리만을 최우선으로 한다.
- 정보를 감추고 필터링하면서 소통이 원활하지 못하다.
- 동료가 다른 동료나 부서를 도울 때는 반드시 대가를 염두에 둔다.
- 능력보다는 줄을 잘 타야 출세가 빠르다.
- 사람을 잘 알아야 업무를 수월하게 해 낼 수 있다.
- 승진, 보상제도가 엉성하고 애매모호하게 되어 있다.
- 승진, 인사규정이 공개되지 않고 그것에 대해 서로 이야기하는 것이 금지되어 있다.

의사결정 권한의 집중도

경영자는 조직을 보다 중앙집권화되도록 만듦으로써 자기 자신이 없어서는 안 될 존재라는 사실을 높이려 한다. 조직정치적인 경영자는 경영 기능과 개인적 명성을 높이기 위해 많은 관리자 또는 많은 기능 담당자와 함께 친분을 쌓기도 한다. 의사결정 권한이 한곳으로 집권됨에 따라 그들의 대체 가능성의 그만큼 줄어들게 되며 경영자가 가지는 힘은 다른 사람에 비해 상대적으로 커진다. 더구나 그는 다른 사람과 집단으로부터 호의를 얻어 내려 한다. 이러한 과정이 계속되면 조직정치적으로 뛰어난 경영자는 인력과 정보 모두를 더 가지고자 하며 점점 더 권한의 집중 현상은 증가된다.

강력한 경영진 혹은 외부 권력자와 연줄대기

조직권력을 얻기 위해 힘 있는 경영자는 유리한 상황을 자기 자신에게 귀착시키는 방법이 있다. 힘 있는 다른 경영자를 지원함으로써 그리고 자기 자신을 없어서는 안 될 존재로 만듦으로써 조직에서 출세할 가능성을 높이기도 한다. 상급자나 실력자와 인연을 맺어 놓으면 그가 자기에게 멘토(mentor)처럼 충고도 해 주고 어려움이 있을 때 큰 도움으로 작용할 수 있는 것이다. 힘 있는 사람과 함께 연결되기 위해서는 동창생, 고향 사람과 같은 공통의 끈으로 연결하고자 노력한다.

의사결정에 힘 행사하기

아마도 경영자, 집단, 부문, 외부 이해당사자를 위한 가장 중요한 조직정치 전술은 의사결정의 정책에 직접적인 영향을 미치는 것이다. 조직권력을 소유하고 사용하는 것은 단지 정치를 운영하기 위해 필요한 기술만은 아니다. 언제 어떻게, 조직권력을 사용하는지에 대해 아는 것 역시 중요하다. 〈표 13-1〉은 조직 내에서 발생할 수 있는 권력이나 조직정치 행동을 나열한 것이다.

〈표 13-1〉 **조직 내의 조직정치 행동**

권력 원천 증가의 전술	권력 사용의 정치적 전술	협력 강화를 위한 전술
• 높은 불확실성 분야로 진입 • 상호의존성 창출 • 희소한 자원 제공 • 만족스러운 전략적 컨틴전시 • 직접적 소구	• 연합 형성과 네트워크 확장 • 충성스러운 인재를 중요 보직에 임명 • 명확한 의사결정 통제 • 전문성, 합법성 강화 • 상위의 목표 창출	• 통합 도구 창출 • 협상과 대결 사용 • 집단 간 상담 실행 • 구성원 순환보직 실행

2 조직정치의 관리와 혜택

조직을 관리, 지도 운영하는 것은 정부의 행정가나 정치가의 활동과 유사하다. 조직경영 역시, 상하관계, 내부관리행동, 고객에 대한 의사결정, 시장공략법 등에서 보면 확실히 조직정치는 필수적이다. 그러면 조직정치를 관리해야 하는 이유는 무엇이며, 조직정치로부터 얻어지는 것은 어떤 것들이 있는지를 살펴봐야 한다. 우선 조직

"내가 곧 국가다."고 말한 태양왕 루이 14세의 조직정치 행동은 유난했다. 그는 태양왕으로 알려진 강한 군주이지만 사실은 약골 중의 약골이었다. 다섯 살에 즉위한 뒤 도박과 여자 꽁무니만 쫓아다녔던 철부지 왕이었다. 그는 평생 편두통, 치통, 통풍, 신장결석, 당뇨를 달고 다녔으며 엄청난 대식가에 사탕을 물고 살았다. 덕분에 마흔일곱 살 때 위턱에 있는 치아 한 개만 남기고 모두 뽑아야 했다. 아홉 살에 앓은 천연두로 얼굴이 얽은 곰보였으며 스무 살 때는 성홍열을 앓아 머리카락이 다 빠져서 가발을 썼다. 한마디로 콤플렉스가 많았던 사람이었다. 그런 그가 유럽에서 가장 많은 2,000만 인구와 65만 상비군을 갖춘 국가를 만들어 유럽의 패권을 장악한 전략은 무엇이었을까?

우선 인쇄업을 철저하게 통제해서 왕을 비방하는 출판물을 금지한 뒤 작가들에게 연금을 지급하여 왕의 업적을 찬양하도록 지원했다. 덕분에 희극작가 몰리에르는 아폴로와 뮤즈보다 더 위대한 왕을 주제로 한 연극을 베르사유궁전(사진)의 정원 연못가에서 연출했다. 비극작가 장 바티스트 라신도 왕에게 불경한 글은 쓰지 않았다. 콜 베르가 설립한 학술원에서는 왕의 업적을 선전하는 메달과 조각품을 양산했다. 왕은 이 같은 유명 문인과 예술인과 지식인을 휘어잡아 자신의 선전 도구로 활용했던 것이다. 파리의 교외 베르사유 마을에 연못과 1만 명 넘는 인원을 수용하는 가장 아름다운 궁전을 지어 놓고 지방의 힘있는 귀족들을 매일 저녁 불러 뱃놀이와 연극 공연을 하면서 봉건귀족들 간의 사치 경쟁을 시켰다. 그들의 관심사를 지방 영토의 관리에서 궁전생활의 화려함으로 돌려놓는 데 성공한 것이다. 돈을 거의 탕진한 귀족들은 독립적 지위가 약해졌고, 그렇게 되자 모든 것을 왕에게 의존할 수밖에 없게 되었다. 그 결과 루이14세는 재위 72년 친정 54년 동안 태양왕이 될 수 있었다. 세상에서 가장 크고 가장 아름답지만 화장실이 없었던 베르사유궁전의 밑바닥에는 무서운 권력에의 의지가 깔려 있었던 것이다.

정치를 관리해야 하는 이유로는, 첫째, 조직 내에서 개인 간, 상하 간, 부서 간에 조직정치적 행동이 지나쳐서 좋을 리가 없다. 따라서 선의의 경쟁이 이루어지도록 하는 것이 중요하다. 둘째, 개인 간 또는 부서 간의 갈등은 상위목표의 제시로 어느 정도 협동체계로 몰고 갈 수 있다. 셋째, 조직 내 형성된 파벌을 해체하고 정치적으로 부정적인 태도를 없애야 한다. 모든 정치행동이 부당하지는 않지만 부당한 조직정치행동은 반드시 존재한다.

또한 조직정치는 다음과 같은 이점을 가지게 될 것이다. 첫째, 개인의 단점을 극복시켜 준다. 개인 혼자서는 아무래도 많은 단점을 가지며, 자기 자신을 혼자서 방어해 내기가 힘들다. 하지만 어디에 속해 있으면 그 집단의 덕을 보게 될 것이다. 그러다 보니 개인의 결핍 부분이 조직 내의 정치적 활동으로 많이 가려지게 된다. 둘째, 조직환경의 변화는 빈번하게 발생하는데 이때 변화에의 적응을 가능하게 한다.

이러한 변화에 대처하기 위해서는 조직권력을 가진 자 근처를 맴돌거나 줄을 잘 서야 한다고 생각하기도 한다. 그러다 보니 작은 문제에 효과적으로 대처할 수 있으며, 또한 나중에 당면하게 되는 큰 변화에도 대처할 수 있도록 도와준다. 마지막으로, 대인간 접촉 기회가 증가한다. 규모가 큰 조직에서 개인별로 모든 개인을 만나기란 어렵다. 조직 내에 정치활동을 통해 자기 의지를 모든 사람에게 알리기 위해서는 조직정치활동이 필요하다. 조직정치를 제대로 해야 조직정치로부터 혜택을 누릴 수 있는 것이며, 조직은 어떠한 상황에서도 조직권력 균형을 이루어 내야 한다.

인물 탐구

윌리엄슨(O.E. Williamson, 1932–)

미국의 거래비용 경제학자임. 스탠포드 대학에서 석사, 카네기멜론 대학에서 박사를 취득함. 2009년에 경제과학 분야의 노벨상을 수상함.

프로이드(S. Freud, 1856–1939)

오스트리아의 정신분석학자이며 신경증 연구, 자유연상법, 무의식 연구, 정신분석을 창시함.

1. 조직갈등에 대한 설명 중 잘못된 것은?
   ① 조직갈등은 희소한 자원을 획득하는 과정에서 발생한다.
   ② 조직갈등은 부서 간 상이한 목표로부터 파생된다.
   ③ 조직갈등은 조직에 순기능 측면도 가지고 있다.
   ④ 조직갈등이 생기면 조직 유효성은 낮아진다.
   ⑤ 조직갈등과 조직성과는 U자형이다.

2. 조직갈등에 대한 폰디 모형에 속하지 않는 것은?
   ① 갈등의 경쟁단계   ② 갈등의 지각단계   ③ 갈등의 감정단계
   ④ 갈등의 표출단계   ⑤ 갈등의 영향단계

3. 조직권력의 설명 중 잘못된 것은?
   ① 권한과 정보에 대한 통제로부터 권력은 생겨난다.
   ② 환경불확실성을 제대로 통제하면 권력을 쥘 수 있다.
   ③ 의사결정의 분권화가 이루어지면 권력이 집중되었다고 한다.
   ④ 외부 이해당사자에게 권력을 이양하는 것은 윤리적으로 옳다.
   ⑤ 대체 가능성이 낮으면 권력이 많아진다.

4. 조직정치의 유형이 아닌 것은?
   ① 부서 간 장벽의 철폐   ② 사실이 아닌 것을 유포   ③ 실력자와의 연고
   ④ 정보의 비공개   ⑤ 연대 강화

5. 폰디의 갈등의 원천이 아닌 것은?
   ① 상호의존성   ② 상이한 목표   ③ 자원 경쟁
   ④ 관료제적 요인   ⑤ 공정한 성과평가 기준

6. (   )은 바람직한 목표 또는 결과를 달성하기 위해 다른 사람으로부터의 저항이나 반대를 극복하기 위한 한 사람 또는 한 집단의 능력으로 정의된다.
   ① 조직문화   ② 조직환경   ③ 조직권력
   ④ 조직전략   ⑤ 조직의사결정

7. 조직권력의 원천이 아닌 것은?

① 권한   ② 자원에 대한 통제   ③ 대체가능성의 존재
④ 의사결정의 집권화 정도   ⑤ 환경 불확실성에 대한 통제

8. 조직권련의 영향요인이 아닌 것은?

① 상호의존성   ② 재무자원   ③ 대체가능성의 존재
④ 불확실성 대처하기   ⑤ 의사결정권한의 집중도

9. 권력행사의 전략에서 추구할 수 있는 것을 오른쪽에 기술하시오.

논리성 확보	

10. 〈조직 인사이트 13-2〉 메기와의 갈등을 읽고 갈등이란 좋은 것인지, 나쁜 것인지 결론을 내려 보자.

11. 권력의 종류에 대하여 토론하시오.

12. 조직 내의 정치적 활동이란 무엇인지, 열 가지 행동을 만들어 보자. 예를 들어 상사와 같은 대학을 나왔다는 이유로 총애를 받는 것 등등이다. 즉, 조직정치 행동에 어떤 것이 있는지 토론하고 발표하자.

13. 박스 안의 내용을 파악한 후 이 글에 대한 자신이 생각을 글로 작성하고, 발표하자.

> 갈등은 조직 내 파괴와 비능률을 가져온다고 보고 가능한 이를 회피하려 하였다. 하지만 그러한 전통적 견해(반갈등 가치관)와 달리 두 사람 이상이 모여 사는 집단 내에서는 필연적으로 발생하는 필요악적인 요소이다. 따라서 갈등이 조직에 가끔은 도움이 될 수 있기도 한데, 즉 갈등으로 인하여 자신의 취약점을 발견하기도 하며, 개인이나 집단이나 갈등 상태에 놓이면 무사안일을 탈피하여 경쟁에서 이기고 환경에 잘 적응하려고 하는 충동 에너지가 발산되고 환경 적응력도 생기게 된다.
>
> 외부 집단이나 외부인과의 갈등은 집단 내부의 응집력을 향상시키기도 한다(메기이론). 갈등의 순기능을 강조하는 사람들은 갈등은 절대적으로 필요하며 이것이 없으면 구성원의 의욕이 상실되고 정태적인 무사안일 상태가 되면 환경 변화에 적응을 잘 못하여 결국 새로운 아이디어를 내지 못하는 획일화된 조직이 된다고 주장한다.

1 Burns, T. (1961). "Micro-politics of Institutional Change," *Administrative Science Quarterly*, vol.6, pp.257-281.

2 March, J. G. (1962). "The Business Firm as a Coalition," *Journal of Politics*, vol.24, pp.662-678.

3 Coser, L. (1956). *The Functions of Social Conflict*, New York: The Free Press; Robbins, S.P. (1974). *Managing Organizational Conflict: A Non-Traditional Approach*, Englewood Cliffs, NJ: Prentice Hall

4 McCann, J., & Galbraith, J.R. (1981). "Interdepartmental Relationships," in Nystrom, P.C. & Starbuck, W.H., eds., *Handbook of Organizational Design*, vol.2, New York: Oxford University Press, pp.60-84.

5 Amason, A.C. (1996). "Disting the Effects of Functional and Dysfunctional Conflict and Strategic Decision Making: Resolving a Paradox for Top Management Teams," *Academy of Management Review*, vol.39, pp.12-148.

6 Thompson, J.D. (1960). "Organizational Management of Conflict," *Administrative Science Quarterly*, vol.4, pp.389-409.; Thomasm, K. (1967). "Conflict and Conflict Management," in Dinnette, M.D., ed., *The Handbook of Industrial and Organizational Psychology*, Chicago: Rand McNally

7 Litterer, J.A. (1966). "Conflict in Organizations: A Re-exammination," *Academy of Management Journal*, vol.9, pp.178-186.

8 Dalton, M. (1950). "Conflicts Between Staff and Line Managerial Officers," *American Sociological Review*, vol.15, pp.342-351.

9 Coser, L.A. (1956). *The Functions of Social Conflict*, New York, The Free Press

10 Lawrence, P.L., Lorsch J.W. (1967). *Organization and Environment*, Boston, MA :Harvard Business School, Division of Research

11 Ouchi, W.G. (1981). *Theory Z: How American Business Can Meet the Japanese Challenge* (Reading, MA: Addison Wesley)

12 Fairholm, G.W. (1993). *Organizational Power Politics: Tactics in Organizational Leadership*, Westport, CT.

13 Weber, M. (1947). *The Theory of Social and Economic Organization*, New York: The Free Press

14 Salancik, G.R., & Pfeffer J. (1974). "The Bases and Uses of Power in Organizational Decision Making," *Administrative Science Quarterly*, vol.19, pp.453-473.; Pfeffer, J., & Salancik, G.R. (1978). *The External Control of Organizations: A Resource Dependence View*, New York:

Harper and Row

15 Pettigrew, A.M. (1972). "Information Control as a Power Resource," *Sociology*, vol.6, pp.187-204.

16 Hickson, D.J., Hinings, C.R., Lee, C.A., Schneck, R.E., & Pennings, J.M. (1971). "A Strategic Contingencies Theory of Intra-organizational Power," *Administrative Science Quarterly*, vol.16, pp.216-227.

17 Pfeffer, J. (1981). *Power in Organizations*, Marshfield, Mass.: Pitman, pp.115-121.

Chapter ◆◆ **14**

조직개발

경영에서의 혁명적 전환없이는 조직 생존이 불가능한 것이, 현실이다.

– G. Hamel

조직개발에서의 가장 중심되는 요소는 자기 자신에 대한 지식이다. 조직개발을 위해 적극적인 학습능력을 갖추어야 하고 소진되지 않도록 자신의 스트레스를 잘 관리해야 한다.

– B. Tannenbaum

조직개발 컨설턴트라는 사람은 객관적 관찰자, 정보전문가, 훈련 및 교육자, 문제해결의 협력자, 대안 확인자, 사실 발견자, 프로세스 전문가, 지지자, 촉진자가 되어야 한다.

– G. Lippitt & R. Lippitt

◆ 학습목표

학습목표 1 : 조직개발의 정의를 설명할 수 있다.

학습목표 2 : 조직개발의 역사를 이해할 수 있다.

학습목표 3 : 조직개발의 과정을 비교할 수 있다.

학습목표 4 : 인적 프로세스 개입과 변화 프로그램을 설명할 수 있다.

학습목표 5 : 기술구조적 개입과 변화 프로그램을 설명할 수 있다.

학습목표 6 : 인적자원관리 개입과 변화 프로그램을 설명할 수 있다.

학습목표 7 : 전략적 개입과 변화 프로그램을 설명할 수 있다.

◆ 핵심키워드

조직개발, 조직변화, 실험실 훈련, T그룹 훈련, 팀빌딩, 액션리서치, 서베이 피드백, 참여관리 프레임워크, 그리드, 업무생활의 질, 전략적 변화, 진입과 계약, 조직진단, 피드백, 변화의 실행, 개입, 변화의 평가, 제도화, 인적 프로세스 개입, 조직 프로세스 개입, 기술구조적 개입, 변화 프로그램, 핵심직무차원, 성과관리, 성과평가, 보상체계, 인재관리, 코칭, 경력계획 및 경력개발 개입, 경영자 및 리더십 개발 개입, 종업원 스트레스와 건강관리 개입, 전략적 변화 개입

I 조직개발의 기초

1 조직개발의 정의

오늘날 이 세상에서 조직만큼 중요하거나 당연시되는 것은 거의 없다. 또한 현대 조직의 환경변화 적응은 필수적 문제이다. 급격한 조직변화는 조직의 지속적이고 안정된 활동을 저해하기도 하고, 불규칙적, 단기적, 비계획적 조직변화는 다양한 문제를 야기한다. 그렇다고 변화를 위한 변화는 결코 유효하지도 않다. 따라서 조직변화는 조직의 지속성과 안정성을 헤쳐서는 안 되며 현재의 목표달성을 용이하게 할 수 있도록 하는 접근이 필요하다. 조직개발이란 변화를 체계적으로 도모함으로써 조직

〈표 14-1〉 **조직개발의 정의**

주창자	정의
워너 버크 (W. Burke, 1982)	• 조직개발은 행동과학기법, 연구조사, 이론 등을 활용한 조직문화의 변화에 대한 계획된 과정이다.[1]
웬델 프렌치 (W. French, 1969)	• 조직개발은 외부 또는 내부 행동과학 컨설턴트 혹은 변화담당자라고 호칭되는 분들의 도움으로 조직의 외부환경에 대처할 수 있는 능력과 조직의 문제해결능력을 향상하려는 장기적 노력을 의미한다.[2]
리처드 베커드 (R. Beckhard, 1969)	• 조직개발은 계획된 조직 전체의 노력이며 위에서부터 관리되고 조직의 효율성과 건강을 증가시키고 행동과학지식을 사용하여 조직의 프로세스에 대한 계획된 개입을 통한 노력이다.[3]
마이클 비어 (M. Beer, 1980)	• 조직구조, 과정, 전략, 사람과 문화 사이에서 조화를 강화하고 새롭고 창의적인 조직해결책 개발하기 조직의 자기 재생능력 개발하기 등을 위하여 시스템 전반에 걸쳐 자료수집, 진단, 액션플래닝, 개입과 평가를 하는 과정이다. 조직개발은 행동과학이론, 연구조사와 기법을 사용하여 변화담당자와 구성원이 협력하여 발생한다.[4]
워너 버크와 데이비즈 브래드포드 (W. Burke & D. Bradford, 2005)	• 일련의 가치관, 주로 인본주의적, 행동과학의 응용, 개방형 시스템 이론에 근거해서 외부환경, 사명, 전략, 리더십, 문화, 구조, 정보, 보상체계, 업무정책과 절차의 핵심조직 영역의 조화를 강화하는 방식으로서 조직 유효성을 향상하는데 목표를 갖는 계획된 변화의 시스템 과정이다.[5]

유효성과 구성원의 태도 및 가치관을 개선하는 것이며 조직의 성과를 증대하기 위한 의도적, 계획적 변화를 추구하는 것이다. 조직개발(organization development)의 정의는 〈표 14-1〉과 같이 다양하다.

조직개발의 특징은 다음과 같이 요약할 수 있다.

- 조직개발은 회사, 공장, 부서, 작업집단, 구성원 개인의 역할, 직무 등의 단위 시스템의 종합적인 변화를 시도한다.
- 조직개발은 행동과학 지식과 실무를 전이하여, 조직이 미래 계획적 변화를 더 잘 수행할 수 있도록 돕는다.
- 조직개발은 변화의 설계, 실행, 지속적인 강화 과정 등을 포함하여 조직 유효성 향상을 목적으로 한다.

◆◆◆ 조직 인사이트 14-1　조직개발은 변화관리, 조직변화와 같다?

조직개발은 변화관리(change management)와 조직변화(organizational change)와 구분되는 개념이다. 조직개발과 변화관리 모두 계획적 변화의 실행에 관심을 둔다. 그러나 조직개발은 성과와 경쟁우위 뿐 아니라 인간의 잠재력, 참여, 개발을 중시하는 데  반해, 변화관리는 원가, 품질, 일정 등 보다 좁은 영역의 가치를 지원한다. 조직개발은 변화관리를 포함하는데 변화관리에는 조직개발이 포함되지 않는다. 또한 조직변화는 조직개발보다 더 광범위한 개념이다.

---

② 조직개발의 역사

조직개발의 역사를 살펴보면 [그림 14-1]과 같은 흐름을 가지고 전개되었다.

실험실 훈련

조직개발의 시작은 1946년 MIT 대학의 레빈(K. Lewin)이 주도하는 실험실 훈련(laboratory training)에서 태동되었다. 1947년 실험실 훈련은 소규모의 구조화되지 않

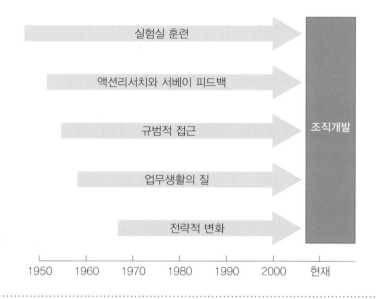

[그림 14-1] 조직개발의 다섯 가지 흐름

은 집단, T그룹으로 명명되며 집단 내 참여자의 대인관계, 리더십, 집단역학 등을 규명하는 모임으로 확장되었다. 이때 T그룹 훈련에서 조직개발이라는 용어도 만들어졌다. 오늘날에는 집단구축(group building) 혹은 팀빌딩(team building)으로 이어지고 있다.[6]

실험실 훈련의 대표격인 감수성 훈련 혹은 T그룹이란 15명 내외 사람과 2명 내외의 지도자로 구성된 집단이 3주 내외 하루 2시간 정도, 집단토론을 통해 서로 소통하며 자신과 상대방에 대한 인식을 높이는 훈련, 외부와 차단된 실험실에서의 훈련을 말한다.

◆◆◆ 조직 인사이트 14-2 팀빌딩

팀빌딩이란 팀원의 업무 명확화, 관계 정립, 의사소통 능력, 문제해결능력을 향상시켜 조직 유효성을 높이려는 OD 기법, 집단이 업무수행과 구성원 욕구만족을 보다 효과적으로 달성하도록 돕는 개입과정, 활동으로는 자연스러운 상호관찰, 서로의 성격, 특질 파악, 게임 형태로 연수에서 많이 사용하고 있다. 팀빌딩의 목적은 팀원의 팀워크 강화, 정체성 확립, 역량개발, 의사소통 원활화, 창의력 강화 등이 있다.

액션리서치와 서베이 피드백

1944년 레빈(K. Lewin)은 액션리서치(action research)라는 말을 처음으로 만들어냈다. 액션리서치는 사회과학을 연구하는 하나의 방법론이다. 실행조사라고도 한다. 인간은 안정, 안전을 추구하는 존재이고, 모든 구성원은 우물 안 개구리라서 대부분 변화의 필요성을 인지하지 못한다. 그러므로 어느 조직이든 외부에서 서두르거나 거들어 주지 않으면 변화하기가 쉽지 않다. 변화담당자로부터 변화를 시도하고 나면 약간의 변화가 시작된다. 계획이 잘 되었는지, 어느 정도 수정이나 개선이 필요한지, 계속 밀고 나가는 것이 좋은지 알 수 있다. 이처럼 현장에서 변화의 결과를 피드백 받아 필요한 만큼 수정하고 수정된 방법을 실행한 후에 다시 현장의 반응을 피드백 받아 환류하고 또다시 변화전략을 수정하는 것이다.

서베이 피드백(survey feedback)이란 서베이 조사로부터 얻어낸 결과, 즉 조직개발 대한 자료를 수집하고 문제 원인을 찾기 위해 분석하고 해결책을 만들고 이를 실행하고 실행 이후에는 더 나은 결과를 위해 피드백, 즉 환류가 이루어져야 함을 말한다.[7]

규범적 접근

조직개발에 대한 서베이나 리서치를 통해 연구결과를 도출하는 입장과 달리 규범적 접근(normative approaches)의 주장도 설득력이 있다. 이러한 접근법을 주장하는 대표적 학자가 리커트(R. Likert)의 참여관리 프레임워크[8]와 블레이크와 머튼(R.R. Blake & J.S. Mouton)의 그리드(Grid)[9]이다. 리커드의 참여경영시스템은 시스템 1은 착취적 권위 시스템, 시스템 2는 호의적 권위 시스템, 시스템 3은 자문적 시스템, 시스템 4는 참여집단 시스템으로 시스템 1에서 4로 갈수록 참여경영이 되어 있는 시스템을 지칭한다. 블레이크와 머튼의 관리격자(managerial grid)는 사람에 대한 관심, 생산에 관한 관심, 즉 1.1에서 9.9까지 모두 81개의 리더십 스타일을 말한다.

업무생활의 질

1950년대와 1960년대 사회기술시스템(sociotechnical system)이라고 불리는 업무생활의 질(quality of work life, QWL) 접근방식으로 직무설계, 작업설계, 업무설계 등을 통해 조직개발을 전개하였다.[10] 이는 QC(quality circle), 식스시그마, 종업원 관여(employee involvement), 임파워먼트(empowerment) 등의 용어로 확장되어 사용되고 있다.

전략적 변화

가장 최근의 조직개발의 흐름이 바로 전략적 변화(strategic change)이다. 현행 조직 개발 실무에서 가장 큰 영향을 주는 것으로 전략적 변화와 조직변화를 포함한다. 조직의 환경, 전략, 설계 간의 정합성을 증진하거나 인수합병, 전략적 제휴, 네트워크 개발로 확장되고 있다.[11]

Ⅱ 조직개발의 과정

이미 성공한 조직일지라도 여전히 개선이 필요하다. 이미 성공한 조직이라도 환경변화에 직면할 수 있고, 품질 저하, 결근율 증가, 부서 간 갈등 등의 문제를 겪을 수도 있다.

1 진입과 계약

조직개발의 과정의 첫 단계가 진입(entering)과 계약(contracting)이다. 이제 조직개발 과정은 계약을 맺으면서 착수된다.[12] 이 단계는 조직개발을 위해 조직의 문제와 기회를 예비적으로 정의하는 것과 조직문제를 어떻게 해결할 것인지에 대한 조직개발 실행자와 클라이언트 간 협력관계 구축을 포함한다.

조직 문제 명확히 하기

• 조직개발 과정의 초기 단계부터 조직, 부서가 직면한 문제가 명확히 밝혀져야 이후에 이루어지는 분석과 개입활동이 제대로 이루어지게 된다.

[그림 14-2] **조직개발의 과정**

- 조직이 안고 있는 문제에 대한 보다 분명한 시각을 갖기 위해 예비자료를 수집할 필요가 있다.
- 진단단계에서는 진입과 계약단계에서 정의된 문제가 재정의될 수도 있다.

(2) 관련 고객 결정하기

- 관련 고객(relevant client)을 적절하게 정하지 않으면 조직개발이 실패할 수 있다.
- 관련 고객의 범위가 확장될 수도 있다.
- 문제와 관련해서 가장 직접적으로 영향을 받을 수 있는 사람이 누구인지를 정한다.

(3) 조직개발 실행자 선정하기

조직개발을 위한 내·외부 컨설턴트로서 인적자원관리, 조직설계, 사업전략 등의 전문가로 조직개발을 이끌 역량을 가진 실행자를 선정한다.

〈표 14-2〉 제안서의 요소[13]

내용	설명
제안하는 목표	• 달성할 수 있는 측정 가능한 결과를 포함하여 명확하고 간결한 서술을 통해 목표를 제시한다.
액션플랜	• 조직개발 과정에 대한 내용을 제시하되 진단, 피드백 과정, 액션플랜 등 실행과정에 대한 정보를 포함한다.
역할과 책임(R&R)	• 조직개발 실행자와 함께 일할 사람의 역할과 책임 목록이 정해져야 한다.
개입방법	• 교육훈련, 외부 회의, 설계를 위한 체제, 활동 등 변화 전략에 대한 설명이 제시되어야 한다.
수임료, 기간, 조건	• 관련 비용에 대한 개요를 제시한다.

계약을 통해 이해당사자 상호 간의 기대, 소요될 시간과 자원, 공동 작업을 위한 당사자가 지켜야 할 규칙 등을 정한다. 계약의 목표는 어떻게 조직개발 과정을 수행할 것인지에 대해 올바른 의사결정을 내리는 것이다. 즉 상호 간의 기대가 무엇인지, 당사자가 조직개발 과정을 통해 얻고자 하는 것이 무엇인지 분명하게 설정하는 것, 투입될 시간과 자원을 정하는 것, 공동작업을 위한 기본규칙(the ground rules)을 정하는 것이다.

2 조직진단과 피드백

진단은 현 조직 체계가 어떻게 기능하고 있는지 이해하는 과정이다. 이 과정에서는 조직이 현재 어떻게 작동하고 있는 지에 대한 적절한 정보를 수집하고, 관련 자료를 분석하고, 향후 변화되거나 개선되어야 할 부분이 무엇인지에 대한 결론을 도출하는 과정이 포함된다. 조직진단이란 조직개발을 위하여 조직의 현재상태를 분석, 평가하고 문제점을 발견해, 개입설계 기본방향을 도출하여 고객기업에 피드백하는 과정을 말한다.[14]

◆◆◆ 조직 인사이트 14-3 조직진단의 개방체계 모형

사람들이 조직을 이해하기 위해 사용하는 개념적 분석틀을 진단모형(diagnostic models)이라 한다. 이러한 모형은 조직의 서로 다른 세부 속성 간의 관계, 환경과의 효과성에 대해 설명해 준다. 그 결과, 진단모형은 조직이 기능하는 방식을 평가하는 데 있어 어떤 영역을 검토하고, 어떤 질문을 던져야 하는지를 결정한다. 조직진단을 위한 개방체계 모형(open systems model)이 있다.

이 모형을 가지고 부분 혹은 하위체계로 구성된 단일한 전체로 볼 수 있다. 즉 체계는 부분이 하나의 단위로 기능하도록 이들을 통합하는 것이다. 예를 들어 조직체계는 판매, 생산, 재무와 같은 부서로 구성되어 있다. 조직의 부서의 기능을 상호조정함으로써 그것이 하나의 목표나 전략을 추구하도록 한다. 이러한 이론적 분석틀이 가져다주는 장점은 다음과 같다.

- 자료 분류하는 작업을 용이하게
- 조직의 문제점 발견을 용이하게
- 체계적인 분석과 해석 가능하게
- 컨설턴트와 클라이언트 간 공통언어 개발하여 상호간 이해 가능하게

조직개발의 성공은 전적으로 조직진단에 달렸다. 이러한 조직진단의 다섯 단계는 다음과 같다.

문제의 인식

조직진단은 고객조직의 현재상태를 측정하고 최적의 조직변화를 이끌 수 있는 개입방법을 결정하기 위해 고객과 공유할 정보를 수집하는 과정이다. 따라서 조직개발 과정에서 수집된 정보의 질은 매우 중요하다.

자료수집

진단자료를 수집하는 주요 기법으로 설문조사(questionnaires), 인터뷰(interviews), 관찰(observations), 비개입적 측정(unobtrusive measures)이 있다. 각 기법은 장단점이 존재하기 때문에, 한 기법만을 사용해서는 조직개발의 다양한 변수를 완벽하게 측정할 수 없다.[15] 표본추출(sampling)은 자료수집에 있어 조사대상자를 몇 명으로 하고, 누구로 할 것인지, 어떤 사건을 얼마나 관찰할 것인지, 얼마나 많은 문서 기록을 검토해야 하며, 그 중 어떤 주제로 조사할 것인지와 관계한다.[16]

자료분석

자료분석은 크게 양적 자료분석과 질적 자료분석의 두 종류로 분류할 수 있다. 질적 자료분석에는 내용분석이 있다. 이는 질적자료를 평가하기 위한 대표적인 기법으로 특히 인터뷰 자료의 분석에서 사용된다. 양적 자료분석에는 평균(means), 표준편차(standard deviations), 빈도분표(frequency distributions) 등이 있다. 또한 자료분석을 위한 다양한 모수 및 비모수 통계방법이 존재한다.

종합결론 및 정리

종합결론을 내릴 때 미래조사를 위한 제언과 현재조사의 한계점을 함께 포함하여 마무리 한다.

진단결과의 피드백

효과적인 피드백 자료가 되기 위한 특징이 〈표 14-3〉에 있다.[17]

- 관련 있는(Relevant)
- 이해가능한(Understandable)
- 기술적인(Descriptive)
- 입증할 수 있는(Verifiable)
- 시의적절한(Timely)
- 제한된(Limited)
- 의미있는(Significant)
- 비교가능한(Comparative)
- 최종이 아닌(Unfinalized)

◆◆◆ 조직 인사이트 14-4 피드백의 단계

　최고경영진을 포함한 구성원이 서베이의 초기 계획과정에 관여한다. 설문조사를 조직 또는 부서의 모든 구성원에게 실시한다. 조직개발 실행자는 일반적으로 설문조사 결과를 분석하고 결과를 도표화하고 진단에 대한 다양한 접근방법을 제안하고 피드백과정으로 이끌 수 있도록 고객구성원을 훈련시키는 역할을 한다. 자료 피드백은 일반적으로 조직의 상층부에서 시작해서 점차 아래 직위로 내려오게 한다. 피드백 회의는 자료를 가지고 일할 기회를 제공한다.

③ 변화의 실행계획과 개입

　조직개발에 있어 실행계획은 조직진단을 통해 문제의 원인, 개선될 가능성이 있는 부문을 확인한 후 조직 유효성과 조직성과를 개선시키는 데 필요한 변화를 계획하고 실행하는 것이다. 변화관리는 조직의 변화를 이끌고 관리하는 것이다.

　개입(intervention)은 조직에 대한 면밀한 분석을 통해 밝혀낸 구체적인 문제를 해결하고 조직의 기능을 개선시켜 조직이 유효성을 증가시키려는 일련의 계획된 활동이다. 조직개발의 효과적 개입이란 조직의 욕구를 충족시키는 정도, 의도한 결과의 원인에 대한 지식에 근거하는 정도, 구성원에게 변화관리 역량을 전달하는 정도 등의 기준을 만족해야 한다.

4 변화의 평가와 제도화 그리고 종료

변화의 평가란 조직개발 개입에 따른 변화가 무엇인지를 알아보기 위해 조직개발 실행자와 구성원에게 개입의 진행상황 및 효과에 대한 피드백을 제공하는 것이다. 평가를 통해 변화 프로그램에 대해 보다 상세하게 진단할 수 있으며, 수정이 필요한지 확인하고 개입이 성공적이었는지 알 수 있다. 효과적인 평가에 의해서 중요한 점은 연구설계와 측정이다. 특히 평가는 단기적 효과를 측정하는 실행 피드백(implementation feedback)과 장기효과를 측정하는 평가 피드백(evaluation feedback)으로 구분할 수 있다.[18]

조직개발 개입을 통한 제도화(institutionalize)란 특정한 변화가 오랫동안 조직의 일상 기능의 한 부분이 되도록 하는 것을 의미한다.[19] 변화 프로그램의 결과가 성공적이었을 때 이를 장기간 지속할 수 있는 것이다. 레빈(K. Lewin)은 변화란 해빙, 이동, 재동결의 3단계를 거친다고 했다. 제도화는 재동결과 관련이 있다. 조직개발의 마지막 단계는 종료(separation)이다.

III 개입과 변화 프로그램

앞에서 〈표 14-4〉의 효과적인 개입설계를 위한 네 가지 계획적 변화를 보다 요약하여 설명할 필요가 있다.

1 인적 프로세스 개입과 변화 프로그램

인적 프로세스 개입(human process interventions)은 조직 안에서 사람이 조직목표를 성취해가는 과정에 초점을 맞추는 개입기법이다. 인적 프로세스 개입을 인간관계 과정 개입이라고도 한다. 인적 프로세스 개입에는 두 가지 접근이 있다. 하나는 조직 내의 사회적 과정에 초점을 두는 것을 목적으로 한다. 개입은 프로세스 자문, 제3자 개입, 팀빌딩과 같은 개인 및 집단 프로세스 접근법을 말한다. 또 다른 하나의 개입은 조직 대면회의, 집단간 관계, 대규모 집단 개입과 같은 시스템 전체 측면(조직 프

〈표 14-4〉 효과적인 개입설계를 위한 네 가지 계획적 변화

개입의 유형	변화 프로그램
인적 프로세스 개입 (Human Process Interventions)	• 프로세스 자문, 제3자 개입, 팀빌딩
기술구조적 개입 (Technostructural Interventions)	• 구조설계, 구조조정
인적자원관리 개입 (Human Resources Management Interventions)	• 목표설정, 성과평가, 보상체계
전략적 개입 (Strategic Interventions)	• 통합적 전략변화, 조직설계, 문화변화

로세스)에서의 접근법을 말한다. 이러한 개입은 커뮤니케이션과 문제해결, 진단의사결정, 리더십 등의 과정을 포함한다. 즉 프로세스 자문, 제3자의 개입, 팀빌딩, 조직대면회의, 집단간 관계, 대규모 집단 개입 등이다.

개인 및 집단 프로세스 접근법

개인 및 집단 프로세스 접근법(interpersonal and group process approaches)은 프로세스 자문, 제3자의 개입, 팀빌딩 등과 같은 가장 오랫동안 활용되어온 조직개발 개입방법 중 하나이다.

• 프로세스 자문

프로세스 자문(process consultation)은 집단 구성원이 그들의 행동을 이해하고 진단하며 개선하는 것을 돕는다.

• 제3자의 개입

제3자 개입(third-party interventions)은 역기능적인 개인 간 갈등에 직접적인 관심을 가진다. 예를 들어 의견이 극단적으로 차이가 나거나 노골적으로 대립하는 것은 갈등적 행동을 폭발시킬 수 있다. 이와 같은 갈등의 부정적 결과로 인하여 해결되지 않는 의견의 차이는 다시 잠복하게 된다. 그러다 어떤 사건이나 다시 갈등을 자극하게 되면 갈등이 표면화되면서 이러한 주기가 반복된다.

- 1원칙 : 항상 도움이 되도록 노력하라.
- 2원칙 : 항상 현실과 가까운 거리를 유지하라.
- 3원칙 : 자신의 무지를 활용하라.
- 4원칙 : 자신이 하는 모든 것이 개입이다.
- 5원칙 : 고객은 문제와 해결책을 동시에 가지고 있다.
- 6원칙 : 흐름을 타고 나아가라.
- 7원칙 : 시간은 중요하다.
- 8원칙 : 직면하는 개입을 건설적으로 활용하라.
- 9원칙 : 모든 것이 정보이다.
- 10원칙 : 불확실한 경우에는 문제를 공유하라.

• 팀빌딩

팀빌딩(team building)은 팀이 과업을 더 잘 수행하도록 돕고 개인의 욕구를 만족시키는 것을 목표로 한다. 조직안에는 영구적인 작업집단, 일시적인 프로젝트 팀, 가상 팀 등 다양한 집단이 존재한다. 팀빌딩은 이러한 집단 간의 팀워크와 과업달성을 위한 효과적인 접근법이다. 이는 집단구성원이 최대한의 공헌을 하도록 만들어주며 집단의사결정을 할 때 높은 수준의 동기를 가지도록 해준다. 또한 무관심, 생산성 저하, 구성원의 불평증가, 과제에 대한 혼란, 낮은 회의 참여도, 혁신과 주도성의 부족, 제품 및 서비스의 품질, 적시성과 효과성에 대한 고객의 불만, 구성원 간의 갈등 등과 같은 조직의 문제를 극복하도록 도와 준다.

조직 프로세스 접근법

조직 프로세스 접근법(organization process approaches)은 조직의 문제해결, 비전제시, 전략수립, 협력 등과 같은 프로세스를 개선시키는데 초점을 맞추는 변화 프로그램이다.

• 조직 대면회의

조직 대면회의(organization confrontation meeting)는 조직전반에 걸친 프로세스 접

근법 중 가장 초기에 시작되었다. 이는 구성원이 현재의 문제를 인식하고 이에 직면하도록 격려함으로써 주요 하위시스템이나 전체 조직의 문제를 해결하기 위해 자원을 결합할 수 있도록 돕는다.

◆◆◆ 조직 인사이트 14-6 조직 대면회의 10단계

- 모든 관련자가 참석하는 회의가 열린다. 작업환경 및 조직의 유효성과 관련된 문제를 파악한다.

- 집단은 조직의 모든 부서를 대표하도록 구성한다. 집단은 판매, 규매, 재무, 생산, 품질 등의 부서로부터 온 1명 이상의 구성원을 포함시킨다. 부하는 상사와 동일한 집단에 소속되지 않도록 하고, 최고경영진 또한 독립적 집단을 형성해야 한다. 집단 규모는 5-15명 정도, 이는 조직의 규모나 모임 장소 등에 따라 달라진다.

- 집단은 개방적이며 조직의 문제를 인식하기 위해 노력해야 한다. 문제를 제기하는 것 때문에 비판받지 않고, 오히려 문제를 제기해내는 능력에 따라 평가받는다.

- 집단은 1-2시간 안에 조직의 문제를 파악해야 한다. 조직개발 전문가는 집단마다 돌아다니면서 솔직하게 행동하도록 격려하고 집단의 과업을 도와주는 역할을 한다.

- 집단을 회의 장소로 다시 소집한다. 각 집단은 확인된 문제들을 보고하고 해결책을 제안한다. 집단이 다른 모든 집단의 보고를 듣기 때문에 최대한의 정보가 공유된다.

- 문제목록을 만들고 범주화한다. 모든 집단이 다시 모이는 시각에 진행될 수 있다. 이 과정에서는 문제목록의 중복을 제거하고 기능적 영역 또는 적절한 영역에 따라 문제를 분리한다.

- 범주화된 문제에 따라 참가자를 문제해결집단으로 분류한다. 문제해결집단의 구성은 문제인식집단의 구성과는 다를 수 있다.

- 각 집단은 문제에 순위를 매기고 전술적인 활동 계획을 수립하며 일정을 세운다.

- 각 집단은 우선순위 목록과 활동계획에 대해 정기적으로 경영층에 보고한다.

- 향후 정기적인 회의 일정이 세워진다. 후속 조치를 위한 회의에 대한 공식화를 통해 활동의 지속성을 담보하고 필요한 경우 우선순위 및 일정의 변경을 가능하도록 한다.

• 집단 간 관계

두번 째 조직 프로세스 접근법은 집단 간 관계(intergroup relations)이다. 이는 집단 간 갈등해결 회의와 소우주 집단이라는 두 개의 개입으로 구성되며, 두 개의 방법 모두 갈등, 부서 간 조정, 혁신과 같은 조직 수준의 프로세스를 진단하고 검토하는 것을 목적으로 한다. 집단 갈 갈등 해결을 위한 개입은 갈등 프로세스에 초점을 맞추는 한편, 소우주 집단은 조직 전반에 걸친 변화 전략이다.

◆◆◆ 조직 인사이트 14-7　집단 간 갈등해결 회의

- 2집단에 속하지 않는 컨설턴트가 이 2집단이 서로 관계를 개선시키기 위해 노력할 것이라는 동의를 양쪽으로부터 받아낸다.
- 2집단이 서로 만나는 시간을 정한다.
- 컨설턴트는 2집단의 관리자와 함께 모임의 목적을 제시하고, 더 나은 상호관계를 개발하고, 집단이 서로에 대해 가지고 있는 인식을 발견하며, 이들의 관계를 개선시킬 수 있는 계획을 수립한다.
- 2집단은 독립된 방에서 세 가지 질문에 답한다. 외부 컨설턴트는 각 집단 구성원이 마음을 열고 자신의 생각을 정확하게 반영하는 답을 쓰도록 격려한다.
- 세 가지 질문에 답을 한 뒤에는 2집단이 다시 모여 각 집단의 대표자가 구성원이 쓴 답을 제시한다.
- 2집단이 질문에 대한 여러 의견에 대해 자세히 이해하고 나면 해산한다. 이 프로세스를 통해 그동안의 많은 오해와 불일치가 분명해진다.
- 2집단은 불일치의 원인을 분석한다.
- 2집단이 서로 동의하는 부분 뿐 아니라 불일치하는 원이에 대해 분석할 때 이들은 자신이 인식한 불일치와 이에 대한 해결법을 공유한다.
- 2집단은 구체적인 문제를 해결하고 이들 간의 관계를 개선하기 위한 실행 계획을 개발한다.
- 2집단이 실행 계획을 개발하면서 추후 모임을 계획하고, 이를 통해 자신이 실행한 결과에 대해 보고하고, 또 다른 문제에 대해 인식하며, 필요하다면 추가적인 활동계획을 제안할 수 있다.

• 대규모 집단 개입

조직전반에 걸친 프로세스 접근법의 3번째 대규모 집단 개입(large-group interventions)으로, 이는 최근 상당한 주목을 받고 있으며, 조직개발에서 빠르게 성장하고 있는 영역 중의 하나이다. 대규모 집단 개입은 전체 시스템을 하나로 결합하여 다양한 이해관계자가 동시에 상호작용하는 프로세스를 가능하게 한다. 대규모 집단 개입은 조직의 새로운 비전을 명확히 하고, 변화전략을 개발하고, 또는 과업, 구조, 시스템을 재설계하는데 사용될 수도 있다. 이는 조직이 가지고 있는 문제와 기회를 검토해보고, 조직변화를 가속화하는데 유용한 도구이다.

◆◆◆ 조직 인사이트 14-8　대규모 집단 개입

- 조직을 둘러싸고 있는 현재의 환경에 대해 조사한다.
- 환경의 기대에 대한 조직의 반응을 평가한다.
- 조직의 핵심적 미션을 인식한다.
- 환경의 기대와 조직의 반응에 대해 현실적인 시나리오를 만든다.
- 환경의 기대와 조직의 반응에 대한 이상적인 시나리오를 만든다.
- 현재와 이상적 미래를 비교, 이들 간의 격차를 줄일 수 있는 실행계획을 개발한다.

---

2 기술구조적 개입과 변화 프로그램

기술구조적 개입(technostructural interventions)이란 조직의 기술과 구조에 초점을 둔 변화 프로그램을 다룬다. 여기서는 다운사이징의 세 가지 방법에 대하여 설명하고, 종업원 관여와 생산성 관계, 핵심차원, 심리상태, 성과 간의 관계에 대하여 기술한다.

다운사이징

다운사이징은 조직의 규모를 줄이려는 목적으로 행하는 개입이다. 전형적으로 조직의 규모를 줄이는 것은 해고, 자연감소, 재배치, 조기퇴직 등을 통한 구성원의 수를 줄이거나 투자철수, 아웃소싱, 재구조화, 계층축소 등을 통해 조직단위 혹은 관리계층을 줄이는 방법을 통해 달성된다. 비정규 근로자의 증가한다는 것이 다운사이징의 중요한 결과이다. 조직은 근로자를 한 기능부서 또는 직무에서 다른 직무로 이동시킴으로써 다운사이징을 한다.

다운사이징은 일반적으로 최소한 네 가지 주요 조건에 대한 대응방안이다.

다운사이징 방법	특징	사례
인력축소 (workforce reduction)	• 인원감축 목표 • 단기적 실행 • 초기적 변화 촉진	• 자연감소 • 정리해고 • 조기퇴직 • 전직과 아웃플레이스먼트
조직재설계 (organization redesign)	• 조직의 변화 목표 • 중기적 실행 • 중간 규모의 변화 촉진	• 기능부서 제거 • 조직단위의 통합 • 경영계층의 축소 • 제품 제거
시스템 재설계 (systemic change)	• 문화적 변화 목표 • 장기적 실행 • 대규모 변화 촉진	• 책임 변경 • 모든 부문 포함 • 지속적 개선의 촉진

◆◆ 조직 인사이트 14-9　조직다이어트

　현대 성인병의 특징은 못 먹어서가 아니라 너무 많이 먹어 비만으로 생기는 병이 대부분이다. 60년대의 우리나라 기업은 홀쭉하고 유연하였다. 그러나 연 20%씩 성장하다보니 조직이나 사람이나 지나치게 비대해져 버렸다. 전쟁이 나면 이리저리 몸을 피해야 하는데 너무 비대하다. 다이어트가 필요하다. 어떻게 할 것인가? 우선 뚱뚱한 부위를 수술로 제거할 수 있다. 그런데 근육은 근육끼리, 지방은 지방끼리 뭉쳐 있으면 수술이 쉬울 텐데 그렇지 않아서 제거하기가 쉽지 않다. 누구는 허리의 살을 떼어 낸 것까지는 좋은데 그것을 다시 허벅지에 붙인다. 이것은 소용없는 짓이다.

　요즘은 몸속의 지방만 빼내는 지방흡입 수술이 있다. 각 부서별, 계층별로 산재해 있는 지방만 찾아서 권고사직, 조기퇴직을 시키기도 한다. 그러나 잘못하다가는 중요한 근육질까지 손상시키는 경

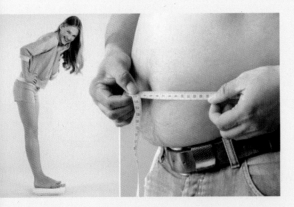

우도 있으니 조심해야 한다. 또 다른 방법으로는 음식섭취를 줄이는 방법이다. 신입사원 채용의 억제, 승진율 조정인데 이것도 지나치면 몸 전체가 허약해지거나 키가 크지 못한다. 가장 현명한 다이어트는 운동을 하는 것이다. 꾸준한 체력관리 운동을 해야 한다. 그러나 너무 격렬한 운동을 하면 피로만 쌓일 뿐이다. 일시적인 처방도 금물이다. 근육과 지방을 분리하는 평가제도, 근육질 강화를 위한 다기능 교육제도 등 운동 프로그램을 만들어 놓고 꾸준히 실천하는 길뿐이다.

- 다운사이징은 인수합병과 매우 밀접하게 연관되어 있다.
- 다운사이징은 이익이나 시장점유율이 감소, 기술과 산업의 변화 등 조직의 쇠퇴로부터 기인된다.
- 다운사이징은 조직이 새로운 조직구조를 추진하고자 할 때 나타난다.
- 다운사이징은 작은 것이 좋다는 사회적 공감대와 신념으로부터의 결과이다.

다운사이징의 세 가지 방법은 인력축소, 조직재설계, 시스템 재설계이다. 인력축소는 대개는 비교적 단기간 내에 구성원의 수를 줄이는 것을 목표로 한다. 여기에는 자연감수, 조기퇴직, 아웃플레이스먼트 서비스, 해고 등이 해당된다. 조직 재설계는 기업이 다음 단계의 성장을 준비하기 위해 구조를 개편하는 것이다. 이는 조직단위의 통합, 경영계층의 축소, 과업 재설계 등을 통해 달성되는 중단기적 접근법이다. 시스템 재설계는 장기적 접근으로, 조직의 문화나 전략적 지향성을 변경하는 목표를 추구한다.

종업원 관여

종업원 관여(employee involvement)는 임파워먼트(empowerment), 참여경영(participative management), 인게이지먼트(engagement), 업무설계(work design), 고관여(high involvement), 산업민주주의(industrial democracy), 근로생활의 질 등으로 다양하게 언급되는 포괄적인 용어이다. 종업원 관여의 현재 정의는 작업장에서의 의사결정에서 의미 있는 관여를 촉진하는 네 가지 요소인 권력, 정보, 지식과 기술, 보상이다. 종업원 관여는 조직의 성과와 종업원 복지에 영향을 미치는 의사결정에 구성원의 투입을 증가시키는 것이다. 종업원 관여가 생산성에 어떤 영향을 주는가? 종업원 관여 문헌 중 많은 것에서의 기본 가정은 이와 같은 개입이 보다 높은 생산성을 가져올 것이라는 것이다.

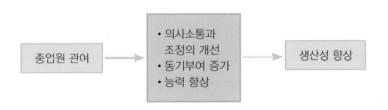

[그림 14-3] 종업원 관여와 생산성 간의 관계

종업원 관여 개입이 생산성에 어떤 영향을 주는지에 대한 가장 현실적인 설명은 [그림 14-3]과 같다.

- 종업원 관여 개입은 구성원 간 혹은 조직의 부문 사이의 의사소통과 조정을 향상시키고 나아가 다른 직무나 부서를 통합하여 전체 과업에 기여하도록 도운다.
- 종업원 관여 개입은 특히 개인의 중요한 욕구를 만족시킬 때 종업원 동기부여를 증가시킬 수 있다.
- 종업원 관여 실무는 역량이 향상되어 업무를 더 잘하게 수행하게 되었을 때 향상시킬 수 있다.

③ 핵심직무차원, 심리상태, 성과 간의 관계

해크만과 올드함(R. Hackman & G. Oldham)의 연구가 직무충실화에 대한 보다 더 최근의 경향을 보여주고 있다.

핵심직무차원

다섯 가지 핵심차원이 세 가지 주요 심리상태에 영향을 미치고 이 세 가지 심리상태에 따라 개인 혹은 직무성과가 결정된다. 다섯 가지 핵심직무차원, 기술다양성, 과업정체성, 과업중요성, 자율성, 직무자체로부터의 피드백 등이 기술되었다.

심리상태

직무충실화 개입에 대해 모든 사람이 똑같은 방식으로 반응하는 것은 아니다. 작업자의 지식이나 기능수준, 성장욕구의 강도, 상황요인에 대한 만족 등에 있어서의 개인차가 핵심직무차원, 심리상태, 성과 사이의 관계를 조절할 것이다. 작업자의 지식과 기능은 작업장에서의 특징지어지는 교육과 경험수준을 말한다.

성과

성과에는 높은 내적 작업동기, 높은 품질의 작업성과, 작업에 대한 만족, 낮은 결근과 이직 등이 포함된다. 연구에 의하면 종업원 관여와 생산성, 재무성과, 고객만족, 노동시간, 낭비율 등의 측정치 간에 일관된 관계가 있다는 점이 발견되고 있다.

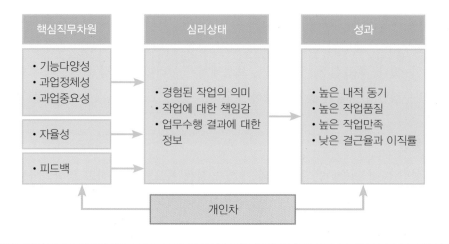

[그림 14-4] 핵심직무차원, 중요한 심리상태, 성과 간의 관계

④ 인적자원 개입과 변화 프로그램

인적자원 개입(human resource interventions)은 인적자원관리 개입이라고도 한다.

성과관리

성과관리(performance management) 개입은 전통적으로 조직 내 인적자원부서에 의해 수행되어 왔다. 성과관리는 종업원의 업무행동과 성과를 정의하고, 평가하고, 강화하는 일련의 통합된 과정이다. 성과관리는 목표설정, 성과평가, 보상체계 등을 주

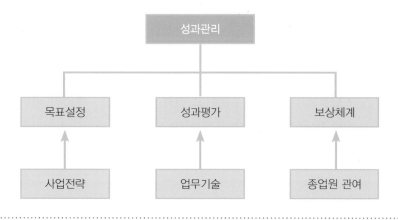

[그림 14-5] 성과관리 모형

요 요소로 포함한다. 성과관리는 전체 조직상황의 맥락에서 이루어지기 때문에 사업전략, 업무기술, 종업원 관여 등의 세 가지 상황적 요인이 성과관리에 주는 영향을 이해할 수 있다. 목표설정, 성과평가, 보상체계가 이러한 상황적 요인들과 조화를 이룰 때 업무집단이 성과가 높게 발생하게 된다.

목표설정

목표설정(Goal setting)은 관리자와 부하가 함께 목표를 설정하고 명확화하는 활동이다. 다른 경우에 균형성과표에서의 목표설정은 서로 다른 조직수준에서 사업전략과의 연계성을 명확히 하기 위해서 잘 분류된 여러 개의 목표를 창출할 수 있다. 연구들은 긍정적인 조직성과에 영향을 주는 두 가지 과정, 즉 도전적인 목표설정과 목표 측정의 명료화를 제시하였다.

성과평가

성과평가는 상사, 관리자, 동료들이 개인 및 업무집단의 성과를 직접적으로 평가하는 피드백 시스템이다. 조직개발 실행자들은 다음의 여섯 단계를 제안하고 있다.

- 올바른 사람 선택하기
- 현재 상황 진단하기
- 시스템의 목적과 목표 설정하기
- 성과평가시스템 설계하기
- 실행과 사전 점검하기
- 평가시스템의 평가와 모니터하기

보상체계

보상체계는 조직설계의 중요한 부분이고 전략, 조직구조, 종업원 관여와 업무와 정합성을 유지해야 한다. 보상체계의 특징은 〈표 14-6〉에 요약되어 있다.

"목표가 없는 것보다 사악한 목표라도 있는 것이 낫다. 명확한 목적이 있는 사람은 험난한 길에서도 앞으로 나아가지만 목적이 없는 사람은 순탄한 길에서도 제자리에 서 있게 된다."라고 토머스 카아라일은 말했다. 오스트리아 심리학자이며 유태인이었던 빅터 프랭클(V. Frankl)이 아우슈비츠 강제수용소에서 살아서 돌아온 노인에게 물었다. "건강한 젊은이도 죽어간 독가스실에서 어떻게 나이 많은 당신이 살아남을 수가 있었습니까?" 노인이 대답했다. "내가 수용소에 있을 때 내 손자가 태어났다는 소문을 들었는데, 그 손자를 꼭 한 번 보고 죽겠다고 간절히 원했소. 가스를 마시면서도 그 손자를 꼭 보고 나서 죽겠다고 이를 악물고 있었다오." 목표는 독가스실에서도 노인을 구했다. 인간은 목표를 잃는 순간부터 죽어간다.

버나드로 몽고메리장군(사진)은 제2차 세계대전 때 북아프리카와 유럽의 연합군 상륙작전에서 중요한 역할을 담당한 가장 영향력 있는 영국 육군원수이다. 그는 오만할 만큼 자존심이 강하고 병적일 정도로 대미(對美) 우월감이 강한 영국 군인이었다. 몽고메리는 독일군과의 전투에서 첫 연합군 승리를 안겨준 지휘관이다. 그는 궁극적으로 나치즘을 무찌르고 제2차 세계대전의 종결을 가져 온 대독일 연합군 작전에서 중요한 지휘 역할을 맡았다. 몽고메리는 군인으로서는 누구보다 탁월한 지휘력을가지고 용맹을 떨쳤지만 세련된 영국 신사형 인물은 아니었다. 그는 거만하고 거칠고 허영심이 많고 때로는 기상천외의 일도 저지른 인물로 평가되고 있다. 그럼에도 몽고메리는 전투에서 부하 장병들이 끊임없이 전진, 승리를 거머쥐게 한 마력의 소유자다. 기업은 계속 혁신과 변화를 외쳐야 새로운 동기가 일어난다. 매일 반복되는 단순업무만 하는 공무원은 동기가 없어 부정부패에 빠진다. 일하기 싫어하거든 아무 일도 못하도록 하는 벌을 주라고 파스칼은 말했다. 몽고메리장군은 군사들에게 남군이 쳐들어 온다고 거짓말하고 참호를 파게 하여 휴전기간에도 아무 탈 없이 군대를 잘 통솔할 수 있었다.

〈표 14-6〉 **보상체계의 특징**

특징	정의
인간, 직무, 성과기반	• 보상과 인센티브가 사람, 직무, 성과 중 어떤 기준으로 설계되는지의 정도
외부공정성	• 조직이 지급하는 보상과 다른 조직의 보상과의 비교
내부공정성	• 조직 내에서 유사한 업무를 수행하는 사람이 유사한 보상을 받는지의 정도
고용보장	• 고용이 보장되는 정도
연공서열	• 보상체계가 근속연수를 기준으로 설계되고 운영되는 정도

5 인재관리

조직에서의 인재관리(developing talent)는 세 가지 개입이 있다. 첫째, 코칭 개입은 목표에 부합하도록 하고 변화를 이끌고, 대인관계를 향상하고, 갈등을 관리하거나 개인의 행동방식(스타일) 문제를 해결할 수 있도록 개인의 능력을 향상하는 것이다. 둘째, 경력계획과 경력개발 개입은 구성원들이 업무를 통해서 성장하기 위한 다양한 전문적 필요성과 관심 사항을 다루고 있다. 셋째, 경영자 및 리더십 개발은 많은 구성원에게 지식과 기술을 전달하기 위한 중요한 인적자원 개입이다.

코칭

코칭은 구성원의 목표를 명확히 하도록 돕거나 한정된 행동방식의 잠재적인 문제를 설명해주고 구성원의 성과를 향상시키기 위해서 조직 구성원과 함께 일하는 것이다.

경력계획 및 경력개발 개입

조직은 자신들이 보유한 지적자본에 더욱더 의존하고 있다. 인재에 대한 전쟁, 변화하는 작업장의 특성, 일과 가정에 대한 사회적 기대의 이동, 증가하는 지식기반 전략은 경력계획 및 경력개발 전략을 명확히 하도록 조직을 압박하고 있다.

경영자 및 리더십 개발 개입

경영자 및 리더십 개발 개입은 인재를 개발하고 종업원을 유지할 수 있는 대중화된 조직개발 개입 중 하나이다. 이러한 프로그램은 개인 기술 향상, 기업가치에 대한 리더들의 사회화, 관리자들의 전략적 역할 준비 등을 제공할 수 있다.

6 종업원 스트레스와 건강관리 개입

지난 20년간 조직은 종업원의 건강과 생산성이 서로 관계가 있음을 인식하게 된다.

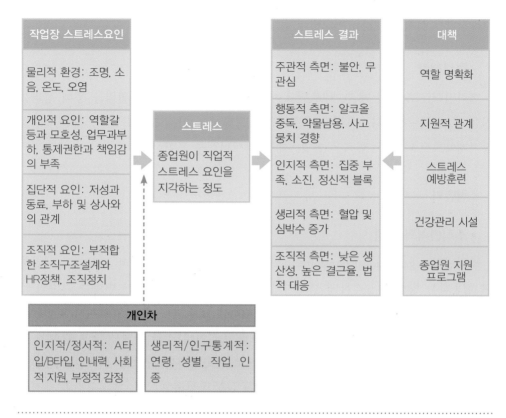

[그림 14-6] 스트레스 관리 : 진단과 대책

7 전략적 변화 개입과 변화 프로그램

전략적 변화 개입(strategic change interventions)은 전략 및 조직혁신 개입이라 할 수 있다. 여기서는 조직전략, 조직변혁에 대하여 살펴본다.

조직전략

조직전략을 경쟁전략과 협력전략을 구분하면 다음과 같다.

• 경쟁전략

경쟁전략이란 목표설립, 새로운 사업분야 개발, 환경관리 부서설립 등으로 경쟁자를 이기기 위한 방안을 강구하는 것이다. 단일조직 및 사업단위 수준에서의 개입방법인 통합적 전략변화와 다른 조직과 결합해 강점을 극대화하는 인수합병이 있다.

경쟁전략은 독특성, 가치, 비모방성 등 조건을 보유해야 한다.

• 협력전략

협력전략은 전략적 제휴, 네트워크 형성 등으로 다른 조직과 협력을 통해 성과증진을 도모하는 것이다. 제휴와 네트워크를 포함하고 이는 조인트벤처, 프랜차이즈, 장기계약으로 나뉜다. 협력은 협업, 제휴, 파트너십을 포함한다.

조직변혁

• 조직변혁의 개념

조직변혁(organizational transformation)은 종업원이 조직현장에서 지각하고 생각하며 행동하는 방법을 급격하게 변화시키는 것을 의미한다. 이러한 변화는 기존의 조직을 더 잘하도록 만들거나 현상유지를 미세하게 조정하는 것을 넘어서서 지속되는 변화를 말한다. 이러한 변화는 조직의 기능과 조직이 환경과 관계를 맺는 방식에 대한 조직의 기본전제(assumption)를 근본적으로 변화시키는 것이다. 이러한 기본전제의 변화는 기업의 가치와 규범, 종업원의 행동을 형성하고 있는 조직구조와 조직설비를 변화시키는 것이다.

• 조직변혁의 특징

조직변혁은 환경이나 내부의 파괴로 촉발된다. 대규모의 조직변화가 세 가지 붕괴에 대응하기 위해 일어난다. 즉 산업의 비연속성, 제품수명주기의 변화, 회사 내부의 역동 등이다. 조직변혁은 최고경영진이나 라인관리자에 의해 실행된다. 경영진 리더십의 주요 역할 세 가지는 비전제시, 열정고취, 능력부여 등이다. 조직변혁은 체계적이고 혁신적이다.

존 코터(John. P. Kotter, 1947-)

하버드 경영대학원의 교수이자 자신의 이름을 딴 코터사의 대표이사임. 세계적인 변화관리 석학이며, 대학의 경영학과 교과과정 혁신에 크게 공헌함.

베니스(Warren G. Bennis, 1925-2014)

사우던 캘리포니아 대학 교수였으며, 조직변혁의 대가이며 리더십 연구소 창립회장인 현대 경영학이 선구자 중 한 사람으로 포브스에서는 리더십 대가라고 극찬한 세계 최고의 리더십 전문가임.

수행과제

1. 조직개발에 대한 설명 중 잘못된 것은?

   ① 조직개발은 변화관리와 구별된다.
   ② 조직개발과 변화관리는 계획적 변화의 실행에 관심을 둔다.
   ③ 조직개발보다는 변화관리가 더 넓은 영역이다.
   ④ 변화관리에는 조직개발이 포함되지 않는다.
   ⑤ 조직변화는 조직개발보다 더 광범위한 개념이다.

2. 조직개발의 역사에 대한 설명이 잘못된 것은?

   ① 조직개발 시작은 실험실 훈련으로 시작되었다.
   ② 레빈이 액션리서치라는 개념을 처음 사용하였다.
   ③ 규범적 접근은 리커트와 블레이크, 머튼의 그리드 등이 있다.
   ④ 가장 최근의 조직개발은 전략적 변화이다.
   ⑤ 업무생활의 질 접근방식은 T그룹이라 한다.

3. 조직개발의 과정이 아닌 것은?

   ① 진입과 계약   ② 조직진단과 피드백   ③ 변화의 실행계획
   ④ 개입 프로그램   ⑤ 조직문화 변화관리

4. (   ) 개입은 조직 안에서 사람들이 조직목표를 성취해가는 과정에 초점을 맞추는 개입기법
   이다.

   ① 인적 프로세스   ② 조직 프로세스   ③ 기술구조적
   ④ 인적자원   ⑤ 전략적 변화

5. 제안서의 요소가 아닌 것은?

   ① 조직문화 규정   ② 제안하는 목표   ③ 액션플랜
   ④ 역할과 책임   ⑤ 수임료, 기간, 조건

6. 피드백 자료의 특징이 아닌 것은?

   ① 관련 있는 피드백   ② 이해 가능한 피드백   ③ 입증할 수 있는 피드백
   ④ 무제한 피드백   ⑤ 최종이 아닌 피드백

7. 인적자원개입의 변화 프로그램으로 옳은 것은?

① 성과평가와 보상체계　　② 프로세스 자문　　③ 제3자 개입

④ 통합적 전략변화　　⑤ 조직설계

8. 단기적 효과를 측정하는 (　　) 피드백이 있다.

① 평가　　② 실행　　③ 통제

④ 긍정적　　⑤ 계획

9. (　　)은 팀이 과업을 더 잘 수행하도록 돕고 개인의 욕구를 만족시키는 것을 목표로 한다.

① 제3자의 개입　　② 팀빌딩　　③ 개인 프로세스 접근법

④ 집단 프로세스 접근법　　⑤ 조직 대면회의

10. 조직의 다운사이징의 세 가지 방법을 오른쪽에 기술하시오.

다운사이징	

11. 종업원 관여에 대한 다양한 용어들을 조사하여 발표하자.

12. 성과관리 개입에 대하여 토론하시오.

13. 종업원 스트레스와 건강관리 개입에 대하여 토론하고 발표하자.

14. 빠르게 변화하는 환경 불확실성이 심한 세상에서 조직의 민첩성, 유연성, 회복력 등이 매우 중요한 역량이 되어가고 있다. 에자일 조직으로의 변화에 대하여 토론하시오.

　　조직 어질리티(organizational agility)라는 용어가 있는데 조직이 비즈니스 형태를 민첩하고 신속하게 바꾸어 나가는 생존을 위한 필수능력을 말한다. VUCA라는 글자의 앞글자를 따서 만든 말이 있는데, 변동성(volarility), 불확실성(uncertainty), 복잡성(complexity), 모호성(ambiguity)이 높다는 의미를 갖는다. 이러한 VUCA의 시대에 조직은 에자일 조직(agile organization)이 되어야 한다는 것이다.

15. 협력전략과 경쟁전략을 비교하여 보고서를 만들고 발표하자.

1 Burke, W. (1982). *Organization Development: Principles and Practices*, Boston: Little, Brown

2 French, W. (1969). "Organization Development: Objectives, Assumptions, and Strategies," *California Management Review,* 12, 2, pp.23–34.

3 Beckhard, R. (1969). *Organization Development: Strategies and Models*, Reading, Mass.: Addison-Wesley

4 Beer, M. (1980). *Organization Change and Development: A Systems View,* Santa Monica, Calif.: Goodyear Publishing

5 Burke, W., & Bradford, D. (2005). "The Crisis in OD," in *Reinventing Organization Development*, eds. Bradford, D., & Burke, W., San Francisco: John Wiley & Sons: pp.1–14.

6 Anderson, M. ed. (2000). *Fast Cycle Organization Development,* Cincinnati: South-Western College Publishing; Hammer, M., & Champy, J. (1993). *Reengineering the Corporation*, New York: HarperCollins; Senge, P. (1990). *The Fifth Discipline,* New York: Doubleday, 1990

7 Marrow, A., Bowers, D., & Seashore, S. (1967). *Management by Participation*, New York: Harper & Row; Coch, L., & French, J. (1948). "Overcoming Resistance to Change," *Human Relations* 1, pp.512–532.

8 Likert, R. (1967). *The Human Organization,* New York: McGraw-Hill; Seashore, S., & Bowers, D. (1970). "Durability of Organizational Change," *American Psychologist* 25, pp.227–233; Mosley, D. (1987). "System Four Revisited: Some New Insights," *Organization Development Journal* 5 (Spring): pp.19–24; Blake, R., & Mouton, J. (1964). *The Managerial Grid*, Houston: Gulf; Blake, R., & Mouton, J. (1968). *Corporate Excellence Through Grid Organization Development: A Systems Approach,* Houston: Gulf; Blake, R., & Mouton, J. (1969). *Building a Dynamic Corporation Through Grid Organization Development,* Reading, Mass.: Addison-Wesley

9 Blake, R., & McCanse, A. (1991). *Leadership Dilemmas-Grid Solutions*, Houston: Gulf.

10 Rice, A. (1958). *Productivity and Social Organization: The Ahmedabad Experiment,* London: Tavistock Publications; Trist, E. & Bamforth, K. (1951). "Some Social and Psychological Consequences of the Longwall Method of Coal-Getting," *Human Relations,* 4, January: pp.1–38.

11 Vogt, J. & Murrell, K. (1990). *Empowerment in Organizations,* San Diego: University Associates

12 Block, P. (1999). *Flawless Consulting: A Guide to Getting Your Expertise Used*, 2nd ed., San Francisco: Jossey-Bass; Margerison, C. (1988). "Consulting Activities in Organizational Change," *Journal of Organizational Change Management* 1, pp.60–67; Harrison, R. (1970).

"Choosing the Depth of Organizational Intervention," *Journal of Applied Behavioral Science,* 6, pp.182–202.

13 Freedman, A., & Zackrison, R. (2001). *Finding Your Way in the Consulting Jungle*, San Fancisco : Jossey-Bass/Pfeiffer

14 Nadler, D. (1980). "Role of Models in Organizational Assessment," in *Organizational Assessment*, eds., Lawler III, E., Nadler, D. & Cammann, C., New York: John Wiley & Sons, pp.119–131.; Harrison, M. (1994). *Diagnosing Organizations*, 2d ed., Thousand Oaks, Calif.: Sage Publications; Burton, R., Obel, B., Starling, H., Sondergaard, M., & Dojbak, D. (2001). *Strategic Organizational Diagnosis and Design: Developing Theory for Application*, 2d ed., Dordrecht, The Netherlands: Kluwer Academic Publishers

15 Susman, G. (1976). *Autonomy at Work*, New York: Praeger; Cummings, T. (1978). "Self-Regulating Work Groups: A Socio-Technical Synthesis," *Academy of Management Review* 3, pp.625–634.; Slocum, J., & Sims, H. (1980). "A Typology for Integrating Technology, Organization, and Job Design," *Human Relations,* 33, pp.193–212.

16 Cummings, T. (1981). "Designing Effective Work Groups," in *Handbook of Organizational Design*, vol. 2, eds., Nystrom, P. & Starbuck, W., Oxford: Oxford University Press, pp.250–271.

17 Folkman, J. (2006). *The Power of Feedback: 35 Principles for Turning Feedback from Others into Personal and Professional Change*, New York: John Wiley & Sons; Mohrman, S., Cummings, T., & Lawler III, E. (1983). "Creating Useful Knowledge with Organizations: Relationship and Process Issues," in *Producing Useful Knowledge for Organizations*, eds., Kilmann, R., & Thomas, K., New York: Praeger, pp.613–624.

18 Cummings, T., & Molloy, E. (1977). *Strategies for Improving Productivity and the Quality of Work Life,* New York: Praeger; Whitfield, J., Anthony, W., & Kacmar, K. (1955). "Evaluation of Team-Based Management: A Case Study," *Journal of Organizational Change Management,* 8, 2, pp.17–28.; Mohrman, S., & Cummings, T. (1983). "Implemen ting Quality-of-Work-Life Programs by Managers," in *The NTL Manager's Handbook*, eds., Ritvo, R. & Sargent, A., Arlington, VA.: NTL Institute, pp.320–328.; Cummings, T., & Mohrman, S. (1987). "Self-Designing Organizations: Towards Implementing Quality-of-Work-Life Innovations," in *Research in Organizational Change and Development*, vol.1, eds., Woodman R. & Pasmore, W., Greenwich, Conn.: JAI Press, pp.275–310.

19 Buchanan, D., Fitzgerald, L., Ketley, D., Gollop, R., Jones, J., Lamont, S., Neath, A., & Whitby, E. (2005). "No Going Back: A Review of the Literature on Sustaining Organization Change," *International Journal of Management Reviews,* 7, pp.189–205.

저자소개

임창희 교수는 서강대학교 경제학과를 졸업하고 서울대학교에서 경영학 석사학위를 취득한 후 프랑스 정부 장학생으로 도불하여 엑쌍프로방스대학(Aix-Marseille III-IAE)에서 박사기초학위(DEA)를 받고 빠리국립대학-돌핀(Université Nationale de Paris Dauphine)에서 경영학 박사학위(인사·조직전공)를 취득하였다. 홍익대학교에 부임하여 교무부처장, 경영대학원장, 세무대학원장, 중앙도서관장, 대학원장을 역임하였으며 경영대학 교수로 30여 년간 봉직하고 현재 홍익대학교 명예교수이다. 프랑스 HEC(Hautes Etudes Commerciales)대학의 연구교수, 한국인사조직학회 편집위원장, 한국윤리경영학회 부회장, 한국인적자원관리학회 부회장, 한국경영학회 국제교류위원 외에도 주요 학회의 임원을 역임하였다. 국내 유수의 기업과 정부 각 부처의 자문위원과 공기업 평가위원으로 활동하였다. 저자의 박사학위 논문은 우수논문으로 빠리시 교육감(Rectorat de Paris)상을 수상하였으며 그 후 프랑스 SEDEIS지, Personnel지 등 다수의 논문을 국내 외 학술지에 게재하였다. [조직행동], [인적자원관리], [경영학원론], [경영조직론], [인간관계론], [리더십], [비즈니스커뮤니케이션] 등의 대학교재 이외에도 저자의 [한국형 팀제]는 장기간 베스트셀러로 우리나라 정부와 기업계의 전반적 혁신을 이끌었으며 이어서 [한국형 팀제를 넘어서]를 출간하였고 [스마트 학습조직], [360도 다면평가], [실행의 리더십]을 번역하였다.

홍용기 교수는 홍익대학교에서 경영학 학사, 석사, 박사를 취득하였다. 인사조직을 전공하였으며, 현재 대림대학교 경영학과 교수로 있다. 미국 오하이오 주립대학교 직무분석전문가(DACUM) 자격을 가지고 있다. 대한경영정보학회 학회장, 한국고등직업교육 평가인증원 평가팀장, 전문대학 교육협의회 고등직업교육연구소 소장, 대림대학교 학술종합정보원장, 기획처장을 역임하였다. 현재 대학에서 인적자원관리, 비즈니스 커뮤니케이션, 리더십, 조직론, 조직개발, 인간관계론 등에서 강의와 연구를 하고 있다. [인적자원관리], [조직론], [인간관계론], [산업 및 조직 심리학], [비즈니스 커뮤니케이션], [리더십] 등의 대학교재를 비롯하여 [서비스 커뮤니케이션: 삶과 일에 관한 31가지 테마]를 출간하고, [성공으로 가는 경영학], [비즈니스 기 살리기] 등의 번역서를 출판하였다.

조직론(제3판)
－조직혁신과 개발－

2023년 2월 10일 제3판 인쇄
2023년 2월 28일 제3판 1쇄 발행

공저자 임 창 희 · 홍 용 기
발행인 배　　효　　선

발행처　도서　法 文 社
　　　　출판

주 소　10881 경기도 파주시 회동길 37-29
등 록　1957년 12월 12일 / 제2-76호(윤)
전 화　(031)955-6500~6　Fax (031)955-6525
e-mail(영업): bms@bobmunsa.co.kr
　　(편집): edit66@bobmunsa.co.kr
홈페이지 http://www.bobmunsa.co.kr

조 판　(주)성 지 이 디 피

정가 31,000원　　　ISBN 978-89-18-91389-6